**Die Bonus-Seite**

Ihr Vorteil als Käufer dieses Buches

Auf der Bonus-Webseite zu diesem Buch finden Sie zusätzliche Informationen und Services. Dazu gehört auch ein kostenloser **Testzugang** zur Online-Fassung Ihres Buches. Und der besondere Vorteil: Wenn Sie Ihr **Online-Buch** auch weiterhin nutzen wollen, erhalten Sie den vollen Zugang zum **Vorzugspreis**.

So nutzen Sie Ihren Vorteil

Halten Sie den unten abgedruckten Zugangscode bereit und gehen Sie auf **www.galileocomputing.de**. Dort finden Sie den Kasten **Die Bonus-Seite für Buchkäufer**. Klicken Sie auf **Zur Bonus-Seite/Buch registrieren**, und geben Sie Ihren **Zugangscode** ein. Schon stehen Ihnen die Bonus-Angebote zur Verfügung.

Ihr persönlicher **Zugangscode**: 2k4z-8eny-qv3g-psmd

Bernhard Steppan

Einstieg in Java 7

Liebe Leserin, lieber Leser,

vor etwa drei Jahrzehnten begann der Siegeszug objektorientierter Sprachen – doch nur wenige setzten sich durch. Heute ist Java neben C++ die wichtigste Programmiersprache bzw. Plattform; Java nimmt eine Spitzenposition ein, wenn es um den Anteil an zurzeit realisierten Softwareentwicklungsprojekten geht. Sie sind also auf dem richtigen Weg und haben sich gut entschieden. Dieses Buch liegt hiermit in einer vierten, aktualisierten Ausgabe vor, die die einsteigerrelevanten Neuerungen von Java 7 berücksichtigt. Sie haben sich für ein ausgezeichnetes Lehrwerk entschieden, dass Ihnen genau das Wissen vermittelt, das Sie als angehender Java-Programmierer brauchen. Die Themenvielfalt ist sehr groß; mit diesem kleinen Handbuch werden Sie mehr als erste Schritte machen können.

Es sollten also keine Fragen offen bleiben – zumindest die zu Java beantworten wir nahezu vollständig.

Sollten Sie kritische und freundliche Anmerkungen haben, so zögern Sie nicht, sich mit Herrn Steppan oder mir in Verbindung zu setzen. Ihre Verbesserungsvorschläge und Ihr Zuspruch sind unentbehrlich für weitere gute Auflagen. Ich bin gespannt auf Ihre Rückmeldung und wünsche ich Ihnen viel Spaß beim Lesen und Programmieren!

Judith Stevens-Lemoine
Lektorat Galileo Computing

judith.stevens@galileo-press.de
www.galileocomputing.de
Galileo Press · Rheinwerkallee 4 · 53227 Bonn

Auf einen Blick

TEIL I: Basiswissen 25

TEIL II: Java im Detail 83

TEIL III: Größere Java-Projekte 321

TEIL IV: Lösungen 501

TEIL V: Anhang.. 541

Der Name Galileo Press geht auf den italienischen Mathematiker und Philosophen Galileo Galilei (1564–1642) zurück. Er gilt als Gründungsfigur der neuzeitlichen Wissenschaft und wurde berühmt als Verfechter des modernen, heliozentrischen Weltbilds. Legendär ist sein Ausspruch *Eppur si muove* (Und sie bewegt sich doch). Das Emblem von Galileo Press ist der Jupiter, umkreist von den vier Galileischen Monden. Galilei entdeckte die nach ihm benannten Monde 1610.

Gerne stehen wir Ihnen mit Rat und Tat zur Seite:
judith.stevens@galileo-press.de bei Fragen und Anmerkungen zum Inhalt des Buches
service@galileo-press.de für versandkostenfreie Bestellungen und Reklamationen
britta.behrens@galileo-press.de für Rezensions- und Schulungsexemplare

Lektorat Judith Stevens-Lemoine
Herstellung Norbert Englert
Satz Bernhard Steppan
Einbandgestaltung Barbara Thoben, Köln
Druck und Bindung Bercker Graphischer Betrieb, Kevelaer

Dieses Buch wurde gesetzt aus der Linotype Syntax Serif (9,25/13,25 pt) in LaTeX.

Bibliografische Information der Deutschen Nationalbibliothek
Die Deutsche Nationalbibliothek verzeichnet diese Publikation in der Deutschen Nationalbibliografie; detaillierte bibliografische Daten sind im Internet über *http://dnb.d-nb.de* abrufbar.

ISBN 978-3-8362-1662-3

© Galileo Press, Bonn 2012
4. aktualisierte Auflage 2012

Das vorliegende Werk ist in all seinen Teilen urheberrechtlich geschützt. Alle Rechte vorbehalten, insbesondere das Recht der Übersetzung, des Vortrags, der Reproduktion, der Vervielfältigung auf fotomechanischem oder anderen Wegen und der Speicherung in elektronischen Medien. Ungeachtet der Sorgfalt, die auf die Erstellung von Text, Abbildungen und Programmen verwendet wurde, können weder Verlag noch Autor, Herausgeber oder Übersetzer für mögliche Fehler und deren Folgen eine juristische Verantwortung oder irgendeine Haftung übernehmen. Die in diesem Werk wiedergegebenen Gebrauchsnamen, Handelsnamen, Warenbezeichnungen usw. können auch ohne besondere Kennzeichnung Marken sein und als solche den gesetzlichen Bestimmungen unterliegen.

Inhalt

Vorwort 21

TEIL I: Basiswissen

1 Digitale Informationsverarbeitung 27

1.1 Einleitung 27
1.2 Zahlensysteme 27
    1.2.1 Dezimalsystem 27
    1.2.2 Binärsystem 28
    1.2.3 Hexadezimalsystem 30
1.3 Informationseinheiten 32
    1.3.1 Bit 32
    1.3.2 Byte 33
    1.3.3 Wort 33
1.4 Kodierung von Zeichen 33
    1.4.1 ASCII-Code 33
    1.4.2 ANSI-Code 35
    1.4.3 Unicode 36
1.5 Kodierung logischer Informationen 37
    1.5.1 Und-Funktion 37
    1.5.2 Oder-Funktion 38
    1.5.3 Nicht-Funktion 39
1.6 Zusammenfassung 40
1.7 Aufgaben 40
    1.7.1 Zahlensysteme 40
    1.7.2 Informationseinheiten 40
    1.7.3 Zeichenkodierung 41
    1.7.4 Kodierung logischer Informationen 41

2 Programmiersprachen 43

2.1 Einleitung 43
    2.1.1 Verständigungsschwierigkeiten 43
    2.1.2 Definition 43
    2.1.3 Klassifizierung 44
    2.1.4 Geschichte 45

2.2	Programmiersprachen der ersten Generation		46
	2.2.1	Programmaufbau	47
	2.2.2	Portabilität	47
	2.2.3	Ausführungsgeschwindigkeit	48
	2.2.4	Einsatzbereich	48
2.3	Programmiersprachen der zweiten Generation		48
	2.3.1	Programmaufbau	49
	2.3.2	Portabilität	50
	2.3.3	Ausführungsgeschwindigkeit	51
	2.3.4	Einsatzbereich	51
2.4	Programmiersprachen der dritten Generation		51
	2.4.1	Programmaufbau	52
	2.4.2	Portabilität	53
	2.4.3	Ausführungsgeschwindigkeit	53
	2.4.4	Einsatzbereich	54
2.5	Programmiersprachen der vierten Generation		54
	2.5.1	Programmaufbau	54
	2.5.2	Portabilität	55
	2.5.3	Ausführungsgeschwindigkeit	55
	2.5.4	Einsatzbereich	55
2.6	Programmiersprachen der fünften Generation		55
	2.6.1	Programmaufbau	56
	2.6.2	Portabilität	57
	2.6.3	Ausführungsgeschwindigkeit	57
	2.6.4	Einsatzbereich	57
2.7	Programmiersprachen der sechsten Generation		57
	2.7.1	Programmaufbau	57
	2.7.2	Portabilität	59
	2.7.3	Ausführungsgeschwindigkeit	59
	2.7.4	Einsatzbereich	59
2.8	Zusammenfassung		59
2.9	Aufgaben		60
	2.9.1	Programmiersprachen der ersten Generation	60
	2.9.2	Programmiersprachen der zweiten Generation	60
	2.9.3	Programmiersprachen der dritten Generation	60

3 Objektorientierte Programmierung — 61

3.1	Einleitung		61
	3.1.1	Grundbegriffe	61
	3.1.2	Prinzipien	62

3.2	Objekte		62
3.3	Klassen		63
	3.3.1	Attribute	63
	3.3.2	Methoden	65
3.4	Abstraktion		67
3.5	Vererbung		68
	3.5.1	Basisklassen	70
	3.5.2	Abgeleitete Klassen	70
	3.5.3	Mehrfachvererbung	71
3.6	Kapselung		71
3.7	Beziehungen		72
	3.7.1	Beziehungen, die nicht auf Vererbung beruhen	73
	3.7.2	Vererbungsbeziehungen	74
3.8	Designfehler		76
3.9	Umstrukturierung		76
3.10	Modellierung		77
3.11	Persistenz		77
3.12	Polymorphie		77
	3.12.1	Statische Polymorphie	78
	3.12.2	Dynamische Polymorphie	78
3.13	Designregeln		79
3.14	Zusammenfassung		79
3.15	Aufgaben		80
	3.15.1	Fragen	80
	3.15.2	Übungen	80

TEIL II: Java im Detail

4 Sprache Java ... 85

4.1	Einleitung		85
	4.1.1	Geschichte	85
	4.1.2	Beschreibung mittels Text	86
	4.1.3	Überblick über die Sprachelemente	87
4.2	Schlüsselwörter		88
4.3	Einfache Datentypen		90
	4.3.1	Grundlagen	90
	4.3.2	Festkommazahlen	94
	4.3.3	Gleitkommazahlen	97

		4.3.4	Wahrheitswerte	99
		4.3.5	Zeichen	100
	4.4	Erweiterte Datentypen		101
		4.4.1	Arrays	101
		4.4.2	Aufzählungstyp	105
	4.5	Benutzerdefinierte Datentypen		106
		4.5.1	Konkrete Klassen	106
		4.5.2	Abstrakte Klassen	110
		4.5.3	Interfaces	111
		4.5.4	Generische Klassen	112
	4.6	Variablen		116
	4.7	Konstanten		117
	4.8	Methoden		117
		4.8.1	Methodenarten	117
		4.8.2	Konstruktoren	120
		4.8.3	Destruktoren	121
		4.8.4	Zugriffsmethoden	121
		4.8.5	Änderungsmethoden	122
		4.8.6	Funktionen	123
	4.9	Operatoren		124
		4.9.1	Arithmetische Operatoren	124
		4.9.2	Vergleichende Operatoren	132
		4.9.3	Logische Operatoren	136
		4.9.4	Bitweise Operatoren	138
		4.9.5	Zuweisungsoperatoren	139
		4.9.6	Fragezeichenoperator	140
		4.9.7	New-Operator	141
		4.9.8	Cast-Operator	142
	4.10	Ausdrücke		143
		4.10.1	Zuweisungen	143
		4.10.2	Elementare Anweisungen	146
		4.10.3	Verzweigungen	146
		4.10.4	Schleifen	149
	4.11	Module		154
		4.11.1	Klassenimport	154
		4.11.2	Namensräume	157
	4.12	Fehlerbehandlung		157
	4.13	Dokumentation		160
		4.13.1	Zeilenbezogene Kommentare	161
		4.13.2	Abschnittsbezogene Kommentare	161
		4.13.3	Dokumentationskommentare	161

4.14	Zusammenfassung	162
4.15	Aufgaben	163
4.15.1	Fragen	163
4.15.2	Übungen	163

5 Entwicklungsprozesse ... 165

5.1	Einleitung	165
5.1.1	Phasen	165
5.1.2	Aktivitäten	166
5.1.3	Werkzeuge	167
5.2	Planungsphase	168
5.2.1	Missverständnisse	168
5.2.2	Anforderungen aufnehmen	168
5.3	Konstruktionsphase	169
5.3.1	Objektorientierte Analyse	169
5.3.2	Objektorientiertes Design	169
5.3.3	Implementierung in Java	170
5.3.4	Test	179
5.4	Betriebsphase	189
5.4.1	Verteilung	189
5.4.2	Pflege	190
5.5	Zusammenfassung	190
5.6	Aufgaben	190
5.6.1	Fragen	190
5.6.2	Übungen	191

6 Plattform Java ... 193

6.1	Einleitung	193
6.2	Bytecode	193
6.3	Java Runtime Environment	195
6.3.1	Virtuelle Maschine	196
6.3.2	Garbage Collector	200
6.3.3	Bibliotheken	201
6.3.4	Ressourcen und Property-Dateien	201
6.4	Native Java-Programme	201
6.5	Portabilität eines Java-Programms	203
6.5.1	Binärkompatibler Bytecode	203
6.5.2	Voraussetzungen	205
6.6	Programmstart	206

	6.6.1	Application	206
	6.6.2	Applet	208
	6.6.3	Servlets und JavaServer Pages	209
6.7		Zusammenfassung	209
6.8		Aufgaben	210
	6.8.1	Fragen	210
	6.8.2	Übungen	210

7 Gesetzmäßigkeiten — 211

7.1		Einleitung	211
7.2		Sichtbarkeit	211
	7.2.1	Klassenkapselung	211
	7.2.2	Gültigkeitsbereich von Variablen	220
7.3		Auswertungsreihenfolge	225
	7.3.1	Punkt vor Strich	225
	7.3.2	Punkt vor Punkt	226
7.4		Typkonvertierung	228
	7.4.1	Implizite Konvertierung	229
	7.4.2	Explizite Konvertierung	231
7.5		Polymorphie	234
	7.5.1	Überladen von Methoden	234
	7.5.2	Überschreiben von Methoden	237
7.6		Programmierkonventionen	241
	7.6.1	Vorschriften zur Schreibweise	241
	7.6.2	Empfehlungen zur Schreibweise	242
7.7		Zusammenfassung	244
	7.7.1	Sichtbarkeit	244
	7.7.2	Auswertungsreihenfolge	245
	7.7.3	Typkonvertierung	245
	7.7.4	Polymorphie	245
	7.7.5	Programmierkonventionen	245
7.8		Aufgaben	246
	7.8.1	Fragen	246
	7.8.2	Übungen	246

8 Java-Klassenbibliotheken — 247

8.1		Einleitung	247
	8.1.1	Von der Klasse zur Bibliothek	247
	8.1.2	Von der Bibliothek zum Universum	248

	8.1.3	Vom Universum zum eigenen Programm	248
	8.1.4	Bibliotheken und Bücher	248
	8.1.5	Bibliotheken erweitern die Sprache	249
	8.1.6	Bibliotheken steigern die Produktivität	249
	8.1.7	Kommerzielle Klassenbibliotheken	250
	8.1.8	Open-Source-Bibliotheken	250
	8.1.9	Bibliotheken von Sun Microsystems	250
8.2	Java Standard Edition		250
	8.2.1	Java-Language-Bibliothek	251
	8.2.2	Klasse »System«	259
	8.2.3	Stream-Bibliotheken	269
	8.2.4	Hilfsklassen	272
	8.2.5	Abstract Windowing Toolkit	274
	8.2.6	Swing	285
	8.2.7	JavaBeans	289
	8.2.8	Applets	289
	8.2.9	Applications	291
	8.2.10	Java Database Connectivity (JDBC)	291
	8.2.11	Java Native Interface	294
	8.2.12	Remote Method Invocation	294
8.3	Java Enterprise Edition		295
	8.3.1	Servlets	296
	8.3.2	JavaServer Pages	297
	8.3.3	CORBA	298
	8.3.4	Enterprise JavaBeans	299
8.4	Java Micro Edition		301
8.5	Zusammenfassung		302
8.6	Aufgaben		303
	8.6.1	Fragen	303
	8.6.2	Übungen	303

9 Algorithmen 305

9.1	Einleitung		305
9.2	Algorithmen entwickeln		305
9.3	Algorithmenarten		306
	9.3.1	Sortieren	307
	9.3.2	Diagramme	308
9.4	Algorithmen anwenden		316
	9.4.1	Sortieren	316
	9.4.2	Suchen	318

9.5	Aufgaben		319
	9.5.1	Fragen	319
	9.5.2	Übungen	319

TEIL III: Größere Java-Projekte

10 Konsolenprogramme ... 323

10.1	Einleitung		323
10.2	Projekt »Transfer«		324
	10.2.1	Anforderungen	324
	10.2.2	Analyse und Design	324
	10.2.3	Implementierung der Klasse »TransferApp«	326
	10.2.4	Implementierung der Klasse »CopyThread«	330
	10.2.5	Implementierung der Properties-Datei	334
	10.2.6	Test	334
	10.2.7	Verteilung	335
10.3	Aufgaben		335
	10.3.1	Fragen	335
	10.3.2	Übungen	336

11 Einfache Oberflächen mit Swing ... 337

11.1	Einleitung		337
11.2	Projekt »Abakus«		337
	11.2.1	Anforderungen	337
	11.2.2	Analyse und Design	339
	11.2.3	Implementierung der Applikationsklasse	343
	11.2.4	Implementierung des Hauptfensters	344
	11.2.5	Implementierung der Klasse »AboutDlg«	361
	11.2.6	Zeichen als Unicode kodieren	361
	11.2.7	Dialog zentriert sich selbst	361
11.3	Zusammenfassung		363
11.4	Aufgaben		364
	11.4.1	Fragen	364
	11.4.2	Übungen	364

12 Computerspiele mit Swing ... 365

- 12.1 Einleitung ... 365
- 12.2 Projekt »Memory« ... 365
  - 12.2.1 Anforderungen ... 365
  - 12.2.2 Analyse und Design ... 367
  - 12.2.3 Implementierung der Klasse »Card« ... 370
  - 12.2.4 Implementierung der Klasse »CardEvent« ... 378
  - 12.2.5 Implementierung des Interfaces »CardListener« ... 378
  - 12.2.6 Implementierung der Klasse »CardBeanInfo« ... 379
  - 12.2.7 Implementierung des Testtreibers ... 381
  - 12.2.8 Implementierung der Klasse »GameBoard« ... 384
  - 12.2.9 Implementierung des Hauptfensters ... 388
  - 12.2.10 Implementierung der Klasse »AboutDlg« ... 391
  - 12.2.11 Test ... 395
  - 12.2.12 Verteilung ... 396
- 12.3 Zusammenfassung ... 397
- 12.4 Aufgaben ... 397
  - 12.4.1 Fragen ... 397
  - 12.4.2 Übungen ... 397

13 Komplexe Oberflächen mit Swing ... 399

- 13.1 Einleitung ... 399
- 13.2 Projekt »Nestor« – die Oberfläche ... 399
  - 13.2.1 Anforderungen ... 399
  - 13.2.2 Analyse und Design ... 401
  - 13.2.3 Implementierung der Datenbankfassade ... 405
  - 13.2.4 Implementierung der Applikationsklasse ... 406
  - 13.2.5 Aufbau des Hauptfensters ... 408
  - 13.2.6 Implementierung der Adresskomponente ... 408
  - 13.2.7 Implementierung des Hauptfensters ... 412
  - 13.2.8 Implementierung des Dialogs »Einstellungen« ... 418
  - 13.2.9 Test ... 418
  - 13.2.10 Verteilung ... 419
- 13.3 Zusammenfassung ... 420
- 13.4 Aufgaben ... 420
  - 13.4.1 Fragen ... 420
  - 13.4.2 Übungen ... 421

14 Weboberflächen mit Servlets 423

- 14.1 Einleitung 423
  - 14.1.1 Hypertext Markup Language 423
  - 14.1.2 Hypertext-Transfer-Protokoll 426
  - 14.1.3 Common Gateway Interface 428
  - 14.1.4 Servlets 428
- 14.2 Projekt »Xenia« – die Oberfläche 429
  - 14.2.1 Anforderungen 429
  - 14.2.2 Analyse und Design 431
  - 14.2.3 Implementierung der HTML-Vorlagen 432
  - 14.2.4 Implementierung der Klasse »GuestList« 434
  - 14.2.5 Implementierung der Klasse »NewGuest« 439
  - 14.2.6 Verteilung 445
- 14.3 Zusammenfassung 445
- 14.4 Aufgaben 446
  - 14.4.1 Fragen 446
  - 14.4.2 Übungen 446

15 Datenbankprogrammierung 447

- 15.1 Einleitung 447
  - 15.1.1 Vom Modell zum Datenmodell 447
  - 15.1.2 Vom Datenmodell zur Datenbank 447
  - 15.1.3 Von der Datenbank zu den Daten 448
  - 15.1.4 Von den Daten zum Programm 448
- 15.2 Projekt »Hades« 449
  - 15.2.1 Anforderungen 449
  - 15.2.2 Analyse & Design 449
  - 15.2.3 Implementierung 450
  - 15.2.4 Test 451
- 15.3 Projekt »Charon« 452
  - 15.3.1 Anforderungen 452
  - 15.3.2 Implementierung der Klasse »HadesDb« 453
  - 15.3.3 Implementierung der Klasse »Charon« 457
  - 15.3.4 Implementierung der Klasse »HadesTest« 459
  - 15.3.5 Implementierung der Klasse »CharonTest« 462
  - 15.3.6 Implementierung der Datei »Db.properties« 463
  - 15.3.7 Test 464
  - 15.3.8 Verteilung 465
- 15.4 Zusammenfassung 465

15.5 Aufgaben 465
    15.5.1 Fragen 465
    15.5.2 Übungen 465

16 Datenbankanwendungen 467

16.1 Einleitung 467
16.2 Projekt »Perseus« 467
    16.2.1 Anforderungen 467
    16.2.2 Analyse und Design 468
    16.2.3 Implementierung der Klasse »BasisWnd« 471
    16.2.4 Implementierung der Klasse »Alignment« 472
    16.2.5 Implementierung der Klasse »SplashWnd« 473
    16.2.6 Implementierung der Klasse »BasicDlg« 475
16.3 Projekt »Charon« 478
    16.3.1 Anforderungen 478
    16.3.2 Analyse und Design 479
    16.3.3 Implementierung von »HadesDb« 479
    16.3.4 Implementierung von »Charon« 480
    16.3.5 Test 480
    16.3.6 Verteilung 480
16.4 Projekt »Nestor« 480
    16.4.1 Integration der Klasse »SplashWnd« 481
    16.4.2 Integration der Klasse »SplashWnd« 481
    16.4.3 Implementierung der Methode »showSplashScreen« ... 482
    16.4.4 Integration der Klasse »BasicDlg« 483
    16.4.5 Integration der Klasse »Charon« 484
    16.4.6 Verteilung 484
16.5 Zusammenfassung 485
16.6 Aufgaben 485
    16.6.1 Fragen 485
    16.6.2 Übungen 485

17 Dynamische Websites 487

17.1 Einleitung 487
17.2 Projekt »Charon« 487
    17.2.1 Anforderungen 487
    17.2.2 Analyse und Design 488
    17.2.3 Implementierung der Klasse »HadesDb« 489
    17.2.4 Implementierung der Klasse »Charon« 490

17.3 Projekt »Xenia« 492
    17.3.1 Anforderungen 492
    17.3.2 Analyse und Design 492
    17.3.3 Implementierung der Klasse »NewGuest« 492
    17.3.4 Implementierung der Klasse »GuestList« 493
    17.3.5 Änderungen am Projektverzeichnis 495
    17.3.6 Test 496
    17.3.7 Verteilung 498
17.4 Zusammenfassung 499
17.5 Aufgaben 499
    17.5.1 Fragen 499
    17.5.2 Übungen 499

TEIL IV: Lösungen

18 Lösungen zu Teil I   503

18.1 Digitale Informationsverarbeitung 503
    18.1.1 Zahlensysteme 503
    18.1.2 Informationseinheiten 503
    18.1.3 Zeichenkodierung 504
    18.1.4 Kodierung logischer Informationen 504
18.2 Programmiersprachen 505
    18.2.1 Programmiersprachen der ersten Generation 505
    18.2.2 Programmiersprachen der zweiten Generation 505
    18.2.3 Programmiersprachen der dritten Generation 506
18.3 Objektorientierte Programmierung 506
    18.3.1 Fragen 506
    18.3.2 Übungen 507

19 Lösungen zu Teil II   511

19.1 Sprache Java 511
    19.1.1 Fragen 511
    19.1.2 Übungen 513
19.2 Entwicklungsprozesse 516
    19.2.1 Fragen 516
    19.2.2 Übungen 516

19.3	Plattform Java		518
	19.3.1	Fragen	518
	19.3.2	Übungen	518
19.4	Gesetzmäßigkeiten		519
	19.4.1	Fragen	519
	19.4.2	Übungen	520
19.5	Java-Klassenbibliotheken		521
	19.5.1	Fragen	521
	19.5.2	Übungen	522
19.6	Algorithmen		523
	19.6.1	Fragen	523
	19.6.2	Übungen	524

20 Lösungen zu Teil III — 527

20.1	Konsolenprogramme		527
	20.1.1	Fragen	527
	20.1.2	Übungen	528
20.2	Einfache Oberflächen mit Swing		529
	20.2.1	Fragen	529
	20.2.2	Übungen	530
20.3	Computerspiele mit Swing		531
	20.3.1	Fragen	531
	20.3.2	Übungen	531
20.4	Komplexe Oberflächen mit Swing		532
	20.4.1	Fragen	532
	20.4.2	Übungen	533
20.5	Weboberflächen mit Servlets		533
	20.5.1	Fragen	533
	20.5.2	Übungen	534
20.6	Datenbankprogrammierung		535
	20.6.1	Fragen	535
	20.6.2	Übungen	535
20.7	Datenbankanwendungen		536
	20.7.1	Fragen	536
	20.7.2	Übungen	536
20.8	Dynamische Websites		537
	20.8.1	Fragen	537
	20.8.2	Übungen	537

TEIL V: Anhang

21 Import der Beispielprogramme — 543

- 21.1 Einleitung — 543
- 21.2 Import in Eclipse — 543
- 21.3 Import in NetBeans — 546

22 Werkzeuge — 549

- 22.1 Einleitung — 549
  - 22.1.1 Einzelwerkzeuge versus Werkzeugsuiten — 549
  - 22.1.2 Zielgruppen — 550
- 22.2 Kriterien zur Werkzeugauswahl — 551
  - 22.2.1 Allgemeine Kriterien — 552
  - 22.2.2 Projektverwaltung — 555
  - 22.2.3 Modellierungswerkzeuge — 556
  - 22.2.4 Texteditor — 557
  - 22.2.5 Java-Compiler — 558
  - 22.2.6 Java-Decompiler — 559
  - 22.2.7 GUI-Builder — 559
  - 22.2.8 Laufzeitumgebung — 560
  - 22.2.9 Java-Debugger — 561
  - 22.2.10 Werkzeuge zur Verteilung — 562
  - 22.2.11 Wizards — 563
- 22.3 Einzelwerkzeuge — 563
  - 22.3.1 Modellierungswerkzeuge — 563
  - 22.3.2 Texteditor — 564
  - 22.3.3 Java-Compiler — 565
  - 22.3.4 Java-Decompiler — 566
  - 22.3.5 GUI-Builder — 566
  - 22.3.6 Laufzeitumgebungen — 567
  - 22.3.7 Java-Debugger — 568
  - 22.3.8 Versionskontrollwerkzeuge — 568
  - 22.3.9 Werkzeuge zur Verteilung — 569
- 22.4 Werkzeugsuiten — 569
  - 22.4.1 Eclipse — 570
  - 22.4.2 JBuilder — 571
  - 22.4.3 Java Development Kit — 572
  - 22.4.4 NetBeans — 578

22.4.5		Sun One Studio	579
22.4.6		Together	579
22.4.7		VisualAge Java	580

23 Computerhardware ... 581

23.1	Einleitung	581
23.2	Aufbau eines Computers	581
23.3	Bussystem	582
23.4	Prozessoren	582
23.4.1	Central Processing Unit	582
23.4.2	Grafikprozessor	583
23.5	Speichermedien	583
23.5.1	Hauptspeicher	583
23.5.2	Festplattenspeicher	584
23.6	Ein- und Ausgabesteuerung	585
23.7	Taktgeber	585
23.8	Zusammenfassung	585

24 Glossar ... 587

25 Literatur ... 595

25.1	Basiswissen	595
25.2	Java im Detail	595
25.3	Größere Java-Projekte	596
25.4	Anhang	597

Index ... 599

> »Es gibt drei goldene Regeln, um ein Fachbuch zu schreiben –
> leider sind sie unbekannt.«
> (frei nach William Somerset Maugham)

Vorwort

Liebe Leserin, lieber Leser!

Dieses Buch ist eines der meistverkauften Java-Bücher Deutschlands geworden. Ich möchte mich bei den vielen Leserinnen und Lesern an dieser Stelle für ihr Vertrauen herzlich bedanken. Neben der vorbildlichen Unterstützung des Verlags Galileo Press haben sie einen entscheidenden Anteil an diesem Erfolg. Ihre vielen konstruktiven Verbesserungsvorschläge haben maßgeblich dazu beigetragen, dass ich dieses Buch auch in der 4. Auflage, die Sie in den Händen halten, nochmals verbessern konnte.

Neben diesen Verbesserungen sind die wesentlichen Neuerungen von Java 7 und einige neue Beispiele in das vorliegende Buch eingeflossen. Die Beispiele wurden wieder mit den Entwicklungsumgebungen Eclipse 4.1 (Beta-Version mit Unterstützung für Java 7) und NetBeans 7.1 qualitätsgesichert und übersetzt. Sie können diese Beispielprogramme von der Buchwebsite des Verlags herunterladen (*http://www.galileo-press.de/2452*). Das hat den Vorteil, dass Sie stets die neuesten Updates bekommen.

Aufbau des Buchs

Dieses Buch besteht aus fünf Teilen. Es führt Sie von den Grundlagen der Softwareentwicklung (Teil I) über eine Java-Einführung (Teil II) zu der Entwicklung stabiler, professioneller Java-Programme (Teil III). Diese Java-Programme werden Schritt für Schritt in Tutorien entwickelt. Jedes dieser Tutorien schließt mit Übungsaufgaben ab, die Ihnen helfen, Ihr Wissen zu vertiefen. Die Musterlösungen finden Sie im vorletzten Teil des Buchs (Teil IV). Der Anhang (Teil V) rundet das Buch mit je einem Kapitel über Java-Werkzeuge, die Hardwaregrundlagen, einem Glossar und einem Literaturverzeichnis ab.

Der ungewöhnliche Aufbau des Buchs führt immer wieder zu Missverständnissen bei den Lesern. Deshalb an dieser Stelle ein paar Worte dazu: Das Buch ist ungewöhnlich strukturiert, um unterschiedlichen Lesergruppen und Lesegewohnheiten gerecht zu werden. Während ich in Java-Schulungen immer viele Bereiche gleichzeitig erklären und unterschiedliche Vorkenntnisse der Teilnehmer ausgleichen kann, kann ein gedrucktes Buch dies für alle Leser nicht von selbst leisten. Damit dies funktioniert, muss es wie das folgende Buch grundlegend anders aufgebaut sein und anders gelesen werden.

Sie müssen dieses Buch daher keinesfalls Kapitel für Kapitel nacheinander durcharbeiten. Das liegt zum einen daran, dass je nach Ihren Vorkenntnissen mehrere einleitende Kapitel des Buchs für Sie unter Umständen nicht notwendig sind. Zum anderen sind einige Kapitel eng miteinander verzahnt und absolut gleichrangig. Was bedeutet das im Einzelnen genau? Das bedeutet, dass Sie sich vor dem Lesen des Buchs genau überlegen sollten, welche Vorkenntnisse Sie besitzen. Erst danach sollten Sie mit dem geeigneten Einstieg beginnen:

Wenn Java Ihre erste Programmiersprache ist, beginnen Sie mit den Kapiteln 1, 2, 3 und lesen parallel dazu Kapitel 4. Wenn Sie hingegen schon eine klassische Programmiersprache wie BASIC oder COBOL gelernt haben, überspringen Sie bitte Kapitel 1 und 2, beginnen mit Kapitel 3 und lesen parallel dazu Kapitel 4. Wenn Sie schon eine objektorientierte Sprache wie C++ beherrschen oder unter dem Druck einer Prüfungsvorbereitung stehen, überspringen Sie bitte den kompletten ersten Teil und beginnen gleich mit Kapitel 4.

Beispielprogramme

Dieses Buch enthält neben rund hundert kleineren Beispielprogrammen acht größere, sorgfältig dokumentierte Projekte aus den wichtigsten Bereichen der Java-Programmierung. Diese anspruchsvollen Projekte sind als Vorlage für Ihre eigenen Arbeiten gedacht und unterscheiden sich erheblich von den trivialen Beispielprogrammen, die Sie in den meisten anderen Computerbüchern finden. Sie können die Beispiele in die meisten Entwicklungsumgebungen problemlos importieren.

Werkzeuge

Das Buch ist kein Ratgeber bei der Auswahl von Java-Werkzeugen. Sie sollten sich aber unbedingt für eine Entwicklungsumgebung entscheiden, um die Beispielprogramme ab Kapitel 2 besser nachvollziehen zu können. Um Ihnen die Auswahl und Installation etwas zu erleichtern, enthält dieses Buch im Anhang das Kapitel 22.

Da ständig neue Werkzeuge erscheinen, finden Sie eine aktuelle Fassung dieses Kapitels auf meiner Website. Dort können Sie zudem eine Marktübersicht über die momentan aktuellen Tools anfordern. Die Beispielprogramme dieses Buchs lassen sich übrigens mit den meisten Java-Werkzeugen problemlos verwenden. Unter den Beispielprogrammen befindet sich eine aktuelle Importanleitung für Eclipse und NetBeans.

Vorkenntnisse

Egal, ob Sie das Buch zum Selbststudium verwenden, zur Prüfungsvorbereitung oder weil Programmieren Ihr Hobby ist: Sie benötigen in keinem dieser Fälle Vorkenntnisse über Computerprogrammierung. Für einige Kapitel könnten jedoch gute Mathematikkenntnisse nicht schaden.

Schriftdarstellung

Um verschiedene Textteile deutlicher hervorzuheben, verwendet dieses Buch eine einheitliche Schriftdarstellung (Tabelle 1).

Textteil	Darstellung
Programmquelltext (Listings)	`Schrift mit fester Zeichenbreite`
Optionale Parameter	`[ ]`
Menübefehle, deren Menüs bzw. Untermenüs	MENÜ • BEFEHL
Java-Bezeichner wie Variablen, Methoden und Klassen	*Kursivschrift*
Programmbeispiel: hier Kapitel »Sprache Java«, Beispiel 1	`//Beispielprogramme/Sprache Java/Ex01`
Dateinamen, Pfadangaben und Programmausgaben	`Schrift mit fester Zeichenbreite`

Tabelle 1 Verwendete Schriftkonventionen

Um den Rahmen dieses Buchs nicht zu sprengen, sind manche Quelltexte nicht komplett im Buch abgedruckt, sondern nur die zum Verständnis wichtigen Teile. Die Stellen der Quelltexte, bei denen Teile ausgelassen wurden, habe ich mit einem Scherensymbol (✄) gekennzeichnet. Sie finden die Programme vollständig unter den Downloads der Beispielprogramme (*http://www.galileo-press.de/2452*).

Errata

Leider lässt sich trotz größter Sorgfalt nicht immer vermeiden, dass der eine oder andere Fehler im Buch oder in den Beispielprogrammen verbleibt. Aus diesem Grund finden Sie auf der Website des Verlags und meiner Website (*http://www.steppan.net*) wie schon bei der Erstauflage eine Liste der bekannten Fehler (Errata) und die aktualisierten Beispielprogramme als Download. Alle Aktualisierungen sind selbstverständlich kostenfrei.

Danksagung

Ich möchte mich herzlich bei meiner Familie für die Unterstützung an den Abenden und Wochenenden bedanken. Herzlichen Dank auch wieder an meine Lektorin Judith Stevens-Lemoine, die mit viel Geduld das Projekt begleitete. Alexandra Müller möchte ich für die sorgfältige sprachliche Korrektur des Manuskripts danken.

Die Herstellung eines komplexen Buchs mit LaTeX ist immer eine Herausforderung. Mein Dank für die Unterstützung hierbei geht an Norbert Englert von der Herstellung des Verlags Galileo Press. Mein Dank geht auch wieder an Dr. Daniel Lauer für seine LaTeX-Formatvorlage, ohne die die Neuerungen beim Satz dieses Buchs nicht möglich gewesen wären.

Schreiben Sie mir, ...

wenn Sie Fragen, konstruktive Kritik oder Verbesserungsvorschläge haben. Jedes Buch lebt vom Dialog mit seinen Lesern. Deshalb sind mir Ihre Anregungen sehr wichtig. Richten Sie bitte Ihre Post an **bernhard@steppan.net** oder an Galileo Press. Ich wünsche Ihnen nun viel Spaß bei der Lektüre des vorliegenden Buchs und viel Erfolg bei der Entwicklung Ihrer Java-Programme!

Wiesbaden, im September 2011
Bernhard Steppan

TEIL I
Basiswissen

Das erstmalige Erlernen jeder Programmiersprache beginnt mit den Grundlagen der Softwareentwicklung. Darum fängt auch dieses Buch mit den grundlegenden Konzepten der Datenverarbeitung und Programmierung an. Dieser Teil stellt die Konzepte in drei Kapiteln vor: Kapitel 1, »Digitale Informationsverarbeitung«, Kapitel 2 »Programmiersprachen« und Kapitel 3 »Objektorientierte Programmierung«.

»Dies hier ist ein erstes Kapitel, welches verhindern soll, dass vorliegendes Werkchen mit einem zweiten Kapitel beginne.«
(Franz Werfel)

1 Digitale Informationsverarbeitung

1.1 Einleitung

Alles, was der Computer verarbeitet, ganz gleich, ob es sich um ein Java-Programm oder einen Brief handelt, ist für ihn nichts anderes als Informationen. Dieses Kapitel gibt Ihnen einen Überblick darüber, wie der Computer diese Informationen speichert und verarbeitet.

1.2 Zahlensysteme

Zahlensysteme dienen dazu, Zahlen nach einem bestimmten Verfahren darzustellen. Dazu besitzt jedes Zahlensystem einen spezifischen Satz an Ziffern. Es existieren sehr viele verschiedene Zahlensysteme. Für die Java-Programmierung ist die Kenntnis des Dezimal-, Binär- und Hexadezimalsystems in den meisten Fällen ausreichend.

1.2.1 Dezimalsystem

Das Dezimalsystem (lat. decem: zehn) stellt Zahlen mit bis zu zehn Ziffern dar. Da es für den Menschen besonders einfach ist, mit diesem System zu rechnen, ist es das heute in aller Welt bevorzugte Zahlensystem.

Zehnerpotenzen

Abbildung 1.1 zeigt, dass sich eine Zahl wie beispielsweise 214 in Dezimaldarstellung aus Zehnerpotenzen (10^x) zusammensetzt. Man sagt, alle Zahlen beziehen sich auf die Basis 10. Teilt man die Zahl 214 in eine Summe von Zehnerpotenzen auf, ergibt sich folgendes Bild:

$214 = 2 * 10^2 + 1 * 10^1 + 4 * 10^0$

Verwendet man unterschiedliche Zahlensysteme parallel in einer Darstellung, so schreibt man zur besseren Unterscheidung entweder eine tiefgestellte Zehn (214_{10}) an die Dezimalzahl, oder man verwendet ein Doppelkreuz als Präfix (#214) beziehungsweise eine Abkürzung als Postfix (214d). Ich verwende in diesem Buch überall dort die erste Schreibweise, wo Missverständnisse beim Gebrauch verschiedener Zahlensysteme auftreten können.

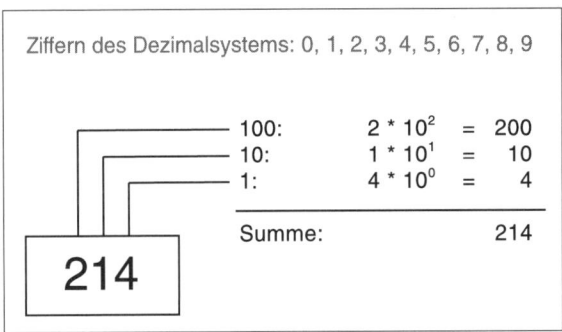

Abbildung 1.1 Darstellung der Dezimalzahl 214 mit Hilfe des Dezimalsystems

1.2.2 Binärsystem

Das Binärsystem (lat. bini: je zwei) verwendet im Gegensatz zum Dezimalsystem nur maximal zwei Ziffern zur Zahlendarstellung. Das Zahlensystem nennt sich auch Digital- (lat. digitus: fingerbreit, Zoll) oder Dualsystem (lat. duo: zwei, beide). Zahlen dieses Systems bezeichnet man als Binärzahlen oder Digitalzahlen.

Digitalcomputer

Das Binärsystem passt sehr gut zu der Informationsverarbeitung heutiger Computer. Deren Speicher bestehen aus sehr vielen kleinen primitiven Bauelementen (Flip-Flops), die nur zwei elektrische Zustände einnehmen können: *hohe Spannung* oder *niedrige Spannung*.

Jedes Flip-Flop mit niedriger Spannung in einem Computer entspricht informationstechnisch einer Null, jedes mit hoher Spannung einer Eins. Praktisch alle heutigen Computer basieren auf dieser Bauweise mit primitiven Bauelementen. Sie verarbeiten ausschließlich Digitalzahlen und werden daher auch Digitalcomputer genannt.

Binärprogramme

Computerprogramme sind für einen Digitalcomputer auch nichts anderes als eine Reihe von Informationen. Sie bestehen für ihn aus einer Abfolge von Stromimpulsen in einer bestimmten Zeiteinheit. Jeder Stromimpuls entspricht einer digitalen

Eins. Fehlt ein Impuls, entspricht dies einer Null. Das Format, in dem ein Computer Software direkt ausführen kann, bezeichnet man nach dem Zahlensystem als Binärformat. Die Programme nennen sich Binärprogramme oder Maschinenprogramme.

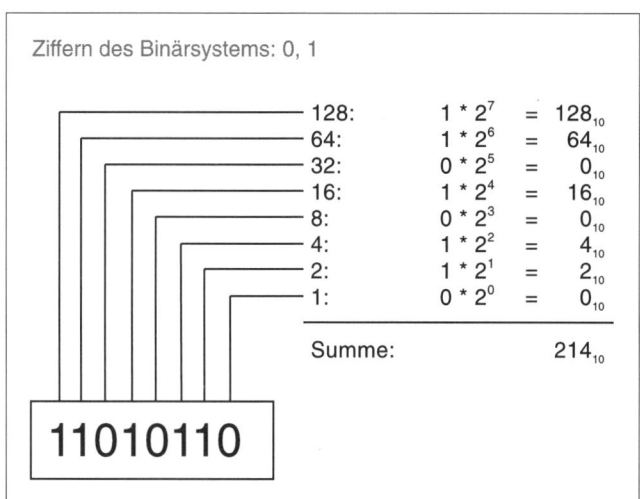

Abbildung 1.2 Darstellung der Dezimalzahl 214 mit Hilfe des Binärsystems

Wenn Sie einen Blick auf Abbildung 1.2 werfen, sehen Sie, wie die Dezimalzahl 214 in einer *binären* Form dargestellt wird. Es ist wichtig zu betonen, dass die Darstellung hier binär *interpretiert* wird. Später, in Abschnitt 1.4, »Kodierung von Zeichen«, werden Sie sehen, dass digitale Zahlenkolonnen auch ganz anders interpretiert werden können.

Zweierpotenzen

Bei der Binärdarstellung besteht die Dezimalzahl 214 aus lauter Zweierpotenzen, deren Basen sich auf die Zahl 2 beziehen. Die Summe ergibt sich durch Addition folgender Summanden: $214 = 1 * 2^7 + 1 * 2^6 + 0 * 2^5 + 1 * 2^4 + 0 * 2^3 + 1 * 2^2 + 1 * 2^1 + 0 * 2^0$. Jeder dieser Summanden entspricht der kleinsten Informationseinheit, dem legendären *Bit*, auf das ich im nächsten Abschnitt noch ausführlich eingehen werde.

Wertebereich

In Tabelle 1.1 sehen Sie, wie viele Informationen sich mit drei Bit darstellen lassen. Die kleinste und die größte darstellbare Zahl ergeben den *Wertebereich*. Die maximale Anzahl der Informationen können Sie mit folgender Formel berechnen: Anzahl = $2^{(\text{Anzahl Bit})}$. In diesem Fall ergibt sich die Anzahl aus $2^3 = 2 * 2 * 2 = 8$. Stellen Sie sich vor, Sie wollten die Dezimalzahl 214 im Binärsystem statt durch

Flip-Flops mit Hilfe von Glühlampen darstellen oder eine solche Zahl speichern. Dazu bräuchten Sie für jeden Summanden (von $1 * 2^7$ bis $0 * 2^0$) eine Glühlampe. Das »Schaltbrett« besäße also acht Glühlampen (Abbildung 1.3).

Dezimalzahl	Binärzahl
0	0 0 0
1	0 0 1
2	0 1 0
3	0 1 1
4	1 0 0
5	1 0 1
6	1 1 0
7	1 1 1

Tabelle 1.1 Der Wertebereich einer Informationseinheit von drei Bit

Wenn der Informatiker in einem Dokument verschiedene Zahlensysteme nebeneinander verwendet, muss er sie kennzeichnen, damit der Leser sie unterscheiden kann. Zahlen des Binärsystems kennzeichnet man entweder durch eine tiefgestellte Zwei (11010110_2), oder man verwendet ein Prozent- oder Dollarzeichen als Präfix (%11010110) beziehungsweise eine Abkürzung als Postfix (11010110b). In diesem Buch verwende ich die erste Schreibweise, wenn Missverständnisse beim Gebrauch verschiedener Zahlensysteme auftreten können.

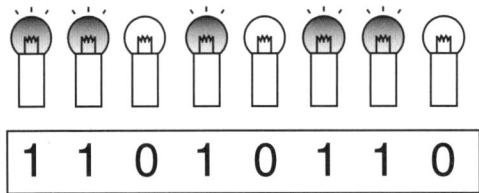

Abbildung 1.3 Darstellung der Dezimalzahl 214 mit Hilfe von Glühlampen

1.2.3 Hexadezimalsystem

Das Hexadezimalsystem, auch Sedezimalsystem genannt (lat. sex, grch. hexa-: sechs), basiert auf sechzehn Ziffern zur Zahlendarstellung. Aus Abbildung 1.4 (Seite 31) können Sie erkennen, dass die ersten zehn Ziffern die vom Dezimalsystem bekannten Ziffern sind, während ab der 10. Stelle lateinische Großbuchstaben stehen. Was hat das zu bedeuten?

Ab der 10. Ziffer ist der Zeichenvorrat des Dezimalsystems erschöpft, und es ist in diesem Fall erforderlich, neue Zeichen zur Darstellung einzusetzen. Man hat sich dafür entschieden, hier die Großbuchstaben A bis F zu verwenden. Die Darstellungsform ist für viele Einsteiger etwas gewöhnungsbedürftig. Sie bedeutet, dass eine dezimale 10 einem hexadezimalen A entspricht, eine 11 einem B, eine 12 einem C, eine 13 einem D, eine 14 einem E und eine 15 einem F.

Das Hexadezimalsystem ist hier aufgeführt, weil es das Lieblingssystem der Computerfachleute ist, um binäre, vom Computer gespeicherte Informationen darzustellen. Das kommt daher, dass Binärzahlen sehr schnell lang und unübersichtlich werden und sich das Hexadezimalsystem wegen seiner kompakten Darstellung sehr gut als Alternative eignet. Warum dies genau der Fall ist, zeigt folgendes Beispiel:

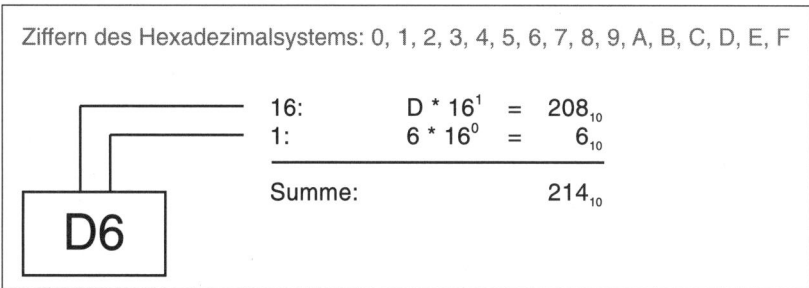

Abbildung 1.4 Darstellung der Dezimalzahl 214 mit Hilfe des Hexadezimalsystems

Sechzehnerpotenzen

Bei der hexadezimalen Darstellung einer Zahl besteht diese aus lauter Potenzen zur Basis 16. Die hexadezimale Zahl D6 lässt sich hierbei durch folgende Gleichung ausdrücken: $214_{10} = D * 16^1 + 6 * 16^0$. Da das hexadezimale Zeichen D einer dezimalen 13 entspricht, lautet die vollständig auf das Dezimalsystem übertragene Gleichung 214 = 13 * 16 + 6 * 1. Die hexadezimale Zahl D6 entspricht also der dezimalen Zahl 214.

Leichte Umwandlung in Binärzahlen

Vergleichen Sie nun die Hexadezimaldarstellung der Dezimalzahl 214 mit der Binärdarstellung dieser Zahl (Abbildung 1.5). Wenn Sie die acht Stellen der Binärzahl in zwei vierstellige Abschnitte zerlegen, erkennen Sie, wie leicht sich die Binärdarstellung einer Zahl in eine Hexadezimaldarstellung umwandeln lässt. Jeder geübte Programmierer ist mit Hilfe des Hexadezimalsystems in der Lage, die native Zahlendarstellung des Computers, das Binärsystem, besser zu lesen.

1 Digitale Informationsverarbeitung

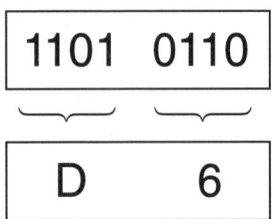

Abbildung 1.5 Vergleich der Darstellung von Hexadezimal- und Binärsystem

Zur leichteren Unterscheidung markiert man Zahlen des Hexadezimalsystems bei der Darstellung von Zahlen unterschiedlicher Zahlensysteme entweder durch eine tiefgestellte Zahl ($D6_{16}$) oder man verwendet ein Prozent- oder Dollarzeichen als Präfix ($D6), beziehungsweise eine Abkürzung als Postfix (D6h). Im Folgenden verwende ich wieder die erste Schreibweise, wenn Missverständnisse beim Gebrauch verschiedener Zahlensysteme entstehen könnten.

1.3 Informationseinheiten

Wie für physikalische Größen, zum Beispiel Entfernungen oder Gewichte, gibt es auch Maßeinheiten, die den Informationsgehalt angeben. Eine Übersicht der wichtigsten Maßeinheiten und deren Werte finden Sie in Tabelle 1.2.

Informationseinheit	Wert [Bit]	Wert [Byte]
Bit	1	0,125
Halbbyte (Nibble)	4	0,5
Byte	8 * 1	1
Wort	8 * 2	2
Doppelwort	8 * 4	4
KByte (Kilobyte)	8 * 1024	1024
MByte (Megabyte)	$8 * 1024^2$	1024^2
GByte (Gigabyte)	$8 * 1024^3$	1024^3
TByte (Terabyte)	$8 * 1024^4$	1024^4

Tabelle 1.2 Die wichtigsten Maßeinheiten der Information

1.3.1 Bit

Die kleinste Informationseinheit ist das so genannte *Bit* (Kurzwort aus engl. binary digit). Mit Hilfe eines Bits lassen sich wie mit einer Glühlampe lediglich zwei Zustände speichern: ein- oder ausgeschaltet, leitend oder nicht leitend. Sie haben gesehen, wie viele Bits notwendig sind, um die Dezimalzahl 214 darzustellen. Eine einzelne dieser Speicherzellen konnte diese Information nicht festhalten. Um größere Datenmengen speichern zu können, fasst man deshalb Gruppen von Bits zu Einheiten zusammen.

1.3.2 Byte

Die wichtigste Informationseinheit neben dem Bit ist das Byte. Ein Byte entspricht 8 Bit. Große Datenmengen gibt man in Vielfachen von Byte an, wie zum Beispiel 1 Kilobyte (Abkürzung KByte). 1 KByte entspricht übrigens 1024 Byte und nicht 1000 Byte. Um einer Verwechslung mit dem physikalischen Faktor Kilo (k = 10^3 = 1000) vorzubeugen, schreiben die meisten Informatiker das K vor dem Byte mit einem Großbuchstaben, also entweder KB oder KByte.

1.3.3 Wort

Das Wort (2 Byte = 16 Bit) spielt ebenfalls eine große Rolle bei der Darstellung von Informationen. Es wird in Kapitel 2, »Programmiersprachen«, bei den Bestandteilen eines Programms wieder auftauchen.

1.4 Kodierung von Zeichen

Wie eingangs schon erwähnt, sind für den Computer alle Informationen, die er verarbeitet, binäre Zahlenströme. Da er nur mit Zahlen operiert, bezeichnet man den Computer (lat. Computator: Rechner) im Deutschen auch sehr richtig als Rechner. Nun möchte man den Computer aber nicht nur dazu verwenden, mathematische Berechnungen durchzuführen, sondern auch, um Zeichen auszugeben.

Da der Digitalcomputer nur mit dem Binärformat von Zahlen arbeiten kann, bedarf es zur Zeichendarstellung eines Tricks: Die Zeichen des Alphabets müssen in Binärzahlen übersetzt werden. Dieser Vorgang nennt sich Kodierung. Die Kodierung sieht so aus, dass jedes Zeichen, das dargestellt werden soll, eine Binärzahl eindeutig zugewiesen bekommt. Auf diese Weise entstehen Übersetzungstabellen, von denen es drei sehr bedeutende gibt: die ASCII-, ANSI- und Unicode-Tabellen.

1.4.1 ASCII-Code

ASCII ist eine Abkürzung für American Standard Code for Information Interchange, also den amerikanischen Standardcode für Informationsaustausch. Er basierte anfangs darauf, Zeichen mit 7 Bit zu kodieren. Das heißt, der Wertebereich beschränkte sich auf lediglich 128 Zeichen. Nationale Sonderzeichen konnten noch nicht kodiert werden.

Keine nationalen Sonderzeichen

Warum war man damals so sparsam? Zu dem Zeitpunkt, als der Code entwickelt wurde, war der Speicherplatz noch sehr kostbar, und es wurde versucht, möglichst wenig davon zu verbrauchen. Außerdem war die Internationalisierung noch nicht so bedeutend und die Darstellung nationaler Sonderzeichen nicht so wichtig.

Hexadezimal	Binär	ASCII
3A	00111010	:
3B	00111011	;
3C	00111100	<
3D	00111101	=
3E	00111110	>
3F	00111111	?
40	01000000	@
41	01000001	A
42	01000010	B
43	01000011	C
44	01000100	D
45	01000101	E

Tabelle 1.3 Ausschnitt aus dem ersten Teil der ASCII-Tabelle

Da der Wertebereich von 128 Zeichen viel zu klein für die Menge an Zeichen war, die weltweit verwendet wurden, erweiterte man den ASCII-Code später auf 8 Bit (ein Byte). Damit beträgt der Wertebereich 256 Zeichen ($2^8 = 256$).

Erweiterung um nationale Sonderzeichen

Der erste Teil des normalen und erweiterten ASCII-Codes besteht aus Druckersteuerzeichen, die nicht ausgegeben werden können. Sie dienten beispielsweise dazu, einen Zeilenvorschub auszulösen. Nach diesen Druckersteuerzeichen folgt ein Abschnitt mit Zeichen für die Interpunktion sowie mit den »normalen« Zeichen des Alphabets. Der erweiterte Teil des ASCII-Codes ist für nationale sowie andere Sonderzeichen reserviert.

Erweiterung nicht standardisiert

Leider war der erweiterte Teil des ASCII-Codes nicht standardisiert, so dass die Sonderzeichen eines ASCII-Textes auf einem IBM-Computer anders dargestellt wurden als auf einem Apple-Computer. Ein deutschsprachiger Brief, der auf einem Apple Macintosh in einem Standardtextformat geschrieben worden war, war auf einem IBM-PC schlecht lesbar, denn alle nationalen Sonderzeichen wurden falsch dargestellt. Um diese Beschränkungen des ASCII-Codes zu überwinden und eine Internationalisierung zu fördern, entwickelte man den ANSI-Code.

1.4.2 ANSI-Code

Der ANSI-Code wurde vom American National Standards Institute (ANSI) festgelegt. Er basiert auf den ersten 127 Zeichen des ASCII-Codes, verwendet aber 16 Bit zur Darstellung von Zeichen und besitzt daher einen Wertebereich von 65536 Zeichen (2^{16} Zeichen = 65536).

Hexadezimal	Binär	ANSI
C0	11000000	À
C1	11000001	Á
C2	11000010	Â
C3	11000011	Ã
C4	11000100	Ä
C5	11000101	Å
C6	11000110	Æ
C7	11000111	Ç
C8	11001000	È
C9	11001001	É
CA	11001010	Ê
CB	11001011	Ë

Tabelle 1.4 Ausschnitt aus einem Teil der ANSI-Tabelle

Der ANSI-Code war allerdings auch nicht der Weisheit letzter Schluss. Sein Wertebereich war zwar ausreichend, doch nicht international normiert. Daher entschlossen sich Fachleute verschiedener Länder, das Nonplusultra der Zeichencodes zu entwickeln: den international standardisierten Unicode, den auch die Programmiersprache Java verwendet.

1.4.3 Unicode

Der Unicode ist vom Unicode-Konsortium entwickelt worden, einer Vereinigung, die aus Linguisten und anderen Fachleuten besteht. Unicode ist seit der Version 2.0 auch mit der internationalen Norm ISO/IEC 10646 abgestimmt und verwendet wie der ANSI-Code 16 Bit zur Zeichendarstellung. Im Gegensatz zum ANSI-Code ist Unicode jedoch unabhängig vom Betriebssystem, unabhängig vom Programm und unabhängig von der Landessprache.

Zeichen aller Länder

Der Unicode enthält Zeichen aller bekannten Schriftkulturen und Zeichensysteme, darunter das lateinische, tibetanische, kyrillische, hebräische, japanische und chinesische Alphabet. Damit können Programme und deren Oberflächen problemlos in andere Sprachen übersetzt werden.

Java und Unicode

Für die Java-Programmierung hat der Unicode die größte Bedeutung, weil Java-Programme unter allen Betriebssystemen und in allen Ländern funktionieren müssen. Man kann ohne Übertreibung sagen, dass die Entwicklung des Unicodes eine der Voraussetzungen für einige Merkmale von Java war. Mit JDK 7 unterstützt Java jetzt Unicode 6.0.

Zeichen	Unicode
Ä	\u00c4
Ö	\u00d6
Ü	\u00dc
ä	\u00e4
ö	\u00f6
ü	\u00fc
ß	\u00df

Tabelle 1.5 Die Unicodes der deutschen Sonderzeichen

Einige der in Tabelle 1.5 abgedruckten Unicodes werden Sie später (ab Kapitel 4, »Sprache Java«) in Programmlistings finden, wenn deutsche Sonderzeichen ausgegeben werden sollen. Die Verwendung des Unicodes ist notwendig, damit ein Programm unter verschiedenen Betriebssystemen (z. B. Windows und Mac OS X) nationale Sonderzeichen darstellen kann.

1.5 Kodierung logischer Informationen

Neben der Kodierung von Zahlen und Zeichen ist die Kodierung logischer Informationen für die Programmierung von großer Bedeutung. Logische Informationen sind Zustandsinformationen wie *Wahr* oder *Falsch* sowie logische Verknüpfungen wie *Oder* beziehungsweise *Und*. Diese Informationen steuern den Programmfluss, wie die folgenden Beispiele zeigen werden.

1.5.1 Und-Funktion

Viele Programme überprüfen vor dem Programmende, ob ein Dokument (zum Beispiel ein Textdokument wie ein Brief) noch gespeichert werden muss, damit keine Informationen verloren gehen. Das geschieht zum Beispiel folgendermaßen:

- Wenn das Dokument seit dem letzten Speichern geändert wurde (Bedingung A)
- und (Verknüpfung)
- das Programm beendet werden soll (Bedingung B),
- dann frage den Anwender, ob er das Dokument speichern möchte (Aktion).

Entscheidungstabelle

Das Ganze lässt sich in Form einer Entscheidungstabelle darstellen, wobei Folgendes zu beachten ist: Der Zustand *Wahr* lässt sich im Computer als eine 1 darstellen, der Zustand *Falsch* als eine 0. Ein logisches *Und* zwischen den Bedingungen A und B wird wie folgt geschrieben: A ∧ B.

Und-Funktion

Die Abbildung 1.6 zeigt Folgendes: Sind beide Bedingungen falsch (Fall 1) und werden sie mit *Und* verknüpft, ist das Ergebnis ebenfalls falsch. Ist nur eine der Bedingungen falsch und werden sie mit *Und* verknüpft (Fall 2 und 3), ist das Ergebnis ebenfalls falsch. In diesen beiden Fällen ist keine Aktion notwendig.

	A	B	A ∧ B	
Fall 1	0	0	0	Keine Aktion
Fall 2	0	1	0	Programmende
Fall 3	1	0	0	Keine Aktion
Fall 4	1	1	1	Dialog zeigen

A: Dokument nicht gespeichert
B: Programm soll beendet werden

Abbildung 1.6 Und-Funktion

Nur im Fall 4, also dann, wenn beide Bedingungen erfüllt sind (Zustand *Wahr*), wird das Programm einen Dialog einblenden, bevor es sich verabschiedet. In diesem Fall muss das Programm die Antwort des Anwenders auswerten und das Dokument eventuell speichern.

1.5.2 Oder-Funktion

Abbildung 1.7 zeigt das vorangegangene Beispiel nochmals mit der Oder-Funktion. Wie Sie erkennen können, ist eine Oder-Verknüpfung nur dann falsch, wenn beide Bedingungen falsch sind. Das ganze Beispiel lässt sich um eine Bedingung erweitern:

- Wenn das Dokument seit dem letzten Speichern geändert wurde (Bedingung A)
- und (Verknüpfung)
- das Programm beendet werden soll (Bedingung B)
- oder (Verknüpfung)
- das Dokument geschlossen wird (Bedingung C),
- dann frage den Anwender, ob er das Dokument speichern möchte (Aktion).

Wenn Bedingung A mit B durch ein logisches *Oder* verknüpft wird, schreibt man dies wie folgt: $A \lor B$. Auf den neuen Anwendungsfall übertragen, sieht die Gleichung folgendermaßen aus: $A \land B \lor C$. Damit eindeutig ist, wie der Ausdruck auszuwerten ist, setzt man ihn besser in Klammern: $A \land (B \lor C)$.

	A	B	A ∨ B	
Fall 1	0	0	0	Keine Aktion
Fall 2	0	1	1	Dialog zeigen
Fall 3	1	0	1	Dialog zeigen
Fall 4	1	1	1	Dialog zeigen

A: Programm soll beendet werden
B: Dokument wird geschlossen

Abbildung 1.7 Oder-Funktion

1.5.3 Nicht-Funktion

Die Nicht-Funktion findet überall dort Verwendung, wo es notwendig ist, einfache logische Aussagen zu überprüfen. Dabei kehrt sie einfach den Wert einer Information in ihr Gegenteil um. Wenn A = 0 ist, dann ist Nicht-A eben 1. Nicht-A schreibt sich ¬ A.

Angenommen, Sie möchten zu einem bestimmten Zeitpunkt überprüfen, ob ein Dokument innerhalb eines Programms gespeichert wurde. Sie benutzen dazu eine Variable namens *Gespeichert*.

Ist der Wert dieser Variablen 1, so ist wahr, dass das Dokument gespeichert wurde. Ist die Variable hingegen 0, so hat der Anwender das Dokument nicht gespeichert. In diesem Fall soll ein Dialog mit der Frage »Wollen Sie jetzt speichern?« eingeblendet werden.

Die Bedingung für das Auslösen dieser Aktion lautet: Falls das Dokument *Nicht-Gespeichert* ist, zeige den Dialog »Dokument sichern«. *Nicht-Gespeichert* muss wahr sein, damit diese Bedingung erfüllt ist (Abbildung 1.8).

	Gespeichert	¬ Gespeichert	
Fall 1	1	0	Keine Aktion
Fall 2	0	1	Dialog zeigen

Abbildung 1.8 Nicht-Funktion

1.6 Zusammenfassung

Der Computer speichert alle Informationen mit Hilfe primitiver Bauelemente, die nur zwei Zustände annehmen können. Diese Bauelemente werden als Träger von binären Zahlen eingesetzt.

Die Binärdarstellung von Informationen nennt sich Binärformat. Im Binärformat gespeicherte Programme heißen Binär- oder Maschinenprogramme. Binär dargestellte Informationen sind für den Menschen nur schlecht verständlich. Aus diesem Grund verwendet man lieber andere Zahlensysteme wie zum Beispiel das Hexadezimal- und das Dezimalsystem.

Die vom Computer gespeicherten Informationen in Form binärer Zahlen lassen sich auf einfache Weise in Dezimal- oder Hexadezimaldarstellung umwandeln. Der Informationsgehalt dieser Daten wird in Bits und Bytes gemessen.

Im Gegensatz zur Zahlendarstellung basiert die Zeichendarstellung auf Codetabellen wie dem ASCII-Code. Für die Java-Programmierung ist von allen Zeichentabellen die Unicode-Tabelle am wichtigsten. Der Unicode erleichtert die Internationalisierung von Programmen, da er Zeichen aller Länder darstellen kann.

1.7 Aufgaben

Versuchen Sie bitte, folgende Aufgaben zu lösen:

1.7.1 Zahlensysteme

1. Woher kommt der Name »Digitalcomputer«?
2. Warum arbeiten heutige Digitalcomputer mit Binärzahlen?
3. Welchen Vorteil bietet das Hexadezimalsystem bei der Darstellung von Binärzahlen?
4. Wandeln Sie die Hexadezimalzahl 7D3 manuell in eine Dezimalzahl um. Beschreiben Sie den Lösungsweg.

1.7.2 Informationseinheiten

1. Was ist die kleinste Informationseinheit, die ein Computer verarbeitet?
2. Wie viele Bits haben Sie zur Darstellung der Hexadezimalzahl 7D3 (Aufgabe 4) benötigt?

3. Wie viele Bytes sind ein KByte?
4. Wie kommt es zu der ungewöhnlichen Schreibweise von KByte?

1.7.3 Zeichenkodierung

1. Wofür benötigt man Codetabellen?
2. Was sind die großen Vorteile des Unicodes?

1.7.4 Kodierung logischer Informationen

1. Welche logischen Verknüpfungen gibt es?
2. Wie lautet das Ergebnis von folgendem Ausdruck: $1 \land (0 \lor 1)$?

Die Lösungen zu den Aufgaben finden Sie in Kapitel 18 ab Seite 503.

»In keiner Sprache kann man sich so schwer verständigen wie in der Sprache.« (Karl Kraus)

2 Programmiersprachen

2.1 Einleitung

Dieses Kapitel gibt Ihnen einen Überblick über die babylonische Vielfalt der Programmiersprachen. Es hilft Ihnen, die Programmiersprache Java in den nachfolgenden Kapiteln besser einzuordnen, die Entwicklung der Sprache besser nachzuvollziehen und ihre Konzepte besser zu verstehen. Ab diesem Kapitel sollten Sie eine Java-Entwicklungsumgebung (zum Beispiel Eclipse) installiert haben, um das erste Beispiel gleich nachvollziehen zu können. Hilfe bei der Auswahl und Installation von Java-Entwicklungsumgebungen finden Sie in Kapitel 22, »Werkzeuge«.

2.1.1 Verständigungsschwierigkeiten

In Kapitel 1, »Digitale Informationsverarbeitung« haben Sie erfahren, dass ein Digitalcomputer Informationen auf sehr primitive Art darstellt. Vielleicht haben Sie sich gefragt, wie eine so dumme Maschine in der Lage ist, vom Menschen entwickelte intelligente Programme auszuführen. Das ist in der Tat nicht einfach.

Zwischen dem Menschen und dem Computer gibt es enorme Verständigungsschwierigkeiten, da sich die menschliche Sprache und die Maschinensprache des Computers stark unterscheiden. Es hat einige Jahrzehnte gedauert, die Verständigungsschwierigkeiten halbwegs aus dem Weg zu räumen. Der Schlüssel dazu liegt in der Entwicklung geeigneter Programmiersprachen.

2.1.2 Definition

Programmiersprachen sind Sprachen, mit deren Hilfe ein Softwareentwickler Befehle (Rechenvorschriften) für den Computer formuliert. Eine bestimmte Ansammlung von Befehlen ergibt ein Computerprogramm. Die Befehle dieser Programmiersprachen sind nicht so leicht verständlich, wie es die natürliche Sprache für uns ist. Diese Sprachen können aber vom Menschen viel besser verstanden werden als der Binärcode des Computers. Programmiersprachen vermitteln also zwischen beiden Welten im Kreislauf zwischen Mensch und Maschine (Abbildung 2.1).

Damit Sie eine Programmiersprache wie Java verstehen, müssen Sie diese Sprache wie jede Fremdsprache erlernen. Der Computer hat es besser: Er muss die Fremdsprache Java nicht erlernen. Für ihn haben findige Softwareentwickler eine Art Dolmetscher (Interpreter, Compiler) erfunden. Dieser *Babelfisch*[1] übersetzt die Java-Sprache in die Muttersprache des Computers (Kapitel 5, »Entwicklungsprozesse«, und 6, »Plattform Java«, stellen den Compiler ausführlich vor).

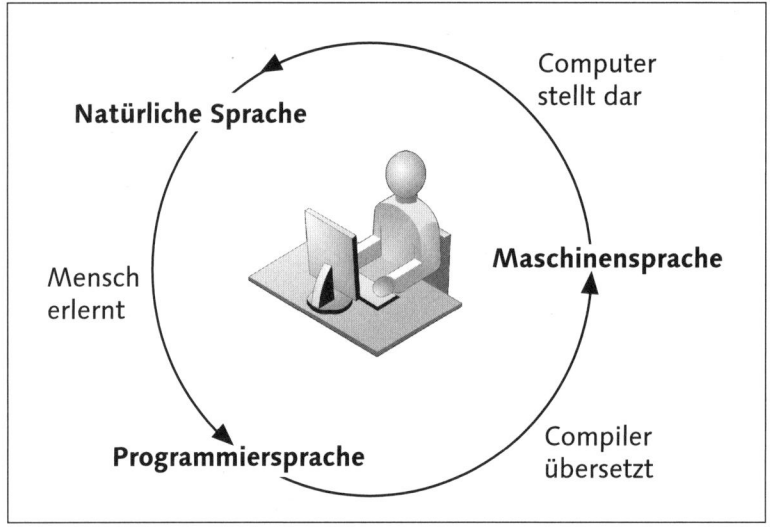

Abbildung 2.1 Kreislauf zwischen Mensch und Maschine

2.1.3 Klassifizierung

Es gibt verschiedene Möglichkeiten, Programmiersprachen einzuordnen: entweder nach Sprachmerkmalen (Abbildung 2.2) oder nach ihrer Abstammung (Abbildung 2.3 auf Seite 46) oder chronologisch (Abschnitt 2.1.4, »Geschichte«).

Peter Rechenberg sagt, ein einziges Klassifikationsschema sei niemals ausreichend, und schlägt stattdessen gleich zwei verschiedene Schemata vor (Abbildung 2.2). Dieses Kapitel gruppiert die Programmiersprachen chronologisch und beginnt daher mit ihrer Geschichte.

---

[1] Aus Douglas Adams, »Per Anhalter durch die Galaxis«: Ein Babelfisch ist ein Fisch, den man sich ins Ohr steckt und der per Gedankenübertragung alle Sprachen übersetzt.

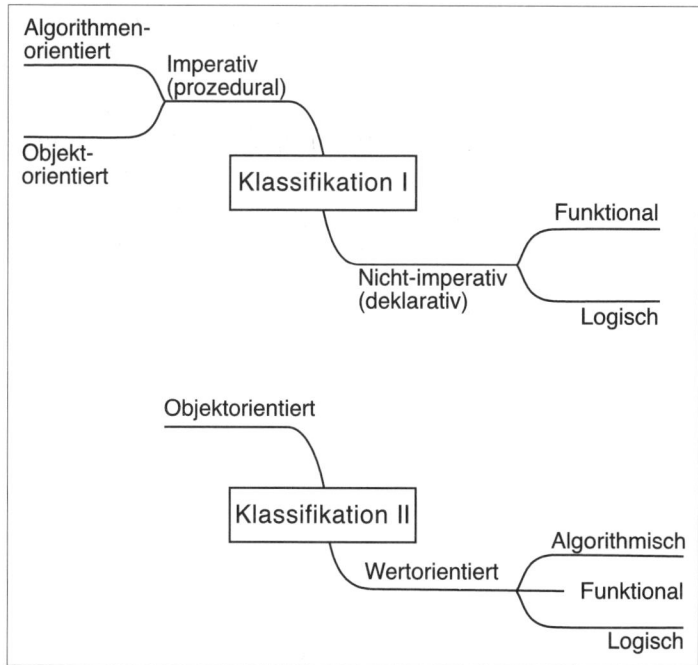

Abbildung 2.2 Klassifikation nach Rechenberg

2.1.4 Geschichte

Programmiersprachen unterliegen einem steten Wandel. Ständig kommen neue Sprachen hinzu, alte verschwinden wieder. Der Grund für diese hektische Betriebsamkeit ist die Suche der Softwareentwickler nach *der* optimalen Programmiersprache.

Die Idealsprache ist extrem leicht zu erlernen, für jeden Einsatzbereich geeignet und beflügelt die Entwicklung hochwertiger, extrem schneller Software, die auf jedem Computersystem ausgeführt werden kann – kurz: Diese Sprache gibt es (noch) nicht.

Auch wenn die optimale Programmiersprache noch nicht existiert, ist der bisher erzielte Fortschritt bei der Entwicklung neuer Programmiersprachen beachtlich. Ausgangspunkt dieser Entwicklung war die »Muttersprache« der Computer, die so genannte Maschinensprache (Abbildung 2.3).

Von der maschinennahen Programmierung hat man sich jedoch im Laufe der Zeit immer weiter entfernt. Ordnet man die Programmiersprachen chronologisch, so kommt man heute je nach Zählweise auf bis zu sechs Generationen von Programmiersprachen, die ich Ihnen vorstellen möchte.

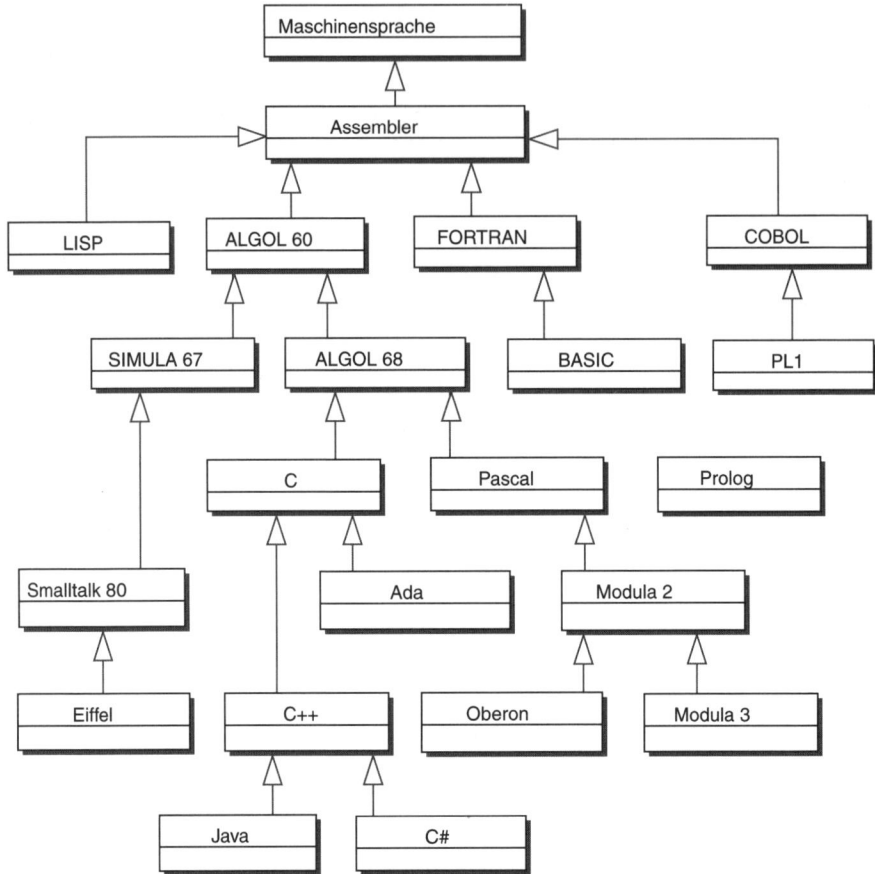

Abbildung 2.3 Stammbaum der wichtigsten Programmiersprachen

2.2 Programmiersprachen der ersten Generation

Als die ersten Computer entwickelt wurden, programmierte man sie direkt in Maschinensprache. Die »Muttersprache« des Computers nennt sich Maschinensprache, weil sie vom Computer (der Maschine) direkt und ohne Übersetzung ausgeführt werden kann.

Die Maschinensprache ist sehr verschieden von den natürlichen Sprachen, mit denen sich Menschen verständigen (Humansprachen). Sie besteht aus kleinen Codeeinheiten im *Binärformat*, den eingangs erwähnten Befehlen.

2.2.1 Programmaufbau

Wenn ein Maschinenprogramm abläuft, liest der Computer diese binären Zahlen und interpretiert sie als Befehle. Das Programm befindet sich während seiner Ausführung in einem bestimmten Bereich des Hauptspeichers (Kapitel 23, »Computerhardware«). Somit kann jedem Befehl eine eindeutige Adresse zugeordnet werden. Listing 2.1 zeigt auf der linken Seite die Adresse im Hauptspeicher in hexadezimaler Notation und auf der rechten Seite das eigentliche Maschinenprogramm in hexadezimaler Notation.

```
1: XXXX:0100    B9 01 00
2: XXXX:0103    B8 00 00
3: XXXX:0106    01 C8
4: XXXX:0108    41
5: XXXX:0109    83 F9 05
6: XXXX:010C    76 F8
```

Listing 2.1 Ein Beispiel für ein Maschinenprogramm (Intel-80x86-CPU)

Verständlichkeit

Durch die hexadezimale Notation des Maschinenprogramms ist es einem Experten schon viel besser möglich, das Programm zu verstehen – besonders gut lesbar ist die Ansammlung mehr oder weniger verständlicher Anweisungen jedoch nicht.

Mikrobefehle

Das Maschinenprogramm besteht aus einer Reihe von Mikrobefehlen, auf die ich an dieser Stelle bewusst nicht weiter eingehen möchte. Die Erläuterung der Befehle folgt im nächsten Abschnitt, wo das gleiche Programm in der Assembler-Sprache vorgestellt wird.

Binärcode

Nur so viel an dieser Stelle: Was Sie in Listing 2.1 sehen, ist der so genannte *Binärcode* eines Computerprogramms. Ein binäres Computerprogramm besteht aus Befehlen in der nativen (eigentlichen) Sprache des Computers. Wenn man ein Computerprogramm direkt in dieser Maschinensprache schreibt, muss es nicht mehr in die Sprache des Computers übersetzt werden.

2.2.2 Portabilität

Es ist wichtig, zu wissen, dass sich Computer unterschiedlicher Bauart mehr oder weniger stark in ihrem Binärcode unterscheiden. Ein Maschinenprogramm für einen Apple Macintosh G5 unterscheidet sich von einem Maschinenprogramm für einen Intel-PC oder einen IBM-Großrechner. Durch diese Tatsache kann ein Maschinenprogramm, das für einen Intel-PC entwickelt wurde, nicht direkt auf einem anderen Computersystem wie einem IBM-Großrechner ausgeführt werden.

Um das zu erreichen, muss das Computerprogramm von einer Maschinensprache in die andere übertragen (portiert) werden (engl. portable: übertragbar). Wenn Sie nochmals einen Blick auf Listing 2.1 werfen, können Sie sich vorstellen, was es bedeutet, Tausende von derart simplen Instruktionen zu übertragen. Ein Entwickler, der diese Arbeit manuell durchführt, muss – neben unendlicher Geduld – über sehr gute Kenntnisse in der Hardware *beider* Computersysteme verfügen.

In Maschinensprache geschriebene Computerprogramme lassen sich ab einer bestimmten Komplexität praktisch nicht mehr auf andere Computersysteme übertragen. Dies ist neben der schlechten Verständlichkeit einer der Hauptnachteile der Maschinensprache und einer der Gründe, warum man Hochsprachen entwickelt hat.

2.2.3 Ausführungsgeschwindigkeit

Entwickler von Maschinenprogrammen besitzen in der Regel sehr gute Hardwarekenntnisse und können daher den Programmcode und Speicherplatzbedarf der Programme stark optimieren. Daher sind direkt in Maschinensprache entwickelte Programme meistens sehr effizient programmiert. Sie laufen im Vergleich zu Programmen, die in Hochsprachen (Pascal, Java) programmiert sind, oftmals viel schneller, benötigen nur wenig Hauptspeicher und Festplattenkapazität.

2.2.4 Einsatzbereich

Direkt in Maschinensprache wird trotz ihres Geschwindigkeitsvorteils aufgrund ihrer Hardwareabhängigkeit, ihrer schlechten Portabilität und ihrer extrem schlechten Verständlichkeit heute kaum mehr programmiert. Wenn man überhaupt maschinennah programmiert, dann in Assembler, der Programmiersprache der zweiten Generation.

2.3 Programmiersprachen der zweiten Generation

Um den Computer nicht in der für Menschen schlecht verständlichen Maschinensprache programmieren zu müssen, hat man die Assembler-Sprache erfunden. In Assembler geschriebene Programme bestehen aus einzelnen symbolischen Anweisungen, die sich der Programmierer besser merken kann.

2.3.1 Programmaufbau

Das Assembler-Programm besteht im Gegensatz zu den kryptischen Zahlencodes des Maschinenprogramms aus symbolischen Befehlen. Diese Minibefehle sind nur in der Lage, sehr einfache Aufgaben wahrzunehmen.

```
 1: ; Beispielprogramme/Programmiersprachen/Ex02
 2: ; Beispiel fuer ein einfaches Assembler-Programm
 3: ; Prozessor: Intel 80x86 / Assembler: TASM
 4: ; Autor: Bernhard Steppan
 5: ;
 6: code           segment para
 7:                assume  cs:code,ds:code
 8:
 9:                org     0100h
10: start:         mov     cx, 1
11:                mov     ax, 0
12:                add     ax, cx
13:                inc     cx            ; Erhoehe cx
14:                cmp     cx, 05
15:                jbe     106
16:
17:                end     start
```

Listing 2.2 Ein Assembler-Programmbeispiel (Intel-80x86-CPU)

Verständlichkeit

Um das Programm zu verstehen, muss man die Hardware des Computers kennen. Ein Intel-PC oder ein zu einem Intel-PC kompatibler Computer, für den das Programm geschrieben wurde, verfügt über mindestens einen Hauptprozessor, die so genannte Central Processing Unit (CPU). In diesem Fall ist es ein x86-kompatibler Prozessor. Dieser Prozessor besitzt einen typspezifischen Befehlssatz und mehrere Register (Kapitel 23, »Computerhardware«).

Mikrobefehle

Die Register dienen beim Ausführen des Programms als kurzfristiger Zwischenspeicher für Zahlenwerte, mit denen der Hauptprozessor beschäftigt ist: Sie besitzen daher die extrem wichtige Funktion eines Kurzzeitgedächtnisses für den Prozessor.

Zu Anfang des Programms (Listing 2.2) lädt der Prozessor den Wert 1 in das Register *CX* (Zeile 10). Der entsprechende Assembler-Befehl ist ein so genannter Datentransferbefehl. Er lautet *MOV* und ist eine Abkürzung von »to move«

(bewegen). Jeder dieser Mikrobefehle ist ein solches Kürzel, das man sich leicht merken kann und das deshalb auch Mnemonik (Stütze fürs Gedächtnis) heißt.

Die zweite Anweisung *MOV AX, 0* initialisiert das Akkumulatorregister (AX) mit dem Wert 0, um die nachfolgende Berechnung bei 0 zu beginnen (Zeile 11). Danach addiert der Prozessor den Wert im Zählerregister CX (Counter Register) zum Register AX (Zeile 12). Im Anschluss daran erhöht der Befehl *INC CX* den Anfangswert um 1 (Zeile 13). Das Mnemonik lautet *INC* und bedeutet »increment« (Zunahme).

Nachfolgend vergleicht der Prozessor den Wert des Registers *CX* mit dem Wert 5 (Zeile 14) und springt zur Adresse 106, wenn der Wert kleiner oder gleich 5 ist (Zeile 15). Die beiden Befehle *CMP* und *JBE* bilden demnach eine Einheit. *CMP* bedeutet »to compare« (vergleichen) und *JBE* »jump below or equal« (springe, wenn kleiner oder gleich).

Binärcode

Was Sie in Listing 2.2 sehen, ist der so genannte *Assembler-Quellcode* eines Computerprogramms. Damit der Computer diesen Quelltext (*ASCII-Code*) verstehen kann, muss er in ein binäres Computerprogramm (*Binärcode*) übersetzt werden. Dazu verwendet der Softwareentwickler ein spezielles Entwicklungswerkzeug, den so genannten Assembler. Der Assembler *fügt* das Programm *zusammen* (engl. to assemble: zusammenfügen, montieren). Von diesem Werkzeug bekam die Programmiersprache ihren Namen.

2.3.2 Portabilität

Ein Assembler-Programm von einem Computersystem auf ein anderes zu übertragen ist ähnlich schwer wie die Portierung eines Maschinenprogramms. Meist ist es sinnvoller, sich die Dokumentation durchzulesen und das gesamte Programm neu zu schreiben.

Bedenken Sie, was die Hardwareabhängigkeit von Software bedeutet: Nicht nur, um ein Computerprogramm von einem Computertyp auf einen anderen zu übertragen, muss die Software verändert werden. Sie müsste eigentlich auch dann verändert werden, wenn ein neueres Modell des gleichen Computertyps erscheint, sobald dessen Maschinensprache umfangreicher geworden ist. Wenn Sie ein in Assembler geschriebenes Programm ausliefern, müssten Sie unterschiedliche Versionen für unterschiedliche Computertypen und -modelle produzieren.

Aus diesen Gründen ist der Anteil der Assembler-Programmierung bei komplexen Projekten inzwischen unbedeutend. Es ist einfach unwirtschaftlich, in Assembler zu programmieren.

2.3.3 Ausführungsgeschwindigkeit

Aber egal, wie man zur hardwarenahen Programmierung steht: Da die Assembler-Sprache mit der Maschinensprache sehr verwandt ist, kann ein Assembler-Programm extrem leicht in effizienten Binärcode umgesetzt werden. Es ist kompakt, benötigt also sehr wenig Festplattenspeicherplatz, beansprucht normalerweise wenig Hauptspeicher und kann bei geschickter Programmierung deutlich schneller ausgeführt werden als vergleichbare Hochsprachenprogramme.

2.3.4 Einsatzbereich

Sinnvolle Anwendungsbereiche der Assembler-Sprachen sind dort, wo extreme Anforderungen an die Ausführungsgeschwindigkeit und Kompaktheit des Codes auftreten, zum Beispiel bei Computerspielen, bei Gerätetreibern oder bei geschwindigkeitskritischen Betriebssystemteilen.

2.4 Programmiersprachen der dritten Generation

Da heute aufgrund der genannten Nachteile niemand mehr seinen Computer ausschließlich in Maschinen- oder Assembler-Sprache programmieren möchte, hat man eine Reihe von so genannten höheren Programmiersprachen entwickelt. Deren wichtigste Vertreter sind FORTRAN, COBOL, Algol, Pascal, BASIC, SIMULA, C, C++, Java und C#.

Die Programmiersprachen der dritten Generation stehen zwischen der unverständlichen, aber extrem effizienten Maschinensprache und der für den Menschen optimal verständlichen, aber aus Maschinensicht ineffizienten und unpräzisen natürlichen Sprache.

Der Übergang von der Assembler-Sprache zu den Programmiersprachen der dritten Generation kommt einer Revolution gleich. Die neue Generation unterstützt die Umsetzung von Algorithmen (Kapitel 9, »Algorithmen«) viel besser als die Assembler-Sprache und besitzt nicht deren extreme Hardwareabhängigkeit.

Obwohl es heute Sprachen der fünften Generation gibt, dominieren die Programmiersprachen der dritten Generation die Welt der Softwareentwicklung. Sie bieten einen guten Kompromiss zwischen der Flexibilität der Assembler-Sprache und der Mächtigkeit der Sprachen der fünften Generation.

2.4.1 Programmaufbau

Programme, die in einer höheren Programmiersprache geschrieben wurden, gleichen sich prinzipiell im Aufbau. Sie verfügen über eine Deklaration von Datenstrukturen, über Funktionen und Kontrollstrukturen. Listing 2.3 zeigt Ihnen ein Beispiel in Form eines einfachen Java-Programms.

```
 1: // Beispielprogramme/Programmiersprachen/Ex03
 2: // Beispiel fuer ein einfaches Java-Programm
 3: // Autor: Bernhard Steppan
 4:
 5: class Addition {
 6:   public static void main(String[] arguments) {
 7:     //Anfangswert setzen:
 8:     int i = 0;
 9:
10:     // Schleife:
11:     while (i <= 5) {
12:       i++; //Zaehler erhoehen
13:     }
14:     // Summe ausgeben:
15:     System.out.println("Summe = " + i);
16:   }
17: }
```

Listing 2.3 Ein Java-Programmbeispiel

Verständlichkeit

Das kleine Programm leistet praktisch das Gleiche wie das Assembler-Programm zuvor, ist aber sicher selbst von jedem Informatik-Laien weit besser zu verstehen. Das liegt zum Teil daran, dass sich die Java-Programmiersprache sehr an die Bezeichnungen der Mathematik anlehnt und natürliche Begriffe als Schlüsselwörter (*class, main, while*) verwendet.

Makrobefehle

Wenn Sie die Assembler-Programme mit Java-Programmen vergleichen, stellen Sie fest, dass ein Java-Befehl in der Regel weit mächtiger ist als ein Assembler-Befehl. Mit anderen Worten: Sie müssen nicht so viel schreiben und kommen bei der Programmierung schneller zum Ziel.

Binärcode

Damit der Computer den *Java-Quellcode* (ASCII-Text) ausführen kann, muss dieser in ein binäres Computerprogramm (*Binärcode*) übersetzt werden. An dieser Stelle soll als Erklärung genügen, dass Sie hierfür ein spezielles Programm namens Compiler benötigen. Der Compiler *übersetzt* das Java-Programm in ein Binärprogramm *zusammen* (lat. compilare: zusammenraffen, plündern).

Die meisten Entwicklungsumgebungen für Sprachen der dritten Generation verwenden Compiler. Compiler übersetzen den Quelltext in einem oder mehreren Vorgängen in ein Binärprogramm. Anstelle eines Compilers lässt sich aber auch ein Interpreter einsetzen, um das Programm Schritt für Schritt in ein Binärprogramm zu übertragen. Java kombiniert beide Verfahren. Wenn Sie das Programm jetzt ausführen wollen, wechseln Sie in das Verzeichnis, in dem sich die Beispiele dieses Buchs befinden. Danach wechseln Sie in das Unterverzeichnis `Programmiersprachen/Ex03/bin` und geben auf der Kommandozeile ein:

```
java Addition
```

Das Programm wird nun ausgeführt und sollte folgendes Ergebnis ausgeben:

```
Summe = 6
```

Es würde an dieser Stelle zu weit führen, das ganze Verfahren der Herstellung und Ausführung eines Java-Programms genau zu erklären. Dafür ist das Kapitel 6, »Plattform Java«, reserviert.

2.4.2 Portabilität

Neben der besseren Verständlichkeit und höheren Produktivität besitzt das vorliegende Java-Programm gegenüber dem vorangegangenen Assembler-Beispiel einen weiteren entscheidenden Vorteil: Es ist nicht abhängig von einer bestimmten Hardware, sondern sehr leicht von einem Computersystem auf ein anderes zu übertragen.

Das Merkmal der leichten Portabilität trifft auf alle Programmiersprachen der dritten Generation zu – jedoch in unterschiedlichem Ausmaß. Es gibt zum Beispiel zwischen Sprachen wie C++ und Java einige deutliche Unterschiede: Bei C++ ist nur der Quelltext weitestgehend portabel, bei Java hingegen auch der Binärcode.

Java gehört zu den Programmiersprachen, deren Programme am leichtesten portierbar sind. Der vom Java-Compiler erzeugte Binärcode namens Bytecode (Kapitel 6, »Plattform Java«, Abschnitt 6.2, »Bytecode«) kann bei Einhaltung bestimmter Programmierregeln praktisch unverändert sowohl auf einem Macintosh als auch auf einem Windows-PC ausgeführt werden.

2.4.3 Ausführungsgeschwindigkeit

Es gibt heute sehr leistungsfähige Compiler, die aus einem Hochsprachen-Quelltext ein schnelles Maschinenprogramm erzeugen. Trotzdem ist es im Regelfall so, dass ein optimales, in Assembler geschriebenes Programm schneller ausgeführt wird als ein optimales Hochsprachenprogramm. Dieser Unterschied rechtfertigt heute jedoch in den meisten Fällen nicht mehr den Einsatz der Assembler-Sprache.

2.4.4 Einsatzbereich

Programmiersprachen der dritten Generation sind Allzweckprogrammiersprachen, die auf allen Gebieten der Softwareentwicklung verwendet werden. Mittlerweile verdrängen sie die Assembler-Sprache sogar auf dem Gebiet der Treiberprogrammierung.

2.5 Programmiersprachen der vierten Generation

Mit den Programmiersprachen der vierten Generation versuchten die Entwickler Probleme wie den Datenbankzugriff in einer abstrakteren Art und Weise zu lösen als mit den Sprachen der dritten Generation. Ein Beispiel für eine Programmiersprache dieser Generation ist Natural.

2.5.1 Programmaufbau

Natural-Programme bestehen wie Programme, die mit Sprachen der dritten Generation geschrieben wurden, aus Datendeklarationen, Kontrollstrukturen und Funktionen. Ein Beispiel sehen Sie in Listing 2.4.

```
1: PGM-ID:  Addition
2: DEFINE   DATA
3:     LOCAL
4:         01  #i
5: END-DEFINE
6: * -----------------
7: FOR  #i  1  TO  5  STEP  1
8: END-FOR
```

Listing 2.4 Ein Natural-Programmbeispiel

Verständlichkeit

Wenn Sie dieses Beispiel mit dem eingangs gezeigten Assembler-Listing vergleichen, erkennen Sie ebenfalls, dass es erheblich besser zu verstehen ist.

Makrobefehle

Natural-Programme verfügen über Befehle, die im Vergleich zu Sprachen der dritten Generation in der Regel weit mächtiger sind. Die Sprache ist im Vergleich zu C++ oder Java weit weniger flexibel, aber in bestimmten Einsatzbereichen sicher annähernd so produktiv.

Binärcode

Um *Natural-Quellcode* in ein binäres Computerprogramm (*Binärcode*) zu übersetzen, kommt entweder ein Compiler oder ein Interpreter zum Einsatz.

2.5.2 Portabilität

Wie das Java-Beispiel ist auch das Natural-Programm im Vergleich zu Assembler-Programmen leicht portierbar, da es keine direkten Abhängigkeiten zu der zugrunde liegenden Hardware besitzt.

2.5.3 Ausführungsgeschwindigkeit

Mir sind hier keine vergleichenden Studien bekannt, die auf Unterschiede in der Ausführungsgeschwindigkeit zwischen Natural- und Assembler-Programmen hinweisen. Da Programmiersprachen wie Natural vor allem in Zusammenhang mit der Datenbankprogrammierung eingesetzt werden, kann man davon ausgehen, dass die Ausführungsgeschwindigkeit zufriedenstellend ist.

2.5.4 Einsatzbereich

Programmiersprachen wie Natural haben ihren Haupteinsatzbereich in der Programmierung von Datenbankanwendungen.

2.6 Programmiersprachen der fünften Generation

Noch weiter entfernt von der Maschinensprache als Natural sind Programmiersprachen der fünften Generation. Sie wurden konzipiert, um Expertensysteme zu entwickeln. Programmiersprachen dieser Generation nennt man auch logische Programmiersprachen. Prominentester Vertreter dieser Gattung ist neben Datalog die Sprache Prolog (**Pro**gramming in **log**ic).

2.6.1 Programmaufbau

Ein Prolog-Programm besteht aus einer Reihe von Funktionen, deren Reihenfolge egal ist. Die Funktionen bestehen aus Sätzen (*clauses*). Bei diesen ist die Reihenfolge sehr wichtig. Es gibt zwei Typen von clauses: Tatsachen (*facts*) und Regeln (*rules*). Ein Beispiel sehen Sie in Listing 2.5.

```
 1: % Wir legen fest, dass Peter ein Mann ist:
 2: man (peter).
 3: %
 4: % Wir legen weiter fest, dass Peter ein Elternteil
 5: % von Paul ist. Das geschieht nach dem Muster:
 6: % parent(Eltern, Kind)
 7: parent (peter, paul).
 8: %
 9: % Wir legen zudem fest, dass jeder Elternteil, der
10: % ein Mann ist, zugleich auch ein Vater ist:
11: father (FA, CH):-man (FA), parent (FA, CH).
12: %
13: % Nachdem die Randbedingungen klar sind,
14: % kann man dem System die Frage stellen:
15: % Wer ist Pauls Vater?
16: ?-father(X, paul).
```

Listing 2.5 Ein Prolog-Programmbeispiel

Verständlichkeit

Prolog wirkt auf Programmierer von mathematisch geprägten Sprachen wie Java sehr ungewohnt. Man kann jedoch erkennen, dass die Sprache ideal sein könnte, um Software zu entwickeln, die logische Probleme lösen soll (so genannte Expertensysteme).

Makrobefehle

Die Befehle von Prolog-Programmen sind sehr mächtig. Wie Natural ist die Sprache nicht sehr flexibel, aber in einem bestimmten Nischenbereich ist der Entwickler damit sehr produktiv.

Binärcode

Auch *Prolog-Quellcode* muss wieder in ein binäres Computerprogramm (*Binärcode*) übersetzt werden. Dazu verwendet man entweder einen Compiler oder einen Interpreter.

2.6.2 Portabilität

Die Sprache Prolog ist wegen ihres starken Abstraktionsgrades von der Hardware wie andere höhere Programmiersprachen prinzipiell leicht zu portieren. Es gibt eine Vielzahl von Compilern für die unterschiedlichsten Computertypen.

2.6.3 Ausführungsgeschwindigkeit

Mir sind keine vergleichenden Studien zwischen in Prolog geschriebenen Programmen und Assembler-Programmen bekannt. Es soll jedoch optimierende Compiler geben, die hocheffizienten Binärcode erzeugen können.

2.6.4 Einsatzbereich

Logische Programmiersprachen wie Prolog werden vorzugsweise zur Programmierung von Expertensystemen eingesetzt. Expertensysteme sind Programme, die auf künstlicher Intelligenz (KI) aufbauen und logische Schlussfolgerungen ziehen können.

2.7 Programmiersprachen der sechsten Generation

Ähnlich wie der Übergang von der hardwarenahen Assembler-Sprache zu den Hochsprachen soll auch der Übergang zu den Sprachen der sechsten Generation eine Zäsur darstellen: Diese Sprachen beschreiben ein Computerprogramm nicht wie gewohnt durch Text, sondern in Form von Grafiken (zum Beispiel Ablaufdiagrammen). Mit der Version 2.0 der *Unified Modeling Language* (UML) in Verbindung mit der *Model Driven Architecture* (MDA) entwickelt sich zurzeit eine Programmiersprache der sechsten Generation.

2.7.1 Programmaufbau

Von der grafischen Programmiersprache UML kann ich Ihnen kein Listing präsentieren, da die Programme nur grafisch beschrieben werden. Ein Beispiel für einen Ausschnitt eines Programms zeigt Abbildung 2.4.

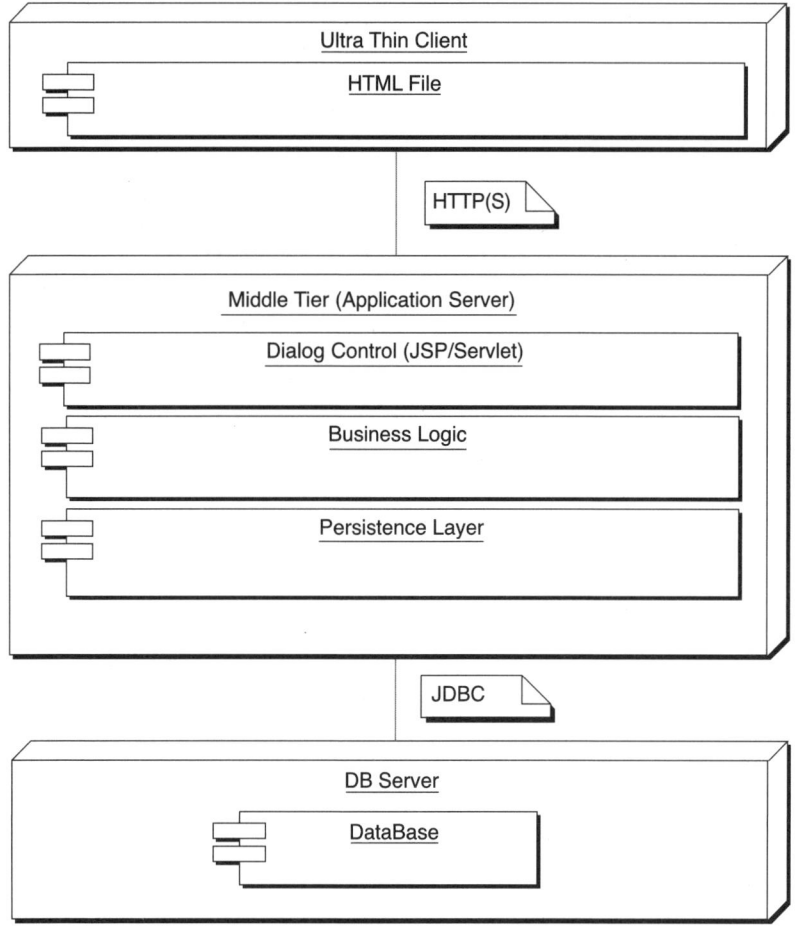

Abbildung 2.4 Eine UML-Beispielgrafik (Verteilungsdiagramm)

Verständlichkeit

Wie Sie der Abbildung entnehmen können, ist hier der prinzipielle Aufbau einer Internet-Anwendung skizziert. Die Abbildung zeigt allerdings nicht das vollständige Programm, sondern nur einen Teil davon. Um ein Programm mit der UML vollständig zu beschreiben, ist eine Vielzahl von solchen Grafiken notwendig. Diese sind jedoch sehr gut verständlich.

Grafiken

In Sprachen der sechsten Generation soll es keine einfachen Befehle mehr geben, sondern zum Beispiel eine Reihe von UML-Grafiken, die das Modell der Software bilden. Die momentan verfügbaren MDA-Werkzeuge generieren (erzeugen) aus diesen Modellen herkömmlichen Programmcode. Dazu sind in den Werkzeugen Generatoren integriert. Der von ihnen erzeugte Programmcode ist in einer Sprache der dritten Generation geschrieben.

Binärcode

Der erzeugte *Programmcode* muss letztendlich wieder – direkt oder indirekt – in ein Binärprogramm (*Binärcode*) übersetzt werden. Dazu wird man wahrscheinlich wieder einen Compiler verwenden.

2.7.2 Portabilität

Ein Programm, das nach der Model Driven Architecture entwickelt wurde, soll unabhängig von der Hardware sein und daher leicht von einem Computertyp auf einen anderen übertragen werden können.

2.7.3 Ausführungsgeschwindigkeit

Da aus den Modellen beispielsweise C#- oder Java-Code erzeugt wird, verhält es sich mit der Ausführungsgeschwindigkeit wie bei Programmiersprachen der dritten Generation. Sie ist abhängig vom Geschick des Entwicklers, von der Qualität des Generators und von der Qualität des Compilers oder Interpreters.

2.7.4 Einsatzbereich

Programmiersprachen der sechsten Generation sind gerade in der Entstehung. Sie haben sich noch nicht durchgesetzt, auch wenn es inzwischen einige MDA-Werkzeuge gibt.

2.8 Zusammenfassung

Programmiersprachen haben sich aus der nativen Sprache der Computer (Maschinensprache) entwickelt. Sie entfernen sich von der hardwarenahen Programmierung (erste und zweite Generation) und entwickeln sich in Richtung der natürlichen Sprache (Humansprache).

Programmiersprachen der ersten und zweiten Generation eignen sich für hardwarenahe Programme, während Programmiersprachen der vierten und fünften Generation für spezielle Anwendungsfälle, wie Datenbankprogrammierung und Expertensysteme, geeignet sind. Programmiersprachen der dritten Generation beherrschen heute die Programmentwicklung. Zu ihnen gehört auch die Programmiersprache Java.

2.9 Aufgaben

Versuchen Sie, folgende Aufgaben zu lösen:

2.9.1 Programmiersprachen der ersten Generation

1. Wie nennen sich Programmiersprachen der ersten Generation?
2. Woher stammt ihr Name?
3. Weshalb programmiert man heute nicht mehr mit Sprachen der ersten Generation?

2.9.2 Programmiersprachen der zweiten Generation

1. Nennen Sie die drei wichtigsten Vorteile der Assembler-Sprache gegenüber den Hochsprachen.
2. Für welche Software setzt man heute noch die Assembler-Sprache ein?
3. Was sind die drei wesentlichen Vorteile von Hochsprachen gegenüber der Assembler-Sprache?

2.9.3 Programmiersprachen der dritten Generation

1. Was versteht man unter portablen Computerprogrammen?
2. Nennen Sie drei Programmiersprachen der dritten Generation.

Die Lösungen zu den Aufgaben finden Sie in Kapitel 18 ab Seite 505.

> »Ich sehe ein Pferd, dann sehe ich noch ein Pferd – dann noch eins. Die Pferde sind nicht ganz gleich, aber es gibt etwas, das allen Pferden gemeinsam ist, und das, was allen Pferden gemeinsam ist, ist die Form des Pferds. Was unterschiedlich oder individuell ist, gehört zum Stoff des Pferds.«
> (Jostein Gaarder)

3 Objektorientierte Programmierung

3.1 Einleitung

Mitte der 60er-Jahre des letzten Jahrhunderts kam es zu einer Softwarekrise. Die Anforderungen an Programme stiegen, und die Software wurde dadurch komplexer sowie fehlerhafter. Auf Kongressen diskutierten Experten die Ursachen der Krise und die Gründe für die gestiegene Fehlerrate. Ein Teil der Softwareexperten kam zu dem Schluss, dass die Softwarekrise nicht mit den herkömmlichen Programmiersprachen zu bewältigen sei. Sie begannen deshalb, eine Generation von neuen Programmiersprachen zu entwickeln.

Die Entwickler dieser Sprachen kritisierten an den herkömmlichen Programmiersprachen vor allem, dass sich die natürliche Welt bisher nur unzureichend abbilden lasse. Um dem zu entgehen, gingen sie von natürlichen Begriffen aus, wie sie die Formenlehre der klassischen griechischen Philosophie geprägt hat, und wandelten sie für die Programmierung ab. Da sich alles um den Begriff des Objekts dreht, nannten sie die neue Generation von Sprachen »objektorientiert«.

3.1.1 Grundbegriffe

Alan Kay, einer der Erfinder der Programmiersprache *Smalltalk*, hat die Grundbegriffe der objektorientierten Programmierung folgendermaßen zusammengefasst:

- Alles ist ein Objekt.
- Objekte kommunizieren durch Nachrichtenaustausch.
- Objekte haben ihren eigenen Speicher.
- Jedes Objekt ist ein Exemplar einer Klasse.
- Die Klasse modelliert das gemeinsame Verhalten ihrer Objekte.

- Ein Programm wird ausgeführt, indem dem ersten Objekt die Kontrolle übergeben und der Rest als dessen Nachricht behandelt wird.

3.1.2 Prinzipien

Neben diesen Grundbegriffen sind folgende Prinzipien wichtig:

- Abstraktion
- Vererbung
- Kapselung
- Beziehungen
- Persistenz
- Polymorphie

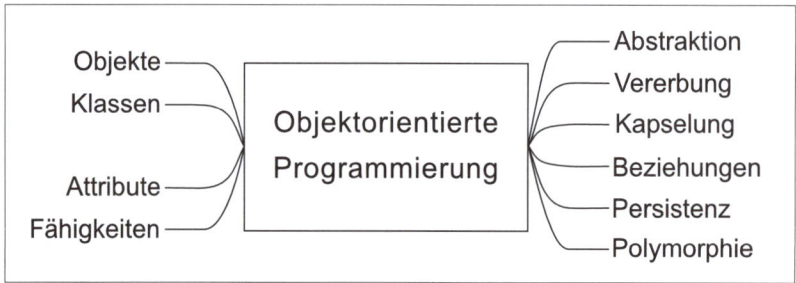

Abbildung 3.1 Hauptbegriffe der objektorientierten Programmierung

3.2 Objekte

Objekte sind für ein Java-Programm das, was Zellen für einen Organismus bedeuten: Aus diesen kleinsten Einheiten setzt sich eine Anwendung zusammen. Objekte haben eine bestimmte Gestalt (Aussehen, Attribute, Kennzeichen) und bestimmte Fähigkeiten (Methoden, Funktionen). Gestalt und Fähigkeiten eines Objekts werden durch seine Erbinformationen bestimmt. Diese Erbinformationen sind der Bauplan, nach dem das Objekt erzeugt wird. In der objektorientierten Programmierung ist der Bauplan eines Objekts seine *Klasse*.

Wenn Sie eine Reihe von Pferden betrachten, fällt Ihnen auf, dass ihnen die prinzipielle *Gestalt* gemeinsam ist. Ihre Unterschiede sind die *Attribute*, die das einzelne Pferd kennzeichnen. Ein Objekt der Klasse *Pferd* ist beispielsweise ein

Pferd mit dem Namen *Xanthos*, ein anderes Pferd heißt *Balios*. Beide *Exemplare*[1] haben einen ähnlichen Körperbau (Gestalt) und ähnliche Fähigkeiten. Sie können beispielsweise beide laufen und wiehern.

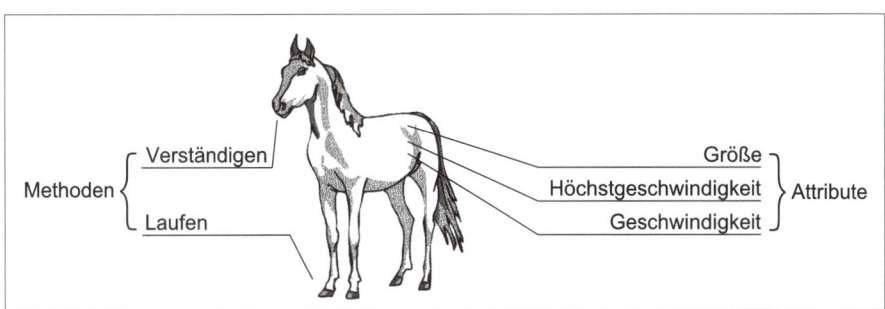

Abbildung 3.2 Jedes Objekt besitzt sein bestimmtes Verhalten und Aussehen.

Die beiden Objekte weisen aber auch einige deutliche Unterschiede auf: *Xanthos* ist weiß und *Balios* braun, und *Xanthos* kann schneller laufen als *Balios*. Obwohl *Xanthos* und *Balios* zur gleichen Klasse gehören, sind nur ihre *prinzipiellen* Fähigkeiten identisch, nicht aber ihre *individuellen* Attribute. Was das bedeutet, wird im nächsten Abschnitt deutlich.

3.3 Klassen

Xanthos und *Balios* gehören zu der Klasse *Pferd*. Die Klasse ist es, die die prinzipielle Gestalt und die Fähigkeiten der beiden Pferde-Objekte festlegt. Man bezeichnet Klassen daher als

- *Bauplan für Objekte oder* als
- *Oberbegriff* für verschiedene Objekte (Klassifizierung) *oder* als
- *Schablone* für verschiedene Objekte.

3.3.1 Attribute

Die eingangs erwähnte Klasse *Pferd* soll die Attribute *Werte* *Größe*, *Höchstgeschwindigkeit* und *Geschwindigkeit* besitzen. Wenn aus dieser Klasse neue Objekte (neue Exemplare) entstehen, besitzen *alle* eine bestimmte *Größe*, eine bestimmte *Höchstgeschwindigkeit* und eine bestimmte *Geschwindigkeit* – aber welche Werte haben

---

1 Exemplar und Objekt sind gleichbedeutend. Im Gegensatz dazu ist der Begriff »Instanz« eine Fehlübersetzung (engl. instance: Exemplar) und taucht in diesem Buch deshalb nicht auf.

diese Attribute? Sie werden erst beim Entstehen (Erzeugen) des Objekts mit den individuellen Werten belegt.

Konstanten

Beispielsweise soll *Xanthos* über folgende Attribute verfügen: Größe (Stockmaß) 1,90 m, Höchstgeschwindigkeit 65 km/h, Geschwindigkeit 0 km/h. *Balios* hingegen soll 1,85 m groß sein, maximal 60 km/h schnell laufen können und momentan gerade 5 km/h laufen.

Obwohl beide Pferde nach dem gleichen Bauplan erzeugt worden sind, sind zwei deutlich unterschiedliche Objekte entstanden: Beide sind unterschiedlich groß, können laufen, aber unterschiedlich schnell, beide besitzen eine Geschwindigkeit, aber ein Pferd steht, und das andere bewegt sich langsam.

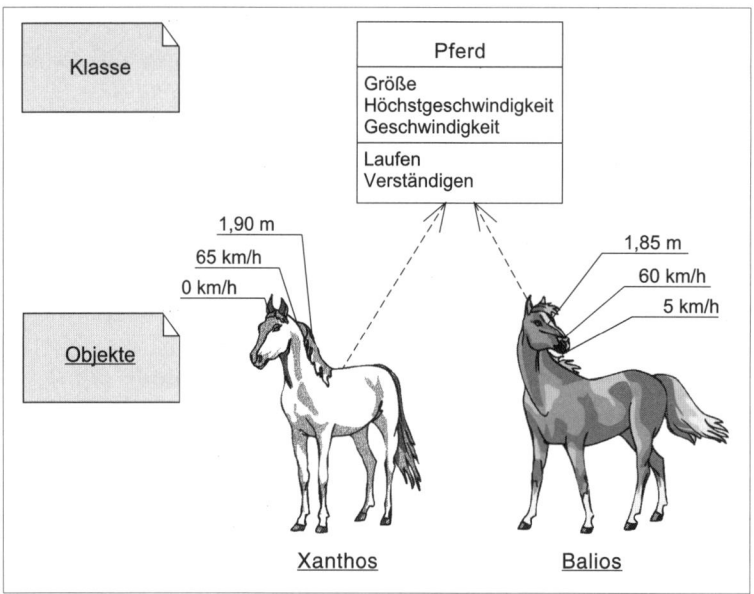

Abbildung 3.3 Die Klasse »Pferd« liefert den Bauplan für Pferde-Objekte.

Zustände

Es ist Ihnen vielleicht aufgefallen, dass bei den bisherigen Attributen der beiden Pferde einige mit festen Werten belegt waren, andere hingegen mit veränderlichen Werten. Die flexiblen Attribute beschreiben den *Zustand* des Objekts. Zum Beispiel beschreibt die *Geschwindigkeit*, wie schnell sich *Xanthos* gerade bewegt. Der Zustand eines Objekts kann sich im Laufe der Zeit ändern.

Kennungen

Was würde passieren, wenn man *Xanthos* und *Balios* so erzeugen würde, dass sie die gleiche *Größe*, die gleiche *Höchstgeschwindigkeit* und die gleiche momentane *Geschwindigkeit* besitzen? Wie könnte man sie dann unterscheiden? In diesem Fall haben beide Objekte zwar individuelle Werte für ihre Attribute bekommen, aber diese sind zufällig gleich. Damit gleichen sich auch die Objekte in einem Programm wie eineiige Zwillinge.

Um die Pferde zu unterscheiden, benötigt man so etwas wie einen genetischen Fingerabdruck. In der Programmierung vergibt der Entwickler eine so genannte Kennung. Diese Kennung ist ein zusätzliches Attribut, bei dem darauf geachtet wird, dass es *eindeutig* ist. Objekte der *gleichen Klasse* besitzen also die gleichen Attribute, aber mit individuellen Werten. Erst die Kennung eines Objekts sorgt dafür, dass das Programm unterschiedliche Exemplare auch dann unterscheiden kann, wenn ihre Attribute zufällig die gleichen Werte besitzen.

3.3.2 Methoden

Angenommen, Sie wollen dem Objekt *Balios* mitteilen, dass es nun springen soll. Im wirklichen Leben geben Sie ihm dazu ein Zeichen. In der objektorientierten Programmierung müssen Sie stattdessen eine Methode des Objekts *Balios* aufrufen. Anstelle von »Methode« werden Sie auch öfter auf die Begriffe »Botschaft« (Smalltalk), »Nachricht« oder »Operation« stoßen, die das Gleiche bedeuten sollen.

Abbildung 3.4 Objekte verständigen sich durch den Austausch von Nachrichten.

Egal, wie der Begriff nun bei den verschiedenen Programmiersprachen und in der Literatur genannt wird, eines ist gleich: Verhaltensweisen wie *Laufen* und *Verstän-*

digen bestimmen die Fähigkeit eines Objekts, zu kommunizieren und Aufgaben zu erledigen. Objekte verständigen sich also über Methoden.

Es existiert nicht nur eine Art von Methoden, sondern es gibt folgende fünf Grundtypen: *Konstruktoren* (»Erbauer«), *Destruktoren* (»Zerstörer«), *Mutatoren* (»Veränderer«), *Akzessoren* (»Zugriffsmethoden«) und *Funktionen* (»Tätigkeiten«).

Konstruktoren

Die wichtigsten Methoden sind die, die ein Objekt erzeugen. Sie werden demzufolge auch Konstruktoren genannt, denn sie konstruieren, das heißt erschaffen ein Objekt.

Destruktoren

Methoden, die ein Objekt zerstören, nennen sich in der objektorientierten Programmierung Destruktoren. In Programmiersprachen wie C++ können Sie diese Destruktoren auch aufrufen und damit unmittelbar ein Objekt zerstören. In Java hat man hingegen aus Sicherheitsgründen darauf verzichtet, Destruktoren direkt aufzurufen. Hier wird ein Objekt automatisch zerstört, wenn es nicht mehr benötigt wird.

Mutatoren

Methoden, die den Wert eines Attributs verändern, nennen sich Mutatoren. Sie verändern den Zustand des Objekts. Mit einer solchen Methode kann ein Reiter namens *Achilles* die Geschwindigkeit des Pferds *Xanthos* ändern (Abbildung 3.5). Die entsprechende Methode nennt sich *Laufen* und verfügt über einen so genannten Parameter, der den neuen Zustand, die *Geschwindigkeit* des Pferds, vorgibt.

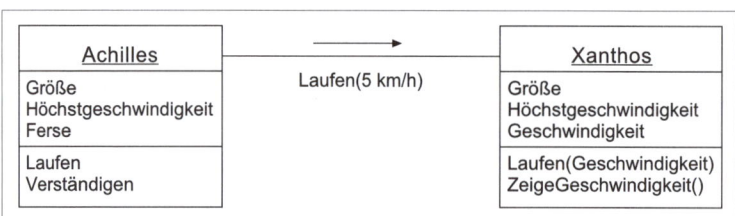

Abbildung 3.5 Die Methode »Laufen« verändert den Zustand von »Xanthos«.

Akzessoren

Akzessoren sind Zugriffsmethoden, die nur ein bestimmtes Attribut abfragen, ohne etwas am Zustand des Objekts zu ändern. Eine solche Methode wäre zum Beispiel die Abfrage der momentanen Geschwindigkeit des Pferds *Xanthos* (Abbildung 3.6). Diese Methode besitzt einen so genannten Rückgabewert: die aktuelle Geschwindigkeit, mit der sich *Xanthos* fortbewegt.

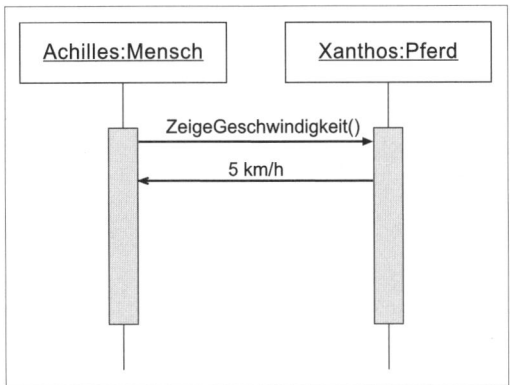

Abbildung 3.6 Die Methode »ZeigeGeschwindigkeit« gibt den Zustand (die momentane Geschwindigkeit) von »Xanthos« zurück.

Funktionen

Methoden, die zum Beispiel nur eine Rechenoperation durchführen, werden häufig auch in der objektorientierten Programmierung als Funktionen bezeichnet. Sie dürfen trotzdem nicht mit den Funktionen der klassischen Programmiersprachen verwechselt werden, denn es besteht zumindest ein erheblicher Unterschied: Sie werden wie andere Methoden auch von Klasse zu Klasse weitervererbt (Abschnitt 3.5, »Vererbung«).

3.4 Abstraktion

Vielleicht werden Sie jetzt sagen: »Das ist doch alles Unsinn. Die Fähigkeiten und Attribute eines Pferds sind viel komplexer und können nicht auf Größe und Farbe, auf Laufen und Wiehern reduziert werden.« Das ist in der natürlichen Welt richtig, aber in der künstlichen Welt der Softwareentwicklung in der Regel völlig falsch.

Richtig wäre es nur dann, wenn man die Natur in einem Programm vollständig abbilden müsste. Aber für so eine übertriebene Genauigkeit gibt es bei der Programmierung selten einen Grund. Die objektorientierte Programmierung erleichtert eine möglichst natürliche Abbildung der realen Welt und fördert damit gutes Softwaredesign.

Sie verführt damit auch zu übertriebenen Konstruktionen. Die Kunst besteht darin, dem entgegenzusteuern und die Wirklichkeit so genau wie nötig, aber so einfach wie möglich abzubilden. Wie Sie später bei größeren Beispielprogrammen sehen werden, bereitet gerade die Analyse der für das Programm wesentlichen und richtigen Bestandteile unter Umständen große Probleme.

Wenn man innerhalb eines Programms nur die für die Funktionalität wesentlichen Teile programmiert, dann hat das praktische Gründe: Das Programm lässt sich schneller entwickeln, es wird billiger und schlanker. Somit benötigt es weniger Speicherplatz, und es wird in der Regel schneller ablaufen als ein Programm, das mit unnötigen Informationen überfrachtet ist.

Um diese Kompaktheit zu erreichen, ist es notwendig, die meist extrem komplizierten natürlichen Objekte und deren Beziehungen so weit es geht zu abstrahieren, also zu vereinfachen. Der Fachbegriff für diese Technik nennt sich demzufolge auch *Abstraktion* (Abbildung 3.7).

Abbildung 3.7 Durch Abstraktion erhält man das Wesentliche einer Klasse.

3.5 Vererbung

Nach der Einführung von Klassen, Objekten, Methoden und Attributen ist es an der Zeit, diese neuen Begriffe in den Zusammenhang mit dem Begriff der *Vererbung* zu stellen. Vererbung gestattet es, Verhalten zwischen Klassen und damit auch zwischen Objekten mit Hilfe des Bauplans zu übertragen.

Ein Beispiel: Pferd und Zebra sind eng verwandt (Abbildung 3.8), in mancherlei Hinsicht aber doch sehr verschieden. Diese Unterschiede sind von anderer Güte als die Unterschiede zwischen zwei Pferden: Pferde und Zebras haben eine deutlich unterschiedliche Gestalt.

Dass Zebras im Sinne der Formenlehre eine andere Gestalt besitzen als Pferde, wird deutlich, wenn Sie überlegen, welche Farbe man einem Zebra zuordnen müsste: Schwarz oder Weiß? Zebras haben alle verschiedene Muster. Die Muster unterscheiden sich wie Fingerabdrücke beim Menschen. Das Muster des Fells ist eines der Merkmale, die ein Zebra von einem Pferd unterscheiden (es gibt noch andere).

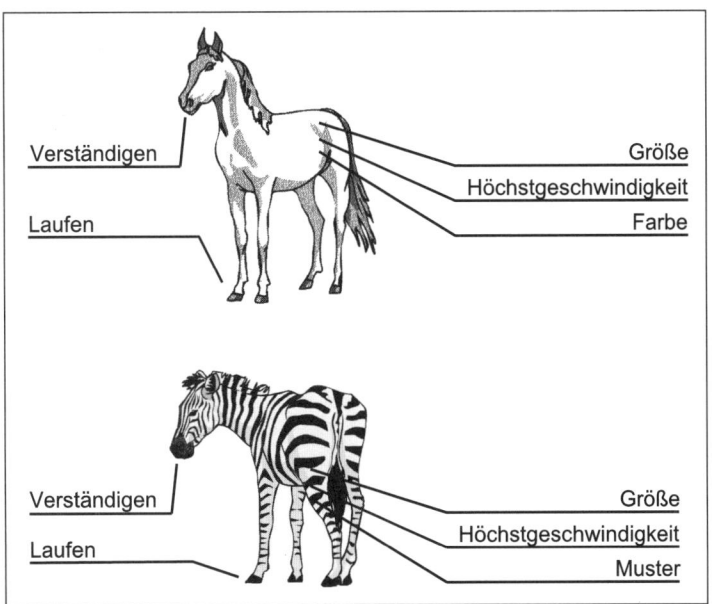

Abbildung 3.8 Objekte verschiedener Klassen unterscheiden sich in ihrer Form.

Es ist also in den Fällen, in denen es auf die Unterschiede zwischen Farbe und Muster ankommt, immer besser, einem Zebra die Eigenschaft *Muster* zu geben und es einer anderen Klasse zuzuordnen (Abbildung 3.9). In allen anderen Fällen genügt eine gemeinsame Klasse.

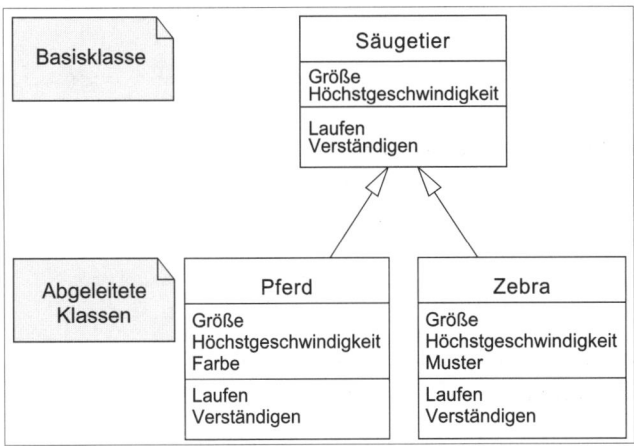

Abbildung 3.9 Die Basisklasse überträgt Basiseigenschaften und -verhalten.

3.5.1 Basisklassen

Was ist Pferd und Zebra gemeinsam? Jedes Zebra und jedesb Pferd haben eine bestimmte Größe, eine bestimmte Höchstgeschwindigkeit, sie können laufen und sich verständigen. Die genannten Eigenschaften teilen sie mit einer Vielzahl von Tieren. Biologisch gesehen, gehören Pferd und Zebra zu den Säugetieren – was liegt also näher, als sie auch dieser Klasse zuzuordnen?

Damit man sich nicht für jede der Klassen *Pferd* und *Zebra* das Verhalten *Laufen* neu ausdenken muss, bietet es sich an, dieses Verhalten und die Attribute *Größe* und *Höchstgeschwindigkeit* in eine Basisklasse zu verlagern. Wie sieht es mit der Verständigung aus? Wiehert ein Zebra? – Wohl kaum, die Methode sollte deshalb besser allgemein *Verständigen* genannt werden.

Die neue Basisklasse erleichtert die Erschaffung neuer Säugetier-Klassen, da wesentliche Attribute und ein Teil der Methoden schon fertig vorliegen. An die neue Basisklasse werden aber auch große Ansprüche gestellt, denn Fehler in dieser Klasse rächen sich bei den Klassen, die man ableitet, wie Sie gleich sehen werden.

3.5.2 Abgeleitete Klassen

Angenommen, Sie möchten gern eine neue Klasse namens *Muli* auf Basis der Klasse *Säugetier* erzeugen. In der objektorientierten Programmierung spricht man davon, von *Säugetier* eine neue Klasse namens *Muli* abzuleiten. Die neue Klasse *Muli* erbt wie schon zuvor Pferd und Zebra das Verhalten und die Attribute *Größe* und *Höchstgeschwindigkeit* der Basisklasse *Säugetier*. Sie stammt von *Säugetier* ab.

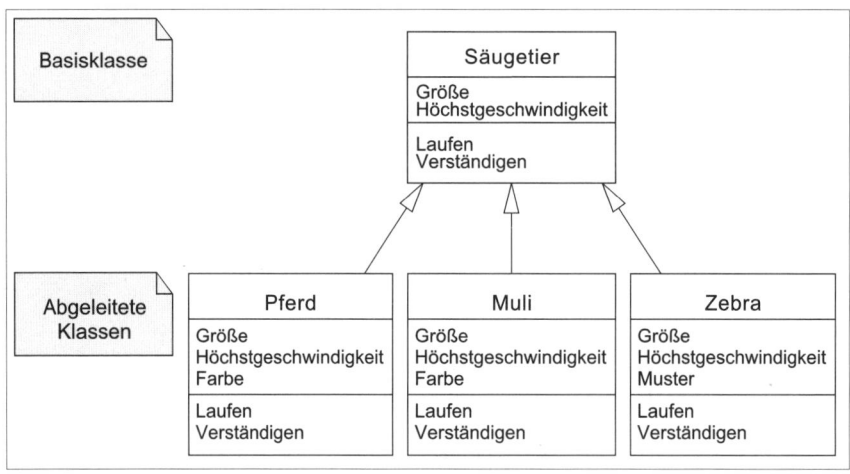

Abbildung 3.10 Die neue Klasse »Muli« ist eine von »Säugetier« abgeleitete Klasse.

3.5.3 Mehrfachvererbung

In der Natur ist sie üblich, in den Programmiersprachen Java und Smalltalk jedoch nicht erlaubt: die Mehrfachvererbung. Sie wäre dann praktisch, wenn Sie zwei Klassen verschmelzen wollten, zum Beispiel die Klasse *Pferd* mit der Klasse *Esel*. Die neue Kreuzung *Muli* würde Attribute und Verhalten beider Basisklassen erben (Abbildung 3.11). Aber welche Attribute und welches Verhalten? Sollen sich Mulis verständigen und laufen wie Pferde oder wie Esel?

Bei derartigen Szenarien kommt die Softwareentwicklung an die Grenze des technisch Sinnvollen. Es ist nicht sinnvoll, Erbinformationen nach dem Zufallsprinzip zu übertragen, um die Natur zu imitieren. Der Anwender wünscht sich im Regelfall Programme, die über definierte Eigenschaften verfügen und deren Verhalten vorhersehbar ist.

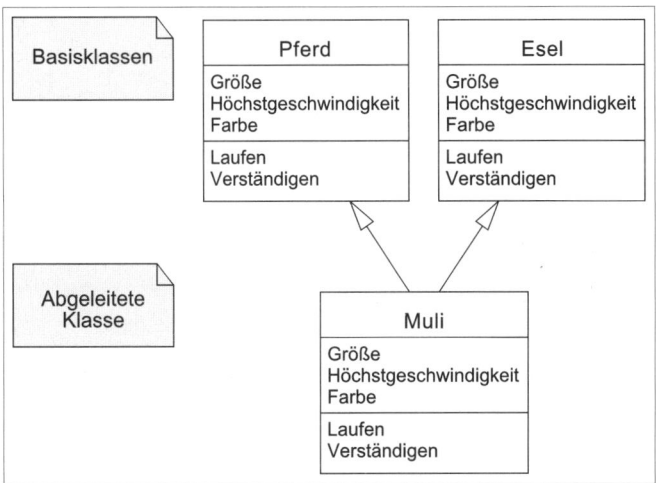

Abbildung 3.11 Mehrfachvererbung am Beispiel einer Kreuzung

Aus den genannten Gründen haben sich die Entwickler der Programmiersprache Java bewusst gegen die konventionelle Mehrfachvererbung entschieden, wie sie in C++ realisierbar ist. Wie Sie trotzdem mehrere Basisklassen ohne Nebenwirkungen miteinander verbinden können, erfahren Sie in Abschnitt 4.5.3, »Interfaces«.

3.6 Kapselung

Eines der wichtigsten Merkmale objektorientierter Sprachen ist der Schutz von Klassen und Attributen vor unerwünschtem Zugriff. Jedes Objekt besitzt eine Kapsel, die die Daten und Methoden des Objekts schützt (Abbildung 3.12). Die Kapsel versteckt die Teile des Objekts, die von außen nicht oder nur durch bestimmte andere Objekte erreichbar sein sollen. Die Stellen, an denen die Kapsel durchlässig ist, nennt man *Schnittstellen*.

Abbildung 3.12 Die Kapsel schützt das Objekt vor unerwünschten Zugriffen.

Die wichtigste Schnittstelle der Klasse *Pferd* ist sein Konstruktor. Über diese spezielle Methode lässt sich ein Objekt der Klasse *Pferd* erzeugen. Ein anderes Beispiel für eine solche Schnittstelle ist die Methode *Laufen* der Klasse *Pferd*. Das Objekt *Xanthos* besitzt eine solche Methode *Laufen*, und *Achilles*, ein Objekt der Klasse *Mensch*, kann diese Methode verwenden. Er kommuniziert mit *Xanthos* über diese Schnittstelle (Abbildung 3.13) und teilt darüber *Xanthos* mit, dass er laufen soll. Das Objekt *Achilles* darf nicht alle Daten von *Xanthos* verändern. Zum Beispiel soll es ihm selbstverständlich nicht erlaubt sein, die Größe des Pferds zu ändern. Gäbe es eine öffentlich zugängliche Methode wie zum Beispiel *Wachsen*, so könnte er *Xanthos* damit verändern.

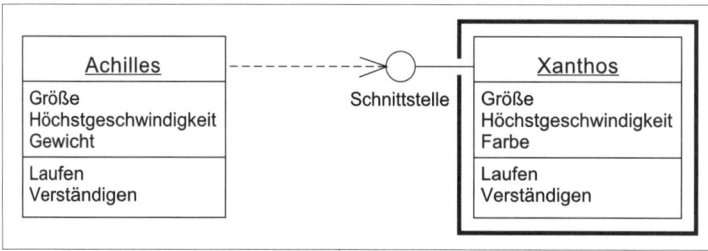

Abbildung 3.13 Objekte kommunizieren nur über Schnittstellen.

3.7 Beziehungen

Klassen und deren Objekte unterhalten in einem Programm die unterschiedlichsten Beziehungen untereinander. In den vorangegangenen Abschnitten haben Sie bereits mehrere Formen der Beziehungen kennengelernt: den Aufruf von Methoden und Vererbungen.

An dieser Stelle möchte ich Ihren Blick für die zwei grundlegend verschiedenen Arten von Beziehungen zwischen Klassen und Objekten schärfen:

- Beziehungen, die nicht auf Vererbung beruhen
- Vererbungsbeziehungen

3.7.1 Beziehungen, die nicht auf Vererbung beruhen

Man unterscheidet bei dieser Form von Beziehungen drei verschiedene Unterarten:

- Assoziationen (Verknüpfungen)
- Aggregationen (Zusammenlagerungen)
- Kompositionen (Zusammensetzungen

Assoziation

Assoziation ist die einfachste Form einer Beziehung zwischen Klassen und Objekten. Die Abhängigkeiten sind bei dieser Beziehungsart im Vergleich zur Vererbung gering. Man sagt auch, die Objekte sind lose gekoppelt.

Eine Assoziation besteht zum Beispiel, wenn ein Reiter-Objekt namens *Achilles* einem Pferde-Objekt namens *Xanthos* die Botschaft *Springen* sendet (Abbildung 3.14). Die beiden Objekte *Achilles* und *Xanthos* existieren getrennt und erben nichts voneinander.

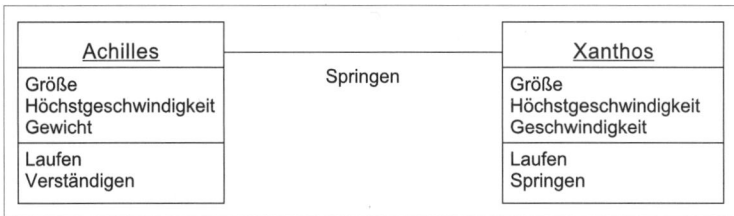

Abbildung 3.14 Eine einfache Assoziation zwischen Mensch und Pferd

Aggregation

Eine Steigerung der Assoziation ist die Aggregation. Eine solche Beziehung besteht dann, wenn ein Objekt aus anderen Objekten besteht. Zum Beispiel soll Pferdefutter aus einer nicht näher bestimmten Anzahl von Karotten bestehen

(Abbildung 3.15). Das bedeutet zum Beispiel, dass Pferdefutter eine »Besteht-aus-Beziehung« zur Karotte unterhält.

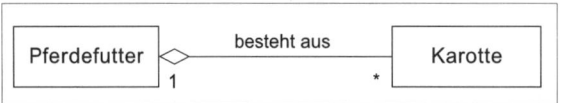

Abbildung 3.15 Aggregation zwischen Pferdefutter und Karotten

Diese Beziehung ist aber von einer völlig anderen Qualität als im vorangegangenen Beispiel zwischen einem Menschen und einem Pferd. Während Pferd und Menschen allein und unabhängig voneinander existieren können, setzt sich das Pferdefutter (unter anderem) aus Karotten zusammen. Wichtig ist hierbei wieder, dass beide Objekte nichts voneinander erben und jedes Karotten-Objekt auch allein lebensfähig ist, was dieses Beispiel von der strengeren Komposition unterscheidet.

Komposition

Die stärkste Form der Beziehungen, die nicht auf Vererbung beruhen, stellt die *Komposition* dar. Wie bei der Aggregation liegt wieder eine »Besteht-aus-Beziehung« vor, sie ist aber im Gegensatz zur Aggregation abermals verschärft. Die Abhängigkeiten sind nochmals stärker.

Ein Beispiel für eine Komposition ist das Verhältnis zwischen einem Pferd und seinen vier Beinen. Hier besteht eine sehr enge Beziehung, denn ein Bein ist – im Gegensatz zur Karotte – als selbstständiges Objekt vollkommen sinnlos. Bei der Erzeugung eines Pferde-Objekts bekommt dieses automatisch vier Beine, die im Zusammenhang mit anderen Klassen nicht verwendet werden können.

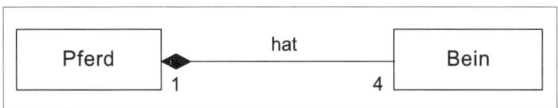

Abbildung 3.16 Ein Pferd und seine vier Beine als Komposition

Pferdebeine sind also ohne ein geeignetes Objekt der Klasse *Pferd* nicht lebensfähig. Wenn ein Pferde-Objekt stirbt, so sterben auch seine Pferdebeine.

3.7.2 Vererbungsbeziehungen

Vererbungsbeziehungen nennen sich auch Generalisierung (Verallgemeinerung) oder Spezialisierung (Verfeinerung). Dies sind nicht etwa Unterarten der Vererbung, sondern alternative Begriffe für Vererbungsbeziehungen. Welchen der zwei alternativen Begriffe man verwenden möchte, hängt vom Blickwinkel ab, aus dem man die Vererbungsbeziehung betrachtet.

Generalisierung

Wenn Sie die Basisklasse aus dem Blickwinkel der abgeleiteten Klasse betrachten wollen, ist Generalisierung der passende Begriff dazu. Zum Beispiel ist die Klasse *Säugetier* eine Generalisierung der Klassen *Pferd* oder *Zebra*. Mit anderen Worten: Die Klasse *Säugetier* ist der allgemeine Begriff (Oberbegriff) für die Klassen *Pferd* und *Zebra* (Klassifizierung).

Spezialisierung

Wenn Sie die abgeleitete Klasse aus dem Blickwinkel der Basisklasse betrachten wollen, ist Spezialisierung der passende Begriff dazu. Zum Beispiel sind die Klassen *Pferd* oder *Zebra* eine Spezialisierung der Klasse *Säugetier*. Mit anderen Worten: Die Klassen *Pferd* und *Zebra* stellen eine Verfeinerung der Klasse *Säugetier* dar.

Probleme mit der Vererbung

Vererbungsbeziehungen stellen eine sehr starke Kopplung zwischen Klassen und damit auch zwischen Objekten her. Eine solch starke Kopplung hat nicht nur Vorteile, sondern auch gravierende Nachteile, wie das folgende Beispiel zeigt:

Eine Klasse namens *Wal* soll aus der Klasse *Säugetier* erzeugt werden (Abbildung 3.17). Die neue Klasse erbt wie die Klassen *Pferd* und *Zebra* die Attribute *Größe* und *Höchstgeschwindigkeit* sowie die Methoden *Laufen* und *Verständigen* – Moment mal: *Laufen*? Fast alle Säugetiere können laufen, Wale jedoch nicht.

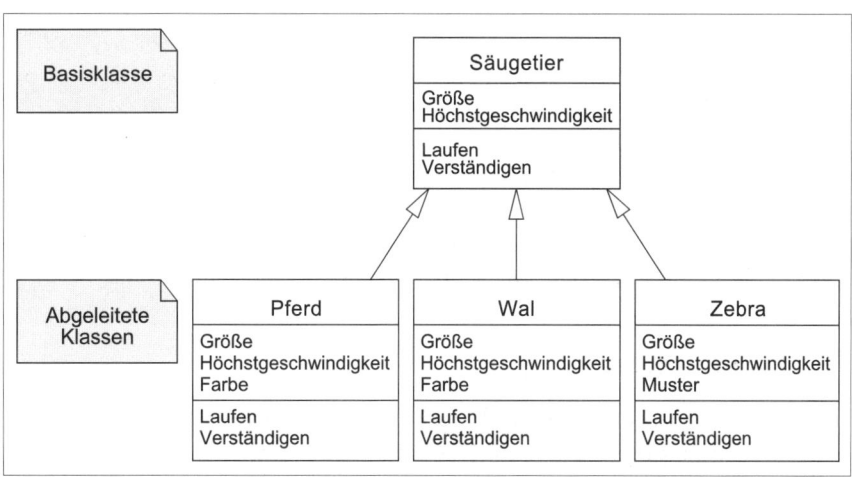

Abbildung 3.17 Durch Vererbung vererben sich auch Designfehler.

Hier ist genau das passiert, was tagtäglich zu den Problemen der objektorientierten Programmierung gehört: Die Funktionalität der Basisklasse ist nicht ausreichend analysiert worden. Vereinfacht gesagt: Hier liegt ein Designfehler vor, den man dadurch beheben muss, dass man die Methode *Laufen* durch die Methode *Fortbewegen* ersetzt.

3.8 Designfehler

Sie können sich vielleicht vorstellen, dass es sehr unangenehm ist, wenn die Basisklasse aufgrund eines Designfehlers geändert werden muss. Durch die starke Beziehung zwischen Basisklasse und abgeleiteter Klasse pflanzen sich etwaige Änderungen lawinenartig in alle Programmteile fort, in denen Objekte des Typs *Pferd* und *Zebra* mit der Methode *Laufen* verwendet wurden. An allen Stellen des Programms, wo die Methode *Laufen* der Klasse *Säugetier* verwendet wurde, muss sie durch die Methode *Fortbewegen* ersetzt werden.

Im Fall von Designfehlern stellt sich die Technik der Vererbung als großer Nachteil heraus. Vererbung hat neben diesem Manko auch den Nachteil, dass sich nicht nur Designfehler, sondern alle anderen vorzüglich gestalteten, aber unerwünschten Teile der Basisklasse in die abgeleiteten Klassen in Form von Ballast übertragen: Die Nachkommen solcher übergewichtiger Klassen werden immer fetter und fetter. Daher sollten Sie Vererbung stets kritisch betrachten, sparsam einsetzen und wirklich nur dort verwenden, wo sie sinnvoll ist.

3.9 Umstrukturierung

Aber zurück zu den Designfehlern. Wie geht man mit Fehlern dieser Art um? Sie sind trotz der Vererbung heute kein so großes Problem mehr wie noch vor ein paar Jahren. Es gibt mittlerweile moderne Softwareentwicklungswerkzeuge (Kapitel 22, »Werkzeuge«), mit denen es relativ leicht ist, die notwendige Umstrukturierung (Refactoring) vorzunehmen. Allerdings sollten Sie Software möglichst nur während der Analyse- und Designphase der Software (Kapitel 5, »Entwicklungsprozesse«) umstrukturieren. Als Regel gilt: Je später Änderungen vorgenommen werden, desto höher ist der damit verbundene Aufwand.

3.10 Modellierung

Um solche Designfehler und damit kostspielige Umstrukturierungen zu vermeiden, ist es bei größeren Projekten sinnvoll, ein Modell der Software zu entwerfen. Genauso wie man im Automobilbau vor jedem neu zu konstruierenden Automobil ein Modell entwickelt, ist es auch in der Softwareentwicklung sinnvoll, ein Modell zu konstruieren, bevor man mit der eigentlichen Umsetzung des Projekts beginnt. Ein Modell, das eine getreue Nachbildung eines kompletten Ausschnitts der Software darstellt, nennt sich Prototyp (Muster, Vorläufer).

3.11 Persistenz

Ein Programm erzeugt Objekte, die an ihrem Lebensende wieder zerstört werden. Diese Objekte bezeichnet man als transient, also flüchtig. Manchmal ist aber ein »Leben nach dem Tod« auch für Objekte erstrebenswert. Sie sollen auch dann wieder zum Leben erweckt werden, wenn das Programm beendet ist und der Anwender des Programms nach Hause geht. Am nächsten Tag startet der Anwender das Programm erneut und möchte mit dem gleichen Objekt weiterarbeiten.

Solche »unsterblichen« Objekte bezeichnet man als persistent (dauerhaft). Das bedeutet nichts anderes, als dass sie in geeigneter Form gespeichert werden. Sie befinden sich dann in einer Art Tiefschlaf in einer Datei auf einer Festplatte oder im Verbund mit anderen Objekten in einer Datenbank.

3.12 Polymorphie

Der Name Polymorphie kommt aus dem Griechischen und bedeutet so viel wie Vielgestaltigkeit, Verschiedengestaltigkeit. Der Begriff klingt mehr nach Mineralienkunde als nach Informatik, und so wundert es Sie vielleicht auch nicht, dass der Chemiker Mitscherlich die Polymorphie bei Mineralien Anfang des 19. Jahrhunderts entdeckte. Er stellte fest, dass manche Mineralien wie Kalziumcarbonat ($CaCO_3$) unterschiedliche Kristallformen annehmen können, ohne ihre chemische Zusammensetzung zu ändern. Das bedeutet, sie können je nach Druck und Temperatur eine verschiedene Gestalt annehmen.

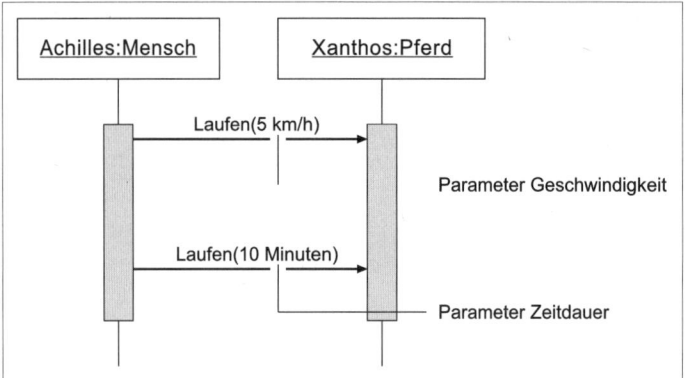

Abbildung 3.18 »Xanthos« verfügt über zwei verschieden gestaltete Methoden namens »Laufen«. Sie unterscheiden sich durch ihre Parameter.

Alles sehr schön bis jetzt, aber was hat das mit objektorientierter Programmierung zu tun? – Das bedeutet auf keinen Fall, dass ein Objekt wie *Xanthos* so radikal seine Form verändern kann wie ein Mineral. Es bedeutet, dass *Xanthos* bei geschickter »Programmierung« situationsbedingt verschieden reagieren kann. Klingt wie Zauberei, ist es aber nicht.

3.12.1 Statische Polymorphie

Stellen Sie sich vor, das Objekt *Achilles* teilt dem Objekt *Xanthos* mit, dass es laufen soll, und zwar mit der Geschwindigkeit 5 km/h. Was wird passieren? – *Xanthos* wird sich mit dieser Geschwindigkeit fortbewegen. Offensichtlich ist die Richtung ebenso egal wie die Dauer. Was würde passieren, wenn *Achilles* abermals *Xanthos* mitteilt, er solle laufen, und zwar 10 Minuten? *Xanthos* würde 10 Minuten lang mit 5 km/h laufen und danach stehen bleiben.

Damit *Xanthos* den etwas wirr klingenden Anweisungen seines Reiters Folge leisten kann, benötigt er Methoden »unterschiedlicher Gestalt«. Er benötigt eine Methode, die auf den Parameter Geschwindigkeit reagiert, und eine Methode, die auf den Parameter Zeitdauer reagiert. Obwohl die Methoden den gleichen Namen tragen, führen sie zu einer unterschiedlichen Verarbeitung durch das Objekt *Xanthos*. Der Fachausdruck für diese Technik heißt *Überladen*.

3.12.2 Dynamische Polymorphie

Anders als bei der Mehrfachvererbung sieht es aus, wenn man Eigenschaften der Basisklasse bei der Vererbung bewusst umgehen möchte. Dazu möchte ich nochmals auf das Beispiel der Basisklasse *Säugetier* zurückgreifen. Angenommen, Sie möchten in der abgeleiteten Klasse *Pferd* bestimmen, auf welche Weise sich

Pferde-Objekte verständigen. Dazu *überschreiben* Sie die Methode *Verständigen* und legen die Art und Weise des Wieherns in der Klasse *Pferd* für die abgeleiteten Objekte fest.

Das Überschreiben von Methoden ist ein sehr mächtiges Mittel der objektorientierten Programmierung. Es erlaubt Ihnen, unerwünschte Erbinformationen teilweise oder ganz zu unterdrücken und damit eventuelle Designfehler – in Grenzen – auszugleichen beziehungsweise Lücken in der Basisklasse zu füllen. Dabei ist die Technik extrem simpel. Es reicht aus, eine identische Methode in der abgeleiteten Klasse *Pferd* zu beschreiben, damit sich Objekte wie *Xanthos* »plötzlich« anders verhalten.

3.13 Designregeln

Auch wenn die objektorientierte Softwareentwicklung im Vergleich zur konventionellen Programmierung gutes Softwaredesign besser unterstützt, ist sie auf keinen Fall eine Garantie für sauber strukturierte und logisch aufgebaute Programme. Die objektorientierte Programmierung erleichtert zwar gutes Softwaredesign, sie erzwingt es jedoch nicht. Da man trotz Objektorientierung schlechte Programme entwickeln kann, sollten Sie einige Grundregeln beachten:

- Vermeiden Sie Vererbung.
- Reduzieren Sie die Anforderungen auf das Wesentliche.
- Kapseln Sie alle Attribute und Methoden, die nicht sichtbar sein müssen.
- Arbeiten Sie bei großen Projekten mit einem Modell.
- Verwenden Sie einen Prototyp.

3.14 Zusammenfassung

Die objektorientierte Programmierung war eine Antwort auf die Softwarekrise in der Mitte der 60er-Jahre des letzten Jahrhunderts. Durch Objektorientierung lässt sich die natürliche Welt leichter in Computerprogrammen umsetzen. Diese objektorientierten Computerprogramme bestehen aus einer Sammlung eines oder mehrerer Objekte.

Ein Objekt lässt sich mit einem natürlichen Lebewesen vergleichen und verfügt über eine Gestalt und Fähigkeiten. Die Gestalt prägen Attribute, während die Fähigkeiten von Methoden bestimmt sind. Beide Bestandteile eines Objekts sind in der Klasse festgelegt, von der ein Objekt abstammt. Sie liefert den Bauplan für gleichartige Objekte.

Objektorientierte Programmierung ist kein Allheilmittel. Sie unterstützt gutes Design, ohne es zu erzwingen. Es ist deshalb notwendig, auf sauberes Design zu achten, wenn man mit objektorientierter Programmierung erfolgreich sein will.

3.15 Aufgaben

Versuchen Sie, folgende Aufgaben zu lösen:

3.15.1 Fragen

1. Worin unterscheiden sich Klassen von Objekten?
2. Wie unterscheiden sich Objekte der gleichen Klasse voneinander?
3. Was bedeutet der Begriff »Basisklasse«?
4. Was bedeutet der Begriff »abgeleitete Klasse«?
5. Wie verständigen sich Objekte untereinander?
6. Welche Arten von Beziehungen gibt es, und wie unterscheiden sie sich?
7. Worin liegt die Gefahr bei Vererbungsbeziehungen?

3.15.2 Übungen

1. Zeichnen Sie zur Abbildung 3.19 eine Klasse mit Klassennamen, Attributen und Methoden.

Abbildung 3.19 Ein Objekt mit verschiedenen Merkmalen und Fähigkeiten

2. Zeichnen Sie zur Abbildung 3.20 eine gemeinsame Basisklasse und aus den zwei Objekten zwei abgeleitete Klassen mit Klassennamen, Attributen und Methoden.

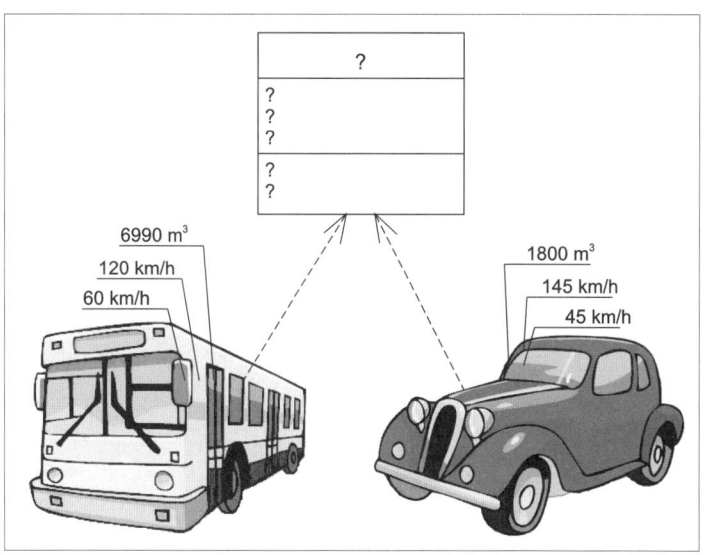

Abbildung 3.20 Zwei verschiedene Objekte

3. Zeichnen Sie zur Abbildung 3.21 ein Klassendiagramm mit einer Basisklasse und drei abgeleiteten Klassen, die in Beziehung zur Basisklasse stehen.

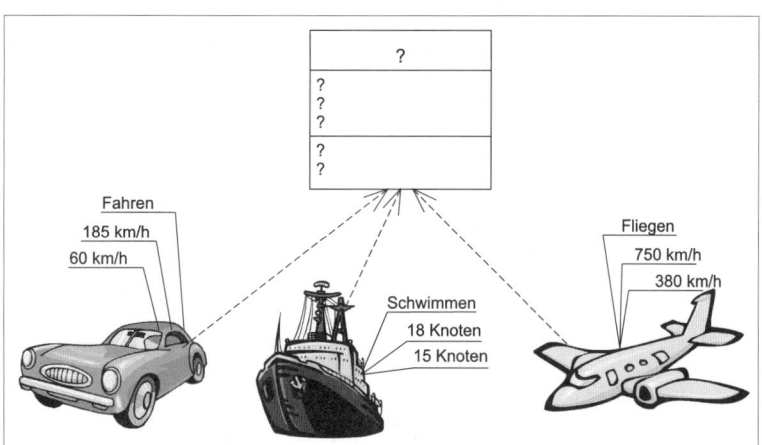

Abbildung 3.21 Drei verschiedene Objekte

Die Lösungen zu den Aufgaben finden Sie in Kapitel 18 ab Seite 506.

TEIL II
Java im Detail

Der erste Teil dieses Buchs stellte Ihnen die grundlegenden Konzepte der Datenverarbeitung, der Programmiersprachen und der objektorientierten Programmierung vor.

Dieser Teil baut direkt auf diesen Konzepten auf und setzt das Buch mit den drei Säulen der Java-Technologie fort:

1. Sprache Java (Kapitel 4)
2. Plattform Java (Kapitel 6)
3. Java-Klassenbibliotheken (Kapitel 8)

Sie erfahren zwischen diesen Eckpfeilern der Java-Technologie, welche Entwicklungsprozesse ablaufen (Kapitel 5), welche Gesetzmäßigkeiten gelten (Kapitel 7), was Algorithmen sind und wozu sie der Java-Programmierer benötigt (Kapitel 9).

»Sprache ist das Mittel, mit dem wir unsere Gedanken ausdrücken, und die Beziehung zwischen diesen Gedanken und unserer Sprache ist heimtückisch und verzwickt.« (William Wulf)

4 Sprache Java

4.1 Einleitung

Kapitel 3 hat Ihnen die Grundlagen zur objektorientierten Programmierung aus dem naiven Blickwinkel der natürlichen Welt vermittelt. Nun folgt die Umsetzung der objektorientierten Programmierung in Java. Sie werden feststellen, dass hier ein anderer Blickwinkel notwendig ist. Das liegt daran, dass Java zwar enorm viele Möglichkeiten bietet, ein Programm aufzubauen, aber in manchen Aspekten von der reinen Lehre der objektorientierten Programmierung des Kapitels 3 abweicht.

4.1.1 Geschichte

Einige Programmierer der Firma Sun Microsystems entwickelten 1990 eine objektorientierte Sprache namens Oak (Object Application Kernel). Im Mittelpunkt des Projekts stand die Programmierung von Haushaltsgeräten. Da diese Geräte weder leistungsfähig noch einheitlich aufgebaut waren, mussten Oak-Programme sowohl kompakt als auch plattformunabhängig sein.

Die Sprache Oak schien sich nicht nur für Haushaltsgeräte gut zu eignen, sondern ebenso gut zur Internet-Programmierung, was der Firma Sun erfolgversprechender schien – kurzerhand wurde das Projekt neu ausgerichtet. Das Team sollte jetzt den ersten grafischen Internet-Browser auf Basis von Oak entwickeln.

Ungefähr ein Jahr später war der neue Browser in der Lage, kleine Programme (Applets) in HTML-Seiten darzustellen. Zusammen mit der Programmiersprache Java[1] erblickte er unter dem Namen »HotJava« im Jahr 1995 das Licht der Welt.

Im Jahr 1996 ist dann das erste Java-Release erschienen. Es wurde gleich im nächsten Jahr von der Version 1.1 ersetzt. Die wichtigsten Neuerungen waren

---

1 Java ist ein Slangausdruck für Kaffee. Laut James Gosling, einem der Java-Autoren, verbrachte sein Team viele Stunden mit Brainstorming, um einen guten Namen für die neue Programmiersprache zu finden, bis ihnen in einer Kaffeebar die zündende Idee kam ...

die Einführung der Remote Method Invocation (Abschnitt 8.2.12, »Remote Method Invocation«), innere Klassen und eine Schnittstelle zur Programmierung von SQL-Datenbanken.

Version 1.2 von Java brauchte die vollkommen neue Klassenbibliothek Swing und das Collections-Framework. Erst mit Java 5 im Jahr 2004 gab es ähnlich gravierende Änderungen. Hier hat der Java-Erfinder die Sprache gründlich verbessert und generische Datentypen sowie Aufzählungstypen eingeführt.

Java 6 im Jahr 2006 brachte vor allem eine weitere Verbesserung der Ausführungsgeschwindigkeit von Java-Programmen und die verbesserte Unterstützung von Webservices. Nach rund fünf Jahren Pause bei der Weiterentwicklung von Java melden sich die Entwickler im Sommer 2011 mit der neuen Version 7 zurück. Deren wichtigste Sprachänderungen wie die erweitere Switch-Anweisung finden Sie in diesem Kapitel.

4.1.2 Beschreibung mittels Text

Java-Programme werden in einer oder mehreren Unicode-Textdateien beschrieben. Unicode (Kapitel 1, »Digitale Informationsverarbeitung«) bedeutet, dass Sie auch nationale Sonderzeichen verwenden können. Jede der Textdateien muss den Namen der Klasse tragen, die darin definiert ist, und die Endung `java` besitzen. Ein Beispiel: Wenn Sie ein Programm namens *Rectangle* mit einer Hauptklasse gleichen Namens schreiben möchten, so speichern Sie es einfach in einer Textdatei mit dem Namen `Rectangle.java` (Listing 4.1) ab.

```
 1: //Beispielprogramme/Sprache_Java/Ex01
 2:
 3: package language;
 4:
 5: class Rectangle {
 6:
 7:   public static void main(String[] arguments) {
 8:     int height;//Hoehe
 9:     int width;//Breite
10:     int area;//Flaeche
11:     height = 1;
12:     width = 5;
13:     area = height * width;
14:     System.out.println("Fl\u00e4che = " + area +
15:       " m\u00B2");
16:   }//main
17: }//class Rectangle
```

Listing 4.1 Das Java-Programm »Rectangle« als Textdatei »Rectangle.java«

Einleitung | **4.1**

Das hier vorgestellte Beispielprogramm *Rectangle* erzeugt die Ausgabe Fläche = 5 m². Das Beispielprogramm ist zwar sehr kurz, es weist aber trotzdem schon fast alle typischen Sprachelemente eines Java-Programms auf.

4.1.3 Überblick über die Sprachelemente

Paket und Klasse

Das Beispiel (Abbildung 4.1) besteht aus einem Paket (Punkt 1 und 3) mit einer Klasse namens *Rectangle* (Punkt 4). Diese Klasse enthält eine Startmethode namens *main()* (Punkt 5). Sie setzt sich aus drei Typdeklarationen (Punkt 6), drei Zuweisungen mehrerer Werte (Punkt 7 und 8) und einer Textausgabe mit der Verwendung von Unicode (Punkt 9) zusammen.

Programmstart

Das Paket (*package*) und die Klasse (*class*) sollen Sie zunächst nicht interessieren, sondern nur der Programmstart, der von der Methode *main()* eingeleitet wird. Diese Methode beginnt mit drei Typdeklarationen. Diese Deklarationen legen fest, welche Datentypen die Variablen *height*, *width* und *area* bekommen, und reservieren für diese Speicherplatz.

Die Wertzuweisungen im Anschluss daran definieren den aktuellen Wert der ersten beiden Variablen (Punkt 7), während die letzte Anweisung (Punkt 8) eine Wertzuweisung mit einer Rechenoperation kombiniert.

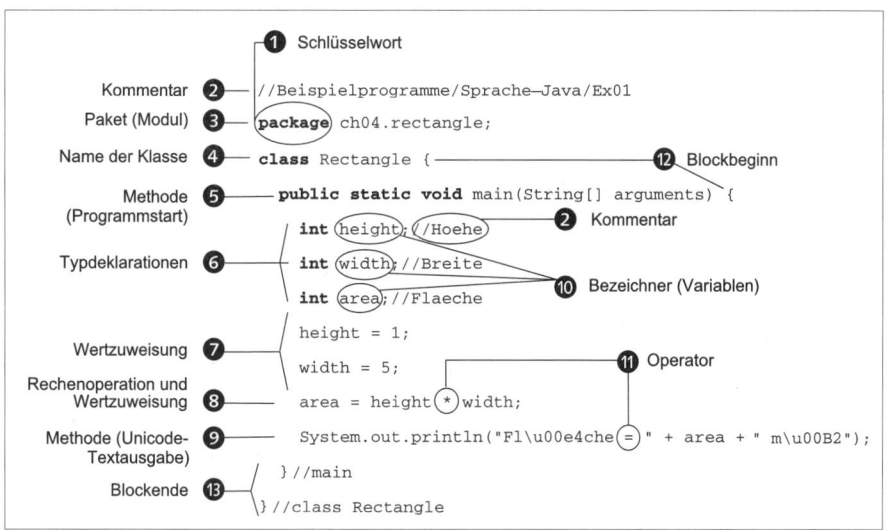

Abbildung 4.1 Übersicht über die wichtigsten Java-Sprachelemente

87

Rechenoperation

Die Rechenoperation multipliziert die Höhe des Rechtecks (Variable *height*) mit der Breite des Rechtecks (Variable *width*) und weist das Ergebnis der Fläche (Variable *area*) zu. An Position 9 gibt das Programm das Ergebnis mit Hilfe der Methode *println()* aus. Damit unter allen Betriebssystemen der deutsche Umlaut des Wortes Fläche korrekt dargestellt wird, musste das »ä« als Unicode (\u00e4) kodiert werden.

Zusammenfassung

Zusammengefasst besteht das kurze Beispiel aus der Berechnung eines Rechtecks mit den Seiten *height* und *width* sowie der Ausgabe der Fläche *area* mit Hilfe der Methode *println()*. Das Programm enthält folgende Java-Sprachelemente:

- Schlüsselwörter (zum Beispiel Punkt 1)
- Datentypen (zum Beispiel 4 und 6)
- Methoden (zum Beispiel 5 und 9)
- Operatoren (zum Beispiel Punkt 11)
- Anweisungen (zum Beispiel Punkt 7)
- Kommentare (zum Beispiel Punkt 2)

So weit die – zugegebenermaßen sehr kurze – Analyse des Beispiels. Ich möchte im weiteren Verlauf des Kapitels Stück für Stück die Teile dieses Beispielprogramms ausführlicher beleuchten und hierzu mit den Schlüsselwörtern beginnen.

4.2 Schlüsselwörter

Bei der näheren Betrachtung des Programmbeispiels (Abbildung 4.1) fallen Ihnen eine ganze Reihe von fett gedruckten Begriffen auf, die eine reservierte Bedeutung in Java besitzen. Diese Wörter nennen sich Schlüsselwörter, von denen laut Java-Sprachdefinition zurzeit 53 existieren (Tabelle 4.1).

abstract	assert	boolean	break	byte
case	catch	char	class	const
continue	default	do	double	else
enum	extends	false	final	finally

Tabelle 4.1 Schlüsselwörter der Sprache Java

float	for	goto	if	implements
import	instanceof	int	interface	long
native	new	null	package	private
protected	public	return	short	static
strictfp	super	switch	synchronized	this
throw	throws	transient	true	try
void	volatile	while		

Tabelle 4.1 Schlüsselwörter der Sprache Java (Forts.)

Das Schlüsselwort *enum* können Sie erst ab der Java-Version 5.0 (JDK 1.5) verwenden. Im Gegensatz dazu lassen sich die Schlüsselwörter *const* und *goto* niemals verwenden. Die Java-Erfinder haben sie reserviert, aber ihre Verwendung nicht gestattet – warum?

Sie dürfen nicht verwendet werden, um Problemen aus dem Weg zu gehen, die diese Schlüsselwörter bewirken können. Goto-Anweisungen führen zum Beispiel häufig zu schlechtem Programmdesign. Dass man sie dennoch reservierte, liegt daran, dass sie in C und C++ zum Sprachumfang gehören. Wenn ein C- oder C++-Programmierer seine ersten Java-Programme schreibt, sollte er sich beim Umstieg auf Java nicht wundern, dass sein anscheinend korrektes Java-Programm nicht wunschgemäß funktioniert. Er bekommt stattdessen schon bei der Übersetzung des Java-Programms eine aussagekräftige Fehlermeldung.

Die Schlüsselwörter (Tabelle 4.1) besitzen verschiedene Funktionen in Java. Sie sind unter anderem für Folgendes reserviert:

- Überwachung des Programmzustands mit Vor- und Nachbedingungen (*assert*)
- Einfache Datentypen (zum Beispiel *int*)
- Erweiterte Datentypen (zum Beispiel *enum*)
- Benutzerdefinierte Datentypen (zum Beispiel *class*)
- Klassenbeziehungen (zum Beispiel *extends*)
- Methodentypen (zum Beispiel *static*)
- Operatoren (zum Beispiel *new*)
- Anweisungen (zum Beispiel *for*)
- Module (zum Beispiel *package*)
- Fehlerbehandlung (zum Beispiel *try*)

Neben dem Schlüsselwort *class*, das den so genannten benutzerdefinierten Datentypen vorbehalten ist, und dem zusammengesetzten Datentyp *enum* befinden sich noch weitere »Typen« unter den Schlüsselwörtern, die *einfache Datentypen* genannt werden.

4.3 Einfache Datentypen

Die einfachen Datentypen sind Restbestände aus der verwandten Programmiersprache C. Während es in rein objektorientierten Programmiersprachen wie Smalltalk (Kapitel 3, »Objektorientierte Programmierung«) keine derartigen Datentypen gibt, haben sich die Erfinder von Java aus mehreren Gründen entschieden, einfache Datentypen zur Verfügung zu stellen.

Der erste Grund war, dass diese primitiven Java-Datentypen nur *reine* Daten ohne Methoden enthalten. Sie belegen daher wenig Speicherplatz – ganz im Gegensatz zu Objekten, die aus Daten *und* Methoden bestehen. Der zweite Grund war, dass die Java-Erfinder es den C- und C++-Programmierern erleichtern wollten, auf Java umzusteigen.

4.3.1 Grundlagen

Einfache Datentypen sollten Sie immer dann verwenden, wenn es nur darum geht, primitive Zahlenwerte im Programm zu speichern. Dazu müssen Sie dem Computer mitteilen, von welchem Datentyp eine Variable sein soll.

Eigenschaften bezeichnen

Der Vorgang, einer Variablen einen Typ zuzuordnen, wird Deklaration genannt. Im Englischen spricht man auch von »to declare« (bezeichnen), weshalb sich der Begriff »Deklaration« bei der Übersetzung englischer Fachbücher etabliert hat. Durch die Deklaration sind zwei Eigenschaften der Variablen unveränderlich festgelegt:

- Wertebereich
- Rechenoperationen

Java ist eine streng typisierte Programmiersprache. Das bedeutet, dass ein einmal festgelegter Datentyp für die Programmlebensdauer unveränderlich ist. Auch die Rechenoperationen, die an den Bezeichner gebunden sind, sind unveränderlich.

Aufbau der Deklaration

Wie die Deklaration aufgebaut ist, zeigt Abbildung 4.2: Zunächst folgt der Datentyp und danach die Variable. Diese Deklaration wird durch ein Semikolon abgeschlossen und ist immer Teil einer Klasse, zum Beispiel in Form eines *Attributs*. Das heißt, Sie können eine Variable wie *height* niemals losgelöst von einer Klasse verwenden.

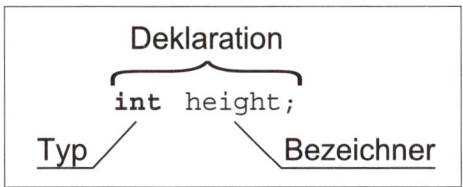

Abbildung 4.2 Deklaration der Variablen »height«

Übersicht der Datentypen

In Tabelle 4.2 sehen Sie eine Übersicht über alle einfachen Java-Datentypen. Sie unterscheiden sich im Wertebereich, der die Größe des reservierten Speicherplatzes für den Bezeichner (Variable) bestimmt.

Typ	Speicherplatz [Byte]	Wertebereich	Standardwert
boolean	1	true, false	false
char	2	Alle Unicode-Zeichen	\u0000
byte	1	$-2^7 \dots 2^7-1$	0
short	2	$-2^{15} \dots 2^{15}-1$	0
int	4	$-2^{31} \dots 2^{31}-1$	0
long	8	$-2^{63} \dots 2^{63}-1$	0
float	4	$\pm\, 3{,}40282347 * 10^{38}$	0,0
double	8	$\pm\, 1{,}79769313486231570 * 10^{308}$	0,0

Tabelle 4.2 Übersicht der einfachen Java-Datentypen

Bezeichner

Die Variable wird im Fachjargon auch Bezeichner genannt. Sie *bezeichnet* einen Programmteil, der vom Programmierer festgelegt wird. Ein Bezeichner kann zum Beispiel eine primitive Variable sein, aber auch eine Klasse, ein Objekt oder eine Methode. Allen Bezeichnern ist gemeinsam, dass sie nicht den Namen eines der Java-Schlüsselwörter (Tabelle 4.1) tragen dürfen.

Genauigkeit und Wertebereich

Der Computer reserviert so viel Speicherplatz, wie für einen bestimmten Datentyp festgelegt ist. Zum Beispiel reserviert er für den Datentyp *int* eine 4 Byte »große« Speicherzelle (Abbildung 4.3). 4 Byte sind identisch mit 32 Bit (Kapitel 1, »Digitale Informationsverarbeitung«).

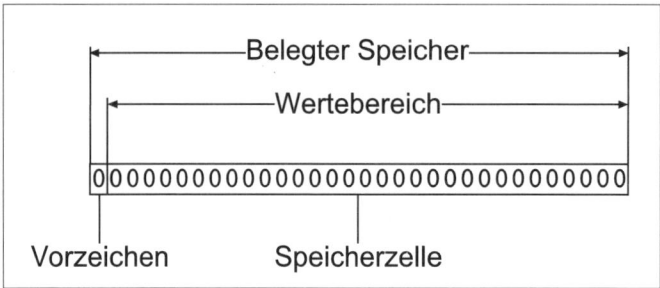

Abbildung 4.3 Wertebereich und belegter Speicher bei Zahlendatentypen am Beispiel des Datentyps »int«

Der reservierte Speicherbereich ist auf allen Computersystemen, auf denen ein Java-Programm läuft, identisch. Sie müssen also nicht wie bei anderen Programmiersprachen zittern, wenn Ihr Programm auf ein anderes, fremdes Computersystem übertragen und dort ausgeführt werden soll.

Der reservierte Speicherbereich ist nicht nur auf allen Computersystemen, sondern auch für die gesamte Programmlaufzeit konstant. Der Speicherbereich ist bei den Zahlendatentypen aber nicht mit dem Wertebereich identisch. Das liegt daran, dass alle Java-Zahlendatentypen über ein Vorzeichen verfügen, das ebenfalls kodiert werden muss. Es vermindert den Wertebereich um ein Bit (Abbildung 4.3). Im Fall von *int* bedeutet das, dass »nur« 31 Bit nutzbar sind – jetzt können Sie sich auch den merkwürdigen Wertebereich der Zahlendatentypen in Tabelle 4.2 erklären.

Anders sieht es beim Datentyp *byte* aus. Hier ergibt sich der negative Wertebereich aus 2^7, der positive Wertebereich aus $2^7 - 1$. Dass die Zahlendatentypen ein Vorzeichen besitzen, ist leider nicht immer praktisch. Für viele Fälle wären nur positive »natürliche« Zahlen mit einem Wertebereich von 0 bis 255 notwendig, den der Datentyp *byte* nicht bietet.

Der Wertebereich der Zahlendatentypen orientiert sich am maximalen Wert, der auf unterschiedlichen Computersystemen realisierbar ist. Sie erinnern sich: Java erlaubt es, portable Programme zu schreiben (Kapitel 2, »Programmiersprachen«). Um eine Portabilität der Programme zu erreichen, mussten die Erfinder der Sprache darauf Rücksicht nehmen, was auf verschiedenen Computersystemen realisierbar ist.

Die höchste darstellbare Informationsmenge (das so genannte »Rechnerunendlich«) liegt bei vielen Computersystemen bei 64 Bit, weshalb dies auch den Grenzwert der Java-Zahlendatentypen markiert. Das Rechnerunendlich bei PC-Systemen (mit mathematischem Coprozessor) beträgt allerdings 80 Bit und bleibt Java-Programmen leider verschlossen.

Durch den maximal darstellbaren Wertebereich ist auch eine gewisse Ungenauigkeit bei einigen mathematischen Berechnungen unvermeidlich, da kein Computersystem alle Zahlen beliebig exakt zu verarbeiten vermag. Bei ganzzahligen Datentypen ist die Genauigkeit innerhalb der zugesicherten Grenzen stets optimal. Sie werden immer vollständig gespeichert, solange sie sich im Wertebereich befinden.

Gleitkommazahlen haben im Gegensatz zu Ganzzahlen prinzipiell nur eine beschränkte Genauigkeit, auch wenn sie sich im Wertebereich des Datentyps befinden. Das liegt daran, dass der Computer solche Zahlen nur dann vollständig speichern kann, wenn sie über eine beschränkte Zahl von Nachkommastellen verfügen.

Beim Speichern einer Gleitkommazahl zerlegt der Computer diese in zwei Teile. Der erste Teil ist der Exponent, und der zweite Teil ist die Mantisse; beide werden binär gespeichert. Die Dezimaldarstellung (Abbildung 4.4) zeigt, dass eine solche Zahl nur bis zu einer gewissen Nachkommastelle exakt ist, alles andere fällt unter den Tisch. Man spricht in diesem Fall von so genannten Rundungsfehlern.

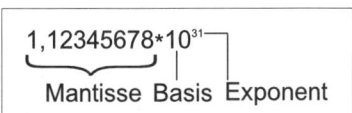

Abbildung 4.4 Die Stellen der Mantisse bestimmen die Genauigkeit.

Überschreiten des Wertebereichs

Sie müssen bei der Deklaration entscheiden, ob Ihnen der reservierte Wertebereich und die Genauigkeit für eine Variable im Laufe des Programms ausreichen. Ist das nicht der Fall und überschreitet die Variable irgendwann ihren maximal gültigen Wert oder ist zu ungenau, kommt es zu Programmfehlern. Diese können sich unterschiedlich äußern.

Im günstigsten Fall fallen Programmfehler durch einen so genannten Überlauf auf. In manchen Fällen kann es jedoch passieren, dass das Programm verrückt spielt und völlig falsche Werte produziert. In Kapitel 7, »Gesetzmäßigkeiten«, erfahren Sie genau, in welchen Fällen dies passiert und wie Sie Ihr Programm vor solchen Zuständen schützen können.

Auswahl des Datentyps

Was bedeutet die Gefahr von Fehlern für die Auswahl eines Datentyps? Das bedeutet zunächst, dass der Softwareentwickler schon bei der Programmierung sehr genau abwägen sollte, welcher einfache Datentyp sich für eine bestimmte Aufgabe aufgrund seines Wertebereichs eignet.

- **Strategie 1**
  Ist der Entwickler zu sicherheitsbewusst und benutzt er stets zu »große« Datentypen, läuft sein Programm zwar sicher, es verbraucht aber zu viel Speicher.

- **Strategie 2**
  Ist er zu sparsam, braucht es wenig Speicherplatz, aber es wird nicht richtig funktionieren.

Es liegt auf der Hand, dass Sie in Zweifelsfällen die erste Strategie bevorzugen sollten.

Programmtest

In jedem Fall muss der Entwickler in Bezug auf einfache Datentypen sorgfältig abwägen, welcher Datentyp für welchen Programmteil am besten geeignet ist, und sein Programm in Bezug auf einfache Datentypen ganz besonders sorgfältig testen (Kapitel 7, »Gesetzmäßigkeiten«). Wie Sie die Datentypen verwenden, zeigen einige kleine Anwendungsbeispiele in den folgenden Abschnitten.

4.3.2 Festkommazahlen

Festkommazahlen besitzen im Gegensatz zu Gleitkommazahlen (Abschnitt 4.3.3) keine Nachkommastellen. Diese Ganzzahlen dienen dazu, Zahlenwerte aus der natürlichen Zahlenmenge darzustellen. Java stellt die vier Ganzzahltypen *byte*, *short*, *int* und *long* zur Verfügung, die sich nur durch ihren Wertebereich unterscheiden.

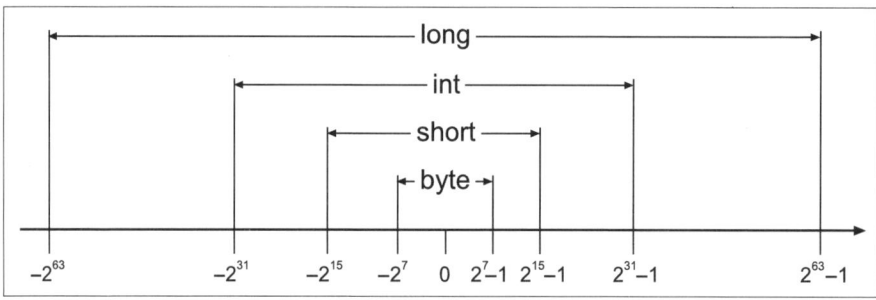

Abbildung 4.5 Wertebereich der Ganzzahltypen (nichtlineare Darstellung)

byte

Der Datentyp *byte* verfügt wie alle Ganzzahltypen über ein Vorzeichen. Er besitzt einen Wertebereich von einem Byte (daher der Name des Datentyps). Für das Beispielprogramm *Rectangle* hätte es also völlig ausgereicht, diesen Datentyp zu verwenden, weil sich die verwendeten Werte innerhalb des Wertebereichs (Abbildung 4.5) von *byte* befinden.

```
 1: //Beispielprogramme/Sprache_Java/Ex02
 2:
 3: package language;
 4:
 5: class Rectangle {
 6:
 7:   public static void main(String[] arguments) {
 8:     byte height;//Hoehe
 9:     byte width;//Breite
10:     byte area;//Flaeche
11:     height = 1;
12:     width = 5;
13:     area = (byte) (height * width);
14:     System.out.println("Fl\u00e4che = " + area +
15:         " m\u00B2");
16:   }
17: }
```

Listing 4.2 Variation des Beispiels »Rectangle« mit dem Datentyp »byte«

Das hier dargestellte Beispielprogramm *Rectangle* erzeugt die Ausgabe:

```
Fläche = 5 m²
```

short

Für den Datentyp *short* gilt: Er hat auf allen Plattformen die gleiche Länge, verfügt über ein Vorzeichen und einen Wertebereich von 2 Byte. Im Vergleich zu den anderen Datentypen ist der Wertebereich relativ kurz, daher sein Name.

```
 1: //Beispielprogramme/Sprache_Java/Ex03
 2:
 3: package language;
 4:
 5: class Rectangle {
 6:
 7:   public static void main(String[] arguments) {
 8:     short height;//Hoehe
 9:     short width;//Breite
10:     short area;//Flaeche
```

```
11:     height = 1;
12:     width = 5;
13:     area = (short) (height * width);
14:     System.out.println("Fl\u00e4che = " + area +
15:         " m\u00B2");
16:   }
17: }
```

Listing 4.3 Variation des Beispiels »Rectangle« mit dem Datentyp »short«

Auch dieses Beispiel erzeugt die Ausgabe:

Fläche = 5 m²

int

Der Datentyp *int* verdoppelt nochmals den Wertebereich des Vorgängers und besitzt ansonsten dessen genannte Eigenschaften. Er ist der am häufigsten eingesetzte Datentyp für Ganzzahlen in Java-Programmen.

```
 1: //Beispielprogramme/Sprache_Java/Ex04
 2:
 3: package language;
 4:
 5: class Rectangle {
 6:
 7:   public static void main(String[] arguments) {
 8:     int height;//Hoehe
 9:     int width;//Breite
10:     int area;//Flaeche
11:     height = 1;
12:     width = 5;
13:     area = height * width;
14:     System.out.println("Fl\u00e4che = " + area +
15:         " m\u00B2");
16:   }
17: }
```

Listing 4.4 Variation des Beispiels »Rectangle« mit dem Datentyp »int«

Hier entsteht ebenfalls die Ausgabe:

Fläche = 5 m²

long

Dieser Datentyp erhöht nochmals den Wertebereich auf das Doppelte des Vorgängers und bietet mit 8 Byte (64 Bit) das Maximum an Wertebereich für Ganzzahlen innerhalb eines Java-Programms.

```
 1: //Beispielprogramme/Sprache_Java/Ex05
 2:
 3: package language;
 4:
 5: class Rectangle {
 6:
 7:   public static void main(String[] arguments) {
 8:     long height;//Hoehe
 9:     long width;//Breite
10:     long area;//Flaeche
11:     height = 1L;
12:     width = 5L;
13:     area = height * width;
14:     System.out.println("Fl\u00e4che = " + area +
15:       " m\u00B2");
16:   }
17: }
```

Listing 4.5 Variation des Beispiels »Rectangle« mit dem Datentyp »long«

Auch dieses Beispiel verändert die Ausgabe des Programms im Vergleich zu den vorher genannten Beispielen nicht.

4.3.3 Gleitkommazahlen

Daten mit dem komischen Namen »Gleitkommazahlen« haben im Gegensatz zu Festkommazahlen eine variable Anzahl von Nachkommastellen (daher der Name). Sie dienen dazu, Zahlenwerte aus der rationalen Zahlenmenge zu verarbeiten. Sie können zum Beispiel durch eine Bruchrechnung entstehen.

$$\pi = \frac{\text{Kreisumfang}}{2 * \text{Kreisradius}} \approx 3{,}14$$

Abbildung 4.6 Beispiel für die Entstehung einer Gleitkommazahl

Java verfügt über die zwei Datentypen *float* und *double*, die sich durch ihre Wertebereiche unterscheiden (Abbildung 4.7).

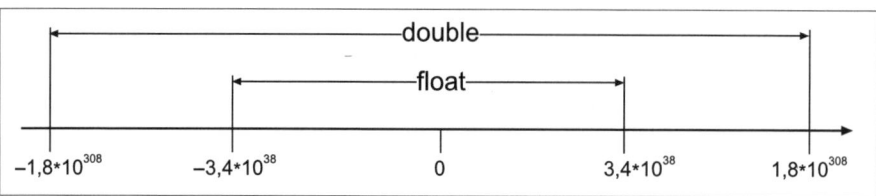

Abbildung 4.7 Wertebereich der Gleitkommatypen (gerundete Werte, nichtlineare Darstellung)

float

Der Typ *float* ist in Java-Programmen der Standardtyp für Gleitkommazahlen mit so genannter einfacher Genauigkeit (4 Byte). Einfache Genauigkeit reicht jedoch auch nur für einfache Rechenoperationen aus, weil die Anzahl der gespeicherten Nachkommastellen gering ist. Eine Anwendung zeigt Listing 4.6.

```
 1: //Beispielprogramme/Sprache_Java/Ex06
 2:
 3: package language;
 4:
 5: class Rectangle {
 6:
 7:   public static void main(String[] arguments) {
 8:     float height;// Hoehe
 9:     float width;// Breite
10:     float area;// Flaeche
11:     height = 1.1F;
12:     width = 5.1F;
13:     area = height * width;
14:     System.out.println("Fl\u00e4che = " + area +
15:         " m\u00B2");
16:   }
17: }
```

Listing 4.6 Variation des Beispiels »Rectangle« mit dem Datentyp »float«

Aufgrund der geänderten Werte für Breite und Höhe entsteht folgende Ausgabe:

```
Fläche = 5.61 m²
```

double

Der Typ *double* beschließt den Abschnitt über Gleitkommazahlen. Sie benötigen diesen Typ immer dann, wenn mit höchstmöglichem Wertebereich und maximaler Genauigkeit bei den Nachkommastellen gerechnet werden muss. Das ist zum Beispiel bei Finanzdienstleistungssoftware, Flugsteuerungssoftware, medizinischen Anwendungen, Navigationssystemen oder Taschenrechnern der Fall. Listing 4.7 zeigt ein Beispiel für die Verwendung.

```
 1: //Beispielprogramme/Sprache_Java/Ex07
 2:
 3: package language;
 4:
 5: class Rectangle {
 6:
 7:   public static void main(String[] arguments) {
 8:     double height;
 9:     double width;
10:     double area;
11:     height = 1.1;
12:     width = 5.1;
13:     area = height * width;
14:     System.out.println("Fl\u00e4che = " + area +
15:         " m\u00B2");
16:   }
17: }
```

Listing 4.7 Variation des Beispiels »Rectangle« mit dem Datentyp »double«

Das Programm gibt ebenfalls 5.61 m² als Endergebnis aus.

4.3.4 Wahrheitswerte

Der in Java vordefinierte Datentyp für Wahrheitswerte kann die Werte *true* oder *false* annehmen. Das Verständnis von Wahrheitswerten ist von grundlegender Bedeutung für die Java-Programmierung. Wie Sie später sehen werden, steuern Sie mit Hilfe solcher Wahrheitswerte den Ablauf des Programms.

```
 1: //Beispielprogramme/Sprache_Java/Ex08
 2:
 3: package language;
 4:
 5: class Login {
 6:
 7:   public static void main(String[] arguments) {
 8:
 9:     boolean passwordChecked;
10:     boolean userAuthorized;
11:     passwordChecked = true;
12:     userAuthorized = false;
13:     System.out.println("Passwort " +
14:         "\u00fcberpr\u00fcft = " +
```

```
15:          passwordChecked);
16:     System.out.println("Benutzer berechtigt = " +
17:          userAuthorized);
18: }
19: }
```

Listing 4.8 Programmbeispiel mit Wahrheitswerten

Dieses Beispiel erzeugt folgende Ausgabe:

```
Passwort überprüft = true
Benutzer berechtigt = false
```

4.3.5 Zeichen

Der Zeichentyp *char* ist mit einem Wertebereich von 2 Byte ausgestattet worden und basiert auf dem Unicode-Zeichensatz. *Char*-Typen sind im Gegensatz zu *String*-Typen (Kapitel 8, »Klassenbibliotheken«) mit einfachen Hochkommata zu initialisieren (Listing 4.9). Der Zeichentyp ist zur Ausgabe einzelner Zeichen gedacht. Um Wörter auszugeben, müssen Sie einzelne Zeichen mit Hilfe von Arrays zu Zeichenketten zusammensetzen (Abschnitt 4.4.1, »Arrays«).

```
 1: //Beispielprogramme/Sprache_Java/Ex09
 2:
 3: package language;
 4:
 5: class Dialog {
 6:
 7:   public static void main(String[] arguments) {
 8:
 9:     char yesKey = 'J';//Taste "J" = Ja
10:     char cancelKey = 'A';//Taste "A" = Abbrechen
11:     char helpKey = '?';//Taste "?" = Hilfe
12:     System.out.println("Soll der Vorgang " +
13:         "fortgesetzt werden?");
14:     System.out.println("<Ja> .......... [" +
15:         yesKey + "]");
16:     System.out.println("<Abbrechen> ... [" +
17:         cancelKey + "]");
18:     System.out.println("<Hilfe> ....... [" +
19:         helpKey + "]");
20:   }
21: }
```

Listing 4.9 Ein Beispiel für die Verwendung des Char-Typs

Das Beispielprogramm sorgt für folgende Ausgabe:

```
Soll der Vorgang fortgesetzt werden?
<Ja> .......... [J]
<Abbrechen> ... [A]
<Hilfe> ....... [?]
```

4.4 Erweiterte Datentypen

4.4.1 Arrays

Arrays zählen zu den erweiterten Datentypen. Es sind Felder, in denen Zahlen- oder Objektmengen gespeichert werden. Anders als in manchen anderen Programmiersprachen sind Arrays auch in Java *Objekte*. Arrays werden also aus einer entsprechenden Klasse erzeugt.

Listing 4.10 zeigt noch einmal einen Minimaldialog, aber diesmal unter Verwendung eines Char-Arrays. In diesem Fall erzeugt das Programm zwei Felder, einmal mit zwei Elementen und einmal mit neun Elementen.

```
 1: //Beispielprogramme/Sprache_Java/Ex10
 2:
 3: package language;
 4:
 5: class Dialog {
 6:
 7:   public static void main(String[] arguments) {
 8:
 9:     char yesKey[];//Deklaration ohne feste Laenge
10:     yesKey = new char[2];//Erzeugung
11:     yesKey[0] = 'J';//Zuweisung
12:     yesKey[1] = 'A';//Zuweisung
13:     char cancelKey[];//Deklaration ohne feste Laenge
14:     cancelKey = new char[9];//Erzeugung
15:     cancelKey[0] = 'A';//Zuweisung
16:     cancelKey[1] = 'B';//Zuweisung
17:     cancelKey[2] = 'B';//Zuweisung
18:     cancelKey[3] = 'R';//Zuweisung
19:     cancelKey[4] = 'E';//Zuweisung
20:     cancelKey[5] = 'C';//Zuweisung
21:     cancelKey[6] = 'H';//Zuweisung
22:     cancelKey[7] = 'E';//Zuweisung
23:     cancelKey[8] = 'N';//Zuweisung
24:     char helpKey = '?';
```

```
25:      System.out.println("Wollen Sie eine Frage " +
26:         "stellen?");
27:      System.out.println("<Ja> .......... [" +
28:         yesKey[0] + yesKey[1] + "]");
29:      System.out.println("<Abbrechen> ... [" +
30:         cancelKey[0] + cancelKey[1] +
31:         cancelKey[2] + cancelKey[3] +
32:         cancelKey[4] + cancelKey[5] +
33:         cancelKey[6] + cancelKey[7] +
34:         cancelKey[8] +
35:         "]");
36:      System.out.println("<Hilfe> ....... [" +
37:         helpKey + "]");
38:   }
39: }
```

Listing 4.10 Ein Beispiel für ein Char-Array

Das Beispielprogramm erzeugt folgende Ausgabe:

```
Wollen Sie eine Frage stellen?
<Ja> .......... [JA]
<Abbrechen> ... [ABBRECHEN]
<Hilfe> ....... [?]
```

Arrays können eine Dimension oder mehrere Dimensionen besitzen. Die Anzahl der Elemente eines Arrays muss nicht zum Zeitpunkt der Deklaration feststehen. Wenn ein Array erzeugt wird, besitzt es jedoch eine feste Länge; Arrays sind infolgedessen halbdynamisch.

```
 1: //Beispielprogramme/Sprache_Java/Ex11
 2:
 3: package language;
 4:
 5: class Answer {
 6:
 7:   public static void main(String[] arguments) {
 8:     int numberArray [][];//Deklaration ohne feste Laenge
 9:     numberArray = new int [1][2];//Erzeugung mit fester Laenge
10:     numberArray[0][0] = 4;//Zuweisung
11:     numberArray[0][1] = 2;//Zuweisung
12:     System.out.println("Die Antwort lautet " +
13:        numberArray[0][0] + numberArray[0][1] );
14:   }
15: }
```

Listing 4.11 Ein Beispiel für ein Int-Array

Das Beispiel erzeugt folgende Ausgabe:

```
Die Antwort lautet 42
```

Die bisherigen Beispiele waren nicht gerade sehr elegant, da sie Deklaration und Erzeugung trennten. Das nächste Beispiel fasst Deklaration und Erzeugung zusammen:

```
 1: //Beispielprogramme/Sprache_Java/Ex12
 2:
 3: package language;
 4:
 5: class Answer {
 6:
 7:   public static void main(String[] arguments) {
 8:
 9:     // Deklaration und Erzeugung mit fester Laenge:
10:     int numberArray [][] = new int [1][2];
11:     numberArray[0][0] = 4; // Zuweisung
12:     numberArray[0][1] = 2; // Zuweisung
13:     System.out.println("Die Antwort lautet immer noch " +
14:                         numberArray[0][0] +
15:                         numberArray[0][1] );
16:
17:   }
18: }
```

Listing 4.12 Kombination von Deklaration und Erzeugung

Ebenso können Sie auch gleich die Wertemenge als Aufzählung übergeben:

```
 1: //Beispielprogramme/Sprache_Java/Ex13
 2:
 3: package language;
 4:
 5: class Dialog {
 6:
 7:   public static void main(String[] arguments) {
 8:
 9:     char yesKey[] = {'J', 'A'};
10:     char cancelKey [] = {'A', 'B', 'B', 'R', 'E',
11:        'C', 'H', 'E', 'N'};
12:     char helpKey = '?';
13:     System.out.println("Noch 'ne Frage?");
14:     System.out.println("<Ja> ......... [" +
15:        yesKey[0] + yesKey[1] + "]");
16:     System.out.println("<Abbrechen> ... [" +
```

```
17:        cancelKey[0] + cancelKey[1] + cancelKey[2] +
18:        cancelKey[3] + cancelKey[4] + cancelKey[5] +
19:        cancelKey[6] + cancelKey[7] + cancelKey[8] + "]");
20:
21:     System.out.println("<Hilfe> ....... [" +
22:        helpKey + "]");
23:   }
24: }
```

Listing 4.13 Direkte Zuweisung der Zeichenkette

Der Index eines Arrays muss ein ganzzahliger Wert vom Typ *int*, *short*, *byte* oder *char* sein. Die Anzahl der Elemente können Sie über die Variable *length* ermitteln, die jedes Objekt eines Array-Typs besitzt.

```
 1: //Beispielprogramme/Sprache_Java/Ex14
 2:
 3: package language;
 4:
 5: class Dialog {
 6:
 7:   public static void main(String[] arguments) {
 8:     char yesKey[] = {'J', 'A'};
 9:     char cancelKey [] = {'A', 'B', 'B', 'R',
10:        'E', 'C', 'H', 'E', 'N'};
11:     char helpKey = '?';
12:     System.out.println("<Ja> .......... [" +
13:        yesKey[0] + yesKey[1] + "]");
14:     System.out.println("<Abbrechen> ... [" +
15:        cancelKey[0] + cancelKey[1] + cancelKey[2] +
16:        cancelKey[3] + cancelKey[4] + cancelKey[5] +
17:        cancelKey[6] + cancelKey[7] + cancelKey[8] +
18:        "]");
19:     System.out.println("<Hilfe> ....... [" +
20:        helpKey + "]");
21:     System.out.println("Die Tasten haben " +
22:        (yesKey.length + cancelKey.length + 1) + " Zeichen");
23:   }
24: }
```

Listing 4.14 Dieses Programm ermittelt die Länge der Zeichenketten.

Das Programm ermittelt die Länge der Zeichenketten, addiert sie und gibt folgenden Text aus:

```
<Ja> ......... [JA]\
<Abbrechen> ... [ABBRECHEN]\
<Hilfe> ....... [?]\
Die Tasten haben 12 Zeichen
```

4.4.2 Aufzählungstyp

In Java-Kreisen wurde lange über die Notwendigkeit eines Aufzählungstyps diskutiert. Seit Java 5.0 (JDK 1.5) verfügt die Sprache endlich auch über diesen Datentyp mit dem Namen *enum*. Er dient vorwiegend dazu, Sammlungen von Konstanten zusammenzufassen, zum Beispiel die Tage einer Woche, wie folgendes Beispiel zeigt.

```
 1: //Beispielprogramme/Sprache_Java/Ex15
 2:
 3: package language;
 4:
 5: public class Week {
 6:
 7:    private enum DaysOfTheWeek {
 8:        Montag, Dienstag, Mittwoch,
 9:        Donnerstag, Freitag, Samstag, Sonntag}
10:
11:    public static void main(String[] args) {
12:      System.out.println("Die Tage einer Woche:");
13:      for (DaysOfTheWeek day : DaysOfTheWeek.values()) {
14:         System.out.println(day);
15:      }
16:    } // main
17: } // Week
```

Listing 4.15 Beispiel für die Verwendung des neuen »Enum«-Typs

Das Programm legt eine neue Aufzählung namens »Woche« mit sieben Konstanten (*Montag, Dienstag, Mittwoch* etc.) an. Danach werden die Namen der Tage über eine so genannte Schleife nach und nach ausgegeben. Die genaue Erklärung der For-Schleife erfolgt in Abschnitt 4.10.4, »For-Schleife«. An dieser Stelle soll nur wichtig sein, dass Sie hiermit folgende Liste erhalten:

```
Die Tage einer Woche:
Montag
Dienstag
Mittwoch
Donnerstag
Freitag
```

Samstag
Sonntag

4.5 Benutzerdefinierte Datentypen

Klassen zählen zu den so genannten benutzerdefinierten Datentypen. Im Gegensatz zu den primitiven Datentypen wie *int* oder *double* kann der Programmierer bei einer von ihm entwickelten Klasse vollkommen frei bestimmen, aus welchen Teilen sich eine neue Klasse zusammensetzt. In der Ausprägung einer Klasse trifft die exakte Welt des Computers (Kapitel 1, »Digitale Informationsverarbeitung«) auf die menschliche Sichtweise der natürlichen Welt (Kapitel 3, »Objektorientierte Programmierung«).

Vierklassengesellschaft

Es gibt vier Arten von Klassen in Java:

1. Konkrete Klassen

2. Abstrakte Klassen

3. Interfaces

4. Generische Klassen

4.5.1 Konkrete Klassen

Wie der Name schon andeutet, können Sie von einer konkreten Klasse auch konkrete Exemplare (Objekte) erzeugen. Wenn Ihnen diese Aussage seltsam erscheint, müssen Sie bedenken, dass man von den beiden anderen Ausprägungen einer Klasse, den abstrakten Klassen und Interfaces, keine Objekte erzeugen kann. Eine konkrete Klasse kennen Sie bereits vom Anfang dieses Kapitels: die Klasse *Rectangle*. Sie verfügt über die Attribute *height* und *width*, die ihre Objektvariablen sind.

```
1: //Beispielprogramme/Sprache_Java/Ex16
2:
3: package language;
4:
5: class Rectangle {
6:     private int height;//Hoehe
7:     private int width;//Breite
8: }
```

Listing 4.16 Die Klasse »Rectangle« mit ihren Attributen

Objekte erzeugen

Ein neues Exemplar (Objekt[2]) des Typs *Rectangle*, ein neues Rechteck, erzeugen Sie wie im Listing 4.17 angegeben mit dem so genannten New-Operator (Abschnitt 4.9.7). Der Vorgang wird in der Literatur leider auch häufig fälschlicherweise instanziieren genannt.

```
 1: //Beispielprogramme/Sprache_Java/Ex17
 2:
 3: package language;
 4:
 5: public class TestApp {
 6:
 7:   public static void main(String[] arguments) {
 8:     Rectangle rect; // Deklaration des Objekts rect
 9:     rect = new Rectangle(); // Erzeugung des Objekts
10:   }
11: }
```

Listing 4.17 Ein neues Rechteck entsteht.

Die neue Variable *rect* des Typs *Rectangle* muss zuerst deklariert werden. Erst danach erfolgt die Erzeugung. Der Konstruktor *Rectangle()* wird hierbei wie eine normale Methode aufgerufen. Er muss allerdings immer im Verbund mit dem New-Operator verwendet werden (Abbildung 4.8).

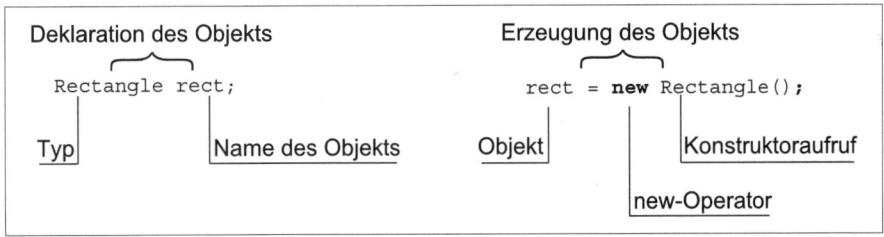

Abbildung 4.8 Deklaration und Erzeugung des Objekts »rect«

Deklaration und Erzeugung eines Objekts lassen sich auch kombinieren und in eine Zeile schreiben (Abbildung 4.9).

---

2 Exemplar und Objekt sind gleichbedeutend. Im Gegensatz dazu ist der Begriff »Instanz« eine Fehlübersetzung (engl. instance: Exemplar).

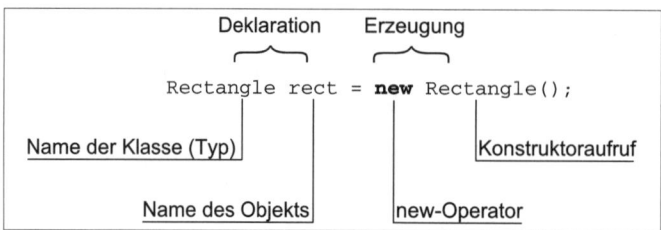

Abbildung 4.9 Kombination von Deklaration und Erzeugung eines Objekts

Lokale Klassen

Lokale Klassen definiert man innerhalb einer anderen Klasse. Sie können auch nur von dieser Klasse verwendet werden. Im Gegensatz zu anonymen Klassen besitzen sie einen konkreten Namen.

```
 1: //Beispielprogramme/Sprache_Java/Ex18
 2:
 3: package language;
 4:
 5: class Rectangle {
 6:
 7:   private int height;
 8:   private int width;
 9:
10:   public Rectangle() {
11:     new Pattern(); // Erzeugung des Objekts
12:   }
13:
14:   class Pattern { // Innere Klasse
15:     private int dummy;
16:   }
17:
18: }
```

Listing 4.18 Die innere Klasse »Pattern«

Innere Klassen sind vor allem bei der Programmierung grafischer Oberflächen nützlich, wo sie als Hilfsklassen dienen.

Innere Klassen

Eine weitere Form von Hilfsklassen, die innerhalb einer anderen Klasse definiert werden, nennt sich innere Klassen. Im Gegensatz zu den eben erwähnten lokalen Klassen besitzt diese Spezies keinen Namen.

Listing 4.19 zeigt eine aus der Klasse *Pattern* erzeugte Klasse, die nur über ein Attribut, aber nicht über einen Namen verfügt.

```
 1: //Beispielprogramme/Sprache_Java/Ex19
 2:
 3: package language;
 4:
 5: class Rectangle {
 6:
 7:   private int height;//Hoehe
 8:   private int width;//Breite
 9:   public Rectangle() {
10:     new Pattern() {
11:       private int dummy;
12:     };
13:   }
14: }
```

Listing 4.19 Beispiel für die Verwendung einer anonymen Klasse

Vererbung

Wenn man eine Klasse vererben (ableiten) möchte, erweitert man sie um bestimmte Eigenschaften. Das Schlüsselwort für die Vererbung heißt entsprechend *extends*.

Beispiel: Es soll eine Klasse *Shape* definiert werden, die als Basisklasse für geometrische Figuren dient.

```
 1: //Beispielprogramme/Sprache_Java/Ex20
 2:
 3: package language;
 4:
 5: public class Shape {
 6:
 7:   private int height;//Hoehe
 8:   private int width;//Breite
 9:   public Shape() {
10:   }
11: }
```

Listing 4.20 Die Basisklasse »Shape«

Die Basisklasse *Shape* wird von der Klasse *Rectangle* erweitert.

```
1: //Beispielprogramme/Sprache_Java/Ex20
2:
3: package language;
4:
5: class Rectangle extends Shape {
6:   public Rectangle() {
7:   }
8: }
```

Listing 4.21 »Rectangle« erweitert die Klasse »Shape«.

4.5.2 Abstrakte Klassen

Die im vorherigen Beispiel definierte Klasse *Shape* des Beispiels signalisiert zwar schon durch ihren Namen, dass von ihr keine konkreten Objekte erzeugt werden sollen. Aber um die Erzeugung eines Objekts auch wirklich zu verhindern, muss man die Klasse als *abstrakt* definieren (Listing 4.22).

Der zugehörige Java-Code sieht so aus:

```
 1: //Beispielprogramme/Sprache_Java/Ex21
 2:
 3: package language;
 4:
 5: abstract public class Shape {
 6:   private int height;//Hoehe
 7:   private int width;//Breite
 8:   public Shape() {
 9:   }
10: }
```

Listing 4.22 Die Klasse »Shape« als abstrakte Klasse

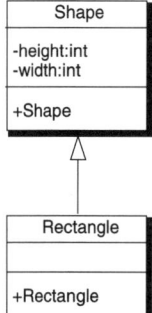

Abbildung 4.10 Die Klasse »Rectangle« erweitert »Shape«.

Abbildung 4.10 zeigt die Vererbungsbeziehung zwischen Basisklasse und der abgeleiteten Klasse.

Vererbung

Wie bei einer konkreten Klasse erfolgt die Vererbung mit dem Schlüsselwort *extends*.

4.5.3 Interfaces

Die Schnittstelle (Interface) ist eine spezielle Form der Klasse, mit der eine Art von Mehrfachvererbung realisiert werden kann. Ein Interface ist eine Sammlung von abstrakten Methoden und Konstanten. Die Schnittstelle enthält keine Konstruktoren, und daher gibt es auch keine Objekte davon. Von einem Interface wird stets eine abgeleitete Klasse benötigt, die *alle* Methoden des Interfaces implementieren (mit Leben erfüllen) muss.

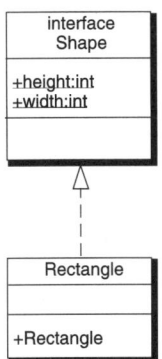

Abbildung 4.11 Die Klasse »Rectangle« implementiert das Interface »Shape«.

Es gibt drei wichtige Gründe, Interfaces einzusetzen:

1. Kapselung von Komponenten

2. Realisierung von Mehrfachvererbung

3. Zusammenfassung identischer Methoden

Komponenten bilden eine Kapsel um mehrere Klassen, deren Schnittstellen nicht vollständig nach außen gelangen sollen. Eine Schnittstelle bietet hier eine Untermenge der inneren Schnittstellen.

Mehrfachvererbung ist in Java aufgrund der in Abschnitt 3.5.3, »Mehrfachvererbung«, erwähnten Nachteile nicht realisiert worden. Dennoch kann es aus architektonischen Gründen wichtig sein, eine Methodendeklaration von mehr als einer Klasse zu erben. Genau dies ist der Sinn von Interfaces.

```
1: //Beispielprogramme/Sprache_Java/Ex22
2:
3: package language;
4:
5: public interface Shape {
6:     int height =1;//Hoehe=1
7:     int width = 5;//Breite=5
8: }
```

Listing 4.23 Die Klasse »Shape« als Interface

Die Klasse *Shape* ist hier nur in einer Minimalausführung zu sehen. Normalerweise verfügt eine solche Klasse über eine Reihe von abstrakten Methoden, die die abgeleitete Klasse mit Leben füllt. Ein Interface ist die maximale Steigerung einer abstrakten Klasse.

Vererbung

In den gerade eingeführten Interfaces gibt es eigentlich nichts zu erben, da sie nur eine Summe von Schnittstellen anbieten, die zu implementieren sind. Entsprechend heißt dort das Schlüsselwort für die Vererbung auch *implements* (Listing 4.24).

```
1: //Beispielprogramme/Sprache_Java/Ex22
2:
3: package language;
4:
5: class Rectangle implements Shape {
6:     public Rectangle() {
7:     }
8: }
```

Listing 4.24 Die Klasse »Rectangle« implementiert »Shape«.

4.5.4 Generische Klassen

Waren abstrakte Klassen und Interfaces für den Einstieg in die Java-Programmierung eigentlich schon mysteriös genug, so stellen die generischen Klassen (Generics) noch eine weitere Steigerung dar. Diese Klassen sind vorwiegend dazu da, beliebige Objekte aufnehmen zu können – eine Art universeller Behälter also.

Die Berechtigung für solche Klassen liegt in der besseren Typisierung. Ein Beispiel hierzu: Angenommen, Sie wollen einen Tresor entwickeln, der alle Arten von

Wertsachen aufbewahren kann, wie müssen Sie vorgehen? Ungeschickt wäre es, für jede Wertsache eine eigene Klasse zu entwickeln. Stattdessen benötigen Sie einen generisch (universell) verwendbaren Behälter – daher auch die englische Bezeichnung *Generics*.

Angenommen, Sie wollten Juwelen und Geld in einem Safe deponieren. Sie definieren daher zuerst eine Klasse für Juwelen.

```
 1: // Beispielprogramme/Sprache_Java/Ex23
 2:
 3: package language;
 4:
 5: public class Jewelry {
 6:
 7:   private String value;
 8:
 9:   public Jewelry(String value) {
10:     this.value = value;
11:   }
12:
13:   public String getValue() {
14:     return value;
15:   }
16: }
```

Listing 4.25 Die Klasse »Jewelry«

Danach schreiben Sie eine Klasse für Geld.

```
 1: // Beispielprogramme/Sprache_Java/Ex23
 2:
 3: package language;
 4:
 5: public class Money {
 6:
 7:   private String value;
 8:
 9:   public Money(String value) {
10:     this.value = value;
11:   }
12:
13:   public String getValue() {
14:     return value;
15:   }
16: }
```

Listing 4.26 Die Klasse » Money«

In Listing 4.27 sehen Sie, wie Sie beide Klassen *Juwelry* und *Money* mit einer generischen Klasse verwenden können. In diesem Beispiel heißt die allgemeine Basisklasse *Safe*.

```
 1: //Beispielprogramme/Sprache_Java/Ex23
 2:
 3: package   language;
 4:
 5: /* Diese Klasse demonstriert die neue Art der
 6:    Programmierung eines Containers mit generischen
 7:    Klassen. Der Rueckgabewert der Get-Methode ist
 8:    vom Typ "T". Erst im Hauptprogramm bei der
 9:    Erzeugung bestimmt das Programm den konkreten
10:    Typ. Eine Typwandlung (Cast) muss deshalb nicht
11:    durchgefuehrt werden. Die Verwendung einer Con-
12:    tainer-Klasse wie Safe ist somit typsicher.
13: */
14:
15: public class Safe<T> {
16:
17:     private T valueable;
18:
19:     public void setValueable(T valueable) {
20:         this.valueable = valueable;
21:     }
22:
23:     public T getValueable() {
24:         return valueable;
25:     }
26:
27:     public static void main(String[] arguments) {
28:
29:         Safe<Money> moneyBox = new Safe<Money>();
30:         moneyBox.setValueable(new Money("400,53 Euro"));
31:
32:         Safe<Jewelry> jewelCase = new Safe<Jewelry>();
33:         jewelCase.setValueable(new Jewelry("12 Ringe"));
34:
35:         System.out.println("In der Spardose sind: " +
36:             moneyBox.getValueable().getValue());
37:
38:         System.out.println("Im Schmuckkasten sind: " +
39:             jewelCase.getValueable().getValue());
40:     }
41: }
```

Listing 4.27 Die Klasse »Safe« nimmt Wertsachen der unterschiedlichsten Arten auf.

Das Objekt *moneyBox* wird in Zeile 29 erzeugt. Hier wird festgelegt, dass das Objekt *moneyBox* nur Geld akzeptiert. Das geschieht durch die Angabe des Typs *Money* in spitzen Klammern. Gleiches geschieht mit dem Objekt *jewelCase*, das nur Juwelen akzeptieren wird.

Vergleichen Sie das Programm mit der herkömmlichen, nicht typsicheren Version im folgenden Listing. Um aus der *moneyBox* zu ermitteln, wie viel Geld sie enthält, muss man eine Typwandlung (Type Cast) durchführen (Zeile 40). Das geschieht auch in Zeile 45 mit dem Schmuckkasten. Solange der zugeordnete Typ beim Cast korrekt ist, ist alles in Ordnung.

```
 1: // Beispielprogramme/Sprache_Java/Ex23
 2:
 3: package  language;
 4:
 5: /* Diese Klasse demonstriert die herkoemmliche Art
 6:    der Programmierung eines Containers. Der Rueck-
 7:    gabewert der Get-Methode ist vom Typ "Object".
 8:    Im Hauptprogramm muss deshalb in den Zeilen 40,
 9:    45 und 50 eine Typwandlung (Cast) auf den gewuenschten
10:    konkreten Typ durchgefuehrt werden.
11:
12:    In Zeile 50 scheitert diese Typwandlung, da die
13:    Typen nicht vertraeglich (kompatibel) sind: Im
14:    Objekt "jewelCase" ist ein Objekt des Typs "Jewelry"
15:    gespeichert. Ein Cast auf den verschiedenen Typ
16:    "Money" muss fehlschlagen und in der Zeile 50 zu
17:    einer "java.lang.ClassCastException" fuehren.
18: */
19:
20: public class Unsafe {
21:
22:     private Object valueable;
23:
24:     public void setValueable(Object valueable) {
25:         this.valueable = valueable;
26:     }
27:
28:     public Object getValueable() {
29:         return valueable;
30:     }
31:
32:     public static void main(String[] arguments) {
33:
```

```
34:        Unsafe moneyBox = new Unsafe();
35:        moneyBox.setValueable(new Money("400,53 Euro"));
36:
37:        Unsafe jewelCase = new Unsafe();
38:        jewelCase.setValueable(new Jewelry("12 Ringe"));
39:
40:        Money money = (Money)moneyBox.getValueable();
41:
42:        System.out.println("In der Spardose sind: " +
43:           money.getValue());
44:
45:        Jewelry jewelry = (Jewelry)jewelCase.getValueable();
46:
47:        System.out.println("Im Schmuckkasten sind: " +
48:           jewelry.getValue());
49:
50:        money = (Money)jewelCase.getValueable();
51:
52:        System.out.println("Im Schmuckkasten sind: " +
53:           money.getValue());
54:    }
55: }
```

Listing 4.28 Die Klasse »Unsafe« ist nicht typsicher.

Schauen Sie bitte aber einmal auf Zeile 50. Dort versucht das Programm zu ermitteln, wie viel Geld sich in dem Objekt *jewelCase* befindet. Das Programm wirft an dieser Stelle eine *java.lang.ClassCastException*. Dieser Programmfehler ist bei der typsicheren Variante des Programms in Listing 4.27 nicht möglich. Das liegt daran, dass der Java-Compiler solche Fehler dank der generischen Klasse schon bei der Entwicklung des Programms erkennen und aufzeigen kann.

Das bedeutet, dass ein fehlerhaftes Programm somit erst gar nicht übersetzt und ausgeliefert werden kann. Da solche Laufzeitfehler also gar nicht mehr auftreten können, sind generische Klassen ein ganz erheblicher, mit Java 1.5 erzielter Fortschritt. Zudem vermeiden sie die arbeitsaufwändige und umständliche Typwandlung.

4.6 Variablen

Objektvariablen

Die normale Form einer Variablen ist eine Objektvariable. Sie wird beim Erzeugen eines Objekts zum Leben erweckt und mit ihm wieder zerstört.

Klassenvariablen

Klassenvariablen deklariert man durch das Schlüsselwort *static*. Sie sind nicht an ein Objekt gebunden, sondern existieren ab dem Zeitpunkt, an dem eine Klasse geladen wird, bis zur Beendigung des Programms. Statische Variablen können praktisch sein, da sie so lange leben wie das Programm.

4.7 Konstanten

Konstanten sind – das klingt paradox – für Java nichts anderes als Variablen mit festem Wert. Sie werden ebenfalls durch das Schlüsselwort *final* gekennzeichnet. Will man eine Konstante erzeugen, die für alle Klassen gilt, kombiniert man das Schlüsselwort *static* mit *final*. Ein Beispiel aus dem Memory-Projekt des Kapitels 12 zeigt, wie das funktioniert:

```
final static int NUMBER_OF_IMAGES = 12; // Anzahl der Bilder
```

Konstanten schreibt man in Versalien (Großbuchstaben). Wie eingangs erwähnt, existiert zwar das spezielle Schlüsselwort *const*, es darf aber nicht verwendet werden.

4.8 Methoden

Kapitel 3 hat Methoden als die Fähigkeit eines objektorientierten Programms beschrieben, zu kommunizieren und Aufgaben zu erledigen. Methoden sind das objektorientierte Äquivalent zu den Funktionen einer prozeduralen Programmiersprache.

4.8.1 Methodenarten

Für verschiedene Zwecke besitzt Java verschiedene Arten von Methoden:

- Konstruktoren
- Destruktoren
- Akzessoren (Getter-Methoden)
- Mutatoren (Setter-Methoden)
- Funktionen

Klassenmethoden

Klassenmethoden kennzeichnen Sie durch das Schlüsselwort *static*. Sie sind wie Klassenvariablen nicht an ein Objekt gebunden. Sie existieren ab dem Zeitpunkt, an dem eine Klasse geladen wird, bis zur Beendigung des Programms. Die bekannteste Methode ist die Startmethode *main()* eines Programms.

Objektmethoden

Die übliche Form einer Methode ist die, die an ein Objekt gebunden ist. Alle Methoden gehören immer zu einer Klasse und bestehen aus einem Kopf und einem Rumpf. Der Kopf setzt sich aus der Angabe der Sichtbarkeit, des Typs des Rückgabewerts sowie aus der Signatur zusammen. Der Rumpf besteht aus Anweisungen.

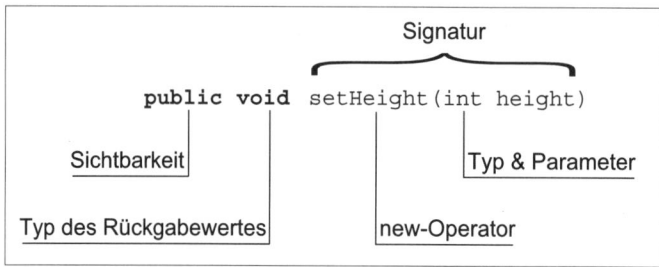

Abbildung 4.12 Die Signatur einer Methode

Sichtbarkeit einer Methode

Kapitel 7, »Gesetzmäßigkeiten«, behandelt die Sichtbarkeit von Klassen, Methoden und Variablen ausführlich. An dieser Stelle ist nur wichtig, dass es vier Stufen gibt, um die Kapselung einer Methode festzulegen: *public*, *protected*, *default* und *private*. Die Kapselung dient dazu, das Objekt vor Zugriffen anderer zu schützen (Abschnitt 3.6, »Kapselung«).

Typ des Rückgabewertes

Alle Methoden außer Konstruktoren besitzen in Java einen bestimmten Typ des Rückgabewertes. Man unterscheidet hier zwei Fälle:

- **Fall 1**
  Falls die Methoden einen konkreten Wert zurückliefern, dann entspricht der Typ des Rückgabewerts dem Typ der Methode.

- **Fall 2**
  Die Methoden geben keine konkreten Werte zurück. Dann sind sie vom Typ *void* (engl. für: leer, unbesetzt).

Konstruktoren geben zwar keine konkreten Werte zurück, sie dürfen aber trotzdem nicht mit *void* gekennzeichnet werden, um sie von normalen Methoden zu unterscheiden. Eine Definition in der Art

```
void Rectangle(int height, int width) { ... }
```

wird als normale Methode interpretiert und hat eine völlig andere Wirkung als der Konstruktor:

```
Rectangle(int height, int width) { ... }
```

Falls Sie eine Klasse *Rectangle* definieren, die nur eine Methode *Rectangle()* des Typs *void* enthält, wird diese klaglos ausgeführt. Bei der Erzeugung eines Objekts der Klasse *Rectangle* ruft das Programm jedoch nicht die Methode *Rectangle()* auf, sondern den Standardkonstruktor gleichen Namens. Sie erhalten somit möglicherweise einen ganz anderen Programmablauf.

Signatur

Unter der Signatur einer Methode versteht man ihren Namen und ihre Parameterliste (Abbildung 4.12).

Parameter

Über eine Liste eines oder mehrerer Parameter (Argumente) können Sie einer Methode einen oder mehrere Werte übergeben. Beispiel: Durch die Anweisung

```
new Rectangle(10, 20);
```

wird mit Hilfe des Konstruktors

```
Rectangle(int height, int width) { ... }
```

ein neues Objekt mit einer Länge von 10 und einer Breite von 20 erzeugt. Die Variable *height* wird hierbei beim Aufruf des Konstruktors automatisch mit dem Wert 10 belegt, die Variable *width* mit dem Wert 20.

Rumpf einer Methode

Der Rumpf einer Methode besteht aus Anweisungen, der eigentlichen Implementierung also. Das könnte zum Beispiel so aussehen:

```
Rectangle(int height, int width) {
   int area = heigth * width;
}
```

Listing 4.29 Eine Liste von Parametern

Innerhalb der geschweiften Klammern berechnet das Programm das Produkt aus den Parametern *height* und *width*.

4.8.2 Konstruktoren

Die speziellen Methoden zum Erzeugen von Objekten nennen sich Konstruktoren (Erbauer). Sie dienen dazu, ein Objekt (Exemplar) zu erzeugen und eventuell sogleich mit definierten Werten zu belegen. In der Klasse *Rectangle* könnte die Übergabe der Attribute *height* und *width* als Parameter so erfolgen:

```
 1: //Beispielprogramme/Sprache_Java/Ex24
 2:
 3: package language;
 4:
 5: class Rectangle implements Shape {
 6:
 7:   private int height;// Hoehe
 8:   private int width;// Breite
 9:
10:   // Konstruktor mit Parameteruebergabe:
11:   public Rectangle(int height, int width) {
12:     this.height = height;
13:     this.width = width;
14:
15:   }
16: }
```

Listing 4.30 Die Klasse »Rectangle« mit Konstruktor

Das Programmbeispiel (Listing 4.30) füllt die Klasse beim Erzeugen mit Hilfe von zwei Parametern gleich mit Werten für die Höhe und Breite. Es ist sinnvoll, eine Klasse mit einer Vielzahl solcher Konstruktoren auszustatten, die den unterschiedlichsten Einsatzbereichen genügen. Die Technik nennt sich Überladen von Methoden und wird in Abschnitt 7.5.2, »Überschreiben von Methoden«, beschrieben.

Standardkonstruktor

Es ist nicht unbedingt notwendig, einen Konstruktor zu definieren. Wird kein Konstruktor bei der Klassendefinition angegeben, erzeugt der Compiler beim Übersetzen der Klasse automatisch einen leeren Konstruktor (Standardkonstruktor). Dieser hat allerdings nur eine Funktion: ein Objekt zu erzeugen. Für die Übergabe von Parametern müssen Sie eigene Konstruktoren schreiben.

4.8.3 Destruktoren

Destruktoren (Zerstörer) im Sinne von C++ gibt es in Java nicht. Sie werden wegen der automatischen Speicherverwaltung in Java nicht benötigt. Es gibt aber eine Methode mit dem Namen *finalize*, über die alle Java-Klassen verfügen.

```
 1: //Beispielprogramme/Sprache_Java/Ex25
 2:
 3: package language;
 4:
 5: class Rectangle implements Shape {
 6:
 7:   private int height;//Hoehe
 8:   private int width;//Breite
 9:
10:   public Rectangle(int height, int width) {
11:     this.height = height;
12:     this.width = width;
13:   }
14:
15:   protected void finalize() {
16:     // Anweisungen ...
17:   }
18: }
```
Listing 4.31 Die Methode »finalize«

Groteskerweise ist der Aufruf dieses Pseudo-Destruktors in Java nicht garantiert. Sie sollten also die üblichen Aufräumarbeiten beim Zerstören eines Objekts nicht in diese Methode integrieren. Kritische Abläufe, die am Ende eines Programms erledigt werden müssen, sind an einer anderen Stelle besser aufgehoben.

4.8.4 Zugriffsmethoden

Will man Informationen von einem Objekt erhalten, muss man ihm eine Botschaft zukommen lassen. Diese Botschaften liefern Werte zurück und fragen Informationen des Objekts ab. Im Deutschen haben sich die Ausdrücke Abfragemethoden, Getter-Methoden oder Akzessoren etabliert.

```
1: //Beispielprogramme/Sprache_Java/Ex26
2:
3: package language;
4:
5: public class Rectangle implements Shape {
6:
7:   private int height;
```

```
 8:    private int width;
 9:
10:    public Rectangle(int height, int width) {
11:       this.height = height;
12:       this.width = width;
13:    }
14:
15:    public int getHeight() {
16:       return this.height;
17:    }
18:
19:    public int getWidth() {
20:       return this.width;
21:    }
22: }
```

Listing 4.32 Die Akzessoren der Klasse »Rectangle«

Die Abfragemethoden sind so aufgebaut, dass vor dem Methodennamen der Typ des Rückgabewerts stehen muss (Zeile 15 und Zeile 19). Die Methoden geben das Ergebnis über die Anweisung *return this.height* (Zeile 16) beziehungsweise *return this.width* (Zeile 20) zurück. Das Schlüsselwort *this* ist momentan nicht wichtig. Wichtig ist das Schlüsselwort *return*. Es bewirkt die Rückgabe des darauf folgenden Bezeichners.

4.8.5 Änderungsmethoden

Zugriffsmethoden, die auf Daten eines Objekts zugreifen, werden Setter-Methoden, Änderungsmethoden oder Mutatoren genannt. Man nennt sie auch Mutatoren, weil sie die Daten des Objekts mutieren (verändern). Die entsprechenden Methoden für die Klasse *Rectangle* und aller abgeleiteten Objekte sehen folgendermaßen aus:

```
 1: //Beispielprogramme/Sprache_Java/Ex27
 2:
 3: package language;
 4:
 5: public class Rectangle implements Shape {
 6:
 7:    private int height;//Hoehe
 8:    private int width;//Breite
 9:
10:    public Rectangle(int height, int width) {
11:       this.height = height;
12:       this.width = width;
```

```
13:   }
14:
15:   public int getHeight() {
16:      return this.height;
17:   }
18:
19:   public int getWidth() {
20:      return this.width;
21:   }
22:
23:   public void setHeight(int height) {
24:      this.height = height;
25:   }
26:
27:   public void setWidth(int width) {
28:      this.width = width;
29:   }
30: }
```

Listing 4.33 Die Mutatoren der Klasse »Rectangle«

Die Änderungsmethoden geben keine Werte zurück, sondern übernehmen einen oder mehrere Werte als Parameter (Argumente). Parameter sind Werte, die nach dem Namen der Methode innerhalb eines Klammerpaars übergeben werden (Zeile 23 und Zeile 27). Da Parameter deklariert werden müssen, erfolgt auch die Parameterübergabe wie bei einer Deklaration stets nach dem Schema *Typ Bezeichner*. In Zeile 23 sehen Sie, dass ein Bezeichner *height* (die Höhe des Rechtecks) vom Typ *int* übergeben wird. Dadurch, dass Mutatoren *keine* Werte zurückliefern, kennzeichnet man derartige Methoden in Java mit dem Schlüsselwort *void* (engl. void: leer). So sind sie leicht von Getter-Methoden und Konstruktoren zu unterscheiden.

4.8.6 Funktionen

Funktionen wie das Ausrechnen von Zinsen oder das Starten eines Programms gehören zur dritten Art von Methoden, die Sie in einem Java-Programm antreffen können. Wie die spezialisierten Getter- und Setter-Methoden können sie Rückgabewerte besitzen oder nicht. Sie sind praktisch identisch aufgebaut.

```
public static void main(String[] arguments) {
// Anweisungen
}
```

Listing 4.34 Die Startmethode eines Programms

4.9 Operatoren

Operatoren verknüpfen Variablen, Attribute und Objekte zu Ausdrücken (Abschnitt 4.10). Folgende Operatoren sind verfügbar:

- Arithmetische Operatoren
- Vergleichende Operatoren
- Logische Operatoren
- Bitweise Operatoren
- Zuweisungsoperatoren
- Fragezeichenoperator
- New-Operator

4.9.1 Arithmetische Operatoren

Die klassischen mathematischen Operatoren Addition, Subtraktion, Division und Multiplikation sind auch in Java verfügbar. Daneben gibt es auch die Operatoren, die von C/C++ stammen.

Operator	Bezeichnung	Beispiel	Erläuterung
+	Positives Vorzeichen	+i	Synonym für i
--	Negatives Vorzeichen	--i	Vorzeichenumkehr von i
+	Summe	i + i	Führt eine Addition durch
--	Differenz	i -- i	Führt eine Subtraktion durch
*	Produkt	i * i	Führt eine Multiplikation durch
/	Quotient	i / i	Führt eine Division durch
%	Divisionsrest (Modulo)	i % i	Ermittelt den Divisionsrest
++	Präinkrement	j = ++i	1. Schritt: i = i + 1 2. Schritt: j = i
++	Postinkrement	j = i++	1. Schritt: j = i 2. Schritt: i = i + 1
--	Prädekrement	j = --i	1. Schritt: i = i -- 1 2. Schritt: j = i
--	Postdekrement	j = i--	1. Schritt: j = i 2. Schritt: i = i -- 1

Tabelle 4.3 Arithmetische Operatoren

Positives Vorzeichen

Ein positives Vorzeichen ist stets optional, das heißt, es muss nicht verwendet werden, da ein Zahlenwert ohne Vorzeichen immer positiv belegt ist.

```
 1: //Beispielprogramme/Sprache_Java/Ex28
 2:
 3: package language;
 4:
 5: class Rectangle {
 6:
 7:   public static void main(String[] arguments) {
 8:
 9:     int height;//Hoehe
10:     int width;//Breite
11:     int area;//Flaeche
12:     height = +1;
13:     width = +5;
14:     area = height * width;
15:     System.out.println("Fl\u00e4che = " + area +
16:       " m\u00B2");
17:   }
18: }
```

Listing 4.35 Die Variablen »height« und »width« mit positiven Vorzeichen.

Negatives Vorzeichen

Ein negatives Vorzeichen bewirkt im Gegensatz dazu einen Vorzeichenwechsel. Die Multiplikation zweier negativer Zahlen ergibt – wie aus der Mathematik bekannt – wieder eine positive Zahl.

```
 1: //Beispielprogramme/Sprache_Java/Ex29
 2:
 3: package language;
 4:
 5: class Rectangle {
 6:
 7:   public static void main(String[] arguments) {
 8:     int height;// Hoehe
 9:     int width;// Breite
10:     int area;// Flaeche
11:     height = -1;
12:     width = -5;
13:     area = height * width;
14:     System.out.println("Fl\u00e4che = " + area +
15:       " m\u00B2");
16:   }
```

```
17: }
```

Listing 4.36 Die Variablen »height« und »width« mit negativen Vorzeichen.

Summe

Der Additionsoperator bewirkt die Summenbildung der benachbarten Variablen.

```
 1: //Beispielprogramme/Sprache_Java/Ex30
 2:
 3: package language;
 4:
 5: class Rectangle {
 6:
 7:   public static void main(String[] arguments) {
 8:
 9:     int height;// Hoehe
10:     int width;// Breite
11:     int sum;// Summe
12:     height = 1;
13:     width = 5;
14:     sum = height + width;
15:     System.out.println("Summe zweier Seiten = " +
16:       sum + " m");
17:   }
18: }
```

Listing 4.37 Der Summenoperator verknüpft zwei Summanden zu einer Addition.

Das Programm kalkuliert die Summe zweier Seiten und gibt Folgendes aus:

```
Summe zweier Seiten = 6 m
```

Differenz

Mit dem Differenzoperator führen Sie eine Subtraktion durch.

```
 1: //Beispielprogramme/Sprache_Java/Ex31
 2:
 3: package language;
 4:
 5: class Rectangle {
 6:
 7:   public static void main(String[] arguments) {
 8:     int height;//Hoehe
 9:     int width;//Breite
10:     int diff;//Differenz
11:     height = 1;
```

```
12:      width = 5;
13:      diff = height - width;
14:      System.out.println("Differenz zweier Seiten = " +
15:          diff + " m");
16:    }
17: }
```

Listing 4.38 Differenzbildung zweier Variablen

Das Ergebnis des Beispielprogramms lautet:

```
Differenz zweier Seiten = -4 m
```

Produkt

Der Produktoperator führt eine Multiplikation durch.

```
 1: //Beispielprogramme/Sprache_Java/Ex32
 2:
 3: package language;
 4:
 5: class Rectangle {
 6:
 7:   public static void main(String[] arguments) {
 8:
 9:     int height;//Hoehe
10:     int width;//Breite
11:     int area;//Flaeche
12:     height = 1;
13:     width = 5;
14:     area = height * width;
15:     System.out.println("Fl\u00e4che = " + area +
16:         " m\u00B2");
17:   }
18: }
```

Listing 4.39 Produkt zweier Variablen

Das Ergebnis des Beispielprogramms ist die mehrfach verwendete Fläche eines Rechtecks.

Quotient

Bei der Verwendung des Divisionsoperators ist zu beachten, dass Java-Programme Zwischenergebnisse einer Division ganzer Zahlen als Int-Werte speichern, wenn dies nicht ausdrücklich anders deklariert wird. In diesem Fall muss der Typ des Ergebnisses konvertiert werden (Kapitel 7, »Gesetzmäßigkeiten«).

```
 1: //Beispielprogramme/Sprache_Java/Ex33
 2:
 3: package language;
 4:
 5: class DivisionOperatorDemo {
 6:
 7:   public static void main(String[] arguments) {
 8:
 9:     float div;
10:     //Fehler durch interne Verarbeitung
11:     //als Int-Wert:
12:     div = 1 / 5;
13:     System.out.println("Division (Fall 1) = " +
14:       div + " m");
15:     // Korrekt durch Deklaration:
16:     div = 1F / 5F;
17:     System.out.println("Division (Fall 2) = " +
18:       div + " m");
19:     // Korrekt durch Casting
20:     div = (float) 1 / 5;
21:     System.out.println("Division (Fall 3) = " +
22:       div + " m");
23:   }
24: }
```

Listing 4.40 Der Divisionsoperator

Um diese Konvertierung durchzuführen, verwenden Sie den Cast-Operator (Abschnitt 4.9.8). Damit ist gemeint, dass man den neuen Typ des Ergebnisses in Klammern vor die Division setzt. Durch diese Anweisung ist dem Programm bekannt, dass das Ergebnis von einem anderen Typ sein soll.

Divisionsrest

Der Divisionsrestoperator (Modulo-Operator) ermittelt den Rest einer ganzzahligen Division. Bei nachfolgendem Beispiel 5 : 3 = 1 ergibt sich ein Divisionsrest von 2, den das Beispiel auch anzeigt.

```
1: //Beispielprogramme/Sprache_Java/Ex34
2:
3: package language;
4:
5: class ModulusOperatorDemo {
6:
7:   public static void main(String[] arguments) {
8:
```

```
 9:     int height;//Hoehe
10:     int width;//Breite
11:     int modulus;//Divisionsrest
12:     height = 5;
13:     width = 3;
14:     modulus = height % width;
15:     System.out.println("Divisionsrest = " +
16:         modulus);
17:   }
18: }
```

Listing 4.41 Der Modulo-Operator

Präinkrement

Die folgenden vier Operatoren sind ein Erbe von C++. Sie kombinieren Zuweisungen und Berechnungen. Der Präinkrement-Operator erhöht erst den Wert der Variablen *height* und weist ihn danach der Variablen *result* zu. Präinkrement bedeutet »vorher inkrementieren« (erhöhen).

```
 1: //Beispielprogramme/Sprache_Java/Ex35
 2:
 3: package language;
 4:
 5: class PreIncrementOperatorDemo {
 6:
 7:   public static void main(String[] arguments) {
 8:
 9:     int height;//Hohe
10:     int result;//Ergebnis
11:     height = 1;
12:     //1.) height = height + 1;
13:     //2.) result = height
14:     result = ++height;
15:     System.out.println("H\u00f6he = " +
16:         height + " m");
17:     System.out.println("Ergebnis = " +
18:         result + " m");
19:   }
20: }
```

Listing 4.42 Der Präinkrement-Operator

Das Programm gibt Folgendes aus:

```
Höhe = 2 m
Ergebnis = 2 m
```

4 | Sprache Java

Postinkrement

Beim Postinkrement-Operator verhält es sich entgegengesetzt. Er weist den Wert der Variablen *height* im ersten Schritt der Variablen *result* zu und erhöht danach im zweiten Schritt den Wert von *height*.

```
 1: //Beispielprogramme/Sprache_Java/Ex36
 2:
 3: package language;
 4:
 5: class PostIncrementOperatorDemo {
 6:
 7:   public static void main(String[] arguments) {
 8:
 9:     int height;//Hohe
10:     int result;//Ergebnis
11:     height = 1;
12:     //1.) result = height;
13:     //2.) height = height + 1;
14:     result = height++;
15:     System.out.println("H\u00f6he = " +
16:       height + " m");
17:     System.out.println("Ergebnis = " +
18:       result + " m");
19:
20:   }
21: }
22:
```

Listing 4.43 Der Postinkrement-Operator

Deshalb ergeben sich für die Variable *height* und für *result* auch andere Werte:

```
Höhe = 2 m
Ergebnis = 1 m
```

Prädekrement

Der Prädekrement-Operator setzt im ersten Schritt den Wert der Variablen *height* herab und weist ihn anschließend der Variablen *result* zu.

```
 1: //Beispielprogramme/Sprache_Java/Ex37
 2:
 3: package language;
 4:
 5: class PreDecrementOperatorDemo {
 6:
```

```
 7:    public static void main(String[] arguments) {
 8:
 9:      int height;
10:
11:      int result;
12:
13:      height = 1;
14:
15:      //1.) height = height - 1; 2.) result = height
16:      result = --height;
17:
18:      System.out.println("H\u00f6he = " + height + " m");
19:
20:      System.out.println("Ergebnis = " + result + " m");
21:
22:    }
23: }
```

Listing 4.44 Der Prädekrement-Operator

Aus diesem Grund sind beide Werte gleich, und das Ergebnis ist 0.

Postdekrement

Der Postdekrement-Operator verhält sich wieder entgegengesetzt. Er weist den Wert der Variablen *height* im ersten Schritt der Variablen *result* zu und setzt im zweiten Schritt den Wert der Variablen *height* herab.

```
 1: //Beispielprogramme/Sprache_Java/Ex38
 2:
 3: package language;
 4:
 5: class PostDecrementOperatorDemo {
 6:
 7:   public static void main(String[] arguments) {
 8:
 9:     int height;//Hoehe
10:     int result;//Ergebnis
11:     height = 1;
12:     //1.) result = height
13:     //2.) height = height - 1;
14:     result = height--;
15:     System.out.println("H\u00f6he = " +
16:         height + " m");
17:     System.out.println("Ergebnis = " +
18:         result + " m");
```

```
19:    }
20: }
```
Listing 4.45 Der Postdekrement-Operator

Das Ergebnis des Programms sind auch diesmal unterschiedliche Werte:

```
Höhe = 0 m
Ergebnis = 1 m
```

4.9.2 Vergleichende Operatoren

Die relationalen (vergleichenden) Operatoren dienen, wie der Name es andeutet, dazu, Ausdrücke miteinander zu vergleichen. Auch hier wieder zunächst eine Übersicht über die verfügbaren Operatoren:

Operator	Bezeichnung	Beispiel	Erläuterung
==	Gleich	i == j	Vergleich auf Gleichheit
!=	Ungleich	i != j	Vergleich auf Ungleichheit
<	Kleiner	i < j	Vergleich auf kleiner
<=	Kleiner gleich	i <= j	Vergleich auf kleiner oder gleich
>	Größer	i > j	Vergleich auf größer
>=	Größer gleich	i >= j	Vergleich auf größer oder gleich

Tabelle 4.4 Vergleichende Operatoren

Vergleich auf Gleichheit

Die einfachste Operation ist es, zu prüfen, ob zwei Ausdrücke identisch sind. Das Ergebnis der Operation ist ein Wahrheitswert. Falls zwei Werte identisch sind, ergibt sich *true*, falls nicht, *false*.

```
 1: //Beispielprogramme/Sprache_Java/Ex39
 2:
 3: package language;
 4:
 5: class EqualOperatorDemo {
 6:
 7:   public static void main(String[] arguments) {
 8:
 9:     int height;//Hoehe
10:     int width;//Breite
11:     int area;//Flaeche
12:     height = 1;
13:     width = 5;
```

```
14:     area = height * width;
15:     System.out.println(height == width);
16:     System.out.println(area == width);
17:   }
18: }
```

Listing 4.46 Überprüfung zweier Werte auf Gleichheit

Das Programm erzeugt die Ausgabe:

```
false
true
```

Zuerst wird die Multiplikation durchgeführt, die das Endergebnis 5 erzielt. Dieses Endergebnis bekommt die Variable *area* zugewiesen und ist damit identisch mit der Variablen *width*.

Vergleich auf Ungleichheit

Wenn man überprüfen möchte, ob zwei Werte nicht identisch sind, verwendet man den Ungleichheitsoperator.

```
 1: //Beispielprogramme/Sprache_Java/Ex40
 2:
 3: package language;
 4:
 5: class NotEqualOperatorDemo {
 6:
 7:   public static void main(String[] arguments) {
 8:
 9:     int height;//Hoehe
10:     int width;//Breite
11:     int area;//Flaeche
12:     height = 1;
13:     width = 5;
14:     area = height * width;
15:     System.out.println(height != width);
16:     System.out.println(area != width);
17:   }
18: }
```

Listing 4.47 Überprüfung zweier Werte auf Ungleichheit

Wie zu erwarten, erzeugt das Programm diesmal die umgekehrte Ausgabe:

```
true
false
```

Vergleich auf kleiner

Um herauszufinden, ob ein Ausdruck oder Wert kleiner als ein anderer ist, verwenden Sie diesen relationalen Operator. Dazu wieder ein Beispiel:

```
 1: //Beispielprogramme/Sprache_Java/Ex41
 2:
 3: package language;
 4:
 5: class LessOperatorDemo {
 6:
 7:   public static void main(String[] arguments) {
 8:
 9:     int height;//Hoehe
10:     int width;//Breite
11:     int area;//Flaeche
12:     height = 1;
13:     width = 5;
14:     area = height * width;
15:     System.out.println(height < width);
16:     System.out.println(area < width);
17:   }
18: }
```

Listing 4.48 Vergleich, ob ein Wert kleiner oder gleich einem anderen ist

Wie zu erwarten, erzeugt das Programm auch diesmal folgende Ausgabe:

```
true
false
```

Die Variable *height* ist kleiner als *width*. Dies ist also eine wahre Aussage. Die Variable *area* ist aber nicht kleiner als *width*, sondern identisch. Dies ist also eine falsche Aussage.

Vergleich auf kleiner oder gleich

Anders sieht das vorangegangene Beispiel aus, wenn Sie überprüfen wollen, ob die Werte kleiner oder gleich sind. Es reicht also schon aus, dass gleiche Werte miteinander verglichen werden, damit die Aussage wahr ist.

```
 1: //Beispielprogramme/Sprache_Java/Ex42
 2:
 3: package language;
 4:
 5: class LessOrEqualOperatorDemo {
 6:
 7:   public static void main(String[] arguments) {
```

```
 8:
 9:     int height;//Hoehe
10:     int width;//Breite
11:     int area;//Flaeche
12:     height = 1;
13:     width = 5;
14:     area = height * width;
15:     System.out.println(height <= width);
16:     System.out.println(area <= width);
17:   }
18: }
```

Listing 4.49 Vergleich, ob ein Wert kleiner oder gleich einem anderen ist

Das Programm erzeugt die folgende Ausgabe:

```
true
true
```

Die Variable *height* ist kleiner als *width*. Dies ist also eine wahre Aussage. Die Variable *area* ist mit *width* identisch. Dies ist also eine wahre Aussage.

Vergleich auf größer

Um herauszufinden, ob ein Ausdruck oder Wert größer als ein anderer ist, müssen Sie diesen relationalen Operator einsetzen. Das Beispiel erzeugt diesmal eine entgegengesetzte Ausgabe, da beide Vergleiche keine wahren Aussagen ergeben:

```
 1: //Beispielprogramme/Sprache_Java/Ex43
 2:
 3: package language;
 4:
 5: class GreaterOperatorDemo {
 6:
 7:   public static void main(String[] arguments) {
 8:
 9:     int height;//Hoehe
10:     int width;//Breite
11:     int area;//Flaeche
12:     height = 1;
13:     width = 5;
14:     area = height * width;
15:     System.out.println(height > width);
16:     System.out.println(area > width);
17:   }
18: }
```

Listing 4.50 Vergleich, ob ein Wert größer als ein anderer ist

Vergleich auf größer oder gleich

Wenn Sie überprüfen wollen, ob Werte größer oder gleich sind, verwenden Sie den Größer-Gleich-Operator. Hier reicht es ebenfalls aus, dass gleiche Werte miteinander verglichen werden, damit die Aussage wahr ist.

```
 1: //Beispielprogramme/Sprache_Java/Ex44
 2:
 3: package language;
 4:
 5: class GreaterOrEqualOperatorDemo {
 6:
 7:   public static void main(String[] arguments) {
 8:
 9:     int height;//Hoehe
10:     int width;//Breite
11:     int area;//Flaeche
12:     height = 1;
13:     width = 5;
14:     area = height * width;
15:     System.out.println(height >= width);
16:     System.out.println(area >= width);
17:   }
18: }
```

Listing 4.51 Vergleich, ob Werte größer oder gleich sind

Der Vergleich führt zu folgendem Ergebnis:

```
false
true
```

4.9.3 Logische Operatoren

Diese Operatoren setzen Sie ein, um Wahrheitswerte (Abschnitt 4.3.4, »Wahrheitswerte«) miteinander zu vergleichen. Folgende Operatoren sind in Java verfügbar:

Operator	Bezeichnung	Beispiel	Erläuterung
!	Nicht	!i	Negation
&&	Und	i && i	Und-Verknüpfung
||	Oder	i || i	Oder-Verknüpfung

Tabelle 4.5 Logische Operatoren

Negation

Um eine wahre Aussage umzukehren, verwendet man den Nicht-Operator. Das Beispiel hierzu vergleicht zwei Variablen miteinander. Das Ergebnis dieses Vergleichs ist nicht wahr, da beide unterschiedliche Werte besitzen. Der Nicht-Operator stellt diese Aussage auf den Kopf (Inversion), und daher ist das Endergebnis *true*.

```
 1: ///Beispielprogramme/Sprache_Java/Ex45
 2:
 3: package language;
 4:
 5: class NotOperatorDemo {
 6:
 7:   public static void main(String[] arguments) {
 8:
 9:     int height;//Hoehe
10:     int width;//Breite
11:     int area;//Flaeche
12:     height = 1;
13:     width = 5;
14:     area = height * width;
15:     System.out.println(!(height == width));
16:   }
17: }
```

Listing 4.52 Der Nicht-Operator invertiert eine Aussage.

Und-Verknüpfung

Folgendes Programm vergleicht im ersten Schritt die Variablen *height* und *width* miteinander. Das Ergebnis ist eine *falsche* Aussage. Im zweiten Schritt vergleicht es die Variablen *area* und *width* miteinander. Das Ergebnis ist eine *wahre* Aussage. Vergleichen Sie nun bitte nochmals das Listing mit der Abbildung 1.6 auf Seite 38. Der Und-Operator verknüpft eine wahre und eine falsche Aussage so, dass das Endergebnis *false* entsteht.

```
 1: //Beispielprogramme/Sprache_Java/Ex46
 2:
 3: package language;
 4:
 5: class AndOperatorDemo {
 6:
 7:   public static void main(String[] arguments) {
 8:
 9:     int height;//Hoehe
10:     int width;//Breite
```

```
11:     int area;//Flaeche
12:     height = 1;
13:     width = 5;
14:     area = height * width;
15:     System.out.println(((height == width) &&
16:         (area == width)));
17:   }
18: }
```

Listing 4.53 Eine Und-Verknüpfung zweier Aussagen

Oder-Verknüpfung

Nochmals dieselbe Konstellation, aber diesmal mit einer Oder-Verknüpfung. Das Ergebnis des ersten Ausdrucks ist eine *falsche* Aussage. Das Ergebnis des zweiten Ausdrucks ist eine *wahre* Aussage. Wenn Sie nun nochmals einen Blick auf die Abbildung 1.7 auf Seite 39 werfen, erkennen Sie, dass es reicht, wenn eine Aussage wahr ist, damit eine Oder-Verknüpfung ein wahres Ergebnis zurückliefert. Aus diesem Grund entsteht das Endergebnis *true*.

```
 1: //Beispielprogramme/Sprache_Java/Ex47
 2:
 3: package language;
 4:
 5: class OrOperatorDemo {
 6:
 7:   public static void main(String[] arguments) {
 8:
 9:     int height;//Hoehe
10:     int width;//Breite
11:     int area;//Flaeche
12:     height = 1;
13:     width = 5;
14:     area = height * width;
15:     System.out.println(((height == width) ||
16:         (area == width)));
17:   }
18: }
```

Listing 4.54 Diese Oder-Verknüpfung liefert ein wahres Ergebnis.

4.9.4 Bitweise Operatoren

Bitweise Operatoren dienen dazu, Manipulationen auf der niedrigsten Ebene einer Speicherzelle, der Bitebene, durchzuführen. Zu ihrem Verständnis ist normalerweise Erfahrung in Assembler-Programmierung nötig. Daher möchte ich auf diese Operationen hier nicht näher eingehen.

Operator	Bezeichnung	Beispiel	Erläuterung
~	Einerkomplement	~i	Bitweise Negation
|	Bitweises Oder	i | i	Bitweises Oder
&	Bitweises Und	i & i	Bitweises Und
^	Exklusives Oder	i ^ i	Bitweises exklusives Oder
>>	Rechtsschieben mit Vorzeichen	i >> 2	Rechtsverschiebung
>>>	Rechtsschieben ohne Vorzeichen	i >>> 2	Rechtsverschiebung ohne Vorzeichenwechsel
<<	Linksschieben mit Vorzeichen	i << 2	Linksverschiebung

Tabelle 4.6 Bitweise Operatoren

4.9.5 Zuweisungsoperatoren

Zuweisungsoperatoren dienen, wie ihr Name andeutet, dazu Werte zuzuweisen. Java besitzt im Wesentlichen die von C- und C++ bekannten Operatoren, die Tabelle 4.7 zusammenfasst.

Die Zuweisungsoperatoren bieten hier nicht Neues, sondern kombinieren nur die bisher bekannten Operatoren und die Zuweisung, so dass man sich beim Schreiben eines Programms eine Zeile sparen kann. Die Lesbarkeit des Programms lässt jedoch zu wünschen übrig.

Operator	Bezeichnung	Beispiel	Erläuterung
=	Zuweisung	i = 1	i erhält den Wert 1.
+=	Additionszuweisung	i += 1	i = i + 1
–=	Subtraktionszuweisung	i –= 1	i = i – 1
*=	Produktzuweisung	i *= 1	i = i * 1
/=	Divisionszuweisung	i /= 1	i = i / 1
%=	Modulozuweisung	i %= 1	i = i % 1
&=	Und-Zuweisung	i &= 1	i = i & 1
|=	Oder-Zuweisung	i |= 1	i = i | 1

Tabelle 4.7 Zuweisungsoperatoren

Operator	Bezeichnung	Beispiel	Erläuterung
^=	Exklusiv-Oder-Zuweisung	i ^= 1	i = i ^ 1
<<=	Linksschiebezuweisung	i <<= 1	i = i << 1
>>=	Rechtsschiebezuweisung	i >>= 1	i = i >> 1
>>>=	Rechtsschiebezuweisung mit Nullexpansion	i >>>= 1	i = i >>> 1

Tabelle 4.7 Zuweisungsoperatoren (Forts.)

4.9.6 Fragezeichenoperator

Der Fragezeichenoperator ist eine extreme Kurzform einer Verzweigung (Abschnitt 4.10.3, »Verzweigungen«). Auch hier lautet meine Empfehlung: Wegen seiner schlechten Lesbarkeit sollte der einzige dreistellige Operator möglichst nicht verwendet werden. Ein Beispiel für die Überprüfung eines Ergebnisses:

```
 1: //Beispielprogramme/Sprache_Java/Ex48
 2:
 3: package language;
 4:
 5: class TernaryOperatorDemo {
 6:
 7:   public static void main(String[] arguments) {
 8:
 9:     //Zustand als "nicht geprueft" festlegen:
10:     boolean checked = false;
11:     char state; // Zustand als Character-Variable
12:     //Falls "geprueft, "+" zuweisen,
13:     //andernfalls "-" zuweisen
14:     state = (checked ? '+' : '-');
15:     System.out.println("Status: " + state);
16:     //Zustand als "geprueft" festlegen:
17:     checked = true;
18:     //Falls "geprueft, "+" zuweisen,
19:     //andernfalls "-" zuweisen
20:     state = (checked ? '+' : '-');
21:     System.out.println("Status: " + state);
22:   }
23: }
```

Listing 4.55 Der Fragezeichenoperator ersetzt eine Verzweigung.

Das Programm gibt nacheinander folgende Ergebnisse aus:

```
Status: -
Status: +
```

Zuerst prüft das Beispielprogramm, ob die Variable *checked* den Wert *true* besitzt. Falls das der Fall ist, weist sie der Variablen *state* das Pluszeichen zu, falls nicht, das Minuszeichen. Die Langform des Programms finden Sie in Listing 4.61.

4.9.7 New-Operator

Zum Erzeugen von Objekten dient ein Operator, den Sie auch unter den Schlüsselbegriffen finden und der im Abschnitt über Klassen bereits erwähnt wurde: *new*. Er führt eine Operation aus, die dazu dient, ein neues Objekt zu erzeugen, und gehört deswegen auch zu den Operatoren.

Das nachfolgenden Listing definiert eine Klasse, aus der Objekte des Typs »Rectangle« erzeugt werden können.

```
 1: //Beispielprogramme/Sprache_Java/Ex49
 2:
 3: package language;
 4:
 5: public class Rectangle {
 6:
 7:   private int height;//Hoehe
 8:   private int width;//Breite
 9:
10:   public Rectangle(int height, int width) {
11:     this.height = height;
12:     this.width = width;
13:   }
14:
15:   public int getHeight() {
16:     return this.height;
17:   }
18:
19:   public int getWidth() {
20:     return this.width;
21:   }
22: }
```

Listing 4.56 Die Klasse »Rectangle« definiert ein Rechteck.

Folgendes Listing erzeugt ein Objekt des Typs »Rectangle« mit der Höhe 1 sowie der Breite 5 und gibt im Anschluss daran diese Werte wieder aus.

```
 1: //Beispielprogramme/Sprache_Java/Ex49
 2:
 3: package language;
 4:
 5: public class NewOperatorDemo {
 6:
 7:   public static void main(String[] arguments) {
 8:     // Neues Rechteck:
 9:     Rectangle rect = new Rectangle(1, 5);
10:     System.out.println("Fl\u00e4che = " +
11:       rect.getHeight()
12:         * rect.getWidth() + " m\u00B2");
13:   }
14: }
```

Listing 4.57 Das Erzeugen eines neuen Objekts mit dem New-Operator

4.9.8 Cast-Operator

Das Umwandeln eines Datentyps wird ausführlich in Kapitel 7, »Gesetzmäßigkeiten«, behandelt. An dieser Stelle möchte ich nur den dazu notwendigen Operator der Vollständigkeit halber aufführen.

```
 1: //Beispielprogramme/Sprache_Java/Ex50
 2:
 3: package language;
 4:
 5: public class TypeCastOperatorDemo {
 6:
 7:   public static void main(String[] arguments) {
 8:
 9:     int a = 30000;
10:     int b = 2700;
11:     short result;//Ergebnis
12:     result = (short) (a + b);
13:     System.out.println("Ergebnis = " + result);
14:   }
15: }
```

Listing 4.58 Eine Typkonvertierung von »int« nach »short«

Eine solche Typkonvertierung konvertiert natürlich nicht eine Variable und hebt die Deklaration auf. Das würde die Typsicherheit der Sprache Java untergraben. Eine Typkonvertierung bedeutet nur, dass der Ausdruck *(a + b)*, der hier entstanden ist, *temporär* einen anderen Typ besitzt. Die Typkonvertierung hat zur Folge, dass eine lokal begrenzte Umwandlung (Neubesetzung) vorgenommen wird, die

die Compilerprüfung an dieser Stelle ausnahmsweise umgeht (engl. cast: besetzen).

Normalerweise würde der Compiler bei diesem Versuch der Zuweisung einen Fehler melden, da der Short-Typ *result* und die Int-Typen *a* sowie *b* andere Wertebereiche besitzen. Sie sind inkompatibel, und es besteht die Gefahr eines Datenverlusts bei der Zuweisung (Kapitel 7, »Gesetzmäßigkeiten«, Abschnitt 7.4, »Typkonvertierung«). Die explizite Typkonvertierung des Programmierers umgeht jedoch diese Compilerprüfung. Das Programm lässt sich einwandfrei übersetzen und danach ausführen.

4.10 Ausdrücke

Bis jetzt wurde in diesem Kapitel nur eine Menge relativ lebloser Datentypen und Operatoren vorgestellt. Um etwas Dynamik in Ihre Programme zu bringen, müssen Sie die bisher bekannten Bausteine zu größeren Einheiten kombinieren und den Ablauf steuern. Sie benötigen Anweisungen, Zuweisungen, Schleifen – kurz: all das, was man unter Ausdrücken versteht.

4.10.1 Zuweisungen

Zuweisungen haben Sie zuhauf in Programmlistings dieses Kapitels gesehen, ohne dass der Fachbegriff dafür gefallen ist. Die Zuweisung

```
height = 1
```

bewirkt, dass der Computer die nachfolgende Zahl 1 in eine Speicherzelle mit dem Namen *height* schreibt (Abbildung 4.13). Das Gleichheitszeichen ist einer der Java-Operatoren und hat eine vergleichbare Wirkung wie eine Methode. Das Zeichen ist für den Computer also nichts anderes als die Kurzschreibweise einer Funktion, die in diesem Fall bewirkt, dass die Speicherzelle namens *height* den Wert 1 bekommt.

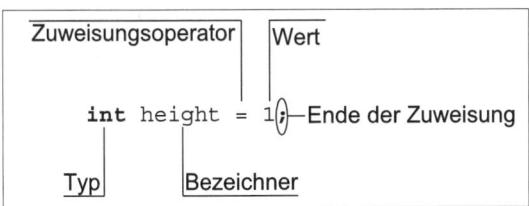

Abbildung 4.13 Die Zuweisung des Wertes 1

Java-Zuweisung – mathematische Gleichung

Wenn Sie beginnen, einen Computer zu programmieren, ist es extrem wichtig, diese Form der Zuweisung genau zu verstehen. Auf der linken Seite der Zuweisung stehen immer Programmteile, die *verändert* werden. Auf der rechten Seite stehen die *unveränderlichen* Teile des Programms. Die Richtung, in der das Programm abgearbeitet wird, ist gegen alle westlichen Lesegewohnheiten von rechts nach links (Abbildung 4.14).

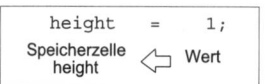

Abbildung 4.14 Die Zuweisung erfolgt von rechts nach links.

Das ist aber nicht das einzige Paradox. Die Zuweisung *height = 1* scheint eine mathematische Gleichung zu sein – ein Irrtum, der durch das Gleichheitszeichen hervorgerufen wird. Zum Vergleich: In der Programmiersprache Pascal sähe die Zuweisung so aus: *height := 1*.

Ist x = y gleich y = x?

In der Programmiersprache Pascal ist der Zuweisungsoperator zweistellig, weil der Erfinder der Sprache verhindern wollte, dass man den Operator mit dem mathematischen Gleichheitszeichen verwechselt. Es sollte unmöglich sein, dass jemand auf den Gedanken kommt, *1 = height* statt *height = 1* zu schreiben; das ist in Java nicht gestattet, da in Java-Programmen auf der linken Seite variable Bezeichner stehen müssen.

Aber wie ist es, wenn auf beiden Seiten Variablen stehen? Ist *x = y* das Gleiche wie *y = x*? In der Mathematik auf jeden Fall. In Java jedoch nicht. Im ersten Fall weist das Programm den Wert der Variablen *y* der Speicherzelle *x* zu. Im zweiten Fall ist es umgekehrt: Die Speicherzelle y bekommt den Wert von x vorgesetzt.

Ein Programmbeispiel (Listing 4.59) zeigt das deutlich. Es gibt Folgendes aus: Fall 1: x = 5; y = 5 und Fall 2: x = 1, y = 1. Das war nicht anders zu erwarten, weil der Computer im Fall 1 den Wert der Speicherzelle y in die Speicherzelle x kopiert hat. Im Fall 2 hingegen hat die Speicherzelle y den Wert der Speicherzelle x bekommen.

```
1: //Beispielprogramme/Sprache_Java/ex51
2:
3: package language;
4:
5: public class AssignmentDemo {
6:
7:    public static void main(String[] arguments) {
```

```
 8:
 9:        int x; // Deklaration x
10:        int y; // Deklaration y
11:        // Fall 1:
12:        x = 1; // x mit 1 initialisiert
13:        y = 5; // y mit 5 initialisiert
14:        x = y; // x bekommt den Wert von y
15:        System.out.println("Fall 1: x = " + x +
16:            "; y = " + y);
17:        // Fall 2:
18:        x = 1; // x erneut mit 1 initialisiert
19:        y = x; // y bekommt den Wert von x
20:        System.out.println("Fall 2: x = " + x +
21:            "; y = " + y);
22:     }
23: }
```

Listing 4.59 Der Ausdruck x = y ist keineswegs gleich y = x.

Die Programmiersprache Java verhält sich anders als die mathematische Sprache. Mathematisch wäre die ganze Aktion vollkommen sinnlos, denn aus x = 1 und y = 5 folgt nicht x = y. Die letzte Aussage ist mathematisch gesehen nicht wahr: x ist nicht gleich y, da x = 1 gleich y = 5 eine falsche Aussage ist.

Die Quintessenz dieses Beispiels zeigt, dass sich mathematische Formeln keinesfalls 1:1 in die Programmiersprache Java übertragen lassen. Sie müssen daher eine Reihe von Gesetzmäßigkeiten beachten, die Sie in Kapitel 7, »Gesetzmäßigkeiten«, kennenlernen werden.

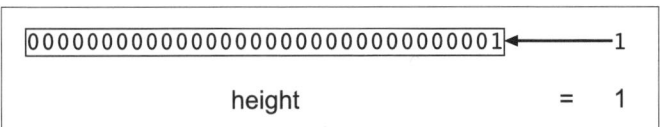

Abbildung 4.15 Zustand der Speicherzelle nach der Zuweisung des Wertes 1

Nach diesem kleinen Exkurs in die Gefilde der niederen Mathematik kehren wir wieder zum Programm mit der Flächenberechnung eines Rechtecks zurück. Wie sieht die Speicherzelle *height* nach der Zuweisung aus? Sie besitzt, wie erwartet, einen neuen Wert. Der ursprüngliche Wert 00000000h ist überschrieben worden (Abbildung 4.15). Dass die Speicherzelle schon einen definierten Wert besitzt, unterscheidet Java von C und C++. Alle einfachen Datentypen besitzen schon einen Standardwert.

Je nachdem, wie man die Sprache Java strukturiert, kann man folgende Anweisungen unterscheiden:

- Elementare Anweisungen
- Verzweigungen
- Schleifen

4.10.2 Elementare Anweisungen

Block

Der Block ist eine Anzahl von zusammengehörenden Anweisungen. Sie werden nacheinander ausgeführt. Blöcke können lokale Variablen besitzen, die außerhalb des Blocks ihre Gültigkeit verlieren. Im folgenden Beispiel wird ein Char-Array deklariert und initialisiert. Es ist außerhalb des Blocks nicht sichtbar (Abschnitt 7.2.2, »Gültigkeitsbereich von Variablen«).

```
 1: //Beispielprogramme/Sprache_Java/ex52
 2:
 3: package language;
 4:
 5: public class BlockDemo {
 6:
 7:   public static void main(String[] arguments) {
 8:     {
 9:       char block[] = { 'B', 'l', 'o', 'c', 'k' };
10:
11:       for (int i = 0; (i < block.length); i++)
12:         System.out.print(block[i]);
13:     }
14:     System.out.print("haus");
15:   }
16: }
```

Listing 4.60 Ein Blockhaus

4.10.3 Verzweigungen

Verzweigungen dienen dazu, den Programmfluss zu steuern. Sie gehören daher wie die Schleifen zu den Kontrollstrukturen des Programms. Java hat die If- und die Switch-Anweisung von C- und C++ übernommen.

If-Verzweigung

Die If-Verzweigung des folgenden Beispiels kommt Ihnen vielleicht bekannt vor und ist tatsächlich fast eine Dublette des Listings 4.55 dieses Kapitels. Hier soll überprüft werden, ob der Wert *checked* gültig, das heißt wahr ist. Falls das der

Fall ist, bekommt die Variable *state* das Pluszeichen zugewiesen, andernfalls das Minuszeichen.

```
 1: //Beispielprogramme/Sprache_Java/Ex53
 2:
 3: package language;
 4:
 5: class IfThenElseDemo {
 6:
 7:   public static void main(String[] arguments) {
 8:
 9:     boolean checked;
10:     checked = false; // Nicht geprueft
11:     char state; // Erfolgreich?
12:     if (checked) // checked == true?
13:       state = '+';
14:     else
15:       state = '-';
16:     System.out.println("Status: " + state);
17:     checked = true; // Geprueft
18:     if (checked) // checked == true?
19:       state = '+';
20:     else
21:       state = '-';
22:     System.out.println("Status: " + state);
23:   }
24: }
```

Listing 4.61 Zwei If-then-else-Konstrukte

Die Anweisungen werden in diesem Programm zweimal mit unterschiedlichem Ergebnis ausgeführt, da der Wert der Variablen *checked* vor jeder Ausgabe verändert wird.

Case-Verzweigung

Wenn man sehr viele Möglichkeiten einer Programmverzweigung hat, werden If-Konstruktionen als Lösung schnell unübersichtlich. Als Ersatz bietet sich dann die Case-Anweisung an. Allerdings darf die nach dem Schlüsselwort *switch* folgende Variable nur vom Typ *char*, *byte*, *short*, *int*, *enum* oder *String* (seit Java 7) sein. Ein Wahrheitswert ist beispielsweise nicht erlaubt.

```
1: //Beispielprogramme/Sprache_Java/Ex54
2:
3: package language;
4:
```

```
 5: public class SwitchDemoJava6 {
 6:
 7:   public void displayState(int checked) {
 8:   String state;
 9:     switch (checked) {
10:       case 0: state = "-";
11:       System.out.println("Status: " + state);
12:         break;
13:       case 1: state = "+";
14:       System.out.println("Status: " + state);
15:         break;
16:       default: state = "?";
17:         System.out.println("Status: " + state);
18:         break;
19:     }//switch()
20:   }
21: }
```

Listing 4.62 Das Switch-Konstrukt bis Java 6

Soll eine Case-Anweisung verlassen werden, wenn eine Bedingung erfüllt ist, so *muss* sie mit einem *break* beendet werden. Das Beispielprogramm gibt ein Minuszeichen als Status aus; falls kein *break* verwendet wird, kann das unerwartete Folgen haben. Im Beispielprogramm wird zum Beispiel ein Pluszeichen ausgegeben (!).

Wie schon mehrfach erwähnt, gibt es mit Java 7 die Neuerung, dass auch Strings als Argument die Switch-Anweisung verwendet werden können – etwas, was bei anderen Programmiersprachen schon seit Jahren Usus ist. Wie Strings im Zusammenhang mit der Switch-Anweisung verwendet werden, sehen Sie im nächsten Beispiel:

```
 1: //Beispielprogramme/Sprache_Java/Ex54
 2:
 3: package language;
 4:
 5: public class SwitchDemoJava7 {
 6:
 7:   public void displayState(String checked) {
 8:   String state;
 9:     switch (checked) {
10:       case "Unchecked": state = "-";
11:       System.out.println("Status: " + state);
12:         break;
13:       case "Checked": state = "+";
14:       System.out.println("Status: " + state);
```

```
15:            break;
16:         default: state = "?";
17:            System.out.println("Status: " + state);
18:            break;
19:      }//switch()
20:   }
21: }
```

Listing 4.63 Das Switch-Konstrukt ab Java 7

Die Klasse *SwitchDemo* zeigt, wie Sie die beiden Beispiele verwenden:

```
 1: //Beispielprogramme/Sprache_Java/Ex54
 2:
 3: package language;
 4:
 5: public class SwitchDemo {
 6:
 7:    public static void main(String[] args) {
 8:
 9:       //Bis Java 6
10:       new SwitchDemoJava6().displayState(0);
11:       new SwitchDemoJava6().displayState(1);
12:       new SwitchDemoJava6().displayState(2);
13:
14:       //Ab Java 7
15:       new SwitchDemoJava7().displayState("Unchecked");
16:       new SwitchDemoJava7().displayState("Checked");
17:       new SwitchDemoJava7().displayState("?");
18:    }
19: }
```

Listing 4.64 Eine kleine Demonstration der Switch-Anweisung

Beachten Sie bitte auch die Default-Anweisung. Sie ist wichtig, um nicht alle Fälle, die vorkommen können, ausprogrammieren zu müssen (was manchmal auch gar nicht möglich wäre). Wenn Sie nur einen oder zwei Fälle im Programm behandeln wollen, aber dafür sorgen wollen, dass alle anderen Fälle ebenfalls berücksichtigt werden, müssen Sie diese Anweisung einfügen. Sie empfiehlt sich aber generell auch, um sich gegen unerwartete Programmzustände abzusichern.

4.10.4 Schleifen

Schleifen dienen keineswegs zur Verzierung eines Java-Programms, sondern dazu, sich wiederholende Abläufe zu verpacken. Es gibt drei Schleifentypen in Java:

1. While-Schleife

2. Do-Schleife

3. For-Schleife

While-Schleife

Diese Schleifenart gehört zum Typ der kopfgesteuerten Schleifen. Listing 4.65 zeigt ein Beispiel für eine While-Schleife. Im Kopf der Schleife (Zeile 12) fragt das Programm ab, ob *lange* kleiner als *weile* ist. Ist das der Fall, wird die Schleife das erste Mal ausgeführt. Danach wiederholt sich der Vorgang, bis der Ausdruck im Schleifenkopf *true* ist.

```
 1: //Beispielprogramme/Sprache_Java/Ex55
 2:
 3: package language;
 4:
 5: class WhileLoopDemo {
 6:
 7:   public static void main(String[] arguments) {
 8:
 9:     byte lange, weile;
10:     lange = 1; // Nicht lange
11:     weile = 1; // Wie lange?
12:     while (lange < weile) {
13:       lange++;
14:       System.out.println("Lange");
15:     }
16:     System.out.print("Langewhile");
17:   }
18: }
```

Listing 4.65 Eine lange While-Schleife

Die While-Schleife ist abweisend, falls der Ausdruck im Schleifenkopf *false* sein sollte. Das bedeutet, dass die Schleife nicht durchlaufen wird, falls der Ausdruck im Schleifenkopf *false* ist.

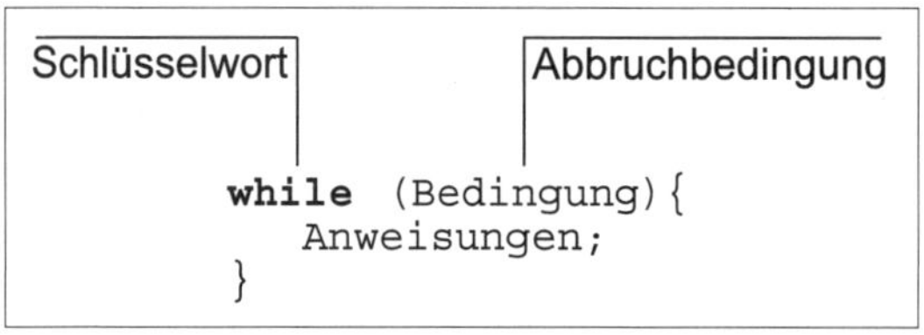

```
Schlüsselwort        Abbruchbedingung

         while (Bedingung) {
             Anweisungen;
         }
```

Abbildung 4.16 Aufbau der While-Schleife

Do-Schleife

Die Do-Schleife gehört zu der Schleifenart mit dem lustigen Namen »fußgesteuerte[3] Schleifen«. Sie wird folgendermaßen verwendet:

```
1: //Beispielprogramme/Sprache_Java/Ex56
2:
3: package language;
4:
5: class DoLoopDemo {
6:
7:   public static void main(String[] arguments) {
8:
9:     byte lange, weile;
10:    lange = 1; // Nicht lange
11:    weile = 1; // Wie lange?
12:    do {
13:      lange++;
14:      System.out.println("Kurz");
15:    } while (lange < weile);
16:    System.out.print("Kurzwhile");
17:  }
18: }
```

Listing 4.66 Eine kurze Do-Schleife

Dieser Schleifentyp prüft nicht vor dem ersten Durchlauf, ob der Wert des Ausdrucks *true* oder *false* ist. Obwohl im Schleifenfuß ein falscher Ausdruck entsteht, kommt es trotzdem zu einem Durchlauf.

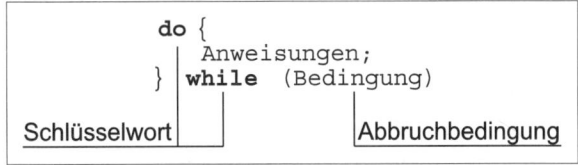

Abbildung 4.17 Aufbau der Do-Schleife

Einfache For-Schleife

Die For-Schleife gilt als die schnellste Schleifenart. In ihrem Kopf werden sämtliche Ablaufbedingungen festgelegt. Der erste Ausdruck bestimmt den Anfangswert, der zweite die Abbruchbedingung, und der dritte ist eine Anweisung zur Steuerung der Abbruchbedingung.

---

3 Ich hoffe, Programme mit diesem Schleifentyp sind trotzdem kopfgesteuert.

```
 1: //Beispielprogramme/Sprache_Java/Ex57
 2:
 3: package language;
 4:
 5: class SimpleForLoopDemo {
 6:
 7:    static String[] day = { "Montag", "Dienstag",
 8:                            "Mittwoch", "Donnerstag",
 9:                            "Freitag", "Samstag",
10:                            "Sonntag" };
11:
12:    public static void main(String[] arguments) {
13:      System.out.println("Die Tage einer Woche:");
14:      for (int dayCounter = 0;
15:           dayCounter < day.length;
16:           dayCounter++)
17:        System.out.println(day[dayCounter]);
18:    }
19: }
```

Listing 4.67 Eine einfache For-Schleife

Das Beispiel gibt nacheinander die Tage der Woche aus, die in einem String-Array festgelegt wurden. Da die Nummerierung eines Arrays immer bei null beginnt, startet die Schleife auch damit. Die Schleife endet, wenn das Ende des Arrays erreicht wurde. Das stellt die Schleife über die Methode *day.length* fest. Solange dieser Wert nicht überschritten wird, gibt die Schleife die Wochentage aus (Zeile 17).

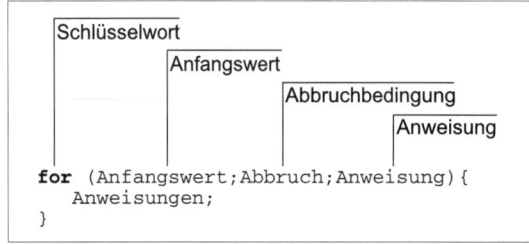

Abbildung 4.18 Aufbau der einfachen For-Schleife

Erweiterte For-Schleife

Manchem Java-Entwickler war die Programmierung einer For-Schleife in bestimmten Fällen zu umständlich. Das gilt vor allen dann, wenn Felder abgegrast werden sollen. Aus diesem Grund gibt es seit Java 5.0 (JDK 1.5) die erweiterte For-Schleife, die Sie schon bei den Aufzählungstypen kennengelernt haben. An dieser Stelle möchte ich das Beispiel nochmals aus der Perspektive der Schleife beleuchten.

```
 1: //Beispielprogramme/Sprache_Java/Ex58
 2:
 3: package language;
 4:
 5: public class EnhancedForLoopDemo {
 6:
 7:   private enum DaysOfTheWeek {
 8:     Montag, Dienstag, Mittwoch,
 9:     Donnerstag, Freitag, Samstag, Sonntag
10:   }
11:
12:   public static void main(String[] args) {
13:     System.out.println("Die Tage einer Woche:");
14:     for (DaysOfTheWeek day :
15:          DaysOfTheWeek.values()) {
16:       System.out.println(day);
17:     }
18:   }//main()
19: }//EnhancedForLoopDemo
```

Listing 4.68 Eine erweiterte For-Schleife

Die erweiterte Form der Schleife benötigt keinen Index mehr. Diese Schleifenart besteht nur aus Typ, Bezeichner und Feld. Übersetzt lautet die Schleife aus Listing 4.68: »Gib für alle Tage der Woche innerhalb der Liste *DaysOfWeek* ihren Namen aus.«

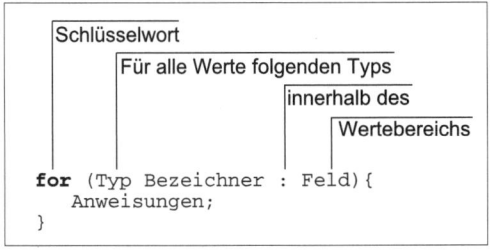

Abbildung 4.19 Aufbau der erweiterten For-Schleife

Als abschließende Bemerkung zu diesem Abschnitt ist wichtig, dass die For-Schleife wie alle Schleifen mit *break* unterbrochen und mit *continue* wieder fortgesetzt werden kann.

4.11 Module

Um größere Softwaresysteme überschaubar zu halten, gibt es bei den verschiedenen Programmiersprachen Modulkonzepte. Ein Modul nennt sich in Java *Package*. Es »verpackt« eine oder mehrere Java-Klassen.

4.11.1 Klassenimport

Dynamische Importe

Diese Packages (Pakete) sind Gültigkeitsbereiche für Klassen, die sich in ihnen befinden (Kapitel 7, »Gesetzmäßigkeiten«, «Abschnitt 7.2, »Sichtbarkeit«). Auch öffentliche Klassen sind so lange für andere Module unbekannt, bis sie über eine Importanweisung übernommen werden.

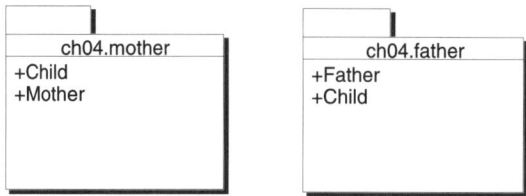

Abbildung 4.20 Die Klasse »Child« hat zwei Bedeutungen.

Ein Beispiel dazu: Stellen Sie sich eine Familie vor, die aus einer Mutter und einem Vater besteht, die in Trennung leben. In einen »Haus«, dem Package *mother*, lebt die Tochter, in dem anderen Package *father* der Sohn. Beide gehören zur Klasse *Child*.

Wie Sie an Abbildung 4.20 erkennen können, ist die Klasse *Child* zweimal vorhanden. Im linken Package *mother* hat sie die Bedeutung eines Kindes mit starken Beziehungen zur Mutter, im rechten Package *father* hingegen den Status eines Kindes mit schwachen Beziehungen zur Mutter.

In Listing 4.69 erkennen Sie in Zeile 5 eine Importanweisung. Durch diese Anweisung kann die Klasse *Child* von der Klasse *Mother* erben (*Child extends Mother*). Dazu muss das Package mit dem vollständigen Namen angegeben werden.

```
1: //Beispielprogramme/Sprache_Java/Ex59
2:
3: package language.father;
4:
5: import language.mother.Mother;
6:
7: public class Child extends Mother {
```

```
 8:
 9:   public String getMothersTime() {
10:     return super.getProtectedTime();
11:   }
12:
13: }
```

Listing 4.69 Die Klasse »Child« ist Teil des Packages »father«.

Der Import von Klassen kann entweder einzeln für jede Klasse eines Packages ausgeführt werden oder für ein ganzes Package. Im letzteren Fall verwendet man eine Wildcard (Abbildung 4.21). Es hat einige Vorteile, jede Klasse einzeln zu importieren. Dadurch kann der Programmierer leichter nachvollziehen, welche Klasse verwendet wurde.

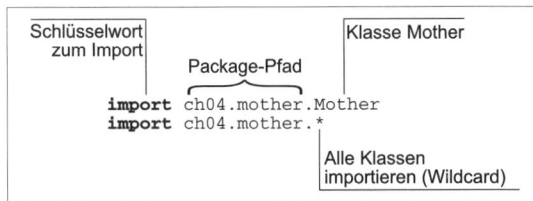

Abbildung 4.21 Aufbau der konventionellen Importanweisung

Statische Importe

Bei den konventionellen Importanweisungen muss der Klassenbezeichner auch dann immer bei der Verwendung einer Methode vorangestellt werden, wenn diese statisch ist. Will man zum Beispiel mathematische Funktionen wie die Wurzeloperation anwenden, stört dies etwas, wie folgendes Beispiel zeigt:

```
 1: //Beispielprogramme/Sprache_Java/Ex60
 2:
 3: package language;
 4:
 5: import java.lang.Math;
 6:
 7: public class ConventionalImportDemo {
 8:
 9:   public static void main(String[] arguments) {
10:
11:     double radicant = 2004;
12:     double result = Math.sqrt(radicant);
13:     System.out.println("Die Quadratwurzel aus " +
14:         radicant + " ist " + result);
15:   }
```

```
16: }
```
Listing 4.70 Der konventionelle Import einer Klasse

Der Grund für diese Schreibweise ist klar: Java gestattet nur die Definition von Methoden, die an eine Klasse gebunden sind. Methoden können nicht losgelöst von einer Klasse existieren. Und da es keine globalen Methoden gibt, muss auf sie immer in Verbindung mit der Klasse zugegriffen werden.

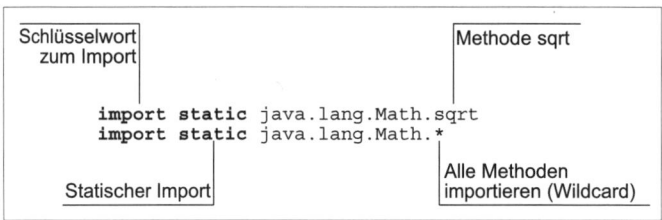

Abbildung 4.22 Aufbau eines statischen Imports

Das hat auch weiter Gültigkeit, nur dass sich die Schreibweise seit Java 5.0 durch statische Importe vereinfacht hat. Jetzt lassen sich auch Methoden einzeln oder über Wildcards statisch importieren.

```
 1: //Beispielprogramme/Sprache_Java/Ex61
 2:
 3: package   language;
 4:
 5: import static java.lang.Math.sqrt;
 6:
 7: public class StaticImportDemo {
 8:
 9:     public static void main(String[] arguments) {
10:
11:         double radicant = 2004;
12:         double result = sqrt(radicant);
13:         System.out.println("Die Quadratwurzel aus " +
14:           radicant + " ist " + result);
15:     }
16: }
```
Listing 4.71 Der statische Import einer Klasse

Die Schreibweise führt dazu, dass die Methode ohne die dazu gehörende Klasse aufgerufen werden kann.

4.11.2 Namensräume

Java stört die doppelte Definition von Klassen nicht, solange sich jede Klasse gleichen Namens in einem anderen Paket befindet. Daher nennt man ein Paket in verschiedenen Programmiersprachen allgemein »Namensraum«. Er schränkt die Sichtbarkeit einer Klasse für andere Klassen ein (Kapitel 7, »Gesetzmäßigkeiten«, Abschnitt 7.2, »Sichtbarkeit«).

```
 1: //Beispielprogramme/Sprache_Java/Ex62
 2:
 3: package language.father;
 4:
 5: import language.mother.Mother;
 6:
 7: public class Child extends Mother {
 8:
 9:   public String getMothersTime() {
10:     return super.getProtectedTime();
11:   }
12: }
```

Listing 4.72 Die Klasse »Mother« wird importiert und erweitert.

4.12 Fehlerbehandlung

Was passiert, wenn innerhalb von einem Java-Programm ein Fehler auftritt? Wie kann man diesen Fehler weiter behandeln? In klassischen Programmiersprachen behilft man sich mit numerischen Variablen, in der objektorientierten Sprache Java definiert man Klassen und hat vier zusätzliche Schlüsselwörter:

1. try
2. catch
3. throw
4. throws

Die nachfolgende Klasse *ThrowDemo* zeigt, wie zwei Exceptions geworfen werden, wenn sich der Zustand *state* außerhalb des gültigen Rahmens bewegt. Ist der Zustand der Wert *, ist das ein Zeichen, dass das System außer Kontrolle ist. Ist der Zustand alles andere, wird ein unbekannter Zustand eskaliert.

```
1: //Beispielprogramme/Sprache_Java/Ex63
2:
3: package language;
```

```
 4:
 5: public class ThrowDemo {
 6:
 7:   public void displayState(int checked) throws
 8:       UnknownStateException,
 9:       SystemOutOfControlException {
10:     String state;
11:     switch (checked) {
12:     case 0:
13:       state = "-";
14:       System.out.println("Status: " + state);
15:       break;
16:     case 1:
17:       state = "+";
18:       System.out.println("Status: " + state);
19:       break;
20:     case 2:
21:       state = "*";
22:       throw new SystemOutOfControlException(state);
23:     default:
24:       state = "?";
25:       throw new UnknownStateException(state);
26:     }//switch()
27:   }//check()
28: }//ThrowDemo
```

Listing 4.73 Diese Klasse kann zwei Exceptions auslösen.

Die Klasse verwendet zwei einfache Exceptions. Exceptions sind spezialisierte Java-Klassen, die nur dazu dienen, Fehlerzustände als Objekt zu verschicken. Die erste unserer beiden Klassen heißt *SystemOutOfControlException*.

```
 1: //Beispielprogramme/Sprache_Java/Ex63
 2:
 3: package language;
 4:
 5: public class SystemOutOfControlException extends Exception {
 6:
 7:   private static final long serialVersionUID = 1L;
 8:
 9:   public SystemOutOfControlException(String message) {
10:     super(message);
11:   }
12: }
```

Listing 4.74 Diese Klasse definiert eine Exception für eine Systemausnahme.

Die zweite Klasse wird dann benötigt, wenn ein unbekannter Systemzustand eingetreten ist.

```
 1: package language;
 2:
 3: public class UnknownStateException extends Exception {
 4:
 5:   private static final long serialVersionUID = 1L;
 6:
 7:   public UnknownStateException(String message) {
 8:     super(message);
 9:   }
10: }
```

Listing 4.75 Diese Klasse definiert eine Exception für einen unbekannten Zustand.

Die drei Klassen werden in einem einfachen Programm verwendet, das einen so genannten einfachen Try-Catch-Block enthält:

```
 1: //Beispielprogramme/Sprache_Java/Ex63
 2:
 3: package language;
 4:
 5: public class TrySingleCatchDemo {
 6:
 7:   public static void main(String[] args) {
 8:
 9:     ThrowDemo throwDemo = new ThrowDemo();
10:
11:     try {
12:       for (int checked = 0;
13:            checked <= 4;
14:            checked++) {
15:         throwDemo.displayState(checked);
16:       }
17:     } catch (SystemOutOfControlException e) {
18:       System.out.println("State" +
19:         e.toString());
20:     } catch (UnknownStateException e) {
21:       System.out.println("State" +
22:         e.toString());
23:     };
24:   }
25: }
```

Listing 4.76 Diese Klasse demonstriert, wie Exceptions gefangen werden.

Das Programm verändert in einer Schleife den Wert von *state* und übermittelt in an die Methode *displayState()*. Kommt es hierbei zu einer Bereichsüberschreitung, wirft das Programm eine passende Exception.

Eine der Neuerungen von Java ist es, dass Exceptions mehrfach gefangen werden können. Auch hierzu ein Beispiel, das zeigt, wie die Exceptions ausgelöst und gefangen werden können.

```
 1: //Beispielprogramme/Sprache_Java/Ex63
 2:
 3: package language;
 4:
 5: public class TryMultiCatchDemo {
 6:
 7:   public static void main(String[] args) {
 8:
 9:     ThrowDemo throwDemo = new ThrowDemo();
10:
11:     try {
12:       for (int checked = 0;
13:            checked <= 4;
14:            checked++) {
15:         throwDemo.displayState(checked);
16:       }
17:     } catch (SystemOutOfControlException |
18:         UnknownStateException e) {
19:       System.out.println("State" +
20:         e.toString());
21:     };
22:   }
23: }
```

Listing 4.77 Ein Beispiel für ein Multi-Catch

Das Programm verändert wieder in einer Schleife den Wert von *state* und übermittelt ihn an die Methode *displayState()*. Kommt es wieder zu einer Bereichsüberschreitung, wirft das Programm eine passende Exception. Es kann aber im Gegensatz zum Vorgänger gleich mehrere Exceptions werfen.

4.13 Dokumentation

Kommentarzeichen dienen dazu, Teile des Quelltextes zu dokumentieren. Java verfügt sogar über drei verschiedene Kommentararten:

1. Zeilenbezogene Kommentare
2. Abschnittsbezogene Kommentare
3. Dokumentationskommentare

4.13.1 Zeilenbezogene Kommentare

Dieser Kommentartyp wird durch doppelte Schrägstriche eingeleitet, die den Rest der Zeile als Kommentar markieren. Sie beziehen sich also jeweils nur auf eine einzelne Zeile (Listing 4.78).

```
// Zeilenbezogener Kommentar vor einer Anweisung
Anweisungen  // Zeilenbezogener Kommentar hinter einer Anweisung
```

Listing 4.78 Zeilenbezogene Kommentare

4.13.2 Abschnittsbezogene Kommentare

Im Gegensatz dazu lassen sich mit abschnittsbezogenen Kommentarzeichen weite Teile für den Compiler ausblenden und als Kommentar markieren. Sie werden wie in der Programmiersprache C mit einem Schrägstrich, gefolgt von einem Sternchen (Asterisk), begonnen und enden in der umgekehrten Reihenfolge (Listing 4.79).

```
1: /* Dieser Kommentar
2:    erstreckt
3:    sich ueber
4:    mehrere Zeilen */
```

Listing 4.79 Ein abschnittsbezogener Kommentar

Der abschnittsbezogene Kommentar kann aber auch dazu verwendet werden, mitten im Quelltext Kommentare einzufügen.

```
1: /* Dieser Kommentar bezieht sich auf einen Abschnitt */
2: Anweisungen
```

Listing 4.80 Ein weiterer abschnittsbezogener Kommentar

4.13.3 Dokumentationskommentare

Dieser interessante Kommentartyp dient dazu, aus Kommentaren, die im Quelltext eingefügt werden, HTML-Dokumente zu erzeugen. Auch diese Kommentare können sich über mehrere Zeilen erstrecken, enden wie die abschnittsbezogenen Kommentare, beginnen aber mit einem zusätzlichen Sternchen (Listing 4.81).

```
1: /**
2:  * Projekt: Transfer
3:  * Beschreibung: Backup-Programm
4:  * @Copyright (c) 2003 - 2011 by
5:  * @author Bernhard Steppan
6:  * @version 1.1
7:  */
```

Listing 4.81 Beispiel für einen Dokumentationskommentar

Es gibt Java-Werkzeuge, die aus den Dokumentationskommentaren vollautomatisch eine Java-Dokumentation erzeugen können. Einzelheiten finden Sie in Kapitel 5, »Entwicklungsprozesse«, Abschnitt 5.3.4, »Dokumentieren«, und in Kapitel 22, »Werkzeuge«.

4.14 Zusammenfassung

Die Sprache Java verfügt über einfache Datentypen, erweiterte Datentypen und benutzerdefinierte Datentypen. Die acht einfachen Datentypen sind prozedurale Restbestände aus der verwandten Programmiersprache C. Sie sind keine Klassen, sondern nur Datenbehälter ohne Methoden.

Im Gegensatz dazu sind Arrays vordefinierte Klassen. Arrays können ohne feste Länge deklariert werden, müssen aber zur Erzeugung eine feste Länge besitzen. Sie sind also halbdynamisch.

Es gibt vier Arten von benutzerdefinierten Datentypen in Java: konkrete und abstrakte Klassen, Interfaces sowie seit Java 5 generische Klassen (Generics). Während man von konkreten Klassen mit Hilfe des New-Operators Objekte erzeugen kann, lassen sich abstrakte Klassen und Interfaces nur erweitern.

Ausdrücke erlauben es, Variablen zu deklarieren, Werte zuzuweisen und den Fluss des Programms zu steuern. Java besitzt darüber hinaus noch drei Schleifenarten, die dazu dienen, wiederkehrende Abläufe zu verpacken.

4.15 Aufgaben

4.15.1 Fragen

1. Wann ist die Programmiersprache Java veröffentlicht worden?
2. Über welche Sprachelemente verfügt Java?
3. Wozu dient eine Deklaration?
4. Wie ist eine Deklaration aufgebaut?
5. Was sind einfache Datentypen?
6. Wie unterscheiden sie sich von Klassen?
7. Wo liegen ihre Vorteile?
8. Was ist eine streng typisierte Sprache?
9. Warum sind Java-Arrays halbdynamisch?
10. Was ist ein benutzerdefinierter Datentyp?
11. Wozu benötigt man benutzerdefinierte Datentypen?
12. Welche Arten von Klassen gibt es in Java?
13. Wie kann man verhindern, dass von Klassen Objekte erzeugt werden?
14. Wozu dient ein Konstruktor?
15. Wie unterscheidet er sich von einer normalen Methode?
16. Wieso benötigt man Akzessoren und Mutatoren?
17. Welche Bedeutung hat der Cast-Operator?
18. Worin besteht der Unterschied zwischen einer mathematischen Gleichung und einer Programmzuweisung?
19. Was sind statische Importe, und wozu verwendet man sie?

4.15.2 Übungen

1. Schreiben Sie auf Basis des Listings 4.21 eine Klasse namens *Circle*.
2. Ergänzen Sie *Circle* um eine Objektvariable *radius*.
3. Ergänzen Sie *Circle* um eine Konstante *Pi*.

4. Ergänzen Sie folgende Anweisungen um eine komplette Klasse mit einer Methode *main()*, und berechnen Sie, was das Programm ausgeben wird.

   ```
   i = 10;
   j = 10;
   j = i++;
   System.out.println(i);
   i = 10;
   j = 10;
   j = ++i;
   System.out.println(i);
   ```

5. Berechnen Sie, was die folgende Anweisung ausgeben wird:

   ```
   boolean i = true;
   boolean j = false;
   System.out.println(i || j);
   ```

6. Berechnen Sie, was die folgende Anweisung ausgeben wird:

   ```
   static final int i = 10;
   i++;
   System.out.println(i);
   ```

Die Lösungen zu den Aufgaben finden Sie in Kapitel 19 ab Seite 511.

»Man sollte die Dinge so nehmen, wie sie kommen. Aber man sollte dafür sorgen, dass die Dinge so kommen, wie man sie nehmen möchte.«
(Curt Goetz)

5 Entwicklungsprozesse

5.1 Einleitung

Dieses Kapitel beleuchtet die Prozesse, die bei der Entwicklung eines Java-Programms ablaufen, angefangen bei der Planung eines neuen Programms über die Konstruktion bis zur Auslieferung der fertigen Software.

5.1.1 Phasen

Entwicklungsprozesse sind immer wiederkehrende Arbeitsabläufe bei der Softwareentwicklung. Um einen besseren Überblick über die verschiedenen Arbeitsabläufe zu bekommen, teilt man den Gesamtprozess in zusammengehörende Teilprozesse ein.

Manche Softwareentwickler zerlegen den Gesamtprozess in drei, andere in vier Abschnitte. Um den Rahmen dieses Buchs nicht zu sprengen, möchte ich mich auf einen dreiteiligen Ablauf (Abbildung 5.1) beschränken, der für die meisten Projekte ausreichend genau ist. Der Gesamtprozess besteht dann aus folgenden Teilen (Phasen):

1. Planungsphase
2. Konstruktionsphase
3. Betriebsphase

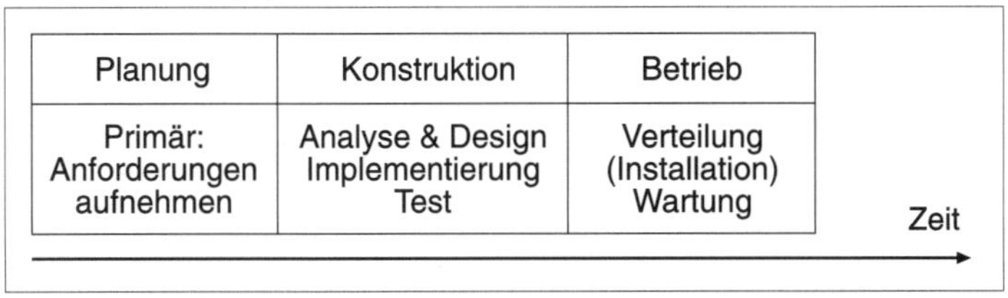

Planung	Konstruktion	Betrieb	
Primär: Anforderungen aufnehmen	Analyse & Design Implementierung Test	Verteilung (Installation) Wartung	Zeit

Abbildung 5.1 Die Phasen der Softwareentwicklung

In der Planungsphase überlegen die Beteiligten, was entwickelt werden soll, in der Konstruktionsphase entwickeln Programmierer das Softwareprodukt, und in der Betriebsphase werden Teile des Produkts oder das fertige Produkt installiert und später gewartet. Der Vorgang scheint also völlig geradlinig zu verlaufen; das ist allerdings ein Trugschluss.

5.1.2 Aktivitäten

In der Praxis laufen die Aktivitäten bei der Softwareentwicklung keineswegs so schön linear und geordnet ab. Dabei ist es völlig egal, ob Sie allein Software entwickeln oder im Team. Wie verschachtelt die einzelnen Prozesse ablaufen, wird deutlich, wenn man die einzelnen Phasen mit der Lupe betrachtet.

In jeder Phase muss eine Reihe ganz unterschiedlicher Prozesse parallel durchgeführt werden. Während ein Softwareentwickler neue Anforderungen vom Kunden erhält (*Anforderungsaufnahme*), analysiert ein anderer in der Zwischenzeit die schon bestehenden Anforderungen (*Analyse*). Ein Softwaredesigner bringt parallel dazu die bereits analysierten Teile in eine sinnvolle Form (*Design*) und entwirft hierbei ein Designmodell.

Ein anderer Teil des Teams ist währenddessen schon dabei, einen Prototyp (Seite 189) mit Hilfe eines Grobdesigns fertigzustellen (*Implementierung*). Abschließend prüft ein weiteres Teammitglied, ob der Prototyp wunschgemäß funktioniert (*Test*). Ist der Test nach Ansicht des Teams erfolgreich verlaufen, verpackt ein Teammitglied den Prototyp und liefert ihn an den Kunden zur fachlichen *Qualitätssicherung*.

Der Gesamtablauf ist in Abbildung 5.2 dargestellt. Er verläuft nicht linear, sondern eher kreisförmig, denn alle Aktivitäten müssen x-mal durchlaufen werden, bis das Gesamtprodukt fertiggestellt ist. Nach meinen Erfahrungen bekommt ein Entwickler niemals vollständig mitgeteilt, was der Auftraggeber oder sein Chef von ihm verlangt. Stattdessen muss er immer wieder von Neuem Anforderungen aufnehmen, analysieren, designen, implementieren und testen. Diese Prozesse dauern so lange, bis beide Seiten zufrieden sind und das Projekt beendet ist oder bis sie so unzufrieden sind, dass das Projekt abgebrochen wird.

Die Phasen *Planung*, *Konstruktion* und *Betrieb* fassen bestimmte Aktivitäten zusammen. Beispielsweise ist ein Team in der Planungsphase hauptsächlich mit der Planung beschäftigt (daher der Name der Phase). Das bedeutet, dass der *Schwerpunkt* dieser Phase auf der Anforderungsaufnahme liegt. Es kann aber sein, dass in der Planungsphase auch schon Java-Code geschrieben wird, um beispielsweise einen Prototyp fertigzustellen.

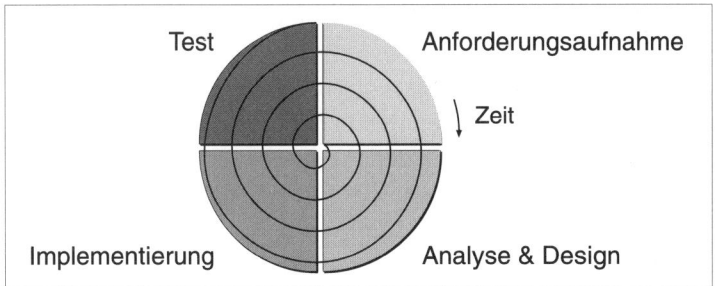

Abbildung 5.2 Der Ablauf der Aktivitäten bei der Softwareentwicklung

Genauso verhält es sich mit der Konstruktionsphase. Hier liegt der Schwerpunkt darauf, die Anforderungen zu analysieren, ein Modell zu entwerfen und es umzusetzen.

Es kann aber auch sein, dass neue Anforderungen entdeckt werden. Dann muss wieder geschätzt werden, wie lange es dauert, diese Anforderungen einzuarbeiten. Der Projektleiter hat dazu den Projekt- und Kostenplan anzupassen – der Ablauf beginnt von Neuem.

5.1.3 Werkzeuge

Ein guter Entwickler muss nicht nur den komplizierten Gesamtprozess kennen und beherrschen. Er muss auch noch Entwicklungswerkzeuge auswählen und deren Bedienung erlernen. Von der Auswahl und Integration geeigneter Werkzeuge ist die Produktivität des Entwicklers abhängig. Diese Erkenntnis ist ein Grund für den weit verbreiteten Werkzeugfetischismus. Ebenso falsch wie Werkzeugfetischismus wäre es aber, der Auswahl der Werkzeuge eine untergeordnete Rolle zuzuordnen. Neben einem *schlanken, papierarmen Entwicklungsprozess* und gut *ausgebildeten Entwicklern* führt eine *geschickte Wahl* der Werkzeuge ohne Zweifel zu weniger Stress und spürbar geringeren Produktionskosten.

Die Java-Werkzeuge und ihre Auswahl sollen sich jetzt aber nicht in den Mittelpunkt dieses Kapitels drängen. Dafür ist Kapitel 22, »Werkzeuge«, reserviert, das Sie im Anhang dieses Buchs finden. Um dieses vorliegende Kapitel nachvollziehen zu können, reicht es vorerst vollkommen aus, wenn Sie das am einfachsten zu erlernende Java-Entwicklungswerkzeug verwenden, das Java Development Kit (JDK) von Sun beziehungsweise Oracle. Um das Kapitel nachvollziehen zu können, sollten Sie es bereits installiert haben oder jetzt installieren. Eine Beschreibung und Installationsanleitung finden Sie in Abschnitt 22.4.3 »Java Development Kit«.

5.2 Planungsphase

In der Planungsphase entsteht ein Vertrag zwischen dem Softwarehersteller und dem Auftraggeber (Kunden oder Endanwender). In diesem Vertrag steht unter anderem, was hergestellt werden soll, wie teuer das ganze Projekt werden darf und welche Risiken das Projekt birgt. Ansprechpartner für den Softwareentwickler ist zum Beispiel ein Endanwender, ein Geschäftsführer, der Projekt- oder Teamleiter, der Chefdesigner oder Chefarchitekt. Von einem dieser Ansprechpartner erfährt der Softwareentwickler, welche Aufgaben er übernehmen soll.

5.2.1 Missverständnisse

Nun haben die Kunden und Chefs zuweilen eine sehr verschwommene Vorstellung davon, was der Gegenstand des Auftrags ist. Es finden zwar viele Gespräche zwischen Auftraggeber und Auftragnehmer statt. Sich aber auf ein Ziel zu einigen ist mühsam, denn in den Gesprächen prallen sehr unterschiedliches technisches und fachliches Know-how sowie sehr unterschiedliche Vorstellungen über das Projektziel und seinen Verlauf aufeinander. Eine Annäherung der Vorstellungen findet nur langsam statt.

Die Planungsphase verursacht einerseits einen Großteil der Schwierigkeiten beim Entwickeln der Software, weil Endanwender und Softwareentwickler nicht die gleiche Sprache sprechen. Andererseits legt sie den Grundstein für ein erfolgreiches Softwareprojekt. Deshalb ist es wichtig, genau zu ermitteln, welche Wünsche der Auftraggeber hat, damit das Risiko vermindert wird, etwas Falsches zu entwickeln. Bestimmte Techniken helfen hierbei.

5.2.2 Anforderungen aufnehmen

Folgendes Beispiel: Ein Softwarehaus soll einen Diagrammeditor für eine andere Firma entwickeln. Es ist noch nicht klar, über welche Merkmale der Editor verfügen soll. In Gesprächen mit dem Kunden wird möglichst genau ermittelt, welche Wünsche er hat. Normalerweise schreibt der Auftragnehmer diese Wünsche in ein Dokument, das sich *Lastenheft* nennt.

Das Lastenheft enthält möglichst alle Anforderungen des Auftraggebers an die Lieferungen und Leistungen eines Auftragnehmers. In diesem Dokument sind die Anforderungen aus Anwendersicht einschließlich aller Randbedingungen beschrieben. In der Praxis ist das Lastenheft oftmals nur eine grobe Richtlinie, denn viele Endanwender sind nicht in der Lage, genau zu sagen, was sie benötigen.

5.3 Konstruktionsphase

5.3.1 Objektorientierte Analyse

Aus dem Lastenheft entwickeln Softwarearchitekten in der Konstruktionsphase zunächst einen Bauplan, das so genannte fachliche Analysemodell (fachliche Architektur), und eine genauere Beschreibung des Lastenhefts. Beides sollte dem Kunden (zum Beispiel dem Endanwender) vorgelegt, beides sollte erläutert und besprochen werden, damit geklärt wird, ob das Softwarehaus den Auftrag richtig verstanden hat.

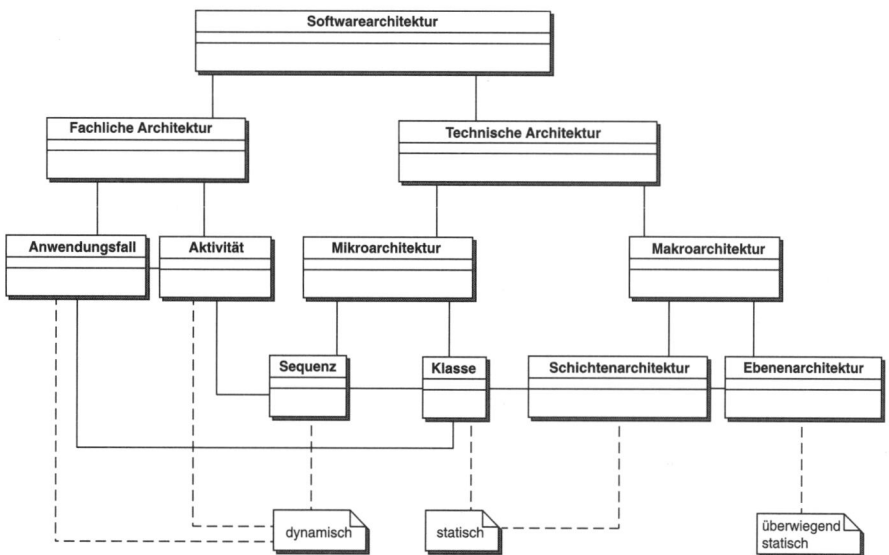

Abbildung 5.3 Zusammenhang zwischen den Architekturmodellen

In diesem Abschnitt ist die Lücke zwischen den Anforderungen des Kunden und dem Verständnis des Softwareentwicklers etwas kleiner geworden. Vielleicht kann am Anfang der Konstruktionsphase schon ein Vertrag geschlossen werden, wobei das Lastenheft ein wichtiger Vertragsbestandteil ist.

5.3.2 Objektorientiertes Design

Die fachlichen Anforderungen an den Diagrammeditor müssen im nächsten Abschnitt der Entwicklung von der fachlichen in eine technische Richtung verfeinert werden. Der Bauplan eines Java-Programms, der nun entsteht, ist das so genannte objektorientierte Designmodell (technische Architektur). Das Designmodell enthält bei einem Java-Programm unter anderem Klassenmodelle. Jede der in diesem

Modell aufgeführten Java-Klassen muss im nächsten Abschnitt des Prozessablaufs, der *Implementierung*, kodiert werden.

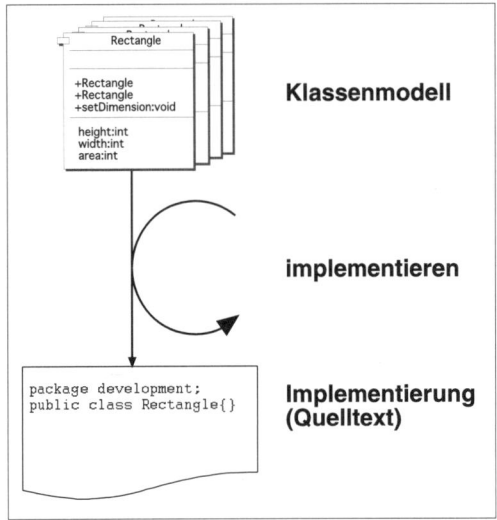

Abbildung 5.4 Vom Klassenmodell zur Implementierung

In diesem Abschnitt entwickelt der Softwaredesigner eine sinnvolle technische Form des künftigen Diagrammeditors. Beides fließt in ein weiteres Dokument ein, das *Pflichtenheft* genannt wird. Aus dem Pflichtenheft kann man nun konkret ableiten, was programmiert werden soll.

5.3.3 Implementierung in Java

Nun sind Sie an der Reihe. Sie werden von einem Teammitglied beauftragt, für den ersten Prototyp des Diagrammeditors eine Klasse für Rechtecke zu entwickeln. Die Klasse soll über eine Schnittstelle verfügen, mit deren Hilfe man Länge und Breite des Rechtecks verändern sowie die Gesamtfläche ermitteln kann.

Sie sehen: Die Kommunikation des Teams basiert auf Schnittstellen von Klassen beziehungsweise Objekten. Die Schnittstelle eines Objekts ist der Punkt, an dem sie mit anderen Objekten kommuniziert (Abschnitt 3.12, »Kapselung«). Aus diesem Grund hat der Chefdesigner ermittelt, welche Klassen für den Diagrammeditor benötigt werden, und danach die Schnittstellen festgelegt.

Wenn er das Modell mit einem speziellen Modellierungswerkzeug entworfen hat, ist er auch in der Lage, ein Klassenmodell als Vorlage für die Implementierung zu liefern. Ein solches Klassenmodell enthält bei einem Projekt wie einem Diagrammeditor schnell sehr viele Klassen. Um das Beispiel möglichst schlank zu halten, habe ich nur einen Ausschnitt eines solchen Modells, die Klasse *Rectangle*, herausgegriffen (Abbildung 5.5).

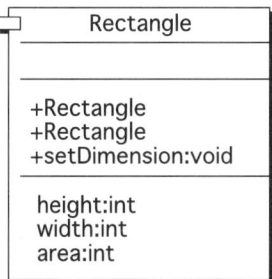

Abbildung 5.5 Ausschnitt aus dem Klassenmodell des Diagrammeditors

Bei der Implementierung setzen Sie als Java-Entwickler das Design der Software mit Hilfe der Programmiersprache Java um (engl. to implement: einbauen). Die Klassenhüllen und deren Beziehungen, die der Chefdesigner entworfen hat, füllen Sie mit Leben.

Editieren

Wie Sie aus Kapitel 4, »Sprache Java«, wissen, schreibt der Java-Entwickler sein Programm in Form eines Textes. Das spezielle Werkzeug, das er dazu verwendet, nennt sich Texteditor (Abschnitt 22.3.2 »Texteditor«). Das Dokument, das dabei entsteht, ist der *Quelltext*. Den Quelltext bezeichnet man auch als Java-Sourcecode oder einfach als Java-Code oder noch einfacher nur als Code. Er ist der geistige Ursprung, die Quelle des Programms, daher der Name Quelltext.

Bitte legen Sie nun ein Projektverzeichnis namens projekte mit einem Unterverzeichnis namens development an. Die Struktur auf der Festplatte muss *exakt* so aussehen wie in Abbildung 5.6.

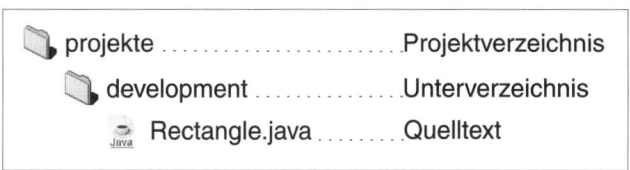

Abbildung 5.6 Das Projektverzeichnis mit zwei Unterverzeichnissen

Starten Sie danach einen Texteditor Ihrer Wahl, und geben Sie den in Listing 5.1 abgedruckten Quelltext ein. Speichern Sie anschließend die Textdatei im Unterverzeichnis development als Rectangle.java ab. Achten Sie darauf, dass Sie hierbei keine Formatierungen verwenden. Der Text muss unbedingt entweder als reiner ASCII-Text oder als Unicode vorliegen. Wenn das erfolgt ist, befindet sich eine Textdatei namens Rectangle.java im Verzeichnis development.

```
 1: //Beispielprogramme/Entwicklungsprozesse/Ex01
 2:
 3: package development;
 4:
 5: public class Rectangle {
 6:
 7:   private int heigth = 1; // Fehler
 8:   private int width = 1;
 9:   public Rectangle () {}
10:
11:   public Rectangle (int height, int width) {
12:      this.height = height;
13:      this.width = width;
14:   }
15:
16:   public int getHeight() {
17:      return height;
18:   }
19:
20:   public int getWidth() {
21:      return width;
22:   }
23:
24:   public int getArea() {
25:      return height * width;
26:   }
27:
28:   public void setHeight(int height) {
29:      this.height = height;
30:   }
31:
32:   public void setWidth(int width) {
33:      this.width = width;
34:   }
35:
36:  public void setDimension(int height, int width) {
37:      this.height = height;
38:      this.width = width;
39:   }
40:
41: }
```

Listing 5.1 Die Java-Klasse »Rectangle« als Textdatei »Rectangle.java«

Übersetzen

Der nächste Vorgang ist, die Datei `Rectangle.java` mit einem Java-Compiler zu übersetzen (kompilieren). Werfen Sie bitte einen Blick auf Abbildung 5.7. Der Quelltext muss beim Vorgang des Übersetzens in so genannten *Bytecode* verwandelt werden. Bytecode ist eine spezielle Form des Binärcodes. Er ist kein Maschinencode (Kapitel 2, Abschnitt 2.2.1 »Binärcode«) für einen speziellen Prozessor und enthält auch keine Aufrufe von Betriebssystemfunktionen.

Bytecode ist ein Zwischenformat, auf den Abschnitt 6.2 ausführlich eingeht. An dieser Stelle ist nur wichtig, dass der Compiler für jede Klasse, die er übersetzt, eine Datei des gleichen Titels, aber mit der Endung `class` erzeugt. Aus `Rectangle.java` wird demnach also `Rectangle.class` (Abbildung 5.7).

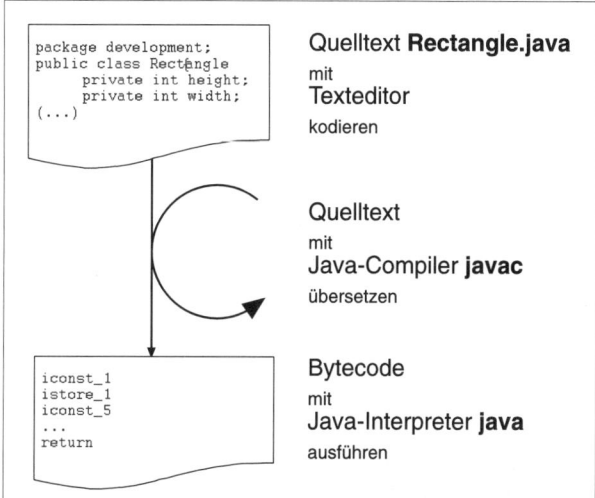

Abbildung 5.7 Vom Quelltext zum Bytecode

Öffnen Sie nun ein Terminal (Unix) oder die DOS-Eingabeaufforderung (Windows), und wechseln Sie in das Verzeichnis `projekte/development`. Übersetzen Sie anschließend `Rectangle.java` mit dem Java-Compiler namens `javac`. Geben Sie dazu einfach folgendes Kommando ein:

```
javac Rectangle.java
```

Der Compiler ist nicht besonders gesprächig. Wenn Sie möchten, dass er mitteilt, woran er gerade arbeitet, müssen Sie ihm dies auf diese Weise mitteilen:

```
javac -verbose Rectangle.java
```

Das Kommando `verbose` (engl. für wortreich) bewirkt, dass der Compiler seine einsilbige Art ablegt und genau beschreibt, welche Schritte er unternimmt, bis er

– im Erfolgsfall – den Bytecode vollständig erzeugt hat. Kann der Compiler jedoch nicht gestartet werden, ist in den meisten Fällen das JDK nicht korrekt installiert. Dann erscheint folgende Fehlermeldung:

```
javac: Command not found.
```

Unter Windows sieht das etwa so aus:

```
C:\projekte\development>Der Befehl ist entweder falsch
geschrieben oder konnte nicht gefunden werden. Bitte
überprüfen Sie die Schreibweise und die Umgebungsvariable
"PATH".
```

Werfen Sie in diesem Fall bitte nochmals einen Blick auf die Installationsanweisung (Abschnitt 22.4.3, »Java Development Kit«), und testen Sie die Installation wie dort beschrieben. Wenn der Test fehlschlägt, prüfen Sie bitte, ob Sie das Java Development Kit (JDK) installiert haben oder vielleicht nur die Java-Laufzeitumgebung (JRE). Bitte beachten Sie, dass die Java-Laufzeitumgebung *keinen* Compiler enthält und deswegen in diesem Fall nicht verwendet werden kann.

Fehler bei der Übersetzung

Sollten andere Fehler aufgetreten sein, liegt es vielleicht daran, dass Sie sich beim Übertragen des Quelltextes vertippt haben. Dann erzeugt der Compiler eine mehr oder weniger verständliche Fehlermeldung. Das ist nicht tragisch. Die Suche nach Fehlern kostet einen Großteil der Zeit beim Einstieg in eine neue Programmiersprache. Und auch später verbringen viele Softwareentwickler sehr viel Zeit mit dem Testen ihres Programms.

Listing 5.2 zeigt beispielhaft eine Fehlermeldung des Compilers. Er beschwert sich in der Zeile 12, in der Zeile 17, in der Zeile 25, in der Zeile 29 und in der Zeile 37 mit »cannot resolve symbol«: Das bedeutet, dass er das Symbol (den Bezeichner) *height* nicht »auflösen« kann. Damit ist in diesem Fall gemeint, dass das Symbol *height* vermutlich nicht korrekt deklariert wurde.

```
Rectangle.java:12: cannot resolve symbol
symbol   : variable height
location: class development.Rectangle
     this.height = height;
              ^
Rectangle.java:17: cannot resolve symbol
symbol   : variable height
location: class development.Rectangle
     return height;
            ^
Rectangle.java:25: cannot resolve symbol
symbol   : variable height
```

```
location: class development.Rectangle
    return height * width;
           ^
Rectangle.java:29: cannot resolve symbol
symbol   : variable height
location: class development.Rectangle
    this.height = height;
        ^
Rectangle.java:37: cannot resolve symbol
symbol   : variable height
location: class development.Rectangle
    this.height = height;
        ^
5 errors
```

Listing 5.2 Fehlermeldung beim Übersetzen der Klasse »Rectangle«

Und tatsächlich löste ein einfacher Tippfehler in Zeile 7 diese Compilermeldung aus. An dieser Stelle stand *private int heigth = 1*. Die Variable wurde also fälschlicherweise als *heigth* deklariert – statt korrekt als *height*. Leider verfügt der Compiler nicht über künstliche Intelligenz oder etwas Eigeninitiative und erkennt den wahren Grund, einen Tippfehler, nicht. Stattdessen kennzeichnet er dummerweise alle anderen Stellen, an denen er den Bezeichner *height* findet, der ihm offenbar unbekannt ist.

Testprogramm

Wenn Sie den Fehler korrigiert haben und der Quelltext fehlerfrei kompiliert wurde, muss die Klasse fachlich und technisch getestet werden. Sie müssen beispielsweise überprüfen, ob korrekte Werte zurückgeliefert werden und ob keine Laufzeitfehler auftreten. Mit der Klasse *Rectangle* allein können Sie aber noch nichts anfangen. Diese Klasse bildet allein noch kein Programm, weil ihr eine Methode namens *main()* als Startpunkt fehlt. Eine Möglichkeit wäre jetzt, die Klasse einfach mit einer Startmethode auszustatten, wie ich das im Beispiel 4.1 des Kapitels 4 getan habe.

Viel besser ist es jedoch, zum Testen der Klasse *Rectangle* ein spezielles kleines Programm zu schreiben. Dieses Testprogramm verwendet zwar die Klasse *Rectangle*. Sie ist aber kein fester Bestandteil des Gesamtprojekts, an dem Sie als Teammitglied mitarbeiten. Das Testprogramm ist nur Ihr persönliches Hilfsprogramm, von dem das Restteam nichts zu erfahren braucht – und vielleicht auch nichts wissen möchte.

Der große Vorteil des Verfahrens mit einem separaten Testprogramm ist, dass Sie die Klasse *Rectangle* nicht verändern müssen, um sie auszutesten oder an andere

Teammitglieder weiterzugeben. Sie verändern die Klasse nur dann, wenn sie den Test nicht besteht und geändert werden muss. Das kleine Testprogramm kommt Ihnen aus Kapitel 4, »Sprache Java«, sicher vertraut vor. Sie finden es in Listing 5.3.

```
 1: //Beispielprogramme/Entwicklungsprozesse/Ex01
 2:
 3: package development;
 4:
 5: public class TestApp {
 6:
 7:   public static void main(String[] arguments) {
 8:     Rectangle rect = new Rectangle(1, 5);
 9:     System.out.println("Fl\u00e4che = " +
10:         rect.getArea() + " m\u00B2");
11:   }
12: }
```

Listing 5.3 Das Testprogramm »TestApp« für die Klasse »Rectangle«

```
TestApp.java:8: cannot resolve symbol
symbol  : class Rectangle
location: class development.TestApp
    Rectangle rect = new Rectangle(1, 5);
    ^

TestApp.java:8: cannot resolve symbol
symbol  : class Rectangle
location: class development.TestApp
    Rectangle rect = new Rectangle(1, 5);
                         ^

2 errors
```

Listing 5.4 Fehlermeldung beim Übersetzen des Testprogramms

Übersetzen Sie das Programm nun ebenfalls mit folgender Anweisung:

```
javac TestApp.java
```

Leider verläuft die Übersetzung auch diesmal nicht reibungslos, aber aus einem anderen Grund. Der Compiler gibt erneut an, dass er einen Bezeichner nicht auflösen kann. Diesmal ist es der Bezeichner der Klasse *Rectangle*. Das Verhalten ist insofern seltsam, als sich die Klasse *Rectangle* sowohl in Form der Datei `Rectangle.java` als auch in Form von `Rectangle.class` im gleichen Verzeichnis befindet. Des Rätsels Lösung ist, dass der Compiler den korrekten Pfad zu den Klassen des Beispiels, den so genannten *Classpath*, benötigt.

Einstellen des Projekt-Klassenpfads

Der *Classpath* gehört zu den Dingen, über die man sowohl als Einsteiger als auch als erfahrener Java-Programmierer immer wieder stolpert. Der Klassenpfad bezeichnet die Stelle, an der sich auf der Festplatte eines Computers das Stammverzeichnis der Java-Klassen befindet.

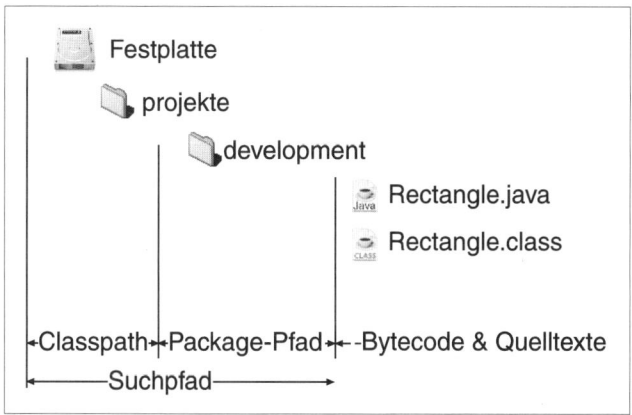

Abbildung 5.8 Zusammenhang zwischen Klassenpfad und Packages

Der Klassenpfad ergibt mit dem Package-Pfad im Titel einer Klasse den Suchpfad für den Compiler und die Laufzeitumgebung (Abbildung 5.8). Der Suchpfad berechnet sich also wie folgt:

```
Suchpfad = Classpath + Package-Pfad
```

Wenn Sie einen Blick auf die Klasse Rectangle.java werfen, werden Sie an der zweiten Stelle des Programms auf folgende Package-Anweisung stoßen:

```
//Beispielprogramme/Entwicklungsprozesse/Ex01
✂
package development;
✂
```

Listing 5.5 Die Package-Anweisung

Diese Package-Anweisung bewirkt nicht nur, dass der Klasse *Rectangle* und der Klasse *TestApp* dasselbe Modul zugewiesen wird. Sie bewirkt auch, dass die Datei physikalisch auf das Verzeichnis development abgebildet wird. Das heißt, die Dateien müssen sich vom Stammverzeichnis ausgehend im Unterverzeichnis development des Projekts befinden. Nun wissen Sie auch, warum es am Anfang des Kapitels notwendig war, die Verzeichnisstruktur *exakt* so anzulegen wie geschildert.

Wenn Sie den Compiler in dem Unterverzeichnis `development` starten, interpretiert er dieses Verzeichnis als Stammverzeichnis (Abbildung 5.8). Es ist jedoch nicht das Stammverzeichnis, sondern das Ende des Package-Pfads und somit schon der gesamte Suchpfad. Der Compiler, der diese Information nicht besitzt, liest die Package-Anweisung `development` der Datei `TestApp.java` und reagiert darauf folgendermaßen:

Aufgrund der Anweisung addiert er zum aktuellen Suchpfad (*Classpath + Package-Pfad*) nochmals das Unterverzeichnis `development`. Er sucht also im Verzeichnis `projekte/development/development` nach einer Datei namens `Rectangle.class` – völlig erfolglos, wie Sie wissen, denn der Pfad existiert nicht.

Wechseln Sie nun in der Shell (Terminal oder DOS-Eingabeaufforderung) in das Projektverzeichnis `projekte` (einmal `cd ..`), und geben Sie dort folgende Anweisung ein:

`javac development/TestApp.java`

Durch diese Anweisung sucht der Compiler eine Datei namens `TestApp.java` im Unterverzeichnis `development`, setzt den Suchpfad richtig zusammen und übersetzt die Klasse. Da sich die ebenfalls benötigte Datei in diesem Verzeichnis befindet, kommt es diesmal zu keinem Fehler.

Make-Prozess

Natürlich ist das geschilderte Verfahren nur bei den einfachsten Projekten praktikabel. Bei größeren Projekten mit vielen Klassen greifen Sie entweder zu einer integrierten Entwicklungsumgebung, die diese Abläufe automatisiert und für die Konsistenz des Projekts sorgt, oder Sie schreiben sich so genannte Make-Dateien. Make-Dateien – was ist das nun schon wieder?

Ein Werkzeug namens `make` achtet darauf, dass nur die Dateien eines Projekts kompiliert werden, deren Bytecode nicht mehr aktuell ist. Das ist dann der Fall, wenn der Quelltext neuer ist als der dazugehörende Bytecode. Das bedeutet schließlich, dass an der Klasse etwas verändert wurde und ihr Bytecode kompiliert werden muss.

Eine Make-Datei fasst die dafür nötigen Kommandos in einem Shellskript (Unix) oder einer Batch-Datei (Windows) zusammen. Die Kommandos steuern dann den Java-Compiler, so dass der Entwickler nicht jedes Mal überlegen muss, ob der Bytecode noch aktuell ist oder ob er – sicherheitshalber – alles neu übersetzen muss.

5.3.4 Test

Start mit dem Java-Interpreter

Das fertiggestellte Programm kann nun endlich gestartet werden. Dazu verwenden Sie wieder eine Textshell (Terminal oder DOS-Eingabeaufforderung), wechseln zum Verzeichnis projekte und führen folgende Anweisung aus, wobei die Paketstruktur stets mit Vorwärtsstrichen (/) eingegeben werden muss:

```
java development/TestApp
```

Diese Anweisung startet ein Programm (Java-Interpreter) namens java (Unix) beziehungsweise java.exe (Windows). Dieser Java-Interpreter sucht das Testprogramm *TestApp* im Unterverzeichnis development und führt es aus. Da sich die ebenfalls benötigte Datei Rectangle.class in diesem Verzeichnis befindet, läuft alles reibungslos, und folgende Ausgabe erscheint unmittelbar:

```
Fläche = 5 m²
```

Was ist passiert? Der Java-Interpreter hat den Bytecode der Datei TestApp.class geladen. Anschließend erzeugte das Testprogramm *TestApp* ein neues Objekt der Klasse *Rectangle*. Das Programm *TestApp* hat die Methode *getArea()* aufgerufen und von der Methode den Wert für die Fläche zurückerhalten. Diesen Wert gibt das Testprogramm auf der Shell aus.

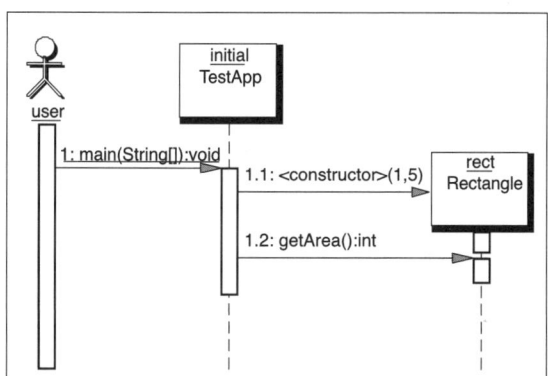

Abbildung 5.9 Das Programm »TestApp« wird ausgeführt.

In Abbildung 5.9 sehen Sie ein so genanntes Sequenzdiagramm dieses Ablaufs. Es beschreibt in einer Grafik die bereits geschilderte Sequenz, aber diesmal aus einer technischen Sicht. Das Diagramm muss von links nach rechts und von oben nach unten gelesen werden. Die Sequenz läuft in drei Schritten ab:

Ein Anwender (*user*) initialisiert die Klasse *TestApp* über deren Startmethode (*Schritt 1: main(String[]:void*). Danach ruft das Programm *TestApp* den Konstruktor

(*Schritt 1.1: <constructor>(1,5)*) der Klasse *Rectangle* mit den Parametern *height* = *1* sowie *width* = *5* auf. Dieser Aufruf erzeugt ein neues Objekt mit dem Namen *rect*. Von diesem Objekt erhält das Testprogramm über die Methode *getArea()* (*Schritt 1.2: getArea():int*) den Wert der Fläche.

Start mit dem Debugger

Ein Werkzeug, mit dem Sie einen solchen technischen Ablauf Schritt für Schritt nachvollziehen können, ist ein Debugger. Ein Debugger ist ein spezielles Programm zur Fehlersuche. Das JDK enthält einen sehr einfachen Debugger, mit dem Sie das Programm *TestApp* Schritt für Schritt ausführen können.

Der Test eines Programms ist notwendig, um sicherzustellen, dass es korrekt funktioniert. Wenn der Aufruf des Programms ein falsches Verhalten zeigt, ist es erforderlich, die Ursache herauszufinden. Dazu könnten Sie an einer geeigneten Stelle zum Beispiel den Wert der Variablen *height* wie folgt ausgeben:

```
System.out.println("H\u00f6he = " + height);
```

Diese Methode der Fehlersuche bewirkt, dass Ihre Klassen mit vielen dieser Anweisungen durchsetzt werden. Nur so können Sie den Programmlauf nachvollziehen. Für Einzelfälle mag dieses umständliche Verfahren ausreichen. Für schwierige Fälle ist es besser, das Programm unverändert zu lassen und es stattdessen mit einem Programm zur Fehlersuche (Debugger) zu untersuchen.

Dazu muss das Programm mit Debug-Informationen übersetzt werden. Der Java-Compiler verfügt dazu über eine spezielle Option, die Sie für beide Klassen wie folgt aufrufen:

```
javac -g development/TestApp.java
javac -g development/Rectangle.java
```

Durch die Option generiert (erzeugt) der Compiler zusätzlich zum Bytecode Informationen, die es dem Debugger erlauben, eine Verbindung zwischen Quelltext und Bytecode herzustellen. Nur so ist der Debugger in der Lage, den Wert eines Bezeichners mit dessen symbolischem Namen in der richtigen Zeile des Quelltextes anzuzeigen. Starten Sie nun wieder ein Terminal, wechseln Sie zum Projektverzeichnis, und geben Sie Folgendes ein:

```
jdb development/TestApp
```

Der Debugger startet daraufhin. Er hat die Klasse *TestApp* jedoch noch nicht geladen, sondern gibt nur Folgendes aus:

```
Initializing jdb...
>
```

Als Nächstes können Sie das Programm mit folgendem Befehl ablaufen lassen:

```
> run
```

Es erzeugt dann die folgende bekannte Ausgabe:

```
Fläche = 5 m²
```

Damit haben Sie noch nicht viel gewonnen, außer dass der Start des Programms umständlich war. Sie müssen dem Debugger mitteilen, an welcher Stelle er den Programmlauf unterbrechen soll, sonst führt er das Programm genauso aus, wie es der Java-Interpreter getan hat. Beispielsweise könnte man die Methode *getArea()* der Klasse *Rectangle* in der Zeile 24 untersuchen. Überprüfen Sie, ob sich die Anweisung mit der Rückgabe der Fläche tatsächlich in der Zeile 25 in Ihrem Quelltext befindet (Listing 5.6), sonst erzielen die nachfolgenden Anweisungen nicht die gewünschte Ausgabe.

```
//Beispielprogramme/Entwicklungsprozesse/Ex01
✂
24:   public int getArea() {
25:      return height * width;
26:   }
✂
```

Listing 5.6 Die Methode »getArea« der Klasse »Rectangle«

Starten Sie danach nochmals den Debugger:

```
jdb development/TestApp
```

Geben Sie anschließend nach der Initialisierung Folgendes ein, wobei die letzte Zahl der Zeilennummer entsprechen muss, an der sich die Anweisung *return height * width* in Ihrem Listing befindet:

```
> stop at development.Rectangle:25
```

Der Debugger reagiert mit folgender Meldung:

```
Deferring breakpoint development.Rectangle:25.
It will be set after the class is loaded.
```

Das bedeutet, dass er die Klasse aktuell noch nicht geladen hat und erst nach dem Laden der Klasse einen so genannten *Breakpoint* (Haltepunkt) setzen kann. Um das zu veranlassen, starten Sie jetzt das Programm erneut mit dem Befehl *run*. Der Debugger reagiert dann mit folgender Ausgabe, falls die von Ihnen angegebene Zeilennummer mit der Zeilennummer im Listing für die Methode *getArea()* übereinstimmt:

```
run development/TestApp
VM Started: >
Set deferred breakpoint development.Rectangle:41
Breakpoint hit: thread="main",
development.Rectangle.getArea(), line=25, bci=0
25      return height * width;
main[1]
```

Der Debugger hat den Programmablauf wunschgemäß in der Zeile 25 der Methode *getArea()* der Klasse *Rectangle* unterbrochen. Sie können nun mit folgendem Befehl ermitteln, welchen Wert die Variable *height* an dieser Stelle besitzt:

```
dump height
```

Der Debugger gibt darauf Folgendes aus:

```
height = 1
```

Ebenso können Sie den aktuellen Wert für *width* auslesen:

```
dump width
```

Der Debugger gibt darauf Folgendes aus:

```
width = 5
```

Beenden Sie nun die Debugger-Sitzung mit diesem Befehl:

```
cont
```

Daraufhin erscheint die bekannte Ausgabe der Rechteckfläche. Sie haben an dem kurzen Beispiel gesehen, dass die Fehlersuche mit dem JDK-Debugger `jdb` mit viel Tipparbeit verbunden ist. Wesentlich schneller und angenehmer ist die Arbeit mit einem so genannten grafischen Debugger. Das ist ein Debugger, der über eine grafische Oberfläche verfügt. Die meisten integrierten Entwicklungsumgebungen wie Eclipse und NetBeans verfügen über einen solchen Debugger.

Dokumentieren

Bevor Sie die getestete Klasse allen anderen Teammitgliedern zur Verfügung stellen, schreiben Sie noch eine kleine Gebrauchsanweisung dazu. Sie erleichtert es den anderen Teammitgliedern, zu verstehen, wie die Klasse zu verwenden ist. Diese »Gebrauchsanweisung« heißt nach dem gleichnamigen JDK-Werkzeug »JavaDoc«.

Das Werkzeug `javadoc` erzeugt von einer Klasse eine HTML-Dokumentation, wenn die Klasse entsprechende Anweisungen, die so genannten Tags (Kapitel 4) enthält. Bitte ergänzen Sie nun Listing 5.1, so dass es so aussieht wie Listing 5.7, und speichern Sie es wieder ab.

```
 1: //Beispielprogramme/Entwicklungsprozesse/Ex02
 2:
 3: package development;
 4:
 5: public class Rectangle {
 6:
 7:   private int height = 1;//Hoehe=1
 8:   private int width = 1;//Breite=1
 9:
10:   /**
11:    * Konstruktor: Erzeugt ein Rechteck ohne Parameter
12:    */
13:   public Rectangle() {
14:   }
15:
16:   /**
17:    * Konstruktor Rectangle:
18:    * Erzeugt ein Rechteck des Typs Rectangle
19:    * mit folgenden Parametern
20:    *
21:    * @param height
22:    *               Hoehe
23:    * @param width
24:    *               Breite
25:    */
26:   public Rectangle(int height, int width) {
27:     this.height = height;
28:     this.width = width;
29:   }
30:
31:   /**
32:    * Methode getHeight:
33:    * Gibt die Hoehe des Rechtecks zurueck
34:    *
35:    * @return Hoehe
36:    */
37:
38:   public int getHeight() {
39:     return height;
40:   }
41:
42:   /**
43:    * Methode getWidth:
44:    * Gibt die Breite des Rechtecks zurueck
45:    *
46:    * @return Breite
```

```
47:     */
48:
49:     public int getWidth() {
50:       return width;
51:     }
52:
53:     /**
54:      * Methode getArea:
55:      * Gibt die Flaeche des Rechtecks zurueck
56:      *
57:      * @return Flaeche
58:      */
59:
60:     public int getArea() {
61:       return height * width;
62:     }
63:
64:     /**
65:      * Methode setHeight:
66:      * Legt die Hoehe des Rechtecks fest
67:      *
68:      * @param height
69:      *               Hoehe
70:      */
71:     public void setHeight(int height) {
72:       this.height = height;
73:     }
74:
75:     /**
76:      * Methode setWidth:
77:      * Legt die Breite des Rechtecks fest
78:      *
79:      * @param width
80:      *               Breite
81:      */
82:
83:     public void setWidth(int width) {
84:       this.width = width;
85:     }
86:
87:     /**
88:      * Methode setDimension:
89:      * Legt die Ausdehnung des Rechtecks fest
90:      *
91:      * @param height
92:      *               Hoehe
```

```
 93:     * @param width
 94:     *              Breite
 95:     */
 96:
 97:    public void setDimension(int height, int width) {
 98:      this.height = height;
 99:      this.width = width;
100:    }
101:
102: }
```

Listing 5.7 Die vollständig dokumentierte Java-Klasse »Rectangle«

Im Prinzip ist das Werkzeug `javadoc` nichts anderes als ein Compiler für Java-Dokumentation, der aus dem Quelltext jedoch anstelle von Bytecode HTML-Dokumente erzeugt. Der Prozessablauf der Dokumentation ist in Abbildung 5.10 beschrieben.

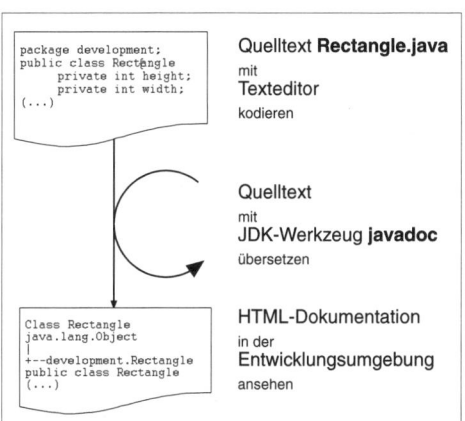

Abbildung 5.10 Vom Quelltext zur Java-Dokumentation

Sie können nun mit dem JDK-Werkzeug Java-Dokumentation erzeugen. Dazu geben Sie einfach folgenden Befehl in die Shell ein:

```
javadoc development/*.java
```

Das Werkzeug meldet daraufhin, dass es beide Quelltexte lädt und daraus HTML-Dokumentation erzeugt (Abbildung 5.11).

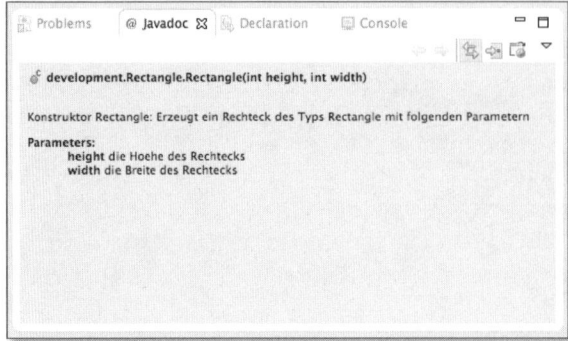

Abbildung 5.11 Die fertige Java-Dokumentation als HTML-Dokument

Versionieren

Nach diesem Test geben Sie Ihrer neuen fertiggestellten Klasse die Versionsnummer 1.0 und stellen sie dem Team zur Verfügung. Das geschieht, indem Sie die Datei samt Dokumentation mit Hilfe eines speziellen Programms auf das Netzwerk Ihres Softwarehauses kopieren. Das Programm ist eine Versionsverwaltung, auch Versionskontrolle genannt (Abschnitt 22.2.2, »Versionskontrolle«). Mit Hilfe dieses Werkzeugs kann das gesamte Team auf eine bestimmte Version einer Datei zugreifen.

Eine einfache Versionskontrolle wie das *Concurrent Version System* (CVS) funktioniert folgendermaßen: Wenn Sie als »Besitzer« der Klasse *Rectangle* diese Klasse fertiggestellt haben, *checken* Sie diese neue Klasse *ein*. Die Versionskontrolle speichert sie in einem Datenpool, dem so genannten *Repository* (Abbildung 5.12). Solange die Klasse nicht bearbeitet wird, können Sie die Klasse wieder zur Bearbeitung aus dem Repository *auschecken*.

Falls Sie die Klasse wieder bearbeiten, sperrt die Versionskontrolle das Auschecken der Datei. Durch diese Sperre kann eine Klasse nur mehr schreibgeschützt auf den lokalen Entwickler-PC kopiert werden. Dieser Vorgang heißt *Ausleihen*. Durch den Schreibschutz beim Ausleihen verhindert die Versionskontrolle, dass an einer Klasse zwei oder mehrere Entwickler parallel arbeiten, was in der Regel nicht sinnvoll ist.

Integrieren

Parallel zu Ihrer Klasse sind noch viele andere Klassen des Diagrammeditors eingecheckt worden. Zu einem bestimmten Zeitpunkt, den in der Regel der Chefdesigner des Projekts bestimmt, baut das Team eine Version der Software zusammen. Weil hierbei alle Klassen »integriert« werden, spricht man auch von Integration. Nach jeder Integration bekommt der Diagrammeditor eine neue, fortlaufende Build-Nummer.

Die Integration ist ein komplizierter Vorgang, der eine gute Zusammenarbeit des Teams erfordert. Bei der Integration zeigt sich, ob alle Klassen ausreichend getestet worden sind. Für die Integration kopiert ein Teammitglied die Klassen auf einen Integrationsrechner (Abbildung 5.12), auf dem auch die Softwareentwicklungswerkzeuge vorhanden sind.

Die integrierte Version muss mit diesen Werkzeugen nochmals einer Qualitätssicherung unterzogen werden. Erst wenn diese erfolgreich verläuft, kann das Team diese Version des Diagrammeditors verpacken, um sie an den Kunden auszuliefern. Scheitert der Test, müssen der Fehler festgestellt, die Klasse(n) isoliert und neu versioniert werden. Danach finden die Integration und der Integrationstest nochmals statt.

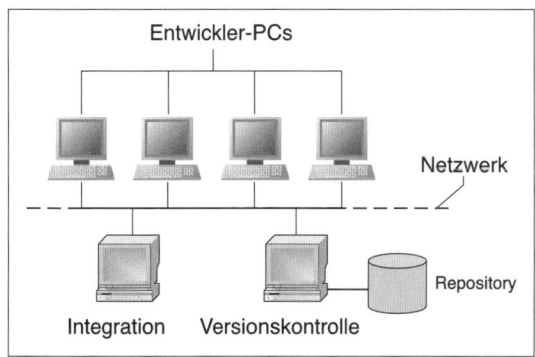

Abbildung 5.12 Versionskontrolle und Integration im Netzwerk

Archivieren

Es wäre sehr unpraktisch, den Bytecode in Form von vielen Einzeldateien an den Kunden auszuliefern. Stattdessen bildet man aus den vielen Einzelklassen eines Projekts ein oder mehrere logisch zusammengehörende Archive. Diese Archive ergeben mit einem Installationsprogramm (Abschnitt 5.3.4, »Installationsprogramm herstellen«, Seite 189) den verteilungsfähigen Prototyp.

Ein Werkzeug, mit dem Sie Klassen zu Archiven verpacken können, ist auch im JDK enthalten und nennt sich *jar*. Es ist ebenso einfach zu bedienen wie die bisherigen JDK-Werkzeuge. Starten Sie wieder eine Shell, wechseln Sie in das Projektverzeichnis, und geben Sie folgenden Befehl ein:

```
jar cf Rectangle.jar development/Rectangle.class
```

Der Schalter *c* steht für *create*, der Schalter *f* steht für *file*. Der Befehl bedeutet also, dass das Werkzeug eine Datei namens Rectangle.jar erzeugen soll, die eine Klasse Rectangle.class enthalten soll, die sich im Verzeichnis development befindet.

Nun ist ein Archiv mit nur einer Klasse (fast) sinnlos. Geben Sie also nun Folgendes ein:

```
jar cf Rectangle.jar development/Rectangle.class
development/TestApp.class
```

Wenn Sie die erzeugte Datei in `TestApp.zip` umbenennen und mit *GnuZip, WinZip* oder einem gleichwertigen Werkzeug öffnen, stellen Sie fest, dass das Archiv eine bestimmte festgelegte Struktur besitzt (Abbildung 5.13).

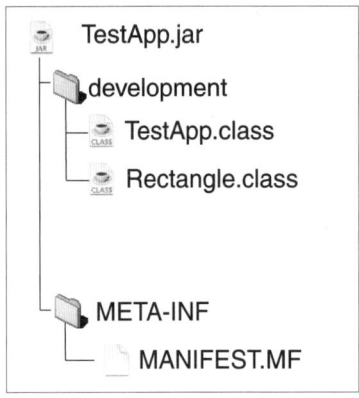

Abbildung 5.13 Die Struktur des Beispielarchivs

Die Struktur des Archivs entspricht genau der Struktur der Package-Pfade, die im Quelltext angegeben sind. Dieses Archiv ist das komplette Testprogramm. Sie könnten es auch mit dem Java-Interpreter starten, wenn nicht eine Angabe in einer Datei namens `MANIFEST.MF` fehlen würde. Legen Sie eine solche Datei an, und geben Sie folgende Zeilen ein:

```
Manifest-Version: 1.0
Main-Class: development.TestApp
```

Speichern Sie die Datei als reinen ASCII- oder Unicode-Text, und starten Sie erneut das Jar-Werkzeug von einem Terminal mit folgendem Befehl:

```
jar cfm TestApp.jar MANIFEST.MF
development/Rectangle.class
development/TestApp.class
```

Durch den zusätzlichen Parameter *m* kopiert das Werkzeug die neu erzeugte Manifest-Datei in das Archiv. In dieser Manifest-Datei findet die Laufzeitumgebung (der Java-Interpreter) die Angabe der Hauptklasse, in der sich die Startmethode *main()* befindet.

Mit anderen Worten: Sie haben gerade ein komplettes Testprogramm erzeugt. Die Laufzeitumgebung findet die Klassen des Programms im Archiv anhand des Package-Pfads genauso, wie sie sie vorher auf der Festplatte als Einzeldateien gefunden hat. Starten Sie das Programm jetzt wie folgt:

```
java -jar TestApp.jar
```

Das Programm gibt nun die Rechteckfläche aus. Das Testprogramm als Archiv ist natürlich nicht besonders sinnvoll, weil es so im Projekt nicht eingesetzt werden wird. Sie können sich aber vorstellen, dass es schon sinnvoller wäre, wenn Sie mehrere Klassen für das Gesamtprojekt entwickelt hätten, die en bloc vom Installationsprogramm verteilt werden könnten.

Wenn später am fertigen Produkt (dem Diagrammeditor) etwas an Ihren Klassen geändert werden müsste, müsste man »nur« noch das entsprechende Archiv des fertigen Programms austauschen. Bei einem guten Programmdesign wäre es weder notwendig, das gesamte Programm auszutauschen, noch notwendig, sich mit vielen einzelnen Klassendateien und deren Abhängigkeiten zu befassen.

Installationsprogramm herstellen

Für die Entwicklung eines Installationsprogramms gibt es kein JDK-Werkzeug. Hier müssen Sie auf leistungsfähige Werkzeuge ausweichen, die es erlauben, die vorher erzeugten Jar-Archive einfach zu verteilen (Abschnitt 22.2.10, »Werkzeuge zur Verteilung«).

Prototyp

Der verteilungsfähige Prototyp kann jetzt auf CD gebrannt oder samt dem Installationsprogramm per FTP an den Kunden gesandt werden.

5.4 Betriebsphase

5.4.1 Verteilung

Der Kunde hat nun den Prototyp auf einer CD erhalten. Nun beginnt die eigentliche Verteilung. Das bedeutet, dass ein Techniker ihn im Netzwerk des Kunden verteilt oder ihn auf einen Computer installiert. Nach diesem Vorgang erhalten die Endanwender des Kunden Gelegenheit, das Programm auf Herz und Nieren zu prüfen.

In der Regel stellen sich mit dem Gebrauch der Software Fragen ein, es kommt zu Verbesserungs- und Änderungswünschen. Häufig klären sich auch Missverständnisse bei der Anforderungsaufnahme auf. Die Reaktion des Kunden führt normalerweise zu neuen Anforderungen, die wieder aufgenommen werden müssen. Der Kreis schließt sich, und das Entwicklerteam muss von Neuem die weitere Entwicklung planen (Abschnitt 5.2, »Planungsphase«).

5.4.2 Pflege

Ist das Projekt beendet und der Diagrammeditor in seiner endgültigen Form beim Kunden installiert, beginnt der Teil der Betriebsphase, den man Pflege nennt. Das bedeutet, dass kleine und größere Fehler beim Kunden auftauchen. Er wendet sich daraufhin an den Support des Softwarehauses. Techniker an der Hotline versuchen herauszufinden, ob es sich bei der Fehlermeldung um einen Bedienungs- oder um einen Softwarefehler handelt.

Für den Fall, dass gehäuft Bedienungsfehler auftauchen, sollte man sich überlegen, ob sie mit der Programmoberfläche und der Benutzerführung in Zusammenhang stehen. Im Fall von Softwarefehlern muss der Diagrammeditor geändert werden. Ein Entwickler führt einen Test durch. Er lokalisiert hierbei mit Hilfe eines Debuggers den Fehler. Anschließend beseitigt er ihn, checkt die neue Klasse ein und stößt eine Integration an. Verläuft diese einwandfrei, kann ein so genannter Bugfix an den Kunden ausgeliefert werden.

5.5 Zusammenfassung

Der Softwareentwicklungsprozess verläuft in den drei Hauptphasen Planung, Konstruktion und Betrieb. In der Planungsphase dominiert die Anforderungsaufnahme. Die Konstruktionsphase besteht aus Analyse und Design, Implementierung und Test der Software, während der Betrieb von der Verteilung und Pflege bestimmt wird.

5.6 Aufgaben

Versuchen Sie, folgende Aufgaben zu lösen:

5.6.1 Fragen

1. In welchen Phasen verläuft der Entwicklungsprozess?
2. Nennen Sie die Hauptaktivitäten der einzelnen Phasen.
3. Welche Aufgaben hat ein Compiler?

4. Welche Aufgaben hat ein Debugger?
5. Wozu dient die Archivierung mit dem Werkzeug *Jar*?

5.6.2 Übungen

Schreiben Sie das Testprogramm wie folgt um:

```
 1: //Beispielprogramme/Entwicklungsprozesse/Ex03
 2:
 3: package development;
 4:
 5: public class TestApp {
 6:
 7:   public static void main(String[] arguments) {
 8:     Rectangle rect = new Rectangle();
 9:     rect.setDimension(10, 50);
10:     System.out.println("Fl\u00e4che = " +
11:       rect.getArea() + " m\u00B2");
12:   }
13: }
```

Listing 5.8 Das neue Testprogramm »TestApp« für die Klasse »Rectangle«

1. Kompilieren Sie das neue Testprogramm mit dem Java-Compiler!
2. Wie starten Sie das Programm?
3. Welche Ausgabe erzeugt das Programm?
4. Erklären Sie den Ablauf des Testprogramms!
5. Starten Sie das Programm mit dem Java-Debugger, und ermitteln Sie die Werte in der Methode *getArea*.

Die Lösungen zu den Aufgaben finden Sie in Kapitel 19 ab Seite 516.

»Jede hinreichend fortschrittliche Technologie ist von Zauberei nicht mehr zu unterscheiden.« (Arthur C. Clarke)

6 Plattform Java

6.1 Einleitung

Die Technologie Java unterscheidet sich von reinen Programmiersprachen wie zum Beispiel C++ dadurch, dass sie nicht nur eine Sprache ist. Sie besitzt neben ihren Spracheigenschaften auch Plattformcharakter. Die Plattform ist der Teil des Gesamtkonzepts, der für die hohe Portabilität von Java-Programmen sorgt. Dazu gehören die für den Einsteiger rätselhafte virtuelle Maschine und der ominöse Bytecode.

6.2 Bytecode

Wie Sie in Kapitel 5, »Entwicklungsprozesse«, erfahren haben, übersetzt der JDK-Compiler Java-Quelltext und erzeugt daraus Class-Dateien. Diese Dateien bestehen aus einem speziellen Binärcode namens Bytecode. Java-Bytecode setzt sich nicht aus nativer Maschinensprache für einen physischen Computer zusammen. Er enthält Anweisungen für einen virtuellen Computer, der virtuelle Maschine genannt wird (Abschnitt 6.3.1, »Virtuelle Maschine«).

Die Maschinensprache der virtuellen Maschine

Beim Bytecode handelt es sich also um Anweisungen für einen Computer, der real nicht existiert. Was sich im ersten Moment wie Zauberei anhört, ist in Wirklichkeit nur eine besonders fortgeschrittene Technologie. Um sie zu verstehen, ist es notwendig, einen genaueren Blick auf den Bytecode eines Java-Programms zu werfen.

Starten Sie bitte dazu ein Terminal (DOS-Eingabeaufforderung, Shell), wechseln Sie in das Src-Verzeichnis des Projekts `Beispielprogramme/Platform_Java/Ex01`, und übersetzen Sie die darin enthaltene Klasse *Rectangle* (Listing 6.1) mit folgender Anweisung:

```
javac platform.Rectangle
```

Sofern der Suchpfad zum JDK richtig eingestellt ist, erzeugt der Compiler eine Datei namens `Rectangle.class`. Sollte die Meldung erscheinen, dass der Befehl entweder falsch geschrieben oder nicht gefunden wurde, müssen Sie erst den Suchpfad zum JDK richtig setzen (Abschnitt 22.4.3, »Java Development Kit«).

Listing 6.1 Der Bytecode dieser Klasse soll disassembliert werden.

Um die Anweisungen des Bytecodes der Klasse *Rectangle* zu betrachten, reicht es nicht aus, die Datei `Rectangle.class` in einem Texteditor zu öffnen. Der Texteditor wäre nicht in der Lage, die Assembler-Anweisungen zu entschlüsseln (zu disassemblieren). Dazu müssen Sie ein Werkzeug aus dem JDK, den *Class File Disassembler* namens `javap`, einsetzen.

Um den Bytecode der Klasse *Rectangle* zu disassemblieren, verwenden Sie wieder das Terminal, wechseln erneut in das Src-Verzeichnis des Projekts `Beispielprogramme/Platform_Java/Ex01` und geben Folgendes ein:

```
javap -c platform.Rectangle
```

Hat alles funktioniert, erscheint im Terminal der entschlüsselte Bytecode:

```
 1: Compiled from Rectangle.java
 2: class platform.Rectangle extends java.lang.Object {
 3:     platform.Rectangle();
 4:     public static void main(java.lang.String[]);
 5: }
 6: Method platform.Rectangle()
 7:    0 aload_0
 8:    1 invokespecial #1 <Method java.lang.Object()>
 9:    4 return
10: Method void main(java.lang.String[])
11:    0 iconst_1
12:    1 istore_1
13:    2 iconst_5
14:    3 istore_2
15:    4 iload_1
16:    5 iload_2
17:    6 imul
18:    7 i2l
19:    8 lstore_3
20:    9 return
```

Listing 6.2 Der Bytecode der Klasse »Rectangle«

Der Zusammenhang zwischen Quelltext und Bytecode wird deutlicher, wenn man beide gegenüberstellt (Abbildung 6.1). Im linken Teil sehen Sie den Quelltext der Klasse, im rechten Teil den Bytecode. Die Ziffern vor dem Bytecode sind die Adressen der Anweisungen. Hinter dem Bytecode sehen Sie einige Kommentare, die nicht vom Disassembler erzeugt wurden, sondern von mir stammen. Sie dienen zum besseren Verständnis des Codes.

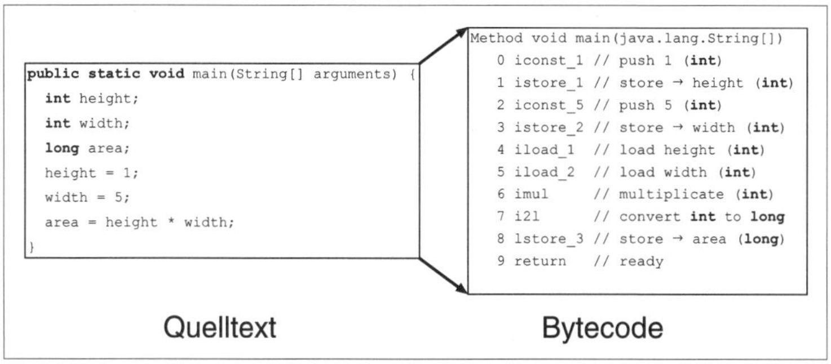

```
public static void main(String[] arguments) {
    int height;
    int width;
    long area;
    height = 1;
    width = 5;
    area = height * width;
}
```

```
Method void main(java.lang.String[])
 0 iconst_1    // push 1 (int)
 1 istore_1    // store → height (int)
 2 iconst_5    // push 5 (int)
 3 istore_2    // store → width (int)
 4 iload_1     // load height (int)
 5 iload_2     // load width (int)
 6 imul        // multiplicate (int)
 7 i2l         // convert int to long
 8 lstore_3    // store → area (long)
 9 return      // ready
```

Quelltext   Bytecode

Abbildung 6.1 Quelltext und dazugehörender Bytecode

Der Bytecode besteht aus einer Folge von Bytes (daher sein Name). Jedes Byte entspricht einer Anweisung (OpCode) für die virtuelle Maschine. Die virtuelle Maschine verfügt im Gegensatz zu einer physischen Maschine nicht über Register. Stattdessen legt sie alle Variablen auf einem Stapel (Operandenstack) ab. Der Stapel dient beim Ausführen des Programms als Kurzzeitgedächtnis für Zahlenwerte, mit denen die virtuelle Maschine gerade jongliert.

Zum Beispiel bewirkt die erste Anweisung des Bytecodes *iconst_1*, dass die virtuelle Maschine eine Int-Zahl des Werts 1 auf den Stapel legt. Die nachfolgende Anweisung hat zur Folge, dass diese Zahl einer lokalen Variablen namens 1 zugeordnet wird. Die lokale Variable kommt Ihnen sicher bekannt vor. Sie ist nichts anderes als die Variable *height* aus dem Java-Code.

Vergleichen Sie bitte den Bytecode für die virtuelle Maschine mit dem Assembler-Code für einen 80x86-Prozessor aus Kapitel 2, »Programmiersprachen«, Listing 2.2. Sie erkennen gewisse Ähnlichkeiten, aber auch deutliche Unterschiede. Die virtuelle Maschine ist also deutlich anders aufgebaut als eine physische Maschine.

6.3 Java Runtime Environment

Das Java Runtime Environment (JRE) ist ein Teil des Java Development Kits (JDK). Diese Laufzeitumgebung müssen Sie in der Regel mit Ihrem Java-Programm installieren. Sie besteht aus der virtuellen Maschine, Bibliotheken und Ressourcen (Abbildung 6.2).

```
jdk 1.5........... Wurzelverzeichnis des JDKs
  bin ............ Entwicklungswerkzeuge und Interpreter
  demo.......... Beispielprogramme
  include........ C++-Headerdateien
  jre............. Java Runtime Environment
    bin.......... Virtuelle Maschinen
      client ...... Client-VM
      server...... Client-VM
    lib........... Bibliotheken und Ressourcen
```

Abbildung 6.2 Das Java Runtime Environment ist Teil des JDK.

6.3.1 Virtuelle Maschine

Das Herz der Plattform Java ist die so genannte »Java Virtual Machine« (JVM) oder einfach nur »virtuelle Maschine« (VM) genannt. Diese virtuelle Maschine ist ein Computerprogramm, das für alle möglichen Betriebssysteme und Computerhardware existiert. Dieses Computerprogramm ahmt einen physischen Computer (eine Maschine) nach.

Künstlicher Computer

Da diese Computerhardware nicht wirklich existiert, sondern nur aus Software besteht, nennt man diese Maschine virtuell. Sie ist also nicht physisch, sondern lediglich ein künstlicher Minicomputer (Abbildung 6.3), der in einem realen Computer arbeitet.

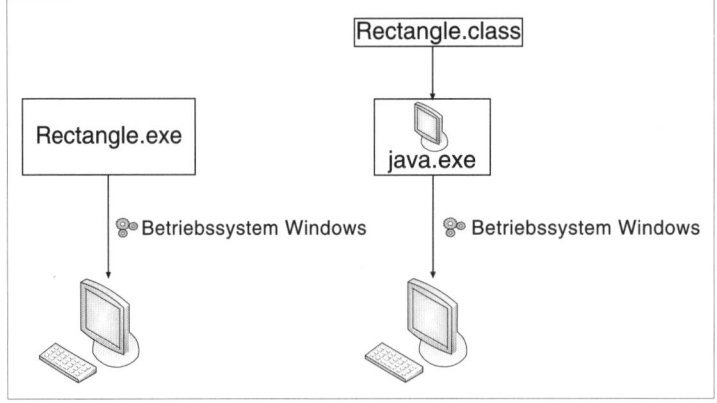

Abbildung 6.3 Die virtuelle Maschine ist ein Minicomputer im Computer.

Bei der Ausführung eines Java-Programms gaukelt man diesem nur vor, dass es auf einem »richtigen« Computer läuft. Dieses »Ablaufen« kann auf verschiedene Arten geschehen: im Interpreter-Modus, mit einem JIT-Compiler oder über eine Hotspot-VM.

Interpreter-Modus

Die langsamste Art, ein Java-Programm auszuführen, ist der reine Interpreter-Betrieb. In diesem Modus interpretiert die virtuelle Maschine jede Instruktion des Bytecodes und führt ihn *selbst* aus. Dadurch, dass sie jede Instruktion des Bytecodes selbst verarbeitet, entsteht auch kein nativer Maschinencode (Abbildung 6.4).

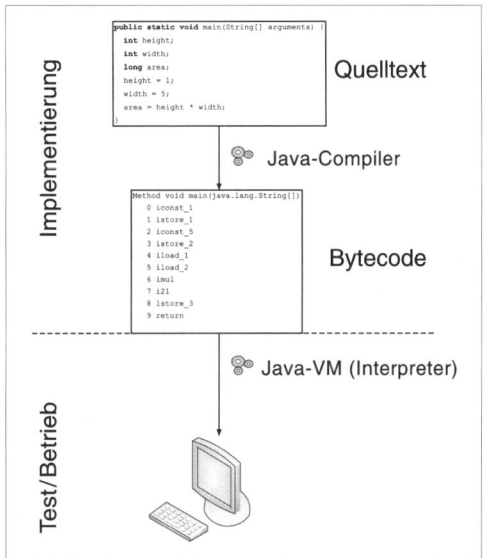

Abbildung 6.4 Ausführung im reinen Interpreter-Modus

Stattdessen arbeitet die virtuelle Maschine schrittweise das Programm ab. In der Grundeinstellung der virtuellen Maschine ist dieser Modus aufgrund der enormen Geschwindigkeitsverluste deaktiviert und muss erst eingeschaltet werden Das geschieht mit der Anweisung (`java -Xint`).

Just-in-Time-Compiler

Bis zu 40-mal schneller als im reinen Interpreter-Modus führt die virtuelle Maschine Java-Programme aus, wenn sie über einen Just-in-Time-Compiler (JIT-Compiler) verfügt.

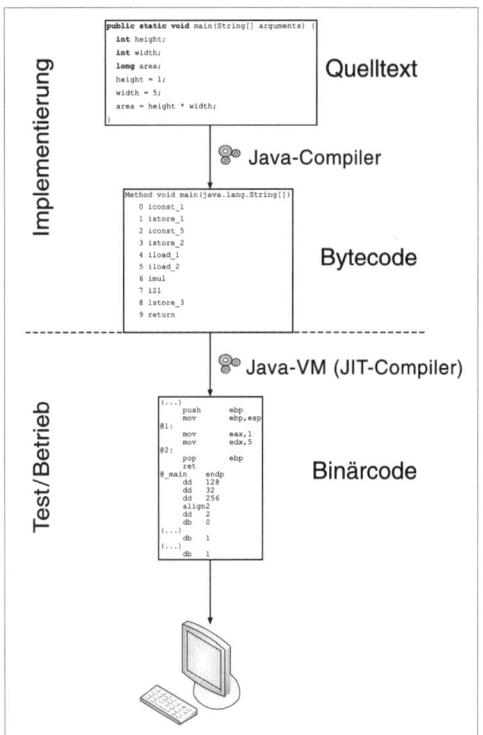

Abbildung 6.5 Ablauf des Programms mit einem JIT-Compiler

Die virtuelle Maschine übersetzt in diesem Modus den Bytecode mit Hilfe dieses JIT-Compilers schrittweise in echten performanten Maschinencode (Abbildung 6.5). Dadurch ist das Programm in der Regel deutlich schneller als durch die Übersetzung mit Hilfe eines Interpreters. Nur dort, wo Teile des Programms sehr selten ausgeführt werden, hat die JIT-Technik gegenüber dem Interpreter-Betrieb Nachteile bei der Ausführungsgeschwindigkeit eines Java-Programms.

Da die Geschwindigkeitsvorteile der JIT-Technologie gegenüber dem Interpreter-Betrieb überwiegen, war der reine JIT-Betrieb bis zum JDK 1.2 die Technik der Wahl, wenn man Java-Programme optimal beschleunigen wollte. Mittlerweile hat sich die noch bessere Hotspot-Technologie (Abschnitt »Hotspot-VM«) den JIT-Compiler einverleibt. Wenn Sie ein Programm weiterhin ausschließlich mit dem JIT-Compiler ausführen wollen, müssen Sie es über `java -classic` starten. Diese Option ist allerdings nicht standardisiert und wird daher nicht bei allen virtuellen Maschinen funktionieren.

Hotspot-VM

Zwischen dem Erscheinen des JDK 1.2 und der Version 1.3 stellte Sun ein neues Verfahren zur Beschleunigung von Java-Programmen vor: die Hotspot-VM. Der Hotspot ist eine in die virtuelle Maschine integrierte Technologie, die die Vorteile der Interpretertechnik mit denen eines JIT-Compilers verbindet.

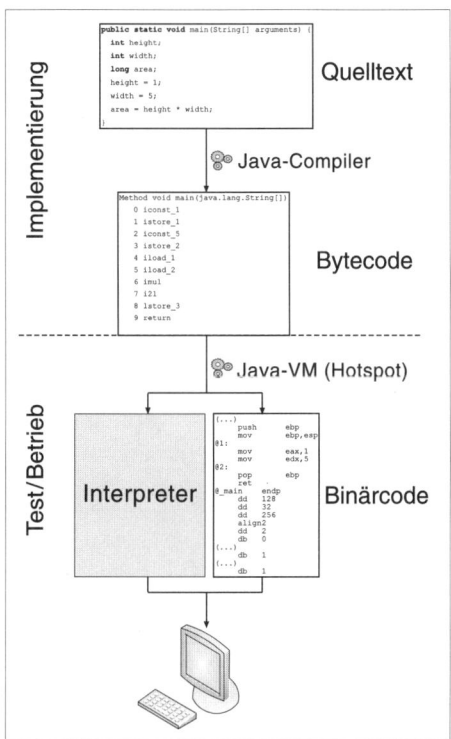

Abbildung 6.6 Ablauf des Programms mit einer Hotspot-VM

Die Hotspot-VM arbeitet im gemischten Modus. Anders als der JIT-Compiler übersetzt sie nicht die gesamte Anwendung in Maschinencode, sondern nur die Teile, bei denen sich Optimierungen wirklich lohnen. Diese Stellen sind die »heißen Stellen« des Programms (daher der Name »Hotspot«).

Der Rest des Programms wird im Interpreter-Modus ausgeführt. Dies soll sich laut Sun jedoch nicht in schlechter Ausführungsgeschwindigkeit niederschlagen. Und tatsächlich: Bei Geschwindigkeitsvergleichen unabhängiger Fachzeitschriften erzielte die Hotspot-VM ähnlich gute Werte wie eine virtuelle Maschine, die ausschließlich mit einem JIT-Compiler arbeitet.

6.3.2 Garbage Collector

Die virtuelle Maschine stellt Java-Programmen eine automatische Speicherverwaltung zur Verfügung. Jedes Objekt bekommt von der virtuellen Maschine automatisch den Speicher zur Verfügung gestellt, den es benötigt. Der Java-Entwickler muss sich nicht um die Speicherverwaltung seines Programms kümmern. Aber was passiert, wenn Objekte nicht mehr benötigt werden?

Auch darum braucht sich ein Java-Entwickler nicht zu sorgen. In regelmäßigen Abständen überprüft die virtuelle Maschine, ob Objekte nicht mehr benötigt werden. Diese überflüssigen Objekte sind sozusagen der Müll, den das Programm erzeugt und der »entsorgt« werden muss. Damit kein Speicherbereich brachliegt und die Ressourcen des Computers geschont werden, muss jemand diesen Müll beseitigen.

Müllabfuhr

Der Teil der virtuellen Maschine, der diese Aufgabe übernimmt, ist der Garbage Collector (engl. Garbage Collection: Müllabfuhr). Sie können diese Müllabfuhr auch innerhalb Ihres Programms anweisen, dass der »Müll« sofort vernichtet werden soll. Ergänzen Sie Ihr Programm dann durch folgende Programmanweisung:

```
System.gc()
```

oder durch:

```
Runtime.getRuntime().gc()
```

Beide sind Aufrufe derselben Methode der Systembibliothek (Abschnitt 8.2.2, »Klasse ?System?«) und bewirken, dass der Garbage Collector unmittelbar mit seiner Arbeit beginnt und nicht benötigten Speicher freigibt. Was passiert aber, wenn der Garbage Collector versagt? Das sollte eigentlich nicht passieren, kommt aber hin und wieder bei manchen Java-Programmen vor.

Speicherlöcher

Es kommt vor allem in Programmen vor, die so komplizierte Konstruktionen verwenden, dass sie den Speicher mit ungenutzten Referenzen ihrer Objekte »verschmutzen«. Der Garbage Collector ist dann der Meinung, dass diese Objekte noch benötigt werden, weil ihre Referenzen noch existieren. Aus diesem Grund kann er den Speicher dafür nicht mehr freigeben.

Abhilfe schaffen eine saubere Programmkonstruktion und eine ausreichende Testphase. Zusätzlich gibt es Testwerkzeuge, die Speicherlöcher aufdecken. Sun Microsystems hat das Problem übrigens erkannt: In Zukunft sollen Speicherlöcher nicht mehr auftreten können, da Garbage Collectors neuerer Bauart selbst durch ungenutzte Referenzen nicht mehr blockiert werden.

6.3.3 Bibliotheken

Native Bibliotheken

Die Laufzeitumgebung besteht nicht nur aus der virtuellen Maschine, sondern auch aus diversen nativen Bibliotheken, die diese virtuelle Maschine benötigt. Das heißt, dass dieser Teil der Laufzeitumgebung auf andere Betriebssysteme und Computerhardware konventionell portiert werden muss (Abschnitt 6.5.2, »Voraussetzungen«).

Java-Bibliotheken

Im Gepäck der Laufzeitumgebung befinden sich auch diverse Bibliotheken, die als »Verpflegung« der Java-Programme dienen. Da diese Klassenbibliotheken für alle möglichen Anwendungsfälle geeignet und daher sehr umfangreich sind, ist hier kein Platz für eine nähere Beschreibung. Sie finden diese stattdessen in Kapitel 8, »Java-Klassenbibliotheken«.

6.3.4 Ressourcen und Property-Dateien

Wenn Sie innerhalb des JRE-Verzeichnisses verschiedene Unterordner öffnen, werden Ihnen Systemressourcen wie Mauscursor, Zeichensätze und eine Reihe von Property-Dateien auffallen. Auch diese sind teilweise vom Betriebssystem abhängig.

6.4 Native Java-Programme

Dass Java-Programme aus keinem »richtigen« Maschinencode für einen physischen Computer bestehen, sondern aus dem künstlichen Bytecode, hat viele Entwickler gestört. Sie wollten ein »richtiges« Programm ausliefern und nicht eines, das dem Anwender vortäuscht, es handele sich um ein natives Programm.

Geschwindigkeitsgewinn

Außer diesem subjektiven Gefühl mancher Entwickler kam hinzu, dass die ersten virtuellen Maschinen auch objektiv sehr langsam waren. Die Java-Programme fraßen zudem sehr viel Rechenleistung – kurz: Man suchte eine Möglichkeit, den Makel des Bytecodes zu beseitigen und aus dem Java-Quelltext echten Maschinencode zu erzeugen. Dazu benötigte man natürlich einen Java-Compiler, bei dem die Codegenerierung anders funktioniert als bei seinem Gegenstück aus dem JDK.

Echter Maschinencode

Diese Native-Code-Compiler erzeugen nativen Binärcode für einen speziellen Computer und ein spezielles Betriebssystem. Zwei Verfahren haben sich etabliert. Die einen Native-Code-Compiler übersetzen Java-Quelltext direkt in Maschinensprache. Andere benötigen Bytecode als Ausgangsbasis.

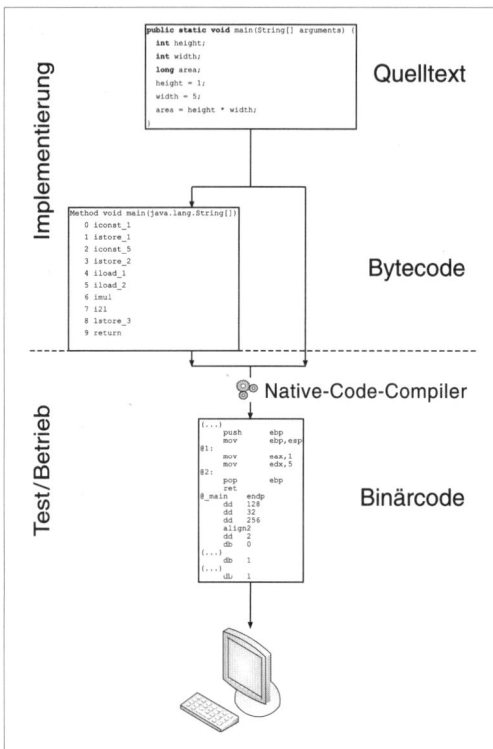

Abbildung 6.7 Der Native-Code-Compiler erzeugt echten Maschinencode.

Wenn Sie beispielsweise das Programm *Rectangle* für einen Windows-PC mit einem solchen Compiler übersetzen, liegt es in Maschinensprache für einen Intel-Prozessor vor (80x86-Assembler). Sie können es mit einem Doppelklick auf die Datei `Rectangle.exe` ohne Beteiligung einer virtuellen Maschine starten.

Keine Binärkompatibilität

Damit ist ein großer Vorteil der Java-Technologie jedoch entfallen: die Binärkompatibilität. Solche Programme sind nur noch im Quelltext portabel. Auf jeder Plattform (zum Beispiel einem Windows-PC) muss das Programm übersetzt werden, und man benötigt dazu einen passenden Compiler. Man fragt sich, ob sich das Verfahren wirklich lohnt.

Nur in Ausnahmefällen

Aus Geschwindigkeitsgründen lohnt sich das Verfahren nicht für jede Anwendung, denn eine virtuelle Maschine mit Hotspot-Technologie ist erstaunlich flott. In Ausnahmefällen, zum Beispiel für die Programmierung von Spielen oder anderer Grafiksoftware, kann es aber lohnend sein, das Programm durch die Verwandlung in nativen Code zu beschleunigen. Auch die Auslieferung und das Starten eines Programms werden dadurch einfacher (Abschnitt 6.6, »Programmstart«).

6.5 Portabilität eines Java-Programms

Solange ein Java-Programm nicht mit Hilfe eines Native-Code-Compilers übersetzt wurde, ist es hochportabel. Hochportabel bedeutet, dass es auf Basis seines Bytecodes ohne Veränderungen von einem beliebigen Computer ausgeführt werden kann, falls er über eine virtuelle Maschine verfügt. Der Quelltext muss dazu nicht erneut auf dem Zielcomputer übersetzt werden.

6.5.1 Binärkompatibler Bytecode

Java-Programme sind also auf Basis ihres Bytecodes portabel. Der Bytecode ist sowohl kompatibel (verträglich) zu einer virtuellen Maschine unter Windows als auch zu einer virtuellen Maschine unter Mac OS X. Man spricht von binärkompatiblem Bytecode. Dieser binärkompatible Bytecode unterscheidet Java-Programme von den meisten portablen Programmen, die in anderen Sprachen entwickelt wurden.

Zum Beispiel sind C++-Programme in der Regel nur auf der Grundlage ihres Quelltextes halbwegs portabel. Der C++-Programmierer muss den Quelltext auf jeder Zielplattform in das jeweilige Binärformat kompilieren. Will er sein Programm auf zwei Zielplattformen wie Windows und Unix übertragen, benötigt er hierfür schon zwei unterschiedliche Compiler und Linker. Der Java-Entwickler kommt für die gleiche Aufgabe hingegen mit nur einem Entwicklungswerkzeug aus (Abbildung 6.8).

Die eigentliche Portierungsarbeit leisten einzig und allein die verschiedenen Hersteller der virtuellen Maschinen. Sie stellen die virtuelle Maschine nach der Spezifikation von Sun Microsystems für einen speziellen physischen Computer mit einem speziellen Betriebssystem her (Abbildung 6.9). Wenn man bedenkt, wie unterschiedlich die Hardware der verschiedenen Computer und die verschiedenen Betriebssysteme aufgebaut sind, weiß man, was das bedeutet. Und so gibt es auch hier Pferdefüße.

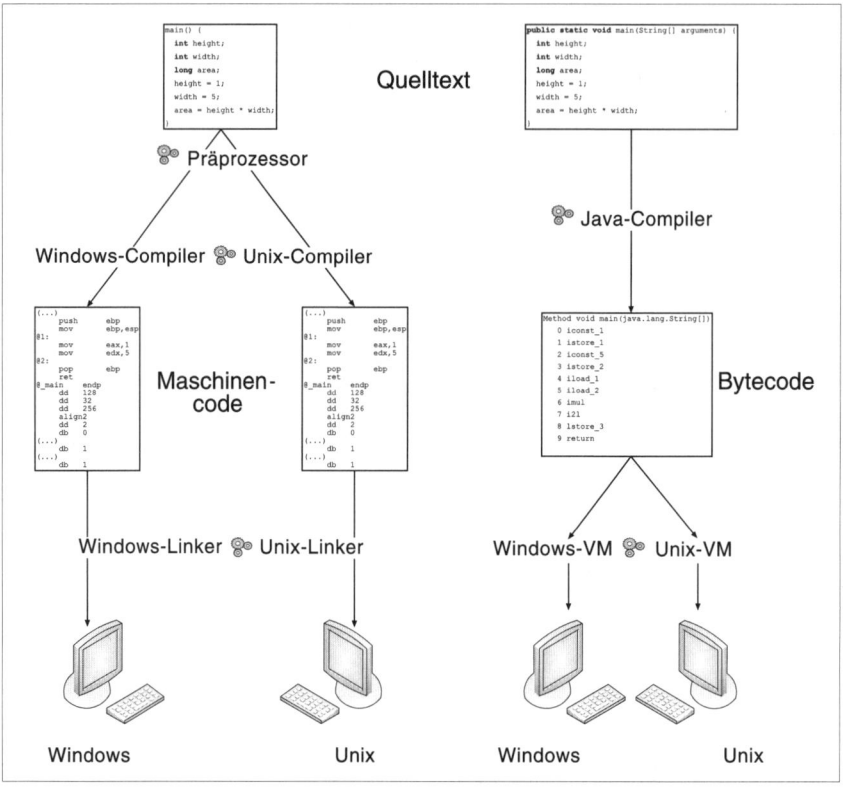

Abbildung 6.8 Portierung im Vergleich: C++ versus Java

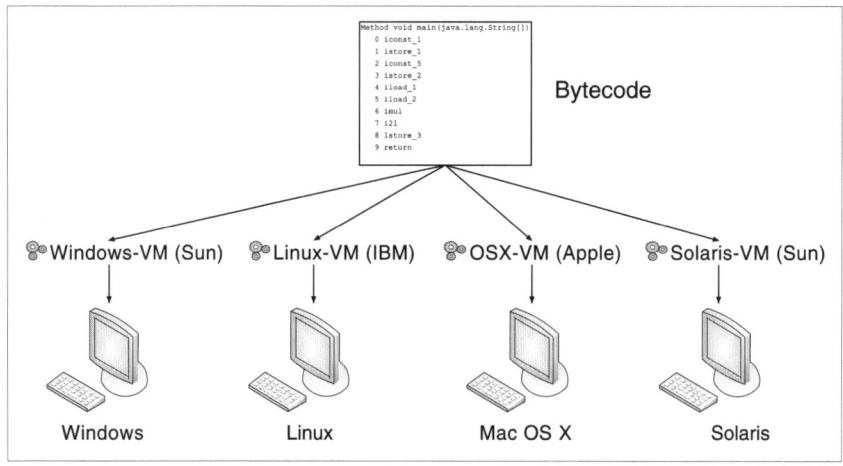

Abbildung 6.9 Ein Programm – diverse virtuelle Maschinen

6.5.2 Voraussetzungen

Gerade bei Einsteigern klappt die Übertragung eines Java-Programms von einer Computerplattform auf die andere oft nicht auf Anhieb. Es kommt zu rätselhaften Fehlern (beispielsweise einer *ClassNotFoundException*). Es scheint also gewisse Voraussetzungen für eine erfolgreiche Portierung zu geben.

Kompatible virtuelle Maschinen

Nicht alle virtuellen Maschinen werden von Sun Microsystems produziert. Für Linux gibt es zum Beispiel diverse Implementierungen von IBM. Die virtuelle Maschine des Mac OS X stammt selbstredend von Apple. Sie können sich vorstellen, was dabei herauskommt, wenn mehrere Firmen ein Computerprogramm entwickeln sollen, das sich für alle Java-Programme identisch verhalten soll.

Wenn man bedenkt, wie verschieden die Firmen sind, die virtuelle Maschinen entwickeln, und wie verschieden die Plattformen sind, ist es kein Wunder, dass die virtuellen Maschinen in gewissen Details voneinander abweichen. Sie sind also fast 100-prozentig kompatibel, es kann aber sein, dass es Unterschiede in der Darstellung von Schriften oder in der Unterstützung der Zwischenablage gibt.

Versionsgleichheit

Auf jeden Fall sollte auf dem Zielcomputer die gleiche Version der virtuellen Maschine verwendet werden wie auf dem Entwicklungscomputer. Es ist zumindest riskant, ein Java-Programm auf einer virtuellen Maschine des JDK 1.7 (Java 7) zu testen und danach zu erwarten, dass es auf einer virtuellen Maschine der Version 1.1.6 anstandslos laufen wird.

Bei Applets (Abschnitt 6.6.2) ist dieses Szenario jedoch der Regelfall. In den meisten Browsern arbeitet eine virtuelle Maschine, die hoffnungslos veraltet ist. Hier hilft nur, eine Entwicklungsumgebung einzusetzen, die über JDK-Switching verfügt (Abschnitt 22.2.2, »Projektverwaltung«). Durch diese Funktion können Sie zwischen verschiedenen virtuellen Maschinen sowie Compilern wechseln und Ihr Programm risikolos austesten.

Um der Versionslotterie mit unterschiedlichen virtuellen Maschinen aus dem Weg zu gehen, behelfen sich Profis mit einem Trick. Sie installieren innerhalb ihres Programms eine zu ihrem Programm passende Java-Laufzeitumgebung (JRE). Dadurch, dass diese JRE weitergegeben werden darf, entstehen keine Zusatzkosten. Der zusätzlich benötigte Speicherplatz ist bei der Größe heutiger Festplatten meistens kein Problem.

Verteilung

Neben einer kompatiblen virtuellen Maschine ist die wichtigste Voraussetzung einer gelungenen Portierung, dass der zum Projekt gehörende Bytecode *komplett* übertragen wird. Was sich zunächst wie ein schlechter Scherz anhört, ist vollkommen ernst gemeint. Natürlich sollte es selbstverständlich sein, alle zu einem Projekt gehörenden Klassen zu verteilen, aber welche Klassen gehören zu meinem Projekt?

Gerade ein großes Java-Projekt kann überwiegend aus fremden Klassen bestehen, die zu anderen Klassenbibliotheken gehören. Herauszufinden, wie diese Bibliotheken heißen, ist nicht im jeden Fall einfach. Fehler, die hierbei passieren, fallen nicht unbedingt sofort auf. Aber dadurch, dass Java-Klassen im Regelfall dynamisch geladen werden, treten unter Umständen erst dann Fehler auf, wenn der Anwender eine verborgene Funktion verwendet (Laufzeitfehler).

Auch dafür gibt es eine Lösung: Bei dem Vorgang der Archivierung und Verteilung helfen entsprechende Werkzeuge der integrierten Entwicklungsumgebungen wie Eclipse und NetBeans. Sie erleichtern die Auswahl der benötigten Klassen und verpacken sie in Jar-Archive, sodass auch dieser kritische Vorgang entschärft wird.

6.6 Programmstart

Da ein Java-Programm nicht aus echtem Maschinencode besteht, kann es der Endanwender nicht wie gewohnt mit einem Doppelklick auf eine native Binärdatei (unter Windows mit der Endung `exe`) starten. Wie Sie aus Kapitel 5, »Entwicklungsprozesse«, wissen, müssen die Jar-Archive mit dem speziellen Kommando `java -jar` gestartet werden. Die Eingabe solcher Kommandos sind für Java-Entwickler zu Testzwecken kein Problem, aber dem Endanwender nicht zuzumuten.

6.6.1 Application

Damit der Endanwender ein Java-Programm, das aus mehreren Jar-Archiven besteht, problemlos starten kann, müssen Sie Ihr Programm mit einem Startskript ausliefern. Dieses Startskript kann der Endanwender wieder mit einem Doppelklick ausführen. Leider unterscheiden sich diese Skripte in ihrem Aufbau und von der Dateiendung von Betriebssystem zu Betriebssystem. Daher ist es notwendig, dass Sie für jedes Betriebssystem ein spezielles Skript ausliefern.

Windows

Für Windows reicht hierfür eine Stapelverarbeitungsdatei (Batch-Datei) aus. Sie muss die Endung bat oder cmd tragen. Ein Beispiel eines sehr einfachen Startskripts sehen Sie in Listing 6.3.

```
 1: @echo off
 2: REM
 3: REM Projekt: Memory
 4: REM Beschreibung: Buch "Einstieg in Java"
 5: REM Copyright: (c) 2003 - 2011 by Bernhard Steppan
 6: REM Verlag: Galileo Press
 7: REM Autor: Bernhard Steppan
 8: REM Version 1.2
 9: REM
10: REM Bitte Pfad zum JDK anpassen!
11: REM
12: REM JDK oder JRE im Suchpfad:
13: REM
14: java -jar Memory.jar
15: REM
16: REM JDK oder JRE nicht im Suchpfad, hier ein Beispiel fuer
17: REM Java 7.0
18: REM
19: REM C:\Programme\Java\java_7\bin\java -jar Memory.jar
20: REM
21: @echo on
```

Listing 6.3 Ein Beispiel für ein Windows-Startskript

Um ein Symbol mit der Anwendung zu verbinden, erzeugt man am besten eine Referenz im Startmenü oder auf dem Desktop und verweist auf eine Datei mit der Endung ico. Diese muss in einem Windows-Ressourceneditor entworfen werden.

Mac OS X

Das Macintosh-Betriebssystem Mac OS X besitzt ein in das Betriebssystem integriertes JDK mit einer virtuellen Maschine neuerer Bauart (zur Drucklegung des Buchs war es Java 6, Java 7 ist in Entwicklung). Kleinere Java-Programme, die beispielsweise nur aus einem einzelnen Archiv bestehen, können Sie durch einen Doppelklick auf das Archiv wie eine native Anwendung starten. Das Macintosh-Betriebssystem erkennt das Archiv als Java-Programm und startet eine virtuelle Maschine. Für größere Programme, die aus mehreren Archiven bestehen und spezielle Startparameter benötigen, schreiben Sie entweder ein Shellskript und verknüpfen dieses mit einem Programmsymbol, so dass der Eindruck eines nativen Programms entsteht. Oder Sie verwenden ein Werkzeug wie Eclipse oder

Xcode. Beide sind in der Lage, native Macintosh-Programme mit der Endung app sowie einen bei Mac OS X erforderlichen Ressourcenzweig zu erzeugen.

Andere Unix-Derivate

Linux, Solaris, AIX und andere Unix-Derivate besitzen kein integriertes JDK und verhalten sich auch bezüglich der Startskripte untereinander ähnlich. Hier startet man das Programm ebenfalls über ein Skript (Listing 6.4). Das Programmsymbol muss selbst portiert werden. Bei der grafischen Shell »KDE« ist es ein Symbol mit der Endung xpm, das sich mit dem KDE-Ressourceneditor zeichnen lässt.

```
 1: #!/bin/sh
 2: #
 3: # Projekt: Memory
 4: # Beschreibung: Buch "Einstieg in Java"
 5: # Copyright: (c) 2003 - 2011 by Bernhard Steppan
 6: # Verlag: Galileo Press
 7: # Autor: Bernhard Steppan
 8: # Version 1.1
 9: #
10: # Bitte Pfad zum JDK anpassen!
11: #
12: # Beispiel fuer Java 7.0
13: #
14: # Stammverzeichnis des JDK
15: #
16: JAVA_HOME = /usr/local/java_7
17: #
18: export JAVA_HOME
19: #
20: # Vollstaendiger Pfad zur JVM
21: #
22: JAVA=$JAVA_HOME/bin/java
23: #
24: # Start des Memory-Spiels
25: $JAVA -jar Memory.jar
```

Listing 6.4 Ein Beispiel für ein Unix-Shellskript

6.6.2 Applet

Während es für jede Java-Anwendung normalerweise notwendig ist, ein spezielles Startskript zu schreiben, starten Internet-Browser Applets, ohne eine betriebssystemspezifische Startdatei zu laden. Die Aufgabe übernimmt eine HTML-Seite, in die das Applet eingebunden ist (Abbildung 6.10).

Danach wird der Bytecode aus Sicherheitsgründen verifiziert, um herauszufinden, ob sich bösartige Anweisungen in ihm befinden. Dazu zählt zum Beispiel der Zugriff auf lokale Festplattendaten. Erst nachdem diese Hürde überwunden ist, akzeptiert die virtuelle Maschine des Browsers das Applet.

Die virtuelle Maschine einiger Internet-Browser arbeitet noch auf dem Niveau von Java 1.1. Das bedeutet, dass Sie Ihre Applets gänzlich anders entwickeln müssen, damit diese erfolgreich portiert werden. Aufgrund der Probleme, Applets zuverlässig in Browsern auszuführen, werden Applets kaum noch entwickelt.

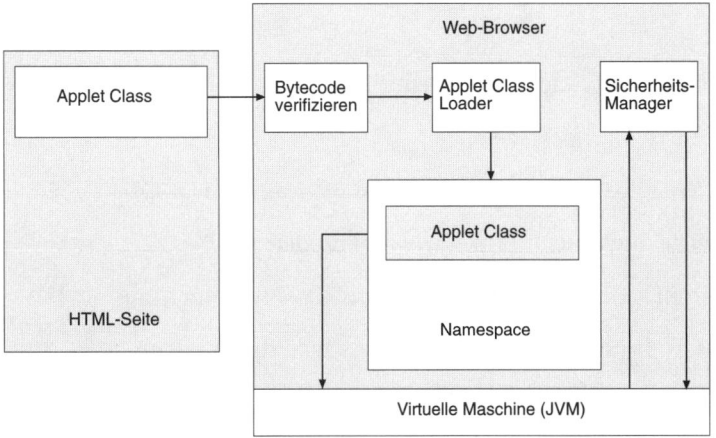

Abbildung 6.10 Die virtuelle Maschine des Browsers lädt ein Applet.

6.6.3 Servlets und JavaServer Pages

Nun gibt es Java-Programme, die weder eine Application noch ein Applet sind, sondern HTML-Seiten beziehungsweise deren dynamischen Inhalt erzeugen. Sie werden ebenfalls über ein Startskript gestartet, das mit dem Skript einer Java Application vergleichbar ist. Diese Java-Programme würden jedoch den Umfang dieses Kapitels sprengen und werden darum in den folgenden Kapitel 8, »Java-Klassenbibliotheken«, Kapitel 14, »Weboberflächen mit Servlets«, und Kapitel 17, »Dynamische Websites«, ausführlich vorgestellt.

6.7 Zusammenfassung

Java ist nicht nur eine objektorientierte Programmiersprache, sondern auch eine Plattform. Diese Plattform, die im Kern aus der virtuellen Maschine besteht, führt Programme aus, die aus Bytecode bestehen. Bytecode ist ein spezielles Binärformat eines Programms für einen künstlichen Computer, eine Software namens virtuelle Maschine. Die Verfügbarkeit der virtuellen Maschine für verschiedene Computerhardware und Betriebssysteme verhilft den Java-Programmen zu ihrer hohen Portabilität. Um ein Java-Programm auf beliebigen Computern ausführen zu können, benötigt es nur ein spezielles Startskript, das der Entwickler mitliefern muss.

6.8 Aufgaben

6.8.1 Fragen

1. Was unterscheidet Bytecode von nativem Maschinencode?
2. Warum ist der Bytecode portabel?
3. Aus welchen Teilen besteht die Java Runtime Environment (JRE)?
4. Was ist eine virtuelle Maschine, und wie funktioniert sie?
5. Auf welche Arten kann die virtuelle Maschine Java-Programme ausführen?
6. Wie funktioniert die Speicherverwaltung von Java-Programmen?
7. Was ist bei der Verteilung von Java-Programmen zu beachten?

6.8.2 Übungen

Übersetzen Sie folgendes Beispiel, disassemblieren Sie es, und versuchen Sie die Veränderungen der *OpCodes* nachzuvollziehen.

```
//Beispielprogramme/Plattform_Java/ex03
package platform;
class Rectangle {
  public static void main(String[] arguments) {
    double height;
    double width;
    double area;
    height = 1.0;
    width = 5.0;
    area = height * width;
  }
}
```

Listing 6.5 Ein neues Beispiel für den Disassembler

Die Lösungen zu den Aufgaben finden Sie in Kapitel 19 ab Seite 518.

»*Je mehr Käse, desto mehr Löcher.*
Je mehr Löcher, desto weniger Käse.
Also: Je mehr Käse, desto weniger Käse!
Oder?« *(Aristoteles)*

7 Gesetzmäßigkeiten

7.1 Einleitung

Dieses Kapitel behandelt die Gesetzmäßigkeiten, denen jedes Java-Programm unterworfen ist. Diese Regeln für den Aufbau von Java-Anwendungen sind der Schlüssel zu Programmen, die so funktionieren, wie Sie es wollen.

7.2 Sichtbarkeit

Jede objektorientierte Sprache lässt zu, dass sich Objekte, Methoden und Attribute vor neugierigen Nachbarn und Verwandten schützen (Kapitel 3, »Objektorientierte Programmierung«). Dies geschieht entweder über die Kapselung oder über die Regeln für den Gültigkeitsbereich von Bezeichnern. Diese Gesetzmäßigkeiten erlauben Java-Programmierern, gut aufgebaute und stabile Programme zu schreiben.

7.2.1 Klassenkapselung

Vier verschiedenen Stufen stehen dem Java-Programmierer zur Verfügung, um die Stärke der Kapselung von Klassen, Methoden und Attributen nach seinen Wünschen festzulegen (Tabelle 7.1).

Schlüsselwort	Stärke	Sichtbarkeit
public	Öffentlich (Stufe 0)	Klassen, Methoden und Variablen, die als öffentlich deklariert sind, sind für alle anderen innerhalb des aktuellen Packages oder außerhalb davon sichtbar.

Tabelle 7.1 Java verfügt über vier Geheimhaltungsstufen.

Schlüsselwort	Stärke	Sichtbarkeit
protected	Vertraulich (Stufe 1)	Methoden und Variablen, die als vertraulich (geschützt) deklariert sind, sind in *aktuellen* und in *abgeleiteten* Klassen unabhängig vom Package sichtbar.
default	Geheim (Stufe 2)	Klassen, Methoden und Variablen sind nur innerhalb des Packages gültig.
private	Streng geheim (Stufe 3)	Methoden und Variablen dieses Typs sind nur in der *aktuellen* Klasse sichtbar.

Tabelle 7.1 Java verfügt über vier Geheimhaltungsstufen. (Forts.)

Die Stufen 0, 1 und 3 können Sie über das entsprechende Schlüsselwort (*public*, *protected* oder *private*) festlegen. Ist eine Klasse nicht mit einem dieser Schlüsselwörter gekennzeichnet, fällt sie unter die Sichtbarkeit *default*.

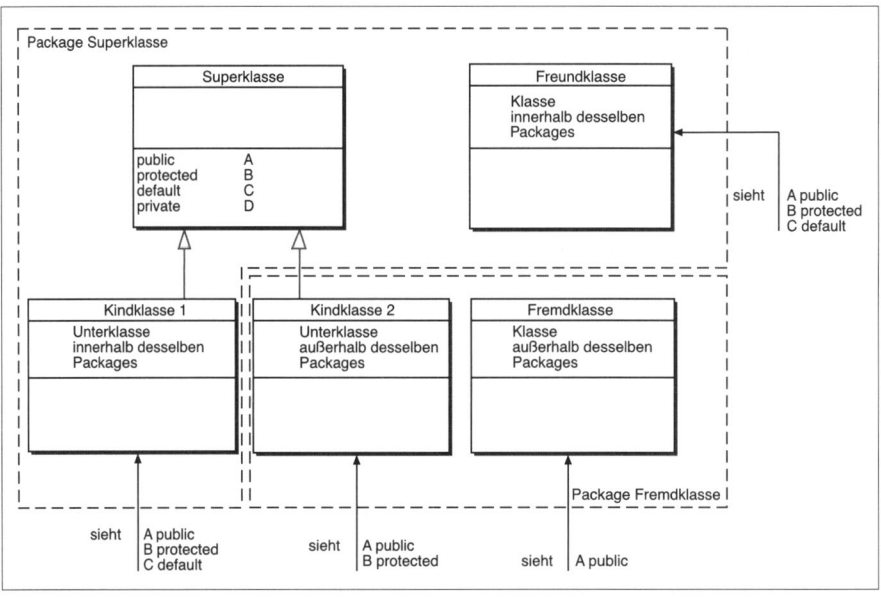

Abbildung 7.1 Sichtbarkeit von Java-Klassen

Abbildung 7.1 zeigt die Sichtbarkeitsregeln aus dem Blickwinkel einer Superklasse. Ihre öffentliche Methode *A* ist allen anderen Klassen zugänglich. Die geschützte Methode *B* kann hingegen nur von der Kindklasse 1, der Kindklasse 2 und der Freundklasse verwendet werden. Die Methode *C* (default) ist sogar nur für die Kindklasse 1 und die Freundklasse sichtbar, während die private Methode nur ihr selbst gehört.

Zutritt nur privat

Die Verwendung des Schlüsselworts *private* garantiert den stärksten Schutz vor dem Zugriff von neugierigen anderen Objekten. Nur Objekte der gleichen Klasse dürfen auf private Methoden und Variablen zugreifen. Klassen lassen sich aus naheliegenden Gründen natürlich nicht mit diesem Schlüsselwort ausstatten. Eine Klasse wie

```
private class Ghost {}
```

wäre für niemanden sichtbar, da nicht einmal ihr Konstruktor erreichbar wäre. Interessanterweise akzeptiert der Java-Compiler aber einen privaten Konstruktor. Was sich zunächst anhört wie die Lösung, die ein Problem sucht, kann unter Umständen sinnvoll sein. Das ist zum Beispiel dann der Fall, wenn eine Klasse über einen öffentlichen Konstruktor und einen privaten Konstruktor verfügt. Den privaten Konstruktor verwendet sie, um sich selbst aufzurufen, also nur zum internen Gebrauch.

Sie wissen aus Abschnitt 4.8.2, »Konstruktoren«, Seite 120, dass jede Klasse über einen Standardkonstruktor verfügt – auch dann, wenn dieser gar nicht kodiert wird. Manchmal möchte man jedoch nicht, dass dieser parameterlose Konstruktor aufgerufen werden kann. Dass ist zum Beispiel immer dann der Fall, wenn ein bestimmter Anfangswert notwendig ist. Wie verhindert man den Aufruf dieses Konstruktors? Das lässt sich einfach erreichen, indem man den Konstruktor als *private* markiert:

```
public class Ghost {
  private Ghost (){} // nicht aufzurufen
}
```

Listing 7.1 Der Standardkonstruktor kann nicht aufgerufen werden.

Default-Bereich

An zweiter Stelle der Kapselungsstärke stehen Klassen, Methoden und Variablen, die der Entwickler nicht besonders gekennzeichnet hat. Auf Bezeichner des *Default*-Bereichs haben nur die Klassen Zugriff, die sich im gleichen Package befinden. Anders als im *Private*-Bereich ist es also gestattet, dass eine Klasse nur innerhalb eines Packages Gültigkeit besitzt:

```
class Ghost {}
```

Damit bleiben ihre Methoden und Variablen innerhalb des Packages begrenzt, ganz egal, welchen Zugriffsschutz sie individuell besitzen. Die äußere Hülle hat sozusagen Vorrang.

Streng vertraulich

Die nächstschwächere Sicherheitsstufe erreicht man durch Verwendung des Schlüsselworts *protected*. In diesem vertraulichen Bereich bleibt alles in der »Familie« und im »eigenen Haus«: Nur abgeleitete Klassen und Klassen innerhalb des gleichen Packages haben Zugriff auf die geschützten Informationen. Das Schlüsselwort können Sie im Gegensatz zu *private* auch für Klassen verwenden. Eine Klassendefinition wie

```
protected class Ghost { }
```

ist also gestattet. Diese Klasse »spukt« nur innerhalb ihres Packages und in Packages von abgeleiteten Klassen.

Alles öffentlich

Anders sieht der Zugriffsschutz bei der Verwendung des Schlüsselworts *public* aus. Dieses Schlüsselwort bietet die schwächste Form der Geheimhaltung, nämlich gar keine: Alle Informationen sind öffentlich, sofern sie nicht individuell durch die drei anderen Formen des Zugriffsschutzes eingeschränkt werden.

Beziehungskiste

Leider kann man mit den schönsten theoretischen Regeln in der Praxis oft wenig anfangen, und deshalb folgt nun ein dramatisches und beziehungsreiches Beispiel.

Apropos Beziehungen: Diese sind ja manchmal etwas anstrengend, besonders dann, wenn viele Personen im Spiel sind. So auch bei der Java-Familie, die ich Ihnen hiermit vorstellen möchte. Sie besteht aus einer Mutter, ihrem ehemaligen Ehemann, ihrem Hausfreund und ihren beiden Kindern.

Das Ganze wäre gar nicht so kompliziert, wenn Mutter und Vater der beiden Kinder nicht in Trennung leben würden. Bei der Trennung haben sich die beiden darauf geeinigt, dass die Tochter bei der Mutter und der Sohn beim Vater leben soll. Der Liebhaber, tja, der wohnt zum Leidwesen des Vaters mit Mutter und Tochter unter einem Dach.

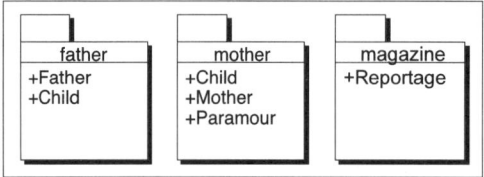

Abbildung 7.2 Die Beziehungskiste als Package-Diagramm

Abbildung 7.2 zeigt nochmals die beiden Häuser und ihre Bewohner. Aber so spannend der Liebhaber auf den ersten Blick für Sie auch erscheinen mag, es ist eigentlich ziemlich enttäuschend, denn in Wirklichkeit dreht sich alles um die prominente Mutter.

Alle wollen mehr Zeit von ihr, der Vater, die Tochter, der Sohn und manchmal auch der Liebhaber (Abbildung 7.3). Und so bleibt der Mutter nur sehr wenig Zeit, nicht einmal für das folgende Interview. Aber sehen Sie selbst.

In Listing 7.2 sehen Sie eine Klasse *Mutter*. Sie besitzt vier Methoden, um mitzuteilen, wie viel Zeit sie hat. Ihre Antwort differenziert sie nach dem Personenkreis, der sie anspricht. In der Öffentlichkeit (*public*) gibt sie beispielsweise immer zu verstehen, sie habe *kaum* Zeit (besonders nicht für Interviews).

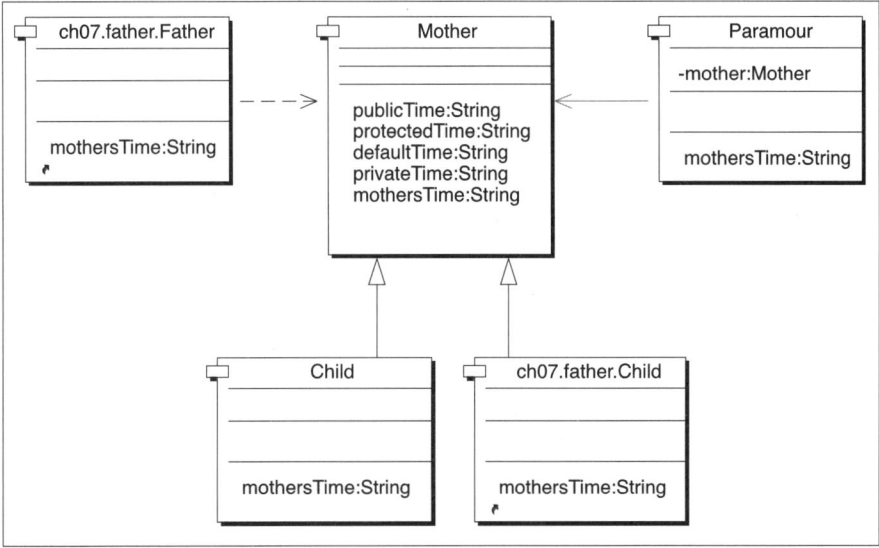

Abbildung 7.3 Wie immer – alles dreht sich um die Mutter.

```
 1: //Beispielprogramme/Gesetzmaessigkeiten/Ex01
 2:
 3: package regularity.mother;
 4:
 5: public class Mother {
 6:
 7:    public String getPublicTime() {
 8:       return " kaum ";
 9:    }
10:
11:    protected String getProtectedTime() {
12:       return " viel ";
```

```
13:   }
14:
15:   String getDefaultTime() {
16:     return " ultra";
17:   }
18:
19:   private String getPrivateTime() {
20:     return " keine ";
21:   }
22:
23:   public String getMothersTime() {
24:
25:     return "Sorry," +
26:         new Mother().getPrivateTime() +
27:         "Zeit ...";
28:
29:   }
30: }
```

Listing 7.2 Eine Klasse »Mother« kann vier Antworten geben.

Wird die Mutter hingegen im vertrauten Kreis (*protected*) gefragt, sieht es schon besser aus. Für diese Personengruppe hat sie *viel* Zeit. Und noch besser sieht es für die häusliche Wohngemeinschaft (*default*) aus. Hier hat sie plötzlich *ultraviel* Zeit.

Methode	Kapselungsstärke	Antwort
getPublicTime()	keine (öffentlich)	kaum (Zeit)
getProtectedTime()	mittel (geschützt)	viel (Zeit)
getDefaultTime()	hoch (default)	ultraviel (Zeit)
getPrivateTime()	sehr hoch (private)	keine (Zeit)

Tabelle 7.2 Mutters merkwürdige Methoden

Nun können Sie sich schon vorstellen, was die anderen Akteure für Antworten bekommen, wenn sie geschickt fragen. Das Interview soll mit der Tochter beginnen (Listing 7.3). Da sie die leibliche Tochter ist und mit der Mutter unter einem Dach wohnt, kann sie natürlich sowohl auf die *default* als auch auf die *protected* Zeitreserven der Mutter zugreifen. Nur die private Methode *getPrivateTime()* bleibt ihr hierbei vorenthalten.

```
 1: //Beispielprogramme/Gesetzmaessigkeiten/Ex01
 2:
 3: package regularity.mother;
 4:
 5: public class Child extends Mother {
 6:
 7:   public String getMothersTime() {
 8:     return super.getDefaultTime() + super.getProtectedTime();
 9:   }
10: }
```

Listing 7.3 Die Tochter weiß, wie sie fragen muss ...

Wie Sie aus dem Listing erkennen können, hat die Tochter die günstigsten Voraussetzungen von allen Beteiligten: Da sie ein direkter Nachfahre der Mutter ist, muss sie nur das Schlüsselwort *super* verwenden, um auf diese Methoden zugreifen zu können. Das Schlüsselwort *super* ist für den Zugriff auf die Superklasse, also die Basisklasse, reserviert.

Der Liebhaber hat es ähnlich gut. Um auf die geschützten und Default-Methoden der Mutter zugreifen zu können, muss er lediglich ein neues Objekt der Mutter anlegen (Listing 7.4).

```
 1: //Beispielprogramme/Gesetzmaessigkeiten/Ex01
 2:
 3: package regularity.mother;
 4:
 5: public class Paramour {
 6:
 7:   private Mother mother = new Mother();
 8:
 9:   public String getMothersTime() {
10:     return mother.getDefaultTime() +
11:         mother.getProtectedTime();
12:   }
13: }
```

Listing 7.4 ... und der Hausfreund auch

An diesem Beispiel mit dem Hausfreund sehen Sie, wie wichtig es ist, sich nur die »Typen« in das eigene »Haus« zu holen, zu denen man innige Beziehungen wünscht. In Java genießen Klassen des gleichen Packages fast vollständigen Zugriff auf die gesamten Informationen der Mitbewohner.

Nehmen Sie zum Vergleich den Sohn, der nun einmal nicht mehr mit der Mutter zusammenwohnt. Überraschenderweise sieht es für ihn nicht so gut aus wie für den Hausfreund (Listing 7.5).

```
 1: //Beispielprogramme/Gesetzmaessigkeiten/Ex01
 2:
 3: package regularity.father;
 4:
 5: import regularity.mother.Mother;
 6:
 7: public class Child extends Mother {
 8:
 9:   public String getMothersTime() {
10:     return super.getProtectedTime();
11:     //Nicht erlaubt:
12:     //return new Mother().getProtectedTime();
13:   }
14: }
```

Listing 7.5 Der Sohn hat »super« Zugriff auf den Protected-Bereich.

Der Sohn kann nicht auf den Default-Bereich zugreifen, da er aus einem fremden Haus (Package) stammt. Er hat aber zumindest Zugriff auf den geschützten Bereich der *Mutter*, den er über das Schlüsselwort *super* zu sehen bekommt. Er muss also kein neues Objekt der Mutter anlegen, wie es beim Hausfreund der Fall war.

Ist er jedoch bei seinen Fragen, ob Mutter Zeit für ihn hat, nicht geschickt, sieht es auch für ihn schlecht aus. Ein Zugriff über ein neues Objekt der Klasse *Mutter*, also beispielsweise

```
new Mother().getProtectedTime();
```

wäre ihm trotz Vererbungsbeziehung verwehrt.

Aber der Sohn ist noch begünstigt, denn im Vergleich zu ihm sieht es für den Ex-Ehemann viel schlechter aus. Der Vater des Sohnes steht weder in einer verwandtschaftlichen Beziehung zu seiner ehemaligen Ehefrau, noch wohnt er mit ihr unter einem Dach. Pech für ihn, denn er wird wie ein Fremder behandelt und bekommt damit nur die Zeit, die die Mutter auch für die Öffentlichkeit zur Verfügung stellt (Listing 7.6).

```
 1: //Beispielprogramme/Gesetzmaessigkeiten/Ex01
 2:
 3: package regularity.father;
 4:
 5: import regularity.mother.Mother;
 6:
```

```
 7: public class Father {
 8:
 9:     public String getMothersTime() {
10:         return new Mother().getPublicTime();
11:     }
12: }
```

Listing 7.6 Für den Vater bleibt nur wenig Zeit.

Nach so viel Herz und Schmerz nochmals die gesamte Reportage im Licht der Öffentlichkeit (Listing 7.7).

```
 1: //Beispielprogramme/Gesetzmaessigkeiten/Ex01
 2:
 3: package regularity.magazine;
 4:
 5: import regularity.father.Father;
 6: import regularity.mother.Mother;
 7: import regularity.mother.Paramour;
 8:
 9: public class Reportage {
10:
11:   public static void main(String[] args) {
12:
13:     Mother mother = new Mother();
14:     regularity.mother.Child daughter =
15:         new regularity.mother.Child();
16:     Paramour paramour = new Paramour();
17:     regularity.father.Child son =
18:         new regularity.father.Child();
19:     Father father = new Father();
20:     System.out.println("\nAus " +
21:         "'Bild der Java-Welt'," +
22:         " Ausgabe 9/2011:");
23:     System.out.println("Tochter (strahlt):" +
24:         "\tAlso f\u00FCr mich hat sie" +
25:         daughter.getMothersTime() +
26:         "Zeit");
27:     System.out.println("Hausfreund (l\u00E4chelt):" +
28:         "\tAuch f\u00FCr mich hat sie" +
29:         paramour.getMothersTime() +
30:         "Zeit");
31:     System.out.println("Sohn (gelangweilt):\tJa, " +
32:         "sie k\u00FCmmert sich" +
33:         son.getMothersTime() + "um mich");
34:     System.out.println("Vater (eifers\u00FCchtig):" +
```

```
35:            "\tSie hat" +
36:            father.getMothersTime() +
37:            "Zeit f\u00FCr mich");
38:     System.out.println("Sie selbst (gehetzt):\t" +
39:            mother.getMothersTime());
40:   }
41: }
```

Listing 7.7 Die Reportage zeigt die schwierigen Beziehungen deutlich auf.

In diesem Beispielprogramm sind einige Besonderheiten enthalten. Die erste Besonderheit kennen Sie aus Abschnitt 4.11.1, »Klassenimport« auf Seite 154. Der »Import« der beiden Kinder erfolgt mit ihrem vollständigen, das heißt »voll qualifizierten« Namen.

Der voll qualifizierte Name ist bei der Verwendung gleichnamiger Klassen aus verschiedenen Packages notwendig. In diesem Fall wird er gebraucht, damit der Compiler das Kind aus dem Package *mother* und das andere aus dem Package *father* unterscheiden kann. Aus dem einen Kind soll schließlich das Tochter-Objekt werden, aus dem anderen der Sohn.

Alle Klassen besitzen eine öffentliche Methode namens *getMothersTime()*. In dieser Methode rufen alle Klassen die Methoden der Mutter auf, auf die sie maximal zugreifen können. Konsequenterweise besitzt auch die Mutter selbst diese Methode. Die Mutter verwendet diese Methode, um auf ihre eigene private Methode *getPrivateTime()* zuzugreifen. Nur ihr ist das gestattet. Und so kommt es, dass die Kapselung an dieser Stelle durchbrochen wird und in der Zeitung Folgendes ans Tageslicht gezerrt wird:

```
Aus 'Bild der Java-Welt', Ausgabe 9/2011:\
Tochter (strahlt):     Also für mich hat sie ultraviel Zeit\
Hausfreund (lächelt):  Auch für mich hat sie ultraviel Zeit\
Sohn (genervt):        Ja, sie kümmert sich viel um mich\
Vater (eifersüchtig):  Sie hat kaum Zeit für mich\
Sie selbst (gehetzt):  Sorry, keine Zeit ...
```

7.2.2 Gültigkeitsbereich von Variablen

Jetzt wäre es schön, wenn mit der »Beziehungskiste« die Sichtbarkeit von Klassen, Methoden und Variablen ein für allemal erledigt wäre. Das ist aber nicht so, denn Java kennt vier verschiedene Arten von Variablen. Einige von diesen können von anderen Variablen verdeckt werden – und dies ohne Anwendung der Kapselung.

Variable	Verdeckung
Klassenvariablen	Möglich
Objektvariablen	Möglich
Parameter	Unmöglich
Lokale Variablen	Unmöglich

Tabelle 7.3 Die vier Variablenarten

Was versteht man unter der Verdeckung von Variablen? Darunter versteht man, dass eine Variable des gleichen Namens eine andere in einem Block überlagert. Dazu ein Beispiel.

Klassenvariable versus lokale Variable

Ich möchte erneut die Klasse *Mother* verwenden. Sie bekommt diesmal als Attribut eine Zustandsvariable namens *privateTime*. Dieser Zustand ist für das gesamte Objekt gültig, da er in keinem lokalen Block deklariert wurde, sondern für die gesamte Klasse und damit auch für jedes Objekt. Diese Objektvariable wird sogleich mit »ultraviel« belegt. Aufgrund dieser Belegung gibt die Klasse beim Zugriff auf die Methode *getPrivateTime()* wie erwartet »ultraviel« zurück.

```
 1: //Beispielprogramme/Gesetzmaessigkeiten/Ex02
 2: package regularity.mother;
 3:
 4: public class Mother {
 5:
 6:   private String privateTime = " ultra viel ";
 7:
 8:   public String getPublicTime() {
 9:     return " kaum ";
10:   }
11:
12:   protected String getProtectedTime() {
13:     return " viel ";
14:   }
15:
16:   String getDefaultTime() {
17:     return " ultra";
18:   }
19:
20:   private String getPrivateTime() {
21:     String privateTime = " keine ";
22:     return privateTime;
23:   }
```

```
24:
25:    public String getMothersTime() {
26:      return "Ich habe" +
27:        new Mother().getPrivateTime() + "Zeit";
28:    }
29: }
```

Listing 7.8 Die Klasse »Mother« mit Objektvariable und Methode

Anders sieht es aus, wenn man eine lokale Variable namens *privateTime* einführt (Listing 7.9). In diesem Fall bekommt man als Antwort »keine« zurück. Was ist geschehen? Die lokale Variable hat die Objektvariable temporär, also in ihrem privaten Block, überlagert.

```
 1: //Beispielprogramme/Gesetzmaessigkeiten/Ex03
 2: package regularity.mother;
 3:
 4: public class Mother {
 5:
 6:    private static String privateTime = " ultra viel ";
 7:
 8:    public String getPublicTime() {
 9:      return " kaum ";
10:    }
11:
12:    protected String getProtectedTime() {
13:      return " viel ";
14:    }
15:
16:    String getDefaultTime() {
17:      return " ultra";
18:    }
19:
20:    private String getPrivateTime() {
21:      String privateTime = " keine ";
22:      return this.privateTime;
23:    }
24:
25:    public String getMothersTime() {
26:      return "Ich habe" +
27:        new Mother().getPrivateTime() + "Zeit";
28:    }
29: }
```

Listing 7.9 Die Klasse »Mother« mit Objektvariable und Methode

Jetzt tauchen natürlich viele Fragen auf:

- Ist die Objektvariable völlig verschwunden?
- Wie merkt sich das Programm den Wert der globalen Objektvariablen?
- Wie erscheint sie wieder und wann?

Zunächst: Die Objektvariable ist nicht völlig verschwunden. Ihre *Bezeichnung* ist nur überdeckt worden, weswegen sich auch niemand ihren Wert merken muss. Die Objektvariable und die lokale Variable leben einträchtig nebeneinander. Es ist kein Problem, dass sie im gleichen Block verwendet werden. Dazu muss man sie nur eindeutig bezeichnen. Wie, das zeigt Listing 7.10.

```
 1: //Beispielprogramme/Gesetzmaessigkeiten/Ex04
 2:
 3: package regularity.mother;
 4:
 5: public class Mother {
 6:
 7:   private static String privateTime = " ultra viel ";
 8:
 9:   public String getPublicTime() {
10:     return " kaum ";
11:   }
12:
13:   protected String getProtectedTime() {
14:     return " viel ";
15:   }
16:
17:   String getDefaultTime() {
18:     return " ultra";
19:   }
20:
21:   private String getPrivateTime() {
22:     String privateTime = " keine ";
23:     return this.privateTime;
24:   }
25:
26:   public String getMothersTime() {
27:     return "Ich habe" +
28:         new Mother().getPrivateTime() +
29:         "Zeit";
30:   }
31: }
```

Listing 7.10 Variable und Objektvariable in Eintracht

Das Schlüsselwort *this* erlaubt den Zugriff auf das aktuelle Objekt und auch auf seine globalen Variablen. Verwendet man es zum Zugriff auf die Objektvariable (Zeile 7, Listing 7.10), ist wieder alles in Ordnung, und die Klasse gibt wieder »*ultraviel*« zurück. Der Haken an diesem Beispiel ist nur, dass die lokale Variable vollkommen überflüssig geworden ist. Aber das lässt sich ändern.

Sehen Sie sich einmal folgenden Fall an: Die Klasse *Mother* soll über eine Methode verfügen, um ihre private Zeit festzulegen und auf die Objektvariable *privateTime* zugreifen zu können (Listing 7.11).

```
 1: //Beispielprogramme/Gesetzmaessigkeiten/Ex05
 2:
 3: package regularity.mother;
 4:
 5: public class Mother {
 6:
 7:    private String privateTime = " ultra viel ";
 8:
 9:    public String getPublicTime() {
10:       return " kaum ";
11:    }
12:
13:    protected String getProtectedTime() {
14:       return " viel ";
15:    }
16:
17:    String getDefaultTime() {
18:       return " ultra";
19:    }
20:
21:    private String getPrivateTime() {
22:       return this.privateTime;
23:    }
24:
25:    public void setPrivateTime(String privateTime) {
26:       this.privateTime = privateTime;
27:    }
28:
29:    public String getMothersTime() {
30:       return "Ich habe" +
31:          new Mother().getPrivateTime() + "Zeit";
32:    }
33: }
```

Listing 7.11 Variable und Objektvariable in Eintracht

Wie Sie anhand der Methode *setPrivateTime()* sehen, koexistieren Parameter und Objektvariable wieder einträchtig. Konstruktionen der Art

```
public void setPrivateTime(String m_privateTime) {\
      p_privateTime = m_privateTime;
}
```

sind nicht nur überflüssig, sie sind auch viel schlechter zu lesen.

7.3 Auswertungsreihenfolge

Bei der Auswertungsreihenfolge eines Java-Programms gelten die aus Kapitel 4, »Sprache Java«, bekannten Regeln. Eigentlich könnte man das Thema ad acta legen, wenn man glaubte, die Auswertungsreihenfolge verlaufe genauso, wie aus der Mathematik gewohnt. Dass dies nicht immer der Fall sein muss und es sehr empfehlenswert ist, Klammern zu setzen, zeigen die zwei folgenden Beispiele.

7.3.1 Punkt vor Strich

```
 1: //Beispielprogramme/Gesetzmaessigkeiten/Ex06
 2:
 3: package regularity.calculation;
 4:
 5: public class Calculation {
 6:
 7:    public static void main(String[] arguments) {
 8:       int a = 4;
 9:       int b = 4;
10:       int c = 3;
11:       int d = 4;
12:       int result;
13:       result = a + b * c + d;
14:       System.out.println("Ergebnis 1 = " + result);
15:       result = a + (b * c) + d;
16:       System.out.println("Ergebnis 2 = " + result);
17:       result = (a + b) * c + d;
18:       System.out.println("Ergebnis 3 = " + result);
19:       result = ((a + b) * c) + d;
20:       System.out.println("Ergebnis 4 = " + result);
21:       result = (a + b) * (c + d);
22:       System.out.println("Ergebnis 5 = " + result);
23:    }
24: }
```

Listing 7.12 Addition und Multiplikation gemischt

Zu Anfang des Kalkulationsbeispiels (Listing 7.12) werden vier Variablen als Integer-Werte vereinbart (Zeile 8 bis 11). Anschließend verwendet das Programm sie in einer gemischten Addition und Multiplikation in vier Fällen und gibt folgende Werte aus:

```
Ergebnis 1 = 20
Ergebnis 2 = 20
Ergebnis 3 = 28
Ergebnis 4 = 28
Ergebnis 5 = 56
```

Die Erklärung der Ergebnisse erscheint nicht weiter schwierig.

Keine Klammerebenen

Im ersten Fall verzichtet das Programm auf Klammerebenen. Das Ergebnis 1 ist aus diesem Grund mit dem Fall 2 identisch, denn zuerst führt das Programm die Multiplikation aus, erhält 12 als Zwischenergebnis, addiert zweimal 4 und erhält schließlich 20. Im zweiten Fall ist das durch die Klammerebenen nur noch deutlicher.

Von innen nach außen

Im dritten und vierten Fall erzwingt das Programm, dass die linke Addition vor der Multiplikation durchgeführt wird. Der Ausdruck wird also von innen nach außen verarbeitet. Die Regel, dass ein Ausdruck immer von links nach rechts abgearbeitet werden muss, ist außer Kraft gesetzt.

Strich vor Punkt

Im fünften und letzten Fall erfolgt die Verarbeitung der beiden Additionen zuerst, da sie geklammert sind. Danach multipliziert das Programm sie miteinander. Durch die Klammern erreicht das Programm, dass Strich vor Punkt gilt und nicht Punkt vor Strich. Diese Regel sollte aus der Mathematik bekannt sein.

7.3.2 Punkt vor Punkt

Etwas anders sieht es aus, wenn verschiedene Punktrechnungsarten (*, /, %) gemischt verwendet werden. Listing 7.13 zeigt ein Beispiel dafür.

```
1: //Beispielprogramme/Gesetzmaessigkeiten/Ex07
2:
3: package regularity.calculation;
4:
5: public class Calculation {
6:
```

```
 7:    public static void main(String[] arguments) {
 8:       int a = 4;
 9:       int b = 4;
10:       int c = 3;
11:       int d = 4;
12:       int result;
13:       result = a + b * c / d;       // Fall 1
14:       System.out.println("Ergebnis 1 = " + result);
15:       result = a + (b * c) / d;     // Fall 2
16:       System.out.println("Ergebnis 2 = " + result);
17:       result = a + (c * b) / d;     // Fall 3
18:       System.out.println("Ergebnis 3 = " + result);
19:       result = a + b * (c / d);     // Fall 4
20:       System.out.println("Ergebnis 4 = " + result);
21:       result = a + (b * (c / d));   // Fall 5
22:       System.out.println("Ergebnis 5 = " + result);
23:       result = (a + b) * c / d;     // Fall 6
24:       System.out.println("Ergebnis 6 = " + result);
25:       result = ((a + b) * c) / d;   // Fall 7
26:       System.out.println("Ergebnis 7 = " + result);
27:       result = (a + b) * (c / d);   // Fall 8
28:       System.out.println("Ergebnis 8 = " + result);
29:    }
30: }
```

Listing 7.13 Addition, Division und Multiplikation gemischt

Wie beim vorangegangenen Beispiel vereinbart das Kalkulationsprogramm vier Variablen als Integer-Werte. Anschließend verwendet es sie in einer gemischten Addition, Division und Multiplikation in acht Fällen. Das Ergebnis dieser Kalkulation auf vier verschiedene Arten sieht so aus:

```
Ergebnis 1 = 7
Ergebnis 2 = 7
Ergebnis 3 = 7
Ergebnis 4 = 4
Ergebnis 5 = 4
Ergebnis 6 = 6
Ergebnis 7 = 6
Ergebnis 8 = 0
```

Das Ergebnis ist auf den ersten Blick wieder einleuchtend. Die Auswertungsreihenfolge verläuft von links nach rechts, wobei Punkt vor Strich bevorzugt wird. Zu beachten ist, dass das Divisionszeichen hierbei als Punktoperator (wie in der Mathematik) geführt wird.

Punkt vor Strich

Im ersten Fall versucht das Programm, zunächst die Addition durchzuführen, darf dies aber wegen der Regel »Punkt vor Strich« nicht. Aus diesem Grund führt es zunächst die Multiplikation durch und erhält 12 als Resultat. Diesen Wert dividiert es durch b und erhält 3. Die abschließende Addition 3 plus 4 ergibt danach wieder 7.

Überflüssige Klammerebenen

Beim zweiten Fall ändern die gesetzten Klammern nichts an dem Ergebnis, da sie die Auswertungsreihenfolge nicht beeinflussen. Die Kalkulation verläuft also identisch.

Vertauschung

Im dritten Fall tritt ein Mathematikgesetz in Kraft, das so genannte Vertauschungsgesetz (Kommutativgesetz). Das bedeutet, dass gleichwertige Operanden (Argumente) vertauscht werden können. Ob $b * c$ zuerst bearbeitet wird oder $c * b$, spielt bei gleichwertigen Rechenoperationen also zunächst keine Rolle. Die Kalkulation verläuft also auch hier identisch.

Verlorener Divisionsrest

Was ist im 4. Fall passiert? Die Klammerung des Ausdrucks c / d führt im Gegensatz zum ersten Fall dazu, dass hier ein Zwischenergebnis gebildet werden muss. Dies ist auch im fünften und achten Fall geschehen, da der Ausdruck nicht sofort multipliziert werden konnte.

Im Fall der Division erfolgt eine Typkonvertierung (Abschnitt 7.4, »Typkonvertierung«, Seite 228). Da das Resultat 0,75 kein Integer-Wert ist, gehen die Nachkommastellen (Divisionsrest) verloren. Was bleibt, ist nur noch der Wert 0, und der ergibt als Multiplikator im siebten Fall als Resultat ebenfalls 0.

Von innen nach außen

In den Fällen 6 und 7 verläuft die Bearbeitung des Ausdrucks von innen nach außen. Zuerst wird die Addition berechnet, danach die Multiplikation und schließlich die Division.

7.4 Typkonvertierung

Java ist im Gegensatz zu beispielsweise Smalltalk eine streng typisierte Sprache (Abschnitt 4.3.1, »Grundlagen«, Seite 90). Wenn ein Bezeichner als ein bestimmter Typ deklariert wurde, so ist dies für den gesamten Ablauf des Programms gültig. Der Compiler prüft bei Zuweisungen, ob die Datentypen zueinander passen. Folgendes wird nicht kompiliert:

```
long a = 1;
int b = 1;
b = a; // wird nicht kompiliert
```

Der Compiler überprüft, ob ein Datenverlust auftreten kann. Da die Variable *a* einen größeren Wertebereich belegen kann als *b*, weigert er sich, den Ausdruck abzusegnen. Folgendes ist hingegen erfolgreich:

```
long a = 1;
int b = 1;
a = b; // wird kompiliert
```

Dass ein Bezeichner lebenslang an seinen Typ gekettet ist, bedeutet allerdings nicht, dass es nicht möglich wäre, diese Fesseln *temporär* zu sprengen. Die Typkonvertierung erlaubt es, Werte zwischen Variablen unterschiedlichen Typs auszutauschen, wie folgendes Fragment zeigt:

```
long a = 1;
int b = 1;
int c = 1;
b = (int)a; // wird kompiliert
c = a; // wird nicht kompiliert
```

Wie das Beispiel zeigt, führt das Programm durch den Cast-Operator eine temporäre Konvertierung von *a* durch, um den Wert an *b* zu übergeben. Dass diese Vereinbarung nur zeitweise gilt, sehen Sie an der darauf folgenden Zeile. Hier versucht das Programm erneut, einen Wert des Typs *long* an eine Variable des Typs *int* zu übergeben, und scheitert erneut am Compiler, der das zu Recht unterbindet.

Die Programmiersprache Java verfügt über zwei Arten von Typkonvertierung. Die implizite Typkonvertierung wird automatisch durchgeführt. Hier ist der Entwickler passiv. Bei der expliziten Konvertierung führen Sie ausdrücklich eine Konvertierung durch.

7.4.1 Implizite Konvertierung

Tückisch ist die implizite Konvertierung, bei der eine schleichende Wertumwandlung stattfindet. Der Compiler weist nicht darauf hin, wenn ein Datenverlust droht, wie die folgenden Beispiele zeigen.

Verengung des Wertebereichs

Das Programm in Listing 7.14 wird von allen Entwicklungsumgebungen anstandslos übersetzt. Als Ergebnis erscheint 0, was auf einen deutlichen Informationsverlust hinweist, denn das Ergebnis müsste 0,75 sein.

```
 1: //Beispielprogramme/Gesetzmaessigkeiten/Ex08
 2: package regularity.calculation;
 3:
 4: public class Calculation {
 5:
 6:   public static void main(String[] arguments) {
 7:     int a = 3;
 8:     int b = 4;
 9:     float result;
10:     result = a / b;
11:     System.out.println("Ergebnis = " + result);
12:   }
13: }
```

Listing 7.14 Implizite Typkonvertierung mit Datenverlust

Das Programm führt bei der Division eine leicht zu übersehende implizite Konvertierung in einen Int-Wert durch. Da dieser Datentyp nur Festkommazahlen speichern kann, schneidet das Programm den Divisionsrest einfach ab. Übertragen wird nur die Vorkommastelle. Somit erscheint 0 als Ergebnis.

Das zweite Beispiel (Listing 7.15) testet die Grenze des Wertebereichs aus. Das Programm belegt zwei Integer-Werte mit ihrem Maximalwert und versucht im Anschluss daran, diese zu addieren und das Ergebnis als *result* zu speichern.

```
 1: //Beispielprogramme/Gesetzmaessigkeiten/Ex09
 2: package regularity.calculation;
 3:
 4: public class Calculation {
 5:
 6:   public static void main(String[] arguments) {
 7:     int a = 2147483647;
 8:     int b = 2147483647;
 9:     int result;
10:     result = a + b;
11:     System.out.println("Ergebnis = " + result);
12:   }
13: }
```

Listing 7.15 Das Programm läuft Amok.

Wer vermutet, das Programm würde abstürzen, täuscht sich. Es passiert das Schlimmste: Durch die Addition wird das Zwischenergebnis wieder als Integer gespeichert, überschreitet aber diesmal den maximalen Wertebereich. Das führt nicht dazu, dass das Programm abbricht. Stattdessen erhält man einfach nur ein völlig falsches Ergebnis; das Programm arbeitet munter weiter.

Erweiterung des Wertebereichs

Bei der impliziten Typkonvertierung kann nicht nur eine gefährliche Verengung des Wertebereichs mit einem Datenverlust entstehen, sondern auch eine Erweiterung des Wertebereichs (Listing 7.16). Diesmal bleibt das Programm auf dem Teppich.

```
 1: //Beispielprogramme/Gesetzmaessigkeiten/Ex10
 2:
 3: package regularity.calculation;
 4:
 5: public class Calculation {
 6:
 7:   public static void main(String[] arguments) {
 8:     byte a = 127;
 9:     byte b = 127;
10:     int result;
11:     result = a + b;
12:     System.out.println("Ergebnis = " + result);
13:   }
14: }
```

Listing 7.16 Implizite Typkonvertierung mit Bereichserweiterung

Das Beispiel belegt zwei Byte-Variablen mit Werten dicht unterhalb des Maximalbereichs dieses Datentyps. Die Addition führt aber durch die implizite Konvertierung nicht dazu, dass das Programm kollabiert. Das Programm wandelt die beiden Werte stattdessen in einen Int-Wert um, der korrekt an die Variable *result* übergeben wird.

7.4.2 Explizite Konvertierung

Für die explizite Typkonvertierung müssen Sie aktiv in das Programm eingreifen und mit dem Cast-Operator eine ausdrückliche Konvertierung durchführen. Insofern ist die explizite Konvertierung lange nicht so tückisch wie die implizite Variante. Hier gibt es wieder zwei Unterarten: die Verengung und die Erweiterung des Wertebereichs.

Verengung des Wertebereichs

Die Verengung des Wertebereichs (engl. narrowing) sollte nur dann durchgeführt werden, wenn kein Informationsverlust auftritt. Es ist eine Vereinbarung zwischen Programmierer und Compiler, die heißt: »Schon gut, es ist gefährlich, aber ich weiß, was ich tue.«

```
 1: //Beispielprogramme/Gesetzmaessigkeiten/Ex11
 2:
 3: package regularity.calculation;
 4:
 5: public class Calculation {
 6:
 7:   public static void main(String[] arguments) {
 8:     int a = 30000;
 9:     int b = 2700;
10:     short result;
11:     result = (short) (a + b);
12:     System.out.println("Ergebnis = " + result);
13:   }
14: }
```

Listing 7.17 Verengung des Wertebereichs durch explizite Typkonvertierung

Das Beispiel in Listing 7.17 zeigt, wie man den Wertebereich durch eine explizite Typkonvertierung verengen kann. Das Programm verwendet den Cast-Operator, um sicherzustellen, dass das Ergebnis der Addition als *short* interpretiert wird. Das Resultat liegt knapp unterhalb des maximalen Wertebereichs, und deshalb verläuft alles gut. Ex2

Erweiterung des Wertebereichs

Unter der Erweiterung des Wertebereichs versteht man die Typkonvertierung in Richtung von Datentypen, die mehr Speicherplatz beanspruchen (Abbildung 7.4). Vorsicht ist geboten, wenn Sie Festkommazahlen (*byte*, *short*, *int*, *long*) in Gleitkommazahlen konvertieren wollen.

Die Totenköpfe in der Grafik weisen darauf hin, dass der Übergang von Fest- zu Gleitkommazahlen gefährlich ist. Das kommt daher, dass Festkommazahlen prinzipiell immer nur bis zu einer bestimmten Nachkommastelle gespeichert werden können. Bei der Konvertierung kann es also zu Datenverlusten kommen (Abschnitt 4.3, »Einfache Datentypen«).

Zwei Beispiele dazu: Das erste Beispiel zeigt, wie eine Erweiterung des Wertebereichs den Ablauf des Programms retten kann (Listing 7.18).

7.4 | Typkonvertierung

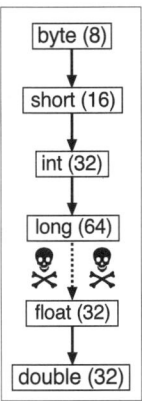

Abbildung 7.4 Erweiterung des Wertebereichs

```
 1: //Beispielprogramme/Gesetzmaessigkeiten/Ex12
 2:
 3: package regularity.calculation;
 4:
 5: public class Calculation {
 6:
 7:   public static void main(String[] arguments) {
 8:
 9:     int a = 2147483647;
10:
11:     int b = 2147483647;
12:
13:     long result;
14:
15:     result = (long) a + (long) b;
16:
17:     System.out.println("Ergebnis = " + result);
18:   }
19: }
```

Listing 7.18 Erweiterung des Wertebereichs durch explizite Typkonvertierung

Vergleichen Sie dieses Programm mit Listing 7.15: Während das vorangegangene Beispiel durch eine implizite Typkonvertierung kollabiert, zieht dieses Beispiel vorher die Notbremse. Das Programm führt eine explizite Konvertierung der beiden Summanden durch und erzielt die gewünschte Wirkung: Das Ergebnis ist diesmal korrekt.

Das folgende Beispiel zeigt die schon erwähnte unangenehme Seite der Java-Typkonvertierung: Nicht immer ist eine Erweiterung des Wertebereichs ohne Datenverlust möglich.

```
 1: //Beispielprogramme/Gesetzmaessigkeiten/Ex13
 2:
 3: package regularity.calculation;
 4:
 5: public class Calculation {
 6:
 7:   public static void main(String[] arguments) {
 8:     long a = 12345678901234567890L;
 9:     float b = a;
10:     System.out.println("Gleitkommazahl = " + b);
11:     System.out.println("Festkommazahl = " + (long)b);
12:   }
13: }
```

Listing 7.19 Datenverlust durch Erweiterung des Wertebereichs

Das Programm gibt folgende Werte aus:

```
Gleitkommazahl = 1.23456794E18
Festkommazahl = 1.234567939550609408
```

Wie Sie an beiden Ausgaben erkennen können, ist der Verlust an Genauigkeit erheblich. Im zweiten Fall sehen Sie aber noch besser, dass der Datenverlust keine Bagatelle ist. Dazu war lediglich eine Rekonvertierung des Ergebnisses in eine Festkommazahl notwendig.

7.5 Polymorphie

In Abschnitt 3.12 habe ich Ihnen das Konzept der Polymorphie als eines der wesentlichen Merkmale objektorientierter Sprachen vorgestellt. Es äußert sich im Überladen und Überschreiben von Methoden einer Klasse.

7.5.1 Überladen von Methoden

Sie erinnern sich sicher noch an die Klasse *Mother*. Keine Angst, es ist diesmal einfacher. Sie besitzt zwei Methoden, um die Zeit festzulegen, die sie für die Öffentlichkeit aufbringt. Die Methoden tragen beide den gleichen Namen, es ändert sich nur der Übergabeparameter. In einem Fall ist der Parameter ein Char-Feld, im anderen Fall ein String (Listing 7.20).

```
 1: //Beispielprogramme/Gesetzmaessigkeiten/Ex14
 2:
 3: package regularity.mother;
 4:
 5: public class Mother {
 6:
 7:   private String publicTime;
 8:
 9:   public String getPublicTime() {
10:       return this.publicTime;
11:   }
12:
13:   public void setPublicTime(String publicTime) {
14:       this.publicTime = publicTime;
15:   }
16:
17:   public void setPublicTime(char[] publicTime) {
18:       this.publicTime = new String(publicTime);
19:   }
20: }
```

Listing 7.20 Überladen einer Methode

Die Java-Laufzeitumgebung unterscheidet während der Programmausführung, welche der beiden Methoden verwendet wird. Wird das Char-Feld übergeben, führt das Programm die entsprechende Methode aus. Es erscheint: »Ich habe kaum Zeit.« Wird hingegen der String übergeben, führt das Programm die Methode mit dem String-Parameter aus. Es erscheint daraufhin: »Ich habe viel Zeit.«

```
 1: //Beispielprogramme/Gesetzmaessigkeiten/Ex14
 2:
 3: package regularity.magazine;
 4:
 5: import regularity.mother.Mother;
 6:
 7: public class Reportage {
 8:
 9:   public static void main(String[] args) {
10:     char publicTime[] = {' ', 'k','a','u','m', ' '};
11:     Mother mother = new Mother();
12:     mother.setPublicTime(publicTime);
13:     System.out.println("Mutter:\t" + "Ich habe" +
14:                        mother.getPublicTime() + "Zeit");
15:     mother.setPublicTime(" viel ");
16:     System.out.println("Mutter:\t" + "Ich habe" +
17:                        mother.getPublicTime() + "Zeit");
```

```
18:    }
19: }
```

Listing 7.21 Zwei Ausgaben durch Überladen der Methoden

Wenn also eine Methode gleichen Namens innerhalb einer Klasse definiert wird, spricht man davon, dass man sie überlädt. Es lassen sich beliebige Methoden gleichen Typs überladen, also auch Konstruktoren. Es ist jedoch nicht erlaubt, Methoden unterschiedlichen Typs zu überladen, wenn die Parameterliste vollständig übereinstimmt (Listing 7.22). Der Compiler wertet dies als doppelte Definition.

```
 1: //Beispielprogramme/Gesetzmaessigkeiten/Ex15
 2:
 3: package regularity.mother;
 4:
 5: public class Mother {
 6:
 7:     public String getPublicTime() {
 8:         return " kaum ";
 9:     } // nicht erlaubt
10:
11:     public char[] getPublicTime() {
12:         char publicTime[] = {' ','k','a','u','m',' '};
13:         return publicTime;
14:     }
15:
16: }
```

Listing 7.22 Das Überladen der Methode »getPublicTime« ist nicht gestattet.

Das Überladen von Methoden unterschiedlichen Typs ist nicht erlaubt, da der Java-Interpreter sonst zur Laufzeit nicht mehr unterscheiden könnte, welche Methode gemeint ist. Dass sich Methoden gleichen Typs nicht überladen lassen, gilt damit übrigens auch für Vererbungsbeziehungen. Nachfolgend ein Beispiel mit der Basisklasse »Mother«. Diese Klasse enthält eine Methode »getPublicTime«.

```
 1: //Beispielprogramme/Gesetzmaessigkeiten/Ex16
 2:
 3: package regularity.mother;
 4:
 5: public class Mother {
 6:
 7:     public char[] getPublicTime() {
 8:         char publicTime[] = {' ','k','a','u','m',' '};
 9:         return publicTime;
10:     }
```

```
11: }
```
Listing 7.23 Die Basisklasse »Mother«

Die abgeleitete Klasse »Child« versucht, die Methode »getPublicTime« mit einer Methode gleichen Namens, aber verschiedenem Rückgabewert, zu überschreiben, was nicht gestattet ist.

```
 1: //Beispielprogramme/Gesetzmaessigkeiten/Ex16
 2:
 3: package regularity.mother;
 4:
 5: public class Child extends Mother {
 6:
 7:   public String getPublicTime() { // nicht erlaubt
 8:     return " viel ";
 9:   }
10: }
```
Listing 7.24 Die abgeleitete Klasse »Child«

Der Compiler interpretiert die neue Methode gleichen Namens als missglückten Versuch, die vorhandene Methode zu überschreiben, und verweigert die Zusammenarbeit. Wie man eine Methode korrekt überschreibt, davon handelt der nächste Abschnitt.

7.5.2 Überschreiben von Methoden

Ein wichtiger Aspekt bei der biologischen Vererbung sind Mutationen. Auch in Java müssen Erbinformationen nicht einfach so übernommen werden. Wenn man in einer abgeleiteten Klasse das Verhalten einer Methode ändern möchte, kann man sie einfach überschreiben (überlagern).

Das Überschreiben geschieht durch eine Neudefinition der Methode. Dabei muss die Signatur exakt der Basismethode entsprechen. Methoden können nur dann nicht überschrieben werden, wenn eine der folgenden Bedingungen erfüllt ist:

1. Methoden, die mit *private* definiert wurden
2. Methoden, die mit *final* definiert wurden
3. Methoden, die mit *static* definiert wurden

Normale Methoden überschreiben

Dazu wieder ein Beispiel mit Mutter, Tochter und Illustrierter. Sowohl Mutter als auch Tochter haben eine Methode *getPublicTime()*. Das bedeutet, dass diese Methode in der Tochterklasse überschrieben wird. Nun besitzt die Tochter aber noch weitere Methoden. Mit der Methode *getMyPublicTime()* greift sie auf *getPublicTime()* zu und mit der Methode *getMothersPublicTime()* ebenfalls. Der Unterschied besteht darin, dass sie mit der letztgenannten Methode explizit durch die Referenz *super* angibt, dass sie auf die Mutterklasse zugreifen möchte.

```
 1: //Beispielprogramme/Gesetzmaessigkeiten/Ex16
 2:
 3: package regularity.mother;
 4:
 5: public class Child extends Mother {
 6:
 7:     public String getPublicTime() {
 8:         return " viel ";
 9:     }
10:
11:     public String getMyPublicTime() {
12:         return getPublicTime();
13:     }
14:
15:     public String getMothersPublicTime() {
16:         return super.getPublicTime();
17:     }
18: }
```

Listing 7.25 Die Klasse »Child« überschreibt die Methode »getPublicTime«.

Die beiden Klassen sollen im folgenden Beispielprogramm verwendet werden:

```
 1: //Beispielprogramme/Gesetzmaessigkeiten/Ex17
 2:
 3: package regularity.magazine;
 4:
 5: import regularity.mother.Mother;
 6: import regularity.mother.Child;
 7:
 8: public class Reportage {
 9:
10:   public static void main(String[] args) {
11:     Mother mother = new Mother();
12:     Child daughter = new Child();
13:     System.out.println("Mutter:\t\t" + "Ich habe" +
14:                         mother.getPublicTime() + "Zeit");
15:     System.out.println("Tochter:\t" + "Ich habe" +
16:                         daughter.getPublicTime() + "Zeit");
17:     System.out.println("Tochter:\t" + "Ich habe immer" +
```

```
18:                      daughter.getMyPublicTime() + "Zeit");
19:     System.out.println("Tochter:\t" + "Mutter hat wie immer" +
20:                      daughter.getMothersPublicTime() + "Zeit");
21:     }
22: }
```

Listing 7.26 Eine Reportage über Mutter und Tochter

Das Programm erzeugt folgende Ausgabe:

```
Mutter:     Ich habe kaum Zeit
Tochter:    Ich habe viel Zeit
Tochter:    Ich habe immer viel Zeit
Tochter:    Mutter hat wie immer kaum Zeit
```

Im ersten Fall ruft das Programm die Originalmethode der Mutter auf und im zweiten Fall die Methode der Tochter. Im dritten Fall ruft die Tochter intern ihre eigene Methode auf, während sie im letzten Fall auf die Methode ihrer Mutter zugreift.

Statische Methoden überschreiben

Das folgende Beispiel sollte laut Sprachdefinition eigentlich nicht funktionieren und wird auch immer in älteren Lehrbüchern als unmöglich dargestellt. Nochmals also das Beispiel mit Mutter und Tochter, aber diesmal mit veränderter Signatur.

```
 1: //Beispielprogramme/Gesetzmaessigkeiten/Ex18
 2:
 3: package regularity.mother;
 4:
 5: public class Mother {
 6:
 7:     static String getPublicTime() {
 8:         return " kaum ";
 9:     }
10: }
```

Listing 7.27 Die Basisklasse »Mother«

Das nachfolgende Beispiel zeigt, wie eine abgeleitete Klasse eine statische Methode überschreibt.

```
 1: //Beispielprogramme/Gesetzmaessigkeiten/Ex18
 2:
 3: package regularity.mother;
 4:
 5: public class Child extends Mother {
```

```
 6:
 7:     static String getPublicTime() {
 8:         return " viel ";
 9:     }
10: }
```

Listing 7.28 Die abgeleitete Klasse »Child« überschreibt die Methode »getPublicTime«.

Die Klassen werden wieder von der bekannten Reportage-Klasse verwendet.

```
 1: //Beispielprogramme/Gesetzmaessigkeiten/Ex18
 2:
 3: package regularity.mother;
 4:
 5: public class Reportage {
 6:
 7:     public static void main(String[] args) {
 8:         Mother mother = new Mother();
 9:         Child daughter = new Child();
10:         System.out.println("Mutter:\t\t" + "Ich habe"
11:                 + mother.getPublicTime() + "Zeit");
12:         System.out.println("Tochter:\t" + "Ich habe"
13:                 + daughter.getPublicTime() + "Zeit");
14:     }
15: }
```

Listing 7.29 Diesmal eine statische Reportage

Wenn Sie das Programm ausführen, erscheint Folgendes:

```
Mutter: Ich habe kaum Zeit\
Tochter: Ich habe viel Zeit
```

Das bedeutet, dass die Methode *getPublicTime()* der Tochterklasse die gleichnamige Methode (identische Signatur!) der Mutterklasse überlagert hat. Ändert man die Tochterklasse wie folgt, kommt es – wie erwartet – zu einer Fehlermeldung des Compilers.

```
 1: //Beispielprogramme/Gesetzmaessigkeiten/Ex19
 2:
 3: package regularity.mother;
 4:
 5: public class Child extends Mother {
 6:     //Nicht erlaubt:
 7:     String getPublicTime() {
 8:         return " viel ";
 9:     }
```

```
10: }
```
Listing 7.30 Diesmal funktioniert das Überschreiben nicht.

Der Compiler findet nun eine Methode, die nicht exakt die Signatur der Methode der Mutterklasse besitzt, und weigert sich, sie zu übersetzen.

Überschreiben verhindern

Wenn Sie das Überschreiben einer Methode zuverlässig verhindern wollen, müssen Sie die Methode als *final* kennzeichnen. Das funktioniert wie folgt:

```
 1: //Beispielprogramme/Gesetzmaessigkeiten/Ex20
 2:
 3: package regularity.mother;
 4:
 5: public class Mother {
 6:
 7:     final String getPublicTime() {
 8:         return " kaum ";
 9:     }
10: }
```
Listing 7.31 Überschreiben durch Verwendung von »final« verhindern

Durch das Schlüsselwort *final* werden Methoden vor dem Überschreiben geschützt.

7.6 Programmierkonventionen

Es gibt nur wenige Programmierkonventionen, die Sie beachten müssen. Wichtig ist hierbei die Lektüre der »Code Conventions« des Java-Erfinders Sun. Sie finden sie unter *http://java.sun.com/docs/codeconv*.

7.6.1 Vorschriften zur Schreibweise

Aus Kapitel 4, »Sprache Java«, wissen Sie, dass Klassen in Dateien des exakt gleichen Namens gespeichert werden müssen. Leider akzeptieren es aber manche Windows-Entwicklungssysteme, wenn Sie zum Beispiel Klassen so umbenennen, dass sie nicht mehr exakt mit dem Dateinamen übereinstimmen.

Unter Windows ist das auch weiter kein Problem, da das Betriebssystem nicht zwischen Groß- und Kleinschreibung unterscheidet (es ist nicht case-sensitiv). Das Programm wird aber auf einem Unix-Rechner möglicherweise nicht korrekt ausgeführt, da diese Betriebssystemfamilie streng zwischen Groß- und Kleinschreibung unterscheidet.

7.6.2 Empfehlungen zur Schreibweise

Packages

Packages sollten generell und durchgehend kleingeschrieben werden, damit sie leichter von Klassen zu unterscheiden sind. Leider schaffen es nicht einmal große Hersteller und Konsortien, sich diesen Regeln zu beugen, wie das nachfolgende Beispiel zeigt.

Das Beispiel zeigt ein Codefragment der *Object Management Group*, die manche Packages und Klassen in Versalien schreibt, um zu »verdeutlichen«, dass es sich um ein Akronym handelt.

```
import org.omg.CORBA.ORB;
orbInstance = ORB.init((String[]) args, props);
```

Listing 7.32 Diese Package-Bezeichnung entspricht nicht dem Java-Standard.

So wäre es konform zum Standard und wäre auch noch besser zu lesen:

```
import org.omg.corba.ORB;
orbInstance = ORB.init((String[]) args, props);
```

Listing 7.33 Die Package-Bezeichnung ist nun standardgemäß.

Klassen

Klassen beginnen mit einem Großbuchstaben und werden ansonsten kleingeschrieben, außer in dem Fall, dass sich die Klassenbezeichnung aus mehreren Begriffen zusammensetzt. Man sollte generell mit einem Großbuchstaben beginnen, um Klassen besser von Methoden und Packages unterscheiden zu können.

Bei Akronymen innerhalb der Klassenbezeichnung ist sich auch Java-Erfinder Sun offensichtlich nicht sicher, ob die Kleinschreibung nach dem ersten Großbuchstaben fortgesetzt werden soll. Es gibt verschiedene Beispiele aus den Java-Klassenbibliotheken, die das belegen:

```
import java.net.URLConnection
import java.net.HttpURLConnection
```

Listing 7.34 Sun-Schreibweise mancher Klassen

Obwohl HTTP ein Akronym ist, hat hier der Programmierer auf generelle Großschreibung verzichtet, da der Name der Klasse sonst unleserlich werden würde. Ich finde folgende Möglichkeiten noch besser:

```
import java.net.UrlConnection
import java.net.HttpUrlConnection
```

Listing 7.35 Bessere Lesbarkeit durch Camelback-Schreibweise

Natürlich ist es Geschmackssache, ob man die Camelback-Schreibweise (Listing 7.35) bevorzugt oder nicht. Ich finde, die Lesbarkeit des Quelltextes erhöht sich dadurch.

Methoden

Methoden sollten immer kleingeschrieben werden. Ausnahme ist nur der Konstruktor, der stets mit einem Großbuchstaben beginnen muss. Gibt die Methode einen Wert zurück, beginnt sie in der Regel mit dem Präfix *get*. Ausnahme bilden Methoden, die einen Wahrheitswert zurückliefern. Sie beginnen mit *is*.

Konstanten

Konstanten sollten generell in Großbuchstaben geschrieben werden. Dies ist unter Java-Programmierern eine allgemein akzeptierte Konvention.

```
private static final String CurrentVersion = "1.0"; //falsch
private static final String BuildNumber = "1.0.102.98"; //falsch
✂
private static final String CURRENT_VERSION = "1.0"; //richtig
private static final String BUILD_NUMBER = "1.0.102.98"; //richtig
```

Listing 7.36 Konstanten sind in Großbuchstaben zu schreiben.

Landessprache

Die Namen von Bezeichnern sollten keine nationalen Sonderzeichen enthalten, weil dadurch Probleme mit Entwicklungswerkzeugen auftreten können. Nicht alle US-Werkzeuge akzeptieren nationale Sonderzeichen. Das sollte zwar der Fall sein, ist aber leider nicht gängige Praxis unter den Werkzeugherstellern.

```
int erhöheMähdrescherMähtode() {
  this.anzahlMähdrescher++;
}; // funktioniert nicht bei allen Tools
```

Listing 7.37 Nationale Sonderzeichen werden nicht von allen Tools akzeptiert.

Soll man stattdessen deutsche Klassen-, Methoden- und Variablennamen ohne Sonderzeichen verwenden? Ich rate Ihnen von Bezeichnern in deutscher Sprache ab. Dem Vorteil, dass es zweifelsfrei leichter ist, in der eigenen Landessprache zu kodieren, stehen mehrere Nachteile gegenüber. Zum einen erzeugt die Verwendung von deutschen und englischen Begriffen innerhalb eines Programms ein merkwürdiges Kauderwelsch – aber das ist eher Geschmackssache.

Der andere Nachteil wiegt schwerer: Der Austausch von Code in Newsgroups und Foren sowie mit externen Mitarbeitern ist nur innerhalb der deutschen Sprachgrenzen möglich. Bei der zunehmenden Internationalisierung innerhalb vieler Firmen ist Quelltext, der gemischt in Deutsch und Englisch verfasst wurde, keine Bagatelle, sondern eine große Hürde für Entwickler aus anderen Ländern.

Verwechslungen erschweren

Um Verwechslungen auszuschließen, sollten Bezeichner ähnlichen Namens nicht verwendet werden. Ein Beispiel wie das folgende provoziert Fehlinterpretationen.

```
int vectorX
int vectorx;
```

Listing 7.38 Ähnliche Bezeichnungen sind zu vermeiden.

7.7 Zusammenfassung

7.7.1 Sichtbarkeit

Die Kapselung von Klassen, Methoden und Variablen lässt sich in vier Stufen (*private*, *default*, *protected*, *public*) festlegen. Verwenden Sie immer die höchstmögliche Kapselungsstärke, um das Objekt vor unerwünschtem Zugriff zu schützen.

Neben der Kapselung wird der Gültigkeitsbereich von Variablen durch Blöcke beeinflusst. Hier kann eine Verdeckung auftreten, die Klassen- und Objektvariablen überlagert. Der Zugriff auf diese muss dann explizit mit Hilfe des Schlüsselworts *this* erfolgen.

7.7.2 Auswertungsreihenfolge

Bei der Auswertungsreihenfolge von Ausdrücken gelten einige von der Mathematik bekannte Regeln. Diese Regeln sind jedoch nur so lange gültig, bis Zwischenergebnisse gebildet werden müssen. Ist in diesem Fall eine Typumwandlung erforderlich, so kann dies zu anderen Ergebnissen führen als erwartet. Fazit: Setzen Sie im Zweifelsfall immer Klammern, um die von Ihnen gewünschte Auswertungsreihenfolge zu *erzwingen*.

7.7.3 Typkonvertierung

Java erfordert als typisierte Sprache eine explizite Umwandlung des Wertebereichs, wenn Datentypen nicht zueinander passen. Bei dieser expliziten Umwandlung kann es zu Datenverlusten kommen, weswegen hier Vorsicht geboten ist.

Tückischer als die explizite Umwandlung ist die automatische (implizite) Umwandlung des Typs, bei der ebenfalls Informationen verloren gehen können. Sie schützen sich gegen eine automatische Umwandlung, indem Sie Zwischenergebnisse explizit konvertieren.

7.7.4 Polymorphie

Das Überladen und Überschreiben von Methoden erlaubt Ihnen, vordefinierte Klassen über das Mittel der Vererbung abzuändern. Das Überladen funktioniert jedoch nur, wenn die beteiligten Methoden über verschiedene Parameter verfügen; ein unterschiedlicher Rückgabewert reicht zur Differenzierung nicht aus.

Zum Überschreiben von Methoden müssen diese über exakt dieselbe Signatur verfügen. Will man das Überschreiben einer Methode verhindern, muss sie als *final* definiert werden.

7.7.5 Programmierkonventionen

Eine konsistente Verwendung von Programmierkonventionen erleichtert es, das Programm zu verstehen. Nur wenige Regeln sind hier bindend. Sicherstellen sollten Sie auf jeden Fall, dass Datei- und Klassenname exakt übereinstimmen, da es sonst zu Problemen beim Auffinden von Klassen kommen kann.

7.8 Aufgaben

7.8.1 Fragen

1. Welche Kapselungsstärken gibt es in Java?
2. Welchen Zugriff bietet der Default-Bereich?
3. Welchen Zugriff bietet der Protected-Bereich?
4. Was bedeutet das Schlüsselwort *super*?
5. Was bedeutet das Schlüsselwort *this*?
6. Wie lässt sich die Auswertungsreihenfolge eines Ausdrucks beeinflussen?
7. Warum ist eine Typkonvertierung notwendig?
8. Was bewirkt sie?
9. Was müssen Sie dabei beachten?
10. Wozu dient das Überladen von Methoden?
11. Welche Voraussetzungen gelten dabei?
12. Welche Methoden können Sie überschreiben, welche nicht?
13. Wozu dient das Verfahren?

7.8.2 Übungen

1. Ergänzen Sie den Ausdruck so, dass er funktioniert.

    ```
    int a = 1;
    byte b = 1;
    byte c = 1;
    b = (int)a;
    c = a;
    ```

2. Ergänzen Sie den Ausdruck so, dass er funktioniert.

    ```
    byte a = 127;
    for (a = 1; a <= 200; a++) {
       System.out.println(a);
    }
    ```

Die Lösungen zu den Aufgaben finden Sie in Kapitel 19 ab Seite 519.

»Am Anfang entstand das Universum. Das hat eine Menge Menschen sehr verärgert und ist weitgehend als ein schlechter Start bewertet worden.«
(Douglas Adams)

8 Java-Klassenbibliotheken

8.1 Einleitung

Die Java-Klassenbibliotheken sind das Universum des Java-Entwicklers. Sie erweitern den Leistungsumfang der Sprache Java mit universellen Lösungen für alle erdenklichen Anwendungsbereiche der Softwareentwicklung.

8.1.1 Von der Klasse zur Bibliothek

Eine Klassenbibliothek ist eine Sammlung von logisch zusammengehörenden Klassen. Sie besteht zumeist aus mehreren Java-Archiven und kann wie der Inhalt einer Leihbücherei von mehreren Programmierern genutzt werden.

Abbildung 8.1 Die »Java-Leihbücherei« besteht aus Klassenbibliotheken.

Durch die objektorientierte Technik der Vererbung bestehen solche Bibliotheken aus Klassen, die miteinander in Beziehung stehen. Sie sind durch die Vererbung hierarchisch aufgebaut: Eine oder mehrere Basisklassen bilden die Grundlage für viele abgeleitete Klassen. Da das Ganze an einen (auf dem Kopf stehenden) Baum erinnert, bezeichnen Softwareentwickler solche Hierarchien gern auch als Klassenbaum (Abbildung 8.2).

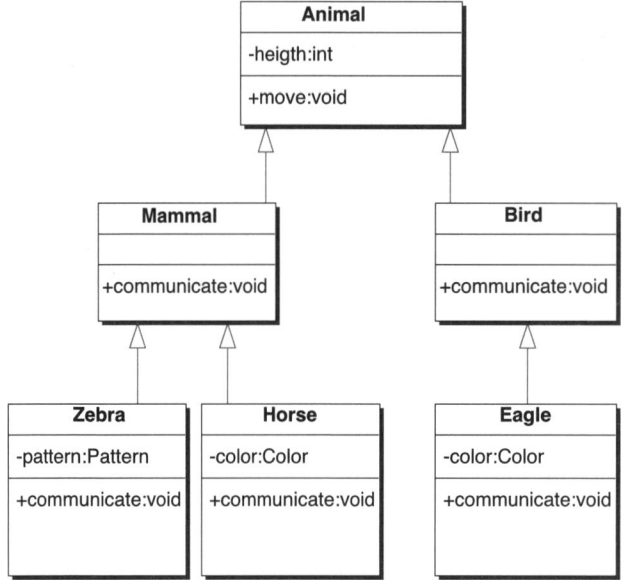

Abbildung 8.2 Klassenbibliotheken sind hierarchisch in Bäumen organisiert.

8.1.2 Von der Bibliothek zum Universum

Klassenbibliotheken gibt es für alle erdenklichen Anwendungsfälle. Beispielsweise existieren Bibliotheken für grafische Oberflächen, für mathematische Berechnungen, für die Bildverarbeitung, die Mustererkennung sowie für die Anbindung an Datenbanken.

8.1.3 Vom Universum zum eigenen Programm

Sie verwenden diese Klassenbibliotheken als Baukasten und suchen sich die Bausteine heraus, die Sie für Ihr Programm am besten verwenden können. Diese Klassen setzen Sie in Ihrem Programm zu einem neuen Ganzen zusammen. Sie verbinden sie sinnvoll miteinander und reichern sie mit etwas Programmlogik an. Das klingt sehr einfach und ist im Prinzip auch wirklich nicht schwer. Voraussetzung ist allerdings, dass man die Sprache Java beherrscht und etwas Dokumentation zu den Bibliotheken bekommt.

8.1.4 Bibliotheken und Bücher

Dokumentation existiert für viele Bibliotheken in Form von JavaDoc und in Form von vielen Büchern, die einzelne Bereiche der Bibliotheken näher besprechen.

Die Dokumentation ist häufig schon in einer integrierten Entwicklungsumgebung (Kapitel 22, »Werkzeuge«) auf Knopfdruck verfügbar.

Der Hersteller Oracle bietet seine Dokumentation nicht nur über integrierte Entwicklungsumgebungen, sondern auch über das Internet an *(http://java.sun.com/docs)*. Sehr zu empfehlen sind auch die Seiten speziell für Java-Entwickler *(http://developer.java.sun.com/developer/infodocs)*. Weitere interessante Informationsquellen sind das SourceForge.net *(http://sourceforge.net)* sowie Cetus-Links (*http://www.cetus-links.org*).

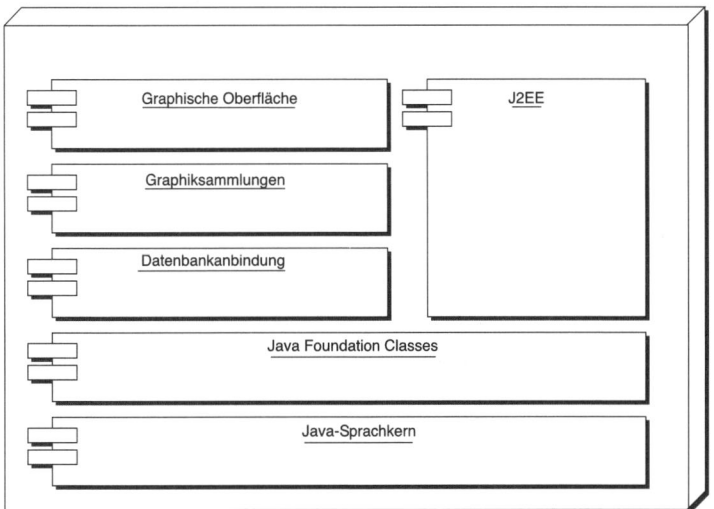

Abbildung 8.3 Tausende von Klassen erweitern den Java-Sprachkern.

8.1.5 Bibliotheken erweitern die Sprache

Java ist wie jede objektorientierte Sprache so aufgebaut, dass ein relativ kleiner Sprachkern (Kapitel 4) durch diverse Klassenbibliotheken aufgewertet wird. Jeder Java-Entwickler kann seine eigenen Klassen ebenfalls zu Bibliotheken zusammenstellen, nur in seinen Programmen verwenden oder aber anderen zur Verfügung stellen. Dadurch, dass viele Java-Entwickler spezielle Klassen geschrieben haben, ist die Sprache Java im Laufe der Jahre um viele Tausend benutzerdefinierte Datentypen gewachsen.

8.1.6 Bibliotheken steigern die Produktivität

Der Wert einer objektorientierten Programmiersprache ist dann besonders hoch, wenn wie im Fall von Java viele qualitativ hochwertige Bibliotheken für alle erdenklichen Anwendungsbereiche existieren. Sie können viele Java-Klassenbibliotheken entweder kostenpflichtig von Softwarehäusern, kostenfrei von Entwicklergemeinschaften oder vom Erfinder der Sprache, Sun Microsystems, beziehen.

8.1.7 Kommerzielle Klassenbibliotheken

Viele Softwarehäuser und Beratungsunternehmen bieten kostenpflichtige Java-Klassenbibliotheken an. Darunter sind Bibliotheken für grafische Oberflächen, mathematische Klassensammlungen, kaufmännische sowie technische Lösungen. Diese kommerziellen Bibliotheken werden aber mehr und mehr von kostenlosen *Open-Source-Bibliotheken* zurückgedrängt.

8.1.8 Open-Source-Bibliotheken

Viele Softwareentwickler arbeiten in ihrer Freizeit für so genannte Open-Source-Projekte. Das sind Zusammenschlüsse von Entwicklern, die ihre Programme und Klassenbibliotheken mit Quelltexten kostenlos zur Verfügung stellen. Viele Universitäten, Softwareentwickler und Buchautoren stellen zudem ihre Klassenbibliotheken kostenfrei zum Download bereit.

8.1.9 Bibliotheken von Sun Microsystems

Die offiziellen, von Sun Microsystems bereitgestellten Klassenbibliotheken hat der Hersteller in drei Editionen zusammengefasst:

1. Java Standard Edition (Java SE)

2. Java Enterprise Edition (Java EE)

3. Java Micro Edition (Java ME)

Dieses Kapitel gibt Ihnen anhand von kleinen Beispielprogrammen einen Überblick über diese drei Editionen, während der dritte Teil des Buches die Arbeit mit den Klassenbibliotheken der Java Standard Edition und der Java Enterprise Edition anhand von größeren Projekten vertieft.

8.2 Java Standard Edition

Die *Java Standard Edition* (Java SE) ist eine kostenlose Sammlung von Klassenbibliotheken und Entwicklungswerkzeugen des Java-Erfinders Sun Microsystems. Sie richtet sich an alle Java-Programmierer, denn diese Bibliotheken bilden das Fundament eines jeden Java-Programms.

Die Java Standard Edition (Abbildung 8.4) enthält die Funktionalität des früheren Java Development Kit (JDK) und wird auch häufig noch so bezeichnet. Da der Hersteller Sun Microsystems gern neue Abkürzungen erfindet, gibt es mittlerweile auch eine dritte Bezeichnung: Software Development Kit (SDK).

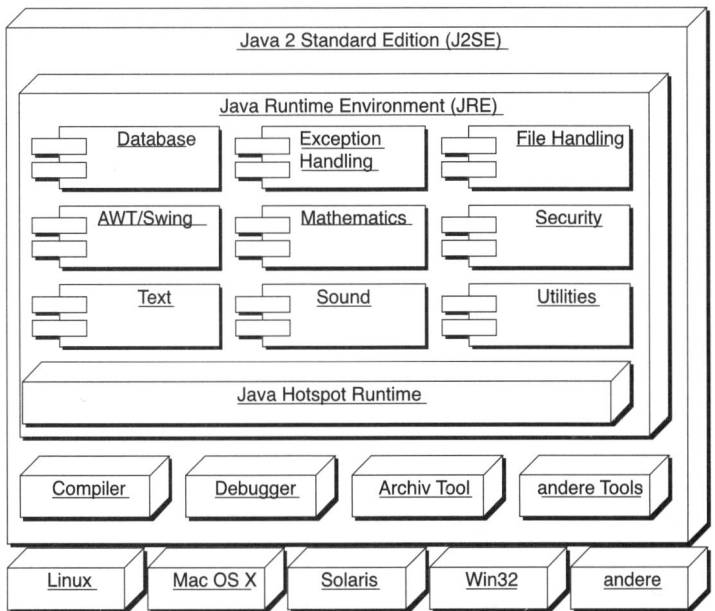

Abbildung 8.4 JDK, SDK und die JRE

Die Java SE (früher J2SE genannt) gliedert sich in die Java Runtime Environment (Abschnitt 6.3, »Java Runtime Environment«) und JDK-Werkzeuge (Kapitel 5, »Entwicklungsprozesse«, und 22, »Werkzeuge«). Die Java Runtime Environment ist für den Betrieb von Java-Anwendungen notwendig, die JDK-Werkzeuge werden zu ihrer Entwicklung benötigt.

8.2.1 Java-Language-Bibliothek

Die Java-Language-Bibliothek und ihre Klassen bilden die Basis für alle weiteren Java-Klassen. Die Klassen dieser Bibliothek nehmen eine Sonderstellung unter allen Java-SE-Bibliotheken ein: Sie werden automatisch geladen und sind so stark an den Sprachkern gebunden, dass für sie bestimmte Sprachregeln außer Kraft gesetzt sind.

Superklasse »Object«

Die Bibliothek besteht aus einem Paket namens *java.lang*, in dem sich auch die Basisklasse aller Java-Klassen verbirgt: die Klasse *Object*. Alle Klassen erben direkt oder indirekt von der Klasse *Object*. Ein Beispiel dazu: Abbildung 8.5 zeigt eine Klassenhierarchie von drei Klassen. Die Klasse *Shape* setzt hier auf der Superklasse *Object* auf.

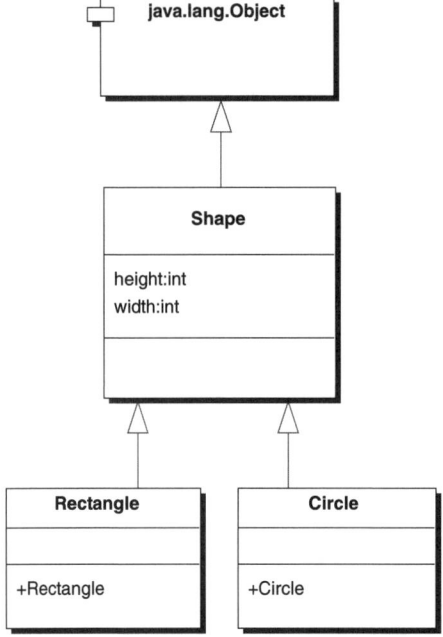

Abbildung 8.5 Die Klasse »Object« ist Basis aller Java-Klassen.

Um die Klasse *Object* zu verwenden, benötigen Sie keine Importanweisung (Listing 8.1). Sie wird, wie alle Klassen des Packages *java.lang*, vollkommen *automatisch importiert*.

```
1: //Beispielprogramme/Java_Klassenbibliotheken/Ex02
2:
3: package libraries;
4:
5: public abstract class ShapeWithExtends extends Object {
6:
7:    int height = 1;
8:    int width = 5;
9: }
```

Listing 8.1 Ohne Importanweisung erweitert die abgeleitete Klasse die Basisklasse »Object«.

Sie müssen die neue Klasse *ShapeWithExtends* sogar nicht einmal mit Hilfe des sonst notwendigen Schlüsselworts *extends* von *Object* ableiten. Listing 8.2 zeigt eine Variation der Beispielklasse *Shape*, wie man sie üblicherweise schreiben würde.

```
1: //Beispielprogramme/Java_Klassenbibliotheken/Ex02
2:
3: package libraries;
4:
5: public abstract class Shape {
6:
7:    int height = 1;
8:    int width = 5;
9: }
```

Listing 8.2 Shape, diesmal ohne die »extends«-Anweisung

Klasse »String«

Um Zeichenketten in Programmen zu verwenden, sind die entsprechenden Char-Datentypen (Kapitel 4, »Sprache Java«) meistens nicht flexibel genug. Als Alternative steht im Paket *java.lang* eine Klasse namens *String* (engl. für Schnur, Kette) zur Verfügung. Sie ist extrem einfach zu verwenden, wie Listing 8.3 zeigt.

```
 1: //Beispielprogramme/Java_Klassenbibliotheken/Ex03
 2:
 3: package libraries;
 4:
 5: class StringDemo {
 6:
 7:    public static void main(String[] arguments) {
 8:
 9:       String yesKey; // Deklaration
10:       yesKey = new String(); // Erzeugung
11:       yesKey = "JA"; // Zuweisung
12:
13:       // Deklaration + Erzeugung + Zuweisung:
14:       String cancelKey = "ABBRECHEN";
15:       char helpKey = '?';
16:       System.out.println("Wollen Sie eine Fragen stellen?");
17:       System.out.println("<Ja> .......... [" + yesKey + "]");
18:       System.out.println("<Abbrechen> ... [" + cancelKey + "]");
19:       System.out.println("<Hilfe> ....... [" + helpKey + "]");
20:    }
21: }
```

Listing 8.3 Ein erstes Beispiel für die Verwendung von Strings

Wie das Beispiel zeigt, können neue Objekte des Typs *String* in drei Schritten erzeugt und initialisiert werden. Im ersten Schritt deklariert man die Zeichenketten, im zweiten Schritt erzeugt man sie mit dem New-Operator und weist ihnen abschließend eine Zeichenkette zu. Weit schneller geht es, wenn man Deklaration, Erzeugung und Zuweisung in einer Anweisung verbindet (Abbildung 8.6).

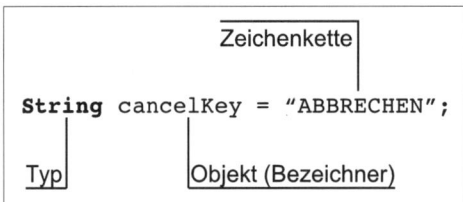

Abbildung 8.6 Deklaration, Erzeugen und Zuweisen einer Zeichenkette

Da die Verarbeitung von Zeichen und größeren Texten enorm wichtig für jedes Programm ist, sind Zeichenketten auch extrem bedeutend für die Java-Programmierung. Die Klasse *String* ist deshalb sehr umfangreich und leistungsfähig. Um Ihnen einen Eindruck von der Leistungsvielfalt zu vermitteln, möchte ich Ihnen in Tabelle 8.1 einen kleinen Ausschnitt aus der Java-Dokumentation dieser Klasse vorstellen.

Konstruktor	Bedeutung
String()	Erzeugt eine leere Zeichenkette.
String(byte[] bytes)	Erzeugt eine Zeichenkette und konvertiert das Byte-Array.
String(byte[] ascii, int hibyte)	Diese Methode ist veraltet und sollte nicht verwendet werden.
String(byte[] bytes, int offset, int length)	Erzeugt eine Zeichenkette aus dem Byte-Array. *offset* gibt den Startpunkt innerhalb des Arrays an und *length* die Länge.
String(byte[] ascii, int hibyte, int offset, int count)	Diese Methode ist veraltet und sollte nicht verwendet werden.
String(byte[] bytes, int offset, int length, String enc)	Erzeugt eine Zeichenkette aus dem Byte-Array. *offset* gibt den Startpunkt innerhalb des Arrays an, *length* die Länge und *enc* die Kodierung.
String(byte[] bytes, String enc)	Erzeugt eine Zeichenkette aus dem Byte-Array. *enc* gibt die Kodierung an.

Tabelle 8.1 Konstruktoren der Klasse »String«

Konstruktor	Bedeutung
String(char[] value)	Erzeugt eine Zeichenkette aus dem Char-Array.
String(char[] value, int offset, int count)	Erzeugt eine Zeichenkette aus dem Char-Array. *offset* gibt den Startpunkt innerhalb des Arrays an und *count* die Anzahl der Zeichen.
String(String original)	Erzeugt eine Kopie der übergebenen Zeichenkette.
String(StringBuffer buffer)	Erzeugt eine Zeichenkette aus einem StringBuffer.

Tabelle 8.1 Konstruktoren der Klasse »String« (Forts.)

Wie Sie aus der Tabelle erkennen können, handelt es sich *nur* um Konstruktoren der Klasse *String*, also um Methoden, mit deren Hilfe Sie eine Zeichenkette erzeugen können. Einige von diesen Konstruktoren sind *deprecated*, also veraltet, und sollten nicht mehr verwendet werden. Sie stammen aus der Anfangszeit von Java und werden möglicherweise bald aus der Bibliothek entfernt.

Die restlichen Konstruktoren stehen Ihnen zur Verfügung, wenn Sie eine neue Zeichenkette erzeugen möchten. Darüber hinaus stehen Ihnen sehr viele Methoden der Klasse zur Verfügung, die ich hier aus Platzgründen nicht auflisten möchte – das ist aber auch nicht notwendig, da die Java-Dokumentation aller Klassenbibliotheken entweder in Ihrer Entwicklungsumgebung enthalten oder über das Internet verfügbar ist.

Alle grafischen Oberflächen verarbeiten praktisch ausschließlich Zeichenketten. Auch Zahleneingaben werden von einem Java-Programm zunächst als String entgegengenommen. Um innerhalb des Programms damit rechnen zu können, müssen sie natürlich wieder in Festkommazahlen oder Gleitkommazahlen konvertiert werden. Als Brücke für die Konvertierung dienen spezielle Wrapper-Klassen: die einfachen Klassentypen.

Einfache Klassentypen

Kapitel 4, »Sprache Java«, hat Ihnen acht einfache Datentypen vorgestellt. Um diese einfachen Datentypen wie Klassen verwenden zu können, gibt es acht dazu passende Klassen, die sie verpacken – sie umhüllen einen einfachen Datentyp mit einer objektorientierten Schale.

Einfacher Klassentyp	Einfacher Datentyp
Byte	byte
Short	short
Integer	int
Long	long
Double	double
Float	float
Boolean	boolean
Character	char

Tabelle 8.2 Die einfachen Klassentypen umhüllen einfache Datentypen.

Wozu der Aufwand? Kapitel 4, »Sprache Java«, hat zwar gezeigt, wie wertvoll Datentypen sein können, die nicht den Ballast von Methoden und Vererbung tragen. In verschiedenen Situationen benötigt man aber eben doch Methoden, um Werte konvertieren zu können.

Eine dieser Situationen tritt auf, wenn Strings in Zahlenwerte verwandelt werden müssen. Wie schon erwähnt, verarbeiten grafische Java-Oberflächen alle Zahlenwerte im String-Format. Um mit den Zahlenwerten kalkulieren zu können, ist es erforderlich, die Zeichenketten, die der Anwender eingegeben hat, wieder in ein Zahlenformat zu verwandeln (Abbildung 8.7).

Danach können mit den Zahlenwerten mathematische Kalkulationen durchgeführt werden, die aus einleuchtenden Gründen mit Zeichenketten nicht möglich sind (sin(), cos(), Addition etc.). Nach der Kalkulation tritt wieder die Situation auf, dass der Anwender das Endergebnis sehen möchte. Um die Zahlenwerte anzeigen zu können, müssen sie erneut in einen String konvertiert werden (Abbildung 8.8).

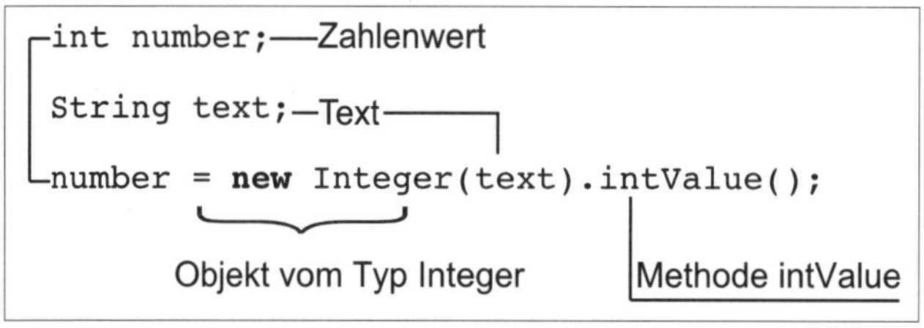

```
int number;  ──Zahlenwert
String text;  ──Text
number = new Integer(text).intValue();
         └──────┬──────┘ └─────┬─────┘
      Objekt vom Typ Integer   Methode intValue
```

Abbildung 8.7 Umwandlung eines Strings in einen Int-Wert

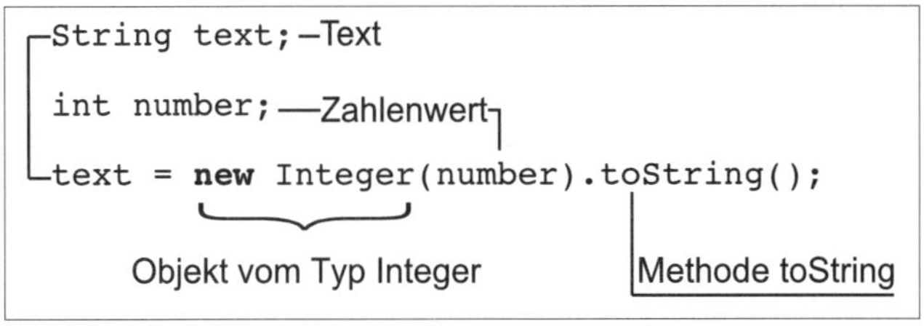

```
┌─String text; ─Text
│ int number; ──Zahlenwert┐
└─text = new Integer(number).toString();
         └────────┬───────┘ └─────┬────┘
         Objekt vom Typ Integer   Methode toString
```

Abbildung 8.8 Umwandlung eines int-Wertes in einen String

Die Umwandlung kann *nicht* so erfolgen, wie sie in Abschnitt 7.4, »Typkonvertierung«, anhand von einfachen Datentypen gezeigt wurde. Diese einfachen Datentypen sind zwar vom Wertebereich verschieden, aber einander sehr ähnlich: Sie sind einfache Speicherzellen, verfügen nicht über Methoden und sind somit auch keine Klassen. Daher kann die Typkonvertierung eines einfachen Datentyps in einen benutzerdefinierten Datentyp wie eine Klasse nur über Wrapper-Klassen erfolgen.

```
 1: //Beispielprogramme/Java_Klassenbibliotheken/Ex04
 2:
 3: package libraries;
 4:
 5: class StringConversionDemo {
 6:
 7:   public static void main(String[] arguments) {
 8:
 9:     String text; // Deklaration des Textes
10:     int number; // Deklaration des Zahlenwertes
11:
12:     //Erster Versuch ohne Konvertierung:
13:
14:     //Wert 200 zuweisen:
15:     text = "200";
16:
17:     // Pseudokalkulation: text++ nicht erlaubt:
18:     text = text + 1;
19:
20:     // Das Ergebnis ist falsch:
21:     System.out.println("Der Wert lautet: " + text);
22:
23:     //Zweite Variante mit Konvertierung:
24:
25:     // Wert 200 erneut zuweisen:
26:     text = "200";
27:
28:     //Konvertierung von String -> int:
```

```
29:        number = new Integer(text).intValue();
30:
31:        // Zahl erhoehen: entspricht number++:
32:        number = number + 1;
33:
34:        //Das Ergebnis ist jetzt korrekt:
35:        System.out.println("Der Wert lautet: " + number);
36:    }
37: }
```

Listing 8.4 Ein erstes Beispiel für die Umwandlung von Strings

Ein Programmbeispiel (Listing 8.5) zeigt, was passiert, wenn man versucht, mit Hilfe einer Zeichenkette zu kalkulieren. Das Programm weist zu Anfang einer Zahl, die als *String* erzeugt wurde, den Wert 200 zu und erhöht ihn anschließend. Danach erscheint folgende Ausgabe:

```
Der Wert lautet: 2001
```

Bei der Variante konvertiert das Programm die als *String* gespeicherte Zahl in einen Text, erhöht ihn anschließend und gibt ihn danach aus. Es erscheint diesmal:

```
Der Wert lautet: 201
```

Ohne die Hilfe der Wrapper-Klasse *Integer* wäre es nicht möglich gewesen, diese Konvertierung vorzunehmen und den korrekten Wert zu berechnen.

StringBuffer

Strings mit einem Pluszeichen miteinander zu verketten ist eine wunderbar einfache Art, Zeichenketten zu verbinden – aber sie hat den Ruf, sehr langsam zu sein. Zudem hat die Klasse *String* eine Reihe von Einschränkungen. Als Konsequenz daraus sollten Sie überall dort, wo Zeichenketten häufig verbunden und verändert werden müssen, die Klasse *StringBuffer* einsetzen.

```
 1: //Beispielprogramme/Java_Klassenbibliotheken/Ex05
 2:
 3: package libraries;
 4:
 5: class StringBufferDemo {
 6:
 7:    public StringBuffer string() {
 8:       StringBuffer str = new StringBuffer("String");
 9:       for (int i = 0; i <= 10; i++)
10:          str.append(str);
11:       return str;
12:    }
```

```
13:
14:    public static void main(String[] arguments) {
15:      StringBufferDemo stretch = new StringBufferDemo();
16:      StringBuffer str = new StringBuffer();
17:      str = stretch.string();
18:      System.out.println("Ergebnis: " + str);
19:    }
20: }
```

Listing 8.5 Das Programm »StringBufferDemo«

Das Programm »*StringBufferDemo*« zeigt eine Anwendung der Klasse *StringBuffer*. Es verkettet in einer Schleife eine Zeichenkette und gibt sie anschließend auf die Konsole aus. Dieser Vorgang läuft sehr schnell ab. Das Ergebnis ist ein Zeichenfeld.

8.2.2 Klasse »System«

Neben der String-Klasse und den Wrapper-Klassen ist die Klasse *System* ein Dreh- und Angelpunkt jedes Java-Programms. Sie hat vielfältige Aufgaben, unter anderem:

- Zeicheneingabe und -ausgabe auf die Konsole
- Aufruf des Garbage Collectors
- Programmbeendigung
- Setzen von Grundeinstellungen des Systems
- Abfragen von Grundeinstellungen des Systems

Die Ausgabe von Zeichen haben Sie schon in vielen Beispielen des Buchs gesehen. Über den Einsatz des Garbage Collectors wurde in Kapitel 6, »Plattform Java«, berichtet (Abschnitt 6.3.2, »Garbage Collector«). Neu ist hingegen, dass das Programm durch eine Methode der Klasse *System* beendet wird. Dazu reicht der Aufruf System.exit(status);.

Über die Int-Variable *status* übergeben Sie den Zustand des Programms. Sie sollten null übergeben, wenn das Programm normal beendet wurde. Einen definierten anderen Wert können Sie ebenfalls ausgeben, um anzuzeigen, dass das Programm nach einem kritischen Zustand beendet wurde.

Eine weitere, häufig sehr nützliche Funktion der Klasse *System* ist das Ein- oder Auslesen von Systemeinstellungen. Wie das Auslesen der Systeminformationen (System Properties) prinzipiell funktioniert, zeigt Listing 8.6.

Sie verwenden dazu die Akzessor-Methode *getProperty()*, der Sie eine bestimmte Zeichenkette als Parameter übergeben. Diese Zeichenketten sind in der Java-Dokumentation vordefiniert. Um zum Beispiel herauszufinden, wie das Betriebssystem heißt, unter dem das Java-Programm ausgeführt wird, verwenden Sie die Property *os.name*.

```
 1: //Beispielprogramme/Java_Klassenbibliotheken/Ex06
 2:
 3: package libraries;
 4:
 5: class SystemPropertiesDemo {
 6:
 7:   public static void main(String[] arguments) {
 8:
 9:     System.out.println(
10:       "Java-Version: .......... " +
11:       System.getProperty("java.version") + "\n" +
12:       "Java-Home .............. " +
13:       System.getProperty("java.home") + "\n" +
14:       "JVM-Version ............ " +
15:       System.getProperty("java.vm.version") + "\n" +
16:       "JVM-Name ............... " +
17:       System.getProperty("java.vm.name") + "\n" +
18:       "Betriebssystemname ..... " +
19:       System.getProperty("os.name") + "\n" +
20:       "Betriebssystemversion .. " +
21:       System.getProperty("os.version") + "\n" +
22:       "Dateitrennzeichen ...... " +
23:       System.getProperty("file.separator") + "\n" +
24:       "Anwendername ........... " +
25:       System.getProperty("user.name") + "\n" +
26:       "Anwenderverzeichnis .... " +
27:       System.getProperty("user.home"));
28:   }
29: }
```

Listing 8.6 Auslesen einiger System Properties

Das Programm erzeugt auf meinem Macintosh zur Zeit (ohne Java 7) folgende Ausgabe:

```
Java-Version: .......... 1.6.0
Java-Home .............. /System/.../Versions/1.6.0/Home
JVM-Version ............ 1.6.0
JVM-Name ............... Java HotSpot(TM) Client VM
Betriebssystemname ..... Mac OS X
```

```
Betriebssystemversion .. 10.3.9
Dateitrennzeichen ...... /
Anwendername .......... bsteppan
Anwenderverzeichnis .... /Users/bsteppan
```

Mit Hilfe dieser Systemgrundeinstellungen erhalten Sie wichtige Informationen, die Ihr Programm nutzen kann. Zum Beispiel ist es in der Lage, auf Basis des Anwendernamens benutzerspezifische Daten im Verzeichnis des Anwenders abzulegen.

Eine weitere Anwendung der Klasse *System* sind Zeitmessungen. Um diese durchzuführen, verwenden Sie die Methode *currentTimeMillis*. Sie gibt einen Long-Typ zurück, den Sie elegant als Stoppuhr einsetzen können (Listing 8.7).

```
 1: //Beispielprogramme/Java_Klassenbibliotheken/Ex07
 2:
 3: package libraries;
 4:
 5: public class TimeDemo {
 6:   public static void main(String[] args) {
 7:
 8:     long startTime = System.currentTimeMillis();
 9:     long loops = 0;
10:
11:     for (int i = 0; i < 300000; i++) {
12:       loops += i;
13:     }
14:
15:     long stopTime = System.currentTimeMillis();
16:     long elapsedTime = stopTime - startTime;
17:     System.out.println(elapsedTime + " ms");
18:   }
19: }
```

Listing 8.7 Ein Beispiel für eine Zeitmessung

Das Programm *TimeDemo* ruft zu Beginn die Methode *currentTimeMillis* der Klasse *System* auf und speichert den Rückgabewert in einer Variablen namens *startTime*. Danach führt das Programm eine Berechnung in einer längeren Schleife aus. Die dafür verwendete Zeit misst das Programm nach der Schleife und weist sie der Variablen *stopTime* zu. Anschließend bildet das Programm die Differenz beider Zeiten und gibt den errechneten Wert aus.

Fehlerbehandlung

Exception Handling (engl. für Ausnahmebehandlung) ist ein in Java verankertes Prinzip, auf Programmfehler zu reagieren. Im Gegensatz zu Rückgabewerten, wie sie in herkömmlichen Programmen üblich sind, zwingt das Exception Handling den Entwickler, auf Ausnahmezustände im Programm zu reagieren.

Laufzeitfehler einer Anwendung können in zwei Kategorien unterteilt werden:

1. Fachliche Fehler
2. Technische Fehler

Fachliche Fehler treten zum Beispiel dann auf, wenn der Anwender falsche Werte eingibt. Die Fehleingaben sollten nicht zu einer Instabilität des Programms führen. Vielmehr sollte das Programm darauf mit richtigen Hinweisen reagieren. Beispiel für einen fachlichen Fehler sind die Eingabe einer Zahl in ein Namensfeld oder die falsche Eingabe eines Passworts. Fachliche Fehler können über Validierungen und Authentifizierungsprüfungen abgefangen werden.

Technische Fehler sind zum Beispiel dann gegeben, wenn zu wenig Speicherplatz zur Verfügung steht, eine Klasse von der Laufzeitumgebung nicht gefunden wurde, jemand eine Division durch null durchgeführt hat oder ein Schreib-/Lesefehler aufgetreten ist.

Auch hierfür ein Beispiel: Angenommen, Sie wollen ein Programm schreiben, das ein anderes Programm aufruft. Wenn Sie dieses Programm in der Programmiersprache C schreiben, würden Sie eine entsprechende Funktion innerhalb Ihres Programms aufrufen. Diese Funktion könnte einen Fehler produzieren, wenn die Datei, die ausgeführt werden soll, nicht gefunden wird oder zerstört ist.

Die entsprechende Funktion würde in einem solchen Fall einen Wert zurückgeben, beispielsweise *Fehler 12* oder *Fehler 13*. Als Programmierer würden Sie den Fehlercode in der Dokumentation der Funktion nachschlagen und vielleicht lesen: »Fehler 12: Datei nicht gefunden« und »Fehler 13: Datei zerstört«. Dann würden Sie sich eine Fehlerbehandlung für Ihr Programm überlegen, die – in Java übersetzt – vielleicht so aussehen würde:

✂
```
int error = 12;
switch (error) {
  case 12: System.out.println("Datei nicht gefunden.");
    break;
  case 13: System.out.println("Datei beschaedigt.");
    break;
}
```
✂

Listing 8.8 Ablauf einer Fehlerbehandlung analog einem C-Programm

Die Fehlerbehandlung in Java läuft natürlich nicht sequenziell, sondern völlig objektorientiert ab. Um das zu zeigen, ist ein Vorgriff auf die Klasse *Runtime* notwendig. Sie erlaubt unter anderem, ein externes Programm von einem Java-Programm aus zu starten. Wenn Sie unter Windows zum Beispiel das Programm Notepad.exe starten wollen, können Sie das so realisieren, wie in Listing 8.9 aufgeführt.

```
 1: //Beispielprogramme/Java_Klassenbibliotheken/Ex08
 2:
 3: package libraries;
 4:
 5: class ExceptionDemo {
 6:
 7:   public static void main(String[] arguments) {
 8:     //Versuche den Notepad zu starten (nur WIN)
 9:     try {
10:       Runtime.getRuntime().exec("notepad.exe");
11:     } // try
12:     catch (Exception ex) {
13:       System.out.println(ex);
14:     } // catch
15:   }//main
16: }//ExceptionDemo
```

Listing 8.9 Ablauf einer Fehlerbehandlung in einem Java-Programm

Das Beispielprogramm besteht aus einer Methode *main*, in der die Methode *exec* mit dem Parameter [notepad.exe] aufgerufen wird. Der Aufruf der Funktion ist in einen Try-Catch-Block eingebettet. Dieser Block steckt die »Problemzone« des Programms ab: Die Methode *exec* ist unter Umständen eine Gefahr für die Stabilität des Programms und muss aufgrund des Fehlerrisikos abgesichert werden.

Der Programmierer darf versuchen (Try-Block), die Methode aufzurufen, muss aber dafür sorgen, dass Fehlerzustände nicht zum Programmabsturz führen. Diese Absicherung besteht darin, alle eventuellen Fehler abzufangen (Catch-Block). Was passiert, wenn etwas »schiefgeht«? Die Methode *exec* löst einen Fehler aus. Das heißt, sie erzeugt einen Ausnahmezustand (Exception), der behandelt werden muss. Daher auch der Name Ausnahmebehandlung.

Der Ablauf erfolgt immer in folgender Weise:

```
try {
  Anweisung1 (löst SpezielleException aus);
  Anweisung2 (löst AllgemeineException aus);
}
catch (SpezielleException spezielleException) {
  Anweisungen zur Fehlerbehandlung;
}
catch (AllgemeineException allgemeineException) {
  Anweisungen zur Fehlerbehandlung;
}
finally {
  Anweisungen, die unbedingt noch erledigt werden müssen
}
```

Ein Try-Block kann mehrere Anweisungen umgeben, die in diesem Fall auch von einem oder mehreren Catch-Blöcken abgefangen werden müssen. Die finally-Anweisung dient dazu, Anweisungen aufzunehmen, die auf jeden Fall abgearbeitet werden müssen. Hier können wichtige Aufräumarbeiten platziert werden, zum Beispiel das Schließen von Datenbankverbindungen, ohne die ein bleibender Schaden entsteht.

Wenn es mehrere Ausnahmezustände in dem Try-Block geben kann, müssen Sie auch mehrere Exceptions abfangen. Wichtig ist hierbei die richtige Reihenfolge der Catch-Blöcke. Fangen Sie zunächst die speziellen Exceptions ab, und stellen Sie die allgemeine Exception (sofern sie benötigt wird) an den Schluss. Das folgende Beispiel zeigt, warum.

```
try {
  Anweisung1 (löst FileNotFoundException aus);
  Anweisung2 (löst AllgemeineException aus);
}
catch (FileNotFoundException fileNotFound) {
  Dialog mit der Nachricht zeigen, dass
  eine Datei nicht gefunden wurde;
}
catch (AllgemeineException allgemeineException) {
  Allgemeine Anweisungen zur Fehlerbehandlung;
}
finally {
  Anweisungen, die unbedingt noch erledigt werden müssen
}
```

Die *Anweisung1* soll eine Datei einlesen. Diese Aktion kann dazu führen, dass eine Ausnahme auftritt, wenn die Datei nicht existiert. In diesem Fall soll das Programm den Anwender durch einen Dialog darauf aufmerksam machen. Wenn die Aktion gut verlaufen ist, wird hingegen planmäßig *Anweisung2* ausgeführt.

Wenn die Reihenfolge der Catch-Blöcke vertauscht wird, sieht das Listing wie folgt aus:

```
try {
  Anweisung1 (löst FileNotFoundException aus);
  Anweisung2 (löst AllgemeineException aus);
}
catch (AllgemeineException allgemeineException) {
  Allgemeine Anweisungen zur Fehlerbehandlung;
}
catch (FileNotFoundException fileNotFound) {
  Dialog mit der Nachricht zeigen, dass
  eine Datei nicht gefunden wurde;
}
finally {
  Anweisungen, die unbedingt noch erledigt werden müssen
}
```

Wenn die *Anweisung1* ausgeführt wird und dabei eine Datei nicht findet, funktioniert das Programm nicht mehr wunschgemäß. Der Ausnahmezustand wird schon von der allgemeinen Exception abgefangen, weil die Exception-Klasse *FileNotFoundException* von der allgemeinen Klasse *Exception* abstammt. Anstatt den Anwender korrekt zu informieren, arbeitet das Programm daher die allgemeinen Anweisungen zur Fehlerbehandlung ab.

Wie entstehen Ausnahmen? Die Erzeugung von Ausnahmen ist in einer Klasse definiert, deren Entwickler vorhergesehen hat, dass eine Methode seiner Klasse eine Programminstabilität hervorrufen kann. Wenn man eine Klasse entwickelt, die solche Instabilitäten auslösen kann, verwendet man das Schlüsselwort *throws*, um einen Alarmzustand auszulösen. Wie das genau funktioniert, sehen Sie in Listing 8.10.

Innerhalb der Klasse *Runtime* der Java SE existieren zwei Methoden, die beide ein Objekt des Typs *Process* zurückliefern. Bei beiden Methoden hat der Entwickler vorgesorgt, dass Fehler über eine *Exception* esakaliert werden.

```
package java.lang;
// Importe
✂
import java.io.IOException;
✂
public class Runtime {
// Attribute
  private static Runtime currentRuntime;
  // Konstruktoren
  private Runtime() { }
```

```
// Methoden
✂
  public Process exec(String string)
      throws IOException { return null; }
  public Process exec(String string, String[] stringArray)
      throws IOException { return null; }
✂
```

Listing 8.10 Ausschnitt aus der Klasse »Runtime« der Java SE

Innerhalb der Java SE gibt es einen weit verzweigten Baum verschiedener Exceptions, die ihren Ursprung in der Klasse *Throwable* haben. Von *Throwable* leiten sich die Klassen *Exception* und *Error* ab. Klassen des *Error*-Zweigs werden dann ausgelöst, wenn ein Fehler aufgetreten ist, der so schwerwiegend ist, dass das Programm zumeist abstürzt. Im Gegensatz dazu handelt es sich beim *Exception*-Unterbaum um Klassen, die zu allen unerfreulichen, aber reparablen Lebenslagen eines Java-Programms passen.

Die Programmiersprache Java erzwingt, dass Methodenaufrufe, die Exceptions auslösen können, mit Try-Catch-Blöcken abgesichert werden. Falls das nicht der Fall ist, verweigert der Compiler die Übersetzung des Programms. Das verankerte Prinzip der Ausnahmebehandlung beschert Java-Programmen eine ungewöhnliche Robustheit.

Runtime

Die Klasse *Runtime* haben Sie gerade kennengelernt. Sie hat unter anderem die Aufgabe, andere Programme aus Java-Programmen heraus zu starten. Das funktioniert, wie in Listing 8.11 gezeigt.

```
 1: //Beispielprogramme/Java_Klassenbibliotheken/Ex09
 2:
 3: package libraries;
 4:
 5: import java.io.BufferedReader;
 6: import java.io.InputStreamReader;
 7:
 8: class RuntimeDemo {
 9:
10:   public static void main(String[] arguments) {
11:
12:     Process process = null;
13:     try {
14:       //Unix
15:       process = Runtime.getRuntime().exec("ls -l");
16:       //Win9x
```

```
17:        //process = Runtime.getRuntime().exec("command /c dir");
18:        //WinNT
19:        //process = Runtime.getRuntime().exec("cmd /c dir");
20:        BufferedReader input = new BufferedReader(
21:            new InputStreamReader(process.getInputStream()));
22:        String output;
23:        while ((output = input.readLine()) != null) {
24:          System.out.println(output);
25:        }
26:      }
27:      catch (Exception ex) {
28:        System.out.println(ex);
29:      }
30:    }
31: }
```

Listing 8.11 Das erweiterte Beispiel eines Programmstarts

Das Programm ist in der Lage, den Verzeichnisinhalt aufzulisten. Dazu bedient es sich einer Konsole. Für ein Unix-Terminal reicht es aus, das entsprechende Unix-Kommando aufzurufen. Bei der Windows-Familie ist die Behandlung etwas anders. Hier muss die DOS-Eingabeaufforderung entweder mit cmd oder mit command gestartet werden.

Im Gegensatz zur ersten Variante des Programms wertet dieses Beispiel diesmal das Rückgabeobjekt vom Typ *Process* aus, um die Ausgabe der Konsole entgegenzunehmen. Die Zeichen dieses Ausgabestroms gibt das Programm anschließend wieder auf der Konsole aus. Auf meinem Macintosh-Computer (Unix) erzeugt das Programm zum Beispiel folgende Informationen:

```
drwxrwxrwx   5 bsteppan   staff    170 Sep 17 11:40 bin
drwxrwxrwx   4 bsteppan   staff    136 Sep 17 11:39 src
```

Threads

In manchen Situationen ist es notwendig, dass ein Programm nicht nur eine Aufgabe erledigt, sondern mehrere parallel. In diesem Programm laufen dann mehrere Handlungsfäden ab, so genannte *Threads* (engl. für Faden). Damit nicht jeder Java-Programmierer solche schwierigen nebenläufigen Programme von Grund auf selbst entwickeln muss, gibt es auch dafür Hilfe in der Java-Language-Bibliothek.

Die Hilfe kommt von einer Klasse namens *Thread* und einem Interface namens *Runnable*. Die Klasse *Thread* implementiert dieses Interface und bietet jedem Java-Programmierer wichtige Funktionen, mit denen er Miniprogramme innerhalb seines Programms starten, stoppen und synchronisieren kann. Wie, das zeigt das folgende Beispiel.

```
 1: //Beispielprogramme/Java_Klassenbibliotheken/Ex10
 2:
 3: package libraries;
 4:
 5: public class ThreadDemo {
 6:
 7:   public static void main(String[] arguments) {
 8:     Thread up = new Thread(new UpThread());
 9:     up.start();
10:     Thread down = new Thread(new DownThread());
11:     down.start();
12:   }
13: }
```

Listing 8.12 Das Hauptprogramm startet die »Nähmaschine«.

Das Beispiel besteht aus drei Klassen: einer Klasse *ThreadDemo* mit der Startmethode *main* und zwei Klassen, die von der Klasse abgeleitet wurden. Die Klasse *UpThread* gibt Größerzeichen aus, die Klasse *DownThread* Kleinerzeichen. Würden die Methoden *run* der beiden Klassen hintereinander ausgeführt werden, würde die Verarbeitung sequenziell, also nacheinander, erfolgen.

```
 1: //Beispielprogramme/Java_Klassenbibliotheken/Ex10
 2:
 3: package libraries;
 4:
 5: public class DownThread extends Thread {
 6:
 7:   public void run() {
 8:     for (int i = 0; i < 100; i++) {
 9:       System.out.print("<");
10:     }
11:   }
12: }
```

Listing 8.13 Das ist der eine Faden ...

In diesem Fall jedoch ist die Verarbeitung nebenläufig und erzielt einen Effekt, den Sie von modernen Betriebssystemen kennen: Mehrere Programme können nebeneinander ausgeführt werden, obwohl nur eine CPU zur Verfügung steht. Bei Betriebssystemen nennt sich das Multitasking. Multitasking innerhalb eines Programms nennt sich Multithreading.

```
 1: //Beispielprogramme/Java_Klassenbibliotheken/Ex10
 2:
 3: package libraries;
 4:
 5: public class UpThread extends Thread {
 6:
 7:   public void run() {
 8:     for (int i = 0; i < 100; i++) {
 9:       System.out.print(">");
10:     }
11:   }
12: }
```

Listing 8.14 ... und das ist der andere Faden.

Thread-Programmierung basiert auf einer Bewusstseinstäuschung: Es ist eine scheinbare Parallelverarbeitung. Das Programm schaltet in mehr oder weniger regelmäßigen Abständen von einem Thread zum anderen, wie die Ausgabe des Programms zeigt.

<<<<<<<<<<<<<<<<<<<<<<<<<<<<<<<<<<<<<<<<<<<<<<<
<<<<<<<<<<<<<<<<<<<<<<<<<<<<<<<<<<<<<<<<<<<<<<<
<<<<<<>>>
>>>
>>>>>>>>>>>

Das Strickmuster zeigt eine ziemlich unregelmäßige Handschrift und weist freundlich darauf hin, dass es notwendig ist, sich mit dieser schwierigen Technik der nebenläufigen Programmierung intensiver auseinanderzusetzen. Dies erfolgt in Abschnitt 8.6.2, »Übungen«.

8.2.3 Stream-Bibliotheken

Für das Lesen und Schreiben von Dateien steht innerhalb der Java SE ein Paket namens *java.io* zur Verfügung, das so genannte *Streams* enthält. *Streams* sind spezielle Klassen, die Dateiströme erzeugen, die Sie nutzen können, um Daten einzulesen oder auszugeben, wie die folgenden Beispiele zeigen.

Dateien einlesen

Das Einlesen von Dateien erfolgt in drei Schritten. Zunächst legen Sie ein Objekt des Typs *FileReader* an, das die Aufgabe übernimmt, eine Datei einzulesen. Der Aufruf des Konstruktors dieser Klasse ist nicht risikolos und muss deshalb von einem Try-Catch-Block umgeben werden – schließlich könnte die Datei nicht vorhanden oder zerstört sein.

```
 1: //Beispielprogramme/Java_Klassenbibliotheken/Ex11
 2:
 3: package libraries;
 4:
 5: import java.io.BufferedReader;
 6: import java.io.FileNotFoundException;
 7: import java.io.FileReader;
 8: import java.io.IOException;
 9:
10: public class FileReaderDemo {
11:
12:   public static void main(String[] arguments) {
13:
14:     BufferedReader file = null;
15:     String text;
16:
17:     try {
18:       file =
19:         new BufferedReader(
20:           new FileReader("Filet.txt"));
21:     } catch (FileNotFoundException ex) {
22:       // (...)
23:     }
24:     try {
25:       while ((text = file.readLine()) != null) {
26:         System.out.println(text);
27:       }
28:     } catch (IOException ex) {
29:       // (...)
30:     }
31:   }
32: }
```

Listing 8.15 Dieses Programm gibt den Inhalt einer Datei aus.

Das Ergebnis dieser Aktion ist ein Strom aus Zeichen, der wenig hilft, denn der Sinn des Programms ist es, Text *auszugeben*. Aus diesem Grund muss der Zeichenstrom einem Objekt des Typs *BufferedReader* übergeben werden. Dieses Objekt ist über eine While-Schleife in der Lage, die Zeichen wieder *auszugeben*, was wie folgt geschieht:

```
Filet mit Salat
Man nehme ein 3 cm dickes Filet, salze und pfeffere
es von einer Seite, brate es in der Pfanne 5 Minuten,
wende es anschließend, salze und pfeffere es erneut,
brate es wieder 5 Minuten und serviere es mit Salat.
```

Dateien schreiben

Genauso problemlos und schnell, wie ein paar Zeilen Java-Code eine Datei eingelesen haben, funktioniert das Erzeugen einer neuen Datei. Dazu legen Sie ein Objekt des Typs *FileWriter* an, dessen Konstruktor Sie den Namen der Datei übergeben.

```
 1: //Beispielprogramme/Java_Klassenbibliotheken/Ex12
 2:
 3: package libraries;
 4:
 5: import java.io.FileWriter;
 6: import java.io.IOException;
 7:
 8: public class FileWriterDemo {
 9:
10:   public static void main(String[] arguments) {
11:
12:     FileWriter file = null;
13:
14:     // Versuche, die Datei zu schreiben:
15:     try {
16:       // Vergabe des Dateinames:
17:       file = new FileWriter("Filet.txt");
18:
19:       // Der Text in Form eines Strings:
20:       String text = "Filet mit Salat\n"
21:         + "Man nehme ein 3 cm dickes Filet,"
22:         + " salze und pfeffere\n"
23:         + "es von einer Seite, brate es "
24:         + "in der Pfanne 5 Minuten,\n"
25:         + "wende es anschlie\u00dfend, "
26:         + "salze und pfeffere es erneut,\n"
27:         + "brate es wieder 5 Minuten und "
28:         + "serviere es mit Salat.";
29:       file.write(text);//String -> Datei
30:       file.close();//Datei schliessen
31:     } catch (IOException ex) {//Fehler
32:       // (...)
33:     }
34:   }
35: }
```

Listing 8.16 Dieses Programm schreibt den Inhalt eines Textes in eine Datei.

Das Objekt, das in diesem Programm *file* heißt, verfügt über mehrere Methoden. Mit *write* schreiben Sie Text in diese Datei, und mit *close* schließen Sie die Datei wieder, so dass sie auf dem Dateisystem erscheint – mehr ist nicht zu programmieren, außer der obligatorischen Ausnahmebehandlung für den Fall, dass es zu Schreibfehlern kommt.

8.2.4 Hilfsklassen

Properties

Manchmal müssen Grundeinstellungen eines Programms gelesen und dauerhaft auf der Festplatte gespeichert werden. Unter Windows verwenden Programme Ini-Dateien oder speichern ihre Informationen in der Registrierdatenbank. Um unabhängig von der Plattform zu sein, haben sich die Java-Erfinder ein anderes Konzept überlegt: das Konzept der Property-Dateien.

Diese Property-Dateien sind trivial aufgebaut und bestehen aus einem Schlüssel und einem oder mehreren dazu passenden Werten (Abbildung 8.9). Sie lesen die Werte aus, indem Sie eine Methode der Klasse *Properties* aufrufen und als Rückgabewert eine Zeichenkette mit dem Wert oder der Werteliste erhalten.

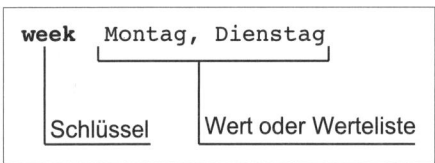

Abbildung 8.9 Aufbau einer Properties-Datei

Das hört sich sehr nach den Stream-Beispielen an, und so verwundert es auch nicht, dass die Property-Klasse auf der Stream-Bibliothek aufbaut. Im Gegensatz zu den bereits gezeigten Zeichenströmen erlauben Properties es, strukturierte Dateien ein- und auszulesen. Wie das funktioniert, zeigt das folgende Beispiel (Listing 8.17).

```
 1: //Beispielprogramme/Java_Klassenbibliotheken/Ex13
 2:
 3: package libraries;
 4:
 5: import java.io.FileInputStream;
 6: import java.io.IOException;
 7: import java.util.Properties;
 8:
 9: public class PropertiesDemo {
10:
```

```
11:    public static void main(String[] arguments) {
12:
13:      Properties basicProperties = new Properties();
14:
15:      //Versuche, die Datei zu oeffnen
16:      try {
17:        basicProperties.load(
18:          new FileInputStream("week.properties"));
19:      }
20:      catch (IOException ex) {
21:        System.out.println(ex);//Fehler
22:      }
23:
24:      //Ausgabe der Datei:
25:      System.out.println((
26:          basicProperties.getProperty("week", "Montag")));
27:    }
28: }
```

Listing 8.17 Dieses Programm liest den Inhalt einer strukturierten Datei.

Das Programm legt ein neues Objekt des Typs *Properties* an und lädt anschließend den Inhalt der Datei `week.properties`. Mit Hilfe des Akzessors *getProperty* können Sie gezielt den Inhalt der Werteliste auslesen.

Container

Ein weiterer wichtiger Bereich der Hilfsklassen ist die Aufnahme von beliebigen Werten und Objekten. Während einfache Arrays (Abschnitt 4.4.1) als erweiterte Datentypen nur halbdynamisch waren, erlauben es die mächtigen Collection-Klassen *Vector* und *Hashtable*, beliebig viele Objekte dynamisch zu verwalten.

Das Beispiel zeigt deutlich den Unterschied zwischen Arrays und Vektoren. Zu Beginn der Methode *main* legt das Programm ein String-Array mit vier Elementen an und belegt diesen »Einkauf« mit Begriffen von vier Edelsteinen. Diese Zeichenketten werden einem Vektor übergeben, der nicht »weiß«, wie viele Elemente er in seine »Kollektion« aufnehmen soll.

```
1: //Beispielprogramme/Java_Klassenbibliotheken/Ex14
2:
3: package libraries;
4:
5: import java.util.Vector;
6:
7: public class VectorDemo {
8:
```

```
 9:    public static void main(String[] arguments) {
10:
11:      String[] purchase = new String[4];
12:      purchase[0] = "Diamanten";
13:      purchase[1] = "Rubine";
14:      purchase[2] = "Saphire";
15:      purchase[3] = "Turmaline";
16:
17:      Vector<String> collection =
18:        new Vector<String>();
19:
20:      System.out.print("Wir haben folgendes " +
21:        "in unserer Kollektion:\n");
22:
23:      for (int index = 0; index < 4; index++) {
24:        collection.addElement(purchase[index]);
25:        System.out.println(collection.get(index));
26:      }
27:    }
28:  }
```

Listing 8.18 Ein Vektor verwaltet Objekte völlig dynamisch.

Eine einfache For-Schleife legt die neuen Edelsteine mit der Methode *addElement* in die Kollektion ab. Abschließend verwendet das Programm die Methode *get*, um die Strings der Kollektion wieder auszugeben. Die Methode *get* möchte dabei als Parameter den Index des Elements bekommen, den sie ausgeben soll.

8.2.5 Abstract Windowing Toolkit

Das Abstract Windowing Toolkit (AWT) diente in der Anfangszeit von Java vorwiegend dazu, grafische Oberflächen (GUIs) komplett zu gestalten. Dazu gehören keineswegs nur die Oberflächenkomponenten, sondern auch Zeichensätze, Farben und die Verarbeitung von Nachrichten.

Mit AWT entwickelte Oberflächen sehen exakt so aus wie native Oberflächen, da das AWT die Funktionen des Betriebssystems zur Darstellung verwendet. Leider enthielt das AWT viele Fehler und Unzulänglichkeiten, die zur fast vollständigen Ablösung der GUI-Teile dieser Bibliothek führten.

Heute gestaltet man Java-GUIs mit einer Kombination aus AWT und der moderneren Bibliothek Swing. Als weitere Alternative steht vom Eclipse-Konsortium die Bibliothek SWT (Standard Widget Toolkit) zur Verfügung, die für die Eclipse-Entwicklungsumgebung entwickelt wurde (Kapitel 22, »Werkzeuge«).

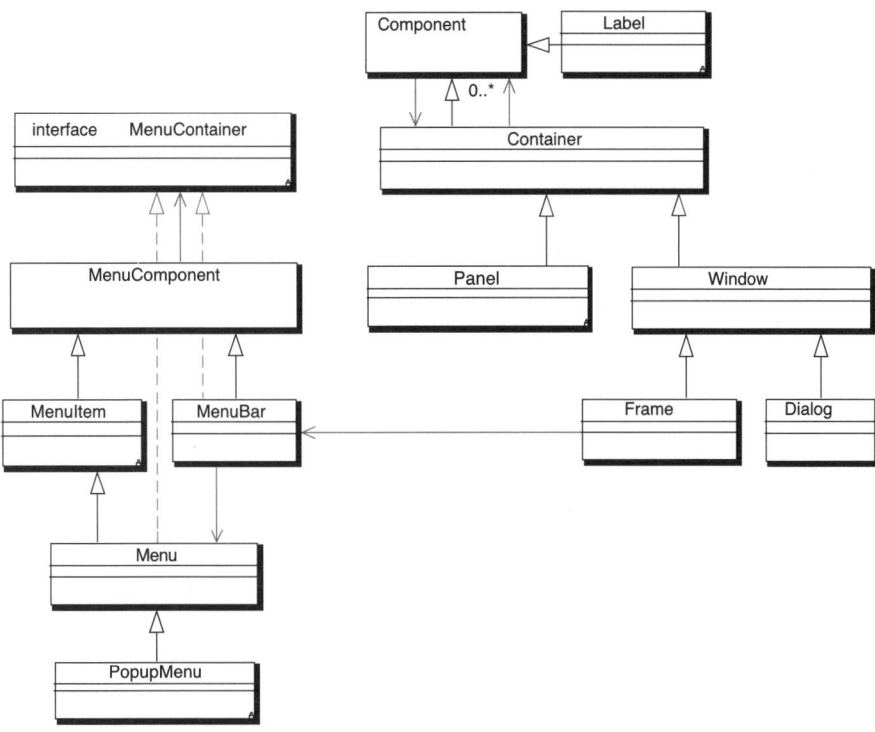

Abbildung 8.10 Ausschnitt aus der Klassenhierarchie des AWT

Trotz der Tatsache, dass die Oberflächenkomponenten des AWT heute praktisch keine Rolle mehr spielen, hat das AWT weiterhin eine große Bedeutung in der Java-Welt. Es wird gebraucht, um Zeichensätze oder Farben zu verwenden. Weitere wichtige Aufgaben sind Layout-Manager und die Ereignisbehandlung innerhalb von Java-Programmen.

Ereignisbehandlung

Die Programmierung grafischer Oberflächen verläuft ereignisgesteuert. Das bedeutet, dass jeder Mausklick, jeder Tastendruck, das Verschieben, Vergrößern und Verkleinern von Fenstern Ereignisse auslöst. Es gibt bei der Ereignissteuerung drei Beteiligte:

1. Auslöser
2. Nachricht
3. Empfänger

Abbildung 8.11 zeigt den Ablauf in vier Stufen. In Schritt 1 vergrößert der Anwender das Fenster des Programms (*Auslöser*). Daraufhin sendet die Java-Laufzeitumgebung (JRE) eine Reihe von Signalen aus. Darunter befindet sich auch die *Nachricht* »ComponentResized«. Wenn das Programm (*Empfänger*) auf dieses Ereignis speziell reagieren möchte, fängt es dieses ab und zeichnet anschließend den Inhalt des Fensters neu.

Das folgende Beispiel (Listing 8.19) zeigt die Funktionsweise nochmals an einem AWT-Fenster. Der Konstruktor des Programmfensters erzeugt zunächst eine anonyme Klasse auf Basis der AWT-Klasse *ComponentAdapter*. Diese AWT-Klasse lässt zu, die Ereignisse von Komponenten, zu denen auch das Hauptfenster zählt, zu überwachen. Das funktioniert deshalb, weil die neue Fensterklasse *EventDemo* von *Frame* erbt, die wiederum von der AWT-Klasse *Component* abgeleitet ist.

```
 1: //Beispielprogramme/Java_Klassenbibliotheken/Ex15
 2:
 3: package libraries;
 4:
 5: import java.awt.Frame;
 6: import java.awt.event.ComponentEvent;
 7:
 8: public class EventDemo extends Frame {
 9:
10:   private static final long serialVersionUID = 1L;
11:
12:   public EventDemo() {
13:
14:     this.addComponentListener(
15:       new java.awt.event.ComponentAdapter() {
16:
17:         public void componentMoved(ComponentEvent e) {
18:           System.out.println("Fenster verschoben");
19:         } // componentMoved
20:
21:         public void componentResized(ComponentEvent e) {
22:           System.out.println("Fenster veraendert");
23:         } // componentResized
24:     }); // addcomponentListener
25:     // (...)
26:   }
27:
28:   public static void main(String[] arguments) {
29:     EventDemo eventDemo = new EventDemo();
30:     eventDemo.setVisible(true);
31:   }
32: }
```

Listing 8.19 Das Hauptprogramm legt ein neues AWT-Fenster an.

Da das Programm seine eigene individuelle Reaktion auf die Ereignisse *componentMoved* und *componentResized* installieren möchte, ist es erforderlich, die gleichnamigen Methoden zu überschreiben. Das Programm ersetzt die Implementierung der Basisklasse durch seine eigene. Die »Implementierung« sieht allerdings nur so aus, dass das Programm zu Demonstrationszwecken ausgibt, dass es die Nachricht erkannt hat. Es verarbeitet die Nachricht nicht mehr weiter.

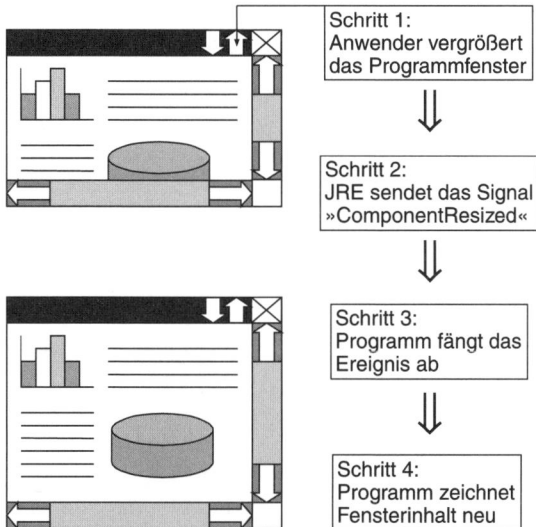

Abbildung 8.11 Ereignisbehandlung innerhalb eines Programms

In größeren ereignisgesteuerten Programmen, die Sie in Kapitel 12, »Computerspiele mit Swing«, kennenlernen werden, laufen viele dieser Aktionen über die grundlegende Methode *paint* ab, die überschrieben werden muss, wenn man den grafischen Inhalt des Fensters selbst neu zeichnen möchte.

Falls das nicht der Fall ist und man Oberflächenkomponenten wie Textfelder, Listen oder Schaltflächen verwendet, sollte man aber auch auf die Größenänderung eines Fensters reagieren. Dies geschieht mit Hilfe von Layout-Managern.

Verwendung von Layout-Managern

Layout-Manager dienen dazu, auf Größenveränderungen eines Fensters nach einer bestimmten Strategie zu reagieren. Die Strategie bestimmt, welche Anordnung die Oberflächenkomponenten wie Textfelder, Schaltflächen etc. nach der Neuausrichtung bekommen.

In primitiven GUI-Bibliotheken ordnet man einzelne GUI-Bausteine durch absolute Koordinaten an. Das hat zur Folge, dass sich Fenster nicht in der Größe anpassen lassen oder nicht wie erwartet reagieren. Abbildung 8.12 zeigt ein

Beispiel dafür. Hier liegt, wie in allen Fenstersystemen, der Koordinatenursprung links oben. Wenn der Anwender das Fenster vergrößert, bleiben die Oberflächenkomponenten in der linken oberen Ecke (Koordinatenursprung) und verändern ihre Größe nicht.

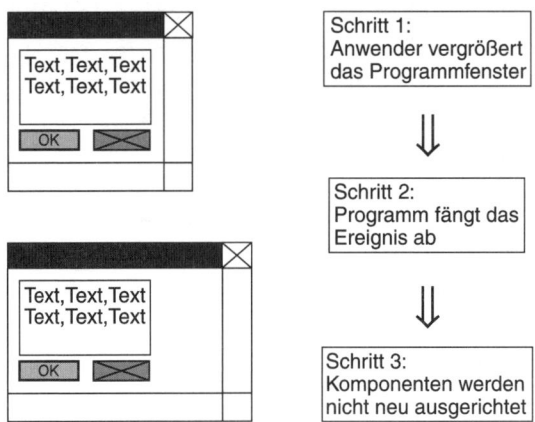

Abbildung 8.12 Ein Programm ohne Layout-Management – die Komponenten werden nicht neu ausgerichtet.

In Java-Programmen liegt der Koordinatenursprung ebenfalls links oben, aber man verwendet fast ausschließlich relative Koordinaten sowie Maximal- und Minimalgrößen von Komponenten. Die Abbildung zeigt, was das bewirkt, wenn zusätzlich Layout-Manager die Aufgabe übernehmen, automatisch alle Komponenten auszurichten. Die Größe des Textfeldes ist angepasst worden, und wir haben seine Lage entsprechend der neuen Fenstergröße ausgerichtet (Abbildung 8.13).

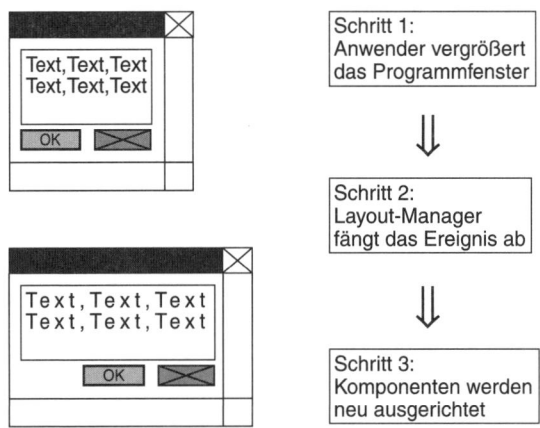

Abbildung 8.13 Ein Programm mit Layout-Management – die Komponenten werden neu ausgerichtet.

Zwei Layout-Manager sind für das Verständnis der größeren Beispiele in den Kapiteln 11, 12, 13 und 16 wichtig: Border-Layout und GridBag-Layout.

Border-Layout

Das Border-Layout richtet die Oberflächenkomponenten am Rand des Fensters aus. Es gibt fünf Bereiche, nach denen eine Komponente ausgerichtet werden kann:

1. North: oberer Fensterrand
2. South: unterer Fensterrand
3. West: linker Fensterrand
4. East: rechter Fensterrand
5. Middle: Fenstermitte

Wie diese Parameter innerhalb eines Programms verwendet werden, zeigt das folgende Beispiel:

```
 1: //Beispielprogramme/Java_Klassenbibliotheken/Ex16
 2:
 3: package libraries;
 4:
 5: // Importieren der AWT-Klassen:
 6: import java.awt.BorderLayout;
 7: import java.awt.Frame;
 8: import java.awt.TextField;
 9: import java.awt.event.WindowAdapter;
10: import java.awt.event.WindowEvent;
11:
12: public class BorderLayoutDemo extends Frame {
13:
14:   private static final long serialVersionUID = 1L;
15:
16:   public BorderLayoutDemo() {
17:
18:     this.addWindowListener(new WindowAdapter() {
19:       public void windowClosing(WindowEvent e) {
20:         dispose();
21:         System.exit(0);
22:       }
23:     });
24:
25:     setSize(500, 300);
26:     setLayout(new BorderLayout());
```

```
27:
28:       try {
29:          add("North", new TextField("Text 1"));
30:          add("South", new TextField("Text 2"));
31:          add("West", new TextField("Text 3"));
32:          add("East", new TextField("Text 4"));
33:          add("Center", new TextField("Text 5"));
34:       } catch (IllegalArgumentException ex) {
35:          System.out.println("Falscher Parameter: " + ex);
36:       }
37:    }
38:
39:    public static void main(String[] arguments) {
40:       BorderLayoutDemo borderLayoutDemo =
41:          new BorderLayoutDemo();
42:       borderLayoutDemo.setVisible(true);
43:    }
44:
45: }
```

Listing 8.20 Beispiel für ein Border-Layout

Jedes Fenster des Typs *Frame* besitzt eine Methode *add()*, die aus der Basisklasse *Container* stammt. Die Methode erwartet als Parameter die Ausrichtung und die Oberflächenkomponente. Wichtig: Falls der Parameter nicht stimmt, verschickt das Programm eine *IllegalArgumentException*. Diese muss zwar nicht abgefangen werden, falls sie aber auftritt, führt das dazu, dass die Oberfläche nicht korrekt gezeichnet wird.

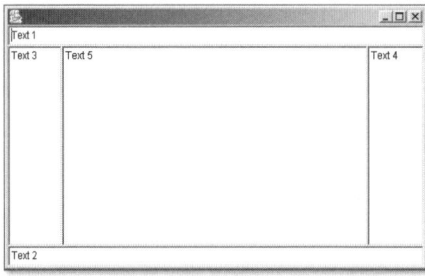

Abbildung 8.14 Das Border-Layout richtet Komponenten am Rand aus.

Abbildung 8.14 zeigt, wie das Beispielprogramm dargestellt wird. Der Layout-Manager richtet alle Komponenten gemäß Ihrem Parameter am Rand aus.

GridBag-Layout

Das GridBag-Layout ist bei Java-Entwicklern wegen seiner aufwändigen Programmierung gefürchtet, weswegen ein GUI-Builder zur Oberflächengestaltung mit diesem Layout durchaus sinnvoll sein kann (Kapitel 22, »Werkzeuge«). Im Gegensatz zum vorher vorgestellten Border-Layout richten sich die Komponenten, die über ein GridBag positioniert werden, nicht am Rand aus, sondern an einem imaginären Gitternetz.

```
 1: //Beispielprogramme/Java_Klassenbibliotheken/Ex17
 2:
 3: package libraries;
 4:
 5: // Importieren der AWT-Klassen:
 6: import java.awt.Frame;
 7: import java.awt.GridBagConstraints;
 8: import java.awt.GridBagLayout;
 9: import java.awt.Insets;
10: import java.awt.TextField;
11: import java.awt.event.WindowAdapter;
12: import java.awt.event.WindowEvent;
13:
14: // Die neue Klasse AppWnd
15: @SuppressWarnings("serial")
16: public class GridBagLayoutDemo extends Frame {
17:   GridBagLayout gridBagLayout = new GridBagLayout();
18:   TextField textField1 = new TextField();
19:   TextField textField2 = new TextField();
20:   TextField textField3 = new TextField();
21:   TextField textField4 = new TextField();
22:   TextField textField5 = new TextField();
23:   TextField textField6 = new TextField();
24:
25:   public GridBagLayoutDemo() {
26:     this.addWindowListener(new WindowAdapter() {
27:       public void windowClosing(WindowEvent e) {
28:         dispose();
29:         System.exit(0);
30:       }
31:     });
32:     try {
33:       initialize();
34:     } catch (Exception e) {
35:       e.printStackTrace();
36:     }
37:   }
```

```
38:
39:    private void initialize() throws Exception {
40:      setSize(500, 300);
41:      this.setLayout(gridBagLayout);
42:      this.setBackground(java.awt.Color.lightGray);
43:      textField1.setText("Text 1");
44:      textField2.setText("Text 2");
45:      textField3.setText("Text 3");
46:      textField4.setText("Text 4");
47:      textField5.setText("Text 5");
48:      this.add(textField1,
49:          new GridBagConstraints(0, 0, 1, 1, 0.0, 0.0,
50:              GridBagConstraints.CENTER,
51:              GridBagConstraints.NONE,
52:              new Insets(0, 0, 0, 0), 0, 0));
53:      this.add(textField2,
54:          new GridBagConstraints(1, 0, 1, 1, 0.0, 0.0,
55:              GridBagConstraints.CENTER,
56:              GridBagConstraints.NONE,
57:              new Insets(0, 0, 0, 0), 0, 0));
58:      this.add(textField3,
59:          new GridBagConstraints(2, 0, 1, 2, 0.0, 0.0,
60:              GridBagConstraints.CENTER,
61:              GridBagConstraints.VERTICAL,
62:              new Insets(0, 0, 0, 0), 0, 0));
63:      this.add(textField4,
64:          new GridBagConstraints(0, 1, 1, 1, 0.0, 0.0,
65:              GridBagConstraints.CENTER,
66:              GridBagConstraints.NONE,
67:              new Insets(0, 0, 0, 0), 0, 0));
68:      this.add(textField5,
69:          new GridBagConstraints(1, 1, 1, 1, 0.0, 0.0,
70:              GridBagConstraints.CENTER,
71:              GridBagConstraints.NONE,
72:              new Insets(0, 0, 0, 0), 0, 0));
73:    }
74:
75:    public static void main(String[] arguments) {
76:      GridBagLayoutDemo gridBayLayoutDemo =
77:          new GridBagLayoutDemo();
78:      gridBayLayoutDemo.setVisible(true);
79:    }
80:
81:  }
```

Listing 8.21 Beispiel für ein GridBag-Layout

In Abbildung 8.15 sehen Sie ein Beispiel für ein Fenster, das mit dem GridBag-Layout mit Hilfe eines GUI-Builders gestaltet wurde. Der Konstruktor des Fensters ruft eine Initialisierungsmethode auf, in der die Textfelder erzeugt und in einem Gitternetz positioniert werden.

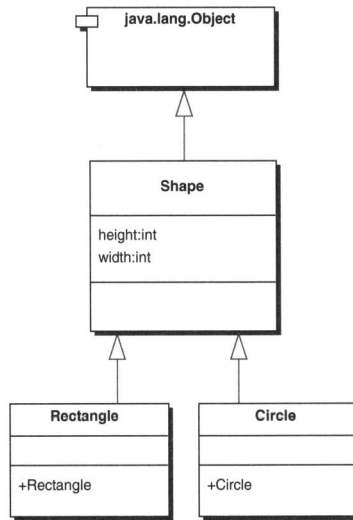

Abbildung 8.15 Das GridBag-Layout richtet Komponenten an einem Gitter aus.

Das Gitternetz besteht aus Objekten des Typs *GridBagConstraint*. Der Konstruktor der Klasse erwartet diverse Parameter, die zur speziellen Ausrichtung der Komponenten dienen.

Datentyp	Bezeichnung	Bedeutung
int	gridx	Rasterposition x
int	gridy	Rasterposition y
int	gridwidth	Gitterweite
int	gridheight	Gitterhöhe
double	weightx	x-Gewichtung
double	weighty	y-Gewichtung
int	anchor	Verankerung (NW, W, SW, N, Z, S, NO, O, SO)
int	fill	Füllart (ohne, horizontal, vertikal, beide)
Insets	insets	Zwischenraum

Tabelle 8.3 Parameter des Konstruktors der Klasse »GridBagContraint«

Datentyp	Bezeichnung	Bedeutung
int	ipadx	Zwischenabstand
int	ipady	Zwischenabstand

Tabelle 8.3 Parameter des Konstruktors der Klasse »GridBagContraint« (Forts.)

Mit *gridx* und *gridy* legen Sie fest, an welcher Rasterposition die Komponente platziert wird. Zum Beispiel bewirken die Koordinaten (0 | 0), dass sich die Komponente in der ersten Zeile und in der ersten Spalte befindet. Wie bei allen Java-Grafikbibliotheken liegt der Koordinatenursprung links oben. Es wird also von links oben nach rechts unten durchnummeriert.

Durch die Einstellung Breite (*gridwidth*) und Höhe (*gridheight*) legen Sie die Anzahl der von der Komponente verwendeten Zellen fest. Bei diesem Wert handelt es sich um eine Festkommazahl, die sich auf die Anzahl der Zellen in einer Spalte oder Zeile bezieht. Beim Textfeld 3 des Beispielprogramms beträgt zum Beispiel die Breite 1, aber die Höhe 2. Das heißt, das Textfeld belegt zwei Zellen in der Höhe.

Die Parameter (*weightx*) und (*weighty*) legen die horizontale und vertikale Gewichtung der Komponente fest. Durch diese Parameter lässt sich steuern, wie viel vom freien Platz innerhalb eines Fensters für die Komponenten reserviert wird, wenn sich die Größe des Fensters ändert.

Jede Komponente muss an einer bestimmten Stelle verankert werden. Der Ankerpunkt *anchor* bestimmt, in welcher Richtung sich die Komponente ausdehnt, wenn das Fenster verändert wurde. Ähnlich dem Border-Layout stehen für die Verankerung folgende Konstanten zur Verfügung: *NORTHWEST*, *NORTH*, *NORTHEAST*, *WEST*, *CENTER*, *EAST*, *SOUTHWEST*, *SOUTH* und *SOUTHEAST*.

Durch die Füllart legen Sie fest, wie die Komponente den freien Platz nutzen wird. Als Konstanten stehen wie zuvor *NORTHWEST*, *NORTH*, *NORTHEAST*, *WEST*, *CENTER*, *EAST*, *SOUTHWEST*, *SOUTH* und *SOUTHEAST* zur Verfügung, die als Parameter für ein Objekt des Typs *GridBagConstraints* genutzt werden. Im Programmbeispiel sehen Sie, dass das Textfeld 3 mit Hilfe der Einstellung *GridBagConstraints.VERTICAL* ausgerichtet wird. Das bedeutet, dass die Komponente den maximalen Platz in vertikaler Richtung einnimmt.

Auch an den Zwischenraum haben die Entwickler des GridBag-Layouts gedacht. Mit Hilfe des Parameters *insets* können Sie den minimalen externen Rand der Komponente angeben. Die Werte müssen in Pixeleinheiten (Bildpunkte) angegeben werden. Die Parameter *ipadx* und *ipady* legen im Gegensatz dazu den minimalen internen Rand fest. Auch dieser Wert muss wieder in Pixeleinheiten angegeben werden.

8.2.6 Swing

Seit Java 2 existiert neben dem AWT eine weitere GUI-Bibliothek namens Swing innerhalb der Java SE. Sie finden diese Bibliothek im Paket *javax.swing*. Swing ist nach einer Variante des Entwurfsmusters »Model View Controller« konzipiert worden. Das bedeutet im Wesentlichen, dass Geschäftsdaten und die Darstellung dieser Daten getrennt werden.

Swing zeichnet alle Oberflächenelemente selbst und bietet daher kein echtes natives Look-and-Feel auf allen Plattformen, sondern versucht, dieses mit Hilfe der Klasse *UIManager* nachzuempfinden, die sich im Paket *javax.swing* befindet. Das Verfahren hat den Nachteil, dass die Oberfläche nicht immer so aussieht, wie man das von nativen Programmen kennt, und – verglichen mit nativen Oberflächen – relativ langsam gezeichnet wird. Es hat den Vorteil, dass die üblichen Probleme bei der Portierung von grafischen Oberflächen nahezu ausgeschaltet sind.

Die Probleme entstehen durch das unterschiedliche Aussehen und die unterschiedlichen Dimensionen gleichartiger Oberflächenkomponenten. Erschwerend kommt hinzu, dass unterschiedliche Betriebssysteme über unterschiedliche Schriften und Schriftsysteme verfügen. Dadurch besitzt eine beschriftete Schaltfläche unter Windows eine andere Ausdehnung als unter Mac OS X.

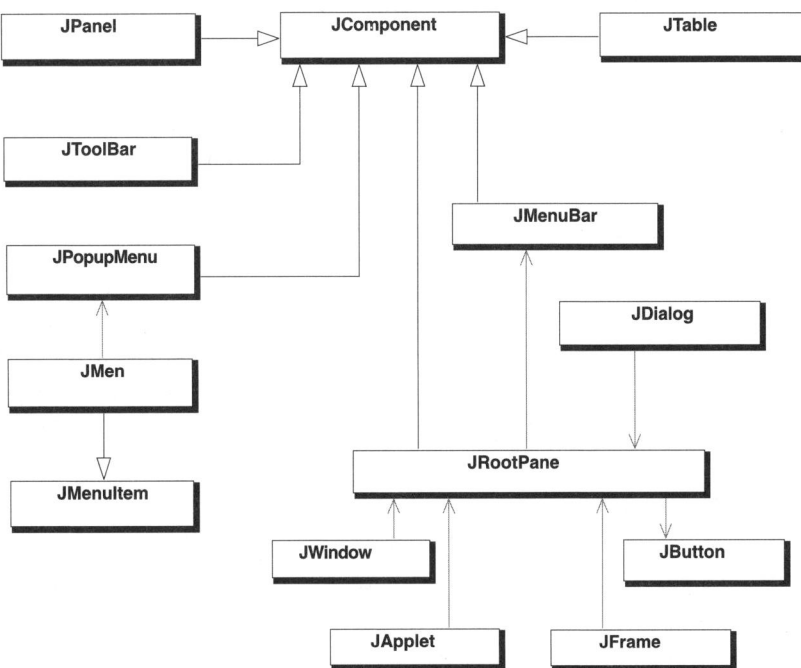

Abbildung 8.16 Ausschnitt aus der Klassenhierarchie von Swing

Abbildung 8.17 zeigt ein Beispiel für verschiedene Look-and-Feels, die man in einem Programm wählen kann. Neben diesen speziellen Look-and-Feels lässt sich ein Programm auch so starten, dass es das Look-and-Feel verwendet, das man als nativ bezeichnet. Unter nativ versteht man hier, dass Swing die Originaloberfläche des Betriebssystems möglichst originalgetreu wiedergibt.

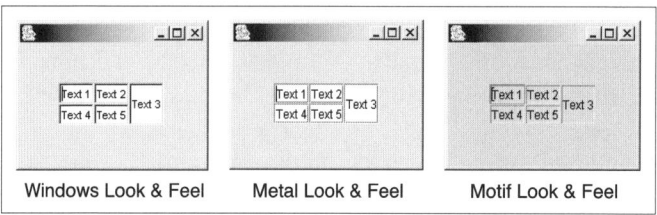

Abbildung 8.17 Swing unterstützt verschiedene Look-and-Feels.

Die meisten virtuellen Maschinen verfügen heute über ein sehr gutes Ebenbild der tatsächlichen Oberflächen, so dass unerfahrene Anwender den Unterschied kaum erkennen können.

Alle Oberflächenelemente von Swing sind wesentlich angenehmer zu programmieren als ihre Verwandten aus der Bibliothek AWT. Das liegt vor allem daran, dass sie weitaus weniger Fehler haben und bei der Portierung eines Programms besser kalkulierbar sind.

In Listing 8.22 sehen Sie ein Beispielprogramm für die Auswahl von verschiedenen installierten Look-and-Feels. Im ersten Fall wird immer das »richtige« Look-and-Feel gesetzt und werden die Komponenten so gezeichnet, wie es der Anwender erwartet. Im zweiten Fall setzt das Programm explizit das Windows-Look-and-Feel, im dritten Fall das Metal-Look-and-Feel und im letzten Fall das Motif-Look-and-Feel.

Sie sollten es vermeiden, das Look-and-Feel explizit zu setzen, da nicht jede virtuelle Maschine aus lizenzrechtlichen Gründen über alle Look-and-Feels verfügt. Zum Beispiel gibt es das Aqua-Look-and-Feel nur unter Mac OS X. Ausnahmen bilden das Metal- und das Motif-Look-and-Feel, die auf jeder Plattform verfügbar sind, aber selten den Wünschen der Anwender entsprechen.

```
 1: //Beispielprogramme/Java_Klassenbibliotheken/Ex18
 2:
 3: package libraries;
 4:
 5: // Importieren der AWT-Klassen:
 6: import java.awt.BorderLayout;
 7: import java.awt.GridBagConstraints;
 8: import java.awt.GridBagLayout;
```

```java
 9: import java.awt.Insets;
10: import java.awt.event.WindowAdapter;
11: import java.awt.event.WindowEvent;
12:
13: import javax.swing.JFrame;
14: import javax.swing.JPanel;
15: import javax.swing.JTextField;
16: import javax.swing.UIManager;
17:
18: public class LookAndFeelDemo extends JFrame {
19:    private static final long serialVersionUID = 1L;
20:    JPanel panel = new JPanel();
21:    JTextField textField1 = new JTextField();
22:    JTextField textField2 = new JTextField();
23:    JTextField textField3 = new JTextField();
24:    JTextField textField4 = new JTextField();
25:    JTextField textField5 = new JTextField();
26:    GridBagLayout gridBagLayout =
27:        new GridBagLayout();
28:
29:    public LookAndFeelDemo() {
30:      this.addWindowListener(new WindowAdapter() {
31:        public void windowClosing(WindowEvent e) {
32:          dispose();
33:          System.exit(0);
34:        }
35:      });
36:      try {
37:        initialize();
38:      } catch (Exception e) {
39:        e.printStackTrace();
40:      }
41:    }
42:
43:    private void initialize() throws Exception {
44:      setSize(200, 150);
45:      this.setBackground(java.awt.Color.lightGray);
46:      textField1.setText("Text 1");
47:      textField2.setText("Text 2");
48:      textField3.setText("Text 3");
49:      textField4.setText("Text 4");
50:      textField5.setText("Text 5");
51:      panel.setLayout(gridBagLayout);
52:      this.getContentPane().add(panel,
53:          BorderLayout.CENTER);
54:      panel.add(textField1,
```

```
55:            new GridBagConstraints(0, 0, 1, 1, 0.0, 0.0,
56:                GridBagConstraints.CENTER,
57:                GridBagConstraints.NONE,
58:                new Insets(0, 0, 0, 0), 0, 0));
59:        panel.add(textField2,
60:            new GridBagConstraints(1, 0, 1, 1, 0.0, 0.0,
61:                GridBagConstraints.CENTER,
62:                GridBagConstraints.NONE,
63:                new Insets(0, 0, 0, 0), 0, 0));
64:        panel.add(textField3,
65:            new GridBagConstraints(2, 0, 1, 2, 0.0, 0.0,
66:                GridBagConstraints.CENTER,
67:                GridBagConstraints.VERTICAL,
68:                new Insets(0, 0, 0, 0), 0, 0));
69:        panel.add(textField4,
70:            new GridBagConstraints(0, 1, 1, 1, 0.0, 0.0,
71:                GridBagConstraints.CENTER,
72:                GridBagConstraints.NONE,
73:                new Insets(0, 0, 0, 0), 0, 0));
74:        panel.add(textField5,
75:            new GridBagConstraints(1, 1, 1, 1, 0.0, 0.0,
76:                GridBagConstraints.CENTER,
77:                GridBagConstraints.NONE,
78:                new Insets(0, 0, 0, 0), 0, 0));
79:    }
80:
81:    public static void main(String[] arguments) {
82:        try {
83:            // 1. Systemunabhaengig: Natives Look + Feel
84:            UIManager.setLookAndFeel(
85:                UIManager.getSystemLookAndFeelClassName());
86:            // 2. Windows-Look + Feel
87:            UIManager.setLookAndFeel(
88:                "com.sun.java.swing.plaf.windows.WindowsLookAndFeel");
89:            // 3. Metal-Look + Feel
90:            UIManager.setLookAndFeel(
91:                "javax.swing.plaf.metal.MetalLookAndFeel");
92:            // 4. Motif-Look + Feel
93:            UIManager.setLookAndFeel(
94:                "com.sun.java.swing.plaf.motif.MotifLookAndFeel");
95:        } catch (Exception e) {
96:            e.printStackTrace();
97:        }
98:        LookAndFeelDemo lookAndFeelDemo =
99:            new LookAndFeelDemo();
100:       lookAndFeelDemo.setVisible(true);
```

```
101:   }
102:
103: }
```

Listing 8.22 Beispiel für das Auswählen eines Look-and-Feels

Das Beispielprogramm in Listing 8.22 zeigt das Hauptfenster der Anwendung aus Abbildung 8.15. Es demonstriert die Verwendung einer der wichtigsten Fensterklassen, der Klasse *JFrame*. Wie zu sehen ist, musste das Programm leicht umgestellt werden. Alle Textfelder sind nun auf einem *JPanel* befestigt, das von der Klasse *Container* erbt. Im Prinzip zeigt dieses Programm schon den Aufbau der größeren Beispielprojekte ab Kapitel 11. Dort lernen Sie noch weitere Swing-Komponenten kennen, die nach dem Komponentenmodell JavaBeans konstruiert sind.

8.2.7 JavaBeans

JavaBeans sind Java-Komponenten mit standardisierten Schnittstellen und einem einfachen Programmiermodell. Es gibt zwei Arten dieser Komponenten: visuelle und nicht visuelle JavaBeans. Visuelle Komponenten dienen zur Gestaltung von grafischen Oberflächen, nicht visuelle JavaBeans könnten zum Beispiel Klassen sein, die den Zugriff auf Datenbanken erleichtern.

Jede JavaBean zeichnet sich durch folgende Besonderheiten aus:

- Analysierbarkeit durch spezielle Werkzeuge
- Parametrisierungsfunktionen
- Fähigkeit zur Ereignissteuerung
- Attribute (Properties) für die Parametrisierung
- Fähigkeit zur Persistenz

8.2.8 Applets

Applets sind kleine Java-Programme, die zu Entwicklungszwecken in einem Applet Viewer ablaufen, danach in Webseiten eingebaut und von einem Browser ausgeführt werden. Damit das reibungslos geschieht, ist es notwendig, einen Browser zu besitzen, der eine virtuelle Maschine unterstützt, auf deren Basis das Applet entwickelt wurde. Das hört sich vielleicht kompliziert an, ist es einerseits nicht und andererseits eben doch. Warum?

In der Anfangszeit von Java dienten Applets dazu, kleine Funktionen in HTML-Seiten auszuführen. Erst später erkannte man das Potenzial, daraus auch richtige

Clients zu entwickeln. Solche komplexen Clients in Webseiten einzubetten ist aus vier Gründen nicht einfach:

1. Browser-Inkompatibilitäten
2. Sicherheitseinstellungen
3. Ladezeiten
4. Firewalls

Browser-Inkompatibilitäten

Jedes Applet benötigt, wie andere Java-Programme auch, eine Laufzeitumgebung (JRE). Leider verwenden verschiedene Browser-Versionen und -Anwendungen unterschiedliche Laufzeitumgebungen. Das bedeutet, dass der Netscape Navigator eine andere Laufzeitumgebung verwendet als der Internet Explorer oder Opera. Da jeder Entwickler sein Programm an eine bestimmte Version anpasst, ist es sehr schwierig, ein Applet zu entwickeln, das in allen Browsern zuverlässig dargestellt wird. Um das zu erreichen, verwendet man am besten eine sehr alte Version des JDK und verzichtet auf eine Swing-Oberfläche.

Sicherheitseinstellungen

Internet-Browser lassen dem Anwender die Freiheit, Java zu deaktivieren. In diesem Fall wird das Applet nicht auf dem Ziel-Browser angezeigt. Der Wunsch der Anwender, Java zu deaktivieren, ist verständlich: In der Vergangenheit entdeckten Experten mehr als einmal gravierende Sicherheitslücken, die es böswilligen Applets erlaubt hätten, den Ziel-Computer zu zerstören.

Heute können Entwickler ihre Applets signieren, um dem Anwender zu signalisieren, dass es sich um ein vertrauenswürdiges Applet handelt. Bei diesem Vorgang erhält das Applet eine Art Unterschrift des Entwicklers. Der Computeranwender muss trotzdem entscheiden, ob er diesem signierten Applet vertraut, und kann es gegebenenfalls zurückweisen.

Ladezeiten

Je nachdem, welche Oberflächenbibliothek Sie für Ihr Applet verwenden, müssen Sie unter Umständen eine große Anzahl von Klassen auf den entfernten Computer übertragen, weil diese im Browser nicht verfügbar sind. Ab einer bestimmten Komplexität der grafischen Oberfläche eines Applets ist es deshalb anzuraten, einerseits spezielle Ladestrategien zu entwickeln und andererseits die Oberflächenbibliothek zu verwenden, die von den Browsern am besten unterstützt wird.

Firewalls

So lange Applets als autarke Anwendung im Browser ausgeführt werden, tritt kein Problem auf. Setzt man sie hingegen als Frontend (Client) eines größeren Programms (Server) ein, entstehen Probleme. Das liegt an der so genannten Firewall, die Unternehmen davor schützt, dass Angreifer in ihr Netzwerk eindringen.

Leider hat die Firewall den Nachteil, dass sie nicht ohne weiteres zwischen einem freundlichen Applet und einem feindlichen Angreifer unterscheiden kann. Das Applet, das mit dem Server kommuniziert, wird unter Umständen genauso abgewiesen wie ein Angreifer. Das liegt an dem Protokoll, mit dem sich das Applet mit seinem Server unterhält. In der Regel ist das entweder IIOP (Internet Inter Orb Protocol) oder JRMP (Java Remote Method Protocol).

Damit diese Protokolle die Firewall passieren, müssen sie erst in ein unbedenkliches Protokoll umgewandelt werden. Diese zusätzliche Verpackungsarbeit kostet Ausführungszeit, erhöht das Datenvolumen und verlängert damit auch die Transportzeit.

Ein Applet unterscheidet sich von einer Java Application. Die wichtigsten Unterschiede und Charakteristika eines Applets sind:

- Ableitung von der Klasse *Applet*
- keine Methode *main()*
- Interpretation durch die VM eines Internet-Browsers
- Sicherheitsbeschränkungen
- Grafikorientierung

8.2.9 Applications

Für die Programmierung von Java Applications gibt es keine spezielle Basisklasse in der JSE. Eine Java Application kann jede Java-Klasse sein. Einzige Voraussetzung ist, dass sie über eine Methode namens *main()* verfügen muss.

8.2.10 Java Database Connectivity (JDBC)

Über die Java Database Connectivity (JDBC) greift fast jedes Java-Programm direkt oder indirekt auf relationale Datenbanken zu, die eine SQL-Schnittstelle besitzen. Das JDBC stellt sich dem Programmierer als Package *java.sql* dar. Es besitzt folgende Struktur:

8 | Java-Klassenbibliotheken

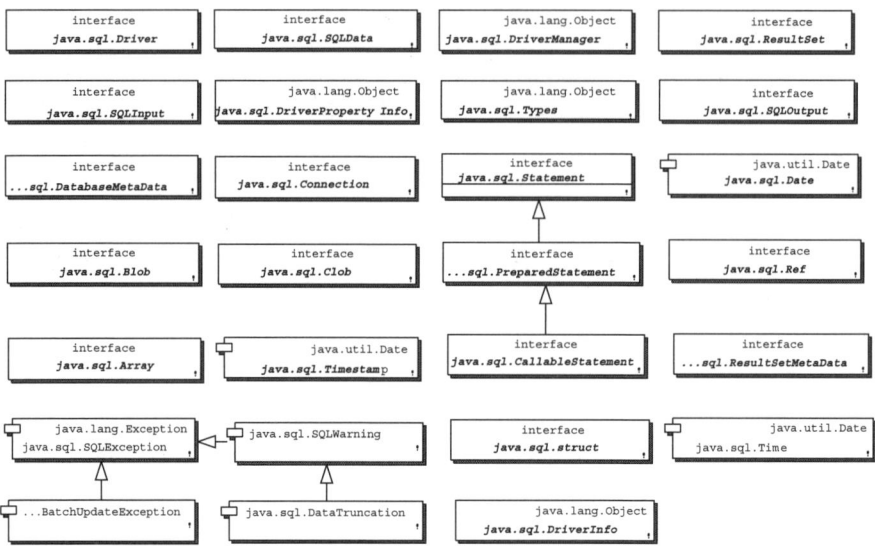

Abbildung 8.18 Die Klassen des SQL-Packages

Die Innovation des JDBC ist, dass es den Entwickler von der Programmierung für eine spezielle Datenbank wie DB2, Oracle, Ingres oder Sybase befreit. Sie können gegen eine abstrakte Schnittstelle programmieren und brauchen sich nicht um Spezialitäten der einzelnen relationalen Datenbanken zu kümmern.

Für die konkrete Anbindung an die Datenbank sorgt ein JDBC-Treiber, der meistens vom Datenbankhersteller entwickelt wird. Er entkoppelt das Java-Programm von der Datenbank. Es gibt vier Klassen von JDBC-Treibern:

1. JDBC-ODBC-Bridge
2. Native-API-Treiber
3. Net-Treiber
4. Dünne Treiber

Typ 1: JDBC-ODBC-Bridge

Dies ist die langsamste Treiberart. Sie sollte nur dann verwendet werden, wenn relationale Datenbanken verwendet werden müssen, die nicht über eine SQL-Schnittstelle verfügen. 4th Dimension ist ein Beispiel hierfür.

Typ 2: Native-API-Treiber

Diese Treiberart setzt die JDBC-Aufrufe in native API-Aufrufe der Datenbank um. Daher können Sie direkt mit der Datenbank kommunizieren.

Typ 3: Net-Treiber

Wie der Name schon andeutet, setzt diese Treiberart JDBC-Aufrufe in datenbankneutrale Netzwerkaufrufe um. Eine Zwischenschicht zwischen Treiber und Datenbank nimmt die endgültige Umwandlung vor.

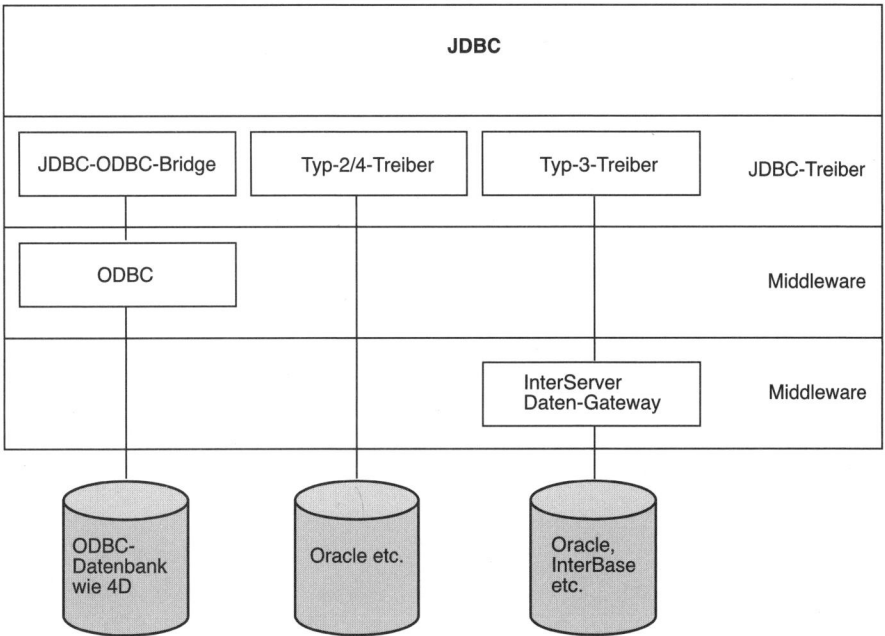

Abbildung 8.19 Die verschiedenen Arten von JDBC-Treibern

Typ 4: Dünne Treiber

Diese Treiberart wird meistens von den Datenbankherstellern selbst geliefert und setzt direkt auf der Datenbank-API auf.

Es ist sehr ratsam, sich bei der DB-Programmierung eingehend mit diesen Typen auseinanderzusetzen, denn mit den Treibern steht und fällt die Qualität der DB-Verbindung. Entsprechend teuer sind manche Treiber (zum Beispiel Merant-Treiber).

Zwei Kriterien sind wichtig:

1. Fehleranfälligkeit der Verbindungen
2. Performance

Welchen Treiber sollte man verwenden? Aus den genannten Gründen sind die Treibertypen 3 und 4 vorzuziehen.

Die Kapitel 15, »Datenbankprogrammierung«, bis 17, »Dynamische Websites«, zeigen Ihnen anhand einer Datenbank und zwei Datenbankprogrammen, wie Sie eine Datenbank aufsetzen und sie mit dem JDBC programmieren.

8.2.11 Java Native Interface

Das Java Native Interface (JNI) ist eine Programmierschnittstelle, über die Sie Bibliotheken, die in anderen Programmiersprachen geschrieben wurden, von Java aus nutzen können. Es hat drei Aufgaben:

1. Zugriff auf betriebssystemspezifische Eigenschaften
2. Zugriff auf bestehende Bibliotheken
3. Geschwindigkeitsoptimierung

Besonders in der Anfangszeit von Java, in der Programme noch nicht so performant waren, schien es reizvoll, Teile, die von der Ausführungszeit her kritisch waren, in C oder C++ umzusetzen.

Heute ist es eher unter dem Aspekt des Investitionsschutzes interessant, Bibliotheken über das JNI anzudocken. Es ist zu beachten, dass das Java-Programm damit seine Portabilität verliert und Sicherheitsprobleme auftreten können. Aus dem letzten Grund ist die Verwendung des JNI in unsignierten Applets untersagt.

8.2.12 Remote Method Invocation

Die Remote Method Invocation (RMI) ist eine Architektur zum Zugriff auf Methoden entfernter Objekte (Remote Methods). Mit ihr können sehr einfach verteilte Java-Anwendungen geschrieben werden. Das liegt daran, dass im Gegensatz zu konkurrierenden Architekturen wie CORBA kein zusätzliches Produkt notwendig ist.

Die RMI-Architektur legt vier Zugriffsschichten fest:

1. Applikationsschicht
2. Remote-Schicht
3. Proxy-Schicht
4. Transportschicht

Die Teile bedeuten im Einzelnen:

Applikationsschicht

Diese Schicht repräsentiert Client- sowie Serveranwendungen und enthält den auszuführenden Code.

Remote-Schicht

Die Remote-Schicht könnte man auch als Vermittlungsschicht zwischen der Proxy-Schicht und der zugrunde liegenden Transportschicht bezeichnen.

Proxy-Schicht

Ein Proxy ist ein Stellvertreter. Somit bildet die Proxy-Schicht den lokalen Stellvertreter von Objekten, die auf einem entfernten Computer ausgeführt werden. Das geschieht über so genannte Stubs (Rümpfe) und Skeletons (Skelette), die mit einem speziellen Compiler erzeugt werden.

Transportschicht

Die Schicht bedarf wohl keiner großen Erklärungen mehr: Sie sorgt für den eigentlichen Transport und bildet das Pendant zu einer Socket-Kommunikation.

8.3 Java Enterprise Edition

Im Gegensatz zur Java SE ist die *Java Enterprise Edition* (J2EE oder JEE) für größere Unternehmen interessant, die verteilte Anwendungen entwickeln möchten. Verteilte Anwendungen sind Programme, die nicht nur auf einem Computer ablaufen, sondern auf mehreren. Damit die Objekte verschiedener Computer miteinander kommunizieren können, gibt es mehrere Techniken. Eine Technik bieten Servlets und JavaServer Pages, eine andere die Komponentenarchitektur Enterprise JavaBeans. Die *Common Object Request Broker Architecture* (CORBA) erlaubt es ebenfalls, verteilte Anwendungen zu produzieren.

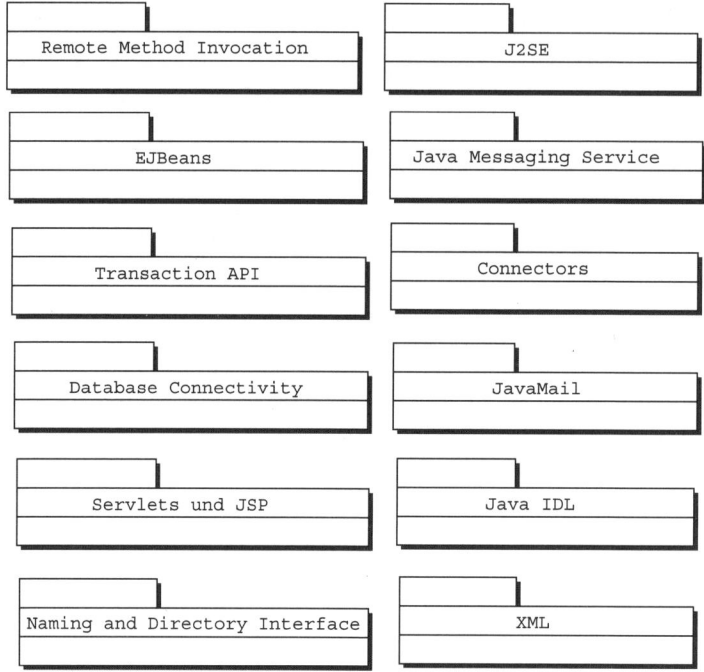

Abbildung 8.20 Java Enterprise Edition

8.3.1 Servlets

Servlets sind die serverseitigen Verwandten von Applets. Es sind Webanwendungen, die dynamisch Webseiten erzeugen. Sie werden als kleine, plattformunabhängige Java-Klassen kompiliert, die dynamisch in einem Webserver geladen und von diesem ausgeführt werden. Sie kommunizieren mit dem Webbrowser über das Hypertext Transfer Protocol (HTTP) und erweitern den Funktionsumfang des Webservers. Konkurrenztechnologien zu Servlets sind:

- CGI-Skripte
- Perl-Skripte
- PHP-Skripte
- ASP
- JavaServer Pages

CGI-Skripte

CGI steht für Common Gateway Interface und ist eine Standardschnittstelle für Erweiterungen des Webservers. CGI-Skripte stellen als Standarderweiterung eines

Webservers gegenüber proprietären Erweiterungen einen ziemlichen Fortschritt dar, bewahren sie doch den Entwickler davor, produktspezifischen Code schreiben zu müssen.

Perl-Skripte

Perl-Skripte können ebenso wie CGI-Skripte dazu dienen, externe Programme aufzurufen und statische HTML-Seiten mit dynamischen Daten zu versorgen. Perl besitzt im Unix-Umfeld eine große Verbreitung.

PHP-Skripte

PHP ist eine weitere konkurrierende Technologie, die in den letzten Jahren besonders im Linux-Umfeld Auftrieb bekommen hat.

ASP

Active Server Pages sind eine Microsoft-Variante des CGI-Modells. Sie stellen das Vorbild für die JavaServer Pages dar.

Servlets sind Java-Klassen, die HTML-Code erzeugen. Dazu muss der HTML-Code in die Java-Klasse eingebaut werden. Das hat den schwerwiegenden Nachteil, dass sich das Design der HTML-Seite nur noch per Hand ändern lässt. Aus diesem Grund ist die Servlet-Technologie nur für Seiten zu empfehlen, die *nicht* ständigen Veränderungen unterliegen.

Wenn Sie also mit Designern zusammenarbeiten, die mit HTML-Werkzeugen wie Aptana oder Dreamweaver arbeiten und den Code ihrer Seiten ständig verändern, sind Sie mit JavaServer Pages besser bedient.

8.3.2 JavaServer Pages

JavaServer Pages (JSP) erweitern wie Servlets die Fähigkeiten eines Webservers. Sie basieren auf dem Servlet-API und dienen hauptsächlich der Erzeugung von XML- und HTML-Clients. Im Gegensatz zu Servlets erlauben es JSP, designorientierte HTML-Dokumente mit einer Skriptsprache zu mischen. Damit ergibt sich eine strikte Aufgabentrennung:

- HTML-Design/-Programmierung für das GUI-Design
- Java-Programmierung für die Ablauflogik

Wenn der Designer mit einer Seite und dem Ablaufplan der Site fertig ist, beginnt die eigentliche Arbeit des Programmierers. Er verbindet die markierten Teile einer Webseite zum Beispiel mit einer JavaBean, die die Geschäftslogik enthält.

Die Verbindungslogik kann mit vier verschiedenen Anweisungen erfolgen:

1. JSP-Direktiven
2. JSP-Scriptlets
3. JSP-Kommentare
4. JSP-Aktionen

Die Direktiven dienen zum Beispiel dazu, im Fehlerfall entsprechend auf eine andere Seite zu verzweigen. Ein Beispiel ist die Direktive *errorPage*:

```
<% ErrorPage: %>
<%@ page errorPage = "/info/errorpage.html" %>
```

Listing 8.23 Direktive für die Anzeige einer Fehlermeldung

Scriptlets werden bevorzugt dazu eingesetzt, HTML-Ausgaben zu erzeugen. Sie werden wie die Direktiven in spitzen Klammern mit Prozentzeichen eingebettet, damit der HTML-Editor sie ignoriert.

Die dritte Anweisungsart sind Kommentare, die wie in Java üblich ausgeführt werden können, während die letzte Anweisungsart Aktionen sind, die zum Beispiel angeben, welche JavaBean als Pendant verwendet werden soll.

Damit will ich den Ausflug in die Welt der Servlets und JavaServer Pages vorerst beenden. Beim Entwurf der Weboberfläche des Beispielprojekts *Xenia* in Kapitel 17, »Dynamische Websites«, werde ich näher auf dynamische Webanwendungen eingehen.

8.3.3 CORBA

Seit einiger Zeit ist CORBA Bestandteil des JDK und damit auch Bestandteil der Java SE. Dennoch sind die Klassen eher der Enterprise Edition zuzuordnen, weil die Verwendung von CORBA nur für die Programmierung von Java-Servern sinnvoll ist.

Das Akronym CORBA steht für *Common Object Request Broker Architecture.* Das ist eine Middleware-Architektur. Das Projekt ist das Ergebnis eines Konsortiums namens Object Management Group (OMG). Hinter diesem Begriff verbirgt sich ein Zusammenschluss von über 700 Firmen. Platt ausgedrückt, könnte man sagen, dass nicht weniger als die Gesamtheit der Softwareentwicklungsfirmen der Welt, denen ihre Unabhängigkeit von Microsoft wichtig ist, CORBA unterstützen.

Einige Eckdaten zu CORBA:

- CORBA ist nahezu unabhängig von der Programmiersprache.
- CORBA ist nicht proprietär, sondern ein Industriestandard.
- CORBA ist kein Produkt, sondern eine Anleitung zum Bauen von Produkten.

Was heißt das konkret für den Java-Entwickler?

- Java enthält eine CORBA-Unterstützung.
- Sie können auf CORBA-Server objektorientiert zugreifen, die in anderen Sprachen oder in Java geschrieben sind (im Gegensatz zu JNI).
- Sie machen sich nicht von einer Firma abhängig.
- Sie benötigen ein Produkt, das eine CORBA-Infrastruktur bereitstellt.

Die CORBA-Infrastruktur besteht stark vereinfacht aus vier Grundelementen:

1. Object Request Broker (Objektbus)
2. Common Object Services (CORBA-Dienste)
3. Common Facilities (CORBA-Server)
4. Application Objects (CORBA-Clients)

Der Object Request Broker ist der Objektbus, manchmal auch als CORBA-Backbone (Rückgrat) bezeichnet. Über ihn können Objekte transparent Anfragen an andere Objekte senden. Für die Objekte (Clients), die die Anfragen (Requests) stellen, ist es egal, wo sich das Objekt befindet, das antwortet (Server). Es könnte sich auf dem gleichen Computer befinden oder auf einem völlig anderen Rechner.

8.3.4 Enterprise JavaBeans

Enterprise JavaBeans (EJB) sind wie JavaBeans Komponenten. Das Programmiermodell ist viel mächtiger, aber im Vergleich zu JavaBeans auch schwieriger zu verstehen. Das Modell ist die momentan am weitesten entwickelte Architektur zur Kapselung von Unternehmensdaten und Geschäftslogik in standardisierten Komponenten. Diese Standardkomponenten benötigen als Laufzeitumgebung einen Applikationsserver mit integriertem EJB-Container. Die JRE als Laufzeitumgebung reicht nicht aus.

Das Komponentenmodell EJB ist wie folgt aufgebaut. Es gibt zwei Typen von Beans:

1. Entity Beans
2. Session Beans
3. Message Driven Beans

Die Entity Beans sind primär Datenträger und kapseln die Geschäftsdaten, wobei auch hier zwei Typen unterschieden werden:

1. Entity Beans mit Container-managed Persistence (CMP)
2. Entity Beans mit Bean-managed Persistence (BMP)

Entity Beans

Ein Beispiel für Entity Beans könnte eine Person aus einer Personaldatenbank sein. Entity Beans können aber auch in einfachen Dateien oder relationalen Datenbanken (Kapitel 15, »Datenbankprogrammierung«) gespeichert werden. Der Speicherort ist für den Java-Programmierer unwichtig.

Session Beans

Session Beans sind die Repräsentanten der Geschäftslogik. Sie bieten einen Dienst an und können nicht gespeichert werden. Man unterscheidet zwei Arten:

1. Stateless Session Beans
2. Stateful Session Beans

Stateless Session Beans sind sehr kurzlebige, zustandslose Services, die von einem Methodenaufruf zum nächsten keine Daten speichern. Sie besitzen alle die gleiche Identität, und es gibt keine Möglichkeit, sie zu unterscheiden.

Stateful Session Beans hingegen besitzen einen Zustand und speichern ihre Daten zwischen mehreren Methodenaufrufen. Sie sind aber nicht persistent. Nach dem Abschalten des Servers geht ihr Zustand verloren, wenn er nicht explizit persistent gemacht wurde.

Message Driven Beans

Message Driven Beans sind dafür gedacht, asynchrone Kommunikation zum Beispiel mit Message Brokern zu unterstützen. Will man seine Anwendung nicht zu stark mit einem anderen System koppeln, bietet sich diese Art einer EJB an.

Schnittstellen

Enterprise JavaBeans besitzen zwei Schnittstellen, über die man auf sie zugreifen kann:

1. Remote Interface
2. Home Interface

Das Remote Interface dient dazu, auf die eigentliche Komponentenschnittstelle zuzugreifen, zum Beispiel den Namen einer Person zu ermitteln, während das Home Interface dazu gebraucht wird, den Lebenszyklus einer Bean zu beeinflussen.

Die Enterprise-JavaBean-Architektur ist ein buchfüllendes Thema, das ich hier nicht weiter vertiefen möchte.

8.4 Java Micro Edition

Für Java-Anwendungen, die in Mobilgeräten und so genannten Embedded Systems laufen sollen, ist die *Java Micro Edition* gedacht. Sie richtet sich an Programmierer von Mobilgeräten und Embedded Systems und verwirrt den Einsteiger mit einer fast noch größeren Zahl von Abkürzungen, als das in den beiden anderen Editionen der Fall ist.

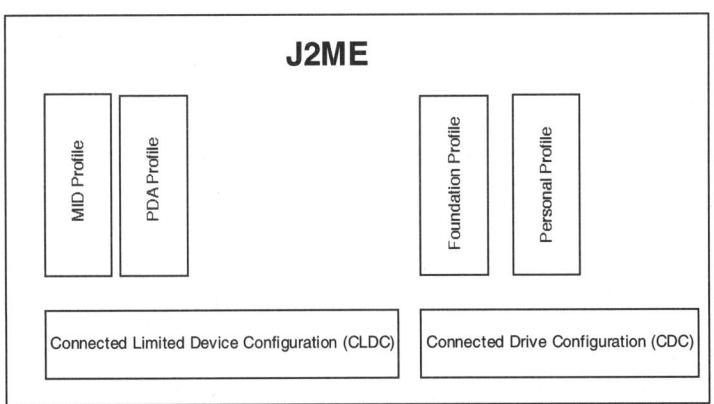

Abbildung 8.21 Java Micro Edition

Die Edition besteht aus zwei Teilen: der Connected Limited Device Configuration (CLDC) und der Connected Drive Configuration (CDC). Programme, die die CLDC verwenden, werden von einer speziellen virtuellen Maschine ausgeführt, der Kilobyte Virtual Machine (KVM)). Sie ist sehr klein, sehr eingeschränkt und verfügt beispielsweise nicht über Gleitkommazahlen. CDC-Programme werden dagegen von einer vollständigen, aber kompakten virtuellen Maschine (CVM) ausgeführt.

Auf die Connected Limited Device Configuration setzen zwei Profile auf: das MID Profile und das PDA Profile. MID steht für Mobile Information Device, womit Mobilfunkgeräte gemeint sind. Für diese Geräte gibt es analog zu Servlets und Applets eine spezielle Applikationsart, die MIDlets. Diese werden in Archiven ausgeliefert und mit diversen Klassenbibliotheken entwickelt.

Diese Bibliotheken befinden sich in den Paketen

- *javax.microedition.io*
- *javax. microedition.lcdui*
- *javax.microedition.midlet*
- *javax.microedition.rms*

Darüber hinaus stehen noch die Basisbibliotheken *java.io*, *javalang* und *java.util* zur Verfügung, die aber aufgrund der eingeschränkten virtuellen Maschine keine Gleitkommatypen anbieten.

Java-Programme, die mit Hilfe der Java SE oder gar der JEE konzipiert wurden, sind nicht auf Mobilgeräte übertragbar. Die Java ME ist eine eigene Welt, die nur garantiert, dass Anwendungen, die für ein Mobilgerät geschrieben wurden, mit Hilfe der speziellen virtuellen Maschinen (KVM, CVM) auch auf einem Mobilgerät laufen.

8.5   Zusammenfassung

Java besitzt einen kleinen Sprachkern, der durch so genannte Klassenbibliotheken erweitert wird. Neben vielen Bibliotheken von Softwarehäusern und Entwicklergemeinschaften gibt es die offiziellen Bibliotheken des Java-Erfinders Sun Microsystems. Diese Bibliotheken sind in drei Editionen organisiert: Java Standard Edition (Java SE), Java Enterprise Edition (Java EE) und Java Micro Edition (Java ME).

Die bedeutendste unter den drei Editionen ist die Java SE alias JDK. In ihr sind nicht nur die JDK-Werkzeuge und die Java Runtime Environment (JRE) enthalten, sondern mehrere tausend nützliche Klassen für grafische Oberflächen, Dateieingabe und -ausgabe, Zeichenketten, Ereignis- und Fehlerbehandlung sowie Komponenten.

Die Java EE richtet sich an größere Unternehmen, die auf Basis von Application Servern verteilte Anwendungen entwickeln. In dieser Edition spielen die Komponententechnik der Enterprise JavaBeans (EJB) sowie die Webtechnologien Servlets und JavaServer Pages eine große Rolle.

Mit der Java ME schließlich kehrt Java wieder zu seinen Ursprüngen zurück: der Programmierung von Kleingeräten. Diese Edition enthält nützliche Klassen, um Mobiltelefone, Taschenkalender und andere Kleingeräte zu programmieren.

8.6 Aufgaben

8.6.1 Fragen

1. Was sind Klassenbibliotheken?
2. Welche Vorteile besitzen sie?
3. Wie sind die Java-Klassenbibliotheken von Sun Microsystems organisiert?
4. Welche Aufgabe hat das Paket *java.lang*?
5. Wie unterscheidet sich Swing von AWT?
6. Wieso besitzt das AWT auch heute noch große Bedeutung?
7. Was sind Applets?
8. Was versteht man unter Servlets?
9. Was ist eine verteilte Anwendung?

8.6.2 Übungen

1. Erweitern Sie die *For*-Schleife beider *Thread*-Klassen des Beispiels 10 (Listing 8.13 und Listing 8.14) um folgende Anweisung:

```
//Beispielprogramme/Java_Klassenbibliotheken/Ex10
for (...) {}
✂
    sleep(10);
✂
}
```

Listing 8.24 Erweiterung der »Thread«-Klassen durch Aufruf der Methode »sleep«

2. Werfen Sie dazu einen Blick in die Java-Dokumentation der Klasse *Thread*.
3. Was müssen Sie beim Einfügen der Anweisung beachten?
4. Welche Ausgabe erzielt das Programm? Erklären Sie die Veränderung.

Die Lösungen zu den Aufgaben finden Sie in Kapitel 19 ab Seite 521.

*»Die Neugier steht immer an erster Stelle des Problems,
das gelöst werden will.« (Galileo Galilei)*

9 Algorithmen

9.1 Einleitung

Im vorangegangenen Kapitel haben Sie gesehen, aus welchen Teilen ein Java-Programm besteht, welche Gesetzmäßigkeiten gelten und welche Programmierparadigmen es gibt. Setzt man bestimmte Teile eines Programms so zusammen, dass ein Verfahren zur Lösung eines Problems entsteht, spricht man von einem Algorithmus. Wie man einen Algorithmus entwickelt, welche Arten von Algorithmen es gibt und welche in Java schon vorhanden sind, darum geht es in diesem Kapitel.

9.2 Algorithmen entwickeln

Wie entwickelt man Algorithmen? Um vom Problem zielgerichtet zu einer Lösung, dem Algorithmus, zu kommen, sollte man nach einem Lösungsverfahren vorgehen. Ein solcher Plan könnte beispielsweise wie folgt aussehen:

- Anforderungen in möglichst wenigen kurzen Sätzen benennen (circa vier bis fünf Sätze)
- Bekannte Fakten extrahieren
- Aus den bekannten Fakten die gesuchten Größen extrahieren
- Die gesuchten Größen nach Eingangs- und Ausgangsgrößen sortieren
- Einen Grobalgorithmus entwerfen
- Den Grobalgorithmus in einer Programmiersprache festhalten
- Das Programm ausprobieren
- Fehler und Ungenauigkeiten analysieren
- Den Entwurf des Grobalgorithmus gegebenenfalls verbessern

- Das Programm verändern
- Das Programm testen und so weiter, bis das Ergebnis zufriedenstellend ist

Schritt 1 wird als Anforderungsaufnahme bezeichnet, die Schritte 2 bis 5 als Analyse und Design, Schritt 6 als Implementierung, Schritt 7 als Test, Schritt 8 als Analyse, Schritt 9 als nochmaliges Design, Schritt 10 als Implementierung, Schritt 11 als Test und so weiter. Wie Sie sehen, wiederholt sich der gesamte Ablauf ständig (Abbildung 9.1). Die Schritte werden zyklisch in folgender Reihenfolge durchlaufen: Anforderungsaufnahme – Analyse und Design – Implementierung – Test. Sie kommen Ihnen sicher aus Kapitel 5 bekannt vor und sind nichts anderes als der dort vorgestellte Entwicklungsprozess.

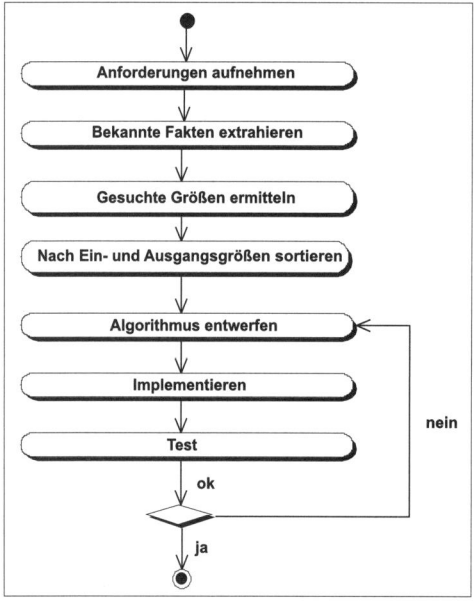

Abbildung 9.1 Verfahren zur Algorithmenentwicklung

Was ich Ihnen also gerade vorgestellt habe, ist ein Algorithmus zur Entwicklung von Algorithmen. Im Prinzip läuft die gesamte Entwicklung eines Programms so ab: Was für den Algorithmus im Kleinen gilt, trifft auch für das Programm im Großen zu.

9.3 Algorithmenarten

Algorithmen gibt es für jeden Einsatzzweck. Damit man die Fülle von Algorithmen besser unterscheiden kann, klassifiziert man sie nach folgenden Arten:

- Sortieralgorithmen
- Suchalgorithmen
- Algorithmen zur Mustererkennung
- Algorithmen zur Lösung geometrischer Probleme
- Graphen
- Mathematische Aufgaben

Für zwei dieser Einsatzzwecke möchte ich Ihnen Beispiele vorstellen.

9.3.1 Sortieren

Es kommt in einem Programm ständig vor, dass Werte sortiert werden müssen. Das können Zahlenwerte sein oder Zeichenketten. Entscheidend bei Sortieralgorithmen ist vor allem deren Geschwindigkeit. Einer der einfachsten Sortieralgorithmen ist der *Selection Sort*.

```
 1:
 2: //Beispielprogramme/Algorithmen/Ex01
 3:
 4: package algorithms;
 5:
 6: /**
 7:  * Klasse: Selection
 8:  * Zweck: Sortiert ein Array
 9:  * @author Bernhard Steppan
10:  *
11:  */
12:
13: public class Selection {
14:
15:   public static void main(String[] arguments) {
16:
17:     int array[] = new int[10];
18:
19:     int temp, index;
20:
21:     array[0] = 9;    array[1] = 87;
22:     array[2] = 732;  array[3] = 136;
23:     array[4] = 0;    array[5] = 41;
24:     array[6] = 43;   array[7] = 22;
25:     array[8] = 42;   array[9] = 52;
26:
```

```
27:      for (index = 0; index < (array.length - 1); index++) {
28:         for (int j = index; j < (array.length); j++) {
29:            if (array[index] > array[j]) { // Vergleich
30:               temp = array[index]; // Zwischenspeichern des Minimums
31:               array[index] = array[j]; // Minimum wird ueberschrieben
32:               array[j] = temp; // Vertauschung durch temp. Wert
33:            }
34:         }
35:      }
36:
37:      for (index = 0 ; index < array.length; index++)
38:         System.out.println(array[index]);
39:   }
40: }
```

Listing 9.1 Eines der einfachsten Sortierverfahren ist der »Selection Sort«.

Das Programm sucht erst nach dem kleinsten Element des Feldes, tauscht es gegen das erste Element aus, findet das zweitkleinste Element, tauscht es gegen das zweite Element aus und so weiter, bis das gesamte Feld sortiert ist. Das Programm besteht aus einem Schleifennest. Darunter versteht man mindestens zwei ineinander verschachtelte Schleifen.

In der innersten Schleife findet über eine If-Anweisung der Vergleich zwischen den Elementen statt. Ist ein Minimum gefunden, speichert das Programm es in einer temporären Variablen und vertauscht es. Danach finden weitere Durchläufe statt, bis das gesamte Feld sortiert ist.

9.3.2 Diagramme

Es gibt verschiedene Arten von Diagrammen, die zum Beispiel in Statistikprogrammen oder Tabellenkalkulationen eingesetzt werden. Einer dieser Diagrammtypen nennt sich Balkendiagramm und eignet sich sehr gut, um absolute Werte zu beurteilen. Für diesen Diagrammtyp möchte ich hier mit Ihnen einen einfachen Algorithmus entwickeln.

Grundfiguren aus AWT

Für das Zeichnen von Grafiken mit Hilfe der Grafik-Bibliotheken von Java sind einige Vorkenntnisse notwendig. Zunächst ist wichtig, zu wissen, dass das AWT eine Reihe von einfachen Grundfiguren für das Zeichnen bereithält. Darunter befinden sich Kreise, Ellipsen und Rechtecke. Die Figuren können gefüllt oder in Umrissen dargestellt werden. Sie befinden sich in der Klasse *Graphics* des Pakets *java.awt*.

Klasse »Graphics«

Um diese anwenden zu können, ist es nicht erforderlich, ein Objekt der Klasse *Graphics* direkt zu erzeugen, sondern es kann eine Fensterkomponente verwendet werden, die die Methode *paint()* bereithält. Diese Methode bekommt als Parameter ein Objekt der Klasse *Graphics*, das Sie verwenden können. Eine normale Komponente zeichnet jedoch nicht automatisch das gewünschte Diagramm. Dazu benötigt man eine eigene Methode.

Überschreiben von »paint«

Es wäre jedoch nicht geschickt, eine Methode beliebigen Namens zu definieren und dort das Zeichnen des Diagramms vorzunehmen. Besser ist es, die Methode *paint()* der Basisklasse zu überschreiben. Diese Methode reagiert schon in der gewünschten Weise auf die richtigen Ereignisse, so dass Sie eine Ereignisbehandlung (Abschnitt 8.2.5, »Abstract Windowing Toolkit«) nicht selbst implementieren müssen.

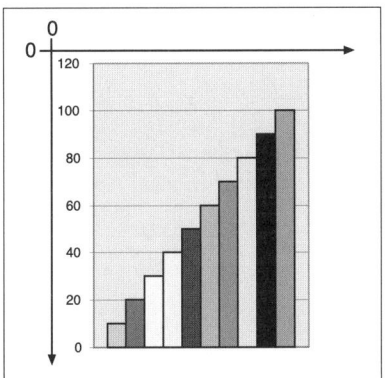

Abbildung 9.2 Der Koordinatenursprung liegt in der linken oberen Ecke.

Die zweite wichtige Voraussetzung, um erfolgreich einen Algorithmus implementieren zu können, ist die Kenntnis des Java-Koordinatensystems. Der Ursprung des Koordinatensystems liegt in der linken oberen Ecke. Damit wird also im vierten Quadranten gezeichnet (Abbildung 9.2).

Um ein Rechteck zu zeichnen, müssen Sie sowohl in x- als auch in y-Richtung gegen die Skalierung rechnen. Die Skalierung des Diagramms wächst in entgegengesetzter Richtung zur y-Achse (Ordinate). Sie müssen also den maximalen Wert ermitteln, um die Stelle zu berechnen, an der alle Rechtecke enden sollen.

Der Algorithmus ist relativ einfach. Die Methode zum Zeichnen der Rechtecke bekommt folgende Parameter:

- **x**

  als Zeichenursprung in x-Richtung

- **y**

  als Zeichenursprung in y-Richtung

- **barWidth**

  als Breite des Balkens

- **absoluteValue**

  als Wert, der angezeigt werden soll

Da der Balken in y-Richtung in negativer Richtung gezeichnet werden muss, berechnet sich die y-Koordinate des Zeichenursprungs nach folgender Formel:

```
y = diagrammHeight - absoluteValue
```

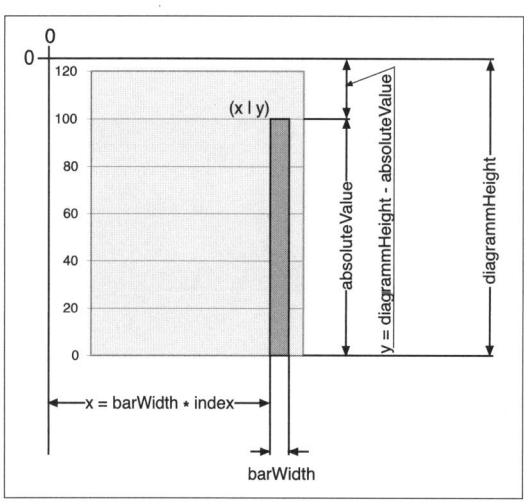

Abbildung 9.3 Der Ursprung des Balkens liegt bei (x | y).

Was noch zu klären wäre, ist, wie sich die Balken am besten nebeneinander zeichnen lassen. Das lässt sich mit folgender Formel erledigen:

```
x = barWidth * index
```

Durch diese Formel wird der erste Balken am Anfang des Diagramms platziert, weil der Index mit dem Wert 0 startet. Alle weiteren Balken versetzt der Algorithmus um die Breite eines Balkens in x-Richtung. Das Ergebnis der Methode *paint* sehen Sie in Listing 9.2.

Die Klasse *BarChart* erweitert die Swing-Klasse *JComponent* und überschreibt dabei die Methode *paint()*. Zu Beginn berechnet die Methode einen Offset für die Ausgabe des Diagrammtitels. Danach legt sie den Zeichensatz mit der Methode *setFont()* des Objekts *graphics* der Klasse *Graphics* fest. Auf die gleiche Art und Weise legt das Programm die Farbe des Titels fest und gibt die Zeichenkette als Titel aus.

Danach folgt der Algorithmus als For-Schleife. Die Werte sind der Einfachheit halber in einem einfachen Array gespeichert. Die Schleife benutzt als Grenzwert die Länge des Arrays. Innerhalb der Schleife variiert das Programm die Farbe der Balken, so dass sie sich farblich voneinander absetzen.

```
 1: //Beispielprogramme/Algorithmen/Ex02
 2:
 3: package algorithms;
 4:
 5: import java.awt.Color;
 6: import java.awt.Font;
 7: import java.awt.Graphics;
 8: import javax.swing.JComponent;
 9:
10: /**
11:  * Klasse: BarChart
12:  * Zweck: Zeichnet ein Balkendiagramm
13:  * @author Bernhard Steppan
14:  *
15:  */
16: public class BarChart extends JComponent {
17:    private static final long serialVersionUID = 1L;
18:    private int origin;
19:    private int chartHeight;
20:    private int barWidth;
21:    private Color titleColor;
22:    private int[] absoluteValue = {
23:        10, 20, 30, 40, 50, 60, 70, 80, 90, 100};
24:
25:    private Color[] colors = {
26:        Color.red, Color.orange,
27:        Color.yellow, Color.cyan,
28:        Color.green, Color.magenta,
29:        Color.blue, Color.pink,
30:        Color.white, Color.gray
31:    };
32:
33:    public BarChart() {
34:        origin = 0;       //x-Koordinatenursprung
35:        chartHeight = 0;  //y-Koordinatenursprung
36:        barWidth = 10;    //Balkenbreite
37:    }
```

```
38:
39:    public synchronized void paint(Graphics graphics) {
40:      int textPosX = origin + barWidth + 10; //Offset
41:      //Titelzeichensatz:
42:      graphics.setFont(new Font("Arial", Font.PLAIN, 12));
43:      graphics.setColor(Color.black); // Titelfarbe
44:      //Titel der Grafik:
45:      graphics.drawString("Absolute Werte",
46:                  textPosX,
47:                  chartHeight - 120);
48:
49:      //Der Algorithmus zum Zeichnen der Rechtecke:
50:      for (int index = 0; index < absoluteValue.length; index++) {
51:        graphics.setColor(colors[index]);
52:        graphics.fillRect(origin + barWidth * index,
53:                  chartHeight - absoluteValue[index],
54:                  barWidth,
55:                  absoluteValue[index]);
56:      } //for
57:    } //paint
58:
59:    public Color getTitleColor() {
60:      return titleColor;
61:    }
62:
63:    public void setTitleColor(Color titleColor) {
64:      this.titleColor = titleColor;
65:    }
66:
67:    public void setBarWidth(int barWidth) {
68:      this.barWidth = barWidth;
69:    }
70:
71:    public void setOrigin(int origin) {
72:      this.origin = origin;
73:    }
74:
75:    public void setChartHeight(int chartHeight) {
76:      this.chartHeight = chartHeight;
77:    }
78: }
```

Listing 9.2 Die Klasse »BarChart«

Die Balken werden durch die Methode *fillRect()* der Klasse *Graphics* gezeichnet. Die Methode erwartet die schon erwähnten Parameter x, y, Breite und Höhe, die nach den bekannten Formeln berechnet werden.

Nun wäre noch wünschenswert, dass die Grafikklasse eine kleine Schnittstelle bekäme, um sie vom Programm aus aufrufen zu können. Sie kommt in Form von drei Zugriffsmethoden, die es erlauben, den Zeichenursprung, die Höhe des Diagramms und die Breite des Balkens zu manipulieren:

```
public void setOrigin(int origin)
public void setChartHeight(int chartHeight)
public void setBarWidth(int barWidth)
```

Das Balkendiagramm wird nun in eine Swing-Klasse eingebettet und mit einem Hauptprogramm verknüpft. Das geschieht in der Initialisierungsmethode des Fensters. Als Layout-Manager verwendet das Fenster ein *Border-Layout*, das dem Objekt *contentPane* übergeben wird.

Im Anschluss daran legt das Fenster seine Größe und den Fenstertitel fest. Mit der Methode *setOrigin()* versetzt das Fenster den Ursprung des Balkendiagramms etwas nach rechts, mit der Methode *setChartHeight()* gibt es die Höhe des Diagramms vor. Zum Schluss wird das Programm in die *contentPane* eingefügt.

```
 1: //Beispielprogramme/Algorithmen/Ex02
 2:
 3: package algorithms;
 4:
 5: import java.awt.AWTEvent;
 6: import java.awt.BorderLayout;
 7: import java.awt.Dimension;
 8: import java.awt.event.WindowEvent;
 9: import javax.swing.JFrame;
10: import javax.swing.JPanel;
11:
12:
13: public class ChartWnd extends JFrame {
14:    private static final long serialVersionUID = 1L;
15:    private JPanel contentPane;
16:    private BorderLayout borderLayout = new BorderLayout();
17:    private BarChart barChart = new BarChart();
18:
19:    //Den Frame konstruieren
20:    public ChartWnd() {
21:       enableEvents(AWTEvent.WINDOW_EVENT_MASK);
22:       try {
23:          initialize();
```

9 | Algorithmen

```
24:     }
25:     catch(Exception e) {
26:       e.printStackTrace();
27:     }
28:   }
29:
30:   //Initialisierung der Komponenten
31:   private void initialize() throws Exception {
32:     contentPane = (JPanel) this.getContentPane();
33:     contentPane.setLayout(borderLayout);
34:     this.setSize(new Dimension(250, 250));
35:     this.setTitle("Balkendiagramm");
36:     barChart.setAlignmentX((float) 0.5);
37:     barChart.setOrigin(70);
38:     barChart.setChartHeight(180);
39:     contentPane.add(barChart, BorderLayout.CENTER);
40:   }
41:
42:   //Ueberschrieben, so dass eine Beendigung moeglich ist
43:   protected void processWindowEvent(WindowEvent e) {
44:     super.processWindowEvent(e);
45:     if (e.getID() == WindowEvent.WINDOW_CLOSING) {
46:       System.exit(0);
47:     }
48:   }
49: }
```

Listing 9.3 Die Klasse »ChartWnd«

Das fertiggestellte Hauptfenster kann jetzt vom Hauptprogramm aufgerufen werden. Das geschieht direkt am Anfang seines Konstruktors. Danach wird das Fenster auf dem Bildschirm zentriert und sichtbar geschaltet.

```
 1: //Beispielprogramme/Algorithmen/Ex02
 2:
 3: package algorithms;
 4:
 5: import java.awt.Dimension;
 6: import java.awt.Toolkit;
 7: import javax.swing.UIManager;
 8:
 9: public class ChartApp {
10:   boolean packFrame = false;
11:
12:   //Konstruktor
13:   public ChartApp() {
```

```java
14:     ChartWnd chartWnd = new ChartWnd();
15:     if (packFrame) {
16:       chartWnd.pack();
17:     }
18:     else {
19:       chartWnd.validate();
20:     }
21:     //Das Fenster zentrieren:
22:     Dimension screenSize =
23:       Toolkit.getDefaultToolkit().getScreenSize();
24:     Dimension frameSize = chartWnd.getSize();
25:     if (frameSize.height > screenSize.height) {
26:       frameSize.height = screenSize.height;
27:     }
28:     if (frameSize.width > screenSize.width) {
29:       frameSize.width = screenSize.width;
30:     }
31:     chartWnd.setLocation((screenSize.width -
32:                 frameSize.width) / 2,
33:                 (screenSize.height -
34:                 frameSize.height) / 2);
35:     chartWnd.setVisible(true);
36:   }
37:
38:   //Main-Methode
39:   public static void main(String[] args) {
40:     try {
41:       UIManager.setLookAndFeel(
42:             UIManager.getSystemLookAndFeelClassName());
43:     }
44:     catch(Exception e) {
45:       e.printStackTrace();
46:     }
47:     new ChartApp();
48:   }
49: }
```

Listing 9.4 Die Klasse »ChartApp«

Wenn Sie das Programm übersetzen und starten, zeigt sich das Hauptfenster, in dem sich das neue Balkendiagramm befindet.

Abbildung 9.4 Das neue Balkendiagramm unter Mac OS X

9.4 Algorithmen anwenden

Viele Algorithmen müssen Sie als Java-Programmierer nicht selbst entwickeln. Sie haben in Kapitel 8, »Java-Klassenbibliotheken«, gesehen, dass Java-Klassenbibliotheken ein gigantischer Selbstbedienungsladen voller Klassen sind. Innerhalb dieser Klassen gibt es Methoden, die einen Algorithmus enthalten. Man muss bloß wissen, ob er für den Einsatzzweck geeignet ist. Aber auch dazu ein Beispiel.

9.4.1 Sortieren

Collections

In Kapitel 8 wurde Ihnen eine Reihe von Klassenbibliotheken vorgestellt, darunter auch die Collection-Klassen, die sich im Util-Paket der Java SE befinden. Es gibt eine ganze Reihe verschiedener Verfahren. Zum Thema Sortieren möchte ich Ihnen die Klasse *Collections* vorstellen. Sie enthält eine Methode, die sich ausgezeichnet zum Sortieren von Feldern eignet, wie das folgende Beispiel zeigt.

```
 1: //Beispielprogramme/Algorithmen/Ex03
 2:
 3: package algorithms;
 4:
 5: import java.util.Arrays;
 6: import java.util.Collections;
 7: import java.util.List;
 8:
 9: /**
10:  * Klasse: Collection
```

```
11:  * Zweck: Sortiert eine Liste von Strings
12:  * @author Bernhard Steppan
13:  *
14:  */
15: public class Collection {
16:
17:   public static void main(String[] arguments) {
18:
19:     List<String> purchase = Arrays.asList(new String[] {
20:                             "Diamanten", "Rubine",
21:                             "Saphire", "Turmaline"});
22:     Collections.sort(purchase);
23:     System.out.print("Wir haben Folgendes eingekauft:\n");
24:     System.out.print(purchase);
25:   }
26: }
```

Listing 9.5 Sortierung mit Hilfe der Collections-Klasse

Das Programm erzeugt ein Objekt namens *purchase*, dem ein String-Array mit Edelsteinen übergeben wird. Diese Kollektion wird mit Hilfe der Klasse *Collections* sortiert und anschließend präsentiert. Im Gegensatz zum Beispiel des Listings 8.18 aus Kapitel 8 gibt das Programm diesmal den Inhalt der Kollektion geordnet aus:

```
Wir haben Folgendes eingekauft:
[Diamanten, Rubine, Saphire, Turmaline]
```

Array

Wie sehr sich das Sortierprogramm des Listings 9.1 vereinfachen lässt, wenn man die mächtigen Java-Klassenbibliotheken kennt, zeigt folgendes Listing:

```
 1: //Beispielprogramme/Algorithmen/Ex04
 2:
 3: package algorithms;
 4:
 5: import java.util.Arrays;
 6:
 7: /**
 8:  * Klasse: Selection
 9:  * Zweck: Sortiert eine Liste
10:  * @author Bernhard Steppan
11:  *
12:  */
13: public class Selection {
14:
15:   public static void main(String[] arguments) {
```

```
16:
17:     int array[] = new int[10];
18:     array[0] = 9;    array[1] = 87;
19:     array[2] = 732; array[3] = 136;
20:     array[4] = 0;    array[5] = 41;
21:     array[6] = 43;   array[7] = 22;
22:     array[8] = 42;   array[9] = 52;
23:     Arrays.sort(array); //Sortieren des Felds
24:     for (int index = 0 ; index < array.length; index++)
25:       System.out.println(array[index]);
26:   }
27: }
```

Listing 9.6 Sortierung mit Hilfe der Klasse »Array«

Wie Sie erkennen können, kann das gesamte Schleifennest durch einen einfachen Methodenaufruf der Klasse *Arrays* ersetzt werden. Sie müssen sich also nur wenige Algorithmen selbst ausdenken, weil die Java-APIs schon sehr viele vorgefertigte Lösungen bereitstellen, zum Beispiel auch für das Suchen, wie der folgende Abschnitt zeigt.

9.4.2 Suchen

Wer Edelsteine einkauft, möchte sie in seiner Kollektion natürlich wiederfinden. Dazu sind Suchalgorithmen sinnvoll, wie das folgende Programm zeigt. Das Beispiel ist eine Erweiterung des vorangegangenen Beispiels. Diesmal wird aber nicht nur eingekauft und die vollständige Ware präsentiert, sondern auch später danach gesucht. Dazu findet die Klasse *Collections* erneut Verwendung. Sie verfügt über eine Methode *binarySearch()*, der die Liste der Edelsteine und der Schlüssel übergeben wird. Da jeder Anwender immer das Teuerste sucht, lautet der Schlüssel natürlich *Diamanten*.

```
1: //Beispielprogramme/Algorithmen/Ex05
2:
3: package algorithms;
4:
5: import java.util.Arrays;
6: import java.util.Collections;
7: import java.util.List;
8:
9: /**
10:  * Klasse: Collection
11:  * Zweck: Sucht nach einem String innerhalb eines Liste
12:  * @author Bernhard Steppan
13:  *
```

```
14:  */
15: public class Collection {
16:
17:     public static void main(String[] arguments) {
18:
19:         List<String> purchase =
20:             Arrays.asList(new String[] {"Diamanten", "Rubine",
21:                                         "Saphire", "Turmaline"});
22:         Collections.sort(purchase);
23:         System.out.print("Wir haben Folgendes eingekauft:\n");
24:         System.out.println(purchase);
25:         int index = Collections.binarySearch(purchase, "Diamanten");
26:         System.out.print("Am teuersten waren:\n");
27:         System.out.print(purchase.get(index));
28:     }
29: }
```

Listing 9.7 Diamanten sind natürlich wieder am teuersten gewesen.

Die ermittelten Werte werden über die Methode *get()* ausgegeben. Sie erwartet nur den Index des betreffenden Elements als Parameter und gibt daraufhin eine Zeichenkette zurück.

9.5 Aufgaben

9.5.1 Fragen

1. Definieren Sie den Begriff »Algorithmus«.
2. Nennen Sie die wichtigsten Schritte bei der Entwicklung eines Algorithmus.
3. Welche Arten von Algorithmen gibt es?

9.5.2 Übungen

1. Wie müsste eine Legende für das Balkendiagramm aufgebaut sein? Entwickeln Sie dazu einen Algorithmus.
2. Schreiben Sie das Collection-Programm (Listing 9.5) so um, dass es Int-Werte sortiert.

Die Lösungen zu den Aufgaben finden Sie in Kapitel 19 ab Seite 523.

TEIL III
Größere Java-Projekte

Der zweite Teil dieses Buchs hat Java anhand von vielen kleinen Beispielprogrammen vorgestellt. Sie haben nun einen guten Überblick über Sprache, Prozesse und Plattform gewonnen. Aber als Einsteiger möchten Sie mehr als ein Puzzle von Einzelteilen, von denen Sie nicht genau wissen, wie sie zusammengehören.

Aus diesem Grund stellt Ihnen dieser Teil größere Projekte vor. Er zeigt Ihnen, wie Sie die Einzelteile am geschicktesten zu größeren Projekten zusammensetzen. Der Bogen spannt sich dabei von Konsolenprogrammen über grafische Oberflächen, Webanwendungen und bis hin zu Datenbankprogrammen.

Alle Projekte des dritten Teils werden nach einem einheitlichen Prozess aufgerollt, der sich an Kapitel 5, »Entwicklungsprozesse«, orientiert und die fünf Abschnitte Anforderungen, Analyse und Design, Implementierung, Test und Verteilung enthält:

1. **Anforderungen**

   Dieser Punkt fasst die Anforderungen an das Beispiel zusammen, also was es fachlich leisten soll.

2. **Analyse und Design**

   Hier finden Sie zum Beispiel Klassenmodelle, also den objektorientierten Aufbau es Beispielprojekts. Bei den Programmen mit grafischer Oberfläche bekommen Sie außerdem noch Entwürfe der Oberflächen zu sehen.

3. **Implementierung**

   In diesem Abschnitt erfolgen die Kodierung des Beispiels und eventuell das Design der grafischen Oberfläche.

4. **Test**

   Das Beispiel wird kompiliert und anschließend gestartet.

5. **Verteilung**

   Hier entsteht zum Schluss eine Batch-Datei beziehungsweise ein Shellskript zum Start des Programms, das damit fertiggestellt ist.

*»Beispiele sind nicht ein anderer Weg, um zu lehren,
sie sind der einzige Weg.«
(Albert Einstein)*

10 Konsolenprogramme

10.1 Einleitung

Konsolenprogramme scheinen ziemlich simpel zu sein: Sie besitzen keine grafische Oberfläche (Kapitel 11 ff.) und eignen sich deshalb bestens zum Einstieg in die Java-Programmierung. Aber auch professionelle Entwickler schreiben immer wieder kleinere oder größere Programme, für die sich der Aufwand einer grafischen Oberfläche nicht lohnt. Genau um solche Programme geht es in diesem Kapitel.

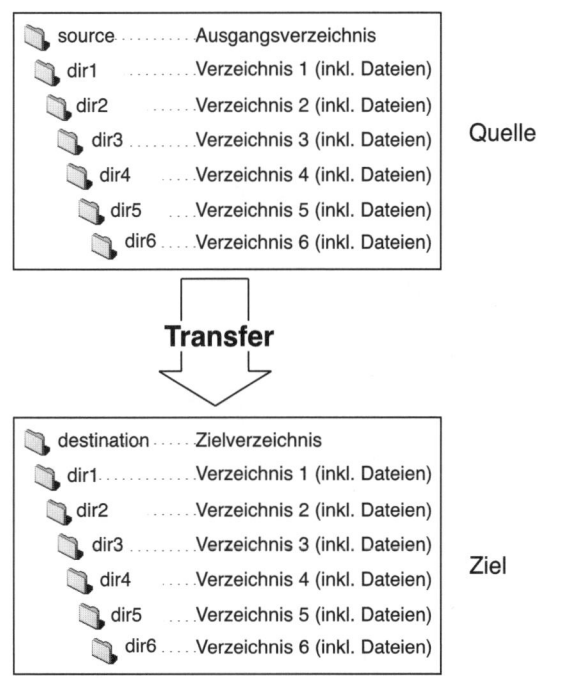

Abbildung 10.1 »Transfer« überträgt komplette Verzeichnisbäume.

10.2 Projekt »Transfer«

10.2.1 Anforderungen

Das Programm *Transfer* soll einen Teil eines Dateibaums von einem Verzeichnis in ein anderes kopieren (Abbildung 10.1). Dabei soll es in der Lage sein, den Verzeichnisbaum rekursiv zu übertragen. Rekursiv bedeutet, dass das Programm auch alle Unterverzeichnisse mitkopieren soll. Ausgangs- und Zielverzeichnis sollen über Kommandozeilenparameter übergeben werden. Das Programm muss hierbei eine minimale Fehleruntersuchung durchführen, damit nicht unsinnige Eingaben zu Datenverlusten führen.

Hat der Anwender keine Parameter eingegeben, so soll das Programm nach Property-Dateien suchen, in denen die Kopierparameter gespeichert sind. Das Programm soll eine Sicherungskopie der am Tag geleisteten Arbeit erzeugen. Es wird also nicht manuell gestartet, sondern durch den Systemabschluss. Summa summarum: Transfer ist ein Programm, mit dem am Ende eines Arbeitstages Sicherungskopien von einem Verzeichnis angelegt werden können.

10.2.2 Analyse und Design

Das Programm zerfällt in drei Problembereiche: die Auswertung der Parameter, das Auslösen des Kopiervorgangs und den eigentlichen Kopiervorgang.

Auswertung der Parameter

Die Parameterauswertung erfolgt in der Methode *main()* des Programms über eine Fallunterscheidung. Es gibt drei Hauptfälle:

Im *Fall 1* hat der Anwender keine Parameter eingegeben. Das kommt entweder daher, dass er das Programm nicht kennt und einfach so gestartet hat, oder daher, dass er die Properties-Datei verwenden wollte.

Das Programm versucht in diesem Fall, die Properties-Datei zu finden und die in ihr gespeicherten Kopierparameter auszuwerten. Wenn die Datei nicht zu finden oder zerstört ist (*Fall 1.1*), gibt das Programm eine Fehlermeldung aus und verabschiedet sich.

Wenn die Parameter so gewählt sind, dass Quelle gleich Ziel ist (*Fall 1.2*), gibt das Programm ebenfalls eine Fehlermeldung aus und verabschiedet sich. Erst wenn Quelle ungleich Ziel ist, startet Transfer den Kopiervorgang.

Der *Fall 2* ist einfacher zu behandeln: Hier hat der Anwender nur einen Parameter eingegeben. Das Programm interpretiert dies als Fehlbedienung, gibt eine entsprechende Meldung aus und beendet sich.

Im *Fall 3* hat der Anwender zwei Parameter eingegeben. Falls Quelle gleich Ziel ist (*Fall 3.1*), gibt das Programm eine Fehlermeldung aus und verabschiedet sich. Falls jedoch Quelle und Ziel unterschiedlich sind (*Fall 3.2*), startet das Programm den Kopiervorgang.

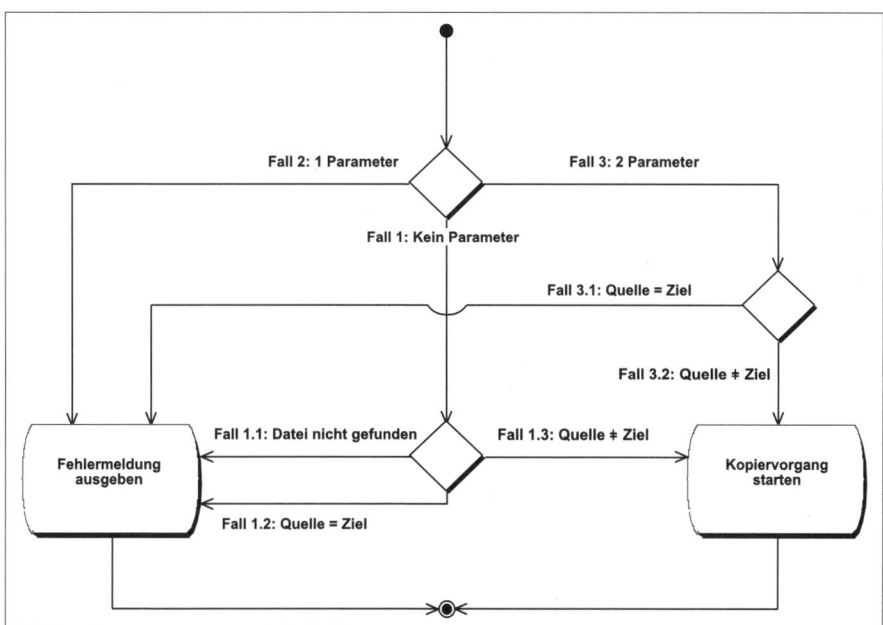

Abbildung 10.2 Die Auswertung der Parameter im Überblick

Kopierkern

Für die Lösung des Kopierproblems ist es notwendig, Dateiströme zu verwenden (Abschnitt 8.2.3, »Stream-Bibliotheken«). Damit kein Zwischenspeicher benötigt wird, sollte das Programm erst das Ausgangsverzeichnis einlesen und danach sofort das Zielverzeichnis schreiben. Der gesamte Kopiervorgang soll in einem Thread ablaufen (Abschnitt 8.2.1, »Java-Language-Bibliothek«).

Ereignissteuerung

Nur wenige Betriebssysteme wie Mac OS X verfügen über eine Funktion, die es erlaubt, ein Programm dann zu starten, wenn das Betriebssystem beendet wird. Bei Mac OS X heißen Programme, die in diesem Fall aufgerufen werden, Ausschaltobjekte.

Fast alle Betriebssysteme versenden aber ein Signal, wenn sie beendet werden. Dieses Signal kann von den Anwendungen abgefangen und ausgewertet werden. Das Problem ist nur, dass ein Java-Programm normalerweise keine native Anwendung ist (Abschnitt 6.4, »Native Java-Programme«). Anstelle des Java-Programms erhält die virtuelle Maschine das Signal vom Betriebssystem.

Was passiert mit einem Java-Programm, wenn das Betriebssystem beendet wird? Es wird im Regelfall einfach abgewürgt und hat keine Möglichkeit, darauf zu reagieren. Das ist ärgerlich, wenn beispielsweise noch Änderungen an einer Datei ungesichert sind. Gute Anwendungen fragen in einem solchen Fall immer den Anwender, ob er seine Datei noch speichern möchte, bevor das Betriebssystem den Prozess beendet.

Seit der Java SE 1.3 ist es auch einem Java-Programm möglich, das Beenden des Betriebssystems so lange zu unterbrechen, bis wichtige Arbeiten wie das Sichern einer Datei erledigt sind. Dieser Mechanismus heißt Shutdown-Hook. Sie müssen dazu nur der Laufzeitumgebung mitteilen, dass Ihr Programm ein kritischer Fall ist, der benachrichtigt werden möchte.

10.2.3 Implementierung der Klasse »TransferApp«

Paketstruktur

Die Klasse *TransferApp* gehört zum Paket *net.steppan.app.transfer*. Bei einem Projekt wie Transfer, das nur aus zwei Klassen besteht, ist eine weitere Untergliederung nicht notwendig. Ebenfalls überflüssig sind Objekt- oder Klassenvariablen.

Importanweisungen

Es werden nur zwei direkte Importe benötigt. Die Klassen dienen dazu, die Property-Datei einzulesen.

✂
```
import java.util.Properties;
import java.io.FileInputStream;
```
✂

Listing 10.1 Die Importanweisungen der Klasse »TransferApp«

Konstruktor

Der Konstruktor der Klasse *TransferApp* besteht aus drei Teilen: dem Erzeugen eines neues Kopier-Threads, der Installation eines Shutdown-Hooks und einer Schleife, in der das Programm darauf wartet, dass es unterbrochen wird. Der Shutdown-Hook muss ein initialisierter, aber noch nicht gestarteter Thread sein.

Die Unterbrechung kann durch einen Systemabschluss oder durch den Versuch, das Programm zu beenden, herbeigeführt werden.

```
public TransferApp(String srcDir, String destDir) {
  Thread t = new CopyThread("Transfer wartet ...",
                            srcDir, destDir);
  Runtime.getRuntime().addShutdownHook(t);
  do {
    System.out.print(".");
    try {
      Thread.sleep(1);
    }
    catch (InterruptedException ie) {
      Runtime.getRuntime().halt(1);
    }
  }
  while (true);
}
```

Listing 10.2 Der erste Konstruktor des Kopierprogramms

Während der Wartezeit gibt das Programm mit Hilfe der Methode *print()* Punkte auf die Konsole aus, um dem Anwender zu signalisieren, dass es im Hintergrund lauert.

Methode »helpAndTerminate«

Die Methode *helpAndTerminate()* wird immer dann aufgerufen, wenn eine Fehleingabe seitens des Anwenders oder innerhalb der Property-Datei erfolgt ist. Sie gibt lediglich einen Hilfetext aus und ruft danach die Methode *exit()* der Klasse *System* auf, wodurch das Programm sofort beendet wird. Über den Parameter 1 übermittelt die Methode, dass es sich nicht um ein normales Programmende handelte. Ein normales Programmende wird mit dem Rückgabewert 0 signalisiert.

```
private static void helpAndTerminate() {
  System.out.println(
      "Verwenden Sie bitte zwei unterschiedliche Parameter");
  System.out.println("\tTransfer <Quelle> <Ziel>");
  System.out.println("oder folgende Properties-Datei:");
  System.out.println(
      "\t<Transfer-Verzeichnis>/prp/transfer.properties");
  System.out.println("mit folgenden Eintr\u00e4gen:");
  System.out.println("\tSrcDir <Quelle>");
```

```
        System.out.println("\tDestDir <Ziel>");
        System.exit(1);
    }
```
✂

Listing 10.3 Die Methode »helpAndTerminate«

Methode »main«

Diese Methode setzt das Aktivitätsdiagramm aus Abbildung 10.2 um. Zu Beginn legt die Methode ein String-Objekt für die Warnung an, die das Programm im Falle von gleichen Parametern ausgibt. Danach erzeugt sie ein Objekt der Klasse *Properties*, das die Parameter aus einer Steuerdatei einlesen wird, falls der Anwender keine Parameter über die Kommandozeile eingegeben hat.

✂
```
public static void main(String args[]) {
    String warning = "\nWarnung: Gleiche Parameter verwendet!\n";
    Properties transferPrp = new Properties();
    switch (args.length) {
      case 0: // .... Fall 1: Keine Parameter => Properties laden
        try {
          transferPrp.load(
            new FileInputStream("prp/bas/Basic.properties"));
        }
        catch (java.io.IOException e) { //Fall 1.1: Datei
                                        //nicht gefunden
          System.out.println("
                        Properties-Datei nicht gefunden: " + e);
          helpAndTerminate(); //Das ist nicht erlaubt
        }; // catch
        // Quelle:
         String srcDir = transferPrp.getProperty("SrcDir");
        // Ziel
         String destDir = transferPrp.getProperty("DestDir");
          if (srcDir.equals(destDir)) { //  Fall 1.2: Quelle = Ziel
            System.err.println(warning);
            helpAndTerminate(); //Fehlermeldung
          }
          else { // ..................... Fall 1.3: Quelle != Ziel
            new TransferApp(srcDir, destDir);
          }
        break; // case 0
      case 1: // ..................... Fall 2: zu wenige Parameter
        System.err.println("\nZu wenige Parameter.\n");
        helpAndTerminate();
```

```
        break; // Fall 2
      case 2: // ......................... Fall 3: 2 Parameter
        if (args[0].equals(args[1])) { // Fall 3.1: Quelle = Ziel
          System.err.println(warning);
          helpAndTerminate(); //Fehlermeldung
        }
        // Fall 3.2: Quelle != Ziel:
        new TransferApp(args[0], args[1]);
        break;
    }
  }
}
✂
```

Listing 10.4 Die Methode »main« des Programms

Im Anschluss daran folgt die besagte Fallentscheidung, die von einer Case-Anweisung abgewickelt wird. Die Kommandozeilenparameter gelangen durch ein String-Array mit der Bezeichnung *args* in die Methode *main()*. Jedes String-Array besitzt eine Methode namens *length*, mit der seine Länge festgestellt werden kann. Ist die Länge 0, so wurde kein Parameter übergeben, ist sie 1, wurde ein Parameter übergeben und so weiter.

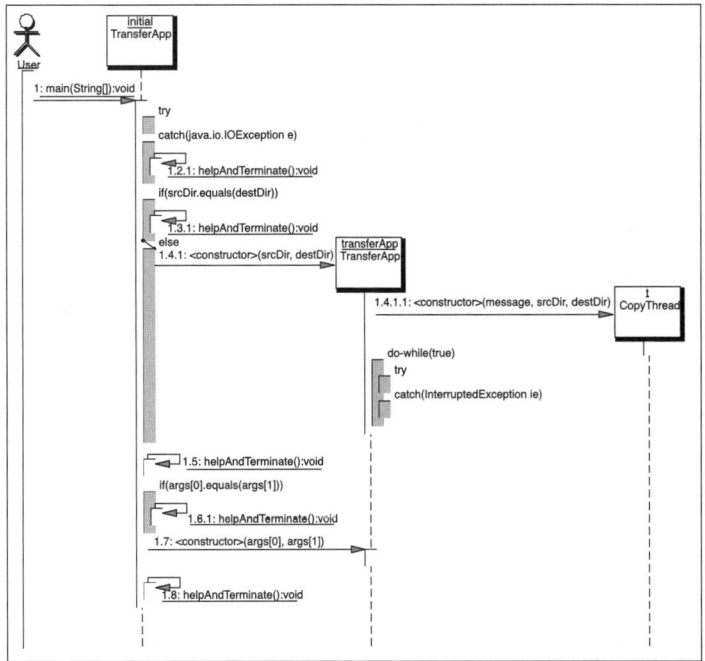

Abbildung 10.3 Der Gesamtablauf des Programms als Sequenzdiagramm

Abbildung 10.3 zeigt nochmals den Gesamtablauf des Programms Transfer in einem technischen Sequenzdiagramm. Nach dem Aufruf der Main-Funktion (Punkt 1 des Diagramms) analysiert das Programm die Benutzereingaben (Punkt 1.2 bis 1.8), um sofort zu entscheiden, ob es sinnvoll ist, den Shutdown-Hook zu installieren.

Sind die Benutzereingaben sinnvoll, erzeugt das Programm ein Objekt der Klasse *TransferApp*. Der Konstruktor dieser Klasse legt ein Objekt der Klasse *CopyThread* an und wartet danach auf ein Shutdown-Signal. Falls dieses eintrifft, weckt es den Kopier-Thread, der daraufhin seine Arbeit verrichtet.

10.2.4 Implementierung der Klasse »CopyThread«

Paketstruktur

Die Klasse *CopyThread* bekommt das gleiche Package zugewiesen wie die Hauptklasse der Anwendung.

Importanweisungen

Der *CopyThread* benötigt ausschließlich Klassen der IO-Bibliothek, um Dateien und Verzeichnisse zu kopieren.

```
import java.io.File;
import java.io.FileInputStream;
import java.io.FileOutputStream;
import java.io.IOException;
```

Listing 10.5 Die Importanweisungen der Klasse »CopyThread«

Der Kopier-Thread verfügt nur über zwei Variablen, um sich das Quell- und Zielverzeichnis zu merken.

```
  private String srcDir;
  private String destDir;
```

Listing 10.6 Die Variablen der Klasse »CopyThread«

Konstruktoren

Die beiden Konstruktoren des Threads unterscheiden sich nur leicht. Dem ersten Konstruktor kann eine Meldung übergeben werden, die er umgehend auf die

Konsole ausgibt. Im Fall des Transfer-Programms ist dies »Transfer wartet ...«. Daran sehen Sie, dass der Thread zwar sofort initialisiert wird, aber nicht startet. Die Methode *run()* wird erst dann aufgerufen, wenn Transfer ein Shutdown-Signal empfängt.

```
/**
 * Erster Konstruktor
 * @param message Meldung fuer die Konsolenausgabe
 * @param srcDir Quelle
 * @param destDir Ziel
 */
public CopyThread(String message,
                  String srcDir,
                  String destDir) {
  this.srcDir = srcDir;
  this.destDir = destDir;
  System.out.println(message); // Meldung auf der Konsole
}
```

Listing 10.7 Der erste Konstruktor der Klasse »CopyThread«

Wie der erste Konstruktor auch übernimmt der zweite Konstruktor über eine Parameterliste die Namen des Quell- und des Zielverzeichnisses – und damit ist seine Aufgabe auch schon beendet.

```
/**
 * Zweiter Konstruktor
 * @param srcDir Quelle
 * @param destDir Ziel
 */
public CopyThread(String srcDir,
                  String destDir) {
  this.srcDir = srcDir;
  this.destDir = destDir;
}
```

Listing 10.8 Der zweite Konstruktor der Klasse »CopyThread«

Methode »run«

Die Methode *run()* wird dann aufgerufen, wenn der Thread zum Leben erweckt wird, das heißt, wenn ein Shutdown-Signal eingetroffen ist. Die Methode zeigt danach kurz an, welches Quell- und Zielverzeichnis ihr übermittelt wurde, und ruft anschließend die Methode *rcopy()* auf.

```java
/**
 * Methode run stoesst den Kopiervorgang an
 */
public void run() {
  System.out.println("\nKopiere von " + srcDir +
                     " nach " + destDir);
  try {
    rcopy(new File(srcDir), new File(destDir));
  }
  catch (IOException io) {
    System.err.println("Kopierfehler:" + io);
  }
  System.out.println("\nKopiervorgang beendet.");
}
```

Listing 10.9 Die Methode »run«

Kopiermethode

Die Kopiermethode *rcopy()* ist der Kern des Programmalgorithmus. Sie sorgt dafür, dass sowohl Dateien als auch Unterverzeichnisse kopiert werden. Dazu werden ihr zwei Objekte des Typs *File* von der Methode *run()* übermittelt.

```java
/**
 * Rekursive Kopiermethode (kopiert Unterverzeichnisse)
 * @param source Quelle
 * @param destination Ziel
 * @throws IOException wird ausgeloest, wenn etwas schieflaeuft
 */
public static void rcopy(File source, File destination)
                    throws IOException {
  if (source.isDirectory()) { // .......... Fall 1: Verzeichnis
    destination.mkdir();
    String[] dirList = source.list();
    for (int i = 0; i < dirList.length; i++) {
      String entryName = dirList[i];
      System.out.println("\nKopiere ".concat(String.valueOf(
          String.valueOf(entryName)))); // ............. Debug
      rcopy(new File(source, entryName),
          new File(destination, entryName));
    }
```

```
    }
    else { // ................................. Fall 2: Datei
      int numberOfBytes;
      byte[] buffer = new byte[32768];
      FileInputStream in = new FileInputStream(source);
      FileOutputStream out = new FileOutputStream(destination);
      while ( (numberOfBytes = in.read(buffer)) > 0) {
        out.write(buffer, 0, numberOfBytes);
      }
      in.close(); // InputStream schliessen
      out.close(); // OutputStream schliessen
    } // else
  } // rcopy
```

Listing 10.10 Die Methode »rcopy« kopiert Verzeichnisse rekursiv.

Im Anschluss daran stellt die Methode fest, ob ein Verzeichnis oder eine Datei kopiert werden soll. Fall es sich um ein Verzeichnis handelt (Fall 1), wird im Zielpfad ein neues Verzeichnis gleichen Namens angelegt, das Quellverzeichnis eingelesen und in ein Array verwandelt. Dieses Array arbeitet die Methode rekursiv ab, das heißt, sie ruft sich immer wieder selbst auf, bis der gesamte Verzeichnisbaum kopiert ist (Abbildung 10.4).

Dadurch, dass die Methode zu Anfang eine Fallunterscheidung trifft, ob eine Datei oder ein Verzeichnis kopiert werden soll, wird bei einem erneuten Durchlauf Folgendes erreicht: Falls der Fall 2 eintritt und eine Datei erkannt wird, wird diese kopiert. Dies setzt sich so lange fort, bis die Methode auch die letzte Datei kopiert hat.

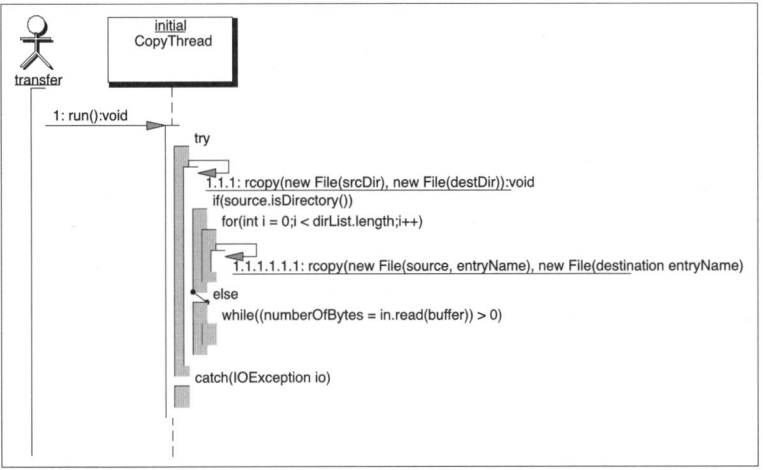

Abbildung 10.4 Der Ablauf der Kopiermethode

10.2.5 Implementierung der Properties-Datei

Um zu verhindern, dass das Programm durch einen unbeabsichtigten Start Fehler produziert, stehen nach den Parametern *SrcDir* und *DestDir* der Properties-Datei anfangs keine Werte. Wenn das Programm versehentlich gestartet wird, führt es einen Vergleich aus und gibt eine Fehlermeldung aus, weil beide Parameter gleich sind (Fall 1.2).

```
#==============================================
✂
#==============================================
#
#====== Pfad fuer Windows anpassen ======
#SrcDir=C:/Source
#DestDir=U:/Destination
#==============================================
#
#======= Pfad fuer Unix anpassen ========
#SrcDir=/usr/share/source
#DestDir=/usr/share/destination
#==============================================
#
#=========== Voreinstellung =============
SrcDir
DestDir
#==============================================
```

Listing 10.11 Die Properties-Datei enthält Quell- und Zielverzeichnis.

Der Anwender soll auf diese Weise gezwungen werden, die Datei bewusst zu bearbeiten und mit sinnvollen Werten zu füllen. Kommentare werden in Properties-Dateien mit einem Doppelkreuz eingeleitet. Sie können sie zum Beispiel nutzen, um sich mehrere Quell- und Zielverzeichnisse zu merken.

10.2.6 Test

Zum Testen des Programms verwenden Sie ein Shellskript oder eine Batch-Datei oder starten das Programm aus einer integrierten Entwicklungsumgebung. Sinnvoll sind mehrere Startkonfigurationen, um die Wirkung der Fallunterscheidung der Methode *main* zu überprüfen.

Beachten Sie bei Experimenten mit dem Programm Transfer, dass Kopierprogramme verheerende Schäden anrichten können, wenn sie nicht ausreichend getestet wurden. Arbeiten Sie daher nur mit Verzeichnissen, in denen sich keine wichtigen Informationen befinden.

10.2.7 Verteilung

Die Verteilung ist der letzte Schritt, um ein Java-Programm so zu verwenden, wie der Anwender dies von anderen Programmen gewöhnt ist, die er beispielsweise mit dem Betriebssystem erhält.

Start mit virtueller Maschine

Das Programm ist zwar klein, es kann jedoch auch in einem Archiv ausgeliefert werden, damit die einzelnen Bestandteile gebündelt sind. Dazu führen Sie eine Archivierung mit dem JDK-Werkzeug *jar* durch (Abschnitt 5.3.4, »Archivieren«).

```
@echo off
rem Transfer (c) 2003 - 2011 by Bernhard Steppan
C:\Programme\JDK\jdk1.7\jre\bin\java -jar transfer.jar
@echo on
```

Listing 10.12 Die Batch-Datei enthält den Pfad zur JRE.

Danach müssen Sie eine Batch-Datei (Windows) oder ein Shellskript (Unix) für den Start der Anwendung schreiben (Listing 10.12). Die Batch-Datei können Sie in die Autostart-Gruppe von Windows kopieren, wo das Programm nach dem Einschalten des Computers gestartet wird und so lange im Hintergrund schlummert, bis es ein Shutdown-Signal erhält.

Start mit nativem Wrapper

Programme wie das Archiv-Tool der Entwicklungsumgebung JBuilder oder der Export-Assistent von Eclipse erlauben es, das kleine Programm mit einer Hülle auszustatten. Der Anwender kann es auf diese Weise bequem ohne Batch-Datei starten. Unter den Beispielprogrammen finden Sie im Ordner Konsolenprogramme ein Beispiel hierfür.

10.3 Aufgaben

10.3.1 Fragen

1. Was ist ein Shutdown-Hook, und welchen Vorteil bringt er?
2. Welche Klassen benötigen Sie, um einen solchen Hook zu installieren?
3. Über welche Methode wertet ein Java-Programm Kommandozeilenparameter aus?
4. Wie bestimmt es die Anzahl der Parameter?

5. Was versteht man unter einer Rekursion?

6. Welche Klassen der Java SE benötigen Sie, um Dateien zu kopieren?

10.3.2 Übungen

1. Was passiert bei der momentanen Transfer-Version, wenn der Anwender zu viele Parameter eingibt?

2. Überlegen Sie sich eine Lösung dafür, und bauen Sie diese in das Programm ein.

3. Ergänzen Sie das Aktivitätsdiagramm (Abbildung 10.2) um diesen Fall.

Die Lösungen zu den Aufgaben finden Sie in Kapitel 20 ab Seite 527.

»Man muss das Tiefe an der Oberfläche verstecken.«
(Hugo von Hoffmannsthal)

11 Einfache Oberflächen mit Swing

11.1 Einleitung

AWT (Abstract Windowing Toolkit) und Swing sind die Standardbibliotheken zur Programmierung von grafischen Oberflächen mit Java. Während in Kapitel 8, »Klassenbibliotheken«, nur einfache Beispiele mit diesen Bibliotheken im Vordergrund standen, zeigt dieses Kapitel Ihnen an einem größeren Projekt, dem Taschenrechner *Abakus*, wie Sie einfache Programmoberflächen mit den beiden GUI-Bibliotheken entwickeln. Sie werden lernen, wie die Aufgabenteilung zwischen AWT und Swing aussieht.

Darüber hinaus geht es in diesem Beispiel darum, wie Sie Oberflächenbausteine (Widgets) korrekt anordnen, wie diese Bausteine auf Ereignisse (Eingaben) reagieren und wie man diese Eingaben korrekt verarbeitet und mit entsprechenden mathematischen Funktionen verbindet. Zudem sehen Sie auch, wie der Taschenrechner auf Eingabefehler reagiert, ohne dabei ins »Straucheln« zu kommen. Dieses Kapitel zeigt Ihnen schließlich auch sehr plastisch, wo bei der Konvertierung die Unterschiede zwischen den früheren Java-Versionen (bis zum JDK 1.4) und den neuen Java-Versionen 5, 6 sowie 7 von Daten liegen.

11.2 Projekt »Abakus«

11.2.1 Anforderungen

Das Programm namens *Abakus* stellt einen sehr einfachen Taschenrechner mit vier Grundrechenarten zur Verfügung. Um das Kapitel frei von Ballast zu halten, habe ich auf bestimmte mathematische Funktionen wie Sinus oder Cosinus verzichtet. Der Taschenrechner ist vom inneren Aufbau her auch bewusst einfach gestaltet. Er soll im Wesentlichen aus einem Hauptfenster bestehen.

Hauptfenster

Die Skizze, die ich von der Oberfläche des Taschenrechners angefertigt habe (Abbildung 11.1) zeigt, dass das Hauptfenster der Java-Anwendung aus verschiedenen Tasten bestehen soll, die auf der Oberseite von einem Textfeld begrenzt werden. Dieses zeigt die vom Benutzer eingegebenen Werte und die Ergebnisse der Berechnungen an.

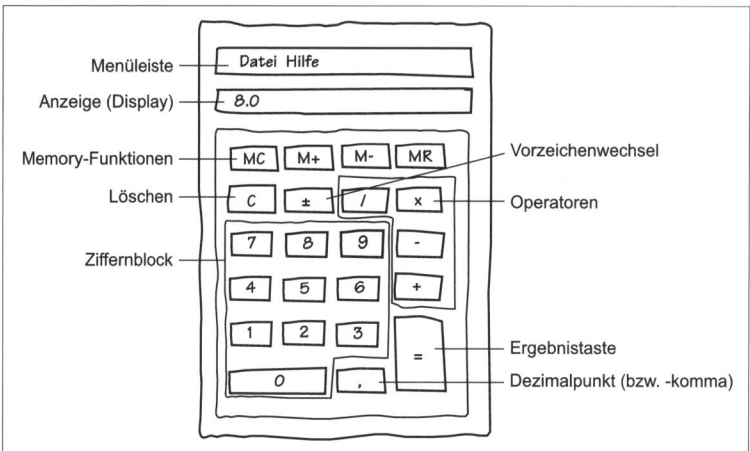

Abbildung 11.1 Das Hauptfenster des Taschenrechners als Skizze

Wie die Spielkarten eines Memory-Spiels (Kapitel 12, »Computerspiele mit Swing«) sollen die Tasten in Form eines Gitters angeordnet werden. Es werden Tasten für die Zahlen von 0 bis 9, für die Grundrechenarten Addition (Pluszeichen), Subtraktion (Minuszeichen), Multiplikation (x-Zeichen), Division (Schrägstrich), für Kommazahlen (Dezimalpunkt), für den Vorzeichenwechsel (Plus-/Minuszeichen), zum Zurücksetzen der Rechnung (C-Zeichen) und für die vier Speicheroperationen benötigt.

Bei den Speicheroperationen soll die Funktion MC (Memory Clear) den Zusatzspeicher löschen, M+ bewirkt hingegen eine Erhöhung des Zwischenspeichers um den in der Anzeige dargestellten Betrag. M- hat die umgekehrte Wirkung. Durch diese Funktion vermindert sich der Zwischenspeicher um den angezeigten Betrag, während MR (Memory Recall) den Wert des Zwischenspeichers auf der Anzeige erneut erscheinen lässt.

Menüs

Oberhalb des Textfelds zur Anzeige der Zahlenwerte befindet sich eine Menüleiste mit zwei Menüs. Die Menüs sollen dem Anwender erlauben, den Taschenrechner zu beenden und einen Dialog mit Informationen zum Programm anzuzeigen.

Informationsdialog

Der Dialog INFO soll Informationen über das Programm liefern, wie zum Beispiel den Namen des Taschenrechners, die Version des Programms und den Namen des Autors.

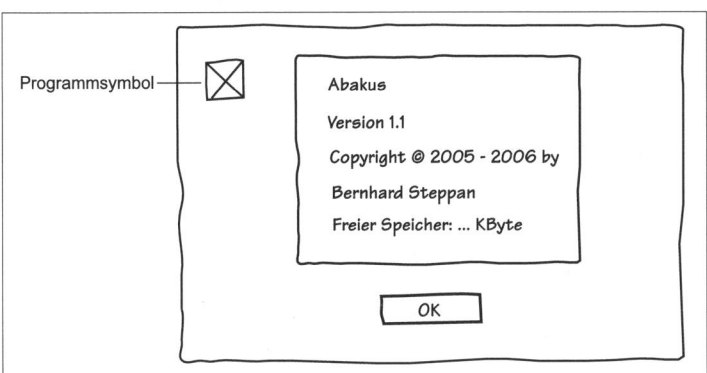

Abbildung 11.2 Der Informationsdialog

Systemanforderungen

Der Taschenrechner muss wie alle anderen Beispielprogramme dieses Buchs unter Windows, Linux und Mac OS X laufen – eine Anforderung, die normalerweise jedes Java-Programm erfüllt.

11.2.2 Analyse und Design

Allgemeiner Programmaufbau

Bei der Realisierung des Taschenrechners stehen in erster Linie die Programmierung der Oberfläche und die Entwicklung der Rechenlogik im Mittelpunkt. Nach der Analyse habe ich mich daher entschieden, das Programm in nur vier Klassen aufzuteilen. Die Applikationsklasse *AbakusApp* stellt den Programmeinstieg mit der Main-Methode zur Verfügung.

Die Applikationsklasse ist im Package *main* untergebracht, während sich die anderen Teile im Package *ui* befinden. UI steht für User Interface, was auf Deutsch dem Begriff »Benutzeroberfläche« entspricht – eine Abkürzung, die Ihnen in vielen professionellen Programmen immer wieder begegnen wird.

Hauptfenster

Um den Rahmen dieses Kapitels nicht zu sprengen, soll das Hauptfenster mit der Programmlogik in einer einzigen Klasse untergebracht werden. Beachten Sie jedoch, dass dieses monolithische Design normalerweise keineswegs günstig ist.

Bei größeren Programmen sollten Sie strikt darauf achten, verschiedenartige Bestandteile eines Programms wie Rechenlogik und Oberfläche zu trennen und in unterschiedlichen Klassen zu verpacken. Das erleichtert die Pflege des Programms erheblich.

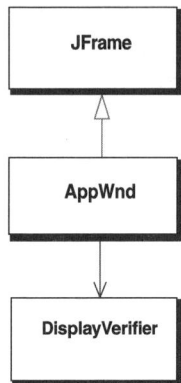

Abbildung 11.3 Das Klassendiagramm des Hauptfensters

Als Basis für die Fensterklasse kommt die Swing-Klasse *JFrame* zum Einsatz. Von ihr wird die neue Klasse *AppWnd* (Application Window) abgeleitet, die hierdurch alle Eigenschaften der Basisklasse erbt. Um die Eingaben nicht nur über die Tastatur des Taschenrechners, sondern auch Eingaben über die Tastatur des Computers direkt in das Anzeigefeld zu erlauben und diese überprüfen zu können, wird der Rechner eine neue Klasse namens *DisplayVerifier* einsetzen.

Ein eigener Validator bedeutet einen Mehraufwand für die Programmierung. Er hat aber für den Benutzer den Vorteil, dass er Zahlenwerte direkt in die Anzeige eingeben oder über die Zwischenablage kopieren kann. Dazu setzen Sie einfach den Cursor auf die Anzeige des Taschenrechners. Wie Sie sehen, ist die Anzeige nicht wie bei anderen Taschenrechnern gesperrt. Sie können daher auch Exponentialzahlen bequem mit Hilfe der Computertastatur in der Form *1.6e6* (= 1,6 Millionen) direkt in die Anzeige eingeben.

Für die Realisierung des Layouts kommen verschiedene Möglichkeiten in Betracht, um eine Gitterstruktur, wie in der Skizze vorgegeben, zu erzielen. Hier ließe sich zum Beispiel ein Grid-Layout verwenden. Allerdings müssten dann alle Oberflächenbausteine die gleiche Größe haben. Höchste Flexibilität bei der Gestaltung der Oberfläche lässt das GridBag-Layout zu, bei dem Sie unterschiedliche Abstände und unterschiedlich große Tasten problemlos gestalten können.

Menüleiste

Der Taschenrechner benutzt die Swing-Klasse *JMenuBar* und erzeugt daraus das neue Menüleisten-Objekt *mainMenuBar*. Die Menüleiste besteht aus zwei Menüs mit den Namen DATEI und HILFE, die aus der Swing-Klasse *JMenu* erzeugt werden.

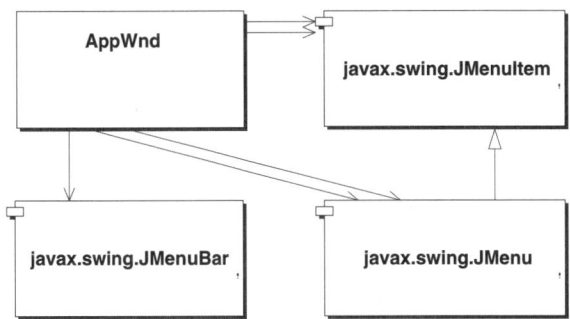

Abbildung 11.4 Zusammenhang zwischen dem Hauptfenster und den Menüs

Jedes der beiden Menüs beinhaltet jeweils nur einen einzigen Menübefehl. Diese Objekte werden aus der Klasse *JMenuItem* erzeugt. Das Menü DATEI bekommt einen Befehl namens BEENDEN, der dazu dient, den TASCHENRECHNER zu beenden. Auch das Menü HILFE wird mit einem Befehl namens INFO ausgestattet, der es erlaubt, einen Informationsdialog aufzurufen.

Dialoge

Der Informationsdialog ist sehr einfach gehalten und besteht aus der Klasse *AboutDialog*, die von der Swing-Klasse *JDialog* erbt. Der Dialog wird vom Hauptfenster immer dann aufgerufen, wenn der Anwender auf den Menübefehl Info geklickt hat.

Neben dem Informationsdialog ist ein weiterer Dialog notwendig, der erscheint, wenn der Anwender einen falschen Wert zur Berechnung eingegeben hat. Das kann zum Beispiel ein ungültiges Sonderzeichen oder ein Buchstabe sein. Für diesen Dialog wird die Swing-Klasse *JOptionPane* vom Programm benutzt.

Rechenlogik

Die Rechenlogik soll im Wesentlichen in einer Methode untergebracht werden, die die vier Grundrechenarten des Taschenrechners realisiert. Es gibt zwei grundlegende Fälle beim Rechenalgorithmus. Im Fall 1 findet die Eingabe eines Zeichens statt. Hierbei muss das Programm den Wert aus der Anzeige übernehmen und ihn danach überprüfen.

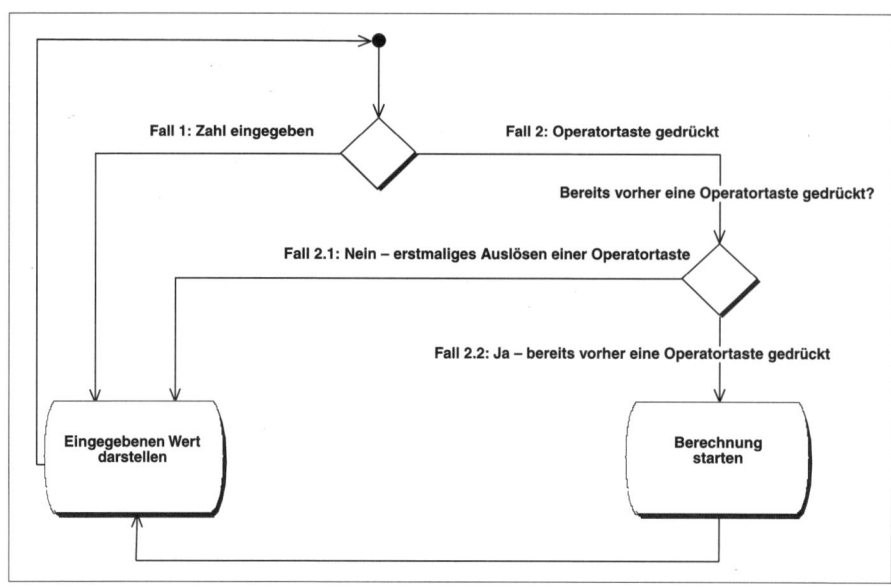

Abbildung 11.5 Der Hauptablauf der Rechenlogik

Im Fall 2 drückt der Anwender eine Operatortaste (+, -, *, /, =). Der Taschenrechner muss danach überprüfen, ob bereits eine solche Taste gedrückt wurde. Wenn ja, findet eine Berechnung statt, deren Ergebnis angezeigt wird. Wenn nein, wird der Wert der Anzeige zwar beibehalten. Der Rechner muss sich aber in diesem Fall den Operator merken und die Eingabe abschließen. Die folgende Tabelle zeigt den Zustandswechsel.

Anzeige	Eingabe	Eingabe beendet?	Operator	Zwischen-ergebnis	Eingabe beendet?
0	1	false	+	1	true
1	2	false	*	3	true
2	3	false	/	9	true
3	4	false	=	2.25	true
2.25		true			

Tabelle 11.1 Zustand des Rechners bei einer einfachen Kalkulation

Hier erfolgt eine einfache Berechnung von ((1 + 2) * 3) / 4 = 2.25. Beachten Sie, dass vor der Eingabe des ersten Pluszeichens noch kein Operator gesetzt war. Aus diesem Grund bleibt die Anzeige der ersten Eingabe bestehen. Erst nach der Eingabe des Multiplikationszeichens bildet der Rechner ein Zwischenergebnis und merkt sich den letzten eingegebenen Operator, in diesem Fall das Multiplikationszeichen.

11.2.3 Implementierung der Applikationsklasse

Wie bei den anderen Projekten möchte ich mit der Implementierung der Applikationsklasse beginnen, die die Main-Methode enthält. Sie wird zuerst von der virtuellen Maschine aufgerufen, wenn Sie ein Java-Programm durch die Angabe der Hauptklasse starten.

Paketstruktur

Wie in Abschnitt 11.2.2, »Analyse und Design«, festgelegt, soll das Programm in zwei Packages aufgeteilt werden. Der Taschenrechner zerfällt in Hauptpaket und Benutzeroberfläche. Die Applikationsklasse gehört zum Paket *net.steppan.akakus.main*.

Importanweisungen

Die Applikationsklasse muss nur zwei Klassen importieren, den *UIManager* aus der Swing-Klassenbibliothek und das Hauptfenster der Anwendung.

```
import javax.swing.UIManager;
import net.steppan.abakus.ui.AppWnd;
```

Listing 11.1 Die Importanweisungen

Konstruktor

Die Klasse besteht lediglich aus dem Konstruktor, der von der Main-Methode aufgerufen wird. Er erzeugt seinerseits ein Objekt: das Hauptfenster der Anwendung.

```
    public AbakusApp() {
        new AppWnd().setVisible(true);
    }
```

Listing 11.2 Der Konstruktor des Hauptfensters

Damit das Hauptfenster überhaupt erscheint, ist es notwendig, die Methode *setVisible(true)* der Fensterklasse aufzurufen. Durch den Übergabeparameter *true* erreicht man, dass das das Fenster überhaupt eingeblendet wird. Mit *setVisible(false)* könnte man das Fenster wieder ausblenden. Beachten Sie, dass es in diesem Fall nur nicht sichtbar ist, aber bereits vollständig im Hintergrund vom Betriebssystem erzeugt wurde.

Methode »main«

In der Methode *main* wird lediglich das systemtypische Look-and-Feel gesetzt. Mit Hilfe der Methode *setLookAndFeel()* lässt sich also erreichen, dass der Taschenrechner unter jedem Betriebssystem genau so aussieht, wie es der Anwender von nativen Anwendungen kennt.

```
public static void main(String[] args) {
    // System-Look-and-Feel setzen:
    try {
        UIManager.setLookAndFeel(
            UIManager.getSystemLookAndFeelClassName());
    } catch (Exception exception) {
        exception.printStackTrace();
    }
    new AbakusApp();
}
```

Listing 11.3 Die Main-Methode der Anwendung

Da es beim Aufruf des UI-Managers (er verwaltet das User Interface) zu Fehlern kommen kann, steht die Anweisung in einem Try-Catch-Block. Eventuelle Exceptions (Ausnahmezustände wie Fehler) werden vom Programm abgefangen und mit Hilfe der Anweisung *printStackTrace()* auf die Konsole ausgegeben. In diesem Fall soll das ausreichen, weil Fehler beim Setzen des Look-and-Feels keinen Absturz einer Java-Anwendung verursachen können. Im Fall von Fehleingaben des Anwenders werden Sie aber sehen, dass man Exceptions vollkommen anders behandeln muss.

11.2.4 Implementierung des Hauptfensters

Wie eingangs erwähnt, enthält das Hauptfenster (fast) die gesamte Benutzeroberfläche des Taschenrechners und zudem auch die Rechenlogik. Beides ist im UI-Paket des Programms untergebracht.

Importanweisungen

Aufgrund der vielen UI-Komponenten, die das Fenster des Taschenrechners verwendet, sind auch viele Importanweisungen notwendig, von denen ich hier nur einen Ausschnitt kommentieren möchte.

```
import javax.swing.InputVerifier;
import javax.swing.JComponent;
import javax.swing.JOptionPane;
import javax.swing.JTextField;
import javax.swing.JButton;
import javax.swing.JMenu;
import javax.swing.JMenuItem;
import javax.swing.JMenuBar;
import java.awt.event.ActionEvent;
```

Listing 11.4 Die Importanweisungen

Der Import der Klasse *InputVerifier* wird für die Validierung der Eingaben in das Anzeigefeld benötigt, während *JOptionPane* die Fehlermeldung im Falle einer fehlgeschlagenen Validierung ausgibt. Die anderen Swing-Importe sind UI-Komponenten wie Schaltflächen, die Menüleiste, Menüs und Menübefehle (*JButton, JMenuBar, JMenu, JMenuItem*). Objekte der Klasse *ActionEvent* verwendet der Rechner beim Auslösen eines Tastendrucks oder bei einem Mausklick auf eine Taste.

Deklaration der Variablen

Wie bei den Importanweisungen ist auch die Anzahl der zu deklarierenden Variablen aufgrund der Vielzahl von Oberflächenobjekten umfangreich. Hier möchte ich mich wieder darauf beschränken, nur die wichtigsten Objekte zu kommentieren.

```
public class AppWnd extends javax.swing.JFrame {
    double currentValue;
    char operator;
    boolean inputFinished;
    double memory = 0;
}
```

Listing 11.5 Die Zustandsvariablen des Fensters

Erinnern Sie sich noch an Kapitel 3, »Objektorientierte Programmierung«? Hier finden Sie die Aussage, dass jedes Objekt über einen inneren Zustand verfügt. Das gilt natürlich erst recht für einen Taschenrechner. Die ersten drei Variablen sind von großer Bedeutung für den Abakus. Sie speichern den Zustand, in dem sich der Rechner während einer Kalkulation befindet. Die Variable *currentValue* enthält hierbei den aktuell gespeicherten Wert (Listing 11.5).

Der vom Anwender gewählte Operator *operator* zeigt dem »Rechenwerk« des Programms an, was für eine Rechenoperation (+, -, *, /, =) der Anwender wünscht. Damit klar ist, wann die Eingabe von Werten beendet ist, merkt sich der Taschenrechner diesen Zustand in der Variablen *inputFinished*. Die Variable *memory* dient dem Speichern von Zwischenberechnungen. Sie ist für die Sonderfunktionen MC, M+, M- und MR der Tastatur des Rechners notwendig.

```
public javax.swing.JTextField display;
public javax.swing.JMenuBar mainMenuBar;
public javax.swing.JMenu fileMenu;
public javax.swing.JMenu helpMenu;
public javax.swing.JMenuItem appExitMenuItem;
public javax.swing.JMenuItem helpInfoMenuItem;
```

Listing 11.6 Anzeige und Menüs des Fensters

Die Objekte des Listings 11.6 stellen die Anzeige und das Menü des Fensters dar. Zunächst folgt die Deklaration der Anzeige (*display*), danach die Menüleiste, gefolgt von den beiden Menüs und Menübefehlen.

Im Anschluss daran werden die Tasten des Tastenblocks – beginnend mit den Memory-Funktionen über die Kommataste und die Operatoren bis hin zu den Nummerntasten – deklariert.

```
public javax.swing.JButton memoryAddButton;
public javax.swing.JButton memoryClearButton;
public javax.swing.JButton memoryRecallButton;
public javax.swing.JButton memorySubtractButton;
public javax.swing.JButton additionButton;
public javax.swing.JButton subtractButton;
public javax.swing.JButton multiplicationButton;
public javax.swing.JButton divisionButton;
public javax.swing.JButton oneButton;

public javax.swing.JButton zeroButton;
```

Listing 11.7 Anzeige und Menüs des Fensters

Nachdem die Deklarationen beendet sind, kann der Compiler den Typ jedes Objekts erkennen. Somit sind Sie jetzt in der Lage, mit der eigentlichen Implementierung zu beginnen. Ein guter Startpunkt ist der Konstruktor der Hauptfenster-Klasse *AppWnd*:

Konstruktor

Der Konstruktor ruft zunächst den Konstruktor der Basisklasse über das Schlüsselwort *super* auf und übergibt den Titel des Programms. Danach findet die Initialisierung der grafischen Oberfläche über *initComponents()* statt.

```
public AppWnd() {
    super("Abakus");
    initComponents();
    reset();
}
```

Listing 11.8 Der Konstruktor

Mit »Initialisierung« der grafischen Oberfläche ist gemeint, dass der Taschenrechner alle Objekte erzeugt, die Sie an der Oberfläche des Programms sehen (Menüs, Anzeige, Tasten etc.). Auf diese Initialisierungsmethode gehe ich im Verlauf dieses Kapitels noch näher ein. Wichtig an dieser Stelle ist nur, dass Sie die Oberfläche nicht nur programmieren können, indem Sie Java-Anweisung für Java-Anweisung in einem Texteditor manuell über die Tastatur eingeben.

Sie können die Oberfläche auch mit einem so genannten GUI-Builder visuell entwickeln. Ein GUI-Builder ist ein Werkzeug, mit dem Sie die Oberfläche eines Programms mit der Maus sehr komfortabel ohne großen Programmieraufwand gestalten können. Die GUI-Builder der verschiedenen Entwicklungsumgebungen wie Eclipse, NetBeans, JBuilder (Kapitel 22) etc. legen bei dieser Arbeit automatisch eine Initialisierungsmethode an. Die Namen der Methode variieren jedoch von Werkzeug zu Werkzeug. Bei NetBeans heisst sie *initComponents()*. Beim VisualEditor, dem GUI-Builder von Eclipse, können Sie einen beliebigen Namen vergeben.

Wenn Sie nicht den vom jeweiligen GUI-Builder erwarteten Namen verwenden, können Sie das Programm zwar ebenfalls problemlos übersetzen (kompilieren) und ausführen. Aber nicht alle GUI-Builder der Entwicklungsumgebungen werden in der Lage sein, die Oberfläche des Fensters visuell korrekt darzustellen. Wie die korrekte Darstellung der Oberfläche in einem Entwicklungswerkzeug aussieht, das zeigt Abbildung 11.6 am Beispiel der integrierten Entwicklungsumgebung NetBeans.

11 | Einfache Oberflächen mit Swing

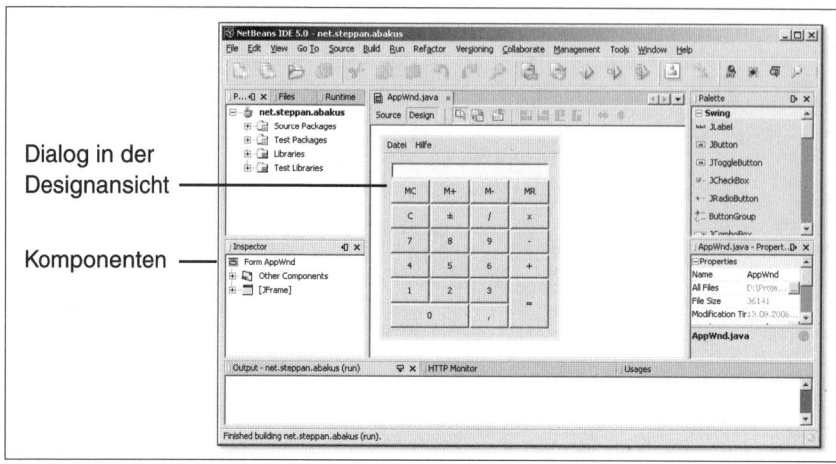

Abbildung 11.6 Die Oberfläche des Fensters im GUI-Builder von NetBeans

Initialisierungsmethode

Das folgende Listing enthält Teile aus der Initialisierungsmethode, die für das Erzeugen der UI-Objekte zuständig ist. Wie zu sehen ist, wird jedes einzelne Objekt mit dem New-Operator erzeugt und dem vorher deklarierten Namen zugewiesen. Die Erzeugung beginnt mit dem Anlegen der Anzeige des Rechners und seiner beiden Menüs.

```
display = new javax.swing.JTextField();
mainMenuBar = new javax.swing.JMenuBar();
fileMenu = new javax.swing.JMenu();
helpMenu = new javax.swing.JMenu();
appExitMenuItem = new javax.swing.JMenuItem();
helpInfoMenuItem = new javax.swing.JMenuItem();
```

Listing 11.9 Die Erzeugung der Anzeige und der Menüs

Im Anschluss daran erzeugt die Methode die Sondertasten. Das sind die Tasten für die Speicherfunktionen, für das Löschen der Eingabe, für den Vorzeichenwechsel und den Dezimalpunkt.

```
memoryClearButton = new javax.swing.JButton();
memorySubtractButton = new javax.swing.JButton();
memoryRecallButton = new javax.swing.JButton();
memoryAddButton = new javax.swing.JButton();
clearButton = new javax.swing.JButton();
changeSignButton = new javax.swing.JButton();
```

```
commaButton = new javax.swing.JButton();
```

Listing 11.10 Die Erzeugung der Sondertasten

Danach schließt sich die Erzeugung der Funktionstasten für die Grundrechenarten und die Ergebnisausgabe an.

```
divisionButton = new javax.swing.JButton();
multiplicationButton = new javax.swing.JButton();
subtractButton = new javax.swing.JButton();
additionButton = new javax.swing.JButton();
resultButton = new javax.swing.JButton();
```

Listing 11.11 Die Erzeugung der Funktionstasten

Mit der Erzeugung der Objekte der Nummerntasten scheint die Initialisierung der grafischen Oberfläche zunächst beendet zu sein. Das ist aber ein Trugschluss.

```
oneButton = new javax.swing.JButton();
twoButton = new javax.swing.JButton();
threeButton = new javax.swing.JButton();
fourButton = new javax.swing.JButton();
fiveButton = new javax.swing.JButton();
sixButton = new javax.swing.JButton();
sevenButton = new javax.swing.JButton();
eightButton = new javax.swing.JButton();
nineButton = new javax.swing.JButton();
zeroButton = new javax.swing.JButton();
```

Listing 11.12 Die Erzeugung der Nummerntasten

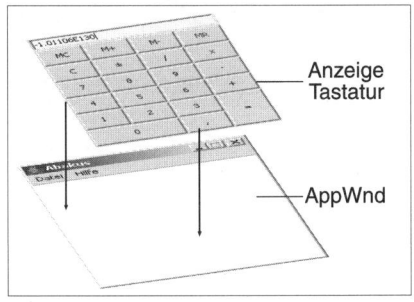

Abbildung 11.7 Der Aufbau des Hauptfensters

11 | Einfache Oberflächen mit Swing

Zur Initialisierung der Oberfläche fehlt noch ein entscheidender Schritt, ohne den die Widgets überhaupt nicht an der geplanten Stelle erscheinen werden: das korrekte Layout. Die korrekte Anordnung wird über das schon erwähnte GridBag-Layout erreicht. Dazu müssen Sie der so genannten *ContentPane* des Fensters mitteilen, dass sie dieses Layout verwenden soll. Im Anschluss daran legt die Anweisung *setDefaultCloseOperation* fest, dass ein Schließen des Fensters zugleich das Ende des Taschenrechners bedeuten soll. Ebenfalls festgelegt wird, dass das Fenster in seiner Größe nicht verändert werden darf (*setResizable(false)*).

Nach dieser Anweisung überschreibt die Initialisierungsmethode die übliche weiße Hintergrundfarbe eines Textfelds und legt einen Gelbton fest (*display.setBackground(new java.awt.Color(255, 255, 204))*). Im Anschluss daran ordnet sie der Anzeige einen Validator zu, der die Eingaben überprüft (*display.setInputVerifier(new DisplayVerifier())*). Auf diesen Validator komme ich noch im weiteren Verlauf des Kapitels zurück.

```
getContentPane().setLayout(new java.awt.GridBagLayout());
setDefaultCloseOperation(javax.swing.WindowConstants.EXIT_ON_CLOSE);
setName("appWndFrame");
setResizable(false);
display.setBackground(new java.awt.Color(255, 255, 204));
display.setInputVerifier(new DisplayVerifier());
gridBagConstraints = new java.awt.GridBagConstraints();
gridBagConstraints.fill = java.awt.GridBagConstraints.HORIZONTAL;
gridBagConstraints.anchor = java.awt.GridBagConstraints.WEST;
```

Listing 11.13 Festlegen des Layouts

Der restliche Teil der Initialisierungsmethode beschäftigt sich damit, den Oberflächenbausteinen (Widgets) ihre Position im Gitter des GridBag-Layouts zuzuweisen und das Widget zum Layout hinzuzufügen. Am Beispiel der Anzeige sieht das folgendermaßen aus: Zunächst werden die Position, beginnend mit x = 0 und y = 0 im Gitter, sowie der Raum, den das Display einnehmen soll, festgelegt. Die Grundposition der Anzeige im Gitter ist die Koordinate (0|0). Der Raum, den das Display einnimmt, errechnet sich über die Anzahl der Zellen (*gridwidth* = 4), die dem Layout-Manager für das Display übergeben wird.

```
gridBagConstraints.gridx = 0;
gridBagConstraints.gridy = 0;
gridBagConstraints.gridwidth = 4;
gridBagConstraints.insets = new java.awt.Insets(1, 1, 1, 1);
```

```
getContentPane().add(display, gridBagConstraints);
```

Listing 11.14 Ausrichten der Anzeige

Im Klartext bedeutet das, dass die Anzeige des Rechners die komplette erste Zeile des Gitters mit den vier Zellen von Zelle (0|0) bis (0|3) ausfüllen wird. Den Abstand zum nächsten Element legen die so genannten Insets (Einfügungen) fest. Die hier gewählte Einstellung bedeutet, dass ein Rand von einem Pixel Abstand gehalten wird.

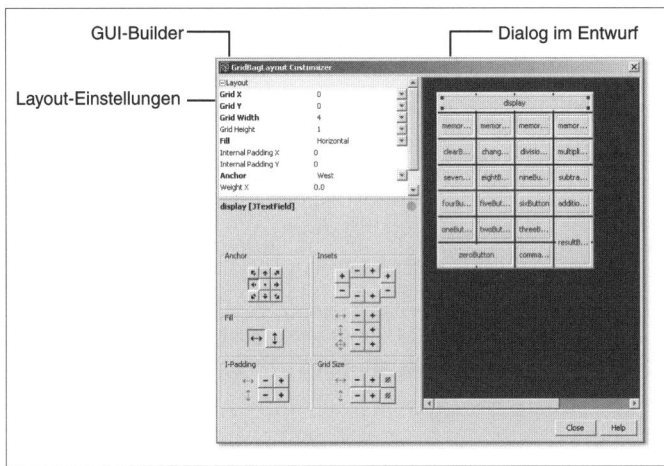

Abbildung 11.8 Das Layout der Anzeige des Rechners

Neben dem Festlegen der Position der Elemente kann zudem noch die Größe der Widgets beeinflusst werden. Das Beispiel der Clear-Taste zeigt dies. Über *setText("MC")* wird die Beschriftung erzeugt, und über *setMaximumSize()*, *setMinimumSize()* sowie *setMinimumSize()* legt man die maximale, minimale und die bevorzugte Dimension des Schalters fest. Wenn das Fenster so eingestellt wird, dass man die Größe verändern kann, kommt der maximalen und minimalen Größe eine Bedeutung zu. Im Fall des Taschenrechners, dessen Fenster nicht in der Größe verändert werden kann, ist eigentlich nur die bevorzugte Größe von Bedeutung. Die anderen Angaben erscheinen hier nur der Vollständigkeit halber.

```
memoryClearButton.setText("MC");
memoryClearButton.setMaximumSize(new java.awt.Dimension(50, 50));
memoryClearButton.setMinimumSize(new java.awt.Dimension(50, 30));
memoryClearButton.setPreferredSize(new java.awt.Dimension(50, 30));
```

Listing 11.15 Ausrichten der Anzeige

Nachdem das Layout und damit die Ausrichtung der Widgets feststeht, müssen die bereits erzeugten Menübefehle zu den Menüs und die Menüs zur Menüleiste hinzugefügt werden. Anschließend legen Sie über *setJMenuBar()* die Menüleiste der Anwendung fest. Zum Schluss ist es noch notwendig, das Fenster und somit alle Widgets mit *pack()* auf die Größe zu bringen, die die Widgets bevorzugen (*preferredSize*).

✂
```
fileMenu.add(appExitMenuItem);
helpMenu.add(helpInfoMenuItem);
setJMenuBar(mainMenuBar);
mainMenuBar.add(fileMenu);
mainMenuBar.add(helpMenu);
pack();
```
✂

Listing 11.16 Hinzufügen von Menüleiste und Menüs

Neben dem Layout ist noch von entscheidender Bedeutung, wie der Taschenrechner auf Ereignisse reagiert. Hierzu wird jeder Taste ein Handler zugewiesen. Das ist eine Methode, die ein Ereignis behandelt (daher der Name). Wie das aussieht, zeigt nochmals das Beispiel der Clear-Taste. Dem Objekt *clearButton* wird über die Methode *addActionListener()* mitgeteilt, dass die Behandlung eines Tastendrucks an den Handler *addActionListener()* delegiert wird.

✂
```
clearButton.addActionListener(new java.awt.event.ActionListener() {
    public void actionPerformed(java.awt.event.ActionEvent evt) {
        clearButtonActionPerformed(evt);
    }
});
```
✂

Listing 11.17 Zuordnen eines Handlers

Nach dieser Zuordnung muss nur noch der Handler realisiert werden. Bei der C-Taste ist dies relativ einfach, wie folgender Abschnitt zeigt.

Handler »clearButtonActionPerformed«

Wenn der Anwender auf die C-Taste klickt, um die Rechenoperation zu beenden, soll der Taschenrechner zurückgesetzt werden. Beachten Sie bitte, dass diese Funktion bei einigen Taschenrechnern anders umgesetzt wurde. Normalerweise löschen Sie mit einem Klick auf die C-Taste lediglich die aktuelle Zahl der Anzeige. Für das Zurücksetzen des Rechenvorgangs gibt es üblicherweise noch eine zusätzliche Taste. Im Fall dieses Taschenrechners soll aber die Methode *reset()* aufgerufen werden, wobei auch der Rechenvorgang abgebrochen wird.

```
private void clearButtonActionPerformed(
    java.awt.event.ActionEvent evt) {
   reset();
}
```

Listing 11.18 Zurücksetzen der Anzeige

Methode »reset«

Die Methode *reset()* bewirkt, dass die Berechnung komplett zurückgesetzt wird und sich der Rechner praktisch wieder im Anfangszustand befindet. Hierzu setzt die Methode die drei Zustandsvariablen wieder auf den Anfangswert zurück und löscht die Anzeige.

```
private void reset() {
  operator = '='; // Operator auf Anfangswert setzen
  currentValue = 0; // Anfangswert der Kalkulation auf null setzen
  inputFinished = false; // Flag f. Eingabe: false = Eingabe beendet
  display.setText("0");// Anfangswert der Anzeige auf null setzen
}
```

Listing 11.19 Zurücksetzen des Rechners

Eingabe von Zahlen

Die Eingabe von Zahlen kann entweder über die Computertastatur oder über die Tastatur des Rechners erfolgen. Geschieht Letzteres, ruft der Rechner den zur Taste passenden Handler auf (Listing 11.20), der die Verarbeitung der Eingabe an eine Methode namens *showInput()* delegiert.

```
private void oneButtonActionPerformed(
    java.awt.event.ActionEvent evt) {
        showInput("1");
}
```

Listing 11.20 Handler der Nummerntaste »1«

Die Methode *showInput()* hat die Aufgabe, die Eingabe anzuzeigen, führende Nullen zu entfernen und hierbei zu unterscheiden, ob die Eingabe schon komplett ist. Wenn Sie zum Beispiel wiederholt auf eine Nummerntaste klicken, ist die Eingabe so lange nicht abgeschlossen, bis eine Operatortaste gedrückt wurde. Erst in diesem Fall muss die Eingabe mit dem neuen Wert überschrieben werden. Andernfalls hängt die Methode die neue Eingabe wieder an die alte an.

```
private void showInput(String input) {
   // Fuehrende Null loeschen
   if(display.getText().equals("0"))
       display.setText(null); // Display loeschen
   if (inputFinished == true) { // Eingabe war gesperrt
       display.setText(input); // Eingabe darstellen
       inputFinished = false; // Eingabesperre aufheben
   } else {
       display.setText(display.getText() + input);
   }
}
```

Listing 11.21 Diese Methode bringt die Werte auf die Anzeige.

Eingabe eines Operators

Die Eingabe eines Operators funktioniert wie alle Handler des Programms über das Abfangen eines *ActionEvents*. Danach verzweigt das Programm zu der Methode *operatorButtonActionPerformed()*, der der Operator in Form eines (einstelligen) Zeichens übergeben wird. Am Beispiel der Plustaste sieht das wie folgt aus:

```
private void additionButtonActionPerformed(
                        java.awt.event.ActionEvent evt) {
    operatorButtonActionPerformed('+');
}
```

Listing 11.22 Handler für die Plustaste

Analog der Eingabe von Zeichen muss auch hier wieder unterschieden werden, ob bereits eine Operatortaste angeklickt wurde. Falls noch kein Operator gewählt wurde, konvertiert der Rechner lediglich den angezeigten Wert, merkt sich, dass die Eingabe beendet wurde, und speichert den dazugehörenden Operator.

```
private void operatorButtonActionPerformed(char buttonType) {
    // Wurde bereits eine Operatortaste gedrueckt?
    if (operator != '=') {
        calculate(); // Ja: Kalkulieren und anzeigen
    } else
        // Nein: Konvertieren und anzeigen
        currentValue = convertStringToDouble(display.getText());
    inputFinished = true;
    operator = buttonType;
}
```

Listing 11.23 Handler für die Operatortasten

Ist hingegen bereits ein Operator eingegeben worden, muss zunächst die Operation durchgeführt werden. Dazu ruft das Programm die Kalkulationsmethode auf und gibt den Wert aus. Das führt uns zur Implementierung der Rechenlogik.

Implementierung der Rechenlogik

Die Rechenlogik, das Herz des Taschenrechners, ist einfach aufgebaut (Listing 11.24) und besteht aus einer Switch-Anweisung, die eine Fallunterscheidung nach dem letzten ausgewählten Operator trifft. Der Aufruf der Methode *convertStringToDouble()* hat hierbei nur eine Aufgabe: Sie konvertiert den Wert, der in der Anzeige steht, von einer Zeichenkette in einen Double-Wert.

```
private void calculate() {
    double newValue;
    newValue = convertStringToDouble(display.getText());
    switch (operator) { // Welcher Operator?
    case '/': // Division
        currentValue /= newValue;
        break;
    case '*': // Multiplikation
        currentValue *= newValue;
        break;
    case '-': // Subtraktion
        currentValue -= newValue;
        break;
    case '+': // Addition
        currentValue += newValue;
        break;
    case '=': // Nur Ergebnistaste gedrueckt ohne Operation
        currentValue = newValue;
        break;
    }
    showResult(currentValue);
}
```

Listing 11.24 Die Rechenlogik

Der Grund für die Konvertierung der angezeigten Zeichenkette liegt für den Einsteiger in die GUI-Programmierung vielleicht nicht unbedingt auf der Hand: Der Aufruf der Methode und die dabei ablaufende Konvertierung des Double-Werts sind notwendig, da grafische Oberflächen nur Zeichenketten weiterverarbeiten können. Mit einer Zeichenkette wie »20« kann der Computer aber natürlich nicht kalkulieren. Warum? Diese Frage führt uns wieder zum Anfang des Buchs zurück (Kapitel 1, »Digitale Informationsverarbeitung«).

Um den in die Anzeige eingegebenen Wert berechnen zu können, muss er erst interpretiert werden. Was bedeutet es für den Computer zum Beispiel, wenn der Benutzer zwei Zeichen wie »20« eingegeben hat? Für den Computer ist ohne eine klare Anweisung überhaupt nicht ersichtlich, wo hier ein grundlegender Unterschied zu einer Eingabe wie »AB« liegen soll. Aus diesem Grund verfügt der Taschenrechner über einen Algorithmus, der die Zeichenkette interpretiert.

Dieser Algorithmus legt genau fest, dass die im Display angezeigte Zeichenkette einem Double-Wert entsprechen soll, und versucht, ihn zu konvertieren. Diese Konvertierung geschieht mit Hilfe der Methode *convertStringToDouble()*, die einem String-Objekt in einen Double-Wert umwandelt. Wenn das erfolgreich war, beendet der Rechner die Kalkulation, wandelt das Ergebnis der Berechnung mit Hilfe von *showResult(currentValue)* wieder in eine Zeichenkette zurück und stellt sie auf der Anzeige dar.

Bei der Realisierung der Methode *convertStringToDouble()* gibt es verschiedene Möglichkeiten, die von der jeweiligen Java-Version und der Verwendung eines Validators für das Textfeld der Anzeige abhängen. Zunächst zur Java-Version: Mit Java 5 und 6 sowie dem aktuellen Java 7 ist es möglich, die notwendige Konvertierung des Strings stark abzukürzen. Bis Java 1.4 war es erforderlich, explizit die Methode *doubleValue()* aufzurufen, die jetzt entfallen kann.

Beachten Sie bitte, dass in allen folgenden Listings und bei allen Beispielprogrammen die Konvertierungsanweisung

```
Double.valueOf(display)
```

auskommentiert ist, damit die Beispiele auch bei den Lesern einwandfrei funktionieren, die eine ältere Java-Version installiert haben. Falls Sie eine neuere Java-Version ab 5.0 verwenden, können Sie die Kommentare aufheben. Sie sollten dann die Anweisung

```
Double.valueOf(display).doubleValue()
```

beziehungsweise

```
return Double.valueOf(display).doubleValue()
```

löschen oder einkommentieren.

Die Umwandlung löst unter bestimmten Umständen eine so genannte *NumberFormatException* aus, wenn der Anwender zum Beispiel eine Zeichenfolge wie »AB« eingibt und danach eine Operatortaste drückt. Wenn Sie keinen Validator für die Anzeige verwenden wollen, den ich schon eingangs erwähnt habe, müssen Sie die Exception in der Methode *convertStringToDouble()* direkt abfangen. Das sieht dann wie folgt aus:

```
private double convertStringToDouble(String display) {
    try {
        return Double.valueOf(display).doubleValue();// bis JDK 1.4
        // return Double.valueOf(display); // ab Java 5
    } catch (NumberFormatException exception) {
        // Meldung als Dialog ausgeben:
        JOptionPane.showConfirmDialog(null,
             "Ung\u00fcltige Eingabe! Nur Zahlenwerte sind er-
laubt.",
             "Abakus", JOptionPane.CLOSED_OPTION,
             JOptionPane.WARNING_MESSAGE);
        return 0d;
    }
}
```

Listing 11.25 Umwandlung eines Strings in einen Double-Wert

Die Konverteranweisung im Try-Block der Methode *convertStringToDouble()* kann normalerweise mit einer Zeichenfolge wie »AB« nichts anfangen und sendet eine Botschaft an den Aufrufer zurück. Der Taschenrechner fängt diese Meldung im Catch-Block ab und gibt eine Fehlermeldung aus. Wenn Sie einen Validierer für die Anzeige einsetzen, ist es nicht notwendig, die Exception abzufangen. In diesem Fall sieht die Methode wie folgt aus:

```
private double convertStringToDouble(String display) {
    return Double.valueOf(display).doubleValue();// bis JDK 1.4
    // return Double.valueOf(display); // ab Java 5
}
```

Listing 11.26 Umwandlung eines Strings in einen Double-Wert

Sie müssen aber am Anfang der Initialisierungsmethode beim Aufruf von *display.setInputVerifier()* einen eigenen Validierer für das Textfeld der Anzeige festlegen. Dessen Logik sieht ganz ähnlich aus wie die aufwändige Implementierung der Methode *convertStringToDouble()* in der Variante mit Try-Catch-Block:

```
class DisplayVerifier extends InputVerifier {
    public boolean verify(JComponent input) {
        display = (JTextField) input;
        try { // Wird eine Exception ausgeloest?
            Double.valueOf(display.getText()); // Konvertierung
            return true; // Konvertierung erfolgreich
        } catch (Exception exception) {
            // Meldung als Dialog ausgeben:
            JOptionPane.showConfirmDialog(
                null,
```

```
                        "Ung\u00fcltige Eingabe! Nur Zahlenwerte sind erlaubt.",
                        "Abakus", JOptionPane.CLOSED_OPTION,
                        JOptionPane.WARNING_MESSAGE);
            // Meldung auf die Konsole ausgeben:
            System.out.println("Fehler beim Konvertieren: " +
                                                    exception);
            return false; // Konvertierung nicht erfolgreich
        }
    }
}
```

Listing 11.27 Der Validierer der Anzeige

Die eigene Validator-Klasse *DisplayVerifier* erweitert die Basisklasse *InputVerifier* und überschreibt hierbei deren Methode *verify()* mit einer eigenen Logik. Diese funktioniert so, dass versucht wird, die Anzeige zu konvertieren. Gelingt dies, gibt sie *true* zurück – falls aber nicht, wird ein Dialog eingeblendet, der dem Anwender mitteilt, dass er einen falschen Wert eingegeben hat.

Was passiert, wenn die Berechnung glatt verlaufen ist? In diesem Fall muss der berechnete Wert wieder auf der Anzeige erscheinen. Das bedeutet, er muss wieder in der entgegengesetzten Richtung von *Double* nach *String* konvertiert werden. Dies leistet die Anweisung *String.valueOf(value)*, die einen String-Wert zurückgibt. Dieser kann dann als Parameter der Methode *setText()* des Objekts *display* (die Anzeige des Taschenrechners) dienen, wie folgendes Listing zeigt:

```
private void showResult(double value) {
    display.setText(String.valueOf(value)); // Wert anzeigen
}
```

Listing 11.28 Umwandlung und Anzeige des berechneten Double-Werts

Für die Umsetzung der Funktion der Kommataste gibt es verschieden gute Möglichkeiten. Eine davon wäre, an die bestehende Anzeige einfach ein Komma (oder einen Punkt) anzuhängen. Diese Lösung zeigt das folgende Listing:

```
private void commaButtonActionPerformed(
    java.awt.event.ActionEvent evt) {
    display.setText(display.getText() + ".");
}
```

Listing 11.29 Handler, der auf die Kommataste reagiert

Die Lösung hat leider den Nachteil, dass bereits eingegebene Kommata nicht berücksichtigt werden. Besser ist es, die aktuelle Zeichenkette auszuwerten, die angezeigt wird. Um zu ermitteln, ob in einem String ein Teilstring vorhanden ist, müssen Sie sich vor Java 5 mit der Methode *indexOf()* behelfen.

Mit Java 5, 6 und 7 geht es einfacher: Seit der Java-Version 5 verfügt die String-Klasse über eine Methode namens *contains()*. Auch bei diesen Listings bitte ich Sie wieder, das Programm entsprechend der Java-Version, die Sie verwenden, zu korrigieren. Wenn Sie eine neuere Java-Version ab 5 einsetzen, löschen Sie einfach *if (!(current-Display.indexOf(".") > 0))* und ersetzen sie durch *if (!currentDisplay.contains("."))*.

```
private void commaButtonActionPerformed(
   java.awt.event.ActionEvent evt) {
   // Momentane Anzeige:
   String currentDisplay = display.getText();
   if (!(currentDisplay.indexOf(".") > 0)) // JDK 1.4
   //if (!currentDisplay.contains(".")) // ab Java 5
      display.setText(currentDisplay + ".");
}
```

Listing 11.30 Eine bessere Lösung für die Kommataste

Bliebe noch zu klären, wie die Funktionalität der Speichertasten realisiert werden soll. Das Beispiel der M+, MC- und MR-Taste soll dies zeigen. Die Taste M+ dient dazu, einen Wert erstmalig zu speichern bzw. den Zwischenspeicher um den Betrag zu erhöhen, der momentan angezeigt wird. Um das zu realisieren, muss der Rechner den aktuellen Wert über *display.getText()* aus der Anzeige ermitteln und lediglich zur Variablen *memory* hinzuaddieren.

```
private void memoryAddButtonActionPerformed(
                  java.awt.event.ActionEvent evt) {
   // Neuen Wert zum alten Wert addieren
   memory += convertStringToDouble(display.getText());
   // Anzeige setzen, dass Zusatzspeicher gefuellt ist
   memoryRecallButton.setForeground(java.awt.Color.BLUE);
}
```

Listing 11.31 Handler für die Taste M+

Damit sich der Anwender erinnert, dass der Rechner bereits einen Wert gespeichert hat, setzt der Rechner ein optisches Signal. Dazu ruft er die Methode *setForeground()* der Taste MR auf und setzt die Farbe der Tastenbeschriftung auf Blau. Wenn der Speicher gelöscht wird, muss dieser Vorgang umgekehrt und die Taste wieder blockiert werden, wie die Realisierung des Handlers der Taste MC zeigt:

```
private void memoryClearButtonActionPerformed(
                    java.awt.event.ActionEvent evt) {
    memory = 0;
    // Anzeige zuruecksetzen: Zusatzspeicher ist leer
    memoryRecallButton.setForeground(java.awt.Color.BLACK);
    // Schaltflaeche ist jetzt nicht mehr verfuegbar:
    memoryRecallButton.setEnabled(false);
}
```

Listing 11.32 Handler für die Taste MC

Die Tastenfunktion MR ist ebenso einfach zu realisieren. Dazu ruft das Programm die Methode *displayValue()* mit dem aktuellen Wert der Variablen *memory* auf.

```
private void memoryRecallButtonActionPerformed(
                    java.awt.event.ActionEvent evt) {
    displayValue(memory);
}
```

Listing 11.33 Handler für die Taste MR

Das Beenden des Taschenrechners kann einerseits durch ein Schließen des Hauptfensters über die entsprechende X-Schaltfläche erreicht werden. Ebenso ist ein Programmende mit Hilfe des Menübefehls BEENDEN möglich. Dies lässt sich über einen Handler erreichen, der das entsprechende Ereignis abfängt und mit *System.exit()* aufruft. Wenn hierbei eine Null übergeben wird, ist dies ein Zeichen für ein normales Programmende.

```
private void appExitMenuItemActionPerformed(
        java.awt.event.ActionEvent evt) {
    System.exit(0); // Normales Programmende
}
```

Listing 11.34 Beenden des Taschenrechners

Bliebe noch zum Schluss zu erklären, wie der Informationsdialog des Taschenrechners aufgerufen wird. Das geschieht ebenfalls über einen Handler für einen Menübefehl. Dieser erzeugt einfach ein neues Objekt des Typs *AboutDlg* und ruft die Methode *setVisible()* mit dem Parameter *true* auf.

```
private void showAboutDialog(java.awt.event.ActionEvent evt) {
    new AboutDlg(this).setVisible(true);
}
```

Listing 11.35 Aufruf des Informationsdialogs

Damit das klappt, muss natürlich noch der entsprechende Dialog implementiert werden, was in einer neuen Klasse geschieht.

11.2.5 Implementierung der Klasse »AboutDlg«

Der Informationsdialog entspricht dem gleichnamigen Dialog des Memory-Spiels bis auf drei Kleinigkeiten, weswegen ich mich bei den Erklärungen zur Implementierung auf die drei Unterschiede beschränken möchte. Es sind dies das Copyright-Symbol, das Programmsymbol und die Art und Weise, wie der Dialog auf dem Bildschirm zentriert wird.

11.2.6 Zeichen als Unicode kodieren

Um Zeichen auf allen Betriebssystemen gleich auszugeben, verwendet Java, wie in 1 erwähnt, den so genannten Unicode. Hiermit lassen sich aber nicht nur deutsche Umlaute unter allen Betriebssystemen gleich darstellen (wie beim Titel des Informationsdialogs), sondern auch praktischerweise Sonderzeichen auf der Programmoberfläche darstellen, die Sie gar nicht auf der Tastatur finden. Schauen Sie sich bitte folgendes Listing hierzu an:

```
private String about     = "Info \u00fcber Abakus";
private String product   = "Abakus";
private String version   = "Version 1.1";
private String copyright = "Copyright \u00a9 2005 - 2011 by";
private String comments  = "Bernhard Steppan";
private String freeMemory = "Freier Speicher: ";
```

Listing 11.36 Der Informationstext des Dialogs

Zu Beginn des Listings sehen Sie, wie ein deutsches »Ü« mit Hilfe des Unicodes »\u00fc« kodiert wird. Das ist nichts Ungewöhnliches und funktioniert exakt so wie im vorangegangenen gehenden Kapitel. Anstatt jedoch das Copyright-Symbol mit einem einfachen C-Zeichen auszugeben, kodiert der Dialog dies ein paar Zeilen unterhalb mit dem entsprechenden Code »\u00a9«. Es erscheint daraufhin als Sonderzeichen auf der Oberfläche des Dialogs.

11.2.7 Dialog zentriert sich selbst

Sie erinnern sich vielleicht noch an das Memory-Spiel. Der gleichnamige Dialog wurde vom Hauptfenster aus zentriert. Das geschah innerhalb der Methode, die den Dialog aufgerufen hat. Aber es geht auch anders, zum Beispiel, indem man die Anweisungen zum Zentrieren des Dialogs einfach wie folgt in den Konstruktor des Dialogs integriert:

```java
/**
 * Dialog Info ueber ...
 * @param parent Objekt der Klasse Frame
 */
public AboutDlg(Frame parent) {
  super(parent);
  enableEvents(AWTEvent.WINDOW_EVENT_MASK);
  initComponents();
  pack();
  Rectangle parentBounds = parent.getBounds();
  Dimension size = getSize();
  // Dialog zentrieren
  int x = Math.max(0, parentBounds.x +
    (parentBounds.width - size.width) / 2);
  int y = Math.max(0, parentBounds.y +
    (parentBounds.height - size.height) / 2);
  setLocation(new Point(x, y));
}
```

Listing 11.37 Der Konstruktor zentriert den Dialog.

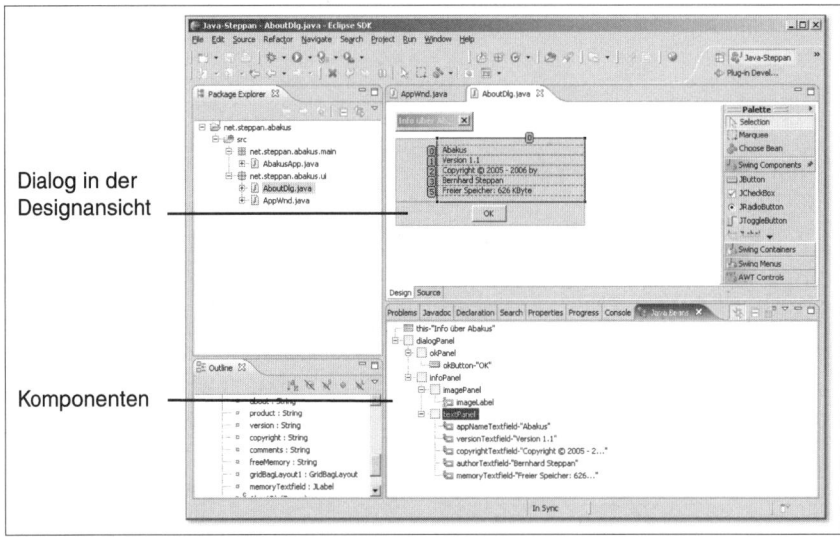

Abbildung 11.9 Der Informationsdialog in Eclipse

Der Dialog verfügt wieder über ein GridBag-Layout und kann dank seiner Initialisierungsmethode in den gängigen GUI-Buildern visuell bearbeitet werden. Abbildung 11.9 zeigt eine Ansicht im GUI-Builder von Eclipse (Visual Editor).

11.3 Zusammenfassung

Der Taschenrechner *Abakus* ist eine einfache AWT/Swing-Applikation. Sie besteht lediglich aus einem Hauptfenster und einem Informationsdialog. Das Hauptfenster ist von der Swing-Klasse *JFrame* abgeleitet (Vererbung). Es setzt sich im Wesentlichen aus folgenden Objekten zusammen: zwei Menüs (Swing-Klasse *JMenu*), einer Anzeige (erzeugt aus der Swing-Klasse *JTextField*) und einem Tastenfeld, das aus 22 Tastenobjekten des Typs *JButton* besteht.

Das Programm richtet die Tasten des Tastenfelds und die Anzeige nach einem Gittermuster aus. Hierfür kommt die AWT-Klasse *GridBagLayout* zum Einsatz. Dieser so genannte Layout-Manager ist in der Lage, sowohl das Textfeld (Anzeige) als auch alle Tasten so zu gruppieren, dass das Textfeld der Anzeige vier Zellen Platz (eine Zeile des Gitters) einnimmt, während jede Taste bis auf zwei Ausnahmen genau in einer Zelle Platz findet.

Der Taschenrechner funktioniert ereignisgesteuert. Das bedeutet, dass jeder Tastendruck oder Mausklick spezielle AWT-Ereignisse auslöst, die die Anwendung mit Hilfe von so genannten Listener-Klassen der AWT-Klassenbibliothek abfängt. Der Taschenrechner lenkt danach die weitere Bearbeitung der Ereignisse auf eigene Methoden (Handler) um.

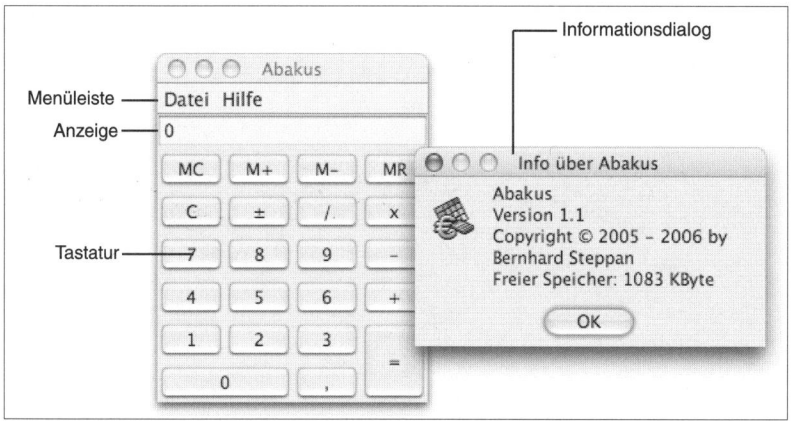

Abbildung 11.10 Die Bestandteile von »Abakus« im Überblick

11.4 Aufgaben

11.4.1 Fragen

1. Was ist am Design des Taschenrechners grundsätzlich nicht optimal?
2. Welche Klassen werden benötigt, um das Menü des Taschenrechners darzustellen?
3. Wie werden seine Tasten und die Anzeige angeordnet?
4. Welches Ereignis wird bei einem Tastendruck ausgelöst?
5. Wie fängt das Programm dieses Ereignis ab?
6. Wie nennt man die Methoden, die ein solches Ereignis behandeln?
7. Erklären Sie die Überprüfung der Eingaben des Taschenrechners.

11.4.2 Übungen

1. Realisieren Sie eine Methode, die durch die Taste M- aufgerufen wird.
2. Realisieren Sie eine Methode, die durch die Taste ± aufgerufen wird.

Die Lösungen zu den Aufgaben finden Sie in Kapitel 20 ab Seite 529.

»Wer unter die Oberfläche dringt, tut es auf eigene Gefahr.«
(Oscar Wilde)

12 Computerspiele mit Swing

12.1 Einleitung

Dieses Kapitel zeigt Ihnen anhand des Computerspiels »Memory«, wie Sie einfache Programmoberflächen mit Java programmieren. Im Mittelpunkt des Beispielprojekts steht die Entwicklung eines Spielalgorithmus, einer JavaBean-Komponente und verschiedener Hilfsklassen zur Ereignissteuerung des Spiels.

12.2 Projekt »Memory«

12.2.1 Anforderungen

Memory ist ein einfaches Spiel zum Gedächtnistraining. Das Originalspiel wird mit einem Kartensatz gespielt, der eine bestimmte Anzahl von Bildpaaren enthält. Ein Spieler legt alle Karten mit der Bildseite nach unten auf den Tisch und mischt sie gut durch.

Im Anschluss daran bleiben die Karten entweder an der Stelle liegen, an der sie sich nach dem Mischen gerade befinden, oder sie werden zu einem Rechteck oder Quadrat angeordnet. Wichtig ist in beiden Fällen lediglich, dass sie sich nicht überlappen.

Es spielen zwei oder mehrere Spieler. Wer an der Reihe ist, deckt zwei beliebige Karten auf. Sind die Bilder beider Karten identisch, darf er sich das Kartenpaar nehmen, auf seinen Stapel legen und nochmals zwei Karten aufdecken.

Das wiederholt sich so lange, bis der Spieler ein Kartenpaar aufdeckt, dessen Bilder nicht gleich sind. Diese Karten werden wieder umgedreht, und der nächste Spieler ist an der Reihe. Das Spiel ist zu Ende, wenn alle zusammengehörenden Kartenpaare gefunden wurden. Sieger ist derjenige, der die meisten Kartenpaare gefunden hat.

Für das vorliegende Computerspiel soll nur eine einfache Variante mit einem Spieler realisiert werden. Dieser Spieler spielt auch nicht gegen den Computer, denn diese Maschinen haben in der Regel die unsympathische Eigenschaft, sich alles perfekt zu merken. Der Spieler spielt vielmehr nur gegen sich selbst und dreht dabei so lange Karten um, bis er alle Kartenpaare gefunden hat.

Hauptfenster

Als Oberfläche soll ein Hauptfenster dienen, das aus einer einfachen Menüleiste und einem Spielbrett aufgebaut ist. Das Spielbrett nimmt zwölf Kartenpaare auf, besteht also aus 24 Karten. Die Karten sollen über eine Vorderseite und eine Rückseite verfügen, die das Programm aus Grafikdateien einliest, die sich auf der Festplatte befinden.

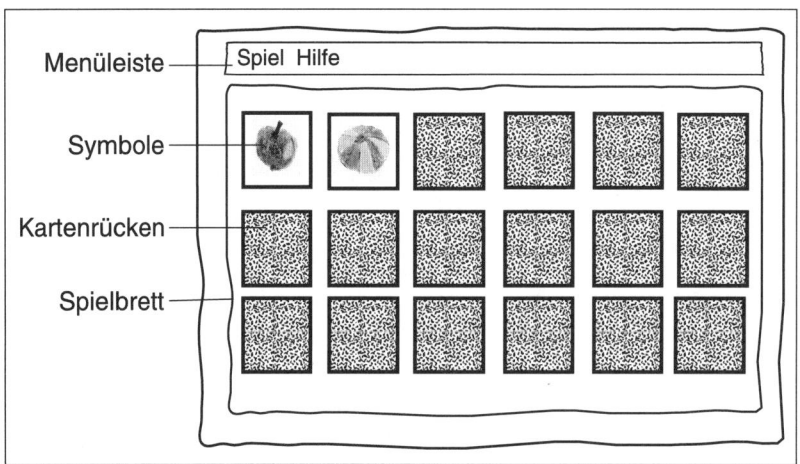

Abbildung 12.1 Die Oberfläche von Memory als Skizze

Das Hauptfenster soll auf Größenänderungen so reagieren, dass die Spielkarten neu angeordnet werden. Selbstverständlich sollen alle Spielkarten danach wieder richtig gezeichnet werden und sich an der zuletzt bekannten Position befinden.

Dialoge

Das Spiel soll nur zwei Dialoge besitzen: einen Dialog, der erscheint, wenn das Spiel vorüber ist, und einen Dialog, der den Namen des Spiels, des Autors und die Version anzeigt. Dieser Informationsdialog soll, wie üblich, modal sein. Das bedeutet, dass er Benutzereingaben in das Hauptfenster blockiert, solange er sichtbar ist. Der Dialog zeigt das Programmsymbol an, den Namen des Programms, seines Autors, die übliche Copyright-Meldung sowie den verfügbaren Platz im Hauptspeicher.

12.2.2 Analyse und Design

Es gibt viele Möglichkeiten, ein relativ einfaches Spiel wie Memory zu entwickeln. Die meisten Lösungen, die ich bisher gesehen habe, waren allerdings wenig objektorientiert realisiert und sind wohl nach dem Vorbild des Spiels Tic, Tac, Toe entstanden, das sich im Java-JDK befindet. Die Implementierung dieses Spiels besteht im Kern aus vielen verschiedenen Schleifen, die die Position der Spielkarten abfragen und deren Status ermitteln.

Mir ging es beim Design des vorliegenden Spiels darum, zu zeigen, wie einzelne Objekte miteinander Nachrichten austauschen können. Der Kern des Spiels ist daher sehr klein, und die Aufgaben sind auf verschiedene Hilfsklassen und die Kartenklasse verteilt.

Hauptfenster

Wie schon erwähnt, setzt sich das Hauptfenster aus zwei Komponenten zusammen: der Menüleiste und dem Spielbrett. Beide sollen durch ein Border-Layout auf Distanz zueinander gehalten werden. Das Hauptfenster der Klasse *AppWnd* erbt von der Swing-Klasse *JFrame*. Das Border-Layout stammt von der AWT-Klasse gleichen Namens.

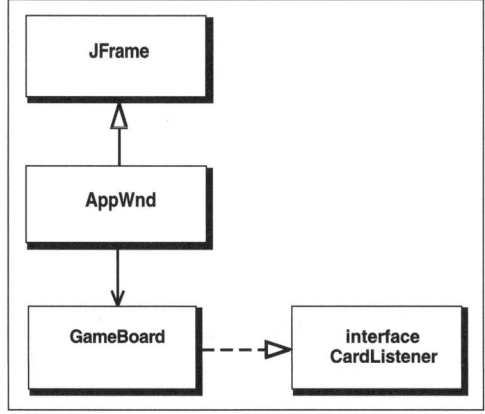

Abbildung 12.2 Das Klassendiagramm des Hauptfensters

Menüleiste

Für die Menüleiste kommt ein Objekt der Swing-Klasse *JMenuBar* zum Einsatz. Sie wird durch zwei Menüs angereichert, die auf der Swing-Klasse *JMenu* aufbauen. Diese bekommen jeweils einen Menüeintrag: beides Objekte des Typs *JMenuItem*. Der erste Menüeintrag erlaubt dem Anwender, das Programm zu beenden. Der zweite Menüeintrag dient dazu, den Informationsdialog aufzurufen.

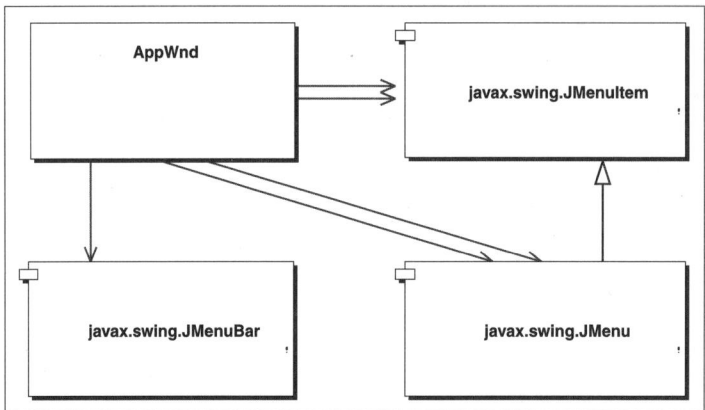

Abbildung 12.3 Das Klassendiagramm der Menüleiste

Jedem Menüeintrag muss eine Methode zugeordnet werden. Beim ersten Menüeintrag behandelt die Methode den Wunsch, das Programm zu beenden, beim zweiten Menüeintrag den Wunsch, den Dialog aufzurufen.

Spielkarte

Die Spielkarte ist die Klasse *Card*, die von der Swing-Klasse *JComponent* erbt. Ziel beim Design der Karte war es, eine Basisklasse aus den Java-Klassenbibliotheken zu finden, die möglichst wenig Ballast enthält und trotzdem alle Methoden zur Verfügung stellt, die eine Spielkarte benötigt.

Folgende Kriterien mussten erfüllt werden: Eine Spielkarte muss auf Mausereignisse reagieren, sie muss verschiedene Bilder darstellen können und über eine Methode verfügen, die den Inhalt neu zeichnet, wenn sich das Fenster verändert hat. Die Spielkarte besitzt zwei Seiten: eine Vorderseite und eine Rückseite.

Auf der Vorderseite ist ein Spielsymbol dargestellt, das sich von Karte zu Karte unterscheidet. Im Gegensatz dazu ist auf der Rückseite desselben Kartenstapels immer das gleiche Muster zu sehen. Beide Bilder müssen aus einer Grafikdatei geladen werden können.

In Abbildung 12.4 sehen Sie die Beziehungen der Spielkarte. Sie benötigt einen Mausadapter, um auf Mausereignisse reagieren zu können. Außerdem besitzt sie eine Vererbungsbeziehung zu der erwähnten Swing-Klasse *JComponent*. Diese Basisklasse verfügt über eine Methode *paint*, die immer dann aufgerufen wird, wenn sich die Komponenten oder ihr Umfeld ändern.

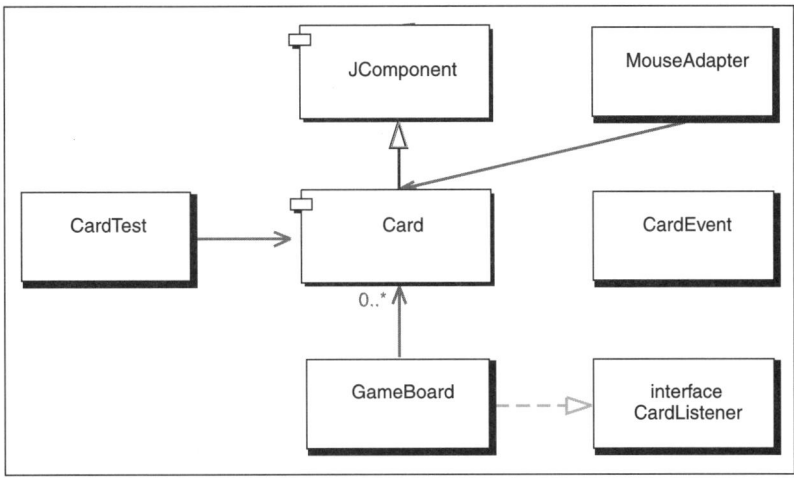

Abbildung 12.4 Der Aufbau der Spielkarte

Im Umfeld der Karte befindet sich ein spezielles, selbst definiertes Ereignis namens *CardEvent*. Die Karte versendet immer dann ein *CardEvent*, wenn jemand sie angeklickt hat. Über dieses *CardEvent* können Informationen über die angeklickte Karte eingeholt werden, zum Beispiel welche Kennung sie besitzt. Mehr dazu erfahren Sie bei der Implementierung der Klasse.

Spielbrett

Es gibt zwei Hauptfälle, auf die das Spiel reagieren muss. Im *Fall 1* ist noch keine Karte aufgedeckt. Wenn der Spieler auf die erste Karte klickt, muss sie sich umdrehen und die Vorderseite präsentieren. Diese Karte wird nun fixiert. Das heißt, sie bekommt ein Signal, dass sie nicht mehr auf Mausklicks reagieren soll, bis das Spiel sie wieder freigibt (Karte lösen).

Im *Fall 2* hat der Spieler schon eine Karte aufgedeckt. Dieser Fall verzweigt zu einer Fallunterscheidung. Diese findet heraus, ob es sich jetzt um gleiche (Fall 2.1) oder um verschiedene Karten handelt (Fall 2.2).

Im Fall 2.1 fixiert das Spiel beide Karten. Das heißt, sie reagieren nicht mehr auf Mausklicks und bleiben bis zum Spielende mit der Vorderseite auf dem Spielbrett liegen.

Anders sieht es im Fall 2.2 aus. Hier sind verschiedene Karten aufgedeckt worden. Sie bleiben einstweilen liegen, werden aber vom Spiel beim nächsten Mausklick auf eine andere Karte wieder umgedreht. Bei der Implementierung werden Sie sehen, wie das Spiel dies löst.

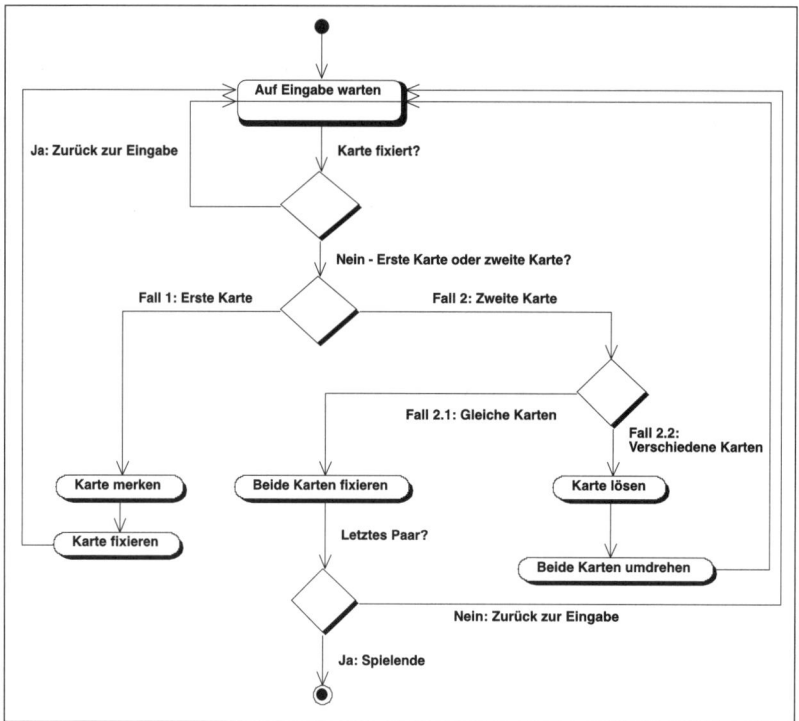

Abbildung 12.5 Der Algorithmus des Spiels als Aktivitätsdiagramm

Informationsdialog

Der Informationsdialog ist ein einfacher Dialog, der von der Swing-Klasse *JDialog* abgeleitet ist und das AWT-Interface *ActionListener* implementiert. Dadurch, dass der Dialog dieses Interface implementiert, ist er in der Lage, auf Ereignisse des Typs *ActionEvent* zu reagieren. Das ist wichtig, damit sich der Dialog schließt, wenn der Anwender auf die Schaltfläche OK klickt.

12.2.3 Implementierung der Klasse »Card«

Zu den nun folgenden Listings dieses Beispiels muss ich einige Bemerkungen vorausschicken: Aus Platzgründen musste ich viele Kommentare aus den Quelltexten entfernen. Sie sind aber im Originalquelltext unter den Beispielprogrammen vorhanden, die sich von der Homepage des Verlags herunterladen können. Im Gegensatz zu den vielen Kommentaren habe ich viele Programmausgaben auf die Konsole hingegen in den Listings belassen, damit Sie auch beim Durchlesen des Buchs erkennen, wo sich Programmausgaben auf die Konsole befinden. Durch diese Programmausgaben »erklärt« das Memoryspiel selbst beim normalen Programmablauf, wie es funktioniert.

Paketstruktur

Die Kartenklasse gehört zum Paket *net.steppan.app.memory*. Bei einem relativ kleinen Projekt wie diesem Spiel ist eine Aufteilung der Schichten in verschiedene Pakete nicht zwingend.

Importanweisungen

Um die Funktionen des Dialogs mit möglichst wenig eigener Programmierung umzusetzen, ist eine Reihe von Klassenimporten notwendig. Damit stehen die importierten Klassen als Vorlage für Objekte oder als Basisklasse zur Verfügung.

```
package net.steppan.app.memory;
import java.awt.Graphics;
import java.awt.Image;
import java.awt.event.MouseEvent;
import java.util.Vector;
import javax.swing.JComponent;
```

Listing 12.1 Die Importanweisungen

Die Klasse *Image* aus der AWT-Bibliothek wird benötigt, um die Bilder der Spielkarten darzustellen, die Klasse *MouseEvent*, um auf Mausereignisse zu reagieren und die Klasse *JComponent*, weil diese durch die Klasse *Card* erweitert wird.

Variablen

Die Karte benötigt zwei Objekte des Typs *Image*, um die Bilddateien für die Vorder- und Rückseite der Karte darzustellen. Sie verfügt über zwei Spielzustände: *turned* und *playable*. Mit *turned* merkt sich die Karte, ob sie auf der Vorder- oder auf der Rückseite liegt, während *playable* markiert, ob die Karte noch im Spiel ist.

```
public class Card extends JComponent {
    private Image face; // .............. Vorderseite der Karte
    private Image back; // .............. Rueckseite der Karte
    private boolean turned = false; // ... Umgedreht: Nein
    private boolean playable = true; // .. Spielbar: Ja
    private int cardID; // .............. Kennung der Karte
    private Vector listeners = new Vector(); // ... Listener
    private String faceFile; // .. Dateiname des Vorderseitenbilds
    private String backFile; // .. Dateiname des Rueckseitenbilds
```

Listing 12.2 Die Variablen der Klasse »Card«

Die restlichen Variablen hängen vom Algorithmus des Spiels ab. Die Kartenkennung wird in einer *cardID* festgehalten. Sie ist eine eindeutige Nummer für das Kartenobjekt. Die Zeichenketten *faceFile* und *backFile* speichern den Namen der Grafikdatei und sind der Schlüssel für den Vergleich der Bilder.

Konstruktoren

Die folgenden Konstruktoren sind ein gutes Beispiel für die Anwendung von Polymorphie. Durch die unterschiedlichen Konstruktoren der Kartenklasse kann ein Programm auf verschiedene Weise Kartenobjekte erzeugen. Der erste Konstruktor erzeugt eine Karte durch Übergabe zweier Bilddateien. Die Bilddateien müssen hierbei vom Programm erzeugt und danach der Kartenklasse als Referenz übermittelt werden. Ein nicht besonders elegantes Verfahren, das aber manchmal praktisch sein kann.

```
/**
 * Erster Konstruktor
 * Erzeugt eine Karte durch Uebergabe von zwei Bildern:
 * @param face Vorderseite der Karte
 * @param back Rueckseite der Karte
 */
public Card(Image face, Image back) {
  super();
  this.face = face;
  this.back = back;
  addMouseListener(new MouseAdapter(this));
}
```

Listing 12.3 Der erste Konstruktor der Kartenklasse

Der zweite Konstruktor erledigt dies besser. Er verwendet zwei Zeichenketten, um selbsttätig Bilddateien zu erzeugen. Die Erzeugung von Bilddateien bleibt somit dem Programm, das die Karte verwenden will, erspart. Der Konstruktor ist natürlich deswegen etwas aufwändiger. Er generiert mit Hilfe des AWT-Toolkits zwei Bilder, die den Variablen *face* und *back* übergeben werden. Sie werden dann in der Methode *paint* verwendet (nächster Abschnitt).

```
/**
 * Zweiter Konstruktor
 * Erzeugt eine Karte durch Uebergabe von zwei Bildern:
 * @param face Vorderseite der Karte
 * @param back Rueckseite der Karte
 */
```

```
public Card(String faceFile, String backFile) {
  super();
  face = getToolkit().getImage(faceFile);// Bild Vorderseite
  back = getToolkit().getImage(backFile);// Bild Rueckseite
  this.faceFile = faceFile;
  this.backFile = backFile;
  addMouseListener(new MouseAdapter(this));
}
```

Listing 12.4 Der zweite Konstruktor der Kartenklasse

Der dritte Konstruktor mag Ihnen eigenartig erscheinen, denn er »versorgt« die Karte mit Standardbildern. Das ist sinnvoll, weil der Konstruktor nicht über eine Parameterliste verfügt. Da der Klasse Bilddateien auch später über Mutatoren übergeben werden, kann dieser Konstruktor für Kartenspiele verwendet werden, bei denen der Anwender Karten ohnehin austauschen möchte.

```
/**
 * Dritter Konstruktor
 * Erzeugt eine Karte mit Standardbildern
 * Vorderseite der Karte: card32x32color.gif
 * Rueckseite der Karte: card32x32mono.gif
 */
public Card() {
  super();
  face = getToolkit().getImage(Card.class.getResource(
    "card32x32color.gif").getFile()); // Bild f. GUI-Builder
  back = getToolkit().getImage(Card.class.getResource(
    "card32x32mono.gif").getFile()); // Bild fuer GUI-Builder
  addMouseListener(new MouseAdapter(this));
}
```

Listing 12.5 Der dritte Konstruktor der Kartenklasse

Der dritte Konstruktor lädt die Grafikdateien aus einer Ressource. Das bedeutet, dass sie sich im Klassenpfad der Klasse befinden müssen. Aus diesem Grund ermittelt der Konstruktor auch die Bilddatei über die Methode *getResource*.

Wichtig bei allen Konstruktoren ist, dass ein *MouseListener* die Aufgabe übernimmt, nach Mausereignissen Ausschau zu halten. Erst durch den Aufruf der Methode *addMouseListener* ist die Karte in der Lage, auf Mausklicks zu reagieren.

Methode »paint«

Die Methode *paint* hat die Aufgabe, die Spielkarte zu zeichnen. Ihr Aufbau ist extrem einfach: Entweder ist der Kartenzustand auf *turned = true* gesetzt, dann ist die Karte aufgedeckt, oder ihr Zustand ist *turned = false*, dann ist die Karte zugedeckt. Im ersten Fall wird die Vorderseite der Karte gezeichnet, wozu die Klasse eine Methode der AWT-Klasse *Graphics* verwendet. Im zweiten Fall geschieht das Gleiche mit der Rückseite.

```
/**
 * Methode paint
 * Ueberschrieben von der Basisklasse JComponent
 * @param g Graphics
 */
public synchronized void paint(Graphics g) {
  super.paint(g);
  //System.out.println("Paint called"); // ............ Debug
  if (turned) { // .. Status aufgedeckt => Vorderseite zeichnen
    g.drawImage(face, 0, 0, this);
    //System.out.println("Karte ist aufgedeckt"); // .... Debug
  }
  else { // .... Status nicht aufgedeckt => Rueckseite zeichnen
    g.drawImage(back, 0, 0, this);
    //System.out.println("Karte ist zugedeckt"); // ..... Debug
  }
}
```

Listing 12.6 Die Methode »paint«

Methode »mousePressed«

Die Methode *mousePressed* wird durch die innere Klasse *MouseAdapter* zur Verfügung gestellt (beschrieben auf Seite 377). Die Klasse *Card* überschreibt diese, um die Behandlung der *MouseEvents* selbst in die Hand zu nehmen. Was passiert, wenn eine Karte angeklickt wurde? Die Karte verfügt über zwei Zustände. Sie kann fixiert sein, und sie kann umgedreht sein.

```
void mousePressed(MouseEvent e) {
    //System.out.println("Karte "+ cardID +
    "               Playable: "+ playable); // ...... Debug
    // Debug:
    //System.out.println("Karte "+ cardID + " Turned: "+ turned);
    if (playable) { // ............ Ist die Karte noch im Spiel?
      if (turned) { // .... Ist die Karte schon umgedreht worden?
```

```
        turned = false; // ....... Karte als aufgedeckt markieren
      }
      else { // .................. Bild der Karte ist aufgedeckt
        turned = true; // ......... Karte als zugedeckt markieren
      }
      this.notifyCard(new CardEvent(this, cardID));
      paint(getGraphics()); // .................... Karte zeichnen
    }
  }
✂
```

Listing 12.7 Die Methode »mousePressed«

Wenn sie fixiert ist, ist sie nicht mehr »spielbar« und wurde vom Spiel – temporär oder dauerhaft – aus dem Verkehr gezogen. Sie reagiert nicht mehr auf Mausklicks. In einem solchen Fall verweigert sie so lange die Zusammenarbeit mit der Außenwelt, bis ihr jemand sagt, dass sie wieder »spielbar« ist.

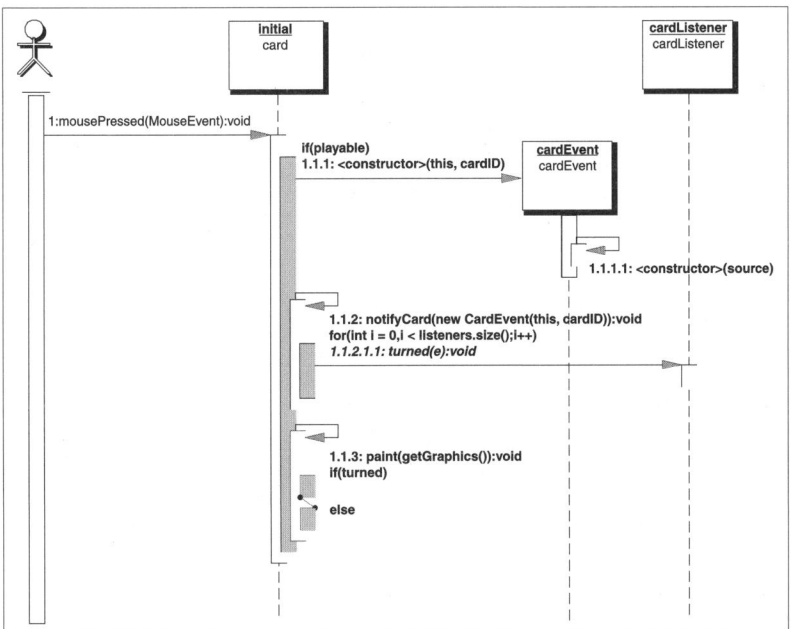

Abbildung 12.6 Der Ereignisfluss nach dem Anklicken einer Karte

In dem anderen Fall findet die Methode *mousePressed()* heraus, welche Seite oben liegt, dreht den Zustand um, benachrichtigt interessierte Anwender der Karte und zeichnet sie neu. Die innere Abfrage der Methode lässt sich natürlich noch viel kürzer schreiben, indem der Zustand durch den Nicht-Operator einfach invertiert wird (Listing 12.8). Das geht schneller und spart zwei Kontrollstrukturen.

```
  if (playable) { // ............ Ist die Karte noch im Spiel?
    this.setTurned(!turned);
    this.notifyCard(new CardEvent(this, cardID));
    paint(getGraphics()); // ..... Karte zeichnen
  }
```

Listing 12.8 Die Kurzform der Abfrage innerhalb von »mousePressed«

Akzessoren und Mutatoren

Neben den Konstruktoren verfügt die Karte über eine speziell gestaltete Schnittstelle, um ihren Zustand zu ändern. Über die Methoden *setBack* und *getBack* können Sie der Karte andere Bilder zuordnen, über *setFace* und *getFace* das Bild der Vorderseite ermitteln, und über *setPlayable* fixieren und lösen Sie die Karte. Diesen Zustand fragen Sie mit *isPlayable* bei Bedarf wieder ab.

```
public void setBack(Image back) {
  this.back = back;
}
public Image getBack() {
  return back;
}
public void setFace(Image face) {
  this.face = face;
}
public Image getFace() {
  return face;
}
public void setPlayable(boolean playable) {
  this.playable = playable;
}
public boolean isPlayable() {
  return this.playable;
}
public int getCardID() {
  return cardID;
}
public void setCardID(int cardID) {
  this.cardID = cardID;
}
public boolean isTurned() {
  return this.turned;
}
```

```
  public void setTurned(boolean turned) {
    if (playable) { // ............. Ist die Karte noch im Spiel?
      if (this.turned != turned) {
        this.turned = turned;// ....... Falls ja, Karte markieren
        paint(getGraphics()); // ............. und Karte zeichnen
      } // if
    } // playable
  }
  public String getFaceFile() {
    return this.faceFile;
  }
  public String getBackFile() {
    return this.backFile;
  }
```

Listing 12.9 Die Akzessoren und Mutatoren

Listener

Über die Methode *addCardListener()* verwaltet das Spielbrett die Anzahl der »Zuhörer«, über *removeCardListenener()* entfernt es die Methode wieder. Nachrichten des Typs *CardEvent* verschickt die Klasse über *notifyCard()*.

```
  public void addCardListener(CardListener listener) {
    listeners.addElement(listener);
    //System.out.println("Listener addiert"); // .......... Debug
  }
  public void removeCardListener(CardListener listener) {
    listeners.removeElement(listener);
  }
  protected synchronized void notifyCard(CardEvent e) {
    for (int i = 0; i < listeners.size(); i++)
      ((CardListener)listeners.elementAt(i)).turned(e);
  }
} // Klasse Card
```

Listing 12.10 Die Listener-Methoden

Innere Klasse »MouseAdapter«

Java bietet diverse Möglichkeiten, Ereignisse abzufangen. Eine ist ein spezieller Adapter, der über eine innere Klasse sehr leicht zu implementieren ist. Eine einfache Möglichkeit, Mausereignisse abzufangen, ist der Mausadapter. Er wird zu Beginn der Klasse *Card* über *addMouseListener()* eingebunden und »lauscht« fortan auf Mausereignisse und reicht sie an die Methode *mousePressed()* der Kartenklasse weiter, wo sie individuell verarbeitet werden.

✂
```
class MouseAdapter extends java.awt.event.MouseAdapter {
  Card adaptee;
  protected MouseAdapter(Card adaptee) {
    this.adaptee = adaptee;
  }
  public void mousePressed(MouseEvent e) {
    adaptee.mousePressed(e);
  }
}
```
✂

Listing 12.11 Die innere Klasse »MouseAdapter«

12.2.4 Implementierung der Klasse »CardEvent«

Die Klasse *CardEvent* hat die Aufgabe, als Bote für die Kennung der Karte zu dienen, wenn diese angeklickt worden ist. Die Kartenklasse ist durch sie in der Lage, *aktiv* zu reagieren, wenn jemand eine Karte angeklickt hat (Interrupt-Betrieb). Das ist ein völlig anderes und wesentlich eleganteres Verfahren, als ständig die Karte mit überflüssigen Anfragen zu bombardieren, welchen Status sie besitzt (Polling).

```
package net.steppan.app.memory;
import java.util.EventObject;
```
✂
```
public class CardEvent extends EventObject {
  int cardID;
  public CardEvent(Object source, int cardID) {
    super(source);
    this.cardID = cardID;
  }
}
```

Listing 12.12 Die neue Klasse »CardEvent«

12.2.5 Implementierung des Interfaces »CardListener«

Das Interface *CardListener* ist minimalistisch und verfügt nur über eine Methode, die natürlich keine Implementierung besitzt, weil ein Interface vollkommen abstrakt ist. Wer das Interface implementiert, hat die Aufgabe, auf die Methode *turned* individuell zu reagieren.

```
package net.steppan.app.memory;
import java.util.EventListener;
⚊
interface CardListener extends EventListener {
  void turned(CardEvent e);
}
```

Listing 12.13 Das neue Interface »CardListener«

Die Methode *turned()* wird stets dann aufgerufen, wenn die Karte umgedreht wurde.

12.2.6 Implementierung der Klasse »CardBeanInfo«

Die Klasse *CardBeanInfo* sorgt dafür, dass die JavaBean von einem GUI-Builder erkannt wird. Wenn das der Fall ist, kann der GUI-Builder an seiner Oberfläche sinnvolle Werte anzeigen.

```
⚊
public class CardBeanInfo extends SimpleBeanInfo {
  private Class beanClass = Card.class;
  private String iconColor16x16Filename = "card16x16color.gif";
  private String iconColor32x32Filename = "card32x32color.gif";
  private String iconMono16x16Filename = "card16x16mono.gif";
  private String iconMono32x32Filename = "card32x32mono.gif";
  public CardBeanInfo() {
  }
  public PropertyDescriptor[] getPropertyDescriptors() {
    try {
      PropertyDescriptor _back =
          new PropertyDescriptor("back", beanClass,
                                 "getBack", "setBack");
      _back.setDisplayName("Back image");
      _back.setShortDescription("Back image of the card");
      PropertyDescriptor _backFile =
          new PropertyDescriptor("backFile", beanClass,
                                 "getBackFile", null);
      PropertyDescriptor _cardID =
          new PropertyDescriptor("cardID", beanClass,
                                 "getCardID", "setCardID");
      PropertyDescriptor _face =
          new PropertyDescriptor("face", beanClass,
                                 "getFace", "setFace");
      _face.setDisplayName("Face image");
      _face.setShortDescription("Face image of the card");
```

```
          PropertyDescriptor _faceFile =
            new PropertyDescriptor("faceFile", beanClass,
                                   "getFaceFile", null);
          PropertyDescriptor _listeners =
            new PropertyDescriptor("listeners", beanClass,
                                   null, null);
          PropertyDescriptor _playable =
            new PropertyDescriptor("playable", beanClass,
                                   "isPlayable", "setPlayable");
          PropertyDescriptor _turned =
            new PropertyDescriptor("turned", beanClass,
                                   "isTurned", "setTurned");
          PropertyDescriptor[] pds =
          new PropertyDescriptor[] {
            _back, _backFile, _cardID, _covered, _face,
            _faceFile, _listeners, _playable, _turned};
          return pds;
        }
        catch(IntrospectionException ex) {
          ex.printStackTrace();
          return null;
        }
      }
      public java.awt.Image getIcon(int iconKind) {
        switch (iconKind) {
          case BeanInfo.ICON_COLOR_16x16:
            return iconColor16x16Filename != null ?
              loadImage(iconColor16x16Filename) : null;
          case BeanInfo.ICON_COLOR_32x32:
            return iconColor32x32Filename != null ?
              loadImage(iconColor32x32Filename) : null;
          case BeanInfo.ICON_MONO_16x16:
            return iconMono16x16Filename != null ?
              loadImage(iconMono16x16Filename) : null;
          case BeanInfo.ICON_MONO_32x32:
            return iconMono32x32Filename != null ?
              loadImage(iconMono32x32Filename) : null;
        }
        return null;
      }
    }
```

Listing 12.14 Die Klasse »BeanInfo« gehört zu einer richtigen JavaBean.

12.2.7 Implementierung des Testtreibers

Der Testtreiber *CardTest* ist das erste Programm, das die neue Kartenklasse verwendet. Es ist unbedingt empfehlenswert, die neue Kartenkomponente in einem überschaubaren Rahmen zu testen, anstatt sie sofort an einem relativ komplizierten Programm wie dem Spiel Memory auszuprobieren. Die Seiteneffekte des Memoryspiels würden sich mit den Seiteneffekten der Spielkarte vermischen und die Fehlersuche erschweren.

Die Klasse *CardTest* ist hybrid implementiert. Das heißt, sie kann entweder als Applet oder als Applikation gestartet werden. Jedes Applet, das über eine Main-Methode verfügt, ist hybrid und besitzt diese Eigenschaft. Das ist praktisch, wenn man das Programm ohne entsprechende HTML-Seite oder Applet Viewer ausprobieren möchte.

Importanweisungen

Wie fast jede Swing-Applikation ist auch das Hauptfenster des Testtreibers aus der Klasse *JFrame* entstanden. Zusätzlich benötigt das Programm diverse AWT-Ereignisse sowie Schaltflächen.

```
package net.steppan.app.memory;
import java.awt.BorderLayout;
import java.awt.Dimension;
import java.awt.GridLayout;
import java.awt.Image;
import java.awt.Toolkit;
import java.awt.event.ActionEvent;
import java.awt.event.ActionListener;
import java.awt.event.WindowAdapter;
import java.awt.event.WindowEvent;
import javax.swing.JApplet;
import javax.swing.JButton;
import javax.swing.JFrame;
```

Listing 12.15 Die Importanweisungen

Variablen

Das Programm benötigt nur wenige Variablen, unter anderem Bilder für Vorder- und Rückseite sowie zwei Schaltflächen.

```
public class CardTest extends JApplet {
  Image front, back;
  static Card card;
```

```
    static JButton playBtn;
    static JButton turnBtn;
```

Listing 12.16 Die Variablen der Klasse »CardTest«

Initialisierungsmethode

Die Initialisierungsmethode muss bei einem Applet implementiert werden und übernimmt die Initialisierung der Oberflächenkomponenten. In diesem Fall heißt das, dass sie zwei Bilder erzeugt, die einem Kartenobjekt als Parameter mit auf den Weg gegeben werden. Im Anschluss daran fügt das Programm die Kartenkomponenten zum Layout hinzu.

```
public void initialize() {
    setBackground(java.awt.Color.white);
    front = getImage(getCodeBase(), "../img/img0.gif");
    back = getImage(getCodeBase(), "../img/back.gif");
    System.out.println(getCodeBase());
    card = new Card(front, back);
    getContentPane().add(card, BorderLayout.CENTER);
}
```

Listing 12.17 Die Methode »initialize« des Testtreibers

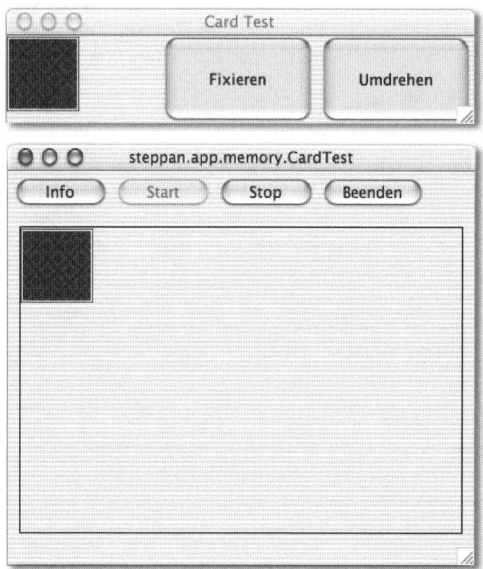

Abbildung 12.7 »CardTest« lässt sich als Application oder Applet starten.

Startmethode

Die Methode *main()* startet den Testtreiber als Java Application. Sie legt ein neues Grid-Layout sowie zwei Bilddateien an, die einer Karte übergeben werden. Danach erzeugt sie zwei Schaltflächen und verbindet sie mit den dazugehörenden Handlern. Zum Schluss werden alle Komponenten zum Layout hinzugefügt:

```java
public static void main(String[] args) {
  GridLayout grid = new GridLayout(1, 3, 5, 5);
  Image back = Toolkit.getDefaultToolkit().getImage(
              "img/back.gif");
  Image front = Toolkit.getDefaultToolkit().getImage(
              "img/img0.gif");
  card = new Card(front, back);
  card.setPreferredSize(new Dimension(60,60));
  playBtn = new JButton("Fixieren");
  turnBtn = new JButton("Umdrehen");

  playBtn.addActionListener(new ActionListener() {
      public void actionPerformed(ActionEvent e) {
        //System.out.println(card.isPlayable());
        if (card.isPlayable()) {
          card.setPlayable(false); // Fixieren
          playBtn.setText("L\u00f6sen");
        } else {
          card.setPlayable(true); // Loesen
          playBtn.setText("Fixieren");
        }
      }
  });

  turnBtn.addActionListener(new ActionListener() {
      public void actionPerformed(ActionEvent e) {
          card.setTurned(!card.isTurned());
      }
  });

  JFrame appWnd = new JFrame("Card Test");
  appWnd.addWindowListener(new WindowAdapter() {
    public void windowClosing(WindowEvent e) {
      System.exit(0);
    }
  });

  appWnd.getContentPane().setLayout(grid);
  appWnd.getContentPane().add(card);
```

```
        appWnd.getContentPane().add(playBtn);
        appWnd.getContentPane().add(turnBtn);
        appWnd.setSize(new Dimension(310,90));
        appWnd.setVisible(true);
    }
}
```

Listing 12.18 Die Startmethode des Programms

12.2.8 Implementierung der Klasse »GameBoard«

Nachdem der Test mit dem Kartentreiber erfolgreich verlaufen ist, kann die Implementierung des eigentlichen Programms beginnen. Den Anfang soll das Spielbrett bilden.

Paketstruktur

Das Spielbrett gehört wie alle anderen Klassen zum Paket *net.steppan.app.memory*.

Importanweisungen

Um die entsprechende Funktionalität des Spielbretts zu realisieren, bedient sich das Programm großzügig aus dem Fundus der Hilfsklassen der Java SE, der AWT-Bibliothek und der Swing-Bibliothek. Aus der Sammlung von Hilfsklassen werden *Arrays* und *Collections* benötigt, um die Karten zu mischen.

```
import java.awt.Dimension;
import java.awt.GridLayout;
import java.util.Arrays;
import java.util.Collections;
import javax.swing.JOptionPane;
import javax.swing.JPanel;
✄
```

Listing 12.19 Die Importanweisungen

Die Klasse *JOptionPane* erlaubt es, ein Nachrichtenfenster anzuzeigen, wie es für die Nachricht benötigt wird, wenn das Spiel beendet ist. Die Klasse *JPanel* bildet die Basisklasse des Spielbretts.

Variablen

Die Variablen der Klasse sind nicht alle variabel. Die meisten sind konstant. Sie dienen nur dazu, das Spiel schnell an andere Verhältnisse (zum Beispiel mehr Karten) anzupassen.

```
public class GameBoard extends JPanel implements CardListener {
  private final static int NUMBER_OF_IMAGES = 12;
  private final static int NUMBER_OF_CARDS = 2* NUMBER_OF_IMAGES;
  private final static String PATH = "img/";
  private final static String PREFIX = "img";
  private final static String IMAGETYPE = ".gif";
  private final static String BACK = PATH + "back.gif";
  private int currentPair [] = {-1, -1};
  private GridLayout grid; // ........ Gitternetz des Spielbretts
  private Card card[] = new Card[NUMBER_OF_CARDS]; // Spielkarten
  private byte pairCounter = 1;
```

Listing 12.20 Die Variablen der Klasse

Wichtig sind vor allem *currentPair* und *pairCounter*. Die erste Variable dient in der Methode *turned* dazu, sich die Kennung der umgedrehten Karten zu merken, während die zweite Variable die Aufgabe übernimmt, das Spielende festzustellen. Das Spielende ist dann erreicht, wenn *pairCounter* gleich der Anzahl der Bilder ist.

Konstruktor

Der Konstruktor übernimmt zwei wichtige Aufgaben: Zum einen weist er jeder Karte ein Symbol zu, und zum anderen mischt er die Karten durch. Die Zuweisung der Symbole erfolgt in der inneren For-Schleife. Sie weist jedoch nicht nur ein Symbol zu, sondern setzt auch die bevorzugte Kartengröße und verbindet jede Karte mit ihrem *Listener*.

```
public GameBoard() {
  grid = new GridLayout(4,6,5,5); // 4 x 6 Felder 5 Pix. Abstd.
  setLayout(grid); // ....................... Layout festlegen
  int cardID = 0; // ........................... Kartenkennung
  for (int i = 1; i < 3; i++) {
    for (int imageID = 0;
         imageID < NUMBER_OF_IMAGES; imageID++) {
      card[cardID] = new Card(PATH + PREFIX + imageID +
                              IMAGETYPE, BACK);
      card[cardID].setPreferredSize(new Dimension(60, 60));
      card[cardID].addCardListener (this);
      cardID++;
    }
  }
```

```
      Collections.shuffle(Arrays.asList(card));
      for (int i = 0; i < NUMBER_OF_CARDS; i++) {
        this.add(card[i]);
        card[i].setCardID(i);
      }
    } // Konstruktor
```

Listing 12.21 Der Konstruktor des Spielbretts

Zum Mischen der Karten verwendet das Programm die Klasse *Collections*, die ausführlich in Kapitel 9, »Algorithmen« vorgestellt wurde. Sie besitzt praktischerweise eine Methode *shuffle()*, die jedoch ein Objekt der Klasse *List* erwartet.

Methode »turned«

Diese Methode ist der Kern des Spiels. Sie implementiert den Algorithmus aus Abbildung 12.5. Der einzige Unterschied zur Abbildung ist der, dass die Implementierung verschiedene Variablen verwendet, um sich den Zustand des Spielbretts zu merken.

Die Methode startet mit der Abfrage des letzten Paars, das aufgedeckt wurde. Wenn das Array mit Werten größer 0 belegt ist, handelt es sich um ein Paar ungleicher Karten. Sie müssen wieder verdeckt werden. Abschließend setzt die Methode die Variablen *currentPair* auf -1.

```
  /**
   * Implementierung Methode turned des Interfaces CardListener
   * @param e CardEvent
   */
  public void turned(CardEvent e) {
    // Letztes Paar wieder umdrehen
    if (currentPair[0] > -1 && currentPair[1] > -1) {
      System.out.println("Paar umdrehen: (" + currentPair[0] +
                         " | " + currentPair[1] + ")");
      card[currentPair[0]].setPlayable(true);
      card[currentPair[1]].setPlayable(true);
      card[currentPair[0]].setTurned(false);
      card[currentPair[1]].setTurned(false);
      currentPair[0] = -1;
      currentPair[1] = -1;
    }
    if (card[e.cardID].isPlayable()) {
      if (currentPair[0] < 0) { // .......... Fall 1: Erste Karte
        System.out.println("Fall 1: Einzelkarte");
```

```
        currentPair[0] = e.cardID; // ............ Nummer merken
        card[e.cardID].setPlayable(false); // ....Fixieren
        System.out.println("Aktuelle Karte ist jetzt:" +
                    e.cardID);
      }
      else { // ............................... Fall 2: Zweite Karte
        if (card[e.cardID].getFaceFile().startsWith(
            card[currentPair[0]].getFaceFile())) { //. Fall 2.1
          System.out.println("Fall 2: Gleiches Paar (" +
                    currentPair[0] + " | "+ e.cardID +")");
          card[e.cardID].setPlayable(false);
          card[currentPair[0]].setPlayable(false);
          currentPair[0] = -1;
          currentPair[1] = -1;
          if (pairCounter < NUMBER_OF_IMAGES)
            pairCounter++;
          else
            JOptionPane.showConfirmDialog(null,
                        "Sie haben gewonnen.",
                        "Memory",
                        JOptionPane.DEFAULT_OPTION,
                        JOptionPane.WARNING_MESSAGE);
        } else { // ................................ Fall 2.2
          System.out.println("Fall 3: Ungleiches Paar (" +
                    currentPair[0] + " | "+ e.cardID +")");
          currentPair[1] = e.cardID;
          card[currentPair[1]].setPlayable(false);
        }
      } // Fall 2.2
    }
  }
}
✂
```

Listing 12.22 Die Methode »turned« bildet den Algorithmus des Spiels.

Der Rest der Methode ist exakt nach dem Aktivitätsdiagramm implementiert. Dieses sagt jedoch wenig darüber aus, wie sich das Spielbrett die Karten und aufgedeckten Paare merkt. Dies funktioniert wieder über das Array *currentPair*. Die Methode wertet das Ereignis *CardEvent* aus, das die Kennung der Spielkarte übermittelt. Die Kennung hat zwei Funktionen. Zum einen erlaubt sie es, die Bilddateien miteinander zu vergleichen, zum anderen, die richtigen Karten wieder umzudrehen.

12.2.9 Implementierung des Hauptfensters

Paketstruktur

Das Hauptfenster gehört ebenfalls zum Paket *net.steppan.app.memory*. Ein Unterpaket ist nicht notwendig.

Importanweisungen

Das Hauptfenster benötigt ein Border-Layout, um Menüleiste und Spielbrett zu trennen, und ein Fenster des Typs *JFrame* sowie Menüs und Menüeinträge. Während für die Oberfläche ausschließlich Swing zuständig ist, läuft die Ereignisbehandlung weiterhin über das AWT.

```
import java.awt.BorderLayout;
import java.awt.Dimension;
import java.awt.Point; // Ermittlung der Fensterposition
import java.awt.Toolkit; // Fuer das Programmsymbol
import java.awt.event.ActionEvent;
import java.awt.event.WindowEvent;
import javax.swing.JFrame;
import javax.swing.JMenu;
import javax.swing.JMenuBar;
import javax.swing.JMenuItem;
```

Listing 12.23 Die Importanweisungen

Variablen

Das Hauptfenster benötigt ein Spielbrett, eine Menüleiste sowie zwei Menüs und zwei Menüeinträge.

```
public class AppWnd extends JFrame {
  private GameBoard board = new GameBoard();
  private JMenuBar menuBar = new JMenuBar();
  private JMenu gameMenu = new JMenu();
  private JMenuItem appExitMenuItem = new JMenuItem();
  private JMenu helpMenu = new JMenu();
  private JMenuItem helpInfoMenuItem = new JMenuItem();
```

Listing 12.24 Die Variablen des Hauptfensters

Konstruktor

Der Konstruktor des Hauptfensters übergibt die Kontrolle sofort an die Initialisierungsmethode. Dieser Aufruf muss in einem Try-Catch-Block stehen, da es bei der Initialisierung der Komponenten zu Fehlern kommen kann.

✀
```
  public AppWnd() {
    super("Memory");
    try {
      initialize();
    }
    catch(Exception e) {
      e.printStackTrace();
    }
  }
```

Listing 12.25 Der Konstruktor des Hauptfensters

Handler
```
  //Aktion Datei | Beenden durchgefuehrt
  public void exitApp(ActionEvent e) {
    System.exit(0);
  }
  //Ueberschrieben, so dass eine Beendigung der App moeglich ist.
  protected void processWindowEvent(WindowEvent e) {
    super.processWindowEvent(e);
    if (e.getID() == WindowEvent.WINDOW_CLOSING) {
      exitApp(null);
    }
  }
  void showAboutDlg(ActionEvent e) {
    AboutDlg dlg = new AboutDlg(this);
    Dimension dlgSize = dlg.getPreferredSize();
    Dimension frmSize = getSize();
    Point loc = getLocation();
    dlg.setLocation( (frmSize.width - dlgSize.width) / 2 +
                loc.x,
                (frmSize.height - dlgSize.height) / 2 +
                loc.y);
    dlg.setModal(true);
    dlg.show();
  }
}
```
✀

Listing 12.26 Die Handler

Initialisierungsmethode

Die Initialisierungsmethode sorgt dafür, dass die Komponenten des Fensters initialisiert werden. Zunächst setzt die Methode ein Programmsymbol, das aus einer Ressource erzeugt wird. Es muss sich daher im Pfad der Klasse befinden. Danach folgt das Menü SPIEL. Ihm werden sein Name und der Menüeintrag BEENDEN zugewiesen.

```
private void initialize() throws Exception {
  board.setMinimumSize(new Dimension(350, 250));
  setIconImage(Toolkit.getDefaultToolkit().createImage(
            AppWnd.class.getResource("app.gif")));
  // Menu Spiel:
  gameMenu.setText("Spiel");
  appExitMenuItem.setText("Beenden");
  appExitMenuItem.addActionListener(
    new java.awt.event.ActionListener() {
    public void actionPerformed(ActionEvent e) {
      exitApp(e);
    }
  });
  // Menues zusammenbauen:
  helpMenu.setText("Hilfe");
  helpInfoMenuItem.setText("Info ...");
  helpInfoMenuItem.addActionListener(
    new java.awt.event.ActionListener() {
    public void actionPerformed(ActionEvent e) {
      showAboutDlg(e);
    }
  });
  gameMenu.add(appExitMenuItem);
  helpMenu.add(helpInfoMenuItem);
  // Menueleiste zusammenbauen:
  menuBar.add(gameMenu);
  menuBar.add(helpMenu);
  this.getContentPane().add(board, BorderLayout.CENTER);
  this.getContentPane().add(menuBar, BorderLayout.NORTH);
  this.setSize(new Dimension(450, 400)); // Groesse festlegen
}
```

Listing 12.27 Die Initialisierungsmethode des Fensters

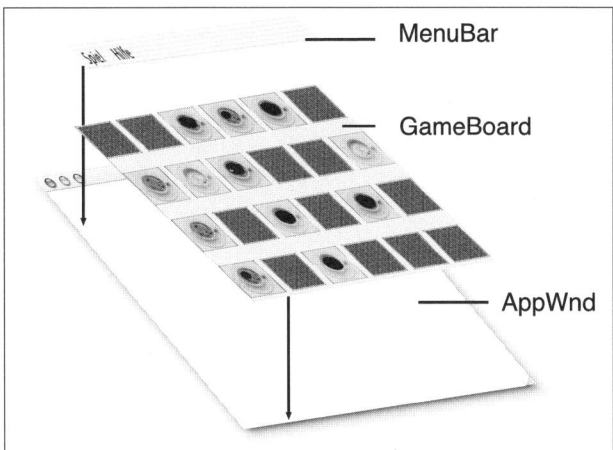

Abbildung 12.8 Der Aufbau des Hauptfensters

Im Anschluss daran folgt die Zusammenstellung des Menüs HILFE. Es bekommt den Menüeintrag HILFE, der mit dem Handler *showAboutDlg* verbunden wird. Zuletzt müssen die verschiedenen Teile auf das Hauptfenster montiert werden (siehe Abbildung 12.8). Ein Border-Layout trennt die Bestandteile, so dass sich nichts überlappen kann.

12.2.10 Implementierung der Klasse »AboutDlg«

Importanweisungen

Der Informationsdialog ist zwar sehr klein, besitzt aber schon alle Merkmale eines richtigen Dialogs und benötigt auch entsprechend viele Klassen. Zunächst ist eine Reihe von AWT-Klassen zu erkennen, die der Dialog als Layout-Manager der verschiedenen Teilbereiche einsetzt. Danach schließt sich die Klasse an, die der Dialog für seine Oberfläche aus der Swing-Bibliothek verwendet.

```
package net.steppan.app.memory;
import java.awt.AWTEvent;
import java.awt.BorderLayout;
import java.awt.Dimension;
import java.awt.FlowLayout;
import java.awt.Frame;
import java.awt.GridBagConstraints;
import java.awt.GridBagLayout;
import java.awt.Insets;
import java.awt.event.ActionEvent;
import java.awt.event.ActionListener;
import java.awt.event.WindowEvent;
```

```java
import javax.swing.BorderFactory;
import javax.swing.ImageIcon;
import javax.swing.JButton;
import javax.swing.JDialog;
import javax.swing.JLabel;
import javax.swing.JPanel;
```

Listing 12.28 Die Importanweisungen

Variablen

Als Variablen benötigt der Dialog verschiedene Komponenten, die alle aus der Klasse *JPanel* erzeugt werden. Ferner wird ein Objekt der Klasse *JLabel* benötigt, das das Programmsymbol darstellen wird. Die verschiedenen Layout-Manager dienen dazu, die verschiedenen Komponenten sauber auszurichten, wenn sich die Dialoggröße bei der Verwendung anderer Schriften ändern sollte.

```java
public class
AboutDlg extends JDialog implements ActionListener {
  JPanel panel1 = new JPanel();
  JPanel panel2 = new JPanel();
  JPanel insetsPanel1 = new JPanel();
  JPanel insetsPanel2 = new JPanel();
  JPanel insetsPanel3 = new JPanel();
  JButton button1 = new JButton();
  JLabel imageLabel = new JLabel();
  JLabel appNameTextfield = new JLabel();
  JLabel versionTextfield = new JLabel();
  JLabel copyrightTextfield = new JLabel();
  JLabel authorTextfield = new JLabel();
  BorderLayout borderLayout1 = new BorderLayout();
  BorderLayout borderLayout2 = new BorderLayout();
  FlowLayout flowLayout1 = new FlowLayout();
  String about = "Info \u00fcber Memory";
  String product = "Memory";
  String version = "Version 1.1";
  String copyright = "Copyright (c) 2003 - 2007 by";
  String comments = "Bernhard Steppan";
  String freeMemory = "Freier Speicher: ";
  GridBagLayout gridBagLayout1 = new GridBagLayout();
  GridBagLayout gridBagLayout1 = new GridBagLayout();
```

Listing 12.29 Die Variablen des Dialogs

Konstruktor

Der Konstruktor erzeugt ein Objekt des Typs *AboutDlg*. Da nicht die gesamte Funktionalität der Basisklasse überschrieben werden soll, ruft der Dialog seinen Vorgänger mit *super* auf. Im Anschluss daran übergibt der Konstruktor der Initialisierungsmethode die Kontrolle.

```java
/**
 * Dialog Info ueber ...
 * @param parent Objekt der Klasse Frame
 */
public AboutDlg(Frame parent) {
  super(parent);
  enableEvents(AWTEvent.WINDOW_EVENT_MASK);
  try {
    initialize();
  }
  catch(Exception e) {
    e.printStackTrace();
  }
  pack();
}
```

Listing 12.30 Der Konstruktor des Dialogs

Initialisierungsmethode

Auch bei diesem Dialog ist es notwendig, die Komponenten zu initialisieren, das heißt mit sinnvollen Anfangswerten zu belegen. Zunächst setzt das Programm das Symbol, das auf der Oberfläche des Dialogs erscheinen wird. Danach ordnet der Dialog seinen Panel-Objekten entsprechende Layout-Manager zu. Das innerste Panel bekommt die Textfelder zugewiesen und verfügt über ein GridBag-Layout.

```java
//Initialisierung der Komponenten
private void initialize() throws Exception {
  imageLabel.setIcon(new ImageIcon(AboutDlg.class.getResource(
                      "app.gif")));
  this.setTitle("Info \u00fcber Memory");
  setResizable(false);
  panel1.setLayout(borderLayout1);
  panel2.setLayout(borderLayout2);
  insetsPanel1.setLayout(flowLayout1);
  insetsPanel2.setLayout(flowLayout1);
```

```java
        insetsPanel2.setBorder(BorderFactory.createEmptyBorder(
                        10, 10, 10, 10));
        insetsPanel2.setMinimumSize(new Dimension(60, 47));
        insetsPanel2.setPreferredSize(new Dimension(60, 47));
        appNameTextfield.setText(product);
        versionTextfield.setText(version);
        copyrightTextfield.setText(copyright);
        authorTextfield.setText(comments);
        insetsPanel3.setLayout(gridBagLayout1);
        insetsPanel3.setBorder(BorderFactory.createEmptyBorder(
                        10, 60, 10, 10));
        insetsPanel3.setMinimumSize(new Dimension(200, 88));
        insetsPanel3.setPreferredSize(new Dimension(200, 88));
        button1.setText("OK");
        button1.addActionListener(this);
        panel1.setMinimumSize(new Dimension(200, 125));
        memoryTextfield.setText(freeMemory +
          new Long(Runtime.getRuntime().freeMemory()/1024).toString() +
                    " KByte");
        this.getContentPane().add(panel1, null);
        insetsPanel3.add(appNameTextfield,
                    new GridBagConstraints(0, 0, 1, 1, 0.0, 0.0,
                        GridBagConstraints.WEST,
                        GridBagConstraints.NONE,
                    new Insets(0, 35, 0, 0), 181, 0));
        insetsPanel3.add(versionTextfield,
                    new GridBagConstraints(0, 1, 1, 1, 0.0, 0.0,
                        GridBagConstraints.WEST,
                        GridBagConstraints.NONE,
                    new Insets(0, 35, 0, 0), 163, 0));
        insetsPanel3.add(copyrightTextfield,
                    new GridBagConstraints(0, 2, 1, 1, 0.0, 0.0,
                        GridBagConstraints.WEST,
                        GridBagConstraints.NONE,
                    new Insets(0, 35, 0, 0), 143, 0));
        insetsPanel3.add(authorTextfield,
                    new GridBagConstraints(0, 3, 1, 1, 0.0, 0.0,
                        GridBagConstraints.WEST,
                        GridBagConstraints.NONE,
                    new Insets(0, 35, 0, 0), 171, 0));
        insetsPanel3.add(memoryTextfield,
                    new GridBagConstraints(0, 5, 1, 1, 0.0, 0.0,
                        GridBagConstraints.SOUTHWEST,
                        GridBagConstraints.NONE,
                    new Insets(0, 35, 0, 0), 0, 0));
        panel2.add(insetsPanel2,   BorderLayout.WEST);
```

```
   insetsPanel2.add(imageLabel, null);
   panel2.add(insetsPanel3, BorderLayout.CENTER);
   insetsPanel1.add(button1, null);
   panel1.add(insetsPanel1, BorderLayout.SOUTH);
   panel1.add(panel2, BorderLayout.NORTH);
}
```

Listing 12.31 Die Initialisierungsmethode des Dialogs

Handler

Ein Fenster und somit auch ein Dialog kann auf verschiedene Arten geschlossen werden. Zunächst ist es möglich, ihn über einen Mausklick auf die Schaltfläche OK zu schließen. Wenn der Anwender auf die entsprechende Schaltfläche auf dem Fensterrahmen klickt, muss sich der Dialog ebenfalls schließen.

```
//Ueberschrieben, so dass das Fenster geschlossen werden kann
protected void processWindowEvent(WindowEvent e) {
  if (e.getID() == WindowEvent.WINDOW_CLOSING) {
    cancel();
  }
  super.processWindowEvent(e);
}
//Dialog schliessen
void cancel() {
  dispose();
}
//Dialog bei Ereignis der Schaltflaeche schliessen
public void actionPerformed(ActionEvent e) {
  if (e.getSource() == button1) {
    cancel();
  }
}
```

Listing 12.32 Die Handler des Dialogs

12.2.11 Test

Ein Projekt wie dieses Memoryspiel muss man einem gründlichen Test unterziehen, weil die internen Zustände sowohl der Karte als auch des Spielbretts empfindlich auf Programmierfehler reagieren. Die Programmierung eines speziellen Testtreibers hatte den Sinn, die Karte so lange austesten zu können, bis sie einwandfrei funktioniert.

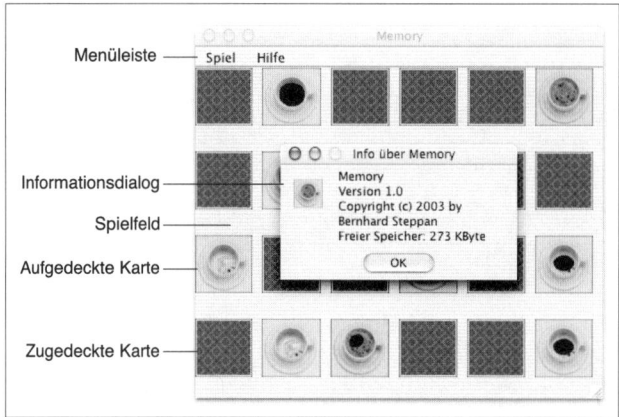

Abbildung 12.9 Das Programm mit seinem Informationsdialog

Kommt es zum Beispiel zu Inkonsistenzen, würde das Programm im wahrsten Sinne des Wortes sehr schnell verrückt spielen und den Anwender verwirren. Die vielen Debug-Ausgaben, die Sie in den Listings sicher bemerkt haben, dienen dazu, Ihnen zu erlauben, den Spielverlauf auch ohne integrierte Entwicklungsumgebung verfolgen zu können.

12.2.12 Verteilung

Das Programm lässt sich zu einem Archiv zusammenstellen und von einer Batchdatei beziehungsweise einem Shellskript starten. Die Windows-Startdatei zum Start der Anwendung sieht wie folgt aus:

```
@echo off
REM
REM Projekt: Memory
REM Beschreibung: Buch "Einstieg in Java"
REM Copyright: (c) 2003 - 2011 by Bernhard Steppan
REM Verlag: Galileo Press
REM Autor: Bernhard Steppan
REM Version 1.1
REM
REM Bitte Pfad zum JDK anpassen!
REM
REM JDK oder JRE im Suchpfad:
REM
java -jar Memory.jar
REM
REM JDK oder JRE nicht im Suchpfad, hier ein Beispiel fuer JRE 1.7
REM
```

```
REM C:\Programme\Java\jre1.7\bin\java -jar Memory.jar
REM
@echo on
```

Listing 12.33 Windows-Startdatei für Memory

Die Datei enthält den Pfad zur Java-Laufzeitumgebung (JRE), von der aus die virtuelle Maschine das Spiel startet.

12.3 Zusammenfassung

Das Kapitel hat anhand des Programms *Memory* gezeigt, wie ein Computerspiel mit Swing-Komponenten entwickelt wird. Das Hauptfenster besteht aus einem Objekt der Klasse *AppWnd*, das von der Swing-Klasse *JFrame* abgeleitet wurde. Das Spiel verwendet eine Menüleiste mit zwei Menüs. Der Spielalgorithmus musste neu entwickelt werden, während für den Algorithmus des Mischens eine Collection-Klasse verwendet werden konnte.

12.4 Aufgaben

12.4.1 Fragen

1. Was ist eine JavaBean?
2. Was ist ein Testtreiber?
3. Welche Aufgabe erfüllt er?
4. Wie erreicht man eine individuelle Grafikausgabe auf Basis der Klasse *JComponent*?
5. Welche Methode der Klasse *Card* reagiert auf Mausereignisse?
6. Welche Methode der Klasse *GameBoard* reagiert auf Mausereignisse?

12.4.2 Übungen

Entfernen Sie aus der Methode *actionPerformed()* folgende Zeilen:

```
if (e.getSource() == button1) {\
    dispose();\
}
```

Kompilieren Sie das Programm danach erneut. Versuchen Sie, den Dialog mit Hilfe der Schaltfläche OK zu schließen. Probieren Sie es nun erneut mit der entsprechenden Schaltfläche des Fensterrahmens. Was passiert? Begründen Sie das Verhalten.

Die Lösungen zu den Aufgaben finden Sie in Kapitel 20 ab Seite 531.

»Es gibt nichts Aufregenderes als die Oberfläche.«
(Alex Katz)

13 Komplexe Oberflächen mit Swing

13.1 Einleitung

Eine gute grafische Oberfläche ist das Aushängeschild Ihres Programms. Sie ist ein Kriterium, an dem sich Ihr Programm messen lassen muss. Das Kapitel 8, »Klassenbibliotheken«, stellte viele Komponenten von Swing wie Fenster, Dialoge, Symbolleisten und Menüs anhand von kleinen Beispielen vor. Der Fokus dieses Kapitels liegt darauf, die Swing-Komponenten jetzt zu einem sinnvollen Projekt zusammenzusetzen: zur Oberfläche eines Adressbuchs.

13.2 Projekt »Nestor« – die Oberfläche

13.2.1 Anforderungen

Das Projekt hat die Aufgabe, ein Adressbuch mit einfacher Funktionalität zur Verfügung zu stellen. Folgende Anforderungen sollen erfüllt werden:

Hauptfenster

Um die Oberfläche nicht planlos in einem Werkzeug zu entwerfen, ist es sinnvoll, erst einmal eine Skizze anzufertigen. Wie in Abbildung 13.1 zu sehen ist, soll das Hauptfenster des Programms aus verschiedenen Textfeldern bestehen, die in der Mitte angeordnet werden. Das Fenster soll auf Größenänderungen so reagieren, dass sich die Elemente wieder automatisch ausrichten. Acht Textfelder nehmen die Angaben zu den Personen auf: Anrede, Vorname, Nachname, Postleitzahl, Ort, Staat, Telefon und E-Mail.

Menüs

Im oberen Bereich des Hauptfensters befinden sich eine Symbolleiste und vier Menüs. Die Menüs sollen über Funktionen verfügen, mit denen ein Datensatz neu angelegt, gespeichert und gelöscht werden kann. Wichtig ist ferner, dass

Funktionen zum Blättern vorhanden sind und zum Springen an den Beginn und an das Ende des Adressbuchs.

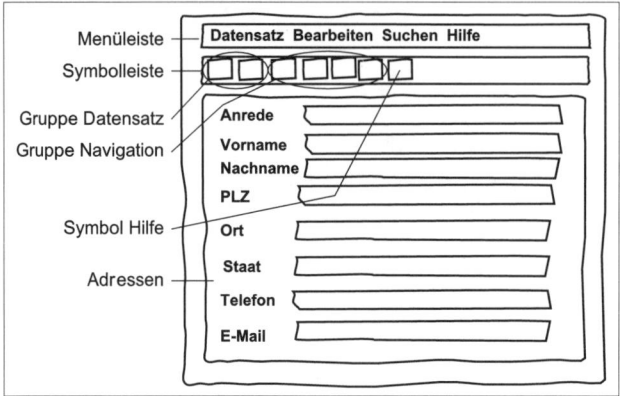

Abbildung 13.1 Das Hauptfenster des Adressbuchs

Symbolleiste

Die Symbolleiste soll sich unterhalb des Menüs befinden, sich aber so konfigurieren lassen, dass man sie überall andocken oder als Palette verwenden kann. Über die Symbolleiste sollen die wichtigsten Funktionen der Menüs erreichbar sein.

Dialog »Einstellungen«

Der Dialog EINSTELLUNGEN soll Funktionen zur Verfügung stellen, mit denen das Erscheinungsbild und die Sprache ausgewählt sowie bestimmte Grundeinstellungen gewählt werden können. Dazu zählt, das Fenster zu maximieren, zu zentrieren, die Fensterposition zu speichern und die Dialoge zentriert darzustellen.

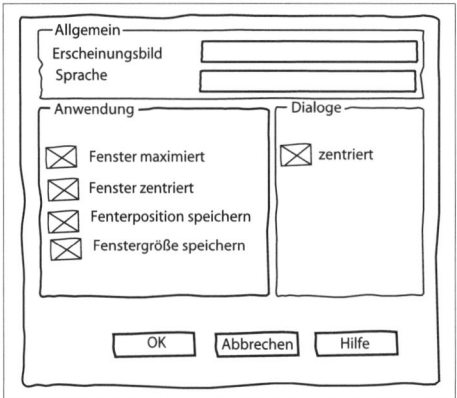

Abbildung 13.2 Der Dialog »Einstellungen«

Systemanforderungen

Das Programm soll unter Windows, Linux und Mac OS X laufen, muss nicht über das Internet gestartet werden und kann somit in Form einer nativen Datei ausgeliefert werden. Dadurch erscheint das Adressbuch als betriebssystemtypisches Programm.

13.2.2 Analyse und Design

Um eine Datenbank andocken zu können, ist es am besten, zur Entwicklung der Oberfläche eine Fassade einzusetzen. Die Fassade wird in Form einer Bibliothek in das Projekt integriert. Aus diesem Grund befinden sich auch zwei verschiedene Packages auf unterster Ebene innerhalb des Projekts (Abbildung 13.3). Die Bibliothek *Charon* wird in Abschnitt 13.2.3, »Implementierung der Datenbankfassade«, erklärt.

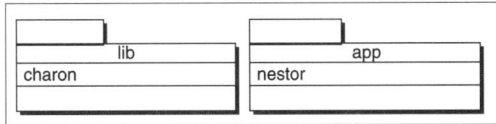

Abbildung 13.3 Das Paketdiagramm der Anwendung

Wie können die Anforderungen in Bezug auf die Oberfläche am besten umgesetzt werden? – Dadurch, dass das Programm eine Java Application werden soll, ist Swing als Oberflächenbibliothek die erste Wahl. Die Bibliothek bietet eine reiche Auswahl an vorgefertigten Menüs, Symbolleisten und Fenstern.

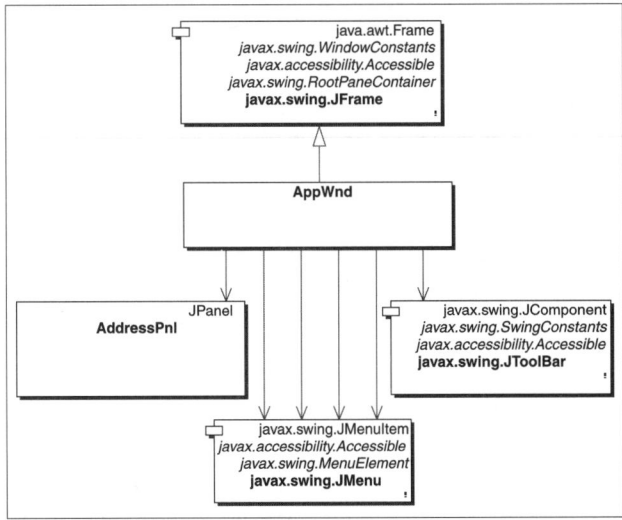

Abbildung 13.4 Das Hauptfenster mit den verwendeten Klassen

Hauptfenster

Das Hauptfenster der Anwendung erbt von der Swing-Klasse *JFrame* und verbindet sich mit einer Adressenkomponente, mit vier Menüs und einer Symbolleiste. Abbildung 13.4 zeigt die Klassenstruktur.

Menüleiste

Die Menüleiste besteht aus den vier Menüs DATENSATZ, BEARBEITEN, SUCHEN und HILFE. Das Menü DATENSATZ fasst hierbei Datenbankbefehle zusammen und dient zum Beenden des Programms. Befehle, die sich auf die Zwischenablage beziehen, gruppiert das Menü BEARBEITEN. Dieses Menü enthält auch einen Befehl für die Konfiguration des Programms. Das Menü SUCHEN erlaubt es, in den Datensätzen zu blättern. Den Abschluss bildet das Menü HILFE.

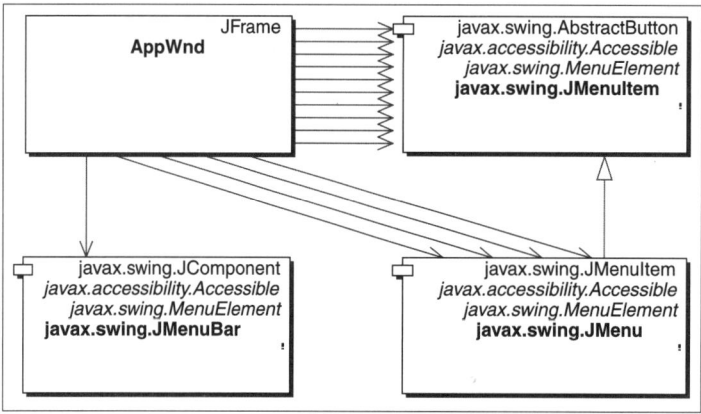

Abbildung 13.5 Das Klassendiagramm der Menüleiste

Die Klasse *AppWnd* legt zehn Objekte des Typs *JMenuItem* an, die die Menübefehle aufnehmen. Diese zehn Objekte befinden sich in vier Objekten des Typs *JMenu*. Zusammen ergeben sie die Menüleiste, ein Objekt des Typs *JMenuBar*.

Symbolleiste

Die Symbolleiste dient dem Schnellzugriff auf wichtige Menübefehle. Vier Gruppen sind aus der Anforderungsaufnahme erkennbar: Datei-, Bearbeiten-, Suche- und Hilfegruppe. Für diese Schaltflächen sind sieben Objekte des Typs *JButton* notwendig. Die Klasse befindet sich im Paket *javax.swing*. Jedes dieser Objekte bekommt ein Objekt des Typs *ImageIcon*. Auch diese Klasse befindet sich im gleichen Swing-Paket. Abbildung 13.6 zeigt die Beziehungen des Applikationsfensters zu den eben aufgeführten Klassen.

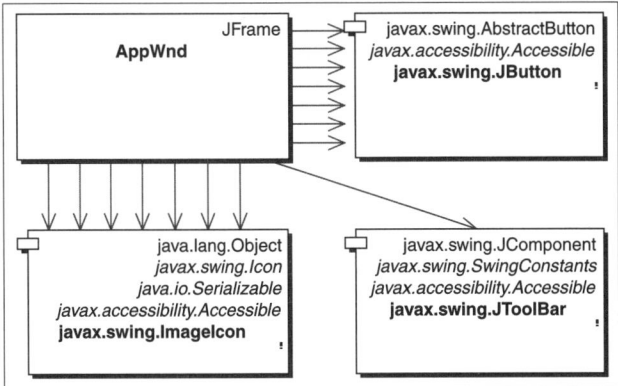

Abbildung 13.6 Das Klassendiagramm der Symbolleiste

Adressenkomponente

Die Klasse *AddressPnl* erbt von der Swing-Klasse *JComponent*. Die Klasse verwendet neun Textfelder, um Vorname, Name, Straße etc. darstellen zu können. Für die Textfelder sind ebenso viele Beschriftungen notwendig, die sich mit Objekten der Klasse *JPanel* realisieren lassen.

Wie in Abbildung 13.7 zu sehen ist, bauen alle Swing-Komponenten auf AWT-Komponenten auf. So stammt zum Beispiel das *JPanel* in zweiter Generation von *java.awt.Container* ab. Diese Klasse ist demzufolge nichts anderes als ein Behälter für weitere GUI-Bausteine.

Den Zusammenhalt dieser GUI-Bausteine erreicht die Adressenkomponente über ein GridBag-Layout, das später in einem GUI-Builder implementiert wird. Das GridBag-Layout ist eine Klasse aus dem AWT-Paket *java.awt*.

Dialog »Einstellungen«

Der Dialog EINSTELLUNGEN soll erlauben, die Grundeinstellungen des Programms zu verändern und dauerhaft zu sichern. Um das zu erreichen, muss er seine Einstellungen in einer Properties-Datei speichern. Diese Datei wird beim Start des Programms und bei Bedarf gelesen.

Wenn der Anwender den Dialog wieder schließt, sichert der Dialog die Einstellungen wieder in die Properties-Datei zurück.

13 | Komplexe Oberflächen mit Swing

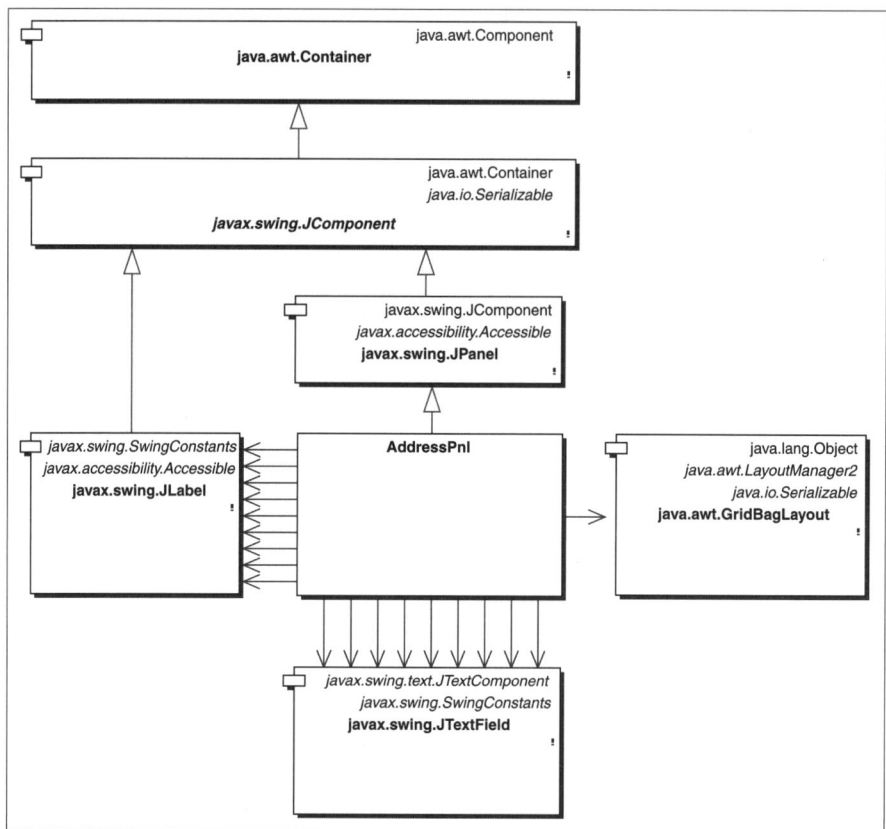

Abbildung 13.7 Das Klassendiagramm der Klasse »AddressPnl«

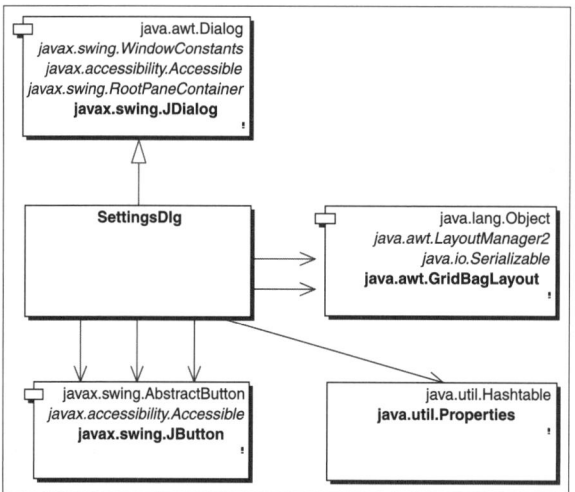

Abbildung 13.8 Das Klassendiagramm der Klasse »SettingsDlg«

13.2.3 Implementierung der Datenbankfassade

Da (noch) keine Datenbank zur Verfügung steht, arbeitet Nestor mit einer Datenbankfassade, die so lange unveränderliche Daten liefert, bis die Zugriffsschicht *Charon* fertiggestellt ist. In Kapitel 15, »Datenbankprogrammierung«, sehen Sie, wie Charon konstruiert ist, und in Kapitel 16, »Datenbankanwendungen«, wie die fertige Datenbankschicht an *Nestor* angekoppelt wird.

Die Fassade besteht einstweilen nur aus einer Klasse, die sich direkt im Projekt, in einem separaten Paket, befindet. Charon bietet die in Listing 13.1 genannten Akzessor-Methoden an. Die Methoden *getTitle()*, *getLastName()* und *getCity()* sind allerdings nur teilweise implementiert, da sie zu Testzwecken momentan nicht benötigt werden.

Die Methode *getFirstName()* gibt den Vornamen aus einem einfachen Array zurück. Als Übergabeparameter erwartet die Methode den Index des Datensatzes. Der Index beginnt, wie bei Arrays üblich, bei 0 und endet bei einem nach außen hin ungewissen Ende, das aber mit *Array.length* intern ermittelt werden kann.

Soll zum Beispiel der Vorname der ersten Person ermittelt werden, muss *getFirstName()* mit dem Parameter 0 aufgerufen werden. Wie ermittelt man nun die letzte Person, die in der Datenbank gespeichert wurde? Dazu dient die Methode *getLastRecord*, die den letzten verfügbaren Index zurückliefert.

```
public String getTitle(int index) {
  return " ";
}
public String getFirstName(int index) {
  return firstNames[index];
}
public String getLastName(int index) {
  return " ";
}
public String getEmail(int index) {
  return email[index];
}
public String getCity(int index) {
  return " ";
}
public int getLastRecord() {
  return lastRecord.length - 1;
}
```

Listing 13.1 Die Zugriffsmethoden der Datenbankfassade

Um die Zugriffsmethoden zu verwenden, muss das Adressbuch *Nestor* die Position des Datensatzes über einen Parameter übermitteln. Die Anzahl der Datensätze holt sich Nestor über die gerade erwähnte Methode *getLastRecord()*.

13.2.4 Implementierung der Applikationsklasse

Die Applikationsklasse bekommt ein eigenes Paket (Abbildung 13.9). Sie besteht aus einer Main-Methode, die die Grundeinstellungen einliest und das Look-and-Feel entsprechend setzt.

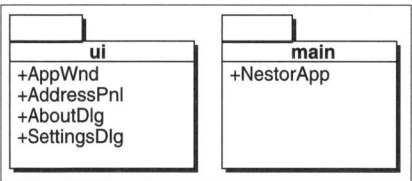

Abbildung 13.9 Das Paketdiagramm der Kernapplikation

Danach erzeugt das Hauptprogramm ein Objekt *frame* der Klasse *AppWnd* des Hauptfensters und reduziert die Größe mit Hilfe der Methode *pack()* auf das zulässige Minimum. Dann zentriert die Klasse das Fenster und übergibt diesem die Kontrolle über den weiteren Ereignisfluss.

```
public class NestorApp {
  boolean packFrame = false;
  static Properties basicProperties = new Properties();
  // Konstruktor
  public NestorApp() {
    AppWnd frame = new AppWnd();
    if (packFrame) {
      frame.pack();
    }
    else {
      frame.validate();
    }
    //Das Fenster zentrieren
    Dimension screenSize =
      Toolkit.getDefaultToolkit().getScreenSize();
    Dimension frameSize = frame.getSize();
    if (frameSize.height > screenSize.height) {
      frameSize.height = screenSize.height;
    }
    if (frameSize.width > screenSize.width) {
      frameSize.width = screenSize.width;
    }
```

```
    frame.setLocation((
      screenSize.width - frameSize.width) / 2,
      (screenSize.height - frameSize.height) / 2);
    frame.setVisible(true);
  }
  //Main-Methode
  public static void main(String[] args) {
    try {
      basicProperties.load(
        new FileInputStream("prp/bas/Basic.properties"));
    }
    catch (java.io.IOException e) {
      System.out.println(e);
    }; // catch
    try {
      UIManager.setLookAndFeel(
        basicProperties.getProperty("LookAndFeel"));
    }
    catch(Exception e) {
      e.printStackTrace();
    }
    new NestorApp();
  }
}
```

Listing 13.2 Das Hauptprogramm erzeugt das Hauptfenster.

Das voreingestellte Look-and-Feel der Anwendung, das das Hauptprogramm ausliest, steht in einer Datei namens `Basic.properties`. Diese Datei müssen Sie selbst erzeugen; sie befindet sich innerhalb des Projektes im Unterordner `prp`. Hier nur ein kurzer Ausschnitt daraus:

✂
```
LookAndFeel=com.sun.java.swing.plaf.windows.WindowsLookAndFeel
```
✂

Listing 13.3 Die Basic-Properties enthalten die »Nestor«-Grundeinstellungen.

Die Datei kann mit einem normalen Texteditor erzeugt werden. Wie in Kapitel 8, »Java-Klassenbibliotheken«, erwähnt, müssen Sie für jede Zeile einer Properties-Datei einen Schlüssel (zum Beispiel *LookAndFeel*) und die dazugehörenden Werte (zum Beispiel das *WindowsLookAndFeel* oder *SystemLookAndFeel* definieren.

Wie die Anwendung der Property-Datei aussieht, sehen Sie am Beispiel der Methode *getProperty()*. Mit ihrer Hilfe liest das Programm zuerst den Namen der Look-and-Feel-Klasse über den Schlüssel *LookAndFeel*. Danach setzt das Programm über *setLookandFeel()* der Klasse *UIManager* den vorher ermittelten Wert für das Look-and-Feel.

13.2.5 Aufbau des Hauptfensters

Das Hauptfenster soll sich aus fünf wesentlichen Bestandteilen zusammensetzen:

1. Menüleiste
2. Symbolleiste
3. Adressenkomponente
4. Statusleiste
5. Fensterrahmen

Abbildung 13.10 zeigt, wie Bestandteile aufeinander aufbauen. Wichtig ist vor allem, dass die Adressenkomponente ausgegliedert wird. Wäre sie Bestandteil der Klasse *AppWnd*, so würde sie diese Fensterklasse nur unnötig aufblähen.

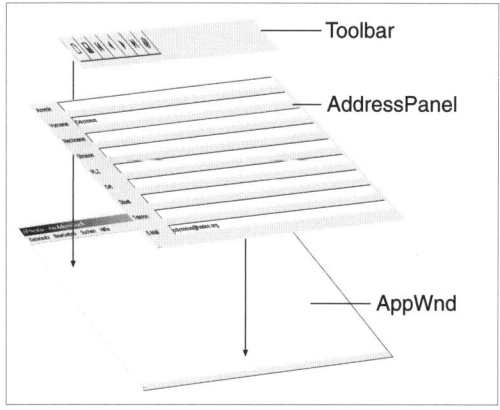

Abbildung 13.10 Der Aufbau der grafischen Oberfläche von »Nestor«

Die Adresskomponente sorgt dafür, dass das Hauptfenster übersichtlich und leicht zu warten bleibt.

13.2.6 Implementierung der Adresskomponente

Konstruktor

Der Konstruktor der Klasse *AddressPnl* besteht nur aus dem Aufruf der Initialisierungsmethode, in der die Grafikkomponenten initialisiert werden. Da die

Initialisierungsmethode Exceptions auslösen kann, ist ein Try-Catch-Block zur Behandlung eventueller Fehler notwendig.

```
public AddressPnl(int recordIndex) {
  this.recordCounter recordIndex;
  enableEvents(AWTEvent.WINDOW_EVENT_MASK);
  try {
    initialize();
  }
  catch (Exception e) {
    e.printStackTrace();
  }
}
```

Listing 13.4 Der Konstruktor ruft die Initialisierungsmethode auf.

Layout

Um die Felder gleichmäßig zu verteilen, verwendet das *AddressPanel* ein kompliziertes GridBag-Layout. Ich möchte dieses Layout hier nicht nochmals erklären, sondern verweise auf den Abschnitt »GridBag-Layout« (Seite 281). Der Java-Code, der bei der Implementierung eines GridBag-Layouts anfällt, ist schlecht zu lesen. Weit übersichtlicher ist es, mit einem GUI-Builder zu arbeiten (Abbildung 13.11).

Über diesen können Sie die Elemente nach der Größe ausrichten und Abstände visuell festlegen. Ein guter GUI-Builder ist ebenfalls in der Lage, »Life-Daten« anzuzeigen, das heißt, hier schon die Werte aus der Datenbankfassade zu präsentieren, wie Sie es auch in Abbildung 13.11 erkennen können.

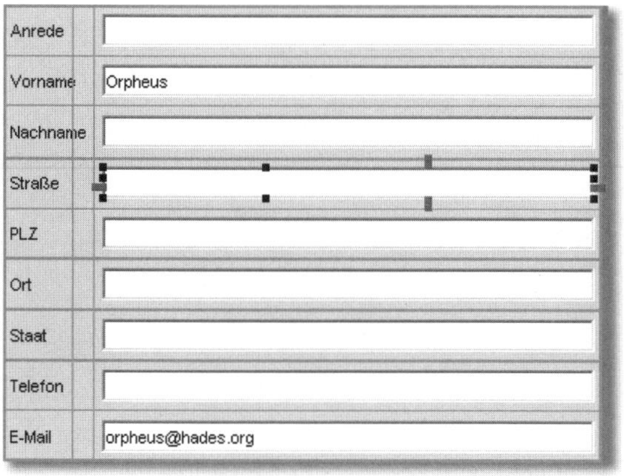

Abbildung 13.11 Das Layout der Adressenkomponente

Initialisierungsmethode

Die Initialisierungsmethode des Fensters setzt zunächst das gewünschte Grid-Bag-Layout, legt die minimale und bevorzugte Größe des Fensters fest und ruft danach eine interne Methode namens *firstRecord()* auf. Was dann passiert, sehen Sie in Abbildung 13.12.

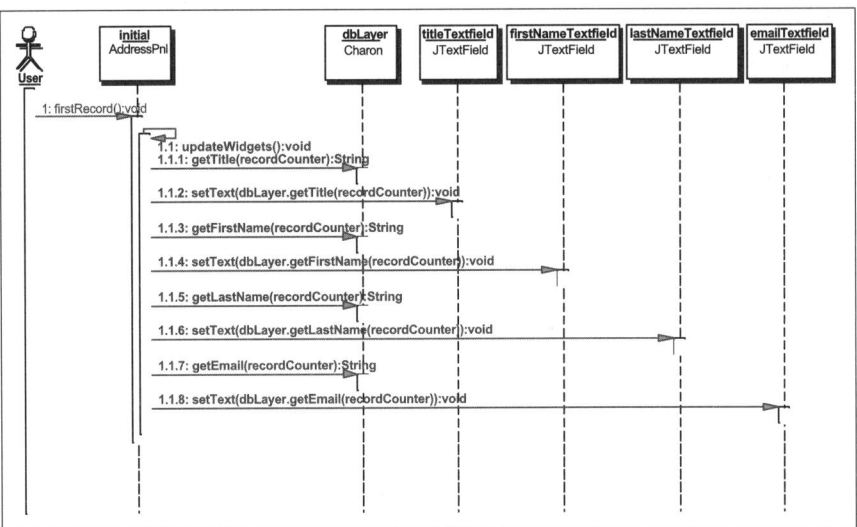

Abbildung 13.12 Aufruf der Methode »firstRecord«

Das Programm ruft die Methode *updateWidgets()* auf, die die Oberflächenelemente auf den neuesten Stand bringt. Die Methode wird im nächsten Abschnitt erklärt.

✂
```
this.setLayout(panelGridBagLayout);
this.setMinimumSize(new Dimension(400, 250));
this.setPreferredSize(new Dimension(400, 250));
firstRecord(); // Ersten Datensatz holen
// Anrede:
titleLabel.setText("Anrede");
// Vorname:
firstNameLabel.setText("Vorname");
// Nachname:
lastNameLabel.setText("Nachname");
// StrassStarten eines Java-Programmse:
StreetLabel.setText("Stra\u00dfe");
// Postleitzahl:
zipLabel.setText("PLZ");
// Stadt:
```

```
cityLabel.setText("Ort");
// Land:
countryLabel.setText("Staat");
// Telefon:
telephoneLabel.setText("Telefon");
// E-Mail:
emailLabel.setText("E-Mail");
```

Listing 13.5 Das Innenleben der Initialisierungsmethode

Im Anschluss daran gibt das Programm die Beschriftungen für die verschiedenen Textfelder aus. Beachten Sie, dass hier nur der Einfachheit halber Zeichenketten direkt im Programm stehen. Um die Anwendung später in eine andere Sprache zu übersetzen, ist es dringend notwendig, solche Zeichenketten auszulagern.

Wichtig ist auch noch, dass das deutsche ß (und andere Umlaute der Nestor-Oberfläche) im entsprechenden Unicode eingetragen wird. Falls Sie das Sonderzeichen direkt eingeben, wird es beim Übersetzen des Quelltextes auf einem anderen Betriebssystem nicht korrekt erscheinen. Der Bytecode bleibt davon aber selbstverständlich unberührt.

Sie müssen den korrekten Unicode aus einer Unicode-Tabelle entnehmen, wie er in Abschnitt 1.4.3, »Unicode«, abgedruckt ist.

Widgets aktualisieren

Das Aktualisieren der Oberfläche übernimmt die schon erwähnte Methode *updateWidgets()*. Sie sorgt dafür, dass die richtigen Oberflächenelemente aktualisiert werden, da Charon zu diesem Zeitpunkt nicht für alle Elemente Daten liefern kann.

Die Methode *updateWidgets()* wird von allen Methoden aufgerufen, die auf eine Änderung der Anzeige reagieren, darunter zum Beispiel auch *firstRecord():*.

```
public void updateWidgets() {
    titleTextfield.setText(dbLayer.getTitle(recordCounter));
    firstNameTextfield.setText(
      dbLayer.getFirstName(recordCounter));
    lastNameTextfield.setText(
      dbLayer.getLastName(recordCounter));
    emailTextfield.setText(dbLayer.getEmail(recordCounter));
}

  public void firstRecord() {
```

```
    recordCounter = 0;
    updateWidgets();
  }
```
✂

Listing 13.6 Die Oberfläche wird aktualisiert.

13.2.7 Implementierung des Hauptfensters

Konstruktor

Der Konstruktor des Hauptfensters ist sehr einfach aufgebaut und hat nur die Aufgabe, die Initialisierungsmethode aufzurufen, in der die Grafikkomponenten initialisiert werden.

```
// Konstruktor des Applikationsfensters
  public AppWnd() {
    enableEvents(AWTEvent.WINDOW_EVENT_MASK);
    try {
      jbInit();
    }
    catch (Exception e) {
      e.printStackTrace();
    }
  }
```

Listing 13.7 Der Konstruktor ruft die Initialisierungsmethode auf.

Da dieser Aufruf zu Fehlern führen kann, ist es notwendig, die Initialisierungsmethode mit einem Try-Catch-Block zu umgeben. Eventuelle Exceptions werden auf diesem Weg abgefangen und auf die Konsole ausgegeben.

Layout

Im zweiten Schritt müssen Sie wieder eine Initialisierungsmethode für das Hauptfenster anlegen. Diese Methode hat – je nachdem, mit welchem Entwicklungswerkzeug Sie arbeiten – einen anderen Namen, als im Listing zu sehen ist. Arbeiten Sie ohne GUI-Builder, können Sie die Methode einfach *init()* nennen. Arbeiten Sie beispielsweise mit dem GUI-Builder von Eclipse, können Sie zwischen verschiedenen Namen wählen. Im Gegensatz dazu bestehen ältere JBuilder-Versionen auf dem Namen *jbInit()*.

✂
```
setIconImage(Toolkit.getDefaultToolkit().createImage(
    AppWnd.class.getResource("app.gif")));
contentPane = (JPanel)this.getContentPane();
```

```
contentPane.setLayout(appBorderLayout); // Layout festlegen
this.setSize(new Dimension(600, 400)); // Fenstergroesse festlegen
this.setTitle("Nestor - ein Adressbuch"); // Fenstertitel
this.firstRecord();
```
✂

Listing 13.8 Das Layout des Hauptfensters wird festgelegt.

Die Initialisierungsmethode ruft zu Anfang *setIconImage* der Mutterklasse *JFrame* auf, um das Programmsymbol darzustellen. Das Symbol wird über die Methode *getResource* geladen. Das bedeutet, dass es sich innerhalb des Package-Pfads befinden muss. Genauer gesagt, befindet es sich dort, wo der Bytecode des Fensters (Class-Dateien) abgelegt ist.

Im Anschluss daran legt das Fenster fest, dass es alle Elemente nach dem Border-Layout ausrichtet, das für das einfache Layout des Hauptfensters ausreicht. Danach ruft das Hauptfenster seine Methode *firstRecord* auf, die diesen Aufruf an das Panel weiterleitet und die Schaltflächen der Symbolleiste »ausgraut« (deaktiviert).

Schaltflächen

Die Schaltflächen der Symbolleiste müssen jetzt mit einem Symbol versehen werden. Das geschieht mit der Methode *setIcon()* der Klasse *JButton*. Diese Swing-Klasse ist schon »von Natur aus« in der Lage, Symbole darzustellen. Dazu erwartet sie lediglich ein Symbol des Typs *ImageIcon*.

✂
```
newRecordImage = new ImageIcon(
   AppWnd.class.getResource("newRecord.gif"));
fileNewButton.setIcon(newRecordImage);
fileNewButton.setToolTipText("Neuer Datensatz");
fileNewButton.addActionListener(
   new java.awt.event.ActionListener() {
      public void actionPerformed(ActionEvent e) {
         notImplemented(); // Handler
      }
});
```
✂

Listing 13.9 Die Schaltfläche »Neuer Datensatz« wird verdrahtet.

Die Grafik für das *ImageIcon* befindet sich innerhalb des Klassenpfads beim Bytecode. Sie wird wie das Programmsymbol über die Methode *getResource()* geladen. Danach folgt der Aufruf der Methode *setToolTipText()*. Ein ToolTip ist eine schnelle Hilfe für den Anwender, der nicht weiß, was das Symbol bedeuten soll. Ein kleines Fenster mit dem Hinweistext erscheint für eine kurze Zeit, wenn sich der Mauszeiger darüber befindet.

```
saveRecordImage = new ImageIcon(
   AppWnd.class.getResource("saveRecord.gif"));
fileSaveButton.setIcon(saveRecordImage);
fileSaveButton.setToolTipText("Datensatz sichern");
fileSaveButton.addActionListener(
   new java.awt.event.ActionListener() {
      public void actionPerformed(ActionEvent e) {
         notImplemented();
      }
});
```

Listing 13.10 Die Schaltfläche »Datensatz sichern« wird verdrahtet.

Den beiden ersten Schaltflächen wird der Handler *notImplemented()* zugeordnet, der ein kleines Fenster einblendet, das anzeigt, dass die Funktion zwar vorgesehen, aber bisher nicht implementiert wurde. Alternativ dazu kann man die Schaltfläche auch einfach ausgegraut darstellen.

```
firstRecordImage = new ImageIcon(AppWnd.class.getResource(
   "firstRecord.gif"));
firstRecordButton.setIcon(firstRecordImage);
firstRecordButton.setToolTipText("Erster Datensatz");
firstRecordButton.addActionListener(
   new java.awt.event.ActionListener() {
      public void actionPerformed(ActionEvent e) {
         firstRecord();
      }
});
```

Listing 13.11 Die Schaltfläche »Erster Datensatz« wird verdrahtet.

Die Schaltfläche ERSTER DATENSATZ erhält im Gegensatz zu den beiden ersten Schaltflächen schon Funktionalität. Das geschieht über die Methode *addActionListener()*, die Ereignisse des Typs *ActionEvent* abfängt. Da die Methode ein Objekt des Typs *ActionListener* erwartet, ist es das Einfachste, eine anonyme Klasse vom Typ *ActionListener* anzulegen.

Die Klasse überschreibt die Methode *actionPerformed()*, indem sie die Methode *firstRecord()* aufruft (Abschnitt 13.2.7, »Handler«). Die Methode behandelt das Ereignis, dass der erste Datensatz angezeigt werden soll.

Symbolleiste

Wenn alle Schaltflächen mit Symbolen versehen und mit Handlern »verdrahtet« sind, muss die Symbolleiste zusammengesetzt werden. Das geschieht durch den Aufruf der Methode *add()* des Objekts *appToolBar*.

```
appToolBar.add(fileNewButton, null);
appToolBar.add(fileSaveButton, null);
appToolBar.add(firstRecordButton, null);
appToolBar.add(previousRecordButton, null);
appToolBar.add(nextRecordButton, null);
appToolBar.add(lastRecordButton, null);
appToolBar.add(helpIndexButton, null);
```

Listing 13.12 Zusammensetzen der Symbolleiste

Menüs

Die Fertigstellung der Menüs verläuft analog zur Fertigstellung der Schaltflächen der Symbolleiste. Hier muss allerdings nicht unbedingt ein Symbol eingefügt werden – obwohl auch die Swing-Klasse dazu in der Lage ist. Wichtiger ist natürlich der Menütext, der über einen Akzessor festgelegt wird.

Aus Platzgründen können hier nicht alle Menüs aufgeführt werden. Stellvertretend für die anderen Menüs sehen Sie in Listing 13.13 nur das Menü SUCHEN. Auch hier ist das Schema das gleiche wie bei der Symbolleiste. Jeder Menüeintrag wird mit einem eigenen Handler über eine anonyme Klasse verknüpft, die hier sehr praktisch ist, weil sich für das Überschreiben einer Methode weder eine konkrete Klasse noch eine Klasse lohnt, die in einer eigenen Datei definiert wird.

```
searchMenu.setText("Suchen");
firstRecordMenuItem.setText("Erster Datensatz");
firstRecordMenuItem.addActionListener(
   new java.awt.event.ActionListener() {
      public void actionPerformed(ActionEvent e) {
         firstRecord();
      }
   });
searchMenu.add(firstRecordMenuItem);
previousRecordMenuItem.setText("Vorheriger Datensatz");
previousRecordMenuItem.addActionListener(
   new java.awt.event.ActionListener() {
      public void actionPerformed(ActionEvent e) {
         previousRecord();
      }
   });
searchMenu.add(previousRecordMenuItem);
```

```
searchMenu.addSeparator();
nextRecordMenuItem.setText("N\u00e4chster Datensatz");
nextRecordMenuItem.addActionListener(
   new java.awt.event.ActionListener() {
      public void actionPerformed(ActionEvent e) {
         nextRecord();
      }
   });
searchMenu.add(nextRecordMenuItem);
lastRecordMenuItem.setText("Letzter Datensatz");
searchMenu.add(lastRecordMenuItem);
lastRecordMenuItem.addActionListener(new ActionListener() {
   public void actionPerformed(ActionEvent e) {
      lastRecord();
   }
});
```

Listing 13.13 Das Menü »Suchen«

Menüleiste

In diesem Schritt müssen die Menüs zu einer Menüleiste zusammengesetzt werden. Das geschieht über die Methode *add()* der Menüleiste. Dieser Methode wird einfach das Menüobjekt als Parameter übermittelt.

✂
```
appMenuBar.add(recordMenu);
appMenuBar.add(editMenu);
appMenuBar.add(searchMenu);
appMenuBar.add(helpMnu);
this.setJMenuBar(appMenuBar);
```
✂

Listing 13.14 Die Menüleiste wird zusammengesetzt.

Zum Schluss müssen Sie noch die Methode *setJMenuBar()* aufrufen, der Sie als Parameter ein Objekt der Klasse *JMenuBar* übergeben. Danach müssen nur noch die restlichen Teile zusammengefügt werden.

Teile zusammenfügen

Die Statusleiste blieb bislang unerwähnt – und ungenutzt. Sie kann verwendet werden, um eine Kurzhilfe anzuzeigen. Ihren Text legt das Programm mit dem Akzessor *setText()* fest. Danach muss die Größe des Fensters festgelegt werden, wobei mehrere Methoden aufgerufen werden können. Wichtig ist die Größeninformation über die minimale und die bevorzugte Größe.

```
appStatusBar.setText("...");
contentPane.setMinimumSize(new Dimension(400, 250));
contentPane.setPreferredSize(new Dimension(400, 250));
contentPane.add(appStatusBar, BorderLayout.SOUTH);
contentPane.add(appToolBar, BorderLayout.NORTH);
contentPane.add(addressPanel, BorderLayout.CENTER);
```

Listing 13.15 Zusammenbau der GUI-Bestandteile

Wenn es zum Beispiel keinen Sinn hat, das Adressbuch zu einem briefmarkengroßen Fenster zu verkleinern, können Sie dies hier unterbinden. Ebenfalls wichtig: Das Programm sollte seine bevorzugte Größe festschreiben. Diese Informationen werden beim Vorgang des Packens vom Hauptprogramm ausgewertet.

In den nächsten Zeilen folgen Anweisungen, die das Layout der Anwendung festlegen. Da Nestor ein Border-Layout für das Hauptfenster verwendet, ist die Zuordnung sehr simpel. Die Statuszeile wandert in den »Süden«, die Symbolleiste in den »Norden«, und der Adressenkomponente bleibt der Rest: die Mitte des Hauptfensters.

Handler

Handler heißen im Fachjargon Methoden, die ein bestimmtes Ereignis »behandeln«. Nestor benötigt eine Reihe von Handlern für die verschiedenen Suchfunktionen, die mit der Fassade *Charon* kommunizieren, um die Daten zu erfragen.

```
private void nextRecord() {
  addressPanel.nextRecord();
  firstRecordButton.setEnabled(true);
  previousRecordButton.setEnabled(true);
}
```

Listing 13.16 Der Handler »nextRecord«

Der Handler *nextRecord()* übermittelt an die Adressenkomponente, dass sie den ersten Datensatz anzeigen soll. Dann sorgt die Methode dafür, dass Schaltflächen, die bisher eventuell ausgegraut waren, wieder freigeschaltet werden.

```
  private void lastRecord() {
  addressPanel.lastRecord();
  firstRecordButton.setEnabled(true);
  previousRecordButton.setEnabled(true);
  nextRecordButton.setEnabled(false);
  lastRecordButton.setEnabled(false);
}
```

Listing 13.17 Der Handler »lastRecord«

Die Methode *lastRecord()* hat etwas mehr Funktionalität. Falls der letzte Datensatz angewählt wurde, muss die Methode sowohl die Schaltflächen NÄCHSTER DATENSATZ als auch LETZTER DATENSATZ grau stellen. Alle anderen Schaltflächen muss sie wieder freigeben.

13.2.8 Implementierung des Dialogs »Einstellungen«

Konstruktor

Der Konstruktor des Dialogs ist ebenso aufgebaut wie der des Hauptfensters und hat ebenfalls die Aufgabe, eine Initialisierungsmethode aufzurufen.

13.2.9 Test

Das Programm kann nun getestet werden und zeigt sich unter Windows, Linux und Mac OS X wie folgt: In Abbildung 13.13 sehen Sie links oben das native Look-and-Feel unter Windows NT/2000/XP/7. Rechts daneben befindet sich eine Abbildung des Programms unter Red Hat Linux mit einer Gnome-Oberfläche. Links unten ist das Programm nochmals unter Windows zu sehen, allerdings mit einem Motif-Look-and-Feel, während es rechts unten unter Mac OS X im Aqua-Look-and-Feel dargestellt ist. Die Screenshots entstanden ohne Eingriff ins Programm.

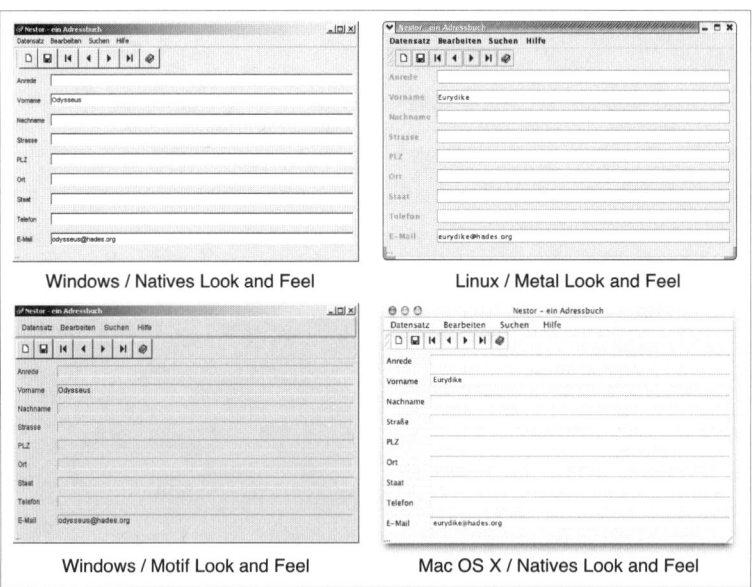

Abbildung 13.13 Ein Programm, drei Betriebssysteme

Auch der Dialog EINSTELLUNGEN kann ohne Änderungen übernommen werden. Aufgrund des GridBag-Layouts passt er sich sehr variabel an das Fenstersystem und an Größenveränderungen an. Die Elemente richten sich nach Größenänderungen des Dialogs neu aus (Abbildung 13.14).

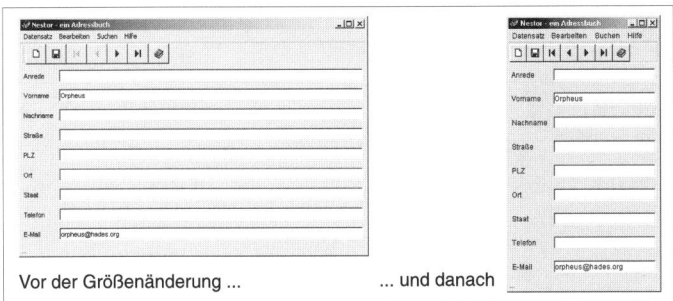

Vor der Größenänderung ... ... und danach

Abbildung 13.14 Das Programm reagiert auf Größenänderungen flexibel.

Aufgrund der Verwendung der Swing-Klasse *JToolBar* kann die Symbolleiste sowohl als Palette allein verwendet werden als auch an den Fensterrändern andocken. Dazu war keinerlei Programmierarbeit erforderlich.

13.2.10 Verteilung

Das Programm wird zu einem Archiv gebündelt und von einer Batch-Datei beziehungsweise einem Shellskript gestartet. Alternativ dazu kann es mit einem »Start-Wrapper« versehen werden. Sie können das Archiv auch mit einer ausführbaren Datei verpacken oder in nativen Binärcode verwandeln. Die Werkzeuge dafür sind in Kapitel 22, »Werkzeuge«, beschrieben. Die Startdatei zum Start der Anwendung sieht einfach aus:

```
@echo off
REM Batch-Datei "Nestor.bat" zum Start von Nestor
✂
c:\programme\jdk1.7\bin\java -jar nestor.jar
✂
@echo on
```

Listing 13.18 Startdatei für »Nestor«

Wichtig ist nur der richtige Pfad zur Java-Laufzeitumgebung (JRE). Da man oft nicht weiß, wo sich diese Laufzeitumgebung befindet, wird die Startdatei häufig vom Installationsprogramm erzeugt. Alternativ dazu kann die JRE mitgeliefert werden (Abschnitt 6.6, »Programmstart«).

13.3 Zusammenfassung

Das Adressbuch *Nestor* ist eine Swing-Applikation und besteht aus einem Hauptfenster, das von der Klasse *JFrame* abgeleitet ist. Dieses Hauptfenster setzt sich im Wesentlichen aus einer Symbolleiste (Swing-Klasse *JToolBar*), diversen Menüs (Swing-Klasse *JMenu*) und einer neuen Klasse namens *AddressPnl* (Abbildung 13.15) zusammen.

Das *AddressPnl* stammt von *JPanel* und stellt die Adressen dar. Es besteht aus Textfeldern, die im GridBag-Layout ausgerichtet werden. Zum Datenbankzugriff verwendet das Adressbuch eine Datenbankfassade, zur Speicherung der Grundeinstellungen *java.util.Properties*.

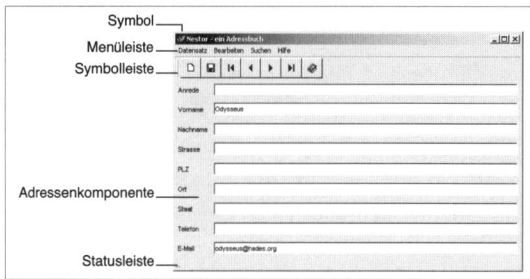

Abbildung 13.15 Die Bestandteile von »Nestor« im Überblick

13.4 Aufgaben

13.4.1 Fragen

1. Was versteht man unter einem Look-and-Feel von Swing-Komponenten?
2. Wie speichert Nestor seine Grundeinstellungen?
3. Was ist ein ToolTip, und wozu dient er?
4. Wie werden Schaltflächen mit Symbolen versehen?
5. Wie verbindet man einen Handler mit einer Schaltfläche?
6. Welche Klassen werden dazu verwendet?
7. Warum müssen die Zugriffsmethoden von Charon *public* sein?
8. Warum ist die Methode *updateWidgets()* der Adressenkomponente *private*?

13.4.2 Übungen

1. Implementieren Sie die restlichen Methoden (*getLastName()*, *getPlz()* etc.), die notwendig sind, um die Oberfläche der Adressenkomponente zu füllen. Nehmen Sie als Vorlage die Methode *getFirstName()*, und ergänzen Sie die notwendigen Testdaten.

```
public String getFirstName(int index) {
    return firstName[index];
}
public String getLastName(int index) {
    return " "; // Implementieren
}
public String getEmail(int index) {
    return email[index];
}
public String getCity(int index) {
    return " "; // Implementieren
}
```
✂

Listing 13.19 Einige Methoden müssen noch implementiert werden.

2. Bringen Sie im Anschluss daran die Methode *updateWidgets* auf den neuesten Stand.

```
private void updateWidgets() {
    titleTextfield.setText(dbLayer.getTitle(recordCounter));
    firstNameTextfield.setText(dbLayer.getFirstName(recordCounter));
    lastNameTextfield.setText(dbLayer.getLastName(recordCounter));
    emailTextfield.setText(dbLayer.getEmail(recordCounter));
}
```
✂

Listing 13.20 Die Methode »updateWidgets« ist noch nicht komplett.

Die Lösungen zu den Aufgaben finden Sie in Kapitel 20 ab Seite 532.

»Browser. Was sind denn jetzt noch mal Browser?«
(Bundesjustizministerin Brigitte Zypries auf die Frage in einem von Kindern geführten Interview, ein paar Browser zu nennen)

14 Weboberflächen mit Servlets

14.1 Einleitung

Java-Programme für das Internet zu entwickeln bedeutet, sich in erster Linie mit Servlets zu beschäftigen. Servlets sind die Basis für JavaServer Pages sowie JavaServer Faces und der Schlüssel zu schnellen, stabilen und einfach aufgebauten Internet-Programmen. Dieses Kapitel konzentriert sich auf den Oberflächenanteil der Servlet-Programmierung. Wie Sie Weboberflächen zu dynamischen Websites ausbauen können, erfahren Sie in Kapitel 17, »Dynamische Websites«.

14.1.1 Hypertext Markup Language

Wenn Sie sich mit Internet-Programmierung beschäftigen möchten, kommen Sie um die Kenntnis einiger Abkürzungen nicht herum. Sie werden schnell feststellen, dass Webprogrammierer ständig von Begriffen wie Flash, CGI und vor allem von HTML sprechen. HTML, das ist die Hypertext Markup Language, eine Programmiersprache, die zum Synonym des World Wide Web (WWW) geworden ist.

Auszeichnungssprache

Nahezu jede Website, auf Sie im Internet stoßen, enthält ein oder mehrere HTML-Dokumente. Sie bestehen aus Tags (Auszeichnungen, Befehle, Marken), die angeben, was der Teil eines Dokuments zu bedeuten hat. Hier gibt es einen großen Unterschied zu anderen Dateiformaten: Die Hypertext Markup Language legt die Gestalt eines Dokuments nicht hundertprozentig fest, sondern beschreibt nur in mehr oder weniger groben Zügen, wie es auszusehen hat. Das ist der Grund, warum eine Webseite häufig auf dem einen Computer anders aussieht als auf dem anderen.

Kopf, Körper und Seele

HTML-Dokumente sind extrem einfach aufgebaut. Sie bestehen nur aus drei Teilen, die Webentwickler Behälter nennen: der *Gesamtseite*, ihrem *Kopf* und dem *Körper* (Abbildung 14.1). Den Kopf leitet das Tag *<head>* ein, und es beendet ihn mit *</head>*. Im Kopf einer Seite stehen ihr Titel und Angaben über den Autor, die Sprache der Seite und Informationen für Suchmaschinen.

Der Körper beginnt mit *<body>* und endet mit *</body>*. Er enthält die wesentlichen Informationen der Seite: Tabellen, Bilder, reinen Text, Java Applets usw. Kopf und Körper werden durch die Gesamtseite eingefasst, die mit *<html>* beginnt und mit *</html>* endet.

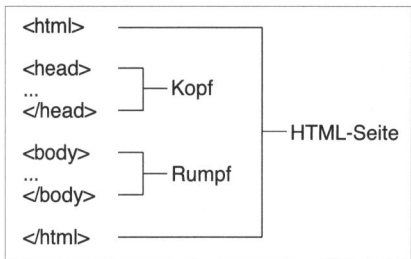

Abbildung 14.1 Aufbau eines HTML-Dokuments

Guten <Tag>

Die Teile eines HTML-Dokuments, die ein bestimmtes Aussehen erhalten sollen, werden von Tags umschlossen. Damit der Browser weiß, wo eine Textauszeichnung beginnt und wo sie endet, gibt es ein öffnendes Tag und ein schließendes Tag. Das öffnende Tag steht ohne Zusatz in spitzen Klammern, während das schließende Tag durch einen führenden Schrägstrich gekennzeichnet wird.

Es gibt eine Vielzahl von Tags, die aufzuzählen den Rahmen dieses Buchs sprengen würde (Kapitel 25, »Literatur«). Im Folgenden möchte ich nur auf die Tags eingehen, die für das Xenia-Projekt, ein Internet-Gästebuch, das im Mittelpunkt dieses Kapitels steht, wichtig sind.

Textgrößen und Schrifttypen

Es gibt sechs unterschiedliche Schriftgrößen für Überschriften (Abbildung 14.2) und sieben unterschiedliche Schriftgrößen für den Fließtext einer Seite. Die Schriftgrößen können untereinander kombiniert werden, so dass Sie die Überschrift 1 (Maximum) mit der Textgröße 7 (Maximum) verbinden können, wodurch sie nochmals um Faktoren größer erscheint. Darüber hinaus ist es erlaubt, Schriften unterschiedlicher Größe in einer Zeile, ja sogar in einem Wort zu mischen.

Im Gegensatz zu der Formatierung mit Hilfe von Textverarbeitungsprogrammen sind diese Schriftgrößen immer relativ zu verstehen. Sie sind relativ zu den Einstellungen zu interpretieren, die der Anwender in seinen Internet-Browser eingegeben hat. Der Anwender hat in seinem Browser folgende Einstellungen festgelegt: den Standardzeichensatz, seine Größe, eine Serifenschrift und eine serifenlose Schrift. Zur Differenzierung unterschiedlicher Inhalte hat er außerdem eine Schrift mit fester Breite, einen Kursiv- und einen Fantasiezeichensatz festgelegt.

Viele Anwender wählen diese Einstellungen natürlich nicht bewusst aus. Manche behalten sogar die Grundeinstellungen ihres Browsers bei. Da sich aber kein Browser-Hersteller auf bestimmte Grundeinstellungen festlegen möchte, müssen Sie wissen, dass Ihre HTML-Seite bei verschiedenen Anwendern unterschiedlich aussehen kann. Sie können jedoch damit rechnen, dass die meisten Anwender die Textgröße 3 in ihrem Browser eingestellt haben.

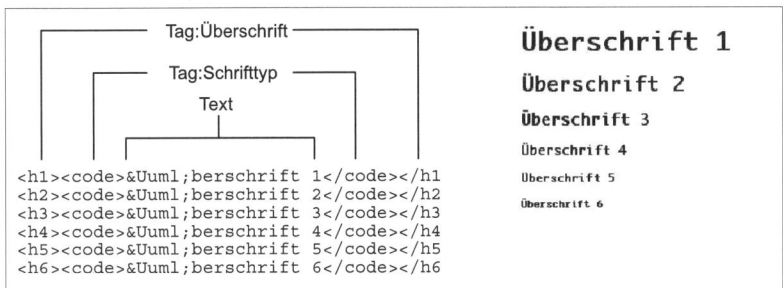

Abbildung 14.2 Überschrift als HTML-Code und Browser-Darstellung

Tabellen

Neben dem reinen Text und Überschriften spielen Tabellen im Internet eine große Rolle. Sie werden für viele Aufgaben verwendet, die man ihnen gar nicht zutrauen würde. An dieser Stelle soll nur ihr eigentlicher Zweck im Vordergrund stehen: die Darstellung einer geordneten Liste.

Tabellen sind sehr aufwändig zu programmieren. Man benötigt schon für eine kleine Tabelle sehr viele Tags. In Abbildung 14.3 sehen Sie, wie eine extrem einfache Tabelle aufgebaut ist. Sie wird in ein Tabellen-Tag mit dem Namen *<table>* eingeschlossen. Um die Größe der Tabelle festzulegen, können sowohl in horizontaler als auch in vertikaler Richtung absolute oder prozentuale oder beide Parameter gemischt verwenden. Die Breite der Beispieltabelle beträgt 25 Prozent des Bildschirms, und sie ist 50 Pixel breit. Ihre Randbreite beträgt 1 Pixel und wird durch den Bezeichner *border* festgelegt.

14 | Weboberflächen mit Servlets

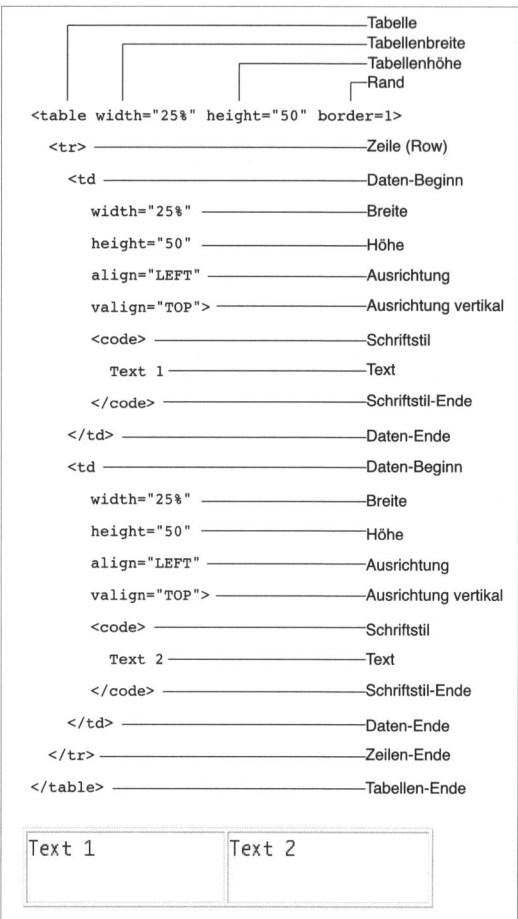

Abbildung 14.3 Eine HTML-Tabelle mit zwei Zellen und einer Zeile

Jede Zeile beginnt mit einem Tag namens *<tr>* (Table Row) und enthält Daten, die mit *<td>* (Table Data) ausgezeichnet werden. Für die Datenspalten geben Sie wieder die Breite und Höhe relativ oder absolut an. Zwischen den Tags namens *<code>* befindet sich im Beispiel die eigentliche Information. Das Tag *<code>* ist ein Beispiel für einen Schrifttyp und legt eine Schrift mit konstanter Breite fest.

14.1.2 Hypertext-Transfer-Protokoll

Um eine HTML-Seite in einem Browser darzustellen, muss sie von einem Computer heruntergeladen werden. Der Computer, auf dem sich der Browser befindet, heißt Client (Kunde). Der Computer, auf dem sich die Seite befindet, nennt sich Server (Diener).

Diese »Kundenbeziehung« ist insofern merkwürdig, als sich die beiden Parteien in einer speziellen Sprache unterhalten, dem Hypertext-Transfer-Protokoll. Das Protokoll dient dazu, Daten zu übertragen, nicht nur Text, wie der Name vermuten lässt. Es musste ein Standardprotokoll definiert werden, damit die Abfragen zwischen Client und Server geregelt sind und sich beide Partner sicher verständigen können.

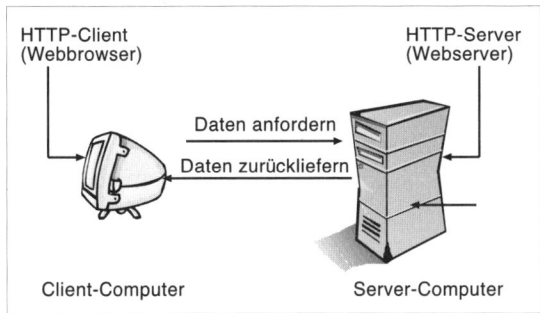

Abbildung 14.4 Kommunikation zwischen Webbrowser und Webserver

Der Server in der Kundenbeziehung heißt aufgrund des Protokolls auch HTTP-Server und der Client HTTP-Client. Nur um Missverständnissen vorzubeugen: Es handelt sich bei beiden Partnern um Software, auch wenn dieser feine Unterschied im allgemeinen Sprachgebrauch verschwimmt.

Beide Softwareteile befinden sich normalerweise auf unterschiedlichen Computern, daher verwendet man Hardware- und Softwarebezeichnungen synonym. Ein HTTP-Client ist ein Webbrowser wie der Internet Explorer oder der Mozilla Firefox. Ein HTTP-Server ist zum Beispiel das Gespann Apache/Tomcat (Kapitel 22, »Werkzeuge«).

Ein Programm nennt sich aufgrund der beiden Partner demzufolge eine Client-Server-Anwendung. Sie kann den Server bitten, bestimmte Dienstleistungen zu erbringen, wie zum Beispiel ein Bild zu liefern. Dazu enthält das Hypertext-Transfer-Protokoll bestimmte HTTP-Befehle (Tabelle 14.1).

HTTP-Befehl	Bedeutung
GET	Fordert eine beschränkte Datenmenge vom Server an (Standardanfrage einer Webseite).
POST	Fordert eine unbeschränkte Datenmenge vom Server an (für Webformulare).
TRACE	Dieser Befehl wird zur Fehlersuche benötigt.

Tabelle 14.1 Übersicht über die HTTP-Befehle, die der Client verwendet

14 | Weboberflächen mit Servlets

HTTP-Befehl	Bedeutung
OPTIONS	Fordert Informationen zu einem Objekt auf dem Server an, zum Beispiel zu einem Bild.
HEAD	Überträgt nur den Kopf des HTML-Dokuments.
PUT	Erlaubt dem Client, eine beschränkte Datenmenge auf dem Server abzulegen.
DELETE	Erlaubt dem Client, Daten auf dem Server zu löschen.

Tabelle 14.1 Übersicht über die HTTP-Befehle, die der Client verwendet (Forts.)

Die HTTP-Befehle reichen aber nur aus, um statische Webseiten vom Server zu erhalten. Der Client stellt eine Anfrage an einen Server und bekommt ein Bild oder eine Webseite zurückgeliefert, die sich bereits fix und fertig auf dem Server befindet.

So weit, so gut, aber wie kommt der Anwender zu lebendigen Daten aus einer Datenbank? Da eine HTML-Seite keine Logik enthält, um auf entfernte Datenbanken zuzugreifen, ist es so nicht möglich, variable Inhalte anzuzeigen. Der Schlüssel zu dynamischen Daten sind Programme, die auf dem Server ausgeführt werden, so genannte CGI-Programme.

14.1.3 Common Gateway Interface

CGI ist die Abkürzung für Common Gateway Interface und stellt eine Standardschnittstelle des Webservers für externe Programme zur Verfügung. Diese Programme können in allen möglichen Programmiersprachen geschrieben werden wie zum Beispiel C oder Perl. Wenn ein Client in Gestalt eines Webbrowsers eine Anfrage an eines dieser Programme stellt, startet der Webserver dieses Programm. Das CGI-Programm liefert als Ergebnis der Abfrage die angeforderten Daten, die der Webserver an den Client überträgt.

14.1.4 Servlets

Um Java-Programmierern zu erlauben, ohne den Umweg über das Common Gateway Interface dynamische Webseiten zu produzieren, hat Sun Microsystems Servlets, JavaServer Pages und eine Klassenbibliothek entwickelt, die in Kapitel 8, »Java-Klassenbibliotheken«, kurz erwähnt wurde. Die Klassen des Servlet-API befinden sich im Paket *javax.servlet*.

Besonders interessant für das folgende Projekt ist die Klasse *HttpServlet*, die eine Reihe von Methoden zur Verfügung stellt, die unverkennbare Ähnlichkeiten mit den HTTP-Befehlen aufweisen (Tabelle 14.2).

Im Gegensatz zu CGI-Programmierern kann der Java-Entwickler aus dem Fundus der Klassenbibliotheken der Java SE schöpfen. Damit ist er zum Beispiel in der Lage, problemlos auf relationale Datenbanken zuzugreifen (Kapitel 15, »Datenbankprogrammierung«) und kann relativ einfach dynamische Webseiten erzeugen – es stehen aber, wie eingangs erwähnt, in diesem Kapitel nicht dynamische Websites, sondern lediglich die Oberfläche zweier Servlets im Vordergrund. Es geht darum, eine Webanwendung zu programmieren, die wie im Fall von Nestor einstweilen mit einer Fassade arbeiten wird. Erst Kapitel 17, »Dynamische Websites«, erweckt das Gästebuch zu richtigem Leben.

Servlet-Methode	Bedeutung
doGet()	Fordert eine beschränkte Datenmenge vom Server an (Standardanfrage einer Webseite).
doPost()	Fordert eine unbeschränkte Datenmenge vom Server an (für Webformulare).
doTrace()	Dieser Befehl wird zur Fehlersuche benötigt.
doOptions()	Fordert Informationen zu einem Objekt auf dem Server an, zum Beispiel zu einem Bild.
doHead()	Überträgt nur den Kopf des HTML-Dokuments.
doPut()	Erlaubt dem Client, eine beschränkte Datenmenge auf dem Server abzulegen.
doDelete()	Erlaubt dem Client, Daten auf dem Server zu löschen.

Tabelle 14.2 Übersicht über die Methoden der Klasse »HttpServlet«

14.2 Projekt »Xenia« – die Oberfläche

14.2.1 Anforderungen

Das Projekt »Xenia« realisiert ein Internet-Gästebuch als kleine Website. Der Benutzer kann seinen Namen eintragen und einen Kommentar eingeben. Sein Name und der Kommentar werden daraufhin in einer tabellarischen Übersicht erscheinen. Im Anschluss an den Eintrag in das Gästebuch blendet das Servlet eine Mitteilung ein, wenn die Aktion erfolgreich verlaufen ist. Das Projekt hat also drei Teile:

- Gästeliste
- HTML-Formular
- HTML-Seite, die eine Mitteilung an den Besucher ausgibt

Gästeliste

Die Gästeliste besteht aus einem Titel, einem Textfeld und aus einer tabellarischen Übersicht mit dem Namen des Besuchers, seiner E-Mail-Adresse und einem Kommentarfeld (Abbildung 14.5). Die Tabelle muss sich dynamisch an die gelieferte Datenmenge anpassen.

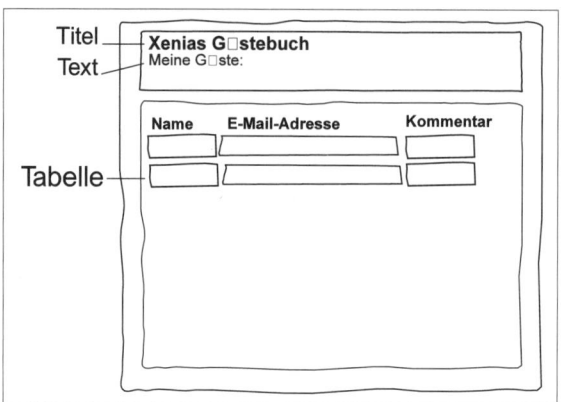

Abbildung 14.5 Die Oberfläche des Gästebuchs

Webformular

Das Webformular (Abbildung 14.6) setzt sich aus einem Titel und einer Gruppe zusammen, die aus drei Textfeldern aufgebaut ist. In das erste Feld trägt der Besucher seinen Vornamen ein, in das zweite seine E-Mail-Adresse und in das dritte einen Kommentar, den eigentlichen Eintrag des Gästebuchs.

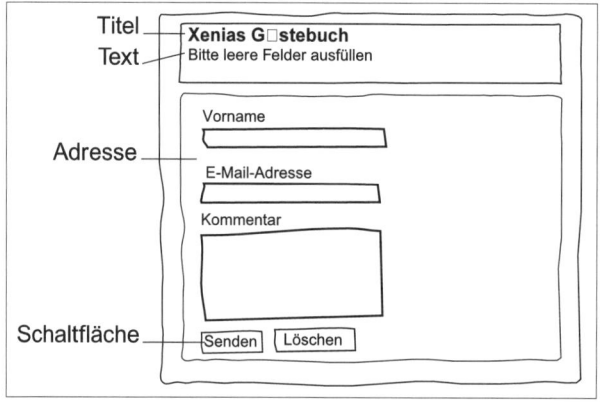

Abbildung 14.6 Das Formular erlaubt, sich in das Gästebuch einzutragen.

Zwei Schaltflächen im unteren Bereich komplettieren die Seite. Die Schaltfläche SENDEN dient dazu, den Gästebucheintrag an den Webserver abzusenden. Die

Schaltfläche LÖSCHEN hat die Aufgabe, alle bisherigen Eingaben wieder zurückzunehmen und den Text zu löschen. Beide Schaltflächen sind für ein Webformular Standard.

Mitteilung

Nachdem sich ein Besucher eingetragen hat, ist es bei Gästebüchern im Internet üblich, sich dafür zu bedanken und den Eintrag zu bestätigen. Das geschieht mit einer einfachen HTML-Seite (Abbildung 14.7), die aus einem Titel und einer Mitteilung besteht.

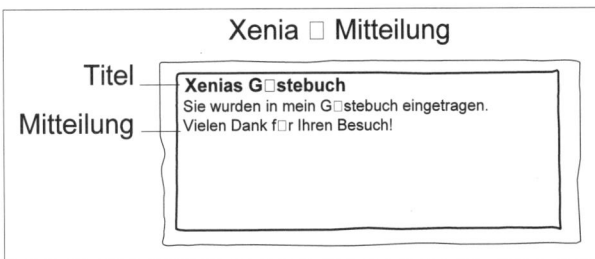

Abbildung 14.7 Dieser Hinweis erscheint nach einem erfolgreichen Eintrag.

14.2.2 Analyse und Design

Nachdem die Anforderungen nun feststehen, stellt sich die Frage, wie sie am besten umgesetzt werden können. Dazu muss man einen Blick in die Klassenbibliotheken des Pakets *javax.servlet* werfen.

Gästeliste

Die Gästeliste erbt sinnvollerweise von der Klasse *HttpServlet*, da sie die entsprechenden Methoden zur Verfügung stellt, die das Gästebuch benötigt. Die Klasse *HttpServlet* ist von *GenericServlet* abgeleitet. *HttpServlet* stellt die Methoden *doGet()* und *doPost()* als Vorlagen zur Verfügung.

Die Gästeliste implementiert nur die Methode *doGet()*, da sie lediglich die aktuellen Daten aus der Datenbank holen muss. Sie ist mit der HTTP-Funktion *GET* vergleichbar.

Webformular

Das Webformular hat eine etwas andere Aufgabe, weil es auch die Methode *doPost()* benötigt. Diese Methode gibt eine Seite mit der Meldung aus, dass der Eintrag in das Gästebuch erfolgreich vorgenommen wurde.

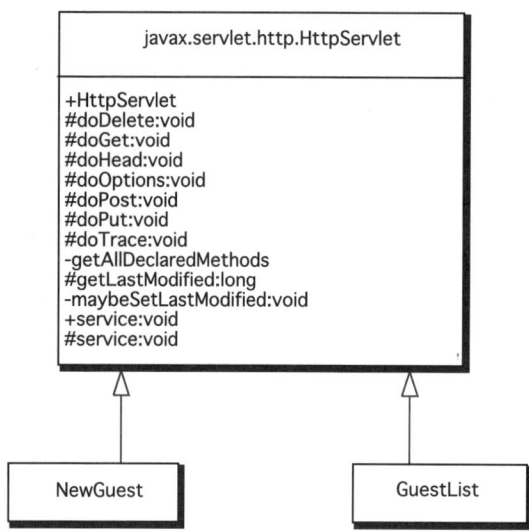

Abbildung 14.8 HttpServlet liefert alle Methoden für Gästebuch und -liste.

14.2.3 Implementierung der HTML-Vorlagen

Projektstruktur

Das Xenia-Projekt ist zwar von der Programmierung her nicht so aufwändig wie Nestor oder Memory, hat aber eine deutlich komplexere Projektstruktur, weswegen ich hier gesondert darauf eingehe.

```
src ............ Quelltext
bin ............ Bytecode
htdocs ........ HTML-Vorlagen
war ............ Archiv für den Webcontainer
lib ........... Servlet-Bibliothek
Tomcat ........ Tomcat-Verzeichnis
doc ............ Dokumentation
```

Abbildung 14.9 Das Projektverzeichnis mit dem Webarchiv

Die Projektstruktur ist deshalb nicht so einfach zu verstehen, weil anstelle der Java-Laufzeitumgebung eine so genannte Servlet Engine und ein Webserver als Laufzeitumgebung (Kapitel 6, »Plattform Java«, und 22, »Werkzeuge«) verwendet werden. Das Servlet kommuniziert mit ihnen über die Klassen der Servlet-Bibliothek. Die Bibliotheken der Java SE reichen zur Programmierung eines Servlets leider nicht aus.

Der Webserver und die Servlet Engine bilden zusammen das Gespann, das die Anfragen der Servlets verarbeitet. Dazu ist es erforderlich, dass beide auch zum Entwicklungszeitpunkt gestartet sind. Außerdem muss ein Webarchiv des Servlet-Bytecodes in ein spezielles Verzeichnis des Webservers kopiert werden. Mehr dazu erfahren Sie im Abschnitt über die Verteilung des Programms in diesem Kapitel (Abschnitt 14.2.6, »Verteilung«).

HTML-Prototyp

Im Gegensatz zu JavaServer Pages haben Servlets den Nachteil, dass sie in einer normalen Java-Entwicklungsumgebung nicht vollständig entwickelt werden können. Für die HTML-Oberfläche benötigen Sie einen Editor wie Dreamweaver oder Aptana (Kapitel 22, »Werkzeuge«). Mit diesem Werkzeug entwickeln Sie zunächst eine statische Site, die Sie anschließend in Ihren Java-Code integrieren.

In Abbildung 14.10 sehen Sie die Projektverwaltung von Dreamweaver mit dem kleinen Site-Baum des Xenia-Projekts. Mit einem Doppelklick auf eine Datei startet der Editor, der erlaubt, die HTML-Seiten nahezu ohne Kodierung komfortabel zu entwickeln. Erst mit diesen Vorlagen kann die eigentliche Implementierung beginnen, wie der folgende Abschnitt zeigen wird.

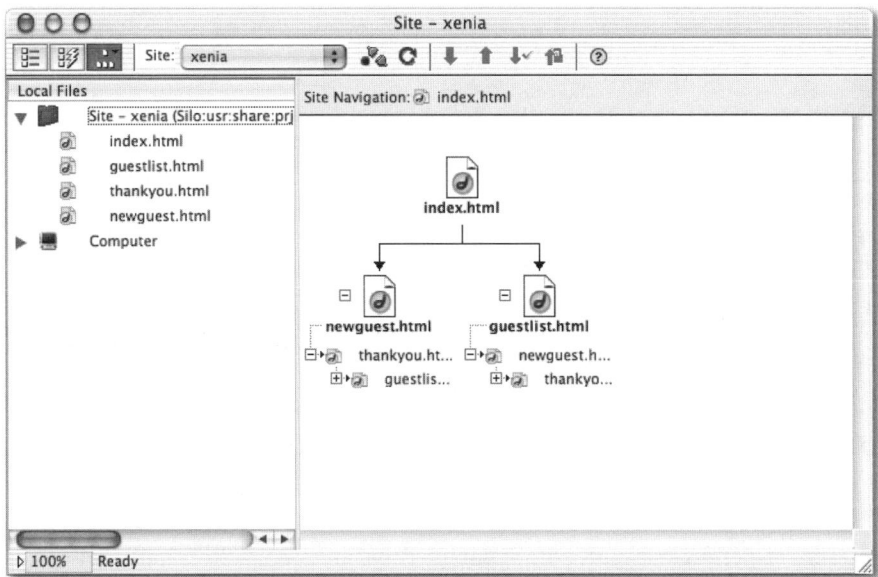

Abbildung 14.10 Der HTML-Prototyp im Editor Dreamweaver

14.2.4 Implementierung der Klasse »GuestList«

Paketstruktur

Die Paketstruktur des Projekts ist einfach und besteht nur aus dem Paket *net.steppan.app.xenia*, in dem sich die zwei Klassen *NewGuest* und *GuestList* befinden.

Importanweisungen

Die Klasse *GuestList* erzeugt eine HTML-Tabelle mit den Namen der Gäste des Gästebuchs. Sie benötigt dazu zwei Klassen aus der I/O-Bibliothek. Darunter befindet sich auch die Klasse *PrintWriter*, die die Datenströme verarbeitet. Die Klasse *HttpServlet* ist aufgrund der Vererbungsbeziehung zwischen *GuestList* und *HttpServlet* notwendig. Die Datenbankfassade *Charon* kennen Sie bereits aus Kapitel 13, »Komplexe Oberflächen mit Swing«. Sie wird dem Servlet statische Daten für die HTML-Tabelle liefern und den Eindruck erwecken, es sei schon mit einer Datenbank verbunden.

```
1: import java.io.IOException;
2: import java.io.PrintWriter;
3: import javax.servlet.ServletException;
4: import javax.servlet.http.HttpServlet;
5: import javax.servlet.http.HttpServletRequest;
6: import javax.servlet.http.HttpServletResponse;
7: import net.steppan.lib.charon.Charon;
```

Listing 14.1 Die Importanweisungen der Gästeliste

Variablen

Es wird nur eine Konstante benötigt, die im Kopf jedes HTML-Dokuments enthalten sein muss und ihren MIME-Typ (Multipurpose Internet Mail Extensions) festlegt. Anhand dieses Typs erkennt der Browser, wie er die Daten darstellen soll. HTML-Dokumenten wird *text/html* zugewiesen, und sie werden natürlich anders dargestellt als GIF-Bilder, die sich durch den Typ *image/gif* zu erkennen geben.

```
1: public class GuestList extends HttpServlet {
2:     static final private String CONTENT_TYPE = "text/html";
```

Listing 14.2 Die einzige Konstante bestimmt den MIME-Typ.

Methode »doGet«

Ein Servlet gehorcht bei der Implementierung anderen Gesetzmäßigkeiten als eine Java-Anwendung. Während Java-Anwendungen aus purem Java-Code bestehen, sind Servlets hybrid aufgebaut. Sie bestehen zu einem Teil aus Java-Code, zum anderen Teil aus eingebetteten HTML-Anweisungen. Die HTML-Anweisungen kommen durch eine HTML-Vorlage in das Servlet.

Das Mühsame an Servlets ist, dass Sie diese HTML-Anweisungen *manuell* Zeile für Zeile an die richtige Stelle einfügen müssen. Abbildung 14.11 zeigt das Verfahren: Der in der Abbildung fett gedruckte Code der HTML-Vorlage wird manuell als Parameter der Methode *println()* verwendet. Diese Methode ist Teil der Klasse *PrintWriter*.

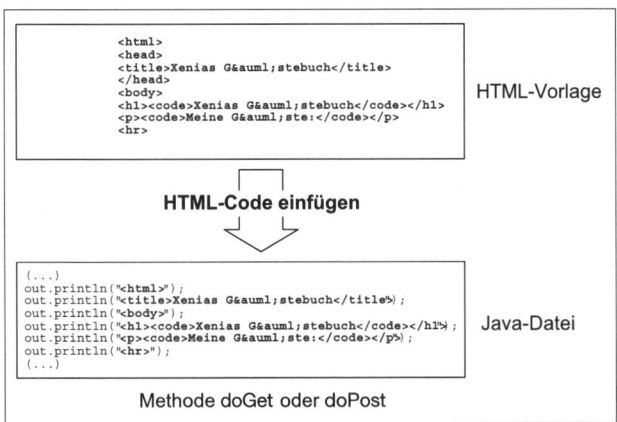

Abbildung 14.11 Die Implementierung eines Servlets

In Listing 14.3 sehen Sie, an welcher Stelle der HTML-Code eingefügt wurde. Es ist die Methode *doGet()*, die die gleichnamigen Anforderungen des Clients verarbeitet. Sie wird immer aufgerufen, wenn der Anwender zum Beispiel den Link einer HTML-Seite anklickt oder die Webadresswe eines Servlets (URL) eingibt.

Innerhalb der Methode *doGet()* können die beiden Parameter *HttpServletRequest* (Anforderung des Clients) oder *HttpServletResponse* (Antwort des Servlets) ausgewertet werden. Im Fall der Gästeliste ist es nur notwendig, dem Client zu antworten. Aus diesem Grund wertet dieses Servlet nur den Response-Parameter aus und schickt an den Client die HTML-Tabelle zurück.

```
 1: /**
 2:  * Die HTTP-Anforderung Get bearbeiten
 3:  * @param request
 4:  * @param response
 5:  * @throws ServletException
 6:  * @throws IOException
 7:  */
 8: public void doGet(HttpServletRequest request
 9:                   HttpServletResponse response)
10:          throws ServletException, IOException {
```

```
11:    response.setContentType(CONTENT_TYPE); // MIME-Typ setzen
12:    PrintWriter out = response.getWriter();
13:    printHeader(out);
14:    printGuestList(out);
15:    printFooter(out);
16: }
```

Listing 14.3 Die Methode »doGet« verarbeitet die Anforderung des Clients.

Um den Java-Code besser zu strukturieren, habe ich die Ausgabe der HTML-Datei in drei Teile zerlegt: Als Erstes schickt das Servlet den Kopf des HTML-Dokuments, danach die eigentliche Gästeliste (Tabelle) und danach die Fußzeile (Abbildung 14.12).

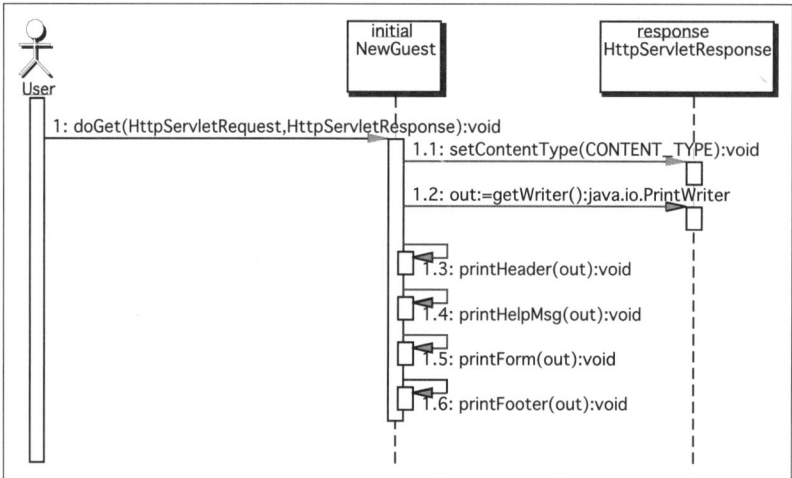

Abbildung 14.12 Das Sequenzdiagramm des Aufrufs der Methode »doGet«

Methode »printHeader«

Die Methode *printHeader()* übernimmt die Aufgabe, den Kopf der HTML-Vorlage zurückzuschicken. Bitte vergleichen Sie das nochmals mit Abbildung 14.11, die dieses Beispiel heranzieht, um zu demonstrieren, wie der HTML-Code in das Servlet gelangt. Die Ausgabe der HTML-Seite folgt immer dem Verfahren, dass ein Stream-Objekt der Klasse *PrintWriter* über die Methode *println()* einen Zeichenstrom erzeugt. Dieser wird von der Methode *doGet()* des Servlets an den Client (Webbrowser) zurückgesandt.

```
1: /**
2:  * Gibt den Kopf der Seite aus
3:  * @param out ein Objekt der Klasse PrintWriter
4:  * @throws IOException
```

```
 5:    */
 6:   public void printHeader(PrintWriter out) throws IOException {
 7:     out.println("<html>");
 8:     out.println("<title>Xenias G&auml;stebuch</title>");
 9:     out.println("<body>");
10:     out.println("<h1><code>Xenias G&auml;stebuch</code></h1>");
11:     out.println("<p><code>Meine G&auml;ste:</code></p>");
12:     out.println("<hr>");
13:   }
```

Listing 14.4 Diese Methode gibt den Titel der Seite aus.

Methode »printGuestList«

Diese Methode übernimmt die eigentliche Datenausgabe. In Abbildung 14.3 wurde der Aufbau einer HTML-Tabelle dargestellt. Hier sehen Sie, wie eine solche Tabelle in ein Servlet eingebettet wird. Um Daten aus einer Liste ausgeben zu können, verwendet die Methode die Datenbankfassade *Charon* aus Kapitel 13, »Komplexe Oberflächen mit Swing«, und legt zunächst ein neues Objekt gleichen Namens an.

Im Anschluss daran baut die Methode den Tabellenkopf auf, der aus den Überschriften Vorname, E-Mail-Adresse und Kommentar besteht. Dann arbeitet das Servlet eine For-Schleife ab, die die Aufgabe übernimmt, die Gästeliste von der Datenbankfassade abzuholen – das Verfahren verläuft exakt so, wie Sie es aus Nestor kennen.

```
 1:   /**
 2:    * Gibt die Tabelle aus
 3:    * @param out
 4:    * @throws IOException
 5:    */
 6:   public void printGuestList(PrintWriter out)
 7:                  throws IOException {
 8:     Charon dbLayer = new Charon(); // Datenbankfassade
 9:     out.println("<table id='guestlist' align=
10:       'left' cellspacing='5' border='0' cellpadding='7'>");
11:     out.println("<tr bgcolor='#666699'>");
12:     out.println("<th width='56'> <div align=
13:          'left'><font color='#CCCCCC'>
14:          <code>Vorname</code></font></div></th>");
15:     out.println("<th width='136'> <div align='left'>
16:          <font color='#CCCCCC'>
17:          <code>E-Mail</code>
18:          </font></div></th>");
19:     out.println("<th width='531'> <div align='left'>
```

```
20:                 <font color='#CCCCCC'>
21:                 <code>Kommentar</code>
22:                 </font></div></th>");
23:     out.println("</tr>");
24:     // Liste aus der Datenbank ( bzw. Datenbankfassade)
25:     // (hier holt das Servlet spaeter dynamisch Daten):
26:     for (int i = 0; i <= dbLayer.getLastRecord(); i++) {
27:       out.println("<tr bgcolor='#CCCCCC'>");
28:       out.println("<td> <div align='left'><code>"
29:                   +dbLayer.getFirstName(i)
30:                   +"</code></div></td>");
31:       out.println("<td> <div align='left'><code>"
32:                   +dbLayer.getEmail(i)
33:                   +"</code></div></td>");
34:       out.println("<td>   <div align='left'><code>"+";-)
35:                   "+"</code></div></td>");
36:       out.println("</tr>");
37:     }
38:     out.println("</tr>");
39:     out.println("</table>");
40: }
```

Listing 14.5 Die Methode »printGuestList« erzeugt die HTML-Tabelle.

Am Ende der Ausgabe folgen die schließenden Tags der Tabellenzeile (</tr>) und der Tabelle (</table>). Damit ist die Seite schon fast komplett. Was fehlt, ist ihr Abschluss.

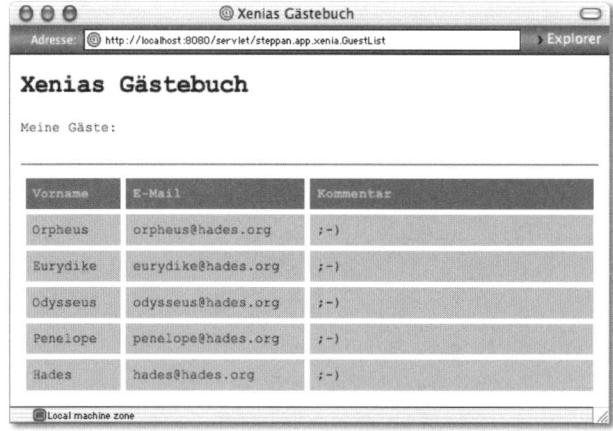

Abbildung 14.13 Die fertige Gästeliste im Webbrowser

Methode »printFooter«

Mit der Methode *printFooter()* schließt das Programm die Ausgabe einer Seite ab. Sie erzeugt lediglich die schließenden Tags für den Seitenrumpf und die Gesamtseite.

```
1: /**
2:  * Gibt den Fuss der Seite aus
3:  * @param out ein Objekt der Klasse PrintWriter
4:  * @throws IOException
5:  */
6: public void printFooter(PrintWriter out) throws IOException {
7:    out.println("</body>");
8:    out.println("</html>");
9: }
```

Listing 14.6 Diese Methode komplettiert die HTML-Seite.

14.2.5 Implementierung der Klasse »NewGuest«

Ein Webformular ist etwas anders aufgebaut als die Gästeliste. Es ist vergleichbar mit einem Dialog einer grafischen Java-Oberfläche. Hier werden nicht nur Daten ausgegeben (*Request*), sondern auch zurückgeschickt (*Response*). Trotzdem ist die Klasse mit der Gästeliste vergleichbar: Sie gibt erst den Kopf der Seite aus, danach das Formular und am Schluss die Fußzeile.

Paketstruktur

Die Klasse befindet sich wie *GuestList* wieder im Paket *net.steppan.app.xenia*.

Importanweisungen

Die Importanweisungen sind fast identisch mit der Klasse *GuestList*. Was fehlt, ist die Datenbankfassade. Es hätte keinen Sinn, sie hier zu verwenden, weil ihr noch die Methoden fehlen, um Datensätze zu schreiben. Diese Funktionalität liefert erst Kapitel 15, »Datenbankprogrammierung«.

```
1: import java.io.IOException;
2: import java.io.PrintWriter;
3: import javax.servlet.ServletException;
4: import javax.servlet.http.HttpServlet;
5: import javax.servlet.http.HttpServletRequest;
6: import javax.servlet.http.HttpServletResponse;
```

Listing 14.7 Die Importanweisungen für das Formular

Variablen

Auch bei diesem Formular muss dem Webbrowser mitgeteilt werden, welchen Datentyp er erhalten wird. Erst dadurch stellt er die Seite korrekt als Text dar.

```
1: public class NewGuest extends HttpServlet {
2:     static final private String CONTENT_TYPE = "text/html";
```

Listing 14.8 Die Konstante setzt den MIME-Typ.

Methode »doGet«

Die Methode *doGet()* reagiert auf die Anforderung eines Webbrowsers. Sie gibt den Kopf des HTML-Dokuments, einen Hinweis, das Formular und die Fußzeile aus. Sie bedient sich dazu der eigenen Methoden *printHeader()*, *printHelpMsg()*, *printForm()* und *printFooter()*.

```
 1: /**
 2:  * Die HTTP-Anforderung Get bearbeiten
 3:  * @param request
 4:  * @param response
 5:  * @throws ServletException
 6:  * @throws IOException
 7:  */
 8: public void doGet(HttpServletRequest request,
 9:                   HttpServletResponse response)
10:         throws ServletException, IOException {
11:     response.setContentType(CONTENT_TYPE); // MIME-Typ setzen
12:     PrintWriter out = response.getWriter();
13:     printHeader(out);
14:     printHelpMsg(out);
15:     printForm(out);
16:     printFooter(out);
17: }
```

Listing 14.9 Die Methode »doGet« erzeugt das Webformular.

Methode »printHeader«

Listing 14.10 zeigt die Methode *printHeader()*. Sie gibt den Titel des Gästebuchs und die Überschrift in der Größe *<h1>* aus (Abbildung 14.2). Der Titel der Seite erscheint als Überschrift des Browser-Fensters.

```
1: /**
2:  * Gibt den Kopf der Seite aus
3:  * @param out ein Objekt der Klasse PrintWriter
4:  * @throws IOException
5:  */
```

```
 6: public void
 7: printHeader(PrintWriter out) throws IOException {
 8:    out.println("<html>");
 9:    out.println("<title>Xenias G&auml;stebuch</title>");
10:    out.println("<body>");
11:    out.println("<h1><code>Xenias G&auml;stebuch</code></h1>");
12: }
```

Listing 14.10 Die Methode »printHeader« gibt den Kopf der Seite aus.

Methode »printHelpMsg«

Die Methode *printHelpMsg()* gibt dem Gast einen freundlichen Hinweis, dass er die leeren Felder auszufüllen hat.

```
 1: /**
 2:  * Gibt eine Nachricht als Hilfe aus
 3:  * @param out
 4:  * @throws IOException
 5:  */
 6: public void
 7: printHelpMsg(PrintWriter out) throws IOException {
 8:    out.println("<p><code>Bitte die leeren Felder
 9:                 ausf&uuml;llen</code></p>");
10:    out.println("<hr>");
11: }
```

Listing 14.11 Diese Methode gibt einen kleinen Hinweis aus.

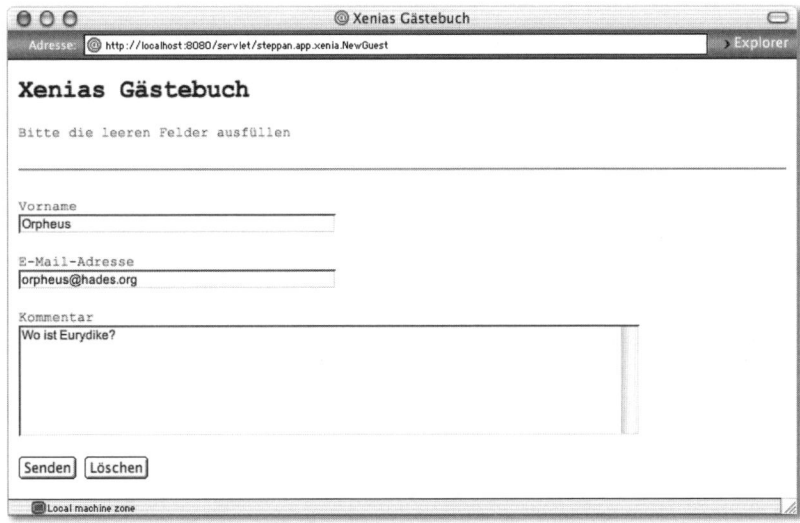

Abbildung 14.14 Das neue Webformular

14 | Weboberflächen mit Servlets

Methode »printForm«

In dieser Methode ist das gesamte Webformular enthalten, das die Methode *doGet()* erzeugt, wenn jemand den Link des Servlets angeklickt oder die Servlet-Adresse eingegeben hat (Abbildung 14.14). Im Kopf des Formulars ist die HTTP-Funktion *POST* enthalten, danach folgen das Textfeld für den Vornamen, ein Textfeld für die E-Mail-Adresse sowie eine Textfläche für die Eingabe eines mehrzeiligen Kommentars.

```
 1: /**
 2:  * Gibt das Formular aus
 3:  * @param out PrintWriter
 4:  * @throws IOException
 5:  */
 6: public void printForm(PrintWriter out) throws IOException {
 7:    out.println("<form method='POST'>");
 8:    out.println("<p><code>Vorname</code><code>");
 9:    out.println("<br>");
10:    out.println("</code><code>");
11:    out.println("<input type='text' id='Firstname'
12:                name='Firstname' size='50'>");
13:    out.println("</code> </p>");
14:    out.println("<p><code>E-Mail-Adresse</code><code>");
15:    out.println("<br>");
16:    out.println("</code><code>");
17:    out.println("<input type='text'
18:                id='Email' name='Email' size='50'>");
19:    out.println("</code> </p>");
20:    out.println("<p><code>Kommentar</code><code>");
21:    out.println("<br>");
22:    out.println("</code><code>");
23:    out.println("<textarea name='Comment' cols='96'
24:                rows='10' id='Comment'></textarea>");
25:    out.println("</code> </p>");
26:    out.println("<p> <code>");
27:    out.println("<input name='submit' type='submit' value=
28:                'Senden' width='100' height='50'>");
29:    out.println("<input name='delete' type = 'reset' id=
30:                'delete' value='L&ouml;schen'>");
31:    out.println("</code></p>");
32: }
```

Listing 14.12 Diese Methode gibt das Formular aus.

Jeder GUI-Baustein dieses Formulars ist durch eine ID gekennzeichnet. Diese Kennung wertet das Servlet in Kapitel 17, »Dynamische Websites«, aus, um die Daten auszulesen, die der Gast eingegeben hat. Mit diesen Daten wird das Servlet einen neuen Datensatz erzeugen.

Methode »doPost«

Listing 14.13 zeigt, wie das Servlet reagiert, wenn der Anwender auf die Schaltfläche SENDEN klickt. Es antwortet mit einem dreiteiligen Hinweis, dessen Entwurf Sie aus Abbildung 14.7 kennen. Es verwendet dazu drei Methoden, die in der Klasse *NewGuest* definiert sind: *printHeader()*, *printThankYouMsg()* und *printFooter()*.

```
 1: /**
 2:  * Die HTTP-Anforderung Post bearbeiten
 3:  * @param request die Anforderung
 4:  * @param response die Antwort
 5:  * @throws ServletException
 6:  * @throws IOException
 7:  */
 8: public void doPost(HttpServletRequest request,
 9:                    HttpServletResponse response)
10:          throws ServletException, IOException {
11:    response.setContentType(CONTENT_TYPE); // MIME-Typ setzen
12:    PrintWriter out = response.getWriter();
13:    printHeader(out);
14:    printThankYouMsg(out);
15:    printFooter(out);
16: }
```

Listing 14.13 Das ist die »Antwort« der Servlets.

Methode »printThankYouMsg«

Listing 14.14 zeigt den kurzen Hinweis, den das Servlet ausgibt, nachdem die Schaltfläche SENDEN angeklickt wurde. Die Mitteilung besteht nur aus der Bestätigung und einem Dankestext (Abbildung 14.15).

```
 1: /**
 2:  * Gibt eine Nachricht als Bestaetigung aus
 3:  * @param out
 4:  * @throws IOException
 5:  */
 6: public void printThankYouMsg(PrintWriter out)
 7:                throws IOException {
 8:    out.println("<p><code>Sie wurden in mein G&auml;stebuch
 9:                eingetragen.</code></p>");
```

```
10:    out.println("<p><code>
11:                Vielen Dank f&uuml;r Ihren Besuch!</code></p>");
12:    out.println("<hr>");
13: }
```

Listing 14.14 Diese Methode bedankt sich für den neuen Eintrag.

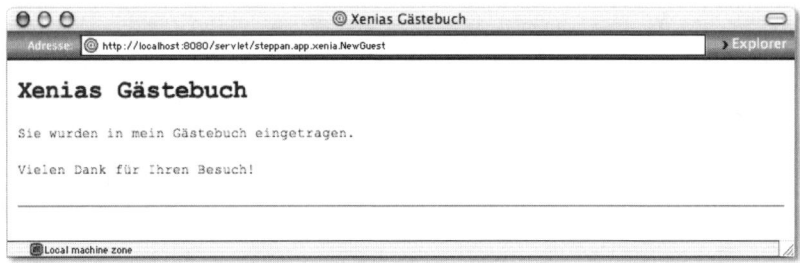

Abbildung 14.15 Die freundliche Antwort des Servlets

Methode »printFooter«

Die Methode *printFooter()* beschließt den Ablauf, indem sie das Ende der HTML-Seite erzeugt. Sie verwendet dazu wie ihre gleichnamige Methode aus der Schwesterklasse *GuestList* die schließenden Tags für den Seitenrumpf und die Gesamtseite.

```
1: /**
2:  * Gibt den Fuss der Seite aus
3:  * @param out ein Objekt der Klasse PrintWriter
4:  * @throws IOException
5:  */
6: public void
7: printFooter(PrintWriter out) throws IOException {
8:    out.println("</body>");
9:    out.println("</html>");
10: }
```

Listing 14.15 Die Ausgabe des Seitenendes

Test

Sie benötigen zum Testen von Xenia eine Entwicklungsumgebung mit eingebautem Webserver oder ein Startskript zum Start eines externen Webservers. Ich habe für dieses Projekt den Tomcat-Webserver verwendet und ein Startskript entwickelt, das Sie im Projektordner unter dem Namen Xenia.bat finden.

Ohne spezielle Entwicklungsumgebung müssen Sie die Klassen kompilieren und in das Verzeichnis Ihres Webservers kopieren. Danach starten Sie den Webserver mit einem Startskript und einen Internet-Browser. Die Adresse des lokalen Webservers ist im Regelfall:

`http//:localhost:8080`

An diese Adresse müssen Sie nun die Adresse des Servlets anhängen. Im Fall der Gästeliste wäre das:

`/servlet/net.steppan.app.xenia.NewGuest`

Wenn Sie beides zusammen eingeben, versucht der Webbrowser den lokalen Webserver zu bewegen, das Servlet *NewGuest* zu starten, das sich im Package *net.steppan.app.xenia* befindet. Die Kommunikation läuft hierbei über den Port 8080 ab. Näheres zum Start des Servlets entnehmen Sie bitte der Readme-Datei im Verzeichnis `ch13`.

14.2.6 Verteilung

Zur Verteilung steht ein War-Archiv (Webarchiv) im gleichnamigen Ordner des Projekts zur Verfügung. Es muss in das Verzeichnis des Webcontainers gelegt werden, das in den Grundeinstellungen festgelegt wurde. Das Webarchiv ist zum Start eines Servlets nicht unbedingt erforderlich, erleichtert aber die Verteilung des Bytecodes von größeren Projekten.

Durch ein solches Archiv ist es unnötig, jede Datei eines Projekts separat zum Webserver zu übertragen. Das War-Format ist mit dem Jar-Format eng verwandt. Beide können wie Zip-Archive gepackt und von einem Werkzeug, das Zip-Dateien auslesen kann, wieder entpackt werden.

14.3 Zusammenfassung

Servlets sind die serverseitigen Verwandten von Applets. Es sind sehr einfach zu entwickelnde Java-Programme, die dynamisch HTML-Seiten erzeugen. Dazu muss HTML-Code in den Quelltext eines Servlets eingefügt werden. In der Regel implementiert ein Servlet zwei Methoden der Basisklasse *HttpServlet*: *doGet()* und *doPost()*. Während *doGet()* für Standardanfragen nach einer HTML-Seite zuständig ist, empfängt *doPost()* zum Beispiel Daten, die aus einem Webformular eintreffen.

Servlets werden von einer Servlet Engine eines Webbrowsers ausgeführt. Eine Servlet Engine erweitert den Webserver um die Fähigkeit, mit Java-Servlets zu kommunizieren. Eine Laufzeitumgebung in Form der virtuellen Maschine ist zum Betrieb von Servlets nicht ausreichend. Aus diesem Grund verfügen Servlet-Entwicklungsumgebungen über einen eingebauten Webserver mit einer Servlet Engine.

14.4 Aufgaben

14.4.1 Fragen

1. Aus welchen Teilen besteht ein HTML-Dokument?
2. Wie wird die Gestalt eines solchen Dokuments festgelegt?
3. Aus welchen Gründen gibt es das HTTP?
4. Wozu benötigt man das Common Gateway Interface?
5. Mit welcher Methode reagiert ein Servlet auf eine Client-Anfrage?
6. Was ist ein War-Archiv?
7. Wozu dient es?

14.4.2 Übungen

1. Entwickeln Sie ein einfaches Servlet auf Basis von folgendem HTML-Quelltext nach dem Vorbild der Klasse *GuestList*:

   ```
    1: <html>
    2: <head>
    3: <title>Xenias G&auml;stebuch - Willkommen</title>
    4: </head>
    5: <body>
    6: <h1><code>Xenias G&auml;stebuch</code></h1>
    7: <p><code>Willkommen!</code></p>
    8:     <div align="left">
    9: <hr>
   10:    <p><code>In das G&auml;stebuch eintragen</code></p>
   11:    <p><code>Zur G&auml;steliste</code></p>
   12: </div>
   13: </body>
   14: </html>
   ```

   Listing 14.16 Die HTML-Vorlage für das neue Servlet

2. Kompilieren Sie es, und starten Sie den Webserver mit Hilfe des Startskripts aus ch13. Führen Sie danach das Servlet aus, indem Sie die Webadresse in die Adresszeile des Browsers eingeben (Abbildung 14.15).

Die Lösungen zu den Aufgaben finden Sie in Kapitel 20 ab Seite 533.

»Der Worte sind genug gewechselt, lasst uns endlich Daten sehen.«
(Gerhard Kocher)

15 Datenbankprogrammierung

15.1 Einleitung

Die Projekte der vorangegangenen Kapitel haben ihre Daten dauerhaft in einzelnen Dateien abgelegt – ein gängiges Verfahren für kleine Datenmengen. Möchte man jedoch große Datenmengen speichern und auf diese schnell zugreifen, benötigt man eine leistungsfähige Datenbank. Und um auf diese Datenbank zugreifen zu können, muss man sie programmieren. Das lässt sich mit Java relativ leicht erledigen, wie dieses Kapitel zeigt.

15.1.1 Vom Modell zum Datenmodell

Objekte haben innerhalb eines Java-Programms nur eine begrenzte Lebensdauer. Nach dem Programmende sind sie wieder verschwunden. Damit das nicht passiert, muss man sie dauerhaft speichern. Dauerhafte Objekte nennen sich persistent und unterscheiden sich von transienten (flüchtigen) Objekten. Ein Adressbuch ist ein Beispiel dafür, wie Objekte dauerhaft gespeichert werden. Schließlich kann der Anwender nicht jedes Mal, wenn er das Adressbuch startet, alle Adressen neu eingeben.

15.1.2 Vom Datenmodell zur Datenbank

Um die Adressen sinnvoll zu ordnen, analysiert man die persistenten Objekte des Programms und versucht, sie möglichst geschickt in einer Datenbank zu speichern. Persistente Objekte sind alle Objekte, die nach dem Ende eines Programms nicht verloren gehen dürfen. Eine Datenbank fasst alle derartigen Daten (zum Beispiel Adressen) zusammen, die in enger Beziehung zueinander stehen. Eine solche Datenbank wird von einem speziellen Programm verwaltet, einem Datenbank-Managementsystem (DBMS).

Ein Datenbank-Managementsystem können Sie sich als ein Programm vorstellen, das es erlaubt, auf *strukturierte* Daten schneller und einfacher zuzugreifen, als dies möglich wäre, wenn diese verstreut auf der Festplatte gespeichert wären. Die DBMS, die sich heute auf dem Markt durchgesetzt haben, speichern ihre Informationen in einer so genannten relationalen Form.

Die Art und Weise, wie relationale Datenbanken ihre Informationen ablegen, passt besser zu prozeduralen Sprachen wie C oder Pascal. Das liegt daran, dass relationale Datenbanksysteme keine Objekte kennen, sondern ihre Daten in Form von Tabellen verwalten. Diese Tabellen werden über Relationen (Beziehungen) miteinander verbunden, was den Datenbanksystemen ihren Namen gab.

15.1.3 Von der Datenbank zu den Daten

Um Informationen von einer relationalen Datenbank zu erhalten, verwendet man eine international genormte Abfragesprache, die Structured Query Language (SQL). Obwohl es davon eine Reihe von Dialekten gibt, ist man mit der Abfragesprache in der Lage, praktisch mit beliebigen Datenbanksystemen zu arbeiten.

Die Sprache SQL verfügt über Befehle für das Anlegen von Datenbanken, für das Anlegen und Löschen von Tabellen und Relationen, für das Anlegen und Löschen von Datensätzen und selbstverständlich auch für das Auslesen der Daten. Die Abfragesprache ist sehr einfach zu erlernen, aber nicht objektorientiert (Kapitel 25, »Literatur«).

15.1.4 Von den Daten zum Programm

Relationale Datenbanken sind hocheffiziente Datencontainer – leider haben sie einen aus Java-Sicht schweren Nachteil: Sie sind wie ihre Abfragesprache SQL ebenfalls nicht objektorientiert strukturiert. Sie verwalten nur statische Daten und können mit der dynamischen Seite eines Programms, mit seinen Methoden, nichts anfangen.

Das bedeutet, dass Sie in Ihrem Java-Programm selbst dafür sorgen müssen, dass die gespeicherten statischen Daten eines Datenbankprogramms zu seinen dynamischen passen. Dazu müssen Sie die Daten einer relationalen Datenbank auf die Daten und Methoden ihrer Objekte abbilden. Diesen Abbildungsvorgang nennt man Mapping.

Damit das Mapping nicht so mühsam wird, gibt es diverse Lösungen. Die einfachste ist die in Java enthaltene Programmierschnittstelle namens Java Database Connectivity (JDBC). Die JDBC bildet eine Hülle um die Sprache SQL, so dass man mit Hilfe dieser Abfragesprache innerhalb eines Java-Programms arbeiten kann. Die zur Java Database Connectivity gehörenden Klassen befinden sich im

Paket *java.sql*. Wie sie verwendet werden, möchte ich Ihnen anhand der Projekte *Hades* und *Charon* zeigen.

15.2 Projekt »Hades«

Hades ist die relationale Datenbank, die die Adressen der Java Application Nestor und der Webanwendung Xenia speichern wird.

15.2.1 Anforderungen

Die Anforderungen können schnell auf einen Nenner gebracht werden: Der Anwender möchte gerne, dass folgende Informationen auch nach Beendigung der Programme erhalten bleiben:

- Anrede
- Vorname
- Nachname
- Straße
- Ort
- Postleitzahl
- Land
- Telefonnummer
- E-Mail-Adresse
- Kommentar

Bei der Planung einer neuen Datenbank müssen Sie wie bei einem Programm auch Datentypen und Wertebereiche analysieren.

15.2.2 Analyse & Design

Klassenmodell

Aus technischen Gründen ist es bisher sowohl für Nestor als auch Xenia gar nicht erforderlich gewesen, eine Person als Klasse zu modellieren. Daher liegen die Personenobjekte innerhalb des Adressbuchs ziemlich zerpflückt vor. In der Datenbankfassade *Charon* können Sie sie zum Beispiel als Array wiederfinden (Kapitel 13, »Komplexe Oberflächen mit Swing«). Im Normalfall, bei größeren

Programmen, wäre ein solches Design nicht wünschenswert. Für die überschaubaren Beispiele ist es aber nicht tragisch, denn die Klammer um die zerpflückten Objekte bildet die Datenbank *Hades*. Sie fasst die imaginären Personen in einer Tabellenstruktur zusammen, wie Sie gleich sehen werden.

Datenmodell

In Abbildung 15.1 sehen Sie die Datenbanktabelle *Persons*. Jede Zeile dieser Tabelle entspricht den Daten eines Personenobjekts. Sie können sich eine Datenbanktabelle als ein Array von Personenobjekten vorstellen. Jede Spalte einer solchen Tabelle wird mit einem bestimmten Datentyp belegt. Nur so kann das Datenbanksystem überprüfen, ob der Wertebereich eingehalten wird. Es gibt verschiedene Datentypen wie IDs, Datumsformate etc.

Tabelle Persons					
id	FirstName	LastName	Street	...	Comment
0	Orpheus	-	-	...	-
0	Eurydike	-	-	...	-
0	Odysseus	-	-	...	-

Abbildung 15.1 Das »Datenmodell« der Adressdatenbank

Um den Rahmen dieses Buchs nicht zu sprengen, verzichte ich an dieser Stelle auf eine saubere Normalisierung der Daten, wie sie in größeren Programmen üblich ist. Unter dem Begriff »Normalisierung« versteht man, dass Daten ohne (oder mit geringen) Redundanzen in der Datenbank abgelegt werden. Dazu müssen die Klassen in mehreren Schritten auf verschiedene Tabellen verteilt werden.

Redundanzen sind immer dann gegeben, wenn Daten in einer Datenbank mehrfach gespeichert werden. Diese mehrfach gespeicherten Daten erhöhen den Pflegeaufwand. Sie vergrößern zudem das Risiko, dass die Datenbank irgendwann unbrauchbar wird, weil sie widersprüchliche Daten enthält.

15.2.3 Implementierung

Die Datenbank *Hades* ist mit Hilfe des freien Datenbanksystems *hsqldb* entstanden (Abschnitt 22.3.6, »Laufzeitumgebungen«). Dieses Datenbanksystem ist nicht nur kostenlos, sondern auch extrem einfach in der Handhabung. Sie binden die Datenbankbibliothek einfach durch das Archiv `hsqldb.jar` in Ihr Projekt ein.

Das Archiv befindet sich im Lib-Unterverzeichnis des Projekts *Charon* (Abbildung 15.3). Sie finden die Dateien im Verzeichnis `Datenbankprogrammierung` unter den

Beispielprogrammen beziehungsweise nach der Installation im Unterverzeichnis Datenbankprogrammierung des von Ihnen gewählten Installationsverzeichnisses.

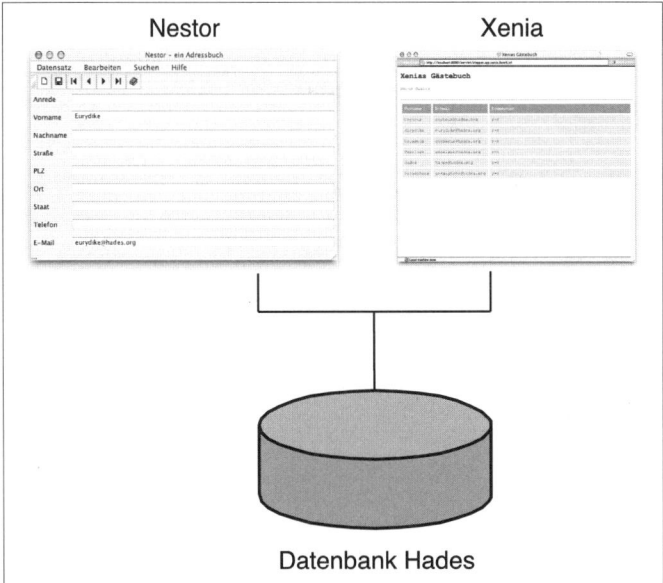

Abbildung 15.2 »Xenia« und »Nestor« verwenden die Datenbank »Hades«.

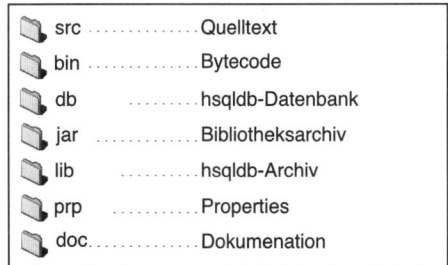

Abbildung 15.3 Das Projektverzeichnis mit allen notwendigen Ressourcen

15.2.4 Test

Für den Test stehen zwei Testklassen innerhalb des Projekts *Charon* zur Verfügung, die die Datenbankinformationen auslesen. Sie sind als Zusatzprodukt bei der Entwicklung der Datenbankschicht *Charon* entstanden und werden im nächsten Abschnitt erklärt.

15.3 Projekt »Charon«

Mit dem Datenbanksystem und der Datenbank *Hades* ist eine gute Basis entstanden, auf die die Datenbankschicht *Charon* aufsetzen kann. Beide Projekte, Nestor und Xenia, sollen dieselbe Datenbank verwenden (Abbildung 15.2). Aus diesem Grund wäre es sehr ungeschickt, wenn beide Projekte den Zugriff auf die Adressendatenbank selbst lösen würden.

Stattdessen übernimmt die Datenbankschicht *Charon* die Aufgabe eines gemeinsamen Zugangs (Abbildung 15.4) zu der Datenbank *Hades*. Sie bildet eine Brücke zur relationalen Welt und ersetzt die Fassade gleichen Namens, die Sie in den Kapiteln 13, »Komplexe Oberflächen mit Swing«, und 14, »Weboberflächen mit Servlets«, kennengelernt haben. In Kapitel 16, »Datenbankanwendungen«, und 17, »Dynamische Websites«, werden Sie sehen, dass die Fassade lediglich ausgetauscht werden muss, ohne dass gravierende Änderungen am Quelltext notwendig sind.

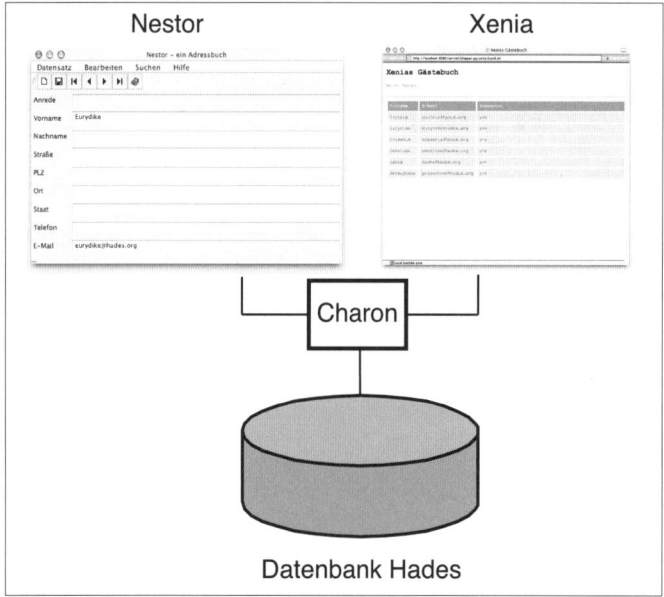

Abbildung 15.4 »Charon« bildet die Brücke zur Datenbank »Hades«.

15.3.1 Anforderungen

Die Anforderungen an Charon sind momentan nur, die Datenbankfassade aus Kapitel 13 »Komplexe Oberflächen mit Swing«, zu implementieren. Eine Zusammenfassung der Methoden sehen Sie in Listing 15.1.

```
  public String getResults() {
    return "Nicht implementiert";
  }
  public String getTitle(int index) {
    return "Nicht implementiert";
  }
  public String getFirstName(int index) {
    return firstName[index];
  }
  public String getLastName(int index) {
    return "Nicht implementiert";
  }
  public String getEmail(int index) {
    return email[index];
  }
  public String getCity(int index) {
    return "Nicht implementiert";
  }
  public int getLastRecord() {
    return lastRecord;
  }
}
```

Listing 15.1 Die Zugriffsmethoden der Datenbankfassade

Die Methoden der Fassade müssen so ersetzt werden, dass sich die Schnittstelle für die Anwendungen Nestor und Xenia nicht ändert. Das geschieht durch eine einfache Zweiteilung der Miniaturbibliothek: Die Klasse *Charon* ersetzt die Fassade und übernimmt die Ausgabe der Schnittstelle, während die neue Klasse *HadesDb* den eigentlichen Zugang zur Datenbank herstellt und deren Struktur kennt.

15.3.2 Implementierung der Klasse »HadesDb«

Paketstruktur

Die eigentlichen Anwendungen sollten von der Datenbank möglichst getrennt werden. Da aus Charon eine Bibliothek (Library) entstehen soll, ist es auch sinnvoll, sie in einem anderen Paket unterzubringen: *net.steppan.lib.charon*.

Importanweisungen

Wie schon kurz in Kapitel 8, »Java-Klassenbibliotheken«, erwähnt wurde, befinden sich die Java-SE-Datenbankklassen im Package *java.sql*. Hier steht eine

Vielzahl von Spezialklassen zur Auswahl, von denen die Klasse *HadesDb* sechs benötigt.

Durch die Klasse *Connection* können Sie eine oder mehrere Verbindungen zur Datenbank aufbauen. Mehrere Verbindungen (zum Beispiel für mehrere Anwender) müssen in einem Pool verwaltet werden, damit feststeht, wer auf welche Daten gerade zugegriffen hat. Im Fall von *HadesDb* reicht eine einzige Verbindung aus.

Zur Verbindung mit der Datenbank setzt JDBC auf ein Treiberkonzept. Das ist geschickt, denn Sun Microsystems hat sich nur eine Schnittstelle zum Zugriff auf relationale Datenbanken ausgedacht, die dem Programmierer als Klassenbibliothek zur Verfügung steht. Die Arbeit, die Schnittstelle auf eine spezielle Datenbank wie Oracle oder *hsqldb* abzubilden, muss jemand anderes leisten – meistens der Datenbankhersteller.

Er sorgt dafür, dass die *allgemeine* JDBC-Schnittstelle auf seine *spezielle* Datenbankschnittstelle abgebildet wird. Das ist für den Java-Programmierer ungemein praktisch. Er ist nahezu unabhängig von einem speziellen DBMS-Produkt. Sie können also mit vergleichsweise geringem Einsatz *HadesDb* von *hsqldb* nach beispielsweise Access oder Oracle portieren. Wie das funktioniert, das zeige ich Ihnen am Schluss dieses Kapitels.

```
import java.sql.Connection;
import java.sql.DriverManager;
import java.sql.ResultSet;
import java.sql.ResultSetMetaData;
import java.sql.SQLException;
import java.sql.Statement;
```

Listing 15.2 Die Importanweisungen

Die Klasse *ResultSet* ist, der Name deutet es an, die Ergebnismenge, die eine Datenbankabfrage zurückliefert. Sie fragen als Java-Programm beim Datenbanksystem mit Hilfe der Klasse *Statement* an und bekommen eine Treffermenge zurückgeliefert. Diese Treffermenge befindet sich nun im Bereich Ihres Programms. Sie können sie beliebig bearbeiten, solange das Objekt der Klasse *Statement* lebt. Nach seinem Ableben ist auch das *ResultSet* ungültig.

Konstruktor

Die Implementierung der Klasse ist nicht aufwändig. Der Konstruktor (Listing 15.3) besteht aus zwei Anweisungen. Mit *Class.forName* wird der Datenbanktreiber geladen. Dieser Treiber besteht im Regelfall aus einer oder mehreren Dateien.

```
/**
  * @param dbUrl Datenbankadresse
  * @param userName Anwendername
  * @param password Passwort
  * @param driver Datenbanktreiber
  * @throws Exception Ausnahmen
  */
public HadesDb(String dbUrl,
               String userName,
               String password,
               String driver) throws Exception {
  Class.forName(driver);
  // Aufbauen einer Datenbankverbindung: Startet die Datenbank
  connection = DriverManager.getConnection(dbUrl,
                                           userName,
                                           password);
}
```

Listing 15.3 Der Konstruktor der Datenbankklasse

Im Anschluss daran holt sich der Konstruktor über die Klasse *DriverManager* die Datenbankverbindung, die im weiteren Verlauf noch mehrmals benötigt wird. Sie ist so lange gültig, bis sie wieder explizit von den Anwendungen Nestor oder Xenia geschlossen wird.

Methode »executeQuery«

Eine weitere wichtige Funktion der Klasse befindet sich in der Methode *executeQuery()*. Mit Hilfe dieser Methode können Sie SQL-Anweisungen austesten. Dazu ist es nur erforderlich, eine Zeichenkette mit der Anweisung zu übergeben, zum Beispiel *SELECT * FROM Persons*. Diese SQL-Anfrage würde die gesamte Tabelle *Persons* als Treffermenge ergeben und mit Hilfe der Methode *show()* auf die Konsole ausgeben.

```
/**
  * Fuehrt eine SQL-Anweisung aus
  * @param expression die SQL-Anweisung
  * @throws SQLException
  */
public synchronized void executeQuery(String expression)
      throws SQLException {
  Statement statement = null;
  ResultSet resultSet = null;
  statement = connection.createStatement();
  resultSet = statement.executeQuery(expression);
  show(resultSet);
```

```
        statement.close(); // ResultSet ebenfalls geschlossen
    }
```
Listing 15.4 Die Methode »executeQuery«

Methode »getFirstName«

Während *executeQuery()* nur zu Testzwecken dient oder um Datenbanken neu anzulegen, enthält die Klasse *HadesDb* noch eine Reihe von Akzessoren, die der Fassade *Charon* Personendaten liefern werden. Ich möchte hier nur eine dieser Methoden stellvertretend für alle weiteren vorstellen. Den Gebrauch der anderen Methoden sehen Sie bei der Implementierung der Testtreiber im weiteren Verlauf dieses Kapitels.

Die Methode *getFirstName()* liefert mit Hilfe des Schlüssels *index* den Namen einer Person, die in der Datenbank gespeichert ist. Dazu legt sie ein Objekt der Klasse *Statement* und ein Objekt der Klasse *ResultSet* an. Das Statement-Objekt verwaltet die Anfrage, das ResultSet-Objekt die Treffermenge.

```
/**
  * Ermittelt den Vornamen
  * @param index die Datenbankzeile
  * @return
  * @throws SQLException
  */
 public String getFirstName(int index) throws SQLException {
   Statement statement = null;
   ResultSet resultSet = null;
   int colMax;
   Object record = null;
   String id = new Integer(index - 1).toString();
   statement = connection.createStatement();
   resultSet = statement.executeQuery("SELECT * FROM Persons
                                       WHERE id = " + id);
   resultSet.next(); // ................ Cursor zur ersten Zeile
   record = resultSet.getObject(3); // ..... Position 3: Vorname
   statement.close(); // ............... ResultSet ab jetzt leer
   return record.toString();
 } // getFirstName
```
Listing 15.5 Die Methode »getFirstName«

Danach holt sich die Methode eine Datenbankverbindung und setzt die Anfrage *SELECT * FROM Persons WHERE id = id* an die Datenbank *Hades* ab. Die Anfrage bewirkt, dass der Datensatz ausgelesen wird, der mit dem Index übereinstimmt. Von dieser Treffermenge interessiert nur die dritte Stelle, an der der Vorname steht. Dieser lässt sich über die Methode *getObjekt()* ermitteln. Danach schließt die Methode *close()* das Statement-Objekt (*statement*) und gibt den Vornamen als Zeichenkette über *return record.toString()* zurück.

15.3.3 Implementierung der Klasse »Charon«

Paketstruktur

Wie *HadesDb* ist die Klasse *Charon* Bestandteil der Bibliothek *net.steppan.lib.charon*.

Importanweisungen

Die Klasse *Charon* benötigt die Klasse *FileInputStream* und *Properties* zum Auslesen ihrer Grundeinstellungen und die Klasse *SQLException*, falls Fehler auftreten.

```
import java.io.FileInputStream;
import java.sql.SQLException;
//Properties:
import java.util.Properties;
```

Listing 15.6 Die Importanweisungen der Klasse

Variablen

Die Datenbankschicht verwendet nur wenige Objektvariablen. Die Variable *lastRecord* speichert die Anzahl der Datensätze. Das Objekt *database* ist die Verbindung zur Datenbank *Hades*, und das Objekt *dbProperties* speichert die Grundeinstellungen.

```
public class Charon {
  private int lastRecord;
  private HadesDb database;
  private Properties dbProperties = new Properties();
```

Listing 15.7 Die Objektvariablen

Konstruktor

Der Konstruktor von *Charon* hat die Aufgabe, die Grundeinstellungen der Datenbankzugriffsschicht auszulesen (Listing 15.8). Benötigt werden die Datenbankadresse, der Anwendername, das Passwort und der JDBC-Treiber. Zum Schluss setzt der Konstruktor die interne Variable *lastRecord* auf den Wert, den die Datenbank zurückliefert.

```
/**
 * Standardkonstruktor
 */
```

```
public Charon() {
  database = null;
  try {
    dbProperties.load(new FileInputStream(
                                "prp/db/Db.properties"));
  }
  catch (java.io.IOException ex) {
    ex.printStackTrace(); // Props. defekt oder nicht gefunden
  }; // catch
  try {
    database = new HadesDb(dbProperties.getProperty(
        "DatabaseUrl"), //  DB-URL
        dbProperties.getProperty("UserName"),  // .......... Name
        dbProperties.getProperty("Password"),  // ...... Passwort
        dbProperties.getProperty("DatabaseDriver"));
    lastRecord = database.getLastRow();
  }
  catch (Exception ex) {
    ex.printStackTrace(); // ....... Datenbank nicht zu starten
    return; // ................ Im Fehler => Ende des Treibers
  }
}
```

Listing 15.8 Der Konstruktor der Klasse »Charon«

Methode »finalize«

Aus Kapitel 4, »Sprache Java«, wissen Sie, dass die Methode *finalize()* mit Vorsicht zu genießen ist. Bei älteren virtuellen Maschinen war kein Verlass darauf, dass sie aufgerufen wird. Ich habe sie trotzdem für den Fall implementiert, dass neue virtuelle Maschinen den Aufruf der Methode garantierten. Sie hätte den Vorteil, dass die Datenbank automatisch geschlossen wird, wenn ein Objekt der Klasse *Charon* vom Garbage Collector entsorgt wird.

```
protected void finalize() {
  try {
    database.shutdown(); // .......... Datenbank herunterfahren
  }
  catch (SQLException ex) {
    ex.printStackTrace();
  }
}
```

Listing 15.9 Die Methode »finalize« fährt die Datenbank herunter.

Methode »getFirstName«

Die Methode *getFirstName()* gehört zu der Reihe von Akzessoren, die die Schnittstelle von Charon zu Nestor und Xenia bilden. Mit Hilfe dieser Methoden fordern diese Programme Personendaten aus der Datenbank an.

```
public String getFirstName(int index) {
   String firstName = null;
   try {
      firstName = database.getFirstName(index);
   }
   catch (SQLException ex) {
      ex.printStackTrace();
   }
   return firstName;
}
```

Listing 15.10 Die Methode »getFirstName«

Methode »getLastRecord«

Dieser Akzessor ist für die Anwendungen Nestor und Xenia wichtig, um den letzten Datensatz zu ermitteln. Der Rückgabewert bestimmt das Ende der Schleifen, mit denen die Programme ihre Daten anfordern.

```
public int getLastRecord() {
   return lastRecord;
}
}
```

Listing 15.11 Die Methode »getLastRecord« ermittelt die Anzahl der Datensätze.

15.3.4 Implementierung der Klasse »HadesTest«

Die Klasse *HadesTest* stellt einen einfachen Testtreiber für die Klasse *HadesDb* dar. Mit Hilfe des Testtreibers können Sie Datenbanken, Tabellen und neue Datensätze anlegen.

Paketstruktur

Die Paketstruktur ist so ausgelegt, dass der Testtreiber leicht von der Bibliothek zu trennen ist. Er soll nicht mit ihr ausgeliefert werden und liegt deshalb im Paket *net.steppan.lib.testdriver*.

Importanweisungen

Der Testtreiber verwendet nur zwei Klassen: *SQLException* und *HadesDb*. Die Klasse *SQLException* wird im Fall eines Fehlers benötigt und *HadesDb* als Datenbankzugriffsschicht.

```
import java.sql.SQLException;
import net.steppan.lib.charon.HadesDb;
```

Listing 15.12 Die Importanweisungen des Treibers

Methode »main«

Diese Startmethode des Treibers legt zunächst ein neues Datenbankobjekt der Klasse *HadesDb* an. Die Methode versucht, eine Datenbank mit der zugewiesenen Datenbankadresse (DB-URL) zu finden. Falls keine Datenbank dieses Namens existiert, wird durch diesen Aufruf eine Datenbank *Hades* im Unterverzeichnis db angelegt (Abbildung 15.3).

Danach ruft die Methode mit Hilfe des neuen Objekts die Methode *executeQuery* auf und versucht, eine Tabelle mit der Struktur aus Abbildung 15.1 anzulegen. Sollte das nicht klappen, weil die Tabelle schon existiert, wird eine Exception auftreten, die vom Programm abgefangen wird. Es reagiert mit der Ausgabe:

```
Datenbank schon angelegt.
```

Danach erzeugt das Programm über die Methode *update()* neue Datensätze, die ebenfalls der Struktur gehorchen, die Sie aus Abbildung 15.1 kennen. Zum Schluss setzt das Programm die SQL-Abfrage *SELECT * FROM Persons* ab, die dazu führt, dass alle Datensätze ausgelesen und auf die Konsole ausgegeben werden.

```java
public static void main(String[] args) {
    HadesDb database = null;
    try {
        database = new HadesDb("jdbc:hsqldb:db/Hades", // .. DB-URL
                              "sa", // ............. Anwendername
                              "",   // .................... Passwort
                              "org.hsqldb.jdbcDriver"); // Treiber
    }
    catch (Exception ex1) {
        ex1.printStackTrace(); // ...... Datenbank nicht zu starten
        return; // ................. Im Fehlerfall => Programmende
    }
    try {
        // Erzeugen einer leeren Tabelle:
        database.executeQuery(
            "CREATE TABLE Persons (" + // ... Tabelle erzeugen
            "id INTEGER IDENTITY," + // ............. Kennung
```

```
            "Title VARCHAR(256)," + //  ......... Spalte Titel
            "FirstName VARCHAR(256)," + // .... Spalte Vorname
            "LastName VARCHAR(256)," + // .... Spalte Nachname
            "Street VARCHAR(256)," + // ....... Spalte Strasse
            "Zip VARCHAR(256)," + // ............. Spalte Zip
            "City VARCHAR(256)," + // ........... Spalte Stadt
            "Country VARCHAR(256)," + // ......... Spalte Land
            "Telephone VARCHAR(256)," + // .... Spalte Telefon
            "Email VARCHAR(256))" + // .......... Spalte Email
            "Comment VARCHAR(256))"); // .... Spalte Kommentar
    }
    catch (SQLException ex) {
      System.out.println("Testtreiber: " +
                         "Datenbank schon angelegt");
    }
    try {
      // Die Testdaten fuer Nestor + Xenia anlegen:
      database.update(
          "INSERT INTO Persons(Title, FirstName, 
                               LastName, Street, 
                               Zip, City, Country, 
                               Telephone, Email) 
           VALUES('-', 'Orpheus', '-', '-', '-', 
                  'Hades', 'Griechenland', '-', 
                  'orpheus@hades.org')");
      database.update(
          "INSERT INTO Persons(Title, FirstName, 
                               LastName, Street, 
                               Zip, City, Country, 
                               Telephone, Email) 
           VALUES('-', 'Eurydike', '-','-','-', 
                  'Hades', 'Griechenland','-', 
                  'eurydike@hades.org')");
      database.update(
          "INSERT INTO Persons(Title, FirstName, 
                               LastName, Street, 
                               Zip, City, Country, 
                               Telephone, Email) 
          VALUES('-','Odysseus','-',',',',',
                 'Hades','Griechenland','-',',
                 odysseus@hades.org')");
      database.update(
          "INSERT INTO Persons(Title,FirstName,
                               LastName,Street,
                               Zip,City,Country,
                               Telephone,Email)
```

```
            VALUES('-','Penelope','-','-','-',
                  'Hades','Griechenland','-',
                  'penelope@hades.org')");
      // Query ausfuehren:
      database.executeQuery("SELECT * FROM Persons");
      // Datenbank herunterfahren:
      database.shutdown();
    }
    catch (SQLException ex3) {
      ex3.printStackTrace();
    }
  } // main()
}
```

Listing 15.13 Die Methode »main« des Testtreibers

15.3.5 Implementierung der Klasse »CharonTest«

Um wie viel einfacher die Implementierung einer Anwendung ist, die mit Hilfe der Klasse *Charon* nur Personendaten ein- oder auslesen möchte, zeigt der zweite Testtreiber: die Klasse *CharonTest*.

Paketstruktur

Aus den vorher genannten Gründen befindet sich auch dieser Testtreiber nicht im Bibliothekspaket, sondern in einem Package namens *net.steppan.lib.testdriver*. Er wird keinesfalls mit der Bibliothek in ein Archiv verpackt, sondern dient nur zu Testzwecken.

Importanweisungen

Die Importanweisungen bestehen nur aus einer Zeile, in der auf die Klasse *Charon* verwiesen wird. Der Testtreiber verwendet keine weiteren Klassen.

Methode »main«

```
public static void main(String[] args) {
    Charon c = new Charon();
    int lr = c.getLastRecord();
    for (int i = 1; i <= lr; i++) {
      System.out.print("Datensatz: " + i + ": ");
      System.out.println(c.getFirstName(i) + ", " +
                         c.getLastName(i) + ", " +
                         c.getEmail(i));
    }
    System.exit(0);
```

            }
    }

Listing 15.14 Die Methode »main« des Testtreibers

15.3.6 Implementierung der Datei »Db.properties«

Damit *Charon* von dem Datenbanksystem entkoppelt wird, verwendet die Zugriffsschicht eine spezielle Properties-Datei (Listing 15.15). Diese Properties-Datei mag Ihnen vielleicht überflüssig erscheinen – warum sind die Informationen nicht direkt in der Klasse? Eine Properties-Datei hat drei Vorteile:

1. Trennung der Klasse *HadesDb* von einem speziellen Datenbanksystem
2. Keine Neuübersetzung der Klasse notwendig, wenn sich Treiber oder URL ändern
3. Leichter Test der Datenbankanwendungen

Durch die Auslagerung der Grundeinstellungen kann man das Datenbanksystem wechseln, ohne dass es die Klasse beeinflusst. Sie arbeitet unverändert mit einem anderen Datenbanksystem, aber mit einer Tabelle der gleichen Struktur weiter. Wenn die Properties-Informationen in der Klasse integriert wären, müsste die Bibliothek jedes Mal neu übersetzt werden, wenn sich etwas an dem JDBC-Treiber oder der Datenbank-URL ändert.

Der letzte Vorteil dieser Trennung betrifft den leichteren Test der Anwendungen. Es ist gefährlich, Ihr Java-Programm an den Produktivdaten zu testen, zum Beispiel an dem Adressbuch, mit dem Sie täglich arbeiten. Für Testzwecke verwendet man immer eine Testdatenbank, und diese besitzt natürlich eine andere Datenbankadresse.

Um die Anwendung zu testen, legen Sie einfach eine Properties-Datei mit Testdaten in das entsprechende Verzeichnis der Anwendung, und schon liest sie ihre Informationen aus einer ganz anderen Datenbank. Wenn in diesem Fall Daten zerstört werden, so ist das nicht tragisch, denn Sie können sich immer wieder neue Testdaten erzeugen.

```
#Projekt: Charon
✂
# Datenbanksystem: hsqldb
DatabaseUrl=jdbc:hsqldb:db/Hades
UserName=sa
DatabaseDriver=org.hsqldb.jdbcDriver
Password=
```

Listing 15.15 Diese Datei steuert die Verbindung zum Datenbanksystem.

Die Properties-Datei finden Sie im Unterverzeichnis prp des Projekts (Abbildung 15.3). Sie besteht aus einigen Kommentaren am Anfang und vier Einträgen: der Datenbankadresse, dem Anwendernamen, dem Datenbanktreiber und dem Passwort. Datenbankadresse und Treibername sind spezifische Angaben, die das Datenbanksystem *hsqldb* benötigt.

Der Anwendername ist der Administrator der Datenbank und somit die Grundeinstellung, in der ich das Datenbanksystem belassen habe. Das Passwort ist nicht gesetzt, es sollte hier auch nur zu Testzwecken stehen. Für eine professionelle Anwendung ist eine so genannte Authentifizierung mit Hilfe eines Passwort-Dialogs notwendig.

15.3.7 Test

Für den Test der Klassen stehen die besprochenen zwei Testtreiber zur Verfügung. Sie werden wie folgt gestartet:

HadesTest

Sie starten *HadesTest* über die Batch-Datei Hades.bat bzw. das Shellskript Hades.sh im Verzeichnis ch15. Das Programm müsste nach einem erfolgreichen Start folgende Ausgaben erzeugen:

```
0, -, Orpheus, -, -, -, Hades, Griechenland, -, orpheus@hades.org,
1, -, Eurydike, -, -, -, Hades, Griechenland, -, eurydike@hades.org,
2, -, Odysseus, -, -, -, Hades, Griechenland, -, odysseus@hades.org,
3, -, Penelope, -, -, -, Hades, Griechenland, -, penelope@hades.org,
```

Die Ausgabe hängt natürlich vom Füllstand der Datenbank ab. Da nach mehreren Durchläufen deutlich mehr Datensätze erzeugt werden, wird die Liste mit der Zeit immer länger.

CharonTest

Der Testtreiber *CharonTest* gibt nur einen Teil der Datenbank aus. Er wird durch die gleichnamige Batch-Datei bzw. das Shellskript gestartet und erzeugt folgende Ausgabe:

```
Datensatz: 1: Orpheus, -, orpheus@hades.org
Datensatz: 2: Eurydike, -, eurydike@hades.org
Datensatz: 3: Odysseus, -, odysseus@hades.org
Datensatz: 4: Penelope, -, penelope@hades.org
```

Diese Programmausgabe ist, wie die Ausgabe von *HadesTest*, vom Füllstand der Datenbank abhängig. Dieser Testtreiber legt aber keine neuen Datensätze an, so dass ein mehrmaliger Start nichts an der Programmausgabe ändert.

15.3.8 Verteilung

Die Bibliothek *Charon* wird als Jar-Archiv gespeichert und in den Lib-Verzeichnissen von *Nestor* und *Xenia* abgelegt (Verzeichnisse `ch16` und `ch17`). Beim Aufruf von *Nestor* und *Xenia* stehen somit die Methoden der Zugriffsschicht über ein Java-Archiv zur Verfügung.

15.4 Zusammenfassung

Die Klassen *Charon* und *HadesDb* bilden zusammen die Datenbankschicht *Charon*. Diese Zugriffsschicht kapselt die Personendaten und erlaubt den Datenbankanwendungen *Nestor* und Xenia einen komfortablen Zugriff auf die Hades-Datenbank.

Zu ihrer Programmierung verwendet *Charon* die Java-Datenbankschnittstelle JDBC und somit viele Klassen aus dem Paket *java.sql*. Die Datenbank *Hades* ist mit Hilfe des freien Datenbanksystems *hsqldb* entstanden. Um die Datenbank leicht wechseln zu können, sind alle datenbankspezifischen Grundeinstellungen in eine Properties-Datei ausgelagert.

15.5 Aufgaben

15.5.1 Fragen

1. Beschreiben Sie, was JDBC für den Java-Entwickler leistet.
2. Welche Aufgabe übernehmen JDBC-Treiber?
3. Welchen Vorteil bietet eine Datenbankzugriffsschicht wie Charon?
4. Warum befinden sich die Charon-Einstellungen für den Datenbanktreiber und die URL in einer Properties-Datei?
5. Beschreiben Sie, was zu tun ist, wenn man Charon mit einem anderen Datenbanksystem verbinden möchte.

15.5.2 Übungen

Legen Sie mit Hilfe der Klasse *HadesTest* zwei neue beliebige Datensätze an. Beschreiben Sie die dafür erforderlichen Schritte. Was müssen Sie beachten?

Die Lösungen zu den Aufgaben finden Sie in Kapitel 20 ab Seite 535.

»Wenn Sie glauben, dies sei ein großes Problem – warten Sie mal ab, bis wir versuchen, die Lösung zu finden.« (Walter Matthau)

16 Datenbankanwendungen

16.1 Einleitung

In Kapitel 13, »Komplexe Oberflächen mit Swing«, habe ich Ihnen die Oberfläche des Projekts Nestor vorgestellt und in Kapitel 15, »Datenbankprogrammierung«, eine Bibliothek, die den Programmen Nestor und Xenia einen komfortablen Zugang zu der Datenbank Hades erlaubt. Dieses Kapitel kombiniert beide Teile und gibt dem Projekt Nestor den letzten Schliff.

16.2 Projekt »Perseus«

16.2.1 Anforderungen

Sie haben vielleicht bemerkt, dass die Dialoge von Nestor (Kapitel 13, »Komplexe Oberflächen mit Swing«) und das Hauptfenster des Programms zentriert erscheinen. Dies zu erreichen war kein großer Programmieraufwand. Schön wäre es allerdings, wenn man die Funktion zum Zentrieren von Fenstern nicht in jedem neuen Programm immer wieder aufs Neue programmieren müsste. Um sich diese Arbeit zu ersparen, müsste sich die Funktion nicht im Programm befinden, sondern in einer Basisbibliothek wie Swing.

Zentrierte Dialoge

Neben einer generellen Methode, Dialoge zu zentrieren, wäre es zudem wünschenswert, dass sich die Dialoge nur dann in der Bildschirmmitte befänden, wenn der Anwender das Hauptfenster auch in der Bildschirmmitte angeordnet hat. Viele Anwender arbeiten jedoch mit mehreren Programmen gleichzeitig und verschieben beispielsweise das eine Fenster nach links und das andere nach rechts. Professionelle Programme reagieren entsprechend: Sie platzieren ihre Dialoge immer zentriert zum Hauptfenster und nicht zentriert zur Bildschirmmitte.

»Splash-Screen«

Leider gibt es in den Klassen von Swing keine Methode, Fenster und Dialoge zu zentrieren, ohne selbst programmieren zu müssen. Was ebenfalls fehlt, ist ein vorgefertigtes Begrüßungsfenster, das Programmierer »Splash-Screen« nennen. Splash-Screens sind Fenster, die erscheinen, bevor die Anwendung sichtbar ist, und die zeitgesteuert wieder verschwinden.

Neue Funktionen

Aufgrund der Mängel des Adressbuchs aus Kapitel 13, »Komplexe Oberflächen mit Swing«, sollen diese neuen Anforderungen an Nestor eingearbeitet werden. Außerdem muss das Programm noch eine Reihe von Funktionen bekommen, die für eine Datenbankanwendung notwendig sind. Aber dazu später mehr.

16.2.2 Analyse und Design

Die Anforderungen lassen sich mit geringem Aufwand mit einer kleinen Bibliothek realisieren, die später in Nestor integriert wird. Sie besteht aus zwei Basisfenstern und einem Basisdialog, die auf Swing-Klassen aufbauen.

Klasse »BasicWnd«

Für einen Splash-Screen ist es nicht notwendig, eine sehr komplizierte Basisklasse zu verwenden. Das Fenster soll nicht dekoriert sein, das heißt, nicht über Ränder, Rahmen und dergleichen verfügen. Er muss nur zentriert erscheinen und die Möglichkeit bieten, Text und eine Grafik auszugeben.

Die Ausgabe von Text und einer Grafik ist eine spezielle Angelegenheit des Splash-Screens. Sie steht im Gegensatz zu der allgemeinen Fähigkeit eines Fensters, zentriert am Bildschirm zu erscheinen. Beim Design einer Klassenhierarchie ist diese Unterscheidung wichtig. Es ist notwendig, die allgemeine von den speziellen Eigenschaften beim Klassendesign zu trennen.

Aus diesem Grund ist es sinnvoll, ein allgemeines Basisfenster zu entwickeln sowie einen von diesem Fenster abgeleiteten speziellen Splash-Screen. Das allgemeine Basisfenster kann zentriert werden, während der spezielle Splash-Screen neben dieser Fähigkeit auch noch Text ausgeben kann.

Aufgrund des Designs erhält die neue Basisklasse *BasisWnd* eine Methode, mit der das Fenster auf dem Bildschirm zentriert ausgerichtet werden kann. Die Basisklasse hat nur minimale Ansprüche und erbt daher von einer der einfachsten Swing-Klassen: der Klasse *JWindow* (Abbildung 16.1).

Klasse »SplashWnd«

Der Splash-Screen namens *SplashWnd* wird von dieser neuen Basisklasse abgeleitet und erbt somit die Methode zur Ausrichtung des Fensters. Er muss darüber hinaus eine Methode besitzen, durch die er eine Grafik sowie Text auf dem Bildschirm ausgeben kann. Da kein Fenster einer GUI-Bibliothek einfach an einer x-beliebigen Stelle auf den Bildschirm zeichnen darf, benötigt der Splash-Screen zwei GUI-Bausteine: einen für die Darstellung des Textes und einen für die Darstellung der Grafik.

Die Auswahl innerhalb von Swing ist groß. Ich habe mich zur Textausgabe für die Klasse *JTextField* und zur Grafikdarstellung für die Klasse *JLabel* entschieden. Beide stammen aus der Swing-Bibliothek. Die Klasse *SplashWnd* benötigt nur noch eine Zugriffsmethode für das als *private* deklarierte Textfeld und für das Label.

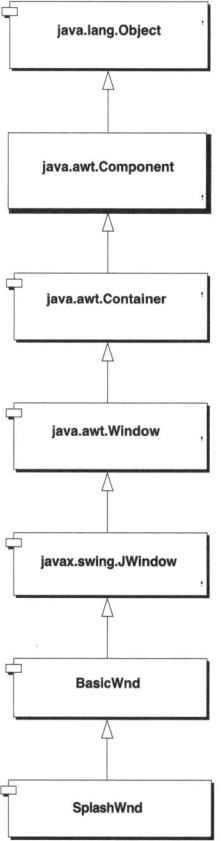

Abbildung 16.1 Die Klassenhierarchie von »BasisWnd« und »SplashWnd«

Damit ein GUI-Builder auf die Gestaltung des Fensters Einfluss nehmen kann, wird die Initialisierung in eine eigene Initialisierungsmethode verlagert. Nach diesen Vorüberlegungen zum Design der Fensterklasse muss der neue Basisdialog entworfen werden.

Klasse »BasicDlg«

Die Vorarbeiten für den Basisdialog sind einfacher. Er benötigt nur eine Methode, um zentriert zu dem Fenster zu erscheinen, das den Dialog erzeugt hat. Das bedeutet, dass die Funktionalität, die bisher Nestor enthielt, in eine Methode des Dialogs »wandert«.

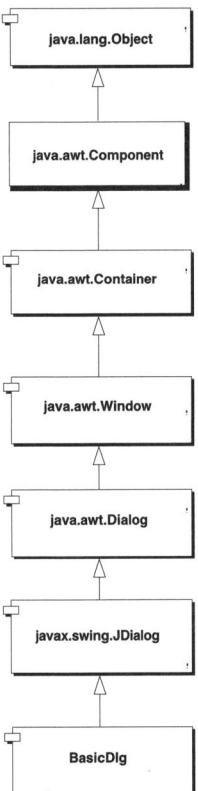

Abbildung 16.2 Der neue Basisdialog steht in einer langen Ahnenreihe.

Jetzt muss nur noch geklärt werden, von welcher Klasse der neue Basisdialog abgeleitet werden soll. Hier gibt es keine großen Entscheidungsschwierigkeiten, denn es bietet sich praktisch nur die Swing-Klasse *JDialog* an. Sie baut direkt auf die AWT-Klasse *Dialog* auf und verfügt über Methoden, mit denen der Dialog erzeugt und wieder zerstört werden kann.

16.2.3 Implementierung der Klasse »BasisWnd«

Paketstruktur

Wie die Bibliothek *Charon* bekommt die neue Bibliothek *Perseus* ein eigenes Paket und wird dadurch von Nestor getrennt. Das Package heißt *net.steppan.lib.perseus*.

Importanweisungen

Es werden die AWT-Klassen *Dimension* und *Point* benötigt, um die Bildschirmkoordinaten zu berechnen, und *JWindow* als Basisklasse für das Fenster.

```
import java.awt.Dimension;
import java.awt.Point;
import javax.swing.JWindow;
```

Listing 16.1 Die Importanweisungen der Klasse »BasisWnd«

Variablen

Es wird nur eine Objektvariable benötigt, die aus der Klasse *Alignment* erzeugt wird. Sie dient dazu, die Ausrichtung des Fensters zu steuern.

Konstruktor

Das Fenster besitzt nur einen Standardkonstruktor ohne Parameterübergabe. Dadurch, dass die Basisklassen über eine Vielzahl von Methoden verfügen, um den Dialog nach der Erzeugung entsprechend zu verändern, sind weitere Konstruktoren überflüssig.

Methode »setAlignment«

Mit Hilfe dieser Methode ist es möglich, das Fenster entweder zur Bildschirmmitte zu zentrieren oder zu dem Fenster, das das Basisfenster erzeugt hat. Hier wird die Variable *alignment* als Parameter übergeben. Durch diese Methode ist es auch möglich, das Fenster nachträglich auszurichten.

```
/**
 * setAlignment zentriert das Fenster
 * auf dem Bildschirm oder zu dem Fenster,
 * von dem es erzeugt wurde
 * @param alignment die Ausrichtung
 */
public void
setAlignment(net.steppan.lib.perseus.Alignment alignment) {
  Dimension wndSize = getSize();
  if (alignment == Alignment.CENTER_ON_PARENT) {
```

```
        Dimension parentSize = getParent().getSize();
        Point loc = getParent().getLocation();
        setLocation((parentSize.width  - wndSize.width)  / 2 + loc.x,
                    (parentSize.height - wndSize.height) / 2 + loc.y);
    } else {
        Dimension screenSize = getToolkit().getScreenSize();
        setLocation((screenSize.width  - wndSize.width)  / 2,
                    (screenSize.height - wndSize.height) / 2);
    }
}
```

Listing 16.2 Die Methode »setAlignment« richtet das Fenster aus.

Methode »getAlignment«

Die Methode *getAlignment()* ist das Gegenstück zum gerade besprochenen Mutator. Dieser Akzessor gibt lediglich den Zustand des Fensters zurück.

```
/**
 * getAlignment gibt die Ausrichtung des Fensters zurueck
 * @return alignment die Ausrichtung
 */
public net.steppan.lib.perseus.Alignment getAlignment() {
    return alignment;
  }
}
```

Listing 16.3 Die Methode »getAlignment« gibt den Fensterzustand zurück.

16.2.4 Implementierung der Klasse »Alignment«

Diese Klasse ist so klein, dass sie kaum einer Erwähnung bedarf. Sie dient als Ersatz für einen Enum-Typ, den es erst ab Java 5 gibt (Kapitel 4, »Sprache Java«). Damit Java-Programme auch mit anderen JDKs beziehungsweise JREs funktionieren, schlägt Sun Microsystems verschiedene Ersatzkonstruktionen vor, von denen ich hier eine vorstelle. Die genaue Erklärung muss ich Ihnen einstweilen schuldig bleiben. Sie wird beim Einbau der Fenster in das Adressbuch Nestor aber nachgeliefert.

```
public final class Alignment {
  public final static Alignment
    CENTER_ON_PARENT = new Alignment(),
    CENTER_ON_SCREEN = new Alignment();
  public final static Alignment[] alignment = {
```

```
    CENTER_ON_PARENT, CENTER_ON_SCREEN
  };
}
```

Listing 16.4 »Alignment« liefert zwei Konstanten als Aufzählungstyp.

16.2.5 Implementierung der Klasse »SplashWnd«

Paketstruktur

Die Klasse soll, wie die gesamte Bibliothek, zum Paket *net.steppan.lib.perseus* gehören.

Importanweisungen

Für das Fenster werden die Klasse *BorderLayout* benötigt, um die Widgets anzuordnen, die Klasse *Color*, um die Farbe des Textfelds zu bestimmen, und die Klassen der beiden GUI-Komponenten.

```
import java.awt.BorderLayout;
import java.awt.Color;
import javax.swing.ImageIcon;
import javax.swing.JLabel;
import javax.swing.JTextField;
```

Variablen

Zu Anfang legt die Klasse zwei neue Objekte an, um Grafik und Text auszugeben. Außerdem benötigt sie ein Objekt des Typs *String*, um den Dateinamen zu speichern, der als Text übergeben werden muss.

```
public class SplashWnd extends BasicWnd {
  private JLabel imageLbl = new JLabel();
  private JTextField splashTxf = new JTextField();
  private String fileName;
  private Color textBackgroundColor;
  private Color textColor;
```

Listing 16.5 Die Variablen der Klasse »SplashWnd«

Konstruktor

Der Konstruktor weist den Namen der Grafik einer Objektvariablen zu und delegiert danach die Initialisierung der GUI-Bausteine an eine Initialisierungsmethode.

```
/**
 * Fensterklasse zur Anzeige eines Splash-Screens
 * @param fileName Dateiname der Grafik
 */
public SplashWnd(String fileName) {
this.fileName = fileName;
  try {
    initialize();
  }
  catch (Exception e) {
    e.printStackTrace();
  }
  pack();
}
```

Listing 16.6 Der Konstruktor »SplashWnd« erzeugt einen neuen Splash-Screen.

Methode »setText«

Mit Hilfe dieser Methode lässt sich Text am unteren Rand des Fensters ausgeben.

```
public void setText(String text) {
  splashTxf.setText(text);
}
```

Listing 16.7 Die Methode »setText« gibt Text aus.

Initialisierungsmethode

Die Initialisierungsmethode erlaubt es GUI-Buildern, den Splash-Screen visuell zu bearbeiten. Sie besteht aus der Erzeugung einer Grafik aus einem *ImageIcon* und dem Aufbau der Komponenten innerhalb des Border-Layouts.

```
/**
 * Init-Methode fuer GUI-Builder
 * @throws Exception, falls die Initialisierung fehlschlaegt
 */
void initialize() throws Exception {
  imageLbl.setIcon(new ImageIcon(this.fileName));
  splashTxf.setEnabled(false);
  splashTxf.setBorder(null);
  splashTxf.setOpaque(false);
  this.getContentPane().add(imageLbl, BorderLayout.NORTH);
  this.getContentPane().add(splashTxf, BorderLayout.SOUTH);
}
```

Listing 16.8 Die Initialisierungsmethode erzeugt die grafische Oberfläche.

Methode »setBackgroundColor«

Für bestimmte Fälle, in denen man beispielsweise eine weiße Grafik verwendet, ist es nützlich, die Farbe des Textfelds ändern zu können.

```
/**
 * setTextBackgroundColor setzt die Hintergrundfarbe
 * des Textfelds
 * @param textBackgroundColor
 */
public void setTextBackgroundColor(Color textBackgroundColor) {
  this.textBackgroundColor = textBackgroundColor;
  splashTxf.setBackground(textBackgroundColor);
}
```

Listing 16.9 Die Methode »setTextBackgroundColor« legt die Farbe des Textfeldhintergrunds fest.

Methode »TextColor«

Auch diese Methode ist sinnvoll, wenn man bestimmte Grafiken verwenden möchte. Sie erlaubt es, die Textfarbe des Splash-Screens zu ändern.

```
/**
 * setTextColor setzt die Textfarbe
 * @param textColor
 */
public void setTextColor(Color textColor) {
  this.textColor = textColor;
  splashTxf.setDisabledTextColor(textColor);
}
}
```

Listing 16.10 Die Methode »setTextColor« legt die Farbe des Textes fest.

16.2.6 Implementierung der Klasse »BasicDlg«

Die Klasse ähnelt in ihrem Aufbau unverkennbar der Fensterklasse *BasicWnd*.

Paketstruktur

Wie die Fensterklassen gehört auch diese Klasse zum Package *net.steppan.lib.perseus*.

Importanweisungen

Die Klasse benötigt, wie schon zuvor *BasicWnd*, die Klassen *Dimension* und *Point*, um sich auf dem Bildschirm zu zentrieren.

```
import java.awt.Dimension;
import java.awt.Frame;
import java.awt.Point;
import javax.swing.JDialog;
```

Listing 16.11 Die Importanweisungen des Basisdialogs

Variablen

Auch hier ist die Ähnlichkeit mit *BasicWnd* offensichtlich: Zur Ausrichtung verwendet der Basisdialog den selbst entwickelten Enum-Typ.

```
public class BasicDlg extends JDialog {
  private net.steppan.lib.perseus.Alignment alignment;
```

Listing 16.12 Die Variable zur Ausrichtung des Dialogs

Konstruktoren

Der Basisdialog verfügt über drei Konstruktoren, von denen ich hier nur einen vorstellen möchte (Listing 16.13). Er leitet den Aufruf nur an die Basisklasse weiter.

```
/**
 * Erster Konstruktor
 * erzeugt einen Basisdialog
 * @param frame das Fenster
 * @param title der Titel
 * @param modal modal oder nicht modal
 */
public BasicDlg(Frame frame, String title, boolean modal) {
  super(frame, title, modal);
}
```

Listing 16.13 Der erste von drei Konstruktoren

Methode »setAlignment«

Die Methode *setAlignment* richtet den Dialog nach dem übergebenen Parameter aus. Wenn Sie die Konstante *alignment.CENTER_ON_PARENT* übergeben, zentriert sich der Dialog nach dem Fenster, das ihn erzeugt hat. Wollen Sie den Dialog in der Mitte des Bildschirms zentrieren, rufen Sie die Methode einfach mit dem Parameter *alignment.CENTER_ON_SCREEN* auf.

```
/**
 * setAlignment richtet das Fenster aus
 * @param alignment Ausrichtung
 */
```

```
public void setAlignment(net.steppan.lib.perseus.Alignment alignment) {
  Dimension wndSize = getSize();
  if (alignment == Alignment.CENTER_ON_PARENT) {
    Dimension parentSize = getParent().getSize();
    Point loc = getParent().getLocation();
    setLocation((parentSize.width  - wndSize.width)  / 2
                + loc.x,
                (parentSize.height - wndSize.height) / 2
                + loc.y);
  } else {
    Dimension screenSize = getToolkit().getScreenSize();
    setLocation((screenSize.width  - wndSize.width)  / 2,
                (screenSize.height - wndSize.height) / 2);
  }
}
```

Listing 16.14 Die Methode »setAlignment« legt die Ausrichtung fest.

Methode »getAlignment«

Diese Methode wird nur in seltenen Fällen benötigt, um festzustellen, welche Einstellungen gewählt wurden.

```
/**
  * getAlignment gibt die Ausrichtung zurueck
  * @return Alignment
  */
public net.steppan.lib.perseus.Alignment getAlignment() {
  return alignment;
}
```

Listing 16.15 Diese Methode gibt die Ausrichtung des Dialogs zurück.

Methode »centerOnParent«

Die Methode *setAlignment()* ist speziell für Programme gedacht, die konfigurierbar sein müssen. Im Gegensatz dazu stehen die folgenden beiden Methoden. Die erste von beiden, die Methode *centerOnParent()*, zentriert das Programm in der Mitte des Fensters, das es erzeugt hat.

```
/**
 * centerOnParent: Methode fuer Programme,
 * die nicht konfigurierbar sind.
 * Die Methode zentriert den Dialog zu
 * dem Fenster, von dem sie aufgerufen wurde
 */
public void centerOnParent() {
  Dimension wndSize = getPreferredSize();
```

```
    Dimension parentSize = getParent().getSize();
    Point loc = getParent().getLocation();
    setLocation((parentSize.width  - wndSize.width)  / 2
                + loc.x,
                (parentSize.height - wndSize.height) / 2
                + loc.y);
}
```

Listing 16.16 Diese Methode zentriert den Dialog über dem Fenster, das ihn erzeugt hat.

Methode »centerOnScreen«

Wie zuvor die Methode *centerOnParent()* liefert auch *centerOnScreen()* ein vorgefertigtes Verhalten und benötigt somit keinen Übergabeparameter.

```
/**
 * centerOnScreen: Methode fuer Programme,
 * die nicht konfigurierbar sind
 * Die Methode zentriert den Dialog
 * auf dem Bildschirm
 */
public void centerOnScreen() {
  Dimension wndSize = getPreferredSize();
  Dimension screenSize = getToolkit().getScreenSize();
  setLocation((screenSize.width  - wndSize.width)  / 2,
              (screenSize.height - wndSize.height) / 2);
}
```

Listing 16.17 Die Methode »centerOnScreen« zentriert den Dialog auf dem Bildschirm.

Test

Für den Test der Oberflächenbibliothek ist kein spezieller Testtreiber nötig. Der Test kann nach der Integration in Nestor vorgenommen werden.

16.3 Projekt »Charon«

16.3.1 Anforderungen

Nestor fehlen neben den Funktionen zur Ausrichtung von Dialogen und einem Splash-Screen noch andere, wesentlich wichtigere Funktionen wie das Löschen und Speichern eines Datensatzes. Für diese Funktionen ist es sinnvoll, wieder auf die Datenbankzugriffsschicht *Charon* zurückzugreifen, um diese zu erweitern.

16.3.2 Analyse und Design

Ich möchte Ihnen hier stellvertretend für die anderen Methoden der Datenbankzugriffsschicht nur zeigen, wie *deleteRow* aufgebaut ist. Die Methode *insertRow* wird im nächsten Kapitel bei der Umsetzung der Webanwendung Xenia erläutert.

Es gibt mehrere Möglichkeiten der Implementierung. Das liegt daran, dass nach dem Löschen eines Datensatzes die Stelle der Datenbankzeile zunächst unbesetzt ist. Wenn beispielsweise eine Person mit der ID 5 gelöscht wird, besitzt der Vorgänger weiterhin die Kennung 4, aber der Nachfolger die ID 6.

Nun gibt es zwei Möglichkeiten: Entweder man behält die Lücke bei und erwartet vom aufrufenden Programm, dass es den Fehler abfängt, wenn es auf die entsprechende Zeile zugreifen möchte, oder man sortiert ab dem Datensatz, der gelöscht wurde, die Datenbank um und vergibt neue Kennungen.

Das erste Verfahren ist für große Datenbanken sinnvoll, bei denen zum Beispiel die Kennung identisch mit einer Kundennummer ist, die sich nicht ändern darf. Das zweite Verfahren kann man dort anwenden, wo nur eine kleine Datenmenge verwaltet werden muss, wie das bei Nestor der Fall ist.

16.3.3 Implementierung von »HadesDb«

Für die Implementierung der Methode *deleteRow* der Klasse *HadesDb* gibt es zwei Möglichkeiten. Die erste Möglichkeit ist, auf die JDBC-Schnittstelle zurückzugreifen und die entsprechenden Methoden aufzurufen. Die zweite Möglichkeit ist, eine SQL-Anweisung an die Datenbank abzusetzen. Damit würde das Löschen eines Datensatzes wie der Zugriff auf die Daten funktionieren. Auch hier habe ich mich für die letzte Möglichkeit entschieden.

```
/**
 * deleteRow loescht eine Datenbankzeile
 * @param index die Zeile
 */
public void deleteRow(int index) throws SQLException {
  String id = new Integer(index - 1).toString(); // Korrekt
  //System.out.println(id); // Debug
  Statement statement = null;
  ResultSet resultSet = null;
  statement = connection.createStatement();
  int i = statement.executeUpdate("DELETE FROM Persons
                            WHERE id = " + id);
  if (i == -1) { // Debug
     System.out.println("Charon [deleteRow]: Fehler beim
                      Loeschen");
```

```
    }
    statement.close();
}
```

Listing 16.18 Die Methode »deleteRow« löscht eine Datenbankzeile.

16.3.4 Implementierung von »Charon«

Die Schnittstelle zur Datenbank, die Klasse *Charon*, reicht diese Methode im Prinzip nur weiter (Listing 16.19).

```
public void deleteRecord(int index) throws SQLException {
  database.deleteRow(index);
✂
}
```

Listing 16.19 Die Methode »deleteRecord« reicht das Löschen einfach weiter.

16.3.5 Test

Für die Tests der Bibliothek sollten wieder die entsprechenden Testtreiber (Kapitel 15, »Datenbankprogrammierung«) zum Einsatz kommen. Dazu wechseln Sie wieder in das Projekt des Verzeichnisses Datenbankanwendungen und starten über Ihre Entwicklungsumgebung oder das JDK die entsprechenden Klassen.

16.3.6 Verteilung

Damit das Adressbuch Nestor die neue Bibliothek verwenden kann, ist es sinnvoll, sie zu einem Archiv zusammenzubauen. Dazu starten Sie wieder das JDK-Werkzeug *jar* oder ein vergleichbares Werkzeug und integrieren die Klassen *Charon* sowie *HadesDb*.

16.4 Projekt »Nestor«

Die einzige Arbeit, die am Adressbuch noch zu verrichten ist, besteht darin, die beiden vorher genannten Bibliotheken zu integrieren. Dazu bedarf es weder einer neuen Aktivität »Anforderungen« noch einer Analyse oder eines Designs.

16.4.1 Integration der Klasse »SplashWnd«

Setzen der Bibliothekspfade

Um auf die neuen Bibliotheken zugreifen zu können, müssen Sie sie in den Klassenpfad Ihres Projekts aufnehmen. Das Setzen der Bibliothekspfade funktioniert mit jeder Entwicklungsumgebung etwas anders und ist allein ein Thema, mit dem sich ein Buch füllen ließe. Ich möchte deswegen an dieser Stelle nicht näher darauf eingehen und Ihnen stattdessen nur ein Beispiel geben, wie der Klassenpfad prinzipiell aussehen muss, damit Nestor alle Klassen findet:

```
/usr/share/prj/book/javaprimer/ch16/nestor/bin:
/usr/share/prj/book/javaprimer/ch15/charon/lib/hsqldb.jar:
/usr/share/prj/book/javaprimer/ch15/charon/jar/charon.jar:
/usr/share/prj/book/javaprimer/ch16/perseus/jar/perseus.jar:
/System/Library/Frameworks/JavaVM.framework/
    Versions/1.7/Classes/classes.jar:
/System/Library/Frameworks/JavaVM.framework/
    Versions/1.7/Classes/i18n.jar:
/System/Library/Frameworks/JavaVM.framework/
    Versions/1.7/Classes/sunrsasign.jar:
/System/Library/Frameworks/JavaVM.framework/
    Versions/1.7/Classes/ui.jar:
/System/Library/Frameworks/JavaVM.framework/
    Versions/1.7/Home/lib/dt.jar:
/System/Library/Frameworks/JavaVM.framework/
    Versions/1.7/Home/lib/ext/jcert.jar:
/System/Library/Frameworks/JavaVM.framework/
    Versions/1.7/Home/lib/ext/jnet.jar:
/System/Library/Frameworks/JavaVM.framework/
    Versions/1.7/Home/lib/ext/jpda.jar:
/System/Library/Frameworks/JavaVM.framework/
    Versions/1.7/Home/lib/ext/jsse.jar
```

Listing 16.20 Der Klassenpfad beim Start von »Nestor«

Sie finden im Projektverzeichnis einige Projektdateien für die wichtigsten Entwicklungsumgebungen sowie Make-Dateien für das JDK. Mit diesen Dateien können Sie Nestor sofort übersetzen.

16.4.2 Integration der Klasse »SplashWnd«

Der Konstruktor muss nur leicht modifiziert werden. Die Änderungen sind schon damit getan, einen Aufruf der Methode *showSplashScreen* einzufügen. Die Methode wird im nächsten Abschnitt erklärt.

```
// Konstruktor
  public NestorApp() {
    showSplashScreen(); // Splash-Screen anzeigen
    AppWnd frame = new AppWnd();
    // Frames ueberpruefen, die voreingestellte Groesse haben
    // Frames packen, die nutzbare bevorzugte
    // Groesseninformationen
    //enthalten, z. B. aus ihrem Layout
    if (packFrame) {
      frame.pack();
    }
    else {
      frame.validate();
    }
    frame.setAlignment(Alignment.CENTER_ON_SCREEN);
    frame.setVisible(true);
  }
```

Listing 16.21 Die Änderungen am Konstruktor der Klasse »NestorApp«

16.4.3 Implementierung der Methode »showSplashScreen«

Durch die Methode *showSplashScreen* präsentiert Nestor einen Splash-Screen, der für zwei Sekunden am Bildschirm erscheint, bevor er durch die Methode *dispose* zerstört wird. Die Methode ruft das Fenster auf und übergibt die Grafik in Form einer Zeichenkette.

```
/**
 * showSplashScreen zeigt einen SplashScreen an
 */
private void showSplashScreen() {
  SplashWnd splashScreen = new SplashWnd("img/splash.gif");
  splashScreen.setAlignment(Alignment.CENTER_ON_SCREEN);
  splashScreen.getContentPane().setBackground(Color.black);
  splashScreen.setTextColor(Color.white);
  splashScreen.show();
  //splashScreen.setText("Initialisierung ...");
  try {
    Thread.sleep(2000);
  }
  catch (InterruptedException ex) {
    System.out.println(ex);
  }
  splashScreen.dispose(); // Zerstoeren des Fensters
```

Listing 16.22 Die neue Methode »showSplashScreen«

16.4.4 Integration der Klasse »BasicDlg«

Der neue Basisdialog steht als Mittler zwischen Swing und den Dialogen des Programms Nestor. Um ihn zu integrieren, müssen nur die entsprechende Dialog-Klasse verändert und eine der zuvor vorgestellten Methoden verwendet werden.

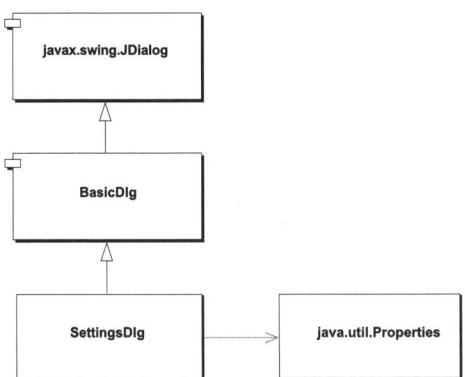

Abbildung 16.3 Der »BasicDlg« als Mittler zwischen Nestor und Swing

Änderung der Klasse »SettingsDlg«

An dieser Klasse sind nur maximal zwei Änderungen notwendig. Die Klasse *Alignment* muss nur dann importiert werden, wenn eine variable Ausrichtung gewünscht ist.

```
import net.steppan.lib.perseus.BasicDlg;
✂
public class SettingsDlg extends BasicDlg {
```

Listing 16.23 Die Klasse »SettingsDlg« leitet vom neuen Basisdialog ab.

Änderung der Klasse »AppWnd«

Diese Klasse muss nur dort geändert werden, wo die Methode aufgerufen wird. Dazu fügt man nur den Aufruf *centerOnParent* ein.

```
//Aktion Hilfe | Info durchgefuehrt
  public void showSettingsDlg(ActionEvent e) {
    SettingsDlg dlg = new SettingsDlg(this, "Einstellungen", true);
    dlg.centerOnParent(); // neu!
    dlg.setModal(true);
    dlg.show();
  }
```

Listing 16.24 Diese Methode erzeugt den neuen Dialog.

16.4.5 Integration der Klasse »Charon«

Setzen der Bibliothekspfade

Wie bei der Integration von *Perseus* ist es notwendig, die Bibliothekspfade anzupassen. Sollten Sie das vergessen haben, entsteht zur Laufzeit eine Exception, weil Klassen aus der Bibliothek nicht gefunden werden.

Änderung der Klasse »AddressPnl«

Die Adressenkomponente ist die Steuerzentrale des Adressbuchs und wird nun um einen Aufruf der neuen Funktion erweitert. Im Anschluss daran müssen Sie nur noch die Funktion in die Klasse *AppWnd* integrieren, um die Funktionalität von Nestor zu erweitern.

```
protected void deleteRecord() {
   try {
      dbLayer.deleteRecord(recordCounter);
   }
   catch (SQLException ex) {
      System.out.println("Fehler beim Loeschen");
   }
}
```

Listing 16.25 Die Methode »deleteRecord« löscht einen Datensatz.

Für den Test der Anwendung kompilieren Sie erst die Bibliotheken, um diese auf den neuesten Stand zu bringen, und danach die Anwendung Nestor. Wenn alles funktioniert hat, können Sie die Anwendung über eine der mitgelieferten Startdateien ausführen. Optisch hat sich anscheinend bis auf den Splash-Screen nicht viel geändert. Sie merken nur, dass die bisher noch fehlenden Funktionen verwendet werden können.

16.4.6 Verteilung

Von der Gesamtanwendung kann abschließend ein Jar-Archiv in der bekannten Art und Weise gebildet werden. Damit besteht das Projekt aus drei Archiven, die der virtuellen Maschine durch eine Batch-Datei oder ein Shellskript übergeben werden. Testen Sie nochmals den Start der Anwendung. Wenn alles geklappt hat, ist das Projekt Nestor abgeschlossen.

16.5 Zusammenfassung

Das Projekt *Nestor* hat in diesem Kapitel seinen Feinschliff bekommen. Zwei neue Bibliotheken, *Perseus* und *Charon*, wurden integriert. Die Oberflächenbibliothek *Perseus* hat einen Basisdialog und einen Splash-Screen eingebracht, während die Datenbankbibliothek *Charon* für die Datenbanklogik sorgte.

16.6 Aufgaben

16.6.1 Fragen

1. Was ist der Vorteil einer GUI-Bibliothek wie *Perseus*?
2. Von welcher Klasse stammt *BasicWnd* ab?
3. Was ist ein Splash-Screen?
4. Welche Anweisungen bewirken, dass der Screen nur einige Sekunden auf dem Bildschirm bleibt?

16.6.2 Übungen

1. Verändern Sie die beiden Testtreiber *CharonTest* und *HadesTest* so, dass sie einen Datensatz löschen. Übersetzen und starten Sie beide Programme. Welche Ausgabe erzielen Sie? Ist ein Unterschied zu sehen? Wenn ja, warum?
2. Die Klasse *SplashScreen* verfügt über eine Methode *setText()*, mit deren Hilfe Sie Text ausgeben können. Verändern Sie den Konstruktor von *NestorApp* so, dass er diese Methode aufruft, und übergeben Sie dann die Zeichenkette »Initialisierung ...«. Kompilieren Sie anschließend das Programm, und starten Sie es.

Die Lösungen zu den Aufgaben finden Sie in Kapitel 20 ab Seite 536.

»Ins Internet bin ich, glaube ich, einmal oder zweimal bisher gegangen.«
Hans-Christian Ströbele, MdB (Grüne), auf die Frage: »Benutzen Sie auch Internet?«

17 Dynamische Websites

17.1 Einleitung

In der Anfangszeit des Internets haben Webprogrammierer ihre Webseiten wie andere Dokumente konventionell bearbeitet, veröffentlicht und nach jeder Änderung erneut verändert. Dieses extrem arbeitsaufwändige Verfahren ist heute unüblich. Stattdessen präsentiert man nur Fassaden, deren Inhalt aus Datenbanken stammt. Diese Websites sind interaktiv und ihre Informationen tagesaktuell. Man spricht daher von dynamischen Websites.

Die Vorarbeiten für die dynamische Website *Xenia* sind in den Kapiteln 14, »Weboberflächen mit Servlets«, und 15, »Datenbankprogrammierung«, erfolgt. Jetzt geht es nur noch darum, die dort entstandene Datenbankbibliothek *Charon* und die Datenbank Hades zu integrieren und alle Teile so zusammenzusetzen, dass Xenia mit ihrem Gästebuch endlich »ans Netz« gehen kann.

17.2 Projekt »Charon«

17.2.1 Anforderungen

Das Projekt *Xenia* verwendet die Servlet-Oberfläche aus Kapitel 14, »Weboberflächen mit Servlets«, in Kombination mit der Datenbankbibliothek *Charon* und der Datenbank *Hades* (beide aus Kapitel 15, »Datenbankprogrammierung«). Die Anforderungen an die dynamische Website sind nach den geleisteten Vorarbeiten relativ leicht zu erfüllen: Die verschiedenen Teile aus den vorangegangenen Kapiteln sollen integriert werden, damit die Gäste jetzt permanent in der Datenbank *Hades* verweilen.

17.2.2 Analyse und Design

Die Version der Website *Xenia* aus Kapitel 14 und die Version der Website aus diesem Kapitel unterscheiden sich nur geringfügig. Aufgrund der provisorischen Charon-Fassade war es zum Beispiel nicht möglich, neue Personen und Kommentare einzugeben. Es konnten nur die bestehenden Testdaten aus primitiven Arrays ausgelesen werden.

Migrationen

Durch den Wechsel zu einer relationalen Datenbank muss die Charon-Fassade jetzt gegen die Charon-Bibliothek ausgetauscht werden. Das eigentliche Xenia-Projekt schrumpft deshalb auf zwei Klassen zusammen. Das bedeutet auch, dass Charon als Java-Archiv in den Klassenpfad aufgenommen werden muss.

Charon-Fassade

Werfen Sie bitte einen Blick auf Abbildung 17.1. Hier sehen Sie nochmals den grundsätzlichen Aufbau beider Projekte. Die Charon-Schnittstelle schirmt fassadengleich die beiden Programme aus 14 und diesem Kapitel von der Datenhaltung ab. Bis auf die neuen, jetzt notwendigen Funktionen ist keine Änderung an den Servlets notwendig.

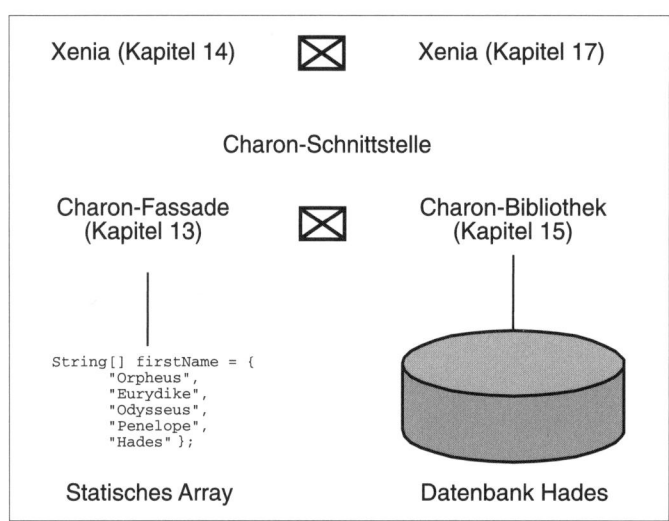

Abbildung 17.1 Unterschiede zwischen dem Aufbau von Xenia I und II

Neue Funktionen

Zum Anlegen eines neuen Datensatzes und zum Abfragen des Kommentars ist es erforderlich, die Charon-Bibliothek um mindestens zwei Methoden zu erweitern und diese Erweiterung in die Servlets *NewGuest* sowie *GuestList* zu integrieren. Die Vorarbeiten spielen sich vor allem in der Klasse *HadesDb* ab.

17.2.3 Implementierung der Klasse »HadesDb«

Die Datenbankklasse, die die direkte Umsetzung zur Hades-Datenbank übernimmt, wird um zwei neue Methoden erweitert, um die restlichen Anforderungen von Xenia zu erfüllen.

Methode »insertRow«

Durch die Methode *insertRow()* kann die Klasse eine Methode zur Verfügung stellen, die es dem Gästebuch Xenia erlaubt, eine Tabellenzeile einzufügen. Die Methode lässt sich mit einer SQL-Anweisung einfach umsetzen. Dazu verwendet die Klasse die eigene Methode *update()*, die sich darum kümmert, die Datenbankverbindung zu halten, ein Datenbank-Statement zu erzeugen und die Anfrage abzusetzen.

```
/**
 * insertRow fuegt eine Tabellenzeile ein
 * @param firstName der Vorname
 * @param email die E-Mail-Adresse
 * @param comment der Kommentar
 * @throws SQLException, wenn etwas schieflaeuft
 */
public void insertRow(String firstName,
                      String email,
                      String comment)
    throws SQLException {
  update(
      "INSERT INTO Persons(Title,FirstName,LastName,"+
      "Street,Zip,City,Country,Telephone,Email,Comment)"+
      " VALUES('-','" + firstName +"','-','-','-','-','-',"+
      "'-','-','" + email + "','"+ comment +"')");
}
```

Listing 17.1 Die Methode »insertRow« der Klasse »HadesDb«

Da die Vorarbeiten für die Methode schon in Kapitel 15, »Datenbankprogrammierung«, weitestgehend berücksichtigt wurden, ist die Implementierung mit der Übergabe des SQL-Befehls in Form einer Zeichenkette erledigt. Die neue Methode kann eine SQL-Exception erzeugen, die von der Klasse abgefangen werden muss, die sie verwendet.

Methode »getComment«

Bislang gab es in der Datenbankschnittstelle von Charon keine Methode, mit der ein Kommentar ermittelt werden konnte. Das lag daran, dass diese Funktion bisher nicht benötigt wurde – das Adressbuch Nestor hatte keinen Bedarf an einer solchen Funktion.

Mit der Komplettierung von Xenia ändert sich das, da der Anwender jetzt auch Kommentare in das Webformular eingeben soll, die persistent in der Datenbank gespeichert werden. Dies wird mit der Methode *getComment()* erreicht, die wie die anderen Zugriffsmethoden aus Kapitel 15, »Datenbankprogrammierung«, aufgebaut ist.

```
/**
 * Ermittelt den Kommentar
 * @param index
 * @return
 * @throws SQLException
 */
public String getComment(int index) throws SQLException {
  Statement statement = null;
  ResultSet resultSet = null;
  int colMax;
  Object record = null;
  String id = new Integer(index - 1).toString();
  statement = connection.createStatement();
  resultSet = statement.executeQuery("SELECT * "+
                          "FROM Persons WHERE id = " + id);
  resultSet.next(); // ................ Cursor zur ersten Zeile
  record = resultSet.getObject(11); //  Position 10: Kommentar
  statement.close(); // ............... ResultSet ab jetzt leer
  return record.toString();
} // getComment
```

Listing 17.2 Die Methode »getComment« der Klasse »HadesDb«

17.2.4 Implementierung der Klasse »Charon«

Die Klasse *Charon* ist die eigentliche Fassade, die als dünne Schicht über *HadesDb* liegt. Sie befreit die Programme Nestor und Xenia davon, sich mit den Datenbankdetails zu befassen, die notwendig wären, um die Klasse *HadesDb* direkt anzusprechen. Hier werden Pendants zu den gerade entwickelten Methoden benötigt, die die Funktionen einfach zur der Datenbankklasse *HadesDb* durchschleifen.

Methode »getComment«

Diese Methode ist die Umsetzung der Methode gleichen Namens der Klasse *HadesDb*. Hier ist die Frage, ob die Exception, die in der Klasse *HadesDb* ausgelöst wird, abgefangen oder weitergereicht werden soll. Die momentane Implementierung fängt die Exception in einem eigenen Try/Catch-Block ab und reicht sie nicht weiter.

```
/**
 * getComment ermittelt den Kommentar
 * @param index Kennung der Person
 * @return der Kommentar
 */
public String getComment(int index) {
  String comment = null;
  try {
    comment = database.getComment(index);
  }
  catch (SQLException ex) {
    ex.printStackTrace();
  }
  return comment;
}
```

Listing 17.3 Die Methode »getComment« der Klasse »Charon«

Methode »insertRecord«

Auch diese Methode ist eine 1:1-Umsetzung der verwandten Methode *insertRow()* aus *HadesDb*. Sie schleift wie die Methode zuvor nur die Parameter zu der Klasse durch, die die eigentliche Arbeit mit der Datenbank erledigt.

```
/**
 * insertRecord fuegt einen Datensatz ein
 * @param firstName der Vorname
 * @param email die E-Mail-Adresse
 * @param comment der Kommentar
 * @throws SQLException, wenn etwas schieflaeuft
 */
public void insertRecord(String firstName,
                         String email,
                         String comment)
    throws SQLException {
  database.insertRow(firstName, email, comment);
}
```

Listing 17.4 Die Methode »insertRecord« der Klasse »Charon«

Mit dieser Methode ist die Arbeit an der Datenbankbibliothek Charon abgeschlossen. Die Methoden können in Xenia integriert werden.

17.3 Projekt »Xenia«

17.3.1 Anforderungen

Das Projekt Xenia verwendet die Xenia-Oberfläche aus Kapitel 14, »Weboberflächen mit Servlets«, in Kombination mit der Datenbankbibliothek Charon des Kapitels 15, »Datenbankprogrammierung«, und der Datenbank Hades. Die Anforderungen lassen sich leicht auf einen Nenner bringen: Die Gäste sollen jetzt persistent (dauerhaft) gespeichert werden.

17.3.2 Analyse und Design

Da Xenia nicht in dem Maße wie das Parallelprojekt Nestor geändert werden muss, ist ein Softwaredesign nicht mehr notwendig, wohl aber einige Überlegungen zur Integration. Um die Anforderungen zu erfüllen, müssen mehrere Änderungen am Projekt vollzogen werden:

- Implementierung der neuen Methoden
- Integration der Datenbankbibliothek *Charon*
- Integration der Datenbank *Hades*
- Integration der Datenbank-Properties
- Integration der Bibliothek *HSQLDB*

Damit die Gäste permanent in der Datenbank gespeichert werden, ist es erforderlich, dass Charon eine Methode bekommt, die neue Datensätze anlegt. Das betrifft nur die Klasse *NewGuest*.

17.3.3 Implementierung der Klasse »NewGuest«

Um die Eingaben des Anwenders weiterzureichen, wertet die Methode *doPost()* der Klasse *NewGuest* den Parameter *request* des Servlets aus. Mit Hilfe dieses Parameters kann die Methode die Felder des HTML-Formulars abfragen, die eine entsprechende Kennung besitzen. Die Klasse *HttpServletRequest* besitzt dazu eine Methode *getParameter()*, der man die Kennung des HTML-Widgets in Form einer Zeichenkette übergibt.

```java
/**
 * Die HTTP-Anforderung Post bearbeiten
 * @param request die Anforderung
 * @param response die Antwort
 * @throws ServletException
 * @throws IOException
 */
public void doPost(HttpServletRequest request,
                   HttpServletResponse response)
                 throws ServletException, IOException {
  response.setContentType(CONTENT_TYPE); // MIME-Typ setzen
  PrintWriter out = response.getWriter();
  printHeader(out);
  printThankYouMsg(out);
  try {
    new Charon().insertRecord(
                             request.getParameter("Firstname"),
                             request.getParameter("Email"),
                             request.getParameter("Comment"));
  }
  catch (SQLException ex) {
    System.out.println("Xenia: " + ex);
  }
  printFooter(out);
}
```

Listing 17.5 Die Methode »doPost« der Klasse »NewGuest«

Um diese Daten an die Datenbankbibliothek Charon weiterzureichen, genügt es, ein anonymes Objekt anzulegen und dessen Methode *insertRecord()* aufzurufen. Den Rest erledigt Charon von selbst, ohne dass sich das Servlet um Datenbanktreiber und dergleichen kümmern muss.

17.3.4 Implementierung der Klasse »GuestList«

Infolge der Änderungen an der Schnittstelle der Datenbankbibliothek und der Erweiterung um die Fähigkeit, Kommentare zu speichern, kann jetzt auch die Gästeliste die tatsächlich eingegebenen Kommentare aus der Datenbank anzeigen. Dazu müssen Sie lediglich die For-Schleife um eine Abfrage erweitern.

```java
/**
 * Gibt die Tabelle aus
 * @param out
 * @throws IOException
 */
```

```java
    public void printGuestList(PrintWriter out)
                            throws IOException {
      Charon dbLayer = new Charon(); // Datenbankbibliothek
      out.println("<table id='guestlist'
                  align='left' cellspacing='5'
                  border='0' cellpadding='7'>");
      out.println("<tr bgcolor='#666699'>");
      out.println("<th width='56'>
                  <div align='left'>
                  <font color='#CCCCCC'>
                  <code>Vorname</code></font>
                  </div></th>");
      out.println("<th width='136'>
                  <div align='left'>
                  <font color='#CCCCCC'>
                  <code>E-Mail</code>
                  </font></div></th>");
      out.println("<th width='531'>
                  <div align='left'>
                  <font color='#CCCCCC'>
                  <code>Kommentar</code>
                  </font></div></th>");
      out.println("</tr>");
      // Liste aus der Datenbank:
      for (int i = 1; i <= dbLayer.getLastRecord(); i++) {
        out.println("<tr bgcolor='#CCCCCC'>");
        out.println("<td><div align='left'><code>"+
                    dbLayer.getFirstName(i)+
                    "</code></div></td>");
        out.println("<td> <div align='left'><code>"+
                    dbLayer.getEmail(i)+
                    "</code></div></td>");
        out.println("<td>  <div align='left'><code>"+
                    dbLayer.getComment(i)+
                    "</code></div></td>");
                    out.println("</tr>");
      }
      out.println("</tr>");
      out.println("</table>");
    }
```

Listing 17.6 Die Methode »printGuestList« der Klasse »GuestList«

17.3.5 Änderungen am Projektverzeichnis

Die Programmierarbeiten sind leider nicht die einzige Umstellungsarbeit, die das Projekt Xenia auf dem Weg zu einer dynamischen Website erdulden muss. Sie müssen auch die Struktur des Projektverzeichnisses umstellen beziehungsweise ergänzen, damit der Webserver Datenbank, Properties sowie Bibliotheken findet.

Während dies bei Java Applications von der virtuellen Maschine ausgeführt wird, ist die Laufzeitumgebung von Servlets und JavaServer Pages ein Webserver. Ich habe mich beim Xenia-Projekt für den nicht mehr aktuellen, aber frei verfügbaren Apache/Tomcat-Webserver in der Version 3.3 entschieden. Um ihn für ein Datenbank-Servlet einzurichten, sind einige minimale Kenntnisse notwendig.

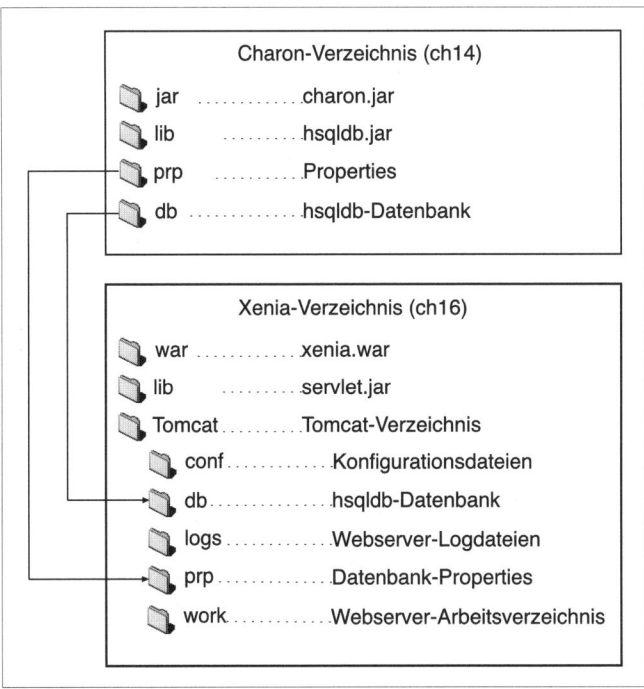

Abbildung 17.2 Die erforderlichen Änderungen am Projektbaum

Properties

Die Charon-Bibliothek holt sich ihre Informationen über Datenbank, Datenbanktreiber, Anwender und Passwort aus der Properties-Datei Db.properties, die sich als Vorlage im Unterverzeichnis prp/db des Projekts *Charon* befindet. Sie müssen diese Datei in das Tomcat-Verzeichnis kopieren, wo sich das Arbeitsverzeichnis des Webservers befindet.

Integration der Datenbank

Nachdem das erfolgt ist, müssen die Datenbanktabellen der relationalen Datenbank *hsqldb* in das Unterverzeichnis des Webservers Tomcat kopiert werden. Erst danach ist es überhaupt möglich, auf Tabellen und Datensätze zuzugreifen.

Datenbankbibliothek »Charon«

Die neue Bibliothek Charon mit dem Dateinamen `charon.jar` muss sich nur im Klassenpfad befinden und kann im Unterverzeichnis `ch15/jar` verbleiben.

Datenbankbibliothek und JDBC-Treiber »hsqldb«

Ebenso wie bei der Charon-Bibliothek ist es auch hier nicht erforderlich, den Datenbanktreiber und die HSQLDB-Bibliothek in das Xenia-Projektverzeichnis zu kopieren. Sie befinden sich im Ordner `ch15/lib` und sollten dort bleiben.

Integration der Servlet-Bibliothek

Die Servlet-Bibliothek muss in das Projektverzeichnis aufgenommen werden, damit die Servlet-Klassen überhaupt zur Verfügung stehen. Abbildung 17.2 zeigt eine Zusammenfassung der notwendigen Bibliotheken und wo sie sich in beiden Verzeichnissen befinden.

17.3.6 Test

Für einen ersten Test der neuen Methoden können Sie wieder die Testtreiber des Charon-Projekts einsetzen. Sie sind in der Lage, eine neue Datenbank mit neuen Tabellen sowie Datensätzen anzulegen.

Ist das erfolgt, müssen Sie den Webserver starten, damit HTTP-Services auf Ihrem lokalen Computer (Host) zur Verfügung stehen. Danach steht Ihnen ein *localhost* zur Verfügung, und Sie können folgende Adresse in einen Webbrowser eingeben:

`http://localhost:8080/servlet/net.steppan.app.xenia.NewGuest`

Daraufhin müsste das Webformular im Browser erscheinen (Abbildung 17.3). Geben Sie einen neuen Gast ein, indem Sie das Formular ausfüllen, und klicken Sie auf SENDEN. Das Formular wird nun an den Server geschickt, der daraufhin den neuen Gast einträgt und, wie in Abbildung 17.4 zu sehen ist, mit einer Mitteilung antwortet.

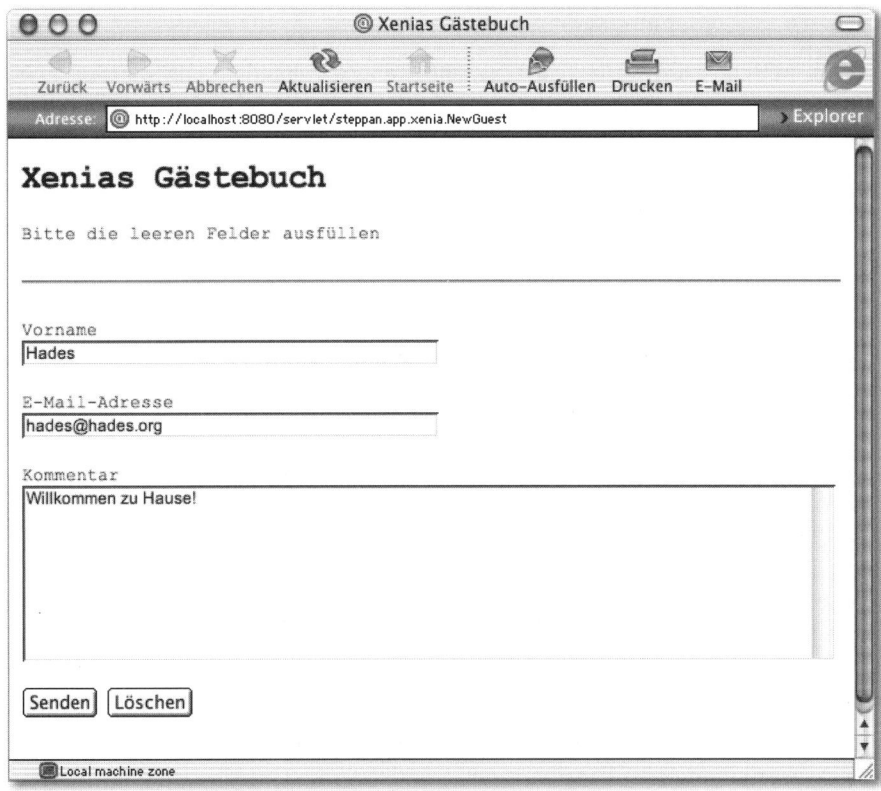

Abbildung 17.3 Das Webformular von »Xenia« im Internet Explorer

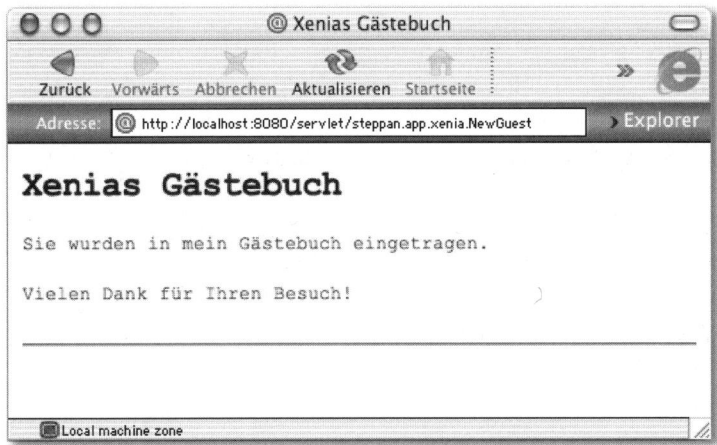

Abbildung 17.4 Das Servlet antwortet mit einer Mitteilung.

Sie können nun überprüfen, ob der neue Gast in der Gästeliste erscheint. Geben Sie dazu folgende Webadresse ein:

```
http://localhost:8080/servlet/net.steppan.app.xenia.GuestList
```

Danach müsste sofort eine neue Gästeliste erscheinen, die auch diesen neuen Gast beinhaltet (Abbildung 17.5).

Abbildung 17.5 Die Gästeliste von »Xenia« im Internet Explorer

17.3.7 Verteilung

Die Verteilung eines solchen Datenbank-Projekts ist nicht gerade einfach. Sie erfordert in jedem Fall den Beistand eines Webadministrators Ihres Internetproviders. Er kann Ihnen sagen, in welche Verzeichnisse des Application Servers (Kapitel 22, »Werkzeuge«) beziehungsweise des Webservers (beispielsweise Apache/Tomcat) Ihre Projektdateien verteilt werden müssen.

Zusätzlich steht Ihnen ein War-Archiv (Webarchiv) im gleichnamigen Ordner des Projekts zur Verfügung. Es muss in das Verzeichnis des Webcontainers gelegt werden, das in den Grundeinstellungen festgelegt wurde. Das Webarchiv erleichtert die Verteilung des Bytecodes von größeren Projekten, weil es sie in einem Archiv zusammenfasst.

17.4 Zusammenfassung

Mit diesem Kapitel endet das Projekt des Gästebuchs *Xenia*. Im Gegensatz zu Nestor ist nur die Bibliothek *Charon* integriert worden. Damit war es ohne Änderungen an der Schnittstelle möglich, die Datenhaltung auf eine relationale Datenbank umzustellen.

Das Projekt *Xenia* besteht aus zwei Teilen: der Datenbankbibliothek *Charon* und der Oberfläche *Xenia*. Diese setzt sich aus zwei Servlets zusammen: einer Gästeliste und einem Formular sowie einem Mitteilungsdialog.

17.5 Aufgaben

17.5.1 Fragen

1. Was sind statische Webseiten?
2. Worin besteht der Vorteil von dynamischen Websites?
3. Mit welcher Servlet-Methode wertet man Benutzereingaben aus?
4. Wie funktioniert das Einfügen eines Datensatzes beim Projekt Charon?

17.5.2 Übungen

1. Schreiben Sie die Testtreiber von Charon so um, dass sie die neuen Funktionen *insertRecord()* und *insertRow()* verwenden.

2. Verändern Sie die Methode *printThankYouMsg()* der Klasse *NewGuest* so, dass der Anwender einen persönlichen Dank erhält, wenn er sich in das Gästebuch eingetragen hat. Die Mitteilung soll so aussehen:

```
Sie wurden in mein Gästebuch eingetragen
<Vorname>, vielen Dank für Ihren Besuch
```

3. Ersetzen Sie *<Vorname>* durch die Zeichenkette, die der Anwender eingegeben hat. Orientieren Sie sich dabei an der Methode *doPost()*, die die Eingaben des Anwenders ebenfalls auswertet.

Die Lösungen zu den Aufgaben finden Sie in Kapitel 20 ab Seite 537.

TEIL IV
Lösungen

In diesem Teil finden Sie die Musterlösungen zu den Aufgaben des ersten Teils (Kapitel 18), des zweiten Teils (Kapitel 19) und des dritten Teils (Kapitel 20).

»Die Welt ist voller Rätsel, für dieses Rätsel aber ist der Mensch die Lösung.« (Joseph Beuys)

18 Lösungen zu Teil I

18.1 Digitale Informationsverarbeitung

18.1.1 Zahlensysteme

1. Woher kommt der Name Digitalcomputer?

   Ein Digitalcomputer kann nur mit Digitalzahlen (Binärzahlen) rechnen, daher auch sein Name.

2. Warum arbeiten heutige Digitalcomputer mit Binärzahlen?

   Ein Digitalcomputer besteht aus primitiven Bauelementen, die nur zwei Zustände speichern können. Aus diesem Grund ist die Muttersprache des Digitalcomputers das Digitalsystem.

3. Welchen Vorteil bietet das Hexadezimalsystem bei der Darstellung von Binärzahlen?

   Hexadezimalzahlen lassen sich sehr leicht in Binärcode umrechnen. Jede Stelle einer Hexadezimalzahl entspricht vier Bit.

4. Wandeln Sie die Hexadezimalzahl 7D3 manuell in eine Dezimalzahl um. Beschreiben Sie den Lösungsweg.

   Jede Stelle der Hexadezimalzahl entspricht einer Potenz zur Basis 16. Das bedeutet $7D3_{16} = (7 * 16^2 + 13 * 16^1 + 3 * 16^0)_{10} = (1792 + 208 + 3) = 2003_{10}$. Die Hexadezimalzahl 7D3 entspricht der Dezimalzahl 2003.

18.1.2 Informationseinheiten

1. Was ist die kleinste Informationseinheit, die ein Computer verarbeitet?

   Die kleinsten Informationseinheit, die ein Computer verarbeiten kann, ist das Bit.

2. Wie viele Bits haben Sie zur Darstellung der Hexadezimalzahl 7D3 (Kapitel 1, »Digitale Informationsverarbeitung«, Aufgabe 4) benötigt?

   Jede Stelle einer Hexadezimalzahl entspricht vier Bit, daher benötigt die Darstellung einer dreistelligen Hexadezimalzahl 12 Bit Speicherplatz.

3. Wie viele Bytes sind ein KByte?

   Ein KByte entspricht 1024 Byte.

4. Wie kommt es zu der ungewöhnlichen Schreibweise von KByte?

   Durch die Großschreibung des Faktors Kilo wollte man Verwechslungen mit dem kleingeschriebenen physikalischen Faktor kilo = 1000 vermeiden.

18.1.3 Zeichenkodierung

1. Wofür benötigt man Codetabellen?

   Computer speichern alle Informationen im Binärformat. Dieses Format muss erst als Zeichen interpretiert, das heißt übersetzt werden. Dabei muss man festlegen, welche Binärzahl welchem Zeichen entspricht. Dies geschieht durch Übersetzungstabellen, die einem Code entsprechen.

2. Was sind die großen Vorteile des Unicodes?

   Unicode hat einen 16 Bit großen Wertebereich, der ausreicht, um alle Zeichen aller Landessprachen darzustellen. Da er international normiert ist, sieht ein Unicode-Text auf jedem beliebigen Computer, der Unicode versteht, absolut gleich aus. Da Java-Programme Unicode beispielsweise zur Darstellung ihrer grafischen Oberflächen verwenden, lassen sich deren Oberflächen leicht internationalisieren.

18.1.4 Kodierung logischer Informationen

1. Welche logischen Verknüpfungen gibt es?

   Es gibt drei Arten: die Und-Funktion, die Oder-Funktion und die Nicht-Funktion.

2. Wie lautet das Ergebnis von folgendem Ausdruck: $1 \wedge (0 \vee 1)$?

   $1 \wedge (0 \vee 1) = 1 \wedge 1 = 1$

18.2 Programmiersprachen

18.2.1 Programmiersprachen der ersten Generation

1. Wie nennen sich Programmiersprachen der ersten Generation?

   Die Programmiersprache der ersten Generation ist die Maschinensprache.

2. Woher stammt ihr Name?

   Die Maschinensprache ist die eigentliche Sprache des Computers (der Maschine).

3. Weshalb programmiert man heute nicht mehr mit Sprachen der ersten Generation?

   Die Maschinensprache ist das Binärformat eines Programms für einen speziellen Computer und deshalb praktisch nicht portabel oder nur schwer portierbar. Außerdem ist die Sprache relativ schwer verständlich, da sie nicht mit symbolischen Informationen arbeitet. Die Entwicklung von Programmen in Maschinensprache ist zudem sehr unproduktiv, da die Sprache aus sehr leistungsarmen Befehlen besteht.

18.2.2 Programmiersprachen der zweiten Generation

1. Nennen Sie die drei wichtigsten Vorteile der Assembler-Sprache gegenüber den Hochsprachen.

   Erster Vorteil: Schnelligkeit der Programme. Zweiter Vorteil: weniger Hauptspeicherbedarf. Dritter Vorteil: geringerer Bedarf an Festplattenkapazität. Ein anderer Vorteil wäre die unbegrenzte Flexibilität.

2. Für welche Software setzt man heute noch die Assembler-Sprache ein?

   Für die Treiber- und Spieleprogrammierung sowie für geschwindigkeitskritische Teile des Betriebssystems.

3. Was sind die drei wesentlichen Vorteile von Hochsprachen gegenüber der Assembler-Sprache?

   Bessere Portabilität, höhere Produktivität (mächtigere Befehle) und vergleichsweise gute Verständlichkeit.

18.2.3 Programmiersprachen der dritten Generation

1. Was versteht man unter portablen Computerprogrammen?

   Portable Programme lassen sich leicht von einem Computersystem auf ein anderes übertragen.

2. Nennen Sie drei Programmiersprachen der dritten Generation.

   Beispielsweise C, Pascal und Java (aber auch COBOL, FORTRAN, C++ und C# wären richtig).

18.3 Objektorientierte Programmierung

18.3.1 Fragen

1. Worin unterscheiden sich Klassen von Objekten?

   Klassen sind der Bauplan für Objekte. Ein Programm besteht aus einem oder mehreren Objekten.

2. Wie unterscheiden sich Objekte der gleichen Klasse voneinander?

   Objekte der gleichen Klasse unterscheiden sich nur durch ihre Attribute, und zwar in einer bestimmten Art von Attribut, dem Zustand.

3. Was bedeutet der Begriff »Basisklasse«?

   Basisklassen bilden die Grundlage für andere Klassen, die von ihnen abgeleitet sind. Sie sind Elternklassen.

4. Was bedeutet der Begriff »abgeleitete Klasse«?

   Eine abgeleitete Klasse stammt von einer Basisklasse ab. Das Verhältnis von Basisklasse zu abgeleiteter Klasse ist analog zu dem von Eltern zu Kindern.

5. Wie verständigen sich Objekte untereinander?

   Objekte kommunizieren über Botschaften miteinander.

6. Welche Arten von Beziehungen gibt es, und wie unterscheiden sie sich?

   Es gibt Vererbungsbeziehungen und Assoziationen. Bei Assoziationen unterscheidet man nochmals zwischen einer einfachen Assoziation, einer Aggregation und einer Komposition.

7. Worin liegt die Gefahr bei Vererbungsbeziehungen?

   Vererbung pflanzt sich durch alle abgeleiteten Klassen fort. Bei Anpassungen von Basisklassen (zum Beispiel infolge von Designfehlern) muss die Software unter Umständen massiv geändert werden.

18.3.2 Übungen

1. Zeichnen Sie zur Abbildung 18.1 eine Klasse mit Klassennamen, Attributen und Methoden.

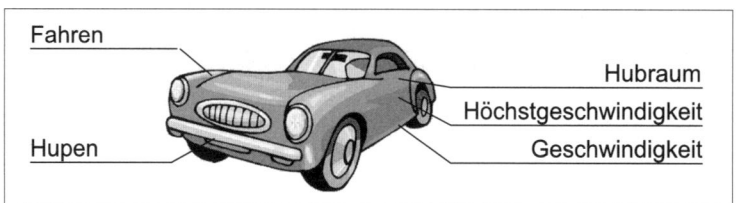

Abbildung 18.1 Ein Objekt mit verschiedenen Merkmalen und Fähigkeiten

Eine allgemeine Klasse für dieses Objekt wäre die Klasse *Auto* (oder auch die Klasse *Fahrzeug*). *Fahren* und *Hupen* sind Verben und somit Methoden, während *Hubraum*, *Höchstgeschwindigkeit* und *Geschwindigkeit* Attribute sind. Das Attribut *Geschwindigkeit* ist ein Zustand, der (eigentlich) durch die Methoden *Beschleunigen* und *Verzögern* gesteuert werden sollte.

```
| Auto                                        |
|---------------------------------------------|
| Hubraum                                     |
| Hoechstgeschwindigkeit                      |
| Geschwindigkeit                             |
|---------------------------------------------|
| Fahren                                      |
| Hupen                                       |
```

Abbildung 18.2 Die Klasse »Auto« als Lösung

2. Zeichnen Sie zur Abbildung 18.3 eine gemeinsame Basisklasse und aus den zwei Objekten zwei abgeleitete Klassen mit Klassennamen, Attributen und Methoden.

18 | Lösungen zu Teil I

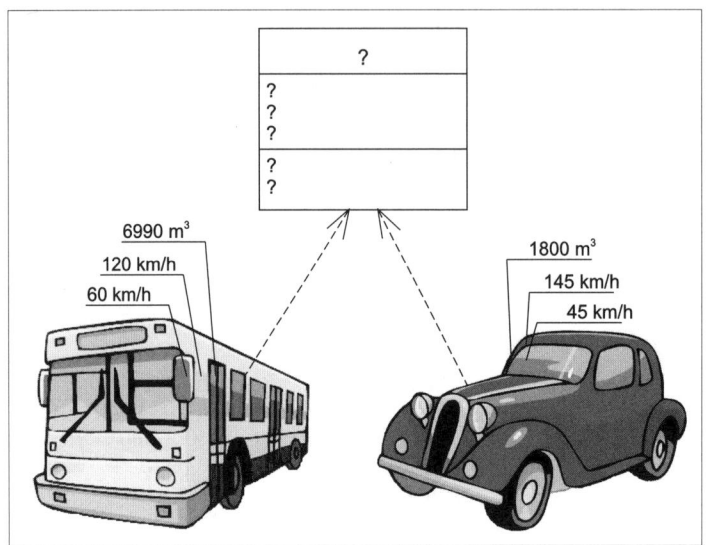

Abbildung 18.3 Zwei verschiedene Objekte

Aus den zwei Objekten lassen sich zwei Klassen erahnen, die Klasse *Omnibus* und die Klasse *Pkw*. Eine möglichst allgemein gehaltene Basisklasse wäre die Klasse *Fahrzeug*. Wie beim vorangegangenen Beispiel ist das Attribut *Höchstgeschwindigkeit* ein Zustand, der (eigentlich) durch die Methoden *Beschleunigen* und *Verzögern* gesteuert werden sollte.

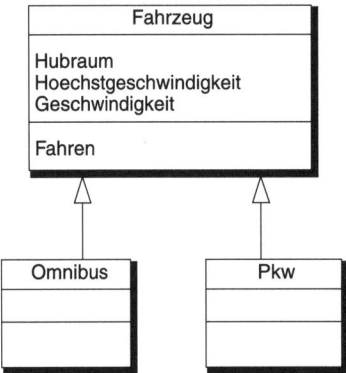

Abbildung 18.4 Die neue Basisklasse »Fahrzeug«

3. Zeichnen Sie zur Abbildung 18.5 ein Klassendiagramm mit einer Basisklasse und drei abgeleiteten Klassen, die in Beziehung zur Basisklasse stehen.

508

Objektorientierte Programmierung | 18.3

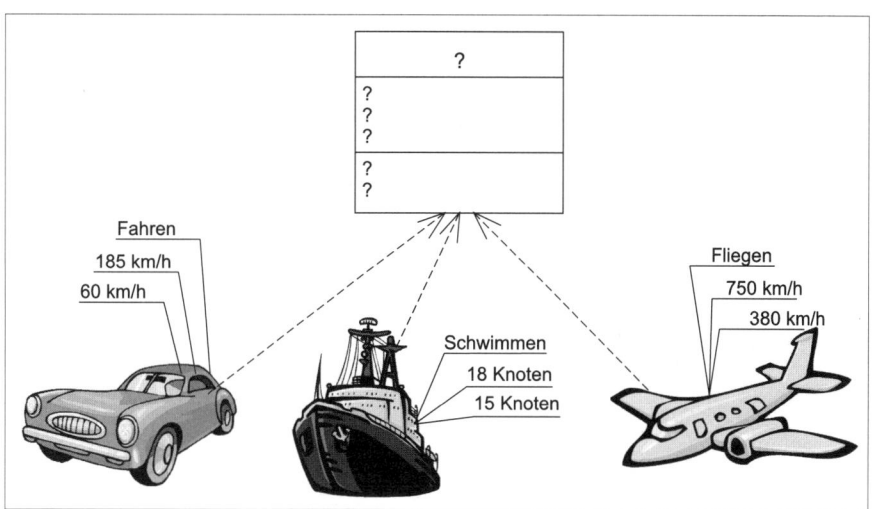

Abbildung 18.5 Drei verschiedene Objekte

Bei der Lösung dieser Aufgabe ist wichtig, dass nur die Attribute *Höchstgeschwindigkeit* und *Geschwindigkeit* vererbt werden. Aus der Vorlage mit den drei Objekten ist nicht zu entnehmen, dass die Basisklasse über weitere Methoden verfügen soll. Die drei abgeleiteten Klassen erben beide Attribute. Sie müssen aber selbst für ihre Methode zur Fortbewegung sorgen. Diese kann nicht vererbt werden, weil die drei Objekte über *verschiedene* Arten der Fortbewegung verfügen.

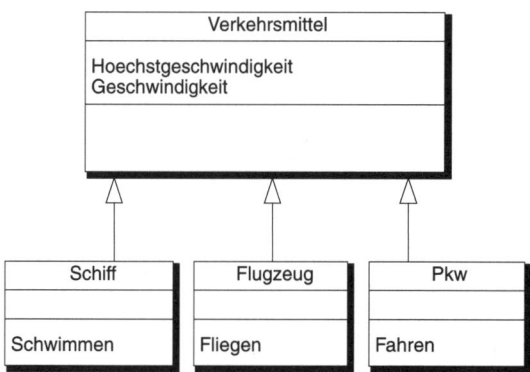

Abbildung 18.6 Die Basisklasse »Verkehrsmittel« mit drei abgeleiteten Klassen

»Künstler ist einer, der aus einer Lösung ein Rätsel machen kann.«
(Karl Kraus)

19 Lösungen zu Teil II

19.1 Sprache Java

19.1.1 Fragen

1. Wann ist die Programmiersprache Java veröffentlicht worden?

   Im Jahr 1995 ist Java veröffentlicht worden. Die erste Java-Version 1.0 erschien 1996.

2. Über welche Sprachelemente verfügt Java?

   - Schlüsselwörter
   - Datentypen
   - Methoden
   - Operatoren
   - Anweisungen
   - Kommentare

3. Wozu dient eine Deklaration?

   Eine Deklaration dient dazu, einer Variablen einen Typ zuzuordnen. Durch die Deklaration sind zwei Eigenschaften der Variablen unveränderlich festgelegt:

   - Wertebereich
   - Rechenoperationen

4. Wie ist eine Deklaration aufgebaut?

   Die Deklaration besteht in Java aus dem Datentyp, dem der Bezeichner folgt.

5. Was sind einfache Datentypen?

   Es sind reine Daten ohne Methoden.

6. Wie unterscheiden sie sich von Klassen?

Sie verfügen nicht über die Klassenmerkmale wie Methoden.

7. Worin liegen ihre Vorteile?

Sie benötigen wenig Speicherplatz und besitzen nicht den Ballast mancher Klassen. Wenn es nur darum geht, einen Wert zu speichern, sind sie ideal.

8. Was ist eine streng typisierte Sprache?

Bei einer streng typisierten Sprache wird darauf geachtet, dass Datentypen innerhalb des Programms zusammenpassen und primitive Fehler bei Zuweisungen somit weitestgehend ausgeschlossen sind.

9. Warum sind Java-Arrays halbdynamisch?

Da die Anzahl der Elemente eines Arrays nicht zum Zeitpunkt der Deklaration feststehen muss, wohl aber bei der Erzeugung, sind Arrays halbdynamisch.

10. Was ist ein benutzerdefinierter Datentyp?

Ein benutzerdefinierter Datentyp ist ein Datentyp, den man selbst gestalten kann und der sich von vordefinierten (eingebauten) Datentypen unterscheidet. Eine Klasse ist ein Beispiel für einen benutzerdefinierten Datentyp.

11. Wozu benötigt man benutzerdefinierte Datentypen?

Natürliche Objekte können durch primitive oder vordefinierte Datentypen nur unzulänglich abgebildet werden. Eine bessere Form der Modellierung der natürlichen Welt erreichen benutzerdefinierte Datentypen wie Klassen.

12. Welche Arten von Klassen gibt es in Java?

Es gibt normale (konkrete) Klassen, abstrakte Klassen, Interfaces und seit Java 5 (JDK 1.5) auch generische Klassen.

13. Wie kann man verhindern, dass von Klassen Objekte erzeugt werden?

Man verhindert dies, indem man Klassen als *abstract* deklariert.

14. Wozu dient ein Konstruktor?

Zum Erzeugen eines Objekts.

15. Wie unterscheidet er sich von einer normalen Methode?

Die Methode besitzt keinen konkreten Rückgabewert im Methodenkopf.

16. Wieso benötigt man Akzessoren und Mutatoren?

    Diese beiden Methodenarten dienen dazu, die Zustände des Objekts zu erfragen oder zu verändern.

17. Welche Bedeutung hat der Cast-Operator?

    Er führt eine Typkonvertierung durch.

18. Worin besteht der Unterschied zwischen einer mathematischen Gleichung und einer Programmzuweisung?

    Bei einer mathematischen Gleichung sind beide Seiten gleich, bei einer Zuweisung sind sie verschieden. Eine Zuweisung ist eine Abbildungsvorschrift.

19. Was sind statische Importe, und wozu verwendet man sie?

    Zum Import von statischen Methoden. Sie erhöhen die Lesbarkeit des Programmquelltextes, da es nicht mehr erforderlich ist, den Klassenbezeichner vor den Methodennamen zu schreiben.

19.1.2 Übungen

1. Schreiben Sie auf Basis des Listings 4.21 eine Klasse namens *Circle*.

```
1: //Beispielprogramme/Loesungen_Teil_II/Ex01
2: package language;
3:
4: public class Circle extends Shape {
5:
6:     public Circle() {
7:     }
8: }
```

Listing 19.1 »Circle« erweitert die Klasse »Shape«.

2. Ergänzen Sie *Circle* um eine Objektvariable *radius*.

```
1: //Beispielprogramme/Loesungen_Teil_II/Ex02
2: package language;
3:
4: public class Circle extends Shape {
5:     private double radius = 0;
6:
7:     public Circle() {
8:     }
9: }
```

Listing 19.2 »Circle« mit einem »Radius«

19 | Lösungen zu Teil II

3. Ergänzen Sie *Circle* um eine Konstante *Pi*.

```
 1: //Beispielprogramme/Loesungen_Teil_II/Ex03
 2: package language;
 3:
 4: public class Circle extends Shape {
 5:   private double radius = 0;
 6:   private final static double pi = 3.141592654;
 7:
 8:   public Circle() {
 9:   }
10: }
```

Listing 19.3 »Circle« jetzt zusätzlich mit der Kreiszahl »pi«

4. Ergänzen Sie folgende Anweisungen um eine komplette Klasse mit einer Methode *main()*, und berechnen Sie, was das Programm ausgeben wird.

```
 1: //Beispielprogramme/Loesungen_Teil_II/Ex04
 2: package language;
 3:
 4: public class Operator {
 5:
 6:   public static void main(String[] args) {
 7:     int i;
 8:     i = 10;
 9:     int j;
10:     j = 10;
11:     j = i++;
12:     System.out.println(j);
13:     i = 10;
14:     j = 10;
15:     j = ++i;
16:     System.out.println(j);
17:   }
18: }
```

Listing 19.4 Die neue Klasse »Operator«

Das Programm gibt Folgendes aus:

10
11

5. Berechnen Sie, was die Anweisung ausgeben wird.

```
 1: //Beispielprogramme/Loesungen_Teil_II/Ex05
 2: package language;
 3:
 4: public class Bool {
 5:
 6:   public static void main(String[] args) {
 7:
 8:     boolean i = true;
 9:     boolean j = false;
10:     System.out.println(i || j);
11:
12:   }
13: }
```

Listing 19.5 Ausgabe eines Wahrheitswerts

Das Programm gibt Folgendes aus:

```
true
```

6. Berechnen Sie, was die Anweisung ausgeben wird.

```
 1: //Beispielprogramme/Loesungen_Teil_II/Ex06
 2: package language;
 3:
 4: public class Fin {
 5:   static final int i = 10;
 6:
 7:   public static void main(String[] args) {
 8:     i++;
 9:     System.out.println(i);
10:   }
11: }
```

Listing 19.6 Dieses Programm gibt nichts aus.

Das Programm gibt gar nichts aus, denn die Variable *i* ist als *final* deklariert worden und kann infolgedessen nicht mehr verändert werden.

19 | Lösungen zu Teil II

19.2 Entwicklungsprozesse

19.2.1 Fragen

1. In welchen Phasen verläuft der Entwicklungsprozess?

   In drei beziehungsweise vier Phasen. Fasst man ihn in drei Phasen zusammen, heißen diese Planung, Konstruktion und Betrieb.

2. Nennen Sie die Hauptaktivitäten der einzelnen Phasen.

   Während der Planungsphase ist die Hauptaktivität, die Anforderungen aufzunehmen. Während der Konstruktion sind die Hauptaktivitäten primär Analyse und Design, Implementierung und Test, während sich die Betriebsphase mit Verteilung und Wartung beschäftigt.

3. Welche Aufgaben hat ein Compiler?

   Ein Compiler übersetzt den Quelltext in Bytecode (Java-Compiler) oder Maschinencode (Native-Code-Compiler).

4. Welche Aufgaben hat ein Debugger?

   Ein Debugger dient zur Fehlersuche.

5. Wozu dient die Archivierung mit dem Werkzeug *jar*?

   Zur leichteren Verteilung mehrerer Klassen.

19.2.2 Übungen

1. Schreiben Sie das Testprogramm wie folgt um:

```
 1: //Beispielprogramme/Loesungen_Teil_II/Ex07
 2: package development;
 3:
 4: public class TestApp {
 5:
 6:   public static void main(String[] arguments) {
 7:     Rectangle rect = new Rectangle();
 8:     rect.setDimension(10, 50);
 9:     System.out.println("Fl\u00fcche = " +
10:       rect.getArea() + " m\u00B2");
11:   }
12: }
```

Listing 19.7 Das neue Testprogramm »TestApp« für die Klasse »Rectangle«

2. Kompilieren Sie das neue Testprogramm mit dem Java-Compiler!

```
[tambourin:ch19/ex07/src] bsteppan% javac -verbose ch19/rectangle/TestApp.java
[parsing started ch19/rectangle/TestApp.java]
[parsing completed 606ms]
[loading /System/Library/Frameworks/JavaVM.framework/Versions/1.3.1/Classes/classes.jar(java/lang/Object.class)]
[loading /System/Library/Frameworks/JavaVM.framework/Versions/1.3.1/Classes/classes.jar(java/lang/String.class)]
[checking ch19.rectangle.TestApp]
[loading ./ch19/rectangle/Rectangle.class]
[loading /System/Library/Frameworks/JavaVM.framework/Versions/1.3.1/Classes/classes.jar(java/lang/System.class)]
[loading /System/Library/Frameworks/JavaVM.framework/Versions/1.3.1/Classes/classes.jar(java/io/PrintStream.class)]
[loading /System/Library/Frameworks/JavaVM.framework/Versions/1.3.1/Classes/classes.jar(java/io/FilterOutputStream.class)]
[loading /System/Library/Frameworks/JavaVM.framework/Versions/1.3.1/Classes/classes.jar(java/io/OutputStream.class)]
[loading /System/Library/Frameworks/JavaVM.framework/Versions/1.3.1/Classes/classes.jar(java/lang/StringBuffer.class)]
[wrote ch19/rectangle/TestApp.class]
[total 1903ms]
[tambourin:ch19/ex07/src] bsteppan%
```

Abbildung 19.1 Das Beispiel wird kompiliert.

3. Wie starten Sie das Programm?

   Mit dem Java-Interpreter über `java development/TestApp`.

4. Welche Ausgabe erzeugt das Programm?

   `Fläche = 500 m²`

5. Erklären Sie den Ablauf des Testprogramms!

   Das Programm erzeugt zunächst ein neues Objekt *rect* der Klasse *Rectangle*:

   `Rectangle rect = new Rectangle();`

   Danach ruft es die Methode *setDimension()* des Objekts *rect* auf und übergibt die Werte *height = 10* und *width = 50* an das Objekt und verändert somit seinen Zustand:

   `rect.setDimension(10,50);`

   Zum Schluss gibt das Programm die Fläche aus, indem es zunächst die Methode *getArea()* des Objekts aufruft. Der erhaltene Wert wird zusammen mit dem Text »Fläche =« und »m\u00B2« von der Methode *println()* auf ein Terminal ausgegeben:

   ```
   System.out.println("Fläche = " + rect.getArea() +
           " m\u00B2");
   ```

   Danach beendet sich das Programm automatisch.

6. Starten Sie das Programm mit dem Java-Debugger, und ermitteln Sie die Werte in der Methode *getArea()*.

   Die Werte in der Methode *getArea()* betragen für *height = 10* und für *width = 50*.

19.3 Plattform Java

19.3.1 Fragen

1. Was unterscheidet Bytecode von nativem Maschinencode?

   Bytecode ist kein Code für eine reale, sondern für die virtuelle Java-Maschine. Der Bytecode kann im Gegensatz zum Maschinencode nicht ohne Hilfsmittel von einem Computer ausgeführt werden.

2. Warum ist der Bytecode portabel?

   Bytecode besteht aus Anweisungen für eine virtuelle Maschine und enthält keine Anweisungen für eine reale Maschine. Er ist somit maschinenunabhängig und läuft auf jeder virtuellen Maschine, die die Sun-Spezifikationen erfüllt. Die Hersteller der virtuellen Maschinen übernehmen die Portierung für den Java-Programmierer.

3. Aus welchen Teilen besteht die Java Runtime Environment (JRE)?

   Aus der virtuellen Maschine, ihren nativen Bibliotheken und den Java-Klassenbibliotheken.

4. Was ist eine virtuelle Maschine, und wie funktioniert sie?

   Eine virtuelle Maschine ist ein kleiner künstlicher Computer, der einen echten Computer nachahmt. Er führt den Java-Bytecode aus, emuliert ihn oder übersetzt ihn in Maschinensprache.

5. Auf welche Arten kann die virtuelle Maschine Java-Programme ausführen?

   Im Interpreter-Modus, mit einem Just-in-Time-Compiler oder mit Hotspot-Technologie.

6. Wie funktioniert die Speicherverwaltung von Java-Programmen?

   Die Speicherverwaltung funktioniert automatisch. Nicht mehr benötigte Objekte entsorgt der Garbage Collector.

7. Was ist bei der Verteilung von Java-Programmen zu beachten?

   Dass zwei Voraussetzungen stimmen: eine kompatible virtuelle Maschine und die komplette Übertragung des Bytecodes.

19.3.2 Übungen

Übersetzen Sie folgendes Beispiel, disassemblieren Sie es, und versuchen Sie, die Veränderungen der OpCodes nachzuvollziehen.

```
Method platform.Rectangle()
   0 aload_0
   1 invokespecial #1 <Method java.lang.Object()>
   4 return
Method void main(java.lang.String[])
   0 dconst_1
   1 dstore_1
   2 ldc2_w #2 <Double 5.0>
   5 dstore_3
   6 dload_1
   7 dload_3
   8 dmul
   9 dstore 5
  11 return
```

Listing 19.8 Der disassemblierte Bytecode

Da das Programm keine Integer- und Long-, sondern Double-Werte verwendet hat, haben sich auch die OpCodes entsprechend verändert: Zum Beispiel heißt es hier *dconst* anstelle von *iconst*.

19.4 Gesetzmäßigkeiten

19.4.1 Fragen

1. Welche Kapselungsstärken gibt es in Java?

   Es gibt vier Kapselungsstärken: *public*, *protected*, *default* und *private*.

2. Welchen Zugriff bietet der Default-Bereich?

   Klassen, Methoden und Variablen sind nur innerhalb des Packages gültig.

3. Welchen Zugriff bietet der Protected-Bereich?

   Methoden und Variablen, die öffentlich geschützt deklariert sind, sind in *aktuellen*, in *abgeleiteten* Klassen und im selben Package sichtbar.

4. Was bedeutet das Schlüsselwort *super*?

   Dieses Schlüsselwort dient dem Zugriff auf die Superklasse (Basisklasse).

5. Was bedeutet das Schlüsselwort *this*?

   Unter *this* versteht man einen Zeiger auf das eigene Objekt. Das Schlüsselwort dient dazu, eigene Methoden und Variablen anzusprechen.

6. Wie lässt sich die Auswertungsreihenfolge eines Ausdrucks beeinflussen?

   Durch Klammersetzung.

7. Warum ist eine Typkonvertierung notwendig?

   Um die Typisierung von Java (temporär) zu umgehen.

8. Was bewirkt sie?

   Die temporäre Umwandlung eines Typs.

9. Was müssen Sie dabei beachten?

   Dass der Wertebereich nicht überschritten wird.

10. Wozu dient das Überladen von Methoden?

    Es dient dazu, Polymorphie zu realisieren und Methoden mit unterschiedlichen Parametern anzubieten.

11. Welche Voraussetzungen gelten dabei?

    Die Methoden müssen den gleichen Namen und den gleichen Typ besitzen.

12. Welche Methoden können Sie überschreiben, welche nicht?

    Es lassen sich nur Methoden gleicher Signatur, die nicht *private*, *final* oder *static* sind, überschreiben.

13. Wozu dient das Verfahren?

    Es dient dazu, nicht erwünschte Eigenschaften zu überlagern.

19.4.2 Übungen

1. Ergänzen Sie den Ausdruck so, dass er funktioniert.

```
 1: //Beispielprogramme/Loesungen_Teil_II/Ex09
 2: package regularity;
 3: public class TestApp {
 4:   public static void main(String[] arguments) {
 5:     int a = 1;
 6:     byte b = 1;
 7:     byte c = 1;
 8:     b = (byte) a;
 9:     c = (byte) a;
10:   }
11: }
```

Listing 19.9 Zweimalige Typumwandlung in einen Byte-Wert

2. Ergänzen Sie den Ausdruck so, dass er funktioniert.

```
1: //Beispielprogramme/Loesungen_Teil_II/Ex10
2: package regularity;
3:
4: public class TestApp {
5:
6:   public static void main(String[] arguments) {
7:     int a = 127;
8:     for (a = 1; a <= 200; a++) {
9:       System.out.println(a);
10:    }
11:
12: }
13: }
```

Listing 19.10 Der Int-Typ war die Lösung.

19.5 Java-Klassenbibliotheken

19.5.1 Fragen

1. Was sind Klassenbibliotheken?

   Klassenbibliotheken sind eine Sammlung von logisch zusammengehörenden Klassen.

2. Welche Vorteile besitzen sie?

   Die Klassen einer Klassenbibliothek können von mehreren Programmierern leicht wiederverwendet werden.

3. Wie sind die Java-Klassenbibliotheken von Sun Microsystems organisiert?

   Es gibt drei Editionen: Java Standard Edition (Java SE), Java Enterprise Edition (Java EE) und Java Micro Edition (Java ME).

4. Welche Aufgabe hat das Paket *java.lang*?

   Dieser Teil der Java SE bildet die Basis aller Java-Klassen und ist als Ergänzung der Sprache Java gedacht (daher der Name des Packages).

5. Wie unterscheidet sich Swing von AWT?

   Während Swing eine reine GUI-Bibliothek ist, hat AWT eine Reihe von anderen Aufgaben. Der GUI-Anteil des AWT verwendet native Widgets (GUI-Bausteine), während Swing alle GUI-Komponenten emuliert.

6. Wieso besitzt das AWT auch heute noch große Bedeutung?

   Viele der AWT-Klassen sind für Java-Programme unentbehrlich, wie zum Beispiel die gesamte Ereignissteuerung, die Layout-Manager oder Hilfsklassen wie *Dimension*.

7. Was sind Applets?

   Applets sind kleine Java-Programme, die dazu gedacht waren, Webseiten zu verschönern. Sie lassen sich beispielsweise von der Klasse *java.applet.Applet* ableiten und werden über eine spezielle Anweisung in HTML-Seiten eingebunden und von der virtuellen Maschine eines Browsers ausgeführt.

8. Was versteht man unter Servlets?

   Servlets sind Java-Programme, die HTML-Seiten erzeugen und von *HttpServlet* abgeleitet werden. Mit ihnen lassen sich dynamische Websites erzeugen.

9. Was ist eine verteilte Anwendung?

   Eine verteilte Anwendung befindet sich in der Regel nicht nur auf einem Computer, sondern wird auf mehrere Computern verteilt. Sie besteht mindestens aus einem Client und einem Server.

19.5.2 Übungen

1. Erweitern Sie die For-Schleife beider *Thread*-Klassen des Beispiels 10 um folgende Anweisung:

```
1:  //Beispielprogramme/Loesungen_Teil_II/Ex11
2:  package libraries;
3:  public class DownThread extends Thread {
4:     public void run() {
5:        for (int i = 0; i < 100; i++) {
6:           System.out.print(">");
7:           try {
8:              this.sleep(1);
9:           }
10:          catch (InterruptedException ex) {
11:             System.out.println("Kann nicht schlafen," +
12:                "traeume von Schafen");
13:          }
14:       }
15:    }
16: }
```

Listing 19.11 Erweiterung der »Thread«-Klassen durch die Methode »sleep«

2. Werfen Sie dazu einen Blick in die Java-Dokumentation der Klasse *Thread*.

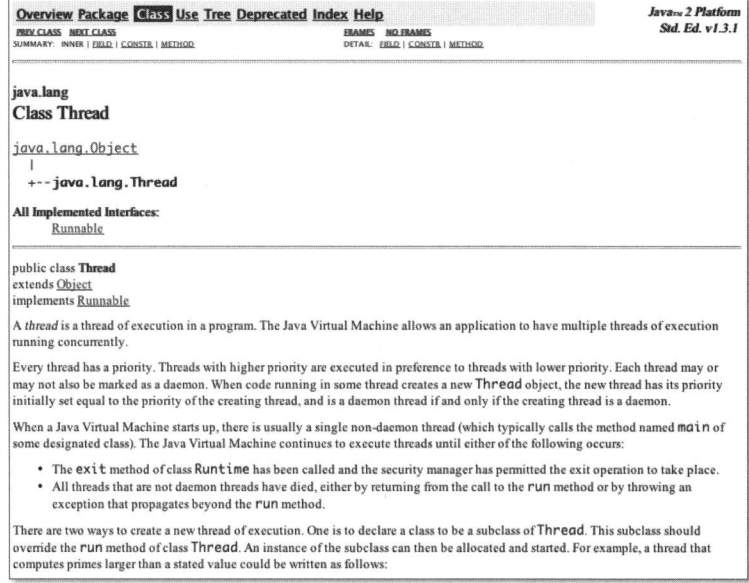

Abbildung 19.2 Die Java-Dokumentation der Klasse »Thread«

3. Was müssen Sie beim Einfügen der Anweisung beachten?

   Die Anweisung muss von einem Try-Catch-Block umgeben sein.

4. Welche Ausgabe erzielt das Programm? Erklären Sie die Veränderung.

   <><><><><><><><><><><><><><><><><

   Die kurze Wartezeit des einen Threads reicht für den anderen aus, das Zeichen auf dem Bildschirm auszugeben. Der Wechsel zwischen den Threads findet häufiger statt.

19.6 Algorithmen

19.6.1 Fragen

1. Definieren Sie den Begriff »Algorithmus«.

   Ein Algorithmus ist ein Verfahren zur Lösung eines Problems.

2. Nennen Sie die wichtigsten Schritte bei der Entwicklung eines Algorithmus.

Anforderungen benennen, Fakten und gesuchte Größen extrahieren, einen Grobalgorithmus entwerfen, implementieren und testen.

3. Welche Arten von Algorithmen gibt es?

   ▶ Sortieralgorithmen
   ▶ Suchalgorithmen
   ▶ Algorithmen zur Mustererkennung
   ▶ Algorithmen zur Lösung geometrischer Probleme
   ▶ Graphen
   ▶ Algorithmen für mathematische Aufgaben

19.6.2 Übungen

1. Wie müsste eine Legende für das Balkendiagramm aufgebaut sein? Entwickeln Sie dazu einen Algorithmus.

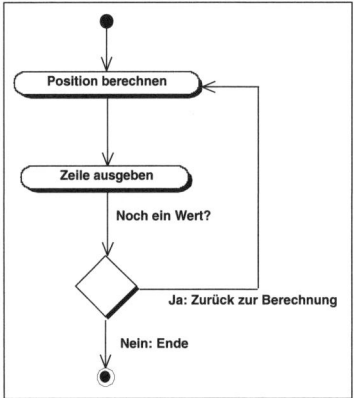

Abbildung 19.3 Der Grobalgorithmus für eine Legende

2. Schreiben Sie das Collection-Programm (Listing 9.5) so um, dass es Int-Werte sortiert.

```
1: //Beispielprogramme/Loesungen_Teil_II/Ex12
2:
3: package algorithms;
4:
5: import java.util.Collections;
6: import java.util.List;
7: import java.util.Vector;
8:
9:
```

```
10: public class Collection {
11:   public static void main(String[] arguments) {
12:     List<Integer> list = new Vector<Integer>();
13:     list.add(new Integer(14238));
14:     list.add(new Integer(38));
15:     list.add(new Integer(26));
16:     list.add(new Integer(123));
17:     Collections.sort(list);
18:     System.out.print("Die sortierte Liste:\n");
19:     System.out.print(list);
20:   }
21: }
```

Listing 19.12 Das neue Collection-Programm

»Übergangslösungen sind Untergangslösungen.«
(Helmut Qualtinger)

20 Lösungen zu Teil III

20.1 Konsolenprogramme

20.1.1 Fragen

1. Was ist ein Shutdown-Hook, und welchen Vorteil bringt er?

   Ein Shutdown-Hook ist ein Mechanismus, um zu verhindern, dass ein Programm beendet wird (Shutdown), ohne seine Datei sichern zu können. Das Programm, das ihn installiert hat, wird benachrichtigt, wenn die virtuelle Maschine beendet werden soll. Das hat den Vorteil, dass das Programm noch wichtige Aufräumarbeiten erledigen kann.

2. Welche Klassen benötigen Sie, um einen solchen Hook zu installieren?

   Die Klasse *java.lang.Runtime*.

3. Über welche Methode wertet ein Java-Programm Kommandozeilenparameter aus?

   Über die Methode *main()*.

4. Wie bestimmt es die Anzahl der Parameter?

   Durch die Methode *length()* des String-Arrays.

5. Was versteht man unter einer Rekursion?

   Den wiederholten Aufruf der gleichen Funktion oder Methode.

6. Welche Klassen der Java SE benötigen Sie, um Dateien zu kopieren?

   Die Klassen *java.io.File*, *java.io.FileInputStream*, *java.io.FileOutputStream* und *java.io.IOException*.

20.1.2 Übungen

1. Was passiert bei der momentanen Transfer-Version, wenn der Anwender zu viele Parameter eingibt?

   Das Programm kann den Fehler nicht abfangen und beendet sich ohne Reaktion.

2. Überlegen Sie sich eine Lösung dafür, und implementieren Sie diese in das Programm.

   Zur Lösung des Problems muss das Switch-Statement um eine Default-Marke erweitert werden. Die Default-Marke fängt die Anzahl aller Parameter ab, die vorher nicht berücksichtigt wurden.

```
// Transfer
✂
  default: // .................. Fall 4: Zu viele Parameter
    System.err.println("\nZu viele Parameter.\n");
    helpAndTerminate(); // Fehlermeldung
    break;
✂
```

Listing 20.1 Die Erweiterung des Programms »Transfer«

3. Ergänzen Sie das Aktivitätsdiagramm um diesen Fall.

   Für diesen Fall ist es nur notwendig, Fall 1 mit dem neuen Fall zusammenzulegen. Das Diagramm ändert sich deswegen kaum.

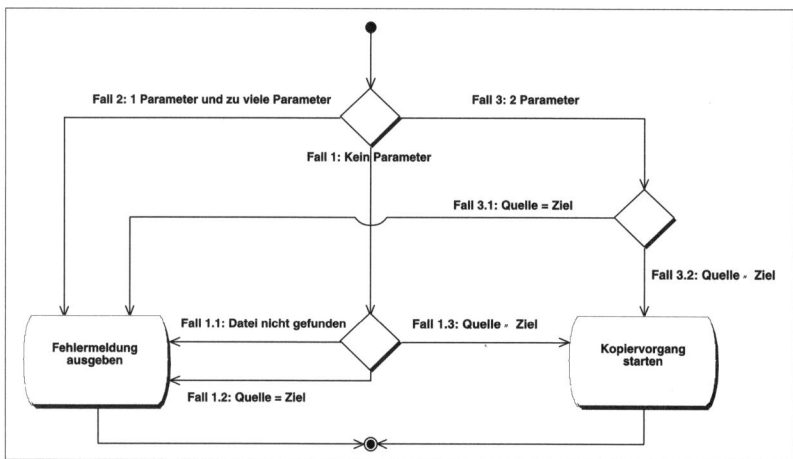

Abbildung 20.1 Das neue Aktivitätsdiagramm

20.2 Einfache Oberflächen mit Swing

20.2.1 Fragen

1. Was ist am Design des Taschenrechners grundsätzlich nicht optimal?

   Es gibt mehrere Designschwächen. Grundsätzlich ist es nicht optimal, fachliche Logik wie das Rechenwerk und die Oberflächen zu verheiraten. Es gilt die Designregel »Trennung von Zuständigkeiten«. Besser wäre es also, die Rechenlogik in eine separate Klasse auszulagern.

2. Welche Klassen werden benötigt, um das Menü des Taschenrechners darzustellen?

   Für die Menüleiste wird die Klasse *javax.swing.JMenuBar*, für die Menüs die Klasse *javax.swing.JMenu* und für die Menübefehle wird die Klasse *javax.swing.JMenuItem* verwendet.

3. Wie werden seine Tasten und die Anzeige angeordnet?

   Über ein GridBag-Layout. Das ist eine Java-Klasse, mit deren Hilfe sich UI-Bausteine (Widgets) nach einem bestimmten Schema anordnen lassen.

4. Welches Ereignis wird bei einem Tastendruck ausgelöst?

   Ein so genanntes ActionEvent. Das ist eine Klasse aus dem AWT-Package *java.awt.event*.

5. Wie fängt das Programm dieses Ereignis ab?

   Durch einen so genannten Listener. Ein Listener, der eine Aktion wie einen Tastendruck oder einen Mausklick abfangen soll, heißt *ActionListener* und ist ein Bestandteil der Klassenbibliothek AWT.

6. Wie nennt man die Methoden, die ein solches Ereignis behandeln?

   Das sind so genannte Handler.

7. Erklären Sie die Überprüfung der Eingaben des Taschenrechners.

   Die Eingabeüberprüfung muss stattfinden, um die Rechenlogik des Programms davor zu schützen, unsinnige Werte zu bearbeiten. Unsinnige Werte sind zunächst alle Eingaben, die nicht von einer Zeichenkette (String) in einen mathematisch berechenbaren Wert (zum Beispiel *double*) konvertiert werden.

Für die Validierung der Werte gibt es zwei prinzipiell verschiedene Wege: Der erste ist die Entwicklung und Zuordnung eines Validators. Hierfür hält ein Swing-Textfeld eine entsprechende Methode bereit, der der Validator übergeben werden muss. Der andere Weg ist eine Überprüfung in der Methode, die die Datenkonvertierung vornimmt.

20.2.2 Übungen

1. Realisieren Sie eine Methode, die durch die Taste M- aufgerufen wird.

   Die Methode funktioniert vollkommen analog zum Gegenstück für die Taste M+. Es findet eine Kombination aus Subtraktion und Wertzuweisung statt. Im Anschluss daran muss die Anzeige gesetzt werden, da der Anwender daran erinnert werden soll, dass sich ein Wert im Zwischenspeicher befindet.

   ```
   private void memorySubtractButtonActionPerformed(
           java.awt.event.ActionEvent evt) {
       // Neuen Wert vom alten subtrahieren
       memory -= convertStringToDouble(display.getText());
       // Anzeige setzen, dass Zusatzspeicher gefuellt ist
       memoryRecallButton.setForeground(java.awt.Color.BLUE);
   }
   ```

   Listing 20.2 Handler für die Taste M-

2. Realisieren Sie eine Methode, die durch die Taste ± aufgerufen wird.

   Für die Umsetzung dieser Methode lässt sich die Methode *showResult()* mit der Methode *convertStringToDouble()* gewinnbringend kombinieren. Letztere Methode konvertiert die aktuelle Zeichenkette, die auf der Anzeige steht. Über eine einfache Multiplikation wird ein Vorzeichenwechsel herbeigeführt. Anschließend muss nur noch das Ergebnis mit der Methode *showResult()* in eine Zeichenkette zurückkonvertiert und angezeigt werden.

   ```
   private void changeSignButtonActionPerformed(
                       java.awt.event.ActionEvent evt) {
       showResult((-1) * convertStringToDouble(display.getText()));
   }
   ```

   Listing 20.3 Handler für die Taste ±

20.3 Computerspiele mit Swing

20.3.1 Fragen

1. Was ist eine JavaBean?

   Eine visuell in einem GUI-Builder veränderbare Komponente. Es gibt JavaBeans, die als GUI-Bausteine dienen (visuell), und JavaBeans, die andere nichtvisuelle Aufgaben übernehmen können, wie zum Beispiel Datenbankanbindungen.

2. Was ist ein Testtreiber?

   Ein kleines Programm, das hilft, andere Programme auszutesten.

3. Welche Aufgabe erfüllt er?

   Er kann zu Dauertests oder Belastungstests eingesetzt werden und ergänzt den Debugger.

4. Wie erreicht man eine individuelle Grafikausgabe auf Basis der Klasse *JComponent*?

   Durch Überschreiben der Methode *paint()*.

5. Welche Methode der Klasse *Card* reagiert auf Mausereignisse?

   Die Methode *mousePressed()*.

6. Welche Methode der Klasse *GameBoard* reagiert auf Mausereignisse?

   Die Methode *turned()*.

20.3.2 Übungen

Entfernen Sie aus der Methode *actionPerformed()* folgende Zeilen

```
if (e.getSource() == button1) {
    dispose();
}
```

Kompilieren Sie das Programm danach erneut. Versuchen Sie, den Dialog mit Hilfe der Schaltfläche OK zu schließen. Probieren Sie es nun erneut mit der entsprechenden Schaltfläche des Fensterrahmens. Was passiert? Begründen Sie das Verhalten.

Das Fenster lässt sich über die Schaltfläche OK nicht schließen, weil der Aufruf der Methode *dispose()* fehlt. Durch *dispose()* wird der Dialog zerstört. Die Schaltfläche des Fensters funktioniert weiterhin, weil dieses Verhalten schon von der Basisklasse geerbt wird.

20.4 Komplexe Oberflächen mit Swing

20.4.1 Fragen

1. Was versteht man unter einem Look-and-Feel von Swing-Komponenten?

   Swing-Komponenten werden emuliert und können ihr Aussehen verändern. Es gibt verschiedene dieser Look-and-Feels, die man in einem Java-Programm auswählen kann.

2. Wie speichert Nestor seine Grundeinstellungen?

   Nestor speichert seine Grundeinstellungen in Property-Dateien.

3. Was ist ein ToolTip, und wozu dient er?

   Ein ToolTip ist ein kleines Fenster, das eingeblendet wird, wenn sich der Mauszeiger über einer GUI-Komponente befindet, die eine solche Schnellhilfe einblendet. Der Anwender bekommt einen kurzen Hilfetext angezeigt.

4. Wie werden Schaltflächen mit Symbolen versehen?

   Durch Objekte der Klasse *ImageIcon*.

5. Wie verbindet man einen Handler mit einer Schaltfläche?

   Indem man einen *ActionListener* zu der Komponente installiert.

6. Welche Klassen werden dazu verwendet?

   Die Klassen *ActionListener*, *ActionEvent* und *JButton*.

7. Warum müssen die Zugriffsmethoden von Charon *public* sein?

   Da sich Charon in einem anderen Paket befindet, müssen sie *public* sein, weil das Programm Nestor sie sonst nicht aufrufen könnte.

8. Warum ist die Methode *updateWidgets()* der Adressenkomponente *private*?

   Sie wird außerhalb der Adressenkomponente nicht benötigt.

20.4.2 Übungen

1. Implementieren Sie die restlichen Methoden (*getLastName()*, *getPlz()* etc.), die notwendig sind, um die Oberfläche der Adressenkomponente zu füllen. Nehmen Sie als Vorlage die Methode *getFirstName()*, und ergänzen Sie die notwendigen Testdaten.

```
public String getFirstName(int index) {
    return firstName[index];
}
public String getLastName(int index) {
    return lastName[index];
}
public String getEmail(int index) {
    return email[index];
}
public String getCity(int index) {
    return city[index];
}
```

Listing 20.4 Die neuen implementierten Methoden

2. Bringen Sie im Anschluss daran die Methode *updateWidgets()* auf den neuesten Stand.

```
private void updateWidgets() {
  titleTextfield.setText(dbLayer.getTitle(recordCounter));
  firstNameTextfield.setText(dbLayer.getFirstName(recordCounter));
  lastNameTextfield.setText(dbLayer.getLastName(recordCounter));
  emailTextfield.setText(dbLayer.getEmail(recordCounter));
  cityTextfield.setText(dbLayer.getCity(recordCounter)); }
✂
}
```

Listing 20.5 Die Methode »updateWidgets«

20.5 Weboberflächen mit Servlets

20.5.1 Fragen

1. Aus welchen Teilen besteht ein HTML-Dokument?

   Aus Gesamtseite, Kopf und Rumpf.

2. Wie wird die Gestalt eines solchen Dokuments festgelegt?

   Durch Tags.

3. Aus welchen Gründen gibt es das HTTP?

   Damit sich Client und Server verständigen können.

4. Wozu benötigt man das Common Gateway Interface?

   Zum Start von externen Programmen über den Webserver.

5. Durch welche Methode reagiert ein Servlet auf eine Client-Anfrage?

   Durch die Methode *doPost()*.

6. Was ist ein War-Archiv?

   Ein War-Archiv ist ein Webarchiv..

7. Wozu dient es?

   Es bündelt alle Bestandteile einer Site ähnlich wie ein Jar-Archiv. Es beinhaltet Klassen und Einstellungen einer Webanwendung.

20.5.2 Übungen

1. Entwickeln Sie ein einfaches Servlet auf Basis von folgendem HTML-Quelltext nach dem Vorbild der Klasse *GuestList*:

```
public void doGet(HttpServletRequest request,
        HttpServletResponse response)
        throws ServletException, IOException {
  response.setContentType(CONTENT_TYPE); // MIME-Typ setzen
  PrintWriter out = response.getWriter();
  out.println("<html> ");
  out.println("<head> ");
  out.println("<title>Xenias G&auml;stebuch -
          Willkommen</title> ");
  out.println("</head> ");
  out.println("<body> ");
  out.println("<h1><code>Xenias G&auml;stebuch</code></h1> ");
  out.println("<p><code>Willkommen!</code></p> ");
  out.println("<div align=\"left\"> ");
  out.println("<hr> ");
  out.println(" <p><code>In das G&auml;stebuch
            eintragen</code>
          </p> ");
  out.println(" <p><code>Zur G&auml;steliste</code></p> ");
```

```
out.println("</div> ");
out.println("</body> ");
out.println("</html> ");
```

Listing 20.6 Das neue Servlet

20.6 Datenbankprogrammierung

20.6.1 Fragen

1. Beschreiben Sie, was JDBC für den Java-Entwickler leistet.

   JDBC bietet eine einheitliche Programmierschnittstelle für relationale Datenbanken.

2. Welche Aufgabe übernehmen JDBC-Treiber?

   Die Umsetzung der allgemeinen JDBC-Schnittstelle auf die spezielle Datenbankschnittstelle.

3. Welchen Vorteil bietet eine Datenbankzugriffsschicht wie Charon?

   Abschirmung von den Datenbankdetails, komfortable Zugriffsschicht, Verbergen der Umstellung auf eine relationale Datenbank.

4. Warum befinden sich die Charon-Einstellungen für den Datenbanktreiber und der URL in einer Properties-Datei?

   Damit die Anwendung unabhängig von einer Datenbank bleibt und nicht neu übersetzt werden muss, wenn sich Treiber oder Adresse ändern.

5. Beschreiben Sie, was zu tun ist, wenn man Charon mit einem anderen Datenbanksystem verbinden möchte.

   Man muss eine neue Datenbank mit gleicher Struktur aufsetzen und die Properties ändern.

20.6.2 Übungen

Legen Sie mit Hilfe der Klasse *HadesTest* zwei neue beliebige Datensätze an. Beschreiben Sie die dafür erforderlichen Schritte. Was müssen Sie beachten?

Dazu muss die Methode *main()* des Datenbanktreibers verändert werden. Wichtig: Die Struktur muss identisch sein.

20.7 Datenbankanwendungen

20.7.1 Fragen

1. Was ist der Vorteil einer GUI-Bibliothek wie Perseus?

   Der Vorteil besteht in der Wiederverwendung von Methoden beispielsweise zur Zentrierung von Fenstern.

2. Von welcher Klasse stammt *BasicWnd* ab?

   Von der Swing-Klasse *JWindow*.

3. Was ist ein Splash-Screen?

   Ein Informationsfenster, das beim Programmstart kurz eingeblendet wird.

4. Welche Anweisungen bewirken, dass der Screen einige Sekunden auf dem Bildschirm bleibt?

   Die Anweisung *Thread.sleep(2000)*.

20.7.2 Übungen

1. Verändern Sie die beiden Testtreiber *CharonTest* und *HadesTest* so, dass sie einen Datensatz löschen. Übersetzen und starten Sie beide Programme. Welche Ausgabe erzielen Sie? Ist ein Unterschied zu sehen? Wenn ja, warum?

   Bei *HadesTest* kommt es zu einem Fehler, weil nur *CharonTest* eine Neusortierung der Indizes der Datenbank vornimmt.

2. Die Klasse *SplashScreen* verfügt über eine Methode *setText()*, mit deren Hilfe Sie Text ausgeben können. Verändern Sie dann den Konstruktor von *NestorApp* so, dass er diese Methode aufruft, und übergeben Sie dann die Zeichenkette »Initialisierung ...«. Kompilieren Sie anschließend das Programm, und starten Sie es erneut.

   ```
   private void showSplashScreen() {
     SplashWnd splashScreen = new SplashWnd("img/splash.gif");
     splashScreen.setAlignment(Alignment.CENTER_ON_SCREEN);
     splashScreen.getContentPane().setBackground(Color.black);
     splashScreen.setTextColor(Color.white);
     splashScreen.show();
     splashScreen.setText("Initialisierung ..."); //Textausgabe
     try {
       Thread.sleep(2000);
     }
   ```

```
    catch (InterruptedException ex) {
      System.out.println(ex);
    }
    splashScreen.dispose(); // Zerstoeren des Fensters
  }
```

Listing 20.7 Die Methode »showSplashScreen« der Klasse »NestorApp«

20.8 Dynamische Websites

20.8.1 Fragen

1. Was sind statische Webseiten?

   Statische Webseiten sind HTML-Dokumente, die nicht durch ein Servlet oder CGI-Skript erzeugt werden. Ihr Inhalt passt sich nicht automatisch an neue Datenbankinhalte an. Solange das Dokument nicht bearbeitet wird, sind seine Informationen unveränderlich (statisch). Statische Webseiten können mit dem Anwender nicht interagieren.

2. Worin besteht der Vorteil von dynamischen Websites?

   Einmal erzeugte HTML-Dokumente können automatisch mit Hilfe einer Datenbankverbindung auf den neuesten Stand gebracht werden. Dynamische Websites interagieren mit dem Anwender. Das bedeutet, der Anwender kann bestimmte Informationen individuell abfragen.

3. Mit welcher Servlet-Methode wertet man Benutzereingaben aus?

   Entweder mit der Methode *doPost()* oder mit der Methode *doGet()*.

4. Wie funktioniert das Einfügen eines Datensatzes beim Projekt Charon?

   Durch den SQL-Befehl *INSERT INTO*, der der Methode *update()* der Klasse *HadesDb()* übergeben wird.

20.8.2 Übungen

1. Schreiben Sie die Testtreiber von Charon so um, dass sie die neuen Funktionen *insertRecord()* und *insertRow()* verwenden.

   Methode »main« von »CharonTest«

   Der Testtreiber *CharonTest* muss wie folgt verändert werden:

```
✂
try {
    c.insertRecord("firstName", "email", "comment");
}
catch (SQLException ex) {
    System.out.print("Fehler beim Einfuegen " +
                    "eines Datensatzes: " + ex);
}
✂
```

Listing 20.8 Der veränderte Testtreiber »CharonTest«

Methode »main« von »HadesTest«

Zur Erweiterung des Testtreibers *HadesTest* reicht das Einfügen der folgenden Zeile aus:

```
✂
database.insertRow("firstName", "email", "comment");
✂
```

Listing 20.9 Der veränderte Testtreiber »HadesTest«

2. Verändern Sie die Methode *printThankYouMsg()* der Klasse *NewGuest* so, dass der Anwender einen persönlichen Dank erhält, wenn er sich in das Gästebuch eingetragen hat.

In der Methode *doPost* muss folgender Aufruf eingefügt werden:

```
✂
printThankYouMsg(out, request.getParameter("Firstname"));
✂
```

Listing 20.10 Die Methode »doPost« der Klasse »GuestList«

Abbildung 20.2 Die veränderte Programmausgabe

Methode »printThankYouMsg«

Die Methode *printThankYouMsg()* sieht so aus:

```
public void printThankYouMsg(PrintWriter out, String firstName)
                throws IOException {
    out.println("<p><code>Sie wurden in mein G&auml;stebuch "+
            "eingetragen.</code></p>");
    out.println("<p><code>"+firstName+
            ", vielen Dank f&uuml;r Ihren " +
            "Besuch!</code></p>");
    out.println("<hr>");
}
```

Listing 20.11 Die Methode »printThankYouMsg« der Klasse »GuestList«

TEIL V
Anhang

Der Anhang beschließt dieses Buch mit Informationen zu Java-Werkzeugen, mit einem Kapitel über Hardware-Grundlagen, einem Glossar und Literaturhinweisen.

»Versuch es nicht mit Gewalt. Nimm einfach einen größeren Hammer«
(Murphy's Law)

21 Import der Beispielprogramme

21.1 Einleitung

Alle Beispielprogramme dieses Buchs funktionieren mit jeder Java-konformen Entwicklungsumgebung. Da es derzeit sehr viele verschiedene Entwicklungsumgebungen gibt, ist es nicht möglich, den Import der Beispiele für jede dieser Umgebungen zu beschreiben. Um den Rahmen dieses Kapitels nicht zu sprengen, habe ich mich bei dieser Anleitung auf den Import in NetBeans 7.1 und Eclipse 3.6 (Indigo) beschränkt. Das sind aktuellen Versionen der Entwicklungsumgebungen, die am meisten verbreitet sind. Beachten Sie bitte, dass nicht jede derzeit erhältliche Entwicklungsumgebung schon Java 7 unterstützt. Programmbeispiele, die Java 7 voraussetzen, liefen zum Zeitpunkt der Drucklegung dieses Buchs ausschließlich mit NetBeans 7.1 einwandfrei.

21.2 Import in Eclipse

Starten Sie die Eclipse-Entwicklungsumgebung. Sofern der Startbildschirm erscheint, wechseln Sie zur Workbench. Legen Sie danach am besten für jedes Kapitel einen neuen Workspace dort an, wo Sie die Beispiele installiert haben. Dazu müssen Sie den WORKSSPACE LAUNCHER aufrufen. Das geht über FILESWITCH | WORKSPACE | SELECT A WORKSPACE | BROWSE.

Ist das geschehen, wählen Sie FILE | NEW | JAVA PROJECT (Abbildung 21.1). Geben Sie daraufhin dem Projekt einen neuen Namen und weisen ihm das Verzeichnis zu, in dem sich das Beispiel befindet. Das funktioniert über den Schalter CREATE PROJECT FROM EXISTING SOURCE.

21 | Import der Beispielprogramme

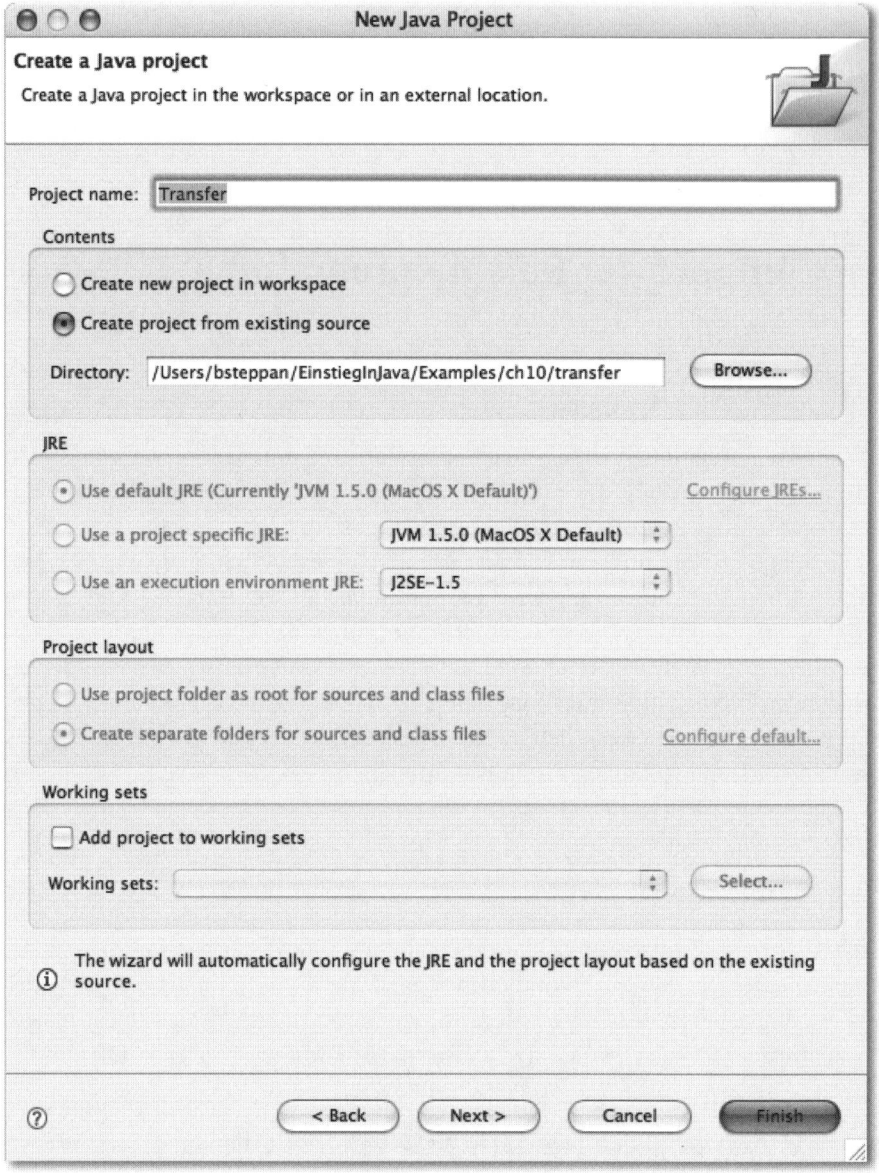

Abbildung 21.1 Anlegen eines neuen Projekts

Kontrollieren Sie anschließend das Verzeichnis für den Quelltext (Register SOURCE des Dialogs). Die Eclipse-IDE erkennt normalerweise automatisch, dass sich der Quelltext des ausgewählten Projekts im Unterverzeichnis src findet. Auch das Zielverzeichnis für den Bytecode belegt die Eclipse-IDE normalerweise mit bin automatisch korrekt vor.

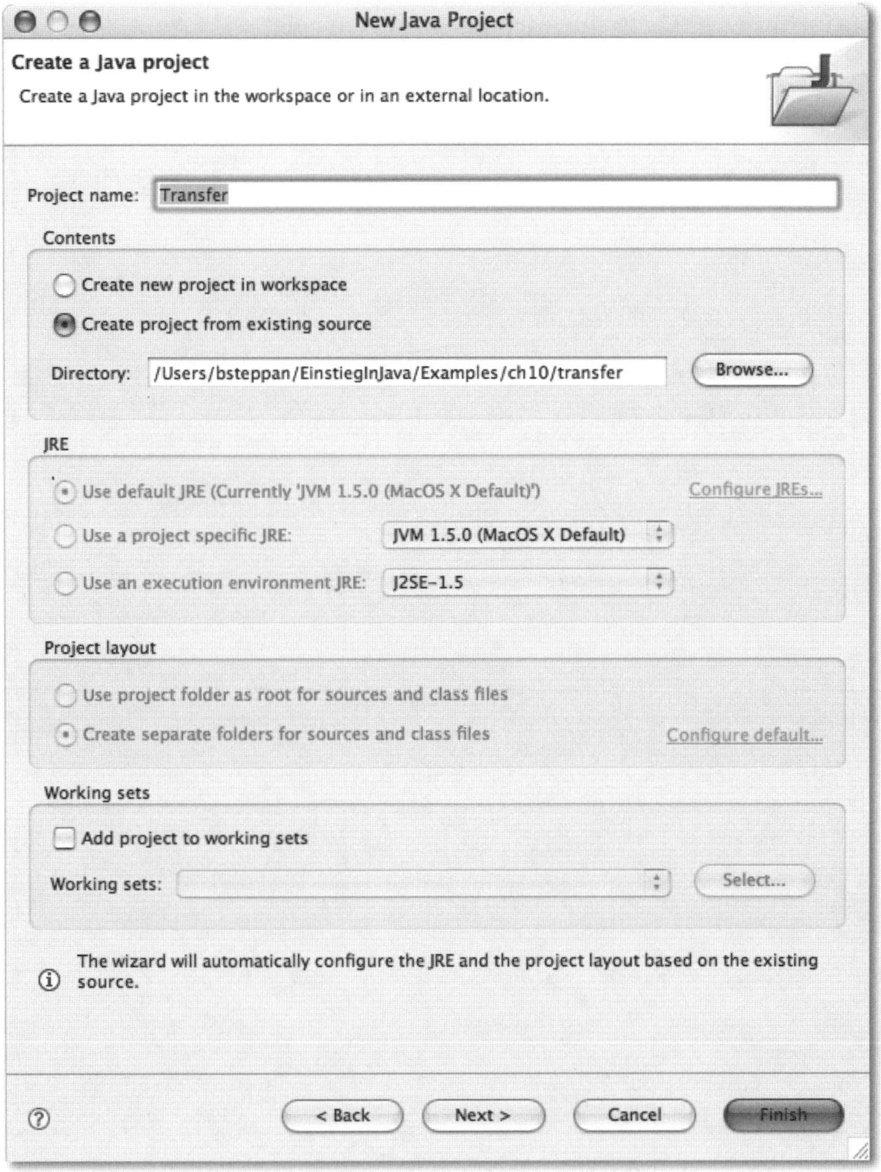

Abbildung 21.2 Verzeichnis der Quellen festlegen

Bei größeren Programmen wie *Transfer* befinden sich noch fertig zusammengestellte Bibliotheken des Programms in diesem Verzeichnis, die Sie zur Ausführung des Programms von der Kommandozeile benötigen, aber nicht von Eclipse-Entwicklungsumgebung aus. Beim Projekt *Transfer* ist dies zum Beispiel die Datei Transfer.jar im Verzeichnis lib und im Root des Projekts.

Sie entfernen diese Dateien über Register LIBRARIES, indem Sie die Bibliotheken einfach markieren und über die Schaltfläche REMOVE entfernen (Abbildung 21.3).

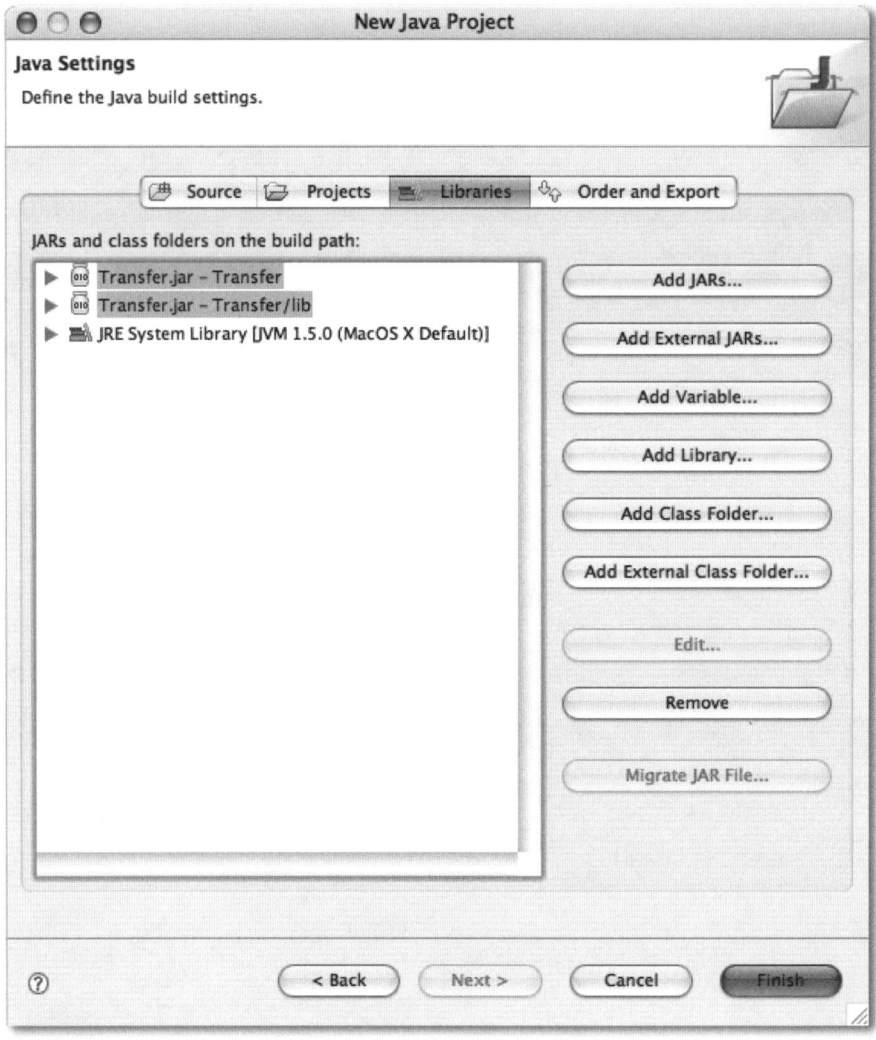

Abbildung 21.3 Entfernen der Bibliotheken

21.3 Import in NetBeans

Starten Sie NetBeans, und erzeugen Sie über FILE|NEW PROJECT ein neues Projekt. Daraufhin erscheint ein Dialog, aus dem Sie JAVA PROJECT WITH EXISTING SOURCES auswählen und danach auf NEXT klicken.

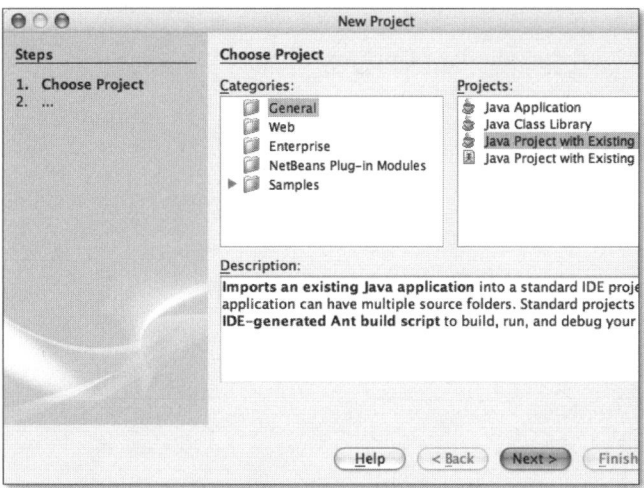

Abbildung 21.4 Anlegen eines neuen Projekts

Geben Sie jetzt den Namen des Projekts an und das dazu gehörende Projektverzeichnis (Abbildung 21.5). Das Projektverzeichnis für das jeweilige Beispiel hängt davon ab, wo Sie die Beispiele auf Ihrer Festplatte installiert haben. Wenn Sie die Java-Beispiele beispielsweise in das Verzeichnis d:\Beispielprogramme kopiert haben, lautet das Projektverzeichnis für Beispiel 1, Kapitel 4: d:\Beispielprogramme\Sprache\Ex01.

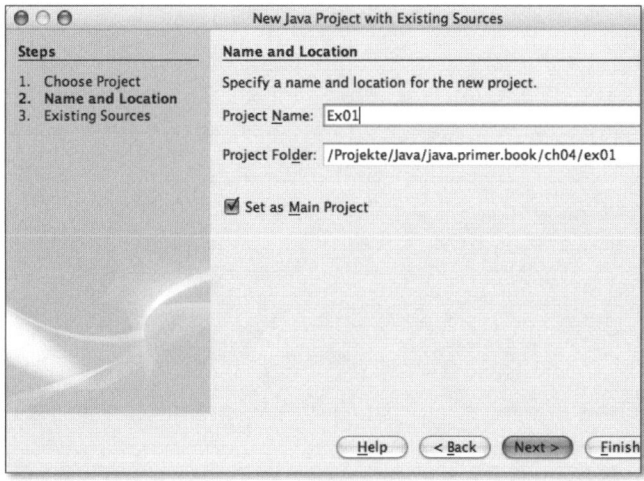

Abbildung 21.5 Angabe von Projektnamen und Projektverzeichnis

Wenn Sie das Verzeichnis korrekt eingegeben haben, klicken Sie danach nochmals auf NEXT und geben über BROWSE das Verzeichnis an, in dem sich die bereits bestehenden Java-Quelltexte (Sourcen) befinden. Alle Beispiele haben ein Verzeichnis namens `src`, in dem sich die Java-Quelltexte befinden.

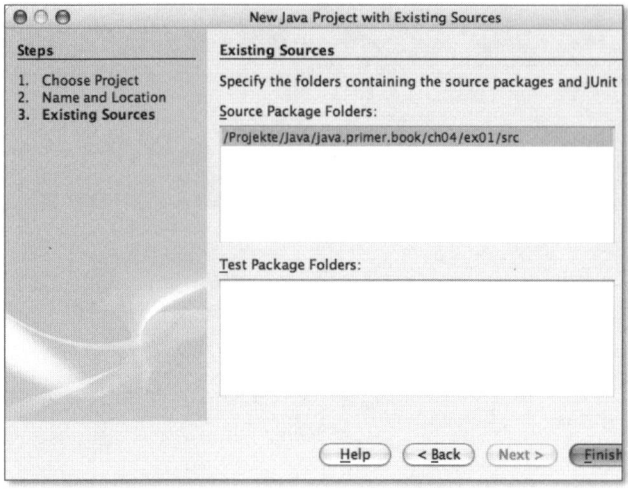

Abbildung 21.6 Angabe des Verzeichnisses der Java-Quellen

Im Regelfall beenden Sie jetzt den Import mit FINISH. Bei den komplexeren Projekten wie *Nestor* und *Xenia* müssen Sie noch die Datenbankbibliotheken zu Ihrem Projekt hinzufügen. Danach können Sie das Programm starten.

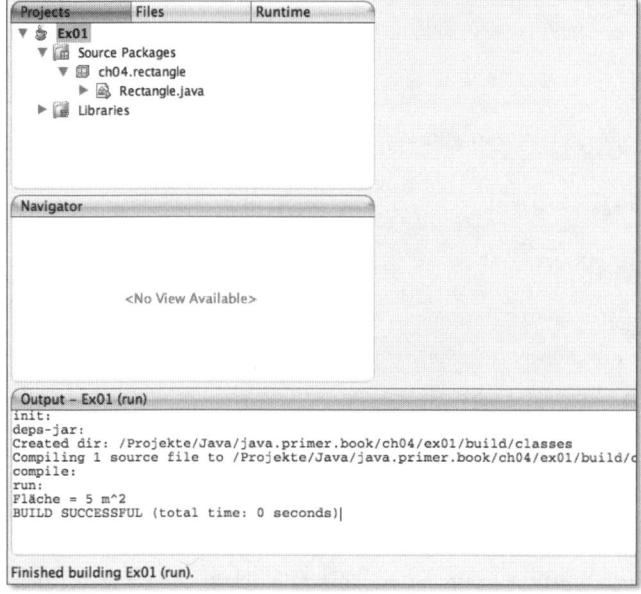

Abbildung 21.7 Der Start des importierten Java-Programms

»Wenn Dein einziges Werkzeug ein Hammer ist, neigst du dazu, in jedem Problem einen Nagel zu sehen.« (Abraham Maslow)

22 Werkzeuge

22.1 Einleitung

Der Markt der Java-Entwicklungswerkzeuge verändert sich so rasch, dass dieses Kapitel unter Umständen schon bei Drucklegung nicht mehr aktuell ist. Aus diesem Grund können Sie sich eine regelmäßig aktualisierte Fassung auf meiner Website *http://www.steppan.net* anfordern. Diese Fassung befindet sich sozusagen nur der Vollständigkeit halber in diesem Anhang. Worum geht es in diesem Kapitel? Es geht um Java-Werkzeuge, die Sie entweder einzeln oder als Komplettpaket erwerben können.

22.1.1 Einzelwerkzeuge versus Werkzeugsuiten

Der Unterschied zwischen einem Sammelsurium aus lauter Einzelwerkzeugen und einer Werkzeugsuite ist gewaltig. Wenn Sie lauter Einzelwerkzeuge erwerben und zusammenstellen wollen, sind Sie selbst dafür verantwortlich, dass deren Zusammenspiel reibungsfrei funktioniert. Bei einer Werkzeugsuite hat ein Hersteller diesen Job für Sie schon – mehr oder weniger gut – erledigt.

Sind Suiten besser?

Ist eine Werkzeugsuite immer die bessere Wahl? Nein, nicht unbedingt, denn auch diese Umgebungen haben ihre Schwächen. Zum Beispiel sind Komplettsuiten eben keineswegs komplett. Will man aber neue Werkzeuge integrieren, so ist das nicht immer einfach. Außerdem ist die Einarbeitung in eine umfangreiche Suite sehr langwierig. Diese integrierten Umgebungen benötigen vielfach indiskutabel viel Speicherplatz und sehr viel Prozessorleistung. Man benötigt für Werkzeugsuiten einen extrem leistungsfähigen Computer.

Sind Suiten billiger?

Ist eine Werkzeugsuite wenigstens billiger? Im Vergleich zu dem, was alle in dieser Suite enthaltenen Einzelwerkzeuge vom gleichen Hersteller kosten würden, lautet die Antwort: im Prinzip ja. Aber mittlerweile gibt es schon viele kostenlose Einzelwerkzeuge und Entwicklungsumgebungen, so dass man leider auch beim Preis keine Regel aufstellen kann.

22.1.2   Zielgruppen

Einsteiger

Wenn Sie beginnen, Java zu programmieren, empfehle ich Ihnen, zunächst mit dem Java Development Kit (JDK) von Oracle zu beginnen. Anhand der einzelnen Werkzeuge lernen Sie den Prozessablauf am besten kennen und können später gut beurteilen, was bei einer integrierten Entwicklungsumgebung im Hintergrund abläuft. Das JDK ist zwar nicht besonders komfortabel, aber einfach in der Handhabung, kostenlos und bietet schon vieles von dem, was Sie benötigen.

Was allerdings fehlt, sind sowohl ein Texteditor (Abschnitt 22.2.4, »Texteditor«) als auch ein GUI-Builder (Abschnitt 22.2.7, »GUI-Builder«). Mit einem Texteditor schreiben Sie den Quelltext eines Programms. Für den Anfang reicht es aus, den Editor zu nehmen, der zum Betriebssystem gehört. Oder Sie greifen zu einem der leistungsfähigeren Editoren, die ich unter den Einzelwerkzeugen aufgelistet habe (Abschnitt 22.3.2, »Texteditor«).

Ein GUI-Builder dient dazu, grafische Oberflächen visuell zu gestalten. Das Fehlen eines GUI-Builders für HTML-Oberflächen lässt sich leicht ausgleichen, da hier genügend hochwertige Einzelwerkzeuge erhältlich sind. Anders sieht es bei Java-Oberflächen aus: Hier sind die meisten derartigen GUI-Builder in Werkzeugsuiten integriert und nicht einzeln verfügbar.

Bis zum dritten Teil dieses Buchs reicht das Java Development Kit vollkommen aus. Für den dritten Teil empfehle ich Ihnen dringend, eine Werkzeugsuite wie Eclipse oder NetBeans zu installieren. Beide Suite erhalten Sie kostenfrei im Internet. Unter den Beispielprogrammen finden Sie eine Anleitung für die ersten Schritte mit beiden Programmierumgebungen.

Fortgeschrittener Entwickler

Wenn Sie dieses Buch durchgearbeitet haben und noch kein zusätzliches Werkzeug installiert haben, ist es jetzt höchste Zeit, sich einige Werkzeugsuiten anzusehen, zum Beispiel die Eclipse-Workbench oder NetBeans.

Diese Suiten sind bedeutend leistungsfähiger als das JDK und werden Ihnen nach einer gewissen Einarbeitungsphase erlauben, wesentlich produktiver zu arbeiten. Für welche der Suiten Sie sich entscheiden, ist stark vom Geschmack, persönlichen Arbeitsweise und von der Gewichtung einzelner Werkzeuge abhängig.

Ich kann aus diesem Grund keine Empfehlungen geben, sondern nur auf die Kriterientabellen dieses Kapitels als Entscheidungshilfe verweisen. Mit Hilfe dieser Kriterientabellen und den Vor- und Nachteilen der Werkzeuge, die ich in diesem Kapitel für Sie zusammengestellt habe, können Sie eine passende Suite finden.

22.2 Kriterien zur Werkzeugauswahl

Ich habe in diesem Abschnitt eine Reihe von Kriterientabellen zur Werkzeugauswahl zusammengestellt, wie sie Zeitschriften und Firmen zur Produktauswahl oder für Marktübersichten verwenden. Die vielen nachfolgenden Tabellen bieten fast alle Kriterien, die bei einer Auswahl in Frage kommen können. Bedenken Sie, dass dies vollständige Listen sind, die alle eventuell notwendigen Kriterien zusammenfassen.

Sie benötigen aus den einzelnen Listen wahrscheinlich nur einen Bruchteil der Kriterien. Die Listen sind nur als Vorlage gedacht, um eine eigene Auswahl zu erleichtern und Ihnen zu zeigen, auf welche verschiedenen Funktionen Sie achten müssen.

Sie können aus den Vorlagen Ihre eigenen Kriterien zusammenstellen und sowohl Einzelwerkzeuge als auch Suiten individuell nach eigenen Gesichtspunkten auswählen. Auf den Websites einiger Hersteller finden Sie zudem Funktionstabellen (Feature Matrix), denen Sie Informationen über das Werkzeug entnehmen können. Diese Informationen sind jedoch meistens geschönt.

Kriterium	Gewichtung [%]	Punkte
Einzelpreis des Produkts	10	A(10) B(0)
Erweiterbarkeit	5	A(5) B(5)
Verfügbarkeit von Erweiterungen	5	A(5) B(5)
Projektverwaltung	15	A(15) B(10)
Modellierungswerkzeug	10	A(5) B(5)
Texteditor	10	A(10) B(8)
Compiler	5	A(5) B(5)
GUI-Builder	10	A(0) B(6)
Laufzeitumgebung	5	A(4) B(5)
Debugger	15	A(15) B(10)

Tabelle 22.1 Beispiel einer Liste der Gesamtkriterien zur Auswahl einer Suite

Kriterium	Gewichtung [%]	Punkte
Archiv-Werkzeug	5	A(0) B(5)
Assistenten	5	A(0) B(5)
Summe	**100**	**A(74) B(69)**

Tabelle 22.1 Beispiel einer Liste der Gesamtkriterien zur Auswahl einer Suite (Forts.)

Ein Beispiel für eine fertiggestellte Feature Matrix mit den imaginären Produkten A und B sehen Sie in Tabelle 22.1. Die Tabelle ist auf eine Gesamtpunktzahl von maximal 100 ausgelegt, die auf die einzelnen Werkzeuge verteilt wurde. Bei der Gewichtung habe ich den Schwerpunkt vor allem auf Projektverwaltung und Debugger gelegt.

22.2.1 Allgemeine Kriterien

Preis und Rabatte

In Tabelle 22.2 finden Sie allgemeine Kriterien für eine Werkzeugauswahl. Zum Einzelpreis des Produkts und zum Kriterium Rabatte muss man sicher nicht viel sagen. Diese Kriterien spielen bei jeder Werkzeugauswahl eine große Rolle.

Kriterium	Gewichtung [%]	Punkte
Einzelpreis des Produkts		
Rabatte		
Support (Verfügbarkeit, Qualität)		
Preis für Support		
Wartung (Verfügbarkeit, Qualität)		
Preis für Wartung		
Betaversionen (Verfügbarkeit, Kosten)		
Schulungen (Verfügbarkeit, Qualität)		
Preis für Schulungen		
Anpassungen (Customizing)		
Lizenzmodell (Einzelplatz, Floating)		
Investitionsschutzrisiko (proprietäre Bestandteile)		

Tabelle 22.2 Allgemeine Kriterien bei der Werkzeugauswahl

Kriterium	Gewichtung [%]	Punkte
Erweiterbarkeit		
Verfügbarkeit von Erweiterungen		
Systemvoraussetzungen		

Tabelle 22.2 Allgemeine Kriterien bei der Werkzeugauswahl (Forts.)

Support

Aber auch die Verfügbarkeit des Supports und die Qualität dieser Dienstleistung ist für Firmen unter Umständen ein wichtiges Kriterium. Das ist zum Beispiel dann der Fall, wenn Ihre Firma ein kritisches Projekt durchführt und es zu einem Problem mit einem Ihrer Werkzeuge kommt, das die Mitarbeiter nicht selbst lösen können. Haben Sie in diesem Fall keinen Zugriff auf ein gutes Supportteam, kann der Ausfall viel mehr Geld kosten, als Sie durch einen geringeren Preis für die Werkzeuge eingespart haben.

Wartung

Unter Wartung versteht man einen Vertrag, der es erlaubt, Updates und Bugfixes kostenlos zu bekommen. Hier schwanken bei vielen Herstellern Verfügbarkeit und Qualität sehr stark. Manche Hersteller bieten kostenfrei Downloads über einen Freischaltcode, andere verschicken kostenpflichtige CDs mit den neuesten Versionen, wieder andere bieten überhaupt keine Wartung an.

Betaversionen

Betaversionen sind Versionen der Software, die sich noch im Teststadium befinden. Manche Werkzeughersteller erlauben dem Kunden, an einem Betatest teilzunehmen, manche nicht. In der Regel ist es gut, wenn man dem Hersteller schon während eines Betatests Fehler melden kann. Auch hier schwankt die Politik der einzelnen Werkzeughersteller: Open-Source-Produkte werden in einem öffentlichen Betatest entwickelt, hier entstehen keine zusätzlichen Kosten. Manche Hersteller bieten kostenpflichtige Betaversionen an, andere wiederum belohnen die Teilnahme an Betatests durch die kostenlose Abgabe einer Lizenz.

Schulung

Bei komplizierten Entwicklungsumgebungen ist es häufig notwendig, an einer Schulung teilzunehmen. Aber nicht für jede Umgebung wird eine gute Schulung zu einem akzeptablen Preis angeboten. Dies ist wieder ein wichtiges Kriterium für Firmen, die professionell Software entwickeln.

Anpassungen

Unter Anpassungen (Customizing) versteht man den Vorgang, Werkzeuge so einzurichten, dass sie den persönlichen Bedürfnissen entsprechen. Bei manchen Werkzeugen sind Anpassungen sehr aufwändig, bei manchen fast nicht notwendig. Entsprechend unterschiedlich sind die verdeckten Kosten, die dabei entstehen.

Lizenzmodelle

Bei den Lizenzmodellen gibt es viele Unterschiede. Viele Hersteller bieten Werkzeuge in Form einer Einzelplatzlizenz, aber einige vergeben diese Lizenz maschinengebunden. Das bedeutet, dass Sie zum Beispiel die Festplattenkennung angeben müssen, um die Software zu installieren. Wenn Sie den Computer wechseln, müssen Sie dem Hersteller die Gründe mitteilen und eine neue Lizenz beantragen.

Einige Hersteller bieten einen Lizenzserver (Floating-Lizenz) an, der vor allem für größere Firmen praktisch ist. Sie bezahlen in diesem Fall nicht für eine Einzellizenz, sondern für eine Gruppe von Lizenzen. Ein Lizenzserver, der an einer zentralen Stelle installiert wird, überwacht, dass nur so viele Lizenzen im Netzwerk der Firma aktiv sind, wie bezahlt wurden. Positiv dabei: Auch wenn eine Firma 50 Entwickler beschäftigt, können unter Umständen 30 Lizenzen ausreichen, weil nicht alle 50 Entwickler ununterbrochen mit einem Werkzeug arbeiten.

Investitionsschutz

Ein wichtiges Kriterium ist die Bewertung eines Investitionsschutzrisikos. Mit dem Kauf von Werkzeugen erwirbt man diese meistens nicht allein, sondern immer im Verbund mit bestimmten Technologien. Zum Beispiel gibt es Entwicklungsumgebungen, die Java-Code erzeugen, der mit anderen Werkzeugen nicht kompiliert werden kann. Andere erzeugen Code für grafische Oberflächen, der mit anderen Umgebungen nicht visualisiert werden kann.

Erweiterbarkeit

Das Kriterium Erweiterbarkeit spielt in letzter Zeit eine immer größere Rolle, da der Java-Programmierer eine Vielzahl von Technologien verwendet, die kaum von einem Produkt abgedeckt werden können. Entscheidet man sich für eine Werkzeugsuite, so muss sich diese erweitern lassen. Hier gibt es unterschiedlich gute Konzepte. Die Qualität der Konzepte entscheidet meistens darüber, ob Erweiterungen von anderen Herstellern existieren. Dies kann ein wichtiges Kriterium sein, wenn die Wunschumgebung zwar nur wenige Defizite aufweist, diese sich aber nicht ausgleichen lassen.

Systemvoraussetzungen

Wie schon eingangs erwähnt, benötigen besonders Werkzeugsuiten viel Speicherplatz und Rechenkapazität. Manche Werkzeuge sind nur für bestimmte Betriebssysteme erhältlich, so dass auch dieses Kriterium unter Umständen wichtig werden kann.

22.2.2 Projektverwaltung

Die Projektverwaltung ist meines Wissens nicht als Einzelwerkzeug verfügbar, sondern immer Bestandteil einer Werkzeugsuite. Diese Schaltzentrale erlaubt es Ihnen, einen Überblick über alle Dateien zu bekommen, die zum Projekt gehören. Wichtig ist hierbei, dass die Projektverwaltung gestattet, verschiedene Ansichten als Arbeitsumgebung (Workspaces) zu definieren. Dazu zählen zum Beispiel eine Ansicht aller Projekte, eine Ansicht aller Packages und eine Ansicht aller Klassen.

Kriterium	Gewichtung [%]	Punkte
Package-Ansichten		
Package-Filter		
Workspaces		
JDK-Switching		
Versionskontrolle (SCM-Anbindung oder Integration)		
Handhabung		
Geschwindigkeit		

Tabelle 22.3 Spezielle Kriterien für die Projektverwaltung

Filter und JDK-Switching

Darüber hinaus ist wichtig, dass Sie Filter setzen können, um die Ansichten auf bestimmte Elemente zu begrenzen. Eine gute Projektverwaltung muss eine Möglichkeit bieten, das JDK zu wechseln. Das ist besonders dann wichtig, wenn man auch noch ältere Projekte zu betreuen hat oder austesten möchte, ob das Programm auch unter einem neuen JDK funktionieren wird. Diese Funktion sollte dann automatisch die notwendigen Informationen an andere Werkzeuge wie den Java-Compiler weiterleiten.

Versionskontrolle

Nicht nur die Anbindung an den Compiler ist wichtig. Auch die Anbindung an eine Versionskontrolle ist von hoher Wichtigkeit, wenn man im Team mit mehreren Entwicklern arbeitet. Es gibt Werkzeugsuiten wie VisualAge, die eine integrierte

Versionskontrolle besitzen, andere verfügen über eine mehr oder weniger gute Anbindung externer Tools.

22.2.3 Modellierungswerkzeuge

Modellierungswerkzeuge dienen zur Analyse der Anforderungen und zum Design des Programms. Mit ihnen entwirft der Softwaredesigner ein fachliches und technisches Modell der Anwendung. Solche Werkzeuge werden vor allem für größere Projekte benötigt, bei denen auf eine saubere Architektur Wert gelegt wird. Diese Architektur wird inzwischen mit einer einheitlichen grafischen Notation gezeichnet, der so genannten Unified Modeling Language (UML).

UML-konform

Von der UML gibt es mehrere Versionen, die verschiedene Diagrammtypen definieren und sich teilweise erheblich unterscheiden. Modellierungswerkzeuge sollten nicht nur möglichst konform zur UML-Spezifikation sein, sie sollten auch über Funktionen verfügen, mit denen sich die Architektur der Anwendung leicht verändern lässt.

Kriterium	Gewichtung [%]	Punkte
UML-konform (Version, Diagrammarten)		
Restrukturierungsfunktionen (Refactoring)		
Reengineering (Quelltext, Bytecode, Qualität)		
XMI-Schnittstelle (Version, Qualität)		
Handhabung		
Geschwindigkeit		

Tabelle 22.4 Spezielle Kriterien für Modellierungswerkzeuge

Restrukturierungsfunktionen

Die Qualität dieser Restrukturierungsfunktionen unterscheidet sich von Werkzeug zu Werkzeug erheblich. Große Unterschiede gibt es auch in der Qualität des Reengineerings (Import bestehender Klassen). Manche Werkzeuge sind in der Lage, alle Beziehungen zwischen den importierten Klassen anzuzeigen. Andere Werkzeuge zeigen nur Vererbungsbeziehungen an.

XMI-Schnittstelle

Zum Austausch von Modellen zwischen Modellierungswerkzeugen gibt es die XMI-Schnittstelle, die in verschiedenen Versionen inzwischen halbwegs genormt ist. Sie basiert auf dem Im- und Export von XML-Dateien mit einem standardisierten Format. Die Ergebnisse beim Im- und Export sind nach meinen Erfahrungen nicht immer überzeugend. Man sollte diese Funktionen testen, wenn man sie benötigt.

Handhabung und Geschwindigkeit

Nicht zuletzt sollten Handhabung und Geschwindigkeit eine nicht untergeordnete Rolle spielen. Einige Werkzeuge werden bei großen Projekten so langsam, dass sich kaum noch damit arbeiten lässt. Das ist paradox, da sie eigentlich nur für große Projekte sinnvoll sind.

22.2.4 Texteditor

Für eine effiziente Java-Programmierung ist ein sehr guter Texteditor von entscheidender Bedeutung. Er sollte über eine veränderbare Syntaxhervorhebung verfügen, also verschiedene Bestandteile des Java-Programms in unterschiedlichen Farben darstellen können. Ebenfalls Standard sollten die Anzeige von Zeilen- und Spaltennummern und eine flexible Tastaturbelegung sein.

Kriterium	Gewichtung [%]	Punkte
Syntaxhervorhebung		
Zeilennummern		
Tastaturbelegung (CUA, Emacs)		
Automatische Formatierung		
Funktionen zum Suchen und Ersetzen		
Programmierhilfe (Syntaxprüfung etc.)		
Debugger-Anbindung		
Geschwindigkeit		

Tabelle 22.5 Spezielle Kriterien für Texteditoren

Formatierungsfunktion

Ebenfalls sehr hilfreich ist eine gute Formatierungsfunktion, möglichst schon bei der Eingabe. Dazu zählen eine automatische Einrückung von Blöcken, das Setzen von geschweiften Klammern und ein automatischer Zeilenumbruch. Funktionen zum Suchen und Ersetzen von Text sind essenziell. Sie sollten pfadübergreifend funktionieren und nicht nur innerhalb einer Datei.

Programmierhilfe

In Werkzeugsuiten ist häufig eine Programmierhilfe eingebaut, die mit der Projektverwaltung verzahnt ist. Sie prüft die Syntax in Abhängigkeit vom JDK, ergänzt Methodennamen und Bibliothekspfade. Ebenfalls nur in integrierten Entwicklungsumgebungen vorhanden ist eine Debugger-Anbindung, bei der der Code schon während des Testens bearbeitet werden kann. Bei einer solchen Anbindung lassen sich Breakpoints im Quelltext setzen und der Programmlauf im Editor verfolgen.

Geschwindigkeit

Nicht zuletzt sollte der Editor extrem schnell sein, denn in der Programmierung ist jeder Zeitverlust infolge langsamer und unzuverlässiger Werkzeuge ein weiterer Stressfaktor.

22.2.5 Java-Compiler

Sehr bedeutsam für den Betrieb des fertigen Programms und für einen schnellen Entwicklungszyklus ist ein Java-Compiler. Er sollte sehr guten Code erzeugen. Das ist vor allem für Native-Code-Compiler wichtig, also für Compiler, die echten Maschinencode und keinen Bytecode erzeugen. Hier muss nach Codegröße oder Geschwindigkeit optimiert werden können. Bei Bytecode-Compilern sind die Optimierungen nicht so bedeutend, da der Bytecode weitgehend genormt ist.

Kriterium	Gewichtung [%]	Punkte
Bytecode standardkonform		
Native Code		
Optimierungen		
Ziel-VM einstellbar		
Obfuscate-Funktion		
Geschwindigkeit		
Bedienung		

Tabelle 22.6 Spezielle Kriterien für Java-Compiler

Schutz vor Reverse-Engineering

Wichtig ist außerdem eine Funktion, mit der sich der Bytecode vor Reverse-Engineering schützen lässt (Obfuscate-Funktion). Sie wissen, dass der Bytecode von der virtuellen Maschine interpretiert wird (siehe Kapitel 6, »Plattform Java«). Ein Problem dieser Vorgehensweise ist, dass sich der Quelltext aus dem Bytecode problemlos wieder zurückgewinnen lässt.

Das ist aber insbesondere bei professionellen Programmen unerwünscht, weil sich damit auch der Bauplan eines Programms rekonstruieren lässt. Softwarehäuser versuchen daher immer, ihre Programme gegen ein Dekompilieren zu schützen, um das Know-how nicht preisgeben zu müssen.

Geschwindigkeit

Für den Entwickler sind Geschwindigkeit und Bedienung eines Compilers wichtiger als die vorher genannten Funktionen. Gerade bei großen Projekten ist ein sehr schneller Compiler notwendig: Er kann Tage an Entwicklungszeit sparen.

22.2.6 Java-Decompiler

Ein Decompiler spielt für den normalen Entwickler nur eine untergeordnete Rolle. Er wird in den meisten Projekten nicht benötigt. Der Decompiler bildet das Gegenstück zu einem Java-Compiler und ist in der Lage, aus dem Bytecode eines Java-Programms Quelltext ganz oder teilweise zurückzugewinnen.

Bei den Decompilern gibt es unterschiedliche Ausführungen: vom einfachen Modell, das nur die Signaturen von Klassen und Methoden (so genannte Stubs) erzeugt, bis zum luxuriösen Modell, das den kompletten Quelltext wieder zurückgewinnt.

Kriterium	Gewichtung [%]	Punkte
Vollständiges Reverse-Engineering		
Geschwindigkeit		
Bedienung		

Tabelle 22.7 Spezielle Kriterien für Java-Decompiler

Beachten Sie bitte: Das Dekompilieren der meisten Programme ist untersagt, um das Know-how des Programms zu schützen. Es ist auf jeden Fall illegal, wenn Sie damit eine Raubkopie erzeugen, also den erzeugten Quelltext als Ihre eigene geistige Leistung ausgeben.

22.2.7 GUI-Builder

Ein GUI-Builder ist gerade für den Einsteiger sehr sinnvoll. Er erlaubt es, eine grafische Oberfläche visuell zu entwerfen, anstatt sie mit Hilfe eines Texteditors zu programmieren. Es gibt zwei Arten von GUI-Buildern: Java-GUI-Builder und HTML-Editoren.

Java-Oberflächen lassen sich mit den Bibliotheken AWT, Swing oder SWT entwickeln. Für Java-Oberflächen ist es notwendig, dass der GUI-Builder mit verschiedenen Layout-Managern einwandfrei zurechtkommt und eine gute WYSIWYG-Voransicht bietet (WYSIWYG: What you see is what you get).

Kriterium	Gewichtung [%]	Punkte
WYSIWYG		
Testfunktion		
GUI-Typen (AWT, Swing, SWT, HTML)		
Codegenerierung		
Geschwindigkeit		
Bedienung		

Tabelle 22.8 Spezielle Kriterien für GUI-Builder

Die Oberfläche von Servlet- und JSP-Programmen können Sie visuell mit einem HTML-Editor gestalten. Im Gegensatz zu einem GUI-Builder für Java-Oberflächen gibt es bei HTML-Editoren eine riesige Auswahl hochwertiger Werkzeuge.

22.2.8 Laufzeitumgebung

Zur Ausführung eines Java-Programms benötigen Sie immer eine entsprechende Laufzeitumgebung. Sie gehört eigentlich nicht zu den Werkzeugen, ist aber in allen Entwicklungsumgebungen eingebaut, da man seine Programme zum Testen auch ausführen muss.

Applet und Applications

Die Laufzeitumgebung für Applets ist ein Applet Viewer oder Webbrowser. Für Java-Applications reicht im einfachsten Fall der Java-Interpreter aus dem JDK.

Kriterium	Gewichtung [%]	Punkte
Applet (ohne/mit HTML-Startseite)		
Application		
Servlet		
JSP		
CORBA		
EJB		
Standardkonformität		
Geschwindigkeit		
Bedienung		

Tabelle 22.9 Spezielle Kriterien für eine Laufzeitumgebung

Servlets

Wenn Sie Servlets und JavaServer Pages (JSP) programmieren, ist ein Webserver mit einer Servlet-Erweiterung notwendig. Die meisten Application Server bieten schon eine integrierte Umgebung zur Ausführung von Servlets und JSP.

CORBA und EJB

Für die komplexen Technologien CORBA und EJB benötigen Sie entweder nur einen Object Request Broker (CORBA) oder einen Application Server (CORBA und EJB). Manche Werkzeugsuiten werden mit einem solchen Application Server als Teil der Entwicklungsumgebung ausgeliefert (JBuilder, NetBeans).

Datenbanken

Für die Entwicklung von Datenbankanwendungen mit JDBC benötigen Sie neben einer funktionierenden SQL-Datenbank einen passenden JDBC-Treiber. Hinter dem Begriff »JDBC-Treiber« verbergen sich in der Regel nur ein paar Java-Klassen, die Sie in den *Classpath* Ihres Projekts legen müssen.

22.2.9 Java-Debugger

Der Debugger stellt eine besondere Form der Laufzeitumgebung dar, denn er ist in der Lage, ein Programm zum Test schrittweise auszuführen. Der Debugger sollte verschiedene Breakpoint-Arten beherrschen und Zugriff auf alle Daten des Programms gewähren, um diese zur Laufzeit ändern zu können.

Kriterium	Gewichtung [%]	Punkte
Breakpoint-Arten (fest, bedingt)		
Inspektionsarten (Variable, Threads, Stack)		
Filter		
Hot-Swap-Funktion (ab JDK 1.4)		
Remote-Betrieb (RMI, CORBA, EJB)		
Geschwindigkeit		
Bedienung		

Tabelle 22.10 Spezielle Kriterien für Debugger

Wichtig sind außerdem Filter, mit denen man erreicht, dass der Debugger irrelevante Teile des Projekts (zum Beispiel Zusatzbibliotheken) ausblendet. Bei großen Projekten sollte der Debugger die neuen Debugging-Funktionen des JDK 1.4 beherrschen, wozu die Hot-Swap-Funktion gehört. Mit ihr lassen sich geänderte Klassen während des Programmlaufs ändern und austauschen.

Hot Swap

Hot-Swap-Debugging spart sehr viel Zeit, weil der Entwickler Fehler sofort beseitigen kann, ohne das Programm zu unterbrechen und abermals zu starten. Da bei den meisten Entwicklungsumgebungen der Start des Debuggers zu den zeitraubenden Tätigkeiten gehört, sollte diese Funktion zu den selbstverständlichen Bestandteilen eines Debuggers zählen.

Remote-Debugging

Für die Entwicklung von CORBA- und EJB-Programmen ist es wünschenswert, diese unter Umständen auch auf einem anderen Computer untersuchen zu können als dem, auf dem man gerade das Programm entwickelt. Der Grund dafür ist, dass sich einerseits manche Fehler erst nach der Installation einstellen. Andererseits befindet sich die Laufzeitumgebung für EJB-Programme manchmal nicht auf dem eigenen PC.

Geschwindigkeit und Handhabung

Wie bei fast allen Werkzeugen sind Geschwindigkeit und Handhabung extrem wichtig. Manche Java-Debugger sind so langsam, dass die Fehlersuche – eine ohnehin nicht sehr beliebte Tätigkeit – zur Bestrafung wird. Zudem sollte es nicht notwendig sein, zur Bedienung des Debuggers einen Kurs zu besuchen. Er sollte intuitiv erlernbar sein.

22.2.10 Werkzeuge zur Verteilung

Vor der Verteilung eines Java-Programms erfolgt die Einteilung in ein oder mehrere Archive. Dies erledigt ein spezielles Werkzeug, über das man nicht sehr viele Worte verlieren muss. Bei einer integrierten Entwicklungsumgebung sollte es auf jeden Fall zum Lieferumfang gehören und leicht zu bedienen sein.

Schön wäre auch eine Wrapper-Funktion, die ein Archiv um ein natives Startprogramm ergänzt. Solche Wrapper erzeugen keinen echten Maschinencode, sondern verpacken das Archiv nur in einem nativen Startprogramm – eine Java-Laufzeitumgebung wird weiterhin benötigt.

Nach der Archivierung müssen manche Programme in Form eines Installationsprogramms an den Kunden ausgeliefert werden. Wichtig bei diesen Werkzeugen sind hauptsächlich der Preis, die Bedienung und die unterstützten Betriebssysteme (Tabelle 22.11).

Kriterium	Gewichtung [%]	Punkte
Anzahl Archivtypen		
Wrapper-Funktion		
Bedienung		

Tabelle 22.11 Spezielle Kriterien für Verteilungswerkzeuge

22.2.11 Wizards

Alle mir bekannten Werkzeugsuiten bieten mehr oder weniger sinnvolle Assistenten (auch Experten oder Wizards genannt). Diese Werkzeuge sind meistens von keiner berauschenden Qualität, nehmen dem Entwickler aber die eine oder andere Routinetätigkeit ab, indem sie Codevorlagen produzieren, die »nur« noch implementiert werden müssen. Manche Assistenten sind mehr zum Rapid Prototyping geeignet und eher entbehrlich. Andere dienen dazu, den Code zu überprüfen (JavaBean-Assistenten). Sie sind notwendig und zeitsparend.

Kriterium	Gewichtung [%]	Punkte
Servlet		
JSP		
JavaBeans		
EJB		

Tabelle 22.12 Spezielle Kriterien für Assistenten

22.3 Einzelwerkzeuge

Wie eingangs erwähnt, reichen viele Werkzeugsuiten nicht aus und müssen durch spezielle Einzelwerkzeuge ergänzt werden. Die folgende Aufstellung erhebt keinen Anspruch auf Vollständigkeit. Sie fasst nur die wichtigsten Einzelwerkzeuge des Marktes zusammen.

22.3.1 Modellierungswerkzeuge

Diese Werkzeuge benötigen Sie nur zur Planung umfangreicher Software. Sie erzeugen damit ein Modell der Software mit einer grafischen Standardsprache namens UML (Unified Modeling Language). Die meisten dieser Werkzeuge sind extrem teuer; ich habe hier zwei preiswerte Exemplare und das hochpreisige Werkzeug Together aufgeführt.

ArgoUML

ArgoUML ist von der Carnegie Mellon University entwickelt worden. Das kostenlose Modellierungswerkzeug (*http://www.argouml.tigris.org*) reicht für den »Hausgebrauch« meistens aus, kann aber mit kommerziellen Mitbewerbern nicht konkurrieren.

Poseidon

Auf ArgoUML baut *Poseidon* (*http://www.gentleware.com*) auf. Es kann schon etwas mehr bieten als das Werkzeug, auf dem es basiert. Es hat aber eklatante Probleme beim Reverse-Engineering (Einlesen von fertiggestellten Projekten), verfügt über keine besonders ausgefeilte Oberfläche und ist zudem extrem langsam. Von Poseidon gibt es eine kostenfreie Community Edition und eine kostengünstige Professional Edition.

Together

Together (*http://www.borland.com/de/products/together*) gibt es sowohl als Werkzeugsuite (Abschnitt 22.4.6, »Together«) als auch als Einzelwerkzeug in Form eines Plugins für Eclipse beziehungsweise der IBM-Entwicklungsumgebungen. Ebenfalls erhältlich ist eine Spezialversion als Ergänzung Embarcaderos JBuilder. Für mich ist dieses ausgesprochen teure Produkt eines der interessantesten Modellierungswerkzeuge. Mit kaum einem anderen UML-Werkzeug lassen sich so schnell ansprechende Java-Modelle erzeugen.

22.3.2 Texteditor

Um den Quelltext eines Java-Programms zu schreiben, benötigen Sie einen guten Editor mit Syntaxunterstützung, der Schlüsselwörter zumindest fett anzeigt und den Quelltext ohne Formatierungen speichern kann. In jeder integrierten Entwicklungsumgebung wie Eclipse befindet sich ein Texteditor. Alternativ dazu können Sie auch einen Texteditor als einzelnes Programm einsetzen.

jEdit

Der Texteditor *jEdit* ist ein ausgezeichneter kostenfreier Java-Texteditor. Er ist in Java geschrieben, unterstützt Unicode und ist im Quelltext unter *http://www.jedit.org* erhältlich – eine gute Ergänzung zum JDK.

UltraEdit

Ein preiswerter Editor für Windows ist *UltraEdit*. Er beherrscht verschiedene Programmiersprachen, Syntaxhervorhebung und eine Reihe von Suchfunktionen. Er ist unter *http://www.ultraedit.com* erhältlich.

22.3.3 Java-Compiler

Jikes

Der IBM-Compiler *Jikes* hat den Ruf, ein schnellerer Compiler als der von Suns JDK zu sein. Er ist frei verfügbar (*http://oss.software.ibm.com/developerworks/opensource/jikes*). In manchen Entwicklungsumgebungen lässt sich der eingebaute Compiler durch Jikes austauschen, so dass man von seinen Vorzügen profitieren kann, ohne die gewohnte Umgebung verlassen zu müssen.

Excelsior

Der *JET-Compiler* von Excelsior (*http://www.excelsior-usa.com/jet.html*) ist ein so genannter Native-Code-Compiler. Er generiert also echten Maschinencode (nativen Code) für Windows-Betriebssysteme sowie Linux und läuft auch nur unter diesen Betriebssystemen. Leider besitzt er eine etwas langsame Swing-Oberfläche (Abbildung 22.1).

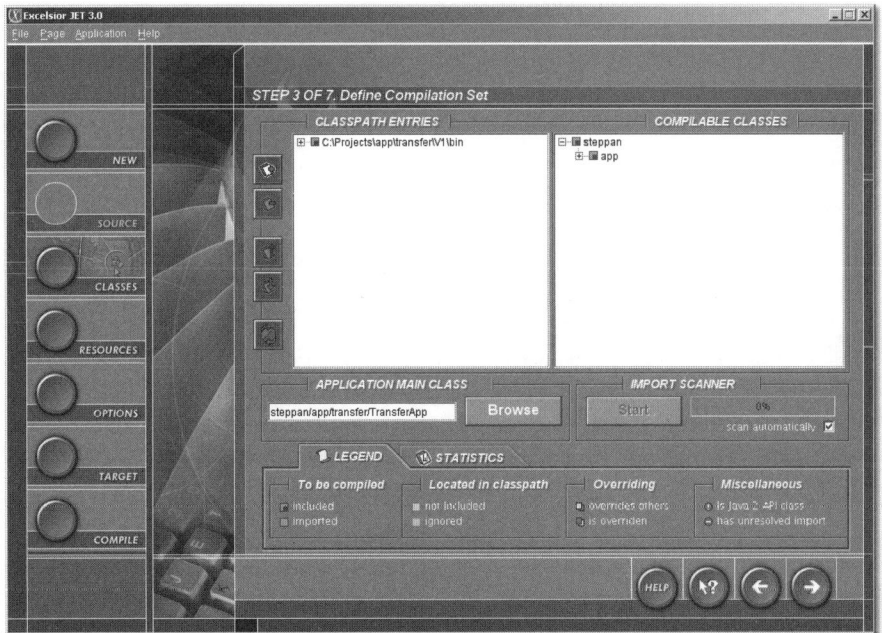

Abbildung 22.1 Excelsiors JET-Compiler für native Windows-Programme

Der Compiler, der sich hinter dieser Oberfläche verbirgt, erzeugt hervorragenden Maschinencode und lässt viele Optimierungen zu – sehr empfehlenswert, wenn Sie Java-Programme als native Windows- oder Linux-Executables ausliefern möchten.

22.3.4 Java-Decompiler

Decompiler bewirken genau das Gegenteil eines Compilers. Sie entschlüsseln den Bytecode eines Java-Programms und übersetzen ihn wieder in Java-Quelltext zurück. Das Verfahren ist übrigens illegal, wenn es dazu verwendet wird, Raubkopien zu erzeugen.

JAD

Der Java-Decompiler *JAD* ist ein hervorragendes Werkzeug (*http://kpdus. tripod.com/jad.html*). Er entschlüsselt den Bytecode schnell und zuverlässig. Für die meisten integrierten Entwicklungsumgebungen ist er als Plugin verfügbar.

SourceAgain

SourceAgain ist ein weiterer, allerdings kommerzieller Decompiler (*http://www. ahpah.com/product.html*). Er funktioniert ebenso gut, ist allerdings kostenpflichtig, wobei der Preis von der Edition abhängt.

22.3.5 GUI-Builder

BX for Java

Die US-Firma ICS hat kürzlich einen neuen GUI-Builder namens *BX for Java* vorgestellt. Er unterstützt sowohl AWT- als auch Swing-Komponenten, soll sehr schnell sein und wenig Systemleistung beanspruchen. Nähere Informationen gibt es unter *http://www.ics.com/news/pr.php?cont=bxjava*.

Dreamweaver

Der Webeditor *Dreamweaver* von Adobe (*http://www.adobe.com/de/products/ dreamweaver.html*) ist ein Universaltalent. Mit ihm lassen sich nicht nur HTML-Oberflächen entwerfen, sondern auch Java-Quelltexte kodieren. Er verfügt zudem über eine interessante JSP-Entwicklungsumgebung.

jvider

Der GUI-Builder *jvider* ist einer der wenigen einzeln erhältlichen GUI-Builder. Es soll JavaBeans sowie Drag & Drop unterstützen. Nähere Informationen erhalten Sie unter *http://jvider.com*.

Java GUI Builder

In dem bekannten Archiv SourceForge ist ein weiterer, ebenfalls einzeln erhältlicher GUI-Builder gelistet. Nähere Informationen bekommen Sie unter *http://sourceforge.net/projects/jgb*.

22.3.6 Laufzeitumgebungen

Informationen über eine Laufzeitumgebung gehören eigentlich nicht in ein Kapitel über Werkzeuge. Sie sind trotzdem notwendig, weil Sie auch während der Entwicklung Java-Programme entweder im Normal- oder im Testmodus ausführen müssen. Aus diesem Grund ist eine Laufzeitumgebung stets Bestandteil einer Werkzeugsuite. Manche integrierten Umgebungen sind jedoch in dieser Beziehung nicht ganz komplett. Es fehlt eine Servlet-, JSP-, CORBA- oder EJB-Umgebung, aber dies lässt sich ausgleichen.

Tomcat

Neben Jetty ist die Servlet-Laufzeitumgebung *Tomcat* der absolute Stand unter Laufzeitumgebungen für Webanwendungen. Sie ist mittlerweile Bestandteil vieler Entwicklungsumgebungen wie Borlands JBuilder. Sie erhalten sie unter *http://tomcat.apache.org*.

Application Server

Zur Entwicklung von EJB benötigen Sie einen so genannten EJB-Container. Für CORBA-Anwendungen ist ein Object Request Broker (ORB) erforderlich. Manche sehr teuren integrierten Umgebungen wie die Enterprise Edition von Embarcaderos JBuilder bieten einen Application Server als Testumgebung für CORBA- und EJB-Programme an. Diese Application Server sind sehr speziell und komplex. Ich möchte hier auf folgende Website verweisen: *http://www.theserverside.com/reviews/index.jsp*.

Java-Datenbank Derby

Seit Java 6 gibt es eine in Java integrierte Datenbank, die mit der nachfolgenden Datenbank *HSQLDB* konkurriert. Sie besteht ebenfalls zu 100 Prozent aus Java-Quelltext, ist sehr klein und einfach zu installieren. Um sie zu verwenden, verwenden Sie eine aktuelle Java-Version 7. Nähere Infos finden Sie unter: *http://db.apache.org/derby/*.

Java-Datenbank HSQLDB

Die Beispielprogramme der Kapitel 15, »Datenbankprogrammierung«, 16, »Datenbankanwendungen«, und, 17 »Dynamische Websites«, sind mit Hilfe dieser freien SQL-Datenbank entstanden. Sie besteht zu 100 Prozent aus Java-Quelltext, ist ungewöhnlich klein (etwa 160 KByte) und einfach zu installieren. Um sie zu verwenden, muss lediglich die Bibliothek `hsqldb.jar` in den *Classpath* eingebunden werden. Die Datenbank befindet sich unter: *http://hsqldb.sourceforge.net*.

SQL-Datenbank Firebird

Etwas größer und nicht in Java geschrieben ist die Datenbank *Firebird*, die mit Borlands InterBase nahezu kompatibel ist und über einen JDBC-Treiber verfügt. Das ist eine richtige relationale Datenbank, die es angeblich mit vielen Unternehmensdatenbanken wie Oracle oder DB2 aufnehmen können soll. Na ja, am besten, Sie werfen einmal selbst einen Blick auf den Feuervogel unter *http://firebird.sourceforge.net*.

MySQL

Die populärste unter allen Open-Source-Datenbanken ist sicher *MySQL*. Sie ist ebenfalls leicht zu installieren, sehr schnell und unterstützt – nomen est omen – die Abfragesprache SQL. Mittlerweile ist auch ein JDBC-Treiber erhältlich. Infos gibt es im Web unter *http://www.mysql.com*.

22.3.7 Java-Debugger

JSwat

JSwat ist ein grafischer Debugger, den Sie als Ergänzung zum JDK einsetzen können. Er soll das Debugging von Applets, Servlets und JSP erlauben und wenig Systemleistung beanspruchen. JSwat ist kostenlos unter der Webadresse *http://www.bluemarsh.com/java/jswat* verfügbar.

22.3.8 Versionskontrollwerkzeuge

Für den Einsteiger eher hinderlich, aber für die professionelle Softwareentwicklung unentbehrlich sind so genannte Versionskontrollwerkzeuge. Sie dienen dazu, Klassen zu versionieren und eine Integration (Kapitel 5, »Entwicklungsprozesse«) zu erleichtern. Versionskontrollwerkzeuge lassen sich auch dann sehr gut verwenden, wenn Sie nur mit Einzelwerkzeugen arbeiten.

CVS

CVS ist die Abkürzung für Concurrent Version System, ein kostenfrei erhältliches Versionskontrollwerkzeug (*http://www.cvshome.org*). Es ist für praktisch alle integrierten Entwicklungswerkzeuge verfügbar und wegen seiner einfachen Handhabung auch für Einsteiger sehr empfehlenswert. Es wird von vielen Entwicklungsumgebungen unterstützt und ist zum Beispiel in Eclipse, JBuilder und Together nahtlos integriert worden.

Perforce

Als Geheimtipp unter den Versionskontrollwerkzeugen wird seit einiger Zeit *Perforce* gehandelt. Es soll ultraschnell sein und sich mit vielen IDEs (Abschnitt 22.4, »Werkzeugsuiten«) verbinden lassen. Weitere Informationen bekommen Sie unter *http://www.perforce.com/perforce*.

22.3.9 Werkzeuge zur Verteilung

JexePack

JexePack ist ein Produkt, mit dem Sie ein Bytecode-Archiv in einem Windows-Executable verpacken können. Das Werkzeug ist preisgünstig, leicht zu bedienen und ein gute Alternative zum Start eines Java-Programms über ein Archiv. Nähere Informationen gibt es unter *http://www.duckware.com/jexepack*.

InstallAnywhere

Das Werkzeug InstallAnywhere erlaubt es, Installationsprogramme für (fast) alle Betriebssysteme herzustellen. Es wird von vielen Softwarehäusern eingesetzt und gilt mittlerweile als Standard für die Installation von Java-Programmen. Weitere Informationen zum Produkt gibt es unter *http://www. zerog.com*.

22.4 Werkzeugsuiten

Eine Werkzeugsuite ist ein Verbund von sinnvoll aufeinander abgestimmten Werkzeugen. Die meisten Hersteller bieten zu ihrer Suite eine gemeinsame Oberfläche an und bezeichnen diese als Integrated Development Environment (IDE).

Eine solche IDE besteht im Kern aus der Projektverwaltung, einer Struktursicht des Quelltextes, einem Editor mit Quelltextparser, einem Java-Compiler und einem Java-Debugger (siehe Abbildung 22.2). Bei manchen dieser IDEs hat der Hersteller noch zusätzliche Werkzeuge integriert wie einen GUI-Builder, ein Modellierungswerkzeug und weitere Testwerkzeuge.

Auf dem Markt existieren also mehr oder weniger komplette IDEs. Es gibt drei Typen: monolithische Suiten, bedingt erweiterbare Suiten und leicht erweiterbare Suiten.

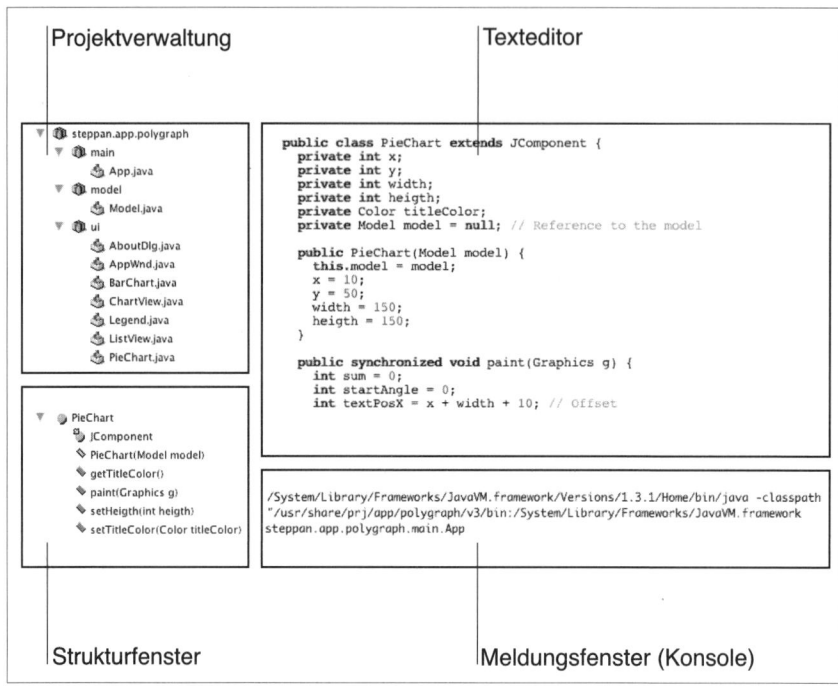

Abbildung 22.2 Der Aufbau einer integrierten Entwicklungsumgebung (IDE)

22.4.1 Eclipse

Eclipse (*http://www.eclipse.org*) von der IBM-Tochter OTI ist eine Plattform für Werkzeugsuiten und nicht auf eine bestimmte Programmiersprache fixiert. Die Besonderheit von Eclipse ist, dass sie die bisher bestehenden Plugin-Konzepte anderer Entwicklungsumgebungen wie Microsofts Visual Studio oder Borlands JBuilder logisch weitergedacht und perfektioniert hat.

Eine konventionelle Werkzeugsuite verfügt über eine eher monolithische Architektur, die einen großen Kern enthält, der über Plugins erweiterbar ist. Eclipse hingegen enthält nur einen sehr kleinen Kern und besteht ansonsten nur aus Komponenten. Die Eclipse-Komponenten nennen sich zwar wie bei anderen Entwicklungsumgebungen auch Plugins, aber der Unterschied ist gravierend.

Während sich bei einer herkömmlichen Entwicklungsumgebung bestimmte Werkzeuge wie der Texteditor nicht einfach austauschen lassen, ist dies bei Eclipse kein großes Problem. Insofern kann man im Fall von Eclipse kaum noch von Werkzeugsuite sprechen, sondern eher von einer Plattform für Werkzeugkomponenten. Die einzelnen Module kommunizieren über ein Bussystem miteinander. Der Eclipse-Kern, der so genannte Plugin-Loader, sorgt dafür, dass sie verifiziert und angedockt werden.

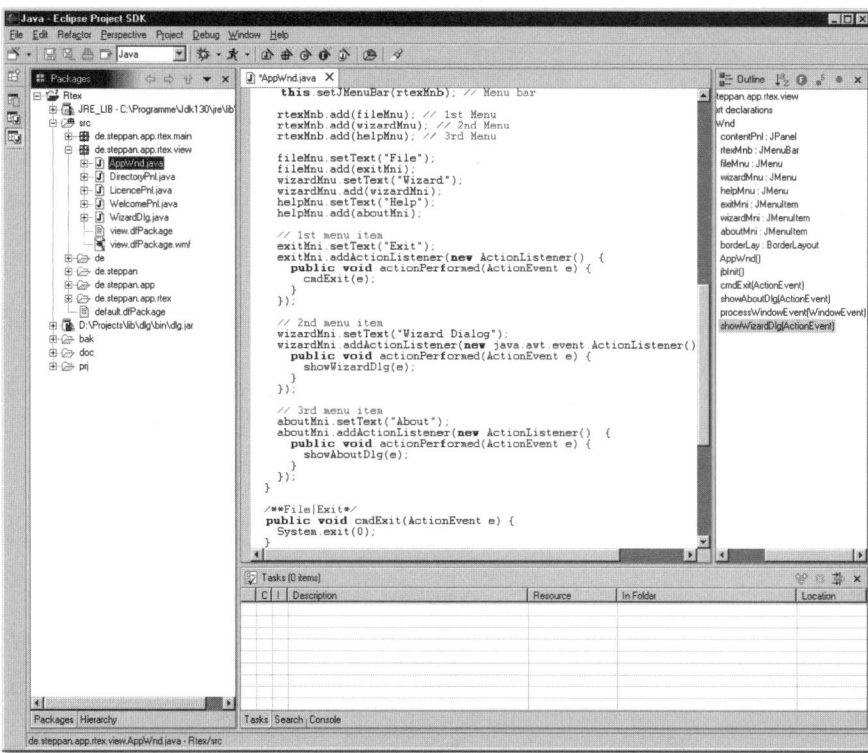

Abbildung 22.3 Die Java-IDE von Eclipse mit Projektverwaltung und Editor

Die Java-Umgebung von Eclipse besteht im Wesentlichen aus einer Projektverwaltung, einer Java-Laufzeitumgebung, einem erstklassigen Editor, einem Compiler und einem hervorragenden Debugger. Alle Werkzeuge sind bestens aufeinander abgestimmt. Sie können das JDK wechseln und die Entwicklungsumgebung fast beliebig erweitern oder reduzieren.

Sie können sich vorstellen, dass dazu jedoch Know-how notwendig ist, über das ein Einsteiger nicht unbedingt verfügt. Er erwartet eine komplette Suite, die Eclipse nicht unbedingt bietet. Was zum Beispiel für den Einsteiger momentan noch fehlt, wenn er die Eclipse-IDE herunterlädt, ist ein integrierter GUI-Builder. Hier sind aber entsprechende Plugins mittlerweile verfügbar.

22.4.2 JBuilder

Embarcaderos JBuilder (*http://www.embarcadero.com/products/jbuilder*) ist eine sehr gut zu bedienende Entwicklungsumgebung, der man den langen Reifungsprozess anmerkt. Viele Funktionen erschließen sich auch ohne Handbuch oder Schulung. Die Architektur der Umgebung basiert auf Eclipse. Daher lassen sich auch alle Eclipse-Plug-ins in JBuilder integrieren. Vom JBuilder gibt es mehrere Editionen, die sich in Preis und Leistungsfähigkeit unterscheiden.

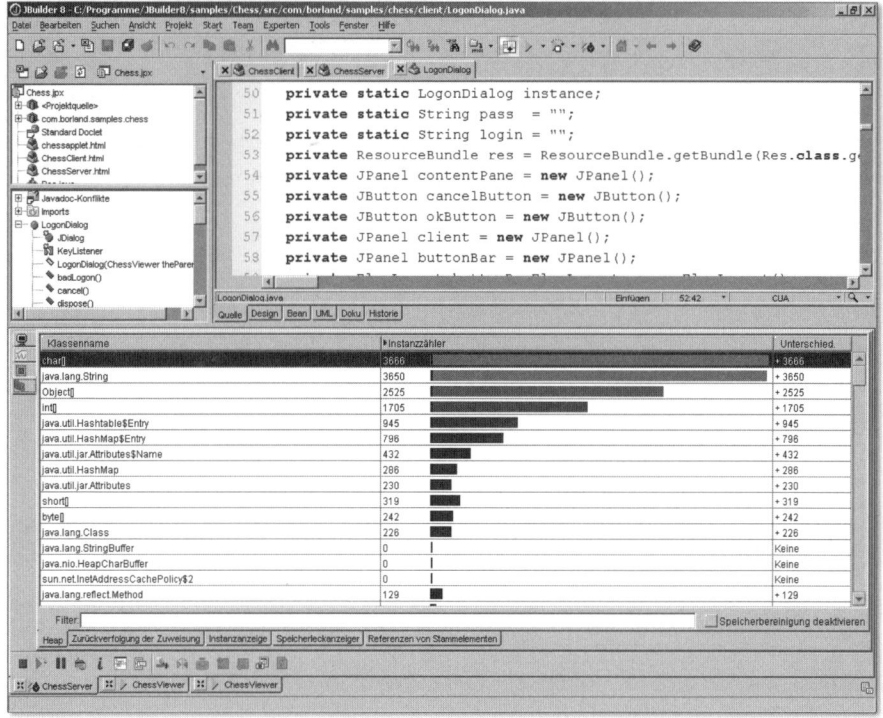

Abbildung 22.4 Die JBuilder-IDE mit integriertem Profiler

22.4.3 Java Development Kit

Das Java Development Kit (JDK oder Java SDK) des Java-Erfinders Sun Microsystems (*http://java.sun.com/j2se*) beziehungsweise von Oracle enthält keine integrierte Umgebung (IDE). Das ist zwar unkomfortabel, aber dafür ist die Bedienung für Einsteiger ohne großen Aufwand zu erlernen. Die sehr empfehlenswerte Suite finden Sie kostenfrei im Internet. Im Folgenden schildere ich kurz die Installation und den Gebrauch der verschiedenen Werkzeuge.

Installation

Unter Mac OS X ist das JDK bereits installiert. Unter allen anderen Betriebssystemen müssen Sie zur Installation des JDK auf das Installationsprogramm zurückgreifen. Die Bezeichnung des Installationsprogramms hängt von der Version des JDKs und von der Zielplattform ab. Die Windows-Version für Intel-PCs heißt zum Beispiel `jdk-7-windows-i586.exe`.

Sie müssen nach dem Start des Installationsprogramms das Zielverzeichnis angeben. Der Rest läuft von allein ab. Unter Windows trägt sich das Installationsprogramm in der Windows-Registry (Registrierdatenbank) ein. Je nach JDK-Version kann dies aber nicht ausreichen. In diesem Fall müssen Sie den Suchpfad zu den JDK-Werkzeugen ergänzen.

Sofern der Suchpfad zu den Werkzeugen korrekt ist, können Sie nach dem Öffnen eines Terminals (Abbildung 22.5) sofort auf Compiler, Debugger etc. zugreifen. Probieren Sie einfach folgende Anweisung in einem Terminal aus:

```
java -version
```

Sollte eine Fehlermeldung und nicht die korrekte Java-Version erscheinen, müssen Sie die Variable PATH um den Pfad zum JDK-Verzeichnis bin ergänzen. Das geschieht bei allen Betriebssystemen etwas anders.

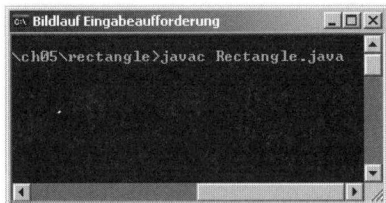

Abbildung 22.5 Die Bedienung des JDK ist unkomfortabel, aber einfach.

Wenn Sie beispielsweise unter Windows 7 das JDK unter c:\programme\jdk installiert haben, so müssen Sie zu der Variablen PATH den Pfad c:\programme\jdk\bin hinzufügen. Das lässt sich unter Windows 7 mit Hilfe der Systemsteuerung ergänzen. Bitte sehen Sie dazu in Ihrer Betriebssystemdokumentation nach.

Editor

Wie schon erwähnt: Das JDK verfügt nicht über einen Texteditor. Sie verwenden einfach den Editor des Betriebsystems, um Java-Code zu programmieren, oder einen der freien Editoren, die ich im Abschnitt 22.3.2, »Texteditor«, aufgelistet habe. Sofern Sie eine Textverarbeitung wie WordPad verwenden, müssen Sie darauf achten, dass Sie den Quelltext ohne Formatierungen speichern.

Compiler

Der Standard-Compiler des JDKs ist auch der Referenz-Compiler aller Entwicklungsumgebungen. Er übersetzt Java-Quelltext in Bytecode und wird folgendermaßen gestartet:

```
javac <Optionen> <Dateiname(n).java>
```

Er verfügt über einige Optionen, die Sie der folgenden Tabelle entnehmen:

Optionen	Bedeutung
`-g`	Erzeugt Standard-Debugging-Informationen
`-g:none`	Ohne Debugging-Informationen
`-g:Zeilen, Variable, Quelltext`	Erzeugt spezielle Debugging-Informationen
`-O`	Schaltet Optimierungen ein
`-nowarn`	Unterdrückt Warnungen
`-verbose`	Zeigt ausführliche Informationen zu geladenen Klassen an
`-deprecation`	Zeigt Informationen darüber an, wo veraltete APIs verwendet werden
`-classpath <Pfad>`	Legt den Klassenpfad fest
`-sourcepath <Pfad>`	Legt den Pfad zum Quelltext fest
`-bootclasspath <Pfad>`	Überschreibt den Suchpfad für die Initialisierung
`-extdirs <Pfad>`	Überschreibt den Suchpfad für Erweiterungen mit einem neuen Pfad
`-d <Verzeichnis>`	Legt das Ausgabeverzeichnis der Klassendateien fest
`-encoding`	Legt die Zeichenkodierung des Quelltexts fest
`-target`	Erzeugt Code für eine spezielle Version einer VM

Tabelle 22.13 Optionen des Java-Compilers (Java 7)

Laufzeitumgebung

Die Java-Laufzeitumgebung wird auch virtuelle Maschine (VM) genannt und besteht im wesentlichen aus einem Java-Interpreter. Das JDK bietet gleich zwei von diesen Java-Interpretern an: einen Interpreter für Java Applications und einen Interpreter für Applets (Applet Viewer).

Sie starten den Interpreter für Java Applications über einen der folgenden Aufrufe:

```
java [-Optionen] Klassenname [Argumente]
javaw [-Optionen] Klassenname [Argumente]
```

Beim ersten Aufruf öffnet sich ein Terminalfenster, beim zweiten nicht. Beim zweiten Aufruf lassen sich zudem keine Standard-Streams verwenden.

Der Interpreter für Java Applications besitzt eine Reihe verborgener Fähigkeiten. So ist er beispielsweise in der Lage, Profiling-Informationen zu erzeugen. Damit kann ein Entwickler Laufzeitanalysen durchführen und Geschwindigkeitsengpässe in Java-Programmen aufspüren.

Der Schlüssel zu manchen verborgenen Fähigkeiten des Interpreters sind seine Startoptionen. Tabelle 22.14 listet diese Optionen und ihre Bedeutung auf.

Optionen	Bedeutung
-client	Wählt die Client-VM aus (Grundeinstellung)
-jvm	Wählt die JVM (Java VM) aus
-hotspot	Schaltet den Hotspot ein
-server	Wählt die Server-VM aus
-cp <Pfad>	Übersicht über alle Optionen
-D<Name>=<Wert>	Systemeinstellungen festlegen
-jar [-Optionen]<Dateiname>	Programm aus Jar-Archiv starten
-verbose [:Klasse|gc|jni]	Ausführliche Informationen zu geladenen Klassen, zum Garbage Collector und zur Verwendung des Java Native Interfaces
-version	Version anzeigen und beenden
-showversion	Version anzeigen und nicht beenden
-?, -help	Gibt die Optionen aus
-X	Zeigt Meldungen an, die nicht zum Standard gehören
-Xmixed	Führt das Programm im gemischten Modus aus (Grundeinstellung)
-Xint	Neuen Pfad für den Class Loader eingeben

Tabelle 22.14 Optionen des Interpreters für Java Applications (Java 7)

Optionen	Bedeutung
-Xbootclasspath:<Verzeichnisse und Zip/Jar-Dateien getrennt mit Doppelpunkt>	Suchpfad für die Initialisierung
-Xbootclasspath//a:<Verzeichnisse und Zip/Jar-Dateien getrennt mit Doppelpunkt>	Anhängen eines Pfads an den Suchpfad für die Initialisierung
-Xbootclasspath//p:<Verzeichnisse und Zip/Jar-Dateien getrennt mit Doppelpunkt>	Voranstellen eines Pfads an den Suchpfad für die Initialisierung
-Xnoclassgc	Schaltet den Klassen-Garbage-Collector aus
-Xincgc	Schaltet die inkrementelle Garbage Collection ein
-Xms <Größe>	Anfängliche Heapgröße
-Xmx <Größe>	Maximale Heapgröße
-Xprof	Gibt Informationen zum CPU-Profiling aus
-Xrunhprof[:help] | [:<Optionen>=<Wert>]	Gibt Heap-, CPU- oder Monitor-Profiling aus
-Xdebug	Schaltet Remote-Debugging ein
-Xdock:Name=<Programmname> [:Symbol=<Symbolpfad>]	Überschreibt Standardprogrammnamen und -symbol

Tabelle 22.14 Optionen des Interpreters für Java Applications (Java 7) (Forts.)

Der Interpreter für Java-Applets verfügt nicht über eine solche Vielzahl an Optionen. Sie starten ihn einfach über:

```
appletviewer [Optionen] url(s)
```

Folgende Optionen können Sie verwenden:

Optionen	Bedeutung
-debug	Stellt die Kompatibilität zum JDK 1.1 her
-encoding <Kodierung>	Disassembliert den Code
-J<Flag>	Übergibt ein Arguments an die Laufzeitumgebung (keine Standardoption)

Tabelle 22.15 Optionen des Applet-Viewers (Java 7)

Debugger

Der Java-Debugger ist genau genommen eine spezielle virtuelle Maschine. Der Debugger des JDK ist zwar umständlich zu bedienen, verfügt aber über erstaunlich viele Funktionen. Er erlaubt es, ein Programm zu testen, Haltepunkte zu setzen und den Wert von Variablen abzufragen. Sie starten ihn einfach mit

```
jdb <Optionen><Klassenname><Argumente>
```

Er verfügt über folgende Optionen:

Optionen	Bedeutung
-help	Gibt ausführliche Hilfe aus
-sourcepath <Pfade getrennt mit»:«>+	Pfad zum Quelltext festlegen
-attach <Adresse>	Mit einem laufenden Programm verbinden
-listen	Auf ein laufendes Programm warten und verbinden
-connect <Connector>=<Name=<>Wert>	Mit einem laufenden Programm über einen Connector verbinden
-dbgtrace[Flags]	Gibt Informationen zum Debugger aus
-tclient	Debugging via Hotspot
-tclassic	Debugging via Classic VM
-v,-verbose	Ausführliche Informationen
-D<Name><Wert>	Systemeinstellungen festlegen
-classpath <pathlist>	Setzt den Pfad zu Klassendateien
-X<Optionen>	Gibt Optionen aus, die nicht standardisiert wurden

Tabelle 22.16 Standardoptionen des Java-Debuggers (Java 7)

Trotz der Vielzahl von Optionen bietet der Debugger nur eine Textoberfläche und stellt keine Konkurrenz für die grafischen Debugger der Entwicklungsumgebungen dar.

Disassembler

Der Java-Disassembler erlaubt es, den Bytecode zu entschlüsseln. Das Werkzeug, das man durch die Eingabe von `javap` startet, wandelt den Bytecode in Assemblercode zurück.

Optionen	Bedeutung
-b	Stellt die Kompatibilität zum JDK 1.1 her
-c	Disassembliert den Code
-classpath <pathlist>	Setzt den Pfad zu Klassendateien
-extdirs <dir>	Überschreibt den Suchpfad für Erweiterungen mit einem neuen Pfad
-help	Gibt die Optionen aus
-J<Flag>	Übergibt ein Argument an die Laufzeitumgebung
-l	Gibt Zeilennummern und lokale Variablen aus
-public	Nur öffentliche Klassen, Methoden und Variablen anzeigen
-protected	Öffentliche und geschützte Klassen, Methoden und Variablen anzeigen
-package	Öffentliche und geschützte Klassen, Methoden und Variablen des Packages anzeigen (Grundeinstellung)
-private	Alle Klassen, Methoden und Variablen anzeigen
-s	Interne Typ-Signaturen ausgeben
-bootclasspath <pathlist>	Neuen Pfad für den Class Loader eingeben
-verbose	Erweiterte Meldungen wie Stackgröße, Anzahl lokaler Variablen und Parameter

Tabelle 22.17 Optionen des Disassemblers (Java 7)

Archiv-Tool JAR

Das Archiv-Tool des JDK ist leicht zu bedienen und erzeugt die bekannten Java-Archive, die für die Verteilung von Java-Programmen verwendet werden. Näheres zur Verwendung erfahren Sie in 5, »Entwicklungsprozesse«.

Dokumentationswerkzeug

Das JavaDoc-Tool liest die JavaDoc-Informationen, die im Quelltext enthalten sind, und erzeugt eine strukturierte weitverzweigte HTML-Dokumentation. Näheres zur Verwendung erfahren Sie ebenfalls in Kapitel 5, »Entwicklungsprozesse«.

22.4.4 NetBeans

NetBeans (http://www.netbeans.org) ist eine mit Eclipse vergleichbare frei erhältliche integrierte Entwicklungsumgebung (IDE). Sie besteht aus einer Laufzeitumgebung, einem Editor, einem Compiler, einem Debugger und einem GUI-Builder.

Vom Funktionsumfang her ist sie unter den kostenfreien Java-Entwicklungsumgebungen unbestritten der Marktführer. Im Vergleich zu Eclipse besitzt sie keine so elegante Oberfläche, ist aber sehr leicht zu bedienen.

22.4.5 Sun One Studio

Das *Sun One Studio* basiert auf der kostenfreien Umgebung NetBeans, bietet nur wenig mehr. Aus diesem Grund möchte ich auf die Umgebung hier nicht näher eingehen. Unter *http://www.oracle.com* finden Sie Details.

22.4.6 Together

Eine Ausnahmestellung unter den integrierten Entwicklungsumgebungen nimmt *Together (http://www.borland.com/de/products/together)* ein. Es ist meiner Meinung nach derzeit eine der interessantesten Java-Entwicklungsumgebungen: relativ leicht zu bedienen, aber mit mächtigen Funktionen.

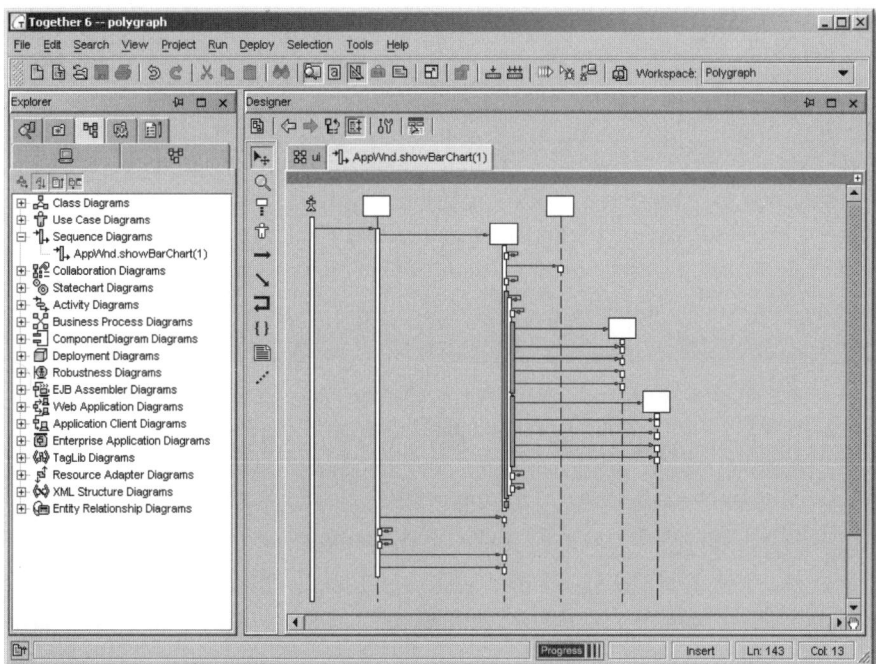

Abbildung 22.6 Together ControlCenter ist eine der leistungsfähigsten IDEs.

Die Architektur der Umgebung ist nicht so modern wie die von Eclipse. Ähnlich dem JBuilder lässt sie sich auch durch Plugins erweitern. Da diese Umgebung ebenfalls kein Repository verwendet, ist die Integration von anderen Einzelwerkzeugen auch ohne Plugins kein Problem. Es gibt eine kostenlose Edition (Together Community Edition) und zwei kostenpflichtige Editionen: Together solo und Together ControlCenter.

22.4.7 VisualAge Java

IBMs *VisualAge* (*http://www.ibm.com/software/ad/vajava*) für Java war der Vorgänger von Eclipse beziehungsweise des WebSphere Studios. Das Produkt wird momentan nicht mehr von IBM vertrieben, ist aber über Softwarehändler noch erhältlich. Es bietet eine an Smalltalk-Umgebungen erinnernde hochintegrierte Umgebung, die praktisch kaum zu erweitern ist. Immer dann, wenn man ein zusätzliches Werkzeug benötigt, das in der integrierten Umgebung nicht vorhanden ist, gibt es mit VisualAge Probleme.

VisualAge enthält eine integrierte flexible Projektverwaltung. Es beherrscht verschiedene Ansichten. Jeder Entwickler eines Teams kann seinen individuellen Workspace gestalten. Dieser Workspace bietet eine Teilansicht des Teamrepositorys, auf dem VisualAge basiert. Nachteile der Umgebung sind, dass es wenig Schnittstellen gibt, um auf das Repository zuzugreifen, und dass es keine Möglichkeit gibt, das JDK zu wechseln oder beliebige JDKs zu verwenden.

Der Texteditor von VisualAge ist schnell und sehr gut mit der Laufzeitumgebung und dem Debugger verzahnt. Er bietet Syntaxhervorhebung und ausreichende Suchfunktionen. Mit dem GUI-Builder *Visual Composition Editor* ging IBM eigene Wege. Der Editor für Java-Oberflächen greift die Funktionen der Smalltalk-Umgebung Parts auf und erlaubt es auf eine sehr einfache Art, Oberflächen zusammenzuklicken. Der erzeugte Code ist allerdings gewöhnungsbedürftig. Auch ist dieser GUI-Builder nicht immer in der Lage, handgeschriebenen Code wieder einzulesen.

Einen HTML-Editor sucht man in VisualAge vergebens. Es ist auch unmöglich, einen entsprechenden Editor zu integrieren. Die Entwicklung von JavaServer Pages ist somit auch nicht besonders komfortabel. Dazu müssen Sie einen externen HTML-Editor verwenden und die neu erzeugten Seiten importieren.

Neben dem Debugger ist die Versionsverwaltung ein weiterer Pluspunkt der Umgebung. Sie ist nahtlos eingebettet und in der Lage, Methoden zu versionieren – ein allerdings fragwürdiges Verfahren. Die Laufzeitumgebung ist in die monolithische Umgebung fest verdrahtet, und ein Wechsel des JDK ist damit nicht möglich. Der Debugger ist sicherlich das Glanzlicht des Produkts. Er ist schnell und bot schon lange vor dem JDK 1.4 Hot-Swap-Funktionen.

»Computer werden kleiner und kleiner, bald verschwinden sie völlig.«
(Ephraim Kishon)

23 Computerhardware

23.1 Einleitung

Java ist zwar eine plattformunabhängige Sprache. Das bedeutet jedoch nicht, dass der Java-Entwickler nicht wissen muss, aus welchen Teilen ein Computer zusammengesetzt ist. Die Kenntnis der prinzipiellen Funktion einiger Hardwarekomponenten ist für das tiefere Verständnis des ersten und sechsten Kapitels dieses Buchs notwendig. Diese Hardwarekomponenten stehen im Mittelpunkt des vorliegenden Kapitels.

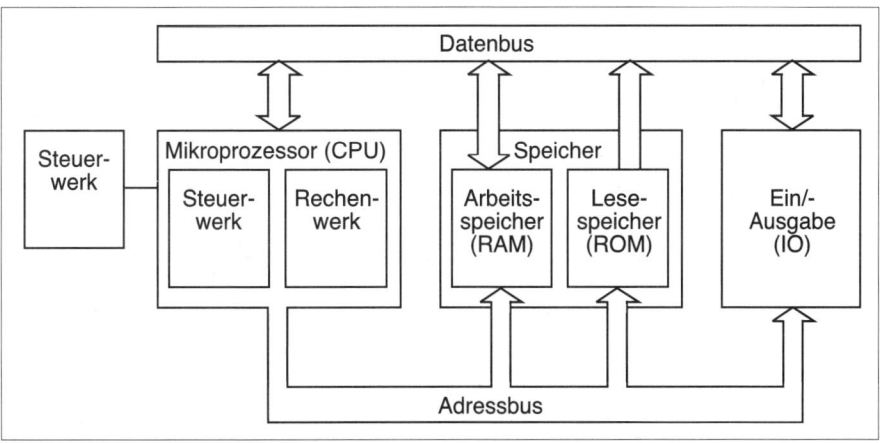

Abbildung 23.1 Überblick über den Aufbau eines Computers

23.2 Aufbau eines Computers

Ein Computer besteht aus der Zentraleinheit, der Peripherie und verschiedenen Schnittstellen (serielle und parallele Schnittstelle etc.). Für den Java-Programmierer ist vor allem die Funktion der Zentraleinheit mit ihren verschiedenen Prozessoren und dem Speicher relevant.

23.3 Bussystem

Wenn man die Zentraleinheit in ihre Bestandteile zerlegt, erhält man im Wesentlichen drei Komponenten: eine Reihe von Prozessoren, verschiedene Speichermedien und das Bussystem (Abbildung 23.1). Das Bussystem (Datenbus, Adressbus, Steuerbus) bildet das Rückgrat des Computers. Alle Komponenten kommunizieren über diese Leitung.

Der Adressbus dient zur Übertragung der Adressen eines nativen Programms wie zum Beispiel der virtuellen Maschine (JVM). Das Steuerwerk hat die Aufgabe, Steuersignale zwischen Steuerwerk und den anderen Komponenten zu übertragen. Der Datenbus schließlich ist für die Übermittlung der Daten zwischen Rechenwerk und Arbeitsspeicher sowie für die Ein- und Ausgabesteuerung zuständig.

23.4 Prozessoren

23.4.1 Central Processing Unit

Der Java-Interpreter verarbeitet die Anweisungen des Java-Programms, die die CPU über mehr oder weniger verschlungene Umwege verarbeitet. Jede CPU hat ihren speziellen Befehlssatz, die OpCodes (Operanden-Code). Native Programme bestehen ausschließlich aus Anweisungen mit OpCodes für einen speziellen Prozessor.

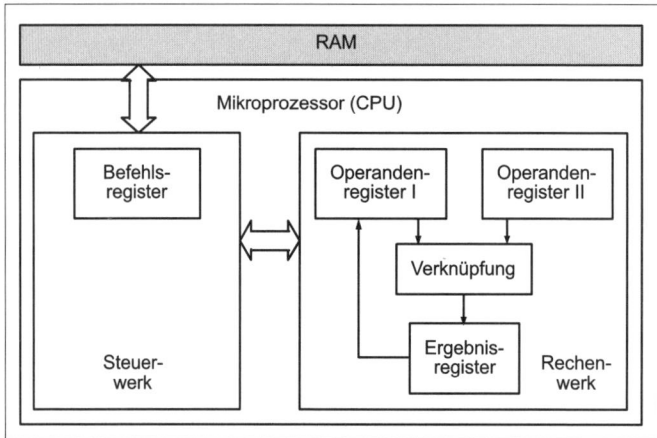

Abbildung 23.2 Zusammenspiel zwischen Steuer- und Rechenwerk

Rechenwerk

Die CPU besteht aus einem Steuerwerk und einem Rechenwerk. Das Rechenwerk, der Name sagt es, verrechnet alle Informationen in Form digitaler Ströme (Kapitel 1, »Digitale Informationsverarbeitung«). Alle vom Rechenwerk durchgeführten Operationen lassen sich auf eine Addition zurückführen. Insofern ist der Name Computer sehr treffend (lat. Computator: Rechner).

Steuerwerk

Das Steuerwerk hat die Aufgabe, die Zusammenarbeit von Rechenwerk und Arbeitsspeicher zu steuern. Ist ein Programm im Hauptspeicher geladen, müssen die OpCodes in den Prozessor zum Rechenwerk gelangen. Sie landen nacheinander im Befehlsregister des Steuerwerks, das sie dosiert in das Rechenwerk schickt, wo die eigentliche Verarbeitung abläuft. Die Informationen kommen nach der Verarbeitung wieder in das Steuerwerk zurück, wo sie an der richtigen Stelle des Hauptspeichers abgelegt werden.

23.4.2 Grafikprozessor

Die Steuerung des Grafikprozessors ist bei höheren Betriebssystemen wie Unix und Windows deren alleinige Angelegenheit. Kein Java-Programm kann direkt in den Grafikspeicher schreiben oder den Grafikprozessor direkt ansprechen.

23.5 Speichermedien

Der Computer besitzt verschiedene Speichermedien. Einen Teil davon verwendet ein Java-Programm direkt. Während der Ausführung des Programms legt es transiente und – in manchen Fällen – persistente Informationen ab.

23.5.1 Hauptspeicher

Der Hauptspeicher nimmt die transienten (flüchtigen) Informationen eines Java-Programms auf. Man unterscheidet zwei Bereiche: den Heap und den Stack.

Heap

Der Heap nimmt die globalen Daten eines Programms wie der virtuellen Maschine auf. Sofern das Java-Programm in Form von Bytecode vorliegt, ist der Heap im Hauptspeicher für Sie uninteressant. Wenn das Java-Programm mit einem Native-Code-Compiler in Maschinencode verwandelt wurde, sieht es anders aus.

In diesem Fall müssen die Einstellungen, die beim Start des Programms über die virtuelle Maschine festgelegt wurden, auf das native Programm übertragen werden. Diese Aufgabe übernehmen Native-Code-Compiler (Kapitel 22, »Werkzeuge«).

Stack

Was für den Heap gilt, gilt auch übertragen für den Stack. Er ist für die lokalen Daten eines Programms wie der virtuellen Maschine zuständig. Solange das Java-Programm im Bytecode-Format vorliegt, ist die Verwaltung des Stacks das Geheimnis der virtuellen Maschine und nicht das Problem eines Java-Programmierers.

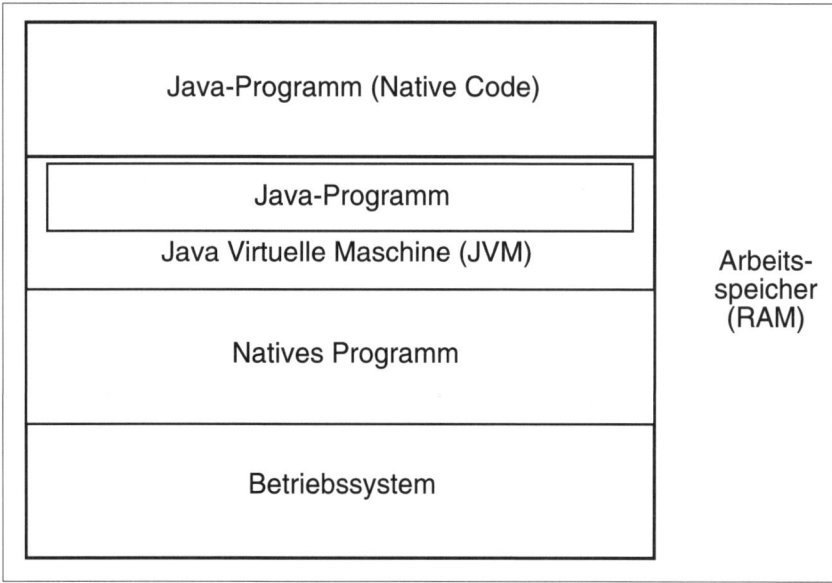

Abbildung 23.3 Der Hauptspeicher

Wird das Programm jedoch in ein natives Format übertragen, müssen die Informationen für die virtuelle Maschine ebenfalls übertragen werden. Auch diese Aufgabe übernimmt ein entsprechendes Entwicklungssystem.

23.5.2 Festplattenspeicher

Die Festplatte dient dazu, Dateien wie zum Beispiel Java-Quelltext dauerhaft zu speichern. Die Verwendung ist für eine Java-Anwendung sehr komfortabel, da betriebssystem- oder plattformspezifische Konventionen nicht gelten. Sie programmieren auch hier gegen ein virtuelles Betriebssystem, die virtuelle Maschine. Kenntnisse über spezielle Konventionen sind daher überflüssig.

23.6 Ein- und Ausgabesteuerung

Datenverarbeitung hat wenig Sinn, wenn die Informationen den Anwender nicht erreichen oder er keine Informationen eingeben kann. Damit die im Computer verarbeiteten Informationen an die Außenwelt dringen, sind so genannte Peripheriegeräte wie Drucker und Bildschirme notwendig. Geräte wie die Tastatur, die Maus oder das Mikrofon erlauben es, Daten einzugeben. Die Kontrolle dieser Geräte übernimmt die Ein- und Ausgabesteuerung.

23.7 Taktgeber

Der Informationsstrom verläuft im Computer nicht gleichmäßig, sondern mit einer bestimmten Taktrate, die ein Kriterium für die Geschwindigkeit eines Computers ist. Die Kontrolle über die Taktrate hat der Taktgeber, der quarzgesteuert ist.

23.8 Zusammenfassung

Der Computer besteht im Wesentlichen aus drei Einheiten: dem Bussystem, den Prozessoren und den Speichermedien. Das Bussystem überträgt Informationen von einer Hardwarekomponente zur anderen, während Prozessoren die Anweisungen von Programmen verarbeiten. Speichermedien sind das Lang- und Kurzzeitgedächtnis des Computers.

24 Glossar

Acceleratoren (auch Shortcuts oder Tastaturkombinationen genannt) sind systemtypische Kombinationen aus einer Sonder- und einer Alphataste.

American National Standards Institute *Das* Normungsinstitut in den Vereinigten Staaten.

American Standard Code for Information Interchange (ASCII) Eine Norm für eine systemübergreifende Darstellung von Zeichen. Jedes ASCII-Zeichen besitzt einen eindeutigen Zahlencode.

ANSI Abkürzung für *American National Standards Institute (ANSI)*. Es ist schlichtweg *das* Normungsinstitut in den Vereinigten Staaten.

API Abkürzung für *Application Programming Interface*.

Application Programming Interface ist die Bezeichnung für eine Programmschnittstelle. Das kann zum Beispiel das API eines Betriebssystems oder einer Java-Klassenbibliothek sein.

ASCII Abkürzung für *American Standard Code for Information Interchange*

Abstrakte Klasse Von einer *abstrakten Klasse* können keine Instanzen erzeugt werden. Sie ist bewusst unvollständig und bildet die Basis für weitere konkrete Unterklassen.

Abstrakte Methode Eine unvollständige Methode, für die nur eine Signatur, jedoch keine Anweisungsfolge definiert ist. Einer abstrakten Methode fehlt die Implementierung.

Anwendungsarchitektur Die fachliche und technische Architektur einer Anwendung, die die Zusammenhänge zwischen verschiedenen Schichten (z. B. Client-/Server oder Host-Schichten u. a.) und die Verteilung und Kommunikation der Komponenten darauf beschreibt.

Anwendungsfall Eine für einen Benutzer sichtbare Aktion oder ein abgegrenztes Ziel.

Architektur ist die Spezifikation der grundlegenden Struktur eines Systems.

AWT bedeutet *Abstract Windowing Toolkit* und ist die älteste der drei GUI-Bibliotheken, die für die Sprache Java existieren.

Basisklasse Synonym für *Oberklasse*, *Superklasse*.

Behälterklasse Eine Klasse, die andere aufnehmen kann, wie zum Beispiel ein Vektor.

Bildlauffeld Ein Schieber, der die momentan abgebildete Stelle eines Dokuments innerhalb einer Datei kennzeichnet.

Bildlaufleiste (auch Scrollbar) dient dazu, innerhalb eines dargestellten Dokuments vor- oder zurückzublättern. Dazu besitzt die Leiste ein Bildlauffeld und Schaltflächen, die die Form von Pfeilen besitzen.

Binärformat Das Format, in dem ein Computer Informationen verarbeitet.

Button Synonym für *Schaltfläche*.

Bytecode Ein binäres Zwischenformat, das der Java-Compiler erzeugt. Jede Instruktion ist ein Byte groß, daher der Name. Bytecode ist nicht zu verwechseln mit nativem Binärcode für einen speziellen Computer. Es ist Maschinencode für die virtuelle Maschine.

CGI Abkürzung für *Common Gateway Interface*.

CGI-Programm Ein Programm, das von der Serversoftware gestartet wird, zum Beispiel zur Darstellung eines Formulars und Weitergabe der so erhaltenen Daten.

Combo Box Synonym für *Kombinationsfeld*.

Common Gateway Interface Eine allgemein verfügbare Schnittstelle eines Webservers für CGI-Programme.

Common Object Request Broker Architecture (CORBA) Von der *Object Management Group* verabschiedete Architektur für Objekttechnologien. Durch diese Architektur können Objekte auf unterschiedlichen Rechnern miteinander kommunizieren.

Compiler Ein Entwicklungswerkzeug, das Quelltext in *Maschinensprache* (Binärprogramm) übersetzt. In Java übersetzt der Compiler den Quelltext in *Bytecode*.

Computer Aided Software Engineering (CAD) Ein Sammelbegriff für Softwarewerkzeuge, die den Entwurf und die Programmierung von Software automatisieren oder unterstützen sollen.

Container-Klasse Synonym für *Behälterklasse*.

CORBA Abkürzung für *Common Object Request Broker Architecture*.

Datenbank-Managementsystem (DBMS) Ein Programm oder eine Schicht, die zwischen dem aufrufenden Programm und einer Datenbank vermittelt.

DBMS Abkürzung für *Datenbank-Managementsystem*.

Dialogfenster (oder Dialogfeld bzw. einfach nur Dialog) In der Regel ein *nichtmodales Fenster*, das dazu dient, Programmeinstellungen vorzunehmen oder eine Mitteilung einzublenden.

Einfachvererbung Bei der *Einfachvererbung* stammt jede Unterklasse nur von einer direkten Oberklasse ab.

Entwurfsmuster Vorlagen für das Softwaredesign, die helfen, ein architektonisches Problem zu lösen. Man unterscheidet Erzeugungs-, Struktur- und Verhaltensmuster.

Enumeration *Enumerationen* sind Aufzählungstypen wie zum Beispiel Woche = (Sonntag, Montag, Dienstag, Mittwoch, Donnerstag, Freitag, Samstag). In Java gibt es Aufzählungstypen ab dem JDK 1.5.

Ereignis Spezielle Klasse, die zum Beispiel dann verschickt wird, wenn der Anwender einen Mausklick durchführt.

ER-Modell *Entity-Relationsship-Modell*, eine Darstellungsart, die die Beziehungen von Datenbank-Entities (eine oder mehrere Tabellen) zeigt.

Exemplar Synonym für *Objekt*.

Extensible Markup Language (XML) Eine Erweiterung von *HTML*, bei der eigene *Tags* definiert werden können.

Extranet Eine als Netzwerk verbundene Ansammlung von Webservern und -seiten, außerhalb einer Firma, aber nicht zugänglich für Internet-Benutzer.

Fachliche Architektur Ein Modell, das die grundsätzlichen fachlichen Zusammenhänge eines Anwendungsbereiches repräsentiert.

Fachliches Klassenmodell Ein vollständiges Klassenmodell oder Teilklassenmodell, das aus der direkten Überführung von fachlichen Diagrammen (Anwendungsfällen, Aktivitätsdiagrammen) entstanden ist. Es enthält ausschließlich oder vorwiegend fachliche Klassen und ist eine Momentaufnahme in der Analysephase eines Softwaresystems.

Floating Window Synonym für eine *schwimmende Palette*, ein Fenster, das immer sichtbar bleibt.

Fokus Bei der Programmierung von Fenstersystemen wird der Begriff *Fokus* immer in Verbindung mit Eingaben von Tastatur und Maus verwendet. »Ein Fenster besitzt den Fokus« bedeutet, dass das Fenster die Eingaben von Tastatur und Maus, die im System kursieren, mit höchster Priorität entgegennimmt. Dieses Fenster ist für den Anwender sichtbar als aktiv hervorgehoben; kein anderes Fenster hat zu der gleichen Zeit ebenfalls den Fokus.

FTP Abkürzung für File Transfer Protocol, ein 1971 standardisiertes Internet-Protokoll für die Dateiübertragung zwischen Computern.

Generalisierung Synonym für *Vererbung*

Graphical User Interface (GUI) Die englische Bezeichnung einer grafischen Bedieneroberfläche (Schnittstelle) eines Programms.

Group Box Synonym für *Gruppenfeld*

Gruppenfeld Ein *Gruppenfeld* fasst logisch zueinander gehörende GUI-Elemente optisch mit einem Rahmen und einem Titel zusammen.

GUI Abkürzung für *Graphical User Interface*, grafische Benutzeroberfläche.

HTML Abkürzung für *Hypertext Markup Language*. Eine textbasierte Methode zur Darstellung von Text, Grafik und Hyperlinks im World Wide Web.

HTTP Abkürzung für *Hypertext Transfer Protocol*

Hypertext Transfer Protocol Über das *Hypertext Transfer Protocol* wird die Kommunikation zwischen Webbrowser und Webserver abgewickelt.

Instanz Fehlübersetzung des englischen Begriffs *Instance* (*Exemplar*). Mit Instanz ist in der Regel Objekt gemeint.

Interpreter Ein Interpreter überträgt ein Programm (im Regelfall) von einer Hochsprache in die Maschinensprache. Bei der Programmiersprache Java überträgt der Java-Interpreter den Bytecode (in der Regel) in Maschinensprache.

Internet Ein weltweites Netzwerk aus Computern.

Intranet Eine als Netzwerk verbundene Ansammlung von Webservern und -seiten, normalerweise innerhalb einer Firma oder einer anderen Organisation.

Instantiierung oder Instanziierung Das Erzeugen eines *Exemplars*, das heißt eines *Objekts* einer Klasse.

Java Remote Method Protocol (JRMP) Ein Java-Protokoll, das alternativ zu IIOP der Kommunikation entfernter Objekte dienen kann.

JRMP Abkürzung für *Java Remote Method Protocol*.

Kardinalität Bezeichnung für die Anzahl der Elemente in einem Klassendiagramm.

Klasse Bauanleitung für Objekte.

Klassenattribut Synonym für *Klassenvariable*.

Klassenbibliothek Bezeichnung für eine Sammlung von Klassen.

Klassenmethode Eine Klassenmethode ist für alle *Exemplare* einer Klasse unveränderlich (statisch). Klassenmethoden werden durch das Schlüsselwort *static* deklariert.

Klassenoperation Synonym für *Klassenmethode*.

Klassenvariable Eine Klassenvariable ist für alle *Exemplare* einer Klasse unveränderlich (statisch). Klassenvariablen werden durch das Schlüsselwort *static* deklariert.

Konkrete Klasse Eine Klasse, von der man Objekte ableiten kann.

Kontrollfeld Dient zur Auswahl und Anzeige von booleschen Werten, also Variablen, die nur zwei Zustände besitzen.

Konstruktor Eine auf das Erzeugen von Objekten spezialisierte Methode.

Maschinensprache Die Muttersprache des Computers. Ein Maschinenprogramm wird im Binärformat gespeichert.

Mehrfachvererbung Gestattet es einer abgeleiteten Klasse, von zwei Basisklassen zu erben.

Mnemonics (lat. so viel wie Stütze für das Gedächtnis) sind Buchstaben, die in den Menüeinträgen unterstrichen sind und darauf hinweisen, dass man dieses Menü auch durch eine Kombination aus der Alt- und einer Alphataste öffnen kann.

Modales Dialogfenster Diese Dialoge müssen erst beendet werden, bevor das Programm fortgesetzt werden kann. Es existieren zwei verschiedene Dialogarten:

- anwendungsmodale Dialoge
- systemmodale Dialoge

Anwendungsmodale Dialoge lassen es nicht zu, mit dem Programm weiterzuarbeiten, von dem sie eingeblendet wurden, bis der Dialog geschlossen wird. Das Betriebssystem wird durch sie hingegen nicht blockiert.

Im Gegensatz dazu kann nach der Ausgabe eines systemmodalen Dialogs im gesamten Betriebssystem so lange nicht weitergearbeitet werden, bis der Dialog geschlossen wird.

Model View Controller Ein Entwurfsmuster für die Trennung von Präsentation und Daten.

Multiple Vererbung Synonym für *Mehrfachvererbung*

MVC Abkürzung für *Model View Controller*.

Nativ Eine nativ kompilierte Anwendung ist speziell für diesen Computer sowie sein Betriebssystem entwickelt worden und läuft nur auf diesem oder auf einer kompatiblen Emulation (engl. native: gebürtig).

Netzwerk Eine Gruppe von Computern, die mit Hilfe spezieller Soft- und Hardware miteinander verbunden ist und Daten und Geräte gemeinsam nutzen kann.

Nichtmodale Dialogfenster Dialogfenster dieser Art müssen nicht geschlossen werden, um die Arbeit mit dem Programm fortsetzen zu können.

Oberklasse Synonym für *Basis-, Superklasse*.

Object Management Group (OMG) Ein Standardisierungskonsortium der Computerindustrie für OO-Technologien.

Object Request Broker (ORB) Ein Teil der CORBA-Spezifikationen der *OMG*. Er erlaubt es, auf Objekte zuzugreifen, die sich auf entfernten Rechnern befinden.

Objekt Eine spezielle benutzerdefinierte Variable, die Daten und Methoden kapselt.

Objektidentität Die Objekteigenschaft, die ein Objekt von allen anderen Objekten unterscheidet.

Objektorientierte Programmiersprache Programmiersprache, die die Basisvoraussetzungen der Objektorientierung umsetzt.

Objektvariable Variable, die nur für ein spezielles Objekt gültig ist.

OMG Abkürzung für *Object Management Group*.

OO Abkürzung für *Objektorientierung*.

Optionsfeld Synonym für *Radioschalter*.

ORB Abkürzung für *Object Request Broker*.

Persistentes Objekt *Persistente Objekte* (lat. »anhaltend«) sind solche, deren Lebensdauer über die Laufzeit einer Programmsitzung hinausreicht. Die Objekte werden hierzu auf nichtflüchtigen Speichermedien (zum Beispiel Datenbanken) gehalten.

Polymorphie (Vielgestaltigkeit) heißt, dass gleich lautende Methoden ein unterschiedliches Verhalten bewirken. Beim dynamischen Polymorphismus wird eine Nachricht nicht zur Entwicklungszeit, sondern erst beim Empfang zur Programmlaufzeit einer konkreten Methode zugeordnet.

Radio Button Synonym für *Radioschalter* oder *Optionsfeld*

Radioschalter Ein *Radioschalter* funktioniert wie ein Wechselschalter. Bei einer Gruppe von Radioschaltern ist normalerweise stets nur einer aktiv.

Rapid Prototyping Eine Technik, um schnell einen Programmrohbau zu erzeugen und dadurch in der Lage zu sein, frühzeitig zusammen mit dem späteren Anwender Missverständnisse über die grafische Oberfläche auszuräumen.

Remote Method Invocation Das Java-API für die Kommunikation zwischen Java-Objekten auf unterschiedlichen Computern und Prozessen.

Reverse-Engineering Der Vorgang, bei dem aus dem Quelltext ein Modell oder dem Bytecode der Quelltext erzeugt wird.

RDBMS *Relationales Datenbank-Managementsystem*. Datenbank-Managementsystem, das Beziehungen zwischen Tabellen mittels Relationen abbildet.

RMI Abkürzung für *Remote Method Invocation*

Roundtrip-Engineering Der Vorgang, der Quelltext und UML-Modell konsistent hält. Dies geschieht durch wechselseitiges Forward- und Reverse-Engineering.

Schaltfläche Die *Schaltfläche* funktioniert bei grafischen Oberflächen entweder als Taster oder als Schalter. Im ersten Fall löst ein aktivierter Taster das Ereignis aus und kehrt wieder in die Ausgangsposition zurück. Die zweite Kategorie signalisiert, dass sie aktiviert wurde, indem der Zustand des hineingedrückten Schalters beibehalten wird.

Shell Bezeichnung für eine textorientierte Benutzerschnittstelle.

Shellskript Unix-Programm, einem Windows-Batch-Programm vergleichbar, das von der *Shell* ausgeführt wird.

Shortcuts Synonym für *Acceleratoren*.

Signatur Die *Signatur* einer Methode setzt sich aus dem Namen der Methode, ihrer Parameterliste und der Angabe eines eventuellen Rückgabetyps zusammen.

Spin Button Synonym für *Drehknopf*.

SQL Abkürzung für *Structured Query Language*.

static Schlüsselwort, um eine *Klassenvariable* oder eine *Klassenmethode* zu kennzeichnen.

Structured Query Language Eine von IBM entwickelte Datenbank-Abfragesprache, die eine relativ komfortable Kommunikation mit einer (relationalen) Datenbank erlaubt.

Subklasse Synonym für *Unterklasse, abgeleitete Klasse*.

super Das Schlüsselwort `super` bewirkt, dass die Nachricht an die Superklasse (daher der Begriff) weitergeleitet wird, die über die genannte Methode verfügt.

Superklasse Synonym für *Oberklasse*.

Symbolleiste Programmiertechnisch gesehen ein einfaches Fenster mit Symbolen, das normalerweise direkt unter der Menüleiste platziert wird.

Systemarchitektur Architektur für die IT-Infrastruktur.

Tags Auszeichnungen in einem HTML-Quelltext, zum Beispiel um die Größe einer Schrift festzulegen.

Tastaturkombinationen Synonym für *Acceleratoren*.

Technische Architektur Im Gegensatz zur *fachlichen Architektur* stellt die *technische Architektur* die fertige Implementierung des Programms dar.

this Ein Java-Schlüsselwort, das benutzt wird, wenn ein Objekt sich selbst eine Nachricht senden soll. Das heißt, es ruft eine seiner eigenen Methoden auf.

Toolbar Synonym für *Symbolleiste*.

Transientes Objekt Ein Objekt, das nur während der Laufzeit eines Prozesses existiert.

UI Abkürzung für *User Interface*.

Unicode Vom Betriebssystem, vom Programm und der Landessprache unabhängiger Zeichencode.

Uniplexed Information and Computing System Besser als Unix bekannt: ein Betriebssystem. Unix-Derivate (Abkömmlinge) sind zum Beispiel Linux, Mac OS X oder Solaris.

Unix Abkürzung für *Uniplexed Information and Computing System*.

Uniform Resource Locator Die »Adresse« bzw. der Speicherort einer Website, Datenbank oder Datei.

URL Abkürzung für *Uniform Resource Locator*.

Unterklasse (abgeleitete Klasse) Spezialisierung einer Oberklasse, die alle Eigenschaften der Oberklasse erbt.

User Interface Benutzerschnittstelle.

Vererbung Bezeichnung für eine enge Beziehung zwischen einer Ober- und einer Unterklasse oder zwischen zwei Anwendungsfällen.

Verifizierung Überprüfung der Wahrheit eines Ausdrucks.

Virtuelle Maschinen Nachbau einer realen Maschine (CPU). Sie ist in der Lage, Java-Bytecode auszuführen, indem sie die Anweisungen interpretiert.

What you see is what you get Ein Verhalten eines Editors, bei dem die Vorschau exakt das anzeigt, was später im Ausdruck oder im fertigen Programm zu sehen ist.

Webbrowser Ein Programm, das HTML-Seiten darstellen kann, zum Beispiel Microsoft Internet Explorer und Mozilla Firefox (manchmal auch »Navigationsprogramm« oder »Webclient« genannt).

Webseite Jedes HTML-Dokument, das durch einen *Webserver* veröffentlicht wird.

Webserver Ein Computer, auf dem Software installiert ist, mit der HTML-Dateien und andere Inhalte über das Internet (oder ein Intranet) gemeinsam genutzt werden können. Häufig wird auch die Serversoftware als *Webserver* bezeichnet.

Website Eine Ansammlung von HTML-Dateien und anderen Inhalten. Der Zugriff auf die Website erfolgt über einen *URL*.

World Wide Web (WWW) Das *World Wide Web* wurde als Erweiterung des Internets 1993 am europäischen Forschungsinstitut für Kernphysik (CERN) entwickelt und erlaubt den Zugriff auf Dokumente, die auf Servern weltweit verfügbar sind.

WWW Abkürzung für *World Wide Web*.

WYSIWYG Abkürzung für *What you see is what you get*.

XML Abkürzung für *Extensible Markup Language*.

Zwischenablage Der Speicherbereich, den Programme verwenden können, um mit anderen auf einfachste Art Daten auszutauschen.

*»Die besten Bücher sind die, von denen jeder Leser meint,
er hätte sie selbst machen können.« (Blaise Pascal)*

25 Literatur

25.1 Basiswissen

Digitale Informationsverarbeitung

Böhm, Gerald: Grundbegriffe der Datenverarbeitung; Wiley-VCH, 1992

Programmiersprachen

Klaeren, Herbert/Sperber, Michael: Die Macht der Abstraktion – Einführung in die Programmierung; Vieweg+Teubner, 2007

Rechenberg, Peter: Programming Languages as Thought Models; Structured Programming 11 (1990), S. 105 - 115

Objektorientierte Programmierung

Meyer, Bertrand: Objektorientierte Softwareentwicklung; Hanser, 1988

Coad, Peter/Mayfield, Mark: Design mit Java; Markt und Technik, 1999

25.2 Java im Detail

Sprache Java

Ullenboom, Christian: Java ist auch eine Insel; Galileo Press, 2011

Entwicklungsprozesse

Balzert, Helmut: Lehrbuch der Softwaretechnik; Spektrum Akademischer Verlag, 2008

Plattform Java

Gosling, James et al.: Java – Die Sprachspezifikation; Addison-Wesley, 1999

Steppan, Bernhard; Nachbrenner; iX 9/2004, S. 50 ff.

Java-Klassenbibliotheken

Zukowski, John: Definitive Guide to Swing for Java; Apress, 2005

Algorithmen

Sedgewick, Robert: Algorithmen; Pearson Studium, 2002 Sedgewick, Robert: Algorithmen in Java; Pearson Studium, 2003

25.3 Größere Java-Projekte

Konsolenprogramme

Ullenboom, Christian: Java ist auch eine Insel; Galileo Press, 2011

Einfache Oberflächen mit Swing

Zukowski, John: Definitive Guide to Swing for Java; Apress, 2005

Computerspiele mit Swing

Zukowski, John: Definitive Guide to Swing for Java; Apress, 2005

Komplexe Oberflächen mit Swing

Zukowski, John: Definitive Guide to Swing for Java; Apress, 2005

Weboberflächen mit Servlets

Bashman, Brayan et al.: Servlets and JSP von Kopf bis Fuß; O'Reilly, 2008

Datenbankprogrammierung

Sauer, Herrmann: Relationale Datenbanken; Addison-Wesley, 2002

Dehnhardt, Wolfgang: Anwendungsprogrammierung mit JDBC; Hanser, 2003

Datenbankanwendungen

Dehnhardt, Wolfgang: Anwendungsprogrammierung mit JDBC; Hanser, 2003

Dynamische Websites

Bashman, Brayan et al.: Servlets and JSP von Kopf bis Fuß; O'Reilly, 2008

Geary, David/Horstmann, Cay: Core JavaServer Faces; Prentice Hall, 2010

25.4 Anhang

Werkzeuge

http://www.steppan.net

Computerhardware

Ortmann, J: Einführung in die PC-Grundlagen; Addison-Wesley, 1991

Index

A

Abakus 337
Abgeleitete Klasse 70
Ableiten 109
Abschnittsbezogene Kommentare 160, 161
abstract 88
Abstract Windowing Toolkit 274, 587
Abstrakte Klasse 106, 110, 587
Abstrakte Methode 587
Abstraktion 62, 67
Acceleratoren 587
Active Server Pages 297
Aggregation 73
Aktivitäten 166
Akzessor 66, 121
Algol 51
Algorithmen 304
 anwenden 316
Algorithmen entwickeln 305
Algorithmenarten 306
American National Standards Institute 587
American Standard Code for Information Interchange 587
Analyse 166
Änderungsmethoden 122
Anforderungsaufnahme 166
Anonyme Klasse 108
ANSI 587
ANSI-Code 35
Anweisungen 143
Anwendungsarchitektur 587
Anwendungsfall 587
API 587
Applets 289
appletviewer 576
Application 291
Application Objects 299
Application Programming Interface 587
Application Server 567
Applikationsschicht 295
Architektur 587, 588, 592
ArgoUML 564
Argument 119, 123

Argumente übergeben 123
Arithmetische Operatoren 124
Arrays 101
ASCII 587
ASCII-Code 33
ASP 297
Assembler-Sprache 48
assert 88, 89
Assoziation 73
Attribut 62, 63
Aufbau eines Computers 581
Aufzählungstyp 105
Ausdruck 143
Ausnahmebehandlung 262
AWT 274, 587

B

BASIC 51
Basisklasse 70, 587
Behälterklasse 587
Betriebsphase 165
Bezeichner 91
Beziehung 62, 72, 73
Bildlauffeld 587
Bildlaufleiste 587
Binärcode 47, 50
Binärformat 46
Binärprogramm 28
Binärsystem 28
Binärzahlen 28, 31
Bit 32
Bitweise Operatoren 138
Block 146
BMP 300
boolean 88, 91, 99
Border-Layout 279
break 88
Bussystem 582
Button 587
BX for Java 566
Byte 33
byte 88, 91, 95, 104

599

C

C 51, 124, 146, 161, 294
C++ 51, 121, 124, 146, 294
C# 51
CardListener 378
case 88
Case-Verzweigung 147
Cast-Operator 142, 228
catch 88
Central Processing Unit 582
CGI 296, 423, 428, 587
CGI-Programm 587
char 88, 91, 100, 104
Charon 452, 487
class 88
Clipboard 593
CMP 300
COBOL 51
Combo Box 588
Common Facilities 299
Common Gateway Interface 296, 428, 588
Common Object Services 299
Compiler 173
Compilieren 173
Computer Aided Software Engineering 588
Computerhardware 581
const 88
Container 273
Container Managed Persistence 300
Container-Klasse 588
continue 88
Coprozessor 92
CORBA 298, 561, 588
CPU 582
CVS 568

D

Datenbank 447, 561
Datenbank-Managementsystem 588
Datenbankanwendungen 466
Datenbankprogrammierung 447
Datenmodell 447
Datentyp 91
DBMS 588
Debugger 561
default 88, 211
Deklaration 91
Deployment 562, 569
Derby 567
Design 166
Designfehler 76
Designregel 79
Destruktor 66, 121
Dezimaldarstellung 27
Dezimalsystem 27
Dezimalzahl 29
Dialog 588
Dialogfeld 588
Dialogfenster 588
Differenz 126
Digitalcomputer 28
Digitalsystem 28
Digitalzahlen 28
do 88
Do-Schleife 151
doGet 434
Dokumentation 160
Dokumentationskommentare 160, 161
Doppelwort 32
double 88, 91, 98
Dreamweaver 566
Dualsystem 28
Dünner Treiber 293
Dynamische Polymorphie 78
Dynamische Websites 486

E

Eclipse 570
Editieren 171
Ein- und Ausgabesteuerung 585
Einfache Klassentypen 255
Einfacher Datentyp 90
Einfachvererbung 588
Einzelwerkzeuge 563
EJB 299, 561
Elementare Anweisungen 146
else 88
Enterprise JavaBeans 295, 299, 301
Entity Beans 300
Entwicklungsprozess 165
Entwicklungsumgebung 549
Entwurfsmuster 588
enum 88, 89
Enumeration 588
ER-Modell 449, 588

Index

Ereignis 588
Ereignisbehandlung 275
Ereignissteuerung 275, 289
Erweiterter Datentyp 101
Event-Handling 275
Excelsior 565
Exception Handling 262, 269
Exemplar 588
extends 88, 109, 111
Extensible Markup Language 588
Extranet 588

F

Fachliche Architektur 588
Fachliches Klassenmodell 588
false 88
Fehlerbehandlung 157, 262, 263
Festkommazahl 94
Festplattenspeicher 584
FileReader 269
FileWriter 271
final 88
finalize 121
finally 88
Firebird 568
Firewalls 291
Flash 423
float 88, 91, 98
Floating Window 588
Fokus 589
for 88
For-Schleife, einfach 151
For-Schleife, erweitert 152
FORTRAN 51
Fragezeichenoperator 140
FTP 589
Funktion 67, 123

G

Ganzzahl 93
Garbage Collector 200
GByte 32
Genauigkeit 92
Generalisierung 75, 589
Generics 106, 112
Generische Klasse 106, 112
Getter-Methoden 121
Gleitkommazahl 93

goto 88
Grafikprozessor 583
Graphics 309
GridBag-Layout 281
Group Box 589
Gruppenfeld 589
GUI 589
GUI-Builder 559, 566

H

Hades 449
HadesTest 459
Handler 395, 417
Hauptspeicher 583
Heap 583
Hexadezimalsystem 30
Hilfsklasse 272
Höhere Datentypen 106
Home Interface 301
Hot Swap 562
HotJava 85
HSQLDB 567
HTML 423, 589
HTTP 296, 589
Hypertext Markup Language 423
Hypertext Transfer Protocol 296, 426, 589

I

IBM 592
if 88
If-Verzweigung 146
IIOP 291, 589
Implementierung 587, 592
implements 88, 112
Import 154
import 88
Importanweisung 154
InstallAnywhere 569
Installation 569
Installationsprogramm 569
instanceof 88
Instantiierung 589
Instanz 62, 107, 589
Instanze 587
Instanziieren 107
Instanziierung 589
int 88, 91, 96, 104

601

Interface 106, 111, 587, 589, 592
interface 88
Internet 589, 593
Internet Inter Orb Protocol 291
Intranet 589

J

J2EE 250
J2ME 250
J2SE 250
JAD 566
JAR 578
Java 51, 98, 99, 101, 106, 121, 250, 251, 262, 285, 290, 295, 298, 299, 301, 587
Java 2 Enterprise Edition 250, 295
Java 2 Micro Edition 250, 301
Java 2 Standard Edition 250
Java Database Connectivity 291
Java Development Kit 572
Java Enterprise Edition 250, 295
Java GUI Builder 567
Java ME 301
Java Micro Edition 250, 301
Java Native Interface 294
Java Remote Method Protocol 589
Java Runtime Environment 251
Java SE 250
Java Standard Edition 250
Java-Compiler 558, 565
Java-Datenbank Derby 567
Java-Datenbank HSQLDB 567
Java-Debugger 561
Java-Decompiler 559, 566
Java-Entwicklungsumgebung 549
Java-Klassenbibliothek 247
Java-Language-Bibliothek 251
JavaBean 289, 298, 379
javac 573
javap 577
JavaServer Pages 295, 297
JBuilder 571
jdb 577
JDBC 291, 292, 448
JDBC-ODBC-Bridge 292
JDBC-Treiber 292
JDK 250, 572
JDK-Switching 555
jEdit 564
JexePack 569

Jikes 565
JMenu 367
JMenuBar 367
JNI 294
JRE 251
JRMP 589
JSP 297
JSwat 568
jvider 566

K

Kapselung 62, 71, 111, 299
Kardinalität 589
KByte 32
Kennung 65
Klasse 61, 62, 101, 109, 111, 112, 120, 154, 211, 213, 236, 237, 262, 291, 587–589, 592
Klassenattribut 589
Klassenbibliothek 247, 589
Klassenimport 154
Klassenmethode 589
Klassenoperation 589
Klassenvariable 117, 590
Kommentar 160
Kompilieren 173
Komposition 74
Konkrete Klasse 106, 590
Konsolenprogramme 322
Konstanten 64, 117
Konstruktionsphase 165
Konstruktor 66, 120, 590
Kontrollfeld 590
Kriterien zur Werkzeugauswahl 551

L

Laufzeitumgebung 560, 567
Layout-Manager 277
Lebensdauer 591
Linux 592
Logische Operatoren 37, 136
Lokale Klasse 108
long 88, 91, 97

M

Makrobefehle 52
Maschinenprogramm 47
Maschinensprache 46
MByte 32
Mehrfachvererbung 71, 111, 590
Menüleiste 367, 402
Menüs 338, 399
Message Driven Beans 300
Methode 65, 117, 236, 237, 587, 589, 591, 592
Mikrobefehle 47, 49
Mnemonics 590
Modales Dialogfenster 590
Model View Controller 590
Modell 77
Modellierung 77
Modellierungswerkzeuge 556
Modul 154
Mutator 66, 122
MVC 590
MySQL 568

N

Namensraum 157
Nativ 590
native 88
Native Java-Programme 201
Native-API-Treiber 293
Native-Code-Compiler 201
Natural 54
Negation 137
Nestor 399, 480
Net-Treiber 293
NetBeans 578
Netscape 593
Netzwerk 590
new 88
New-Operator 141
Nibble 32
Nicht-Funktion 39
Nichtmodale Dialogfenster 590
null 88

O

Oak 85
Oberklasse 590
Object 251
Object Management Group 298, 588, 590
Object Request Broker 299, 588, 590
Objekt 61–63, 101, 124, 294, 299, 590
Objekte 589, 590
Objekte erzeugen 107
Objektidentität 590
Objektmethode 118
Objektorientierte Programmiersprache 61, 591
Objektorientierung 591
Objektvariable 116, 591
Oder-Funktion 38
Oder-Verknüpfung 138
OMG 298, 591
OO 591
OOA/OOD 77
Operator 124
Optionsfeld 591
ORB 591

P

Package 154, 157
package 88
Paket 87, 154
Parameter 119, 123
Parameter übergeben 123
Parameterübergabe 123
Parameterliste 119
Pascal 51
Perforce 569
Perl-Skripte 297
Perseus 467
Persistentes Objekt 591
Persistenz 62, 77
Phase 165
PHP-Skripte 297
Planungsphase 165
Polymorphie 62, 77, 234, 591
Polymorphismus 77, 591
Portabilität 47, 50, 53, 55, 57
Poseidon 564
Postdekrement 131
Postinkrement 130
Prädekrement 130

Präinkrement 129
private 88, 211
Produkt 127
Programmierkonventionen 241
Prolog 55
Properties 272
Properties-Datei 334
protected 88, 211
Proxy-Schicht 295
Prozessoren 582
public 88, 211

Q

Query 592
Quotient 127

R

Radio Button 591
Radioschalter 591
Rapid Prototyping 591
Rechenwerk 583
Rechnerunendlich 92
Refactoring 76
Remote Interface 301
Remote Method Invocation 294, 591
Remote-Debugging 562
Remote-Schicht 295
return 88
Reverse-Engineering 591
RMI 294, 591
Roundtrip-Engineering 591
Rumpf einer Methode 119
Runtime 266

S

Schaltfläche 591
Schlüsselwort 88
Schleifen 149
Schnittstelle 111
Schriftkonventionen 23
Scrollbar 587
Sedezimalsystem 30
Servlets 296, 422, 561
Session Beans 300
Setter-Methoden 122
Shell 591

Shellskript 591
short 88, 91, 95, 104
Shortcuts 587, 591
Sicherheitseinstellungen 290
Sichtbarkeit einer Methode 118
Signatur 119, 591
SIMULA 51
Smalltalk 61
Solaris 592
Sortieren 307, 316
SourceAgain 566
Speicher freigeben 200
Speichermedien 583
Spin Button 591
SplashWnd 469
SQL 592
Stack 584
Standardkonstruktor 120
Stateful Session Beans 300
Stateless Session Beans 300
static 88, 592
Statische Polymorphie 78
Steuerwerk 583
strictfp 88
String 253
StringBuffer 258
Subklasse 592
Summe 126
Sun Microsystems 85
Sun One Studio 579
super 88, 592
Superklasse 592
Superklasse Object 251
Swing 274, 337, 365, 399
switch 88
switch-Anweisung 147
Symbolleiste 400, 592
synchronized 88
System 259
Systemarchitektur 592

T

Tag 423
Tags 592
Taktgeber 585
Taschenrechner 337
Tastaturkombinationen 587, 592
Tastenkombinationen 587
TByte 32

Index

Technische Architektur 592
Test 166
Texteditor 557, 564
this 88, 592
Thread 267, 330
throw 88
throws 88
Together 564, 579
Tomcat 567
Toolbar 592
Transfer 324
transient 88
Transientes Objekt 592
Transportschicht 295
true 88
try 88
Typ des Rückgabewertes 118
Typkonvertierung 142, 228

U

Überladen von Methoden 234
Überschreiben verhindern 241
Überschreiben von Methoden 237
Übersetzen 173
UI 592
UltraEdit 565
UML 57, 591
UML-konform 556
Umstrukturierung 76
Und-Funktion 37
Und-Verknüpfung 137
Unicode 36
Uniform Resource Locator 592
Uniplexed Information and Computing System 592
Unix 592
Unterklasse 592
URL 592

V

Vererbung 62, 68, 109, 112, 237, 589, 590, 592
Vergleich auf Gleichheit 132
Vergleich auf größer 135
Vergleich auf größer oder gleich 136
Vergleich auf kleiner 134
Vergleich auf kleiner oder gleich 134

Vergleich auf Ungleichheit 133
Vergleichender Operator 132
Verifizierung 592
Versionskontrolle 555
Versionskontrollwerkzeuge 568
Verteilung 569, 587
Verteilung von Java-Programmen 562
Verzweigungen 146
Vielgestaltigkeit 591
VisualAge Java 580
VM 196
void 88, 123
volatile 88
Vorzeichen 92, 125

W

Wahrheitswert 37, 99, 136
Webbrowser 593
Weboberflächen 422
Webseite 593
Webserver 593
Website 593
Werkzeug 167, 549
Werkzeuge zur Verteilung 562
Werkzeugsuiten 549, 569
Wertebereich 92
while 88
While-Schleife 150
World Wide Web 593
Wort 33
Wrapper-Klasse 258
WWW 593
WYSIWYG 593

X

XML 297, 588, 593

Z

Zahlensysteme 27
Zeichen 100
Zeilenbezogene Kommentare 160, 161
Zugriffsmethoden 121, 122
Zustand 64
Zuweisung 143
Zuweisungsoperator 139
Zwischenablage 593

www.galileocomputing.de

Das Standardwerk zur Java-Programmierung

Einführung, Praxis, Referenz

Von Klassen und Objekten zu Datenstrukturen und Algorithmen

Java verstehen und anwenden

Christian Ullenboom

Java ist auch eine Insel

Das umfassende Handbuch

Das Java-Kultbuch in der 10. Auflage!
Es bietet alles, was man zum Programmieren mit der Java Standard Edition wissen muss. Das Buch wurde gründlich überarbeitet, die Grundlagen werden jetzt noch ausführlicher besprochen.
Die Insel ist erste Wahl, wenn es um aktuelles und praktisches Java-Wissen geht.

1309 S., 10. Auflage, mit DVD, 49,90 Euro
ISBN 978-3-8362-1802-3

>> www.galileocomputing.de/2672

www.galileocomputing.de

Das Standardwerk für Java-Entwickler

Swing, XML, RMI und Webservices, JSP, Servlets, Applets, Midlets und die Java ME, JDBC

Reflection und Annotationen, Logging, Monitoring, Netzwerk- und Grafikprogrammierung, Sicherheit

Christian Ullenboom

Java 7 – Mehr als eine Insel

Das Handbuch zu den Java SE Bibliotheken

Die Profi-Insel bietet umfassendes Praxiswissen zu den Bibliotheken und Technologien von Java in einem Band. Egal, ob es sich um Swing, XML, RMI und Webservices, JSP, Servlets, Applets, JDBC, Reflection und Annotationen oder Logging und Monitoring handelt, hier ist alles drin, was für die Arbeit an Java-Projekten wichtig ist. Ein Buch, das an den Arbeitsplatz jedes Industrieprogrammierers gehört!

1433 S., 49,90 Euro
ISBN 978-3-8362-1507-7

>> www.galileocomputing.de/2253

Galileo Computing

www.galileocomputing.de

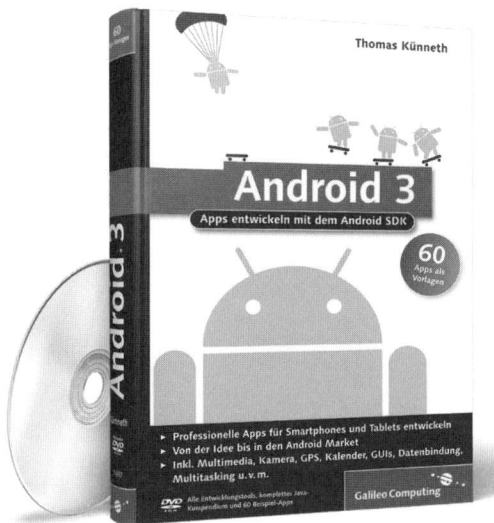

Professionelle Apps für Smartphones und Tablets entwickeln

Von der Idee bis in den Android Market - aktuell zu Gingerbread und Honeycomb

Inkl. Multimedia, Kamera, GPS, Kalender, GUIs, Datenbindung, Multitasking u. v. m.

Thomas Künneth

Android 3

Apps entwickeln mit dem Android SDK

Sie möchten Apps für Android Tablets und Smartphones entwickeln? Java-Kenntnisse vorausgesetzt, wird Ihnen das durch die verständlichen Erklärungen und zahlreichen Praxisbeispiele schnell gelingen. Ob GUIs, Datenbanken, Kamera, Multimedia, Kontakte oder GPS - hier erfahren Sie alles, was Sie wissen müssen! Aktuell zu Gingerbread und Honeycomb

419 S., 2011, mit DVD, 34,90 Euro
ISBN 978-3-8362-1697-5

\>> www.galileocomputing.de/2516

www.galileocomputing.de

Schritt für Schritt eigene Apps und Spiele entwickeln

Animationen, Sounds, Zeichnen, Kamera, Bewegungssensoren, Highscores u.v.m.

Inkl. Sprachgrundlagen von Java

Uwe Post

Android-Apps entwickeln

Ideal für Programmiereinsteiger geeignet

Android-Apps programmieren ohne Vorkenntnisse! Hier lernen Sie auf besonders einfache und unterhaltsame Weise, wie Sie Apps für Android entwickeln. Schritt für Schritt programmieren Sie z. B. ein eigenes Spiel, das sich sehen lassen kann. Die benötigte Software finden Sie auf der DVD, so dass Sie sofort loslegen können!

ca. 410 S., mit DVD, 24,90 Euro
ISBN 978-3-8362-1813-9, November 2011

\>\> www.galileocomputing.de/2950

www.galileocomputing.de

Video-Training

Der ideale Einstieg für Studium und Beruf

Inklusive Datenbanken, Netzwerke und Servlets

Mit Eclipse und Java Standard Edition auf DVD

Ralf Bensmann

Einstieg in Java

Das Praxis-Training

Lernen Sie Java anhand praktischer Beispiel-Programme! Ihr Trainer erklärt Ihnen live am Bildschirm alle Konzepte von Java, inklusive der Objektorientierten Programmierung. Darüber hinaus programmieren Sie Netzwerke, Servlets und grafische Oberflächen bis hin zu einem eigenen Twitter-Client.

DVD, Windows, Mac und Linux, 83 Lektionen, 8 Stunden Spielzeit, 39,90 Euro
ISBN 978-3-8362-1568-8

>> www.galileocomputing.de/2346

www.galileocomputing.de

Ideal für Programmieranfänger geeignet

Sprachgrundlagen von Java, objektorientierte Programmierung, Benutzeroberflächen, Datenbanken u.v.m.

Inkl. zahlreicher Beispiele und Übungsaufgaben

Florian Siebler

Einführung in Java mit BlueJ

Objektorientierte Programmierung für Einsteiger

Sie suchen einen verständlichen und gründlichen Einstieg in die objektorientierte Programmierung mit Java? Dann werden Sie in diesem Buch alles finden, was Sie benötigen: von den Grundlagen über die OOP bis zur Oberflächenentwicklung und vielen weiterführenden Themen. Das Buch ist auch als Kursgrundlage geeignet.

658 S., 2011, mit DVD, 29,90 Euro
ISBN 978-3-8362-1630-2

>> www.galileocomputing.de/2411

Einführung in die Grundlagen von NetBeans Platform 7

Rich Clients entwerfen, entwickeln und verteilen

NetBeans-Platform-Anwendungen in Eclipse entwickeln

Heiko Böck

NetBeans Platform 7

Das umfassende Handbuch

Von den Grundlagen bis zur großen Anwendung vermittelt Ihnen dieses Handbuch alles Wissenswerte rund um die NetBeans Platform 7. Dabei lernen Sie die zahlreichen Konzepte und APIs der NetBeans Platform 7, wie das Lookup-Konzept, die Visual Library oder die Nodes API, kennen.
Erfahren Sie, wie Sie auch unter Eclipse NetBeans-Anwendungen entwickeln können.

670 S., 2. Auflage 2011, 49,90 Euro
ISBN 978-3-8362-1731-6

>> www.galileocomputing.de/2620

www.galileocomputing.de

Effiziente Java-Entwicklung mit Eclipse

Plug-ins, RCP-, Web- und GUI-Anwendungen

Inkl. Refactoring, Testen mit JUnit, Versionskontrolle mit Subversion, CVS u.v.m.

Thomas Künneth, Yvonne Wolf

Einstieg in Eclipse 3.7

Aktuell zu Indigo

Effiziente Java-Entwicklung mit Eclipse: Dieses Buch zeigt Ihnen, wie Sie die Möglichkeiten von Eclipse voll nutzen. Ob Grundlagen, Testen, Plugin- und RCP-Entwicklung, GUI- oder Web-Entwicklung - Sie lernen alles an anschaulichen Praxisbeispielen, so dass Ihnen die Umsetzung in Ihren Projekten mühelos gelingen wird!

ca. 450 S., 4. Auflage, mit DVD, 34,90 Euro
ISBN 978-3-8362-1668-5, Dezember 2011

>> www.galileocomputing.de/2463

Die Bibliothek für Ihr IT-Know-how.

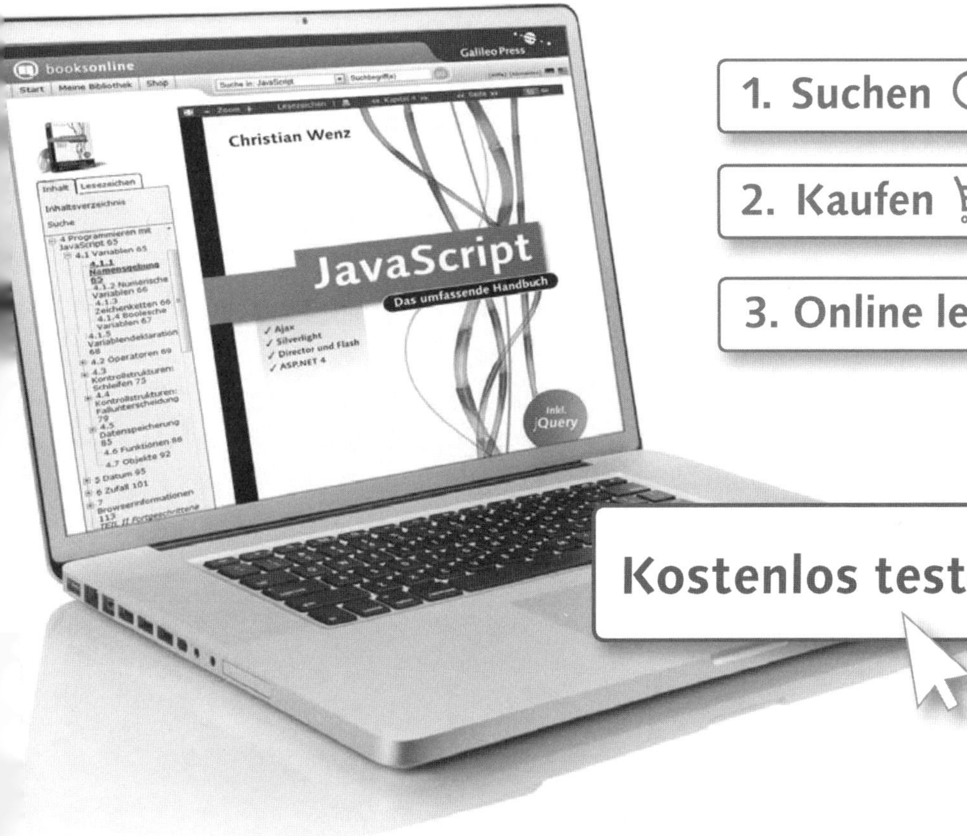

1. Suchen
2. Kaufen
3. Online lesen

Kostenlos testen!

www.galileo-press.de/booksonline

- ✓ Jederzeit online verfügbar
- ✓ Schnell nachschlagen, schnell fündig werden
- ✓ Einfach lesen im Browser
- ✓ Eigene Bibliothek zusammenstellen
- ✓ Buch plus Online-Ausgabe zum Vorzugspreis